Hans Martin Krämer

Neubeginn unter
US-amerikanischer Besatzung?

edition
bildung und
wissenschaft

band 11

herausgegeben von
Manfred Heinemann

Veröffentlichung des
Zentrums für Zeitgeschichte von Bildung und Wissenschaft
der Universität Hannover

edition
bildung und
wissenschaft

Hans Martin Krämer

Neubeginn unter US-amerikanischer Besatzung?

Hochschulreform in Japan zwischen Kontinuität und Diskontinuität 1919–1952

Akademie Verlag

Zugleich Dissertationsschrift Universität Bochum 2004.

Gedruckt mit Unterstützung des Fördervereins japanisch-deutscher Kulturbeziehungen e.V., Köln (JaDe).

Das Titelbild zeigt den feierlichen Akt der Umbenennung der Ersten Oberschule Tokyo in Fakultät für Allgemeinbildung, Universität Tokyo, im März 1950 (vgl. auch Abschnitt III.3.2.1 in diesem Buch). Der letzte Rektor der Oberschule, Asō Isoji, ist dabei zu sehen, wie er das Namensschild der Oberschule abhängt; das neue der Universität hängt bereits links vom Tor. In der Mitte (mit weißem Oberlippenbart) ist Abe Yoshishige, Rektor der Ersten Oberschule von 1940 bis 1946, zu sehen.
Die Fotografie wurde freundlicherweise vom Asahi-Verlag (Tokyo) zur Verfügung gestellt.

ISBN-13: 978-3-05-004278-7
ISBN-10: 3-05-004278-8

Das eingesetzte Papier ist alterungsbeständig nach DIN/ISO 9706.

Druck und Bindung: Druckhaus »Thomas Müntzer« GmbH, Bad Langensalza

Printed in the Federal Republic of Germany

Inhaltsverzeichnis

Verzeichnis der Diagramme und Tabellen

Diagramme

Tabellen

Danksagungen

Die vorliegende Arbeit wäre nicht zustande gekommen ohne die Hilfe zahlreicher Personen, denen ich hiermit meinen Dank ausdrücke. An erster Stelle möchte ich meine ›Doktormütter‹, Regine Mathias (Ruhr-Universität Bochum), Hijikata Sonoko (Universität Tokyo) und Ilse Lenz (Ruhr-Universität Bochum) nennen. Zahlreiche Personen haben in Diskussionen oder durch Hinweise wichtige inhaltliche Anregungen für diese Arbeit gegeben, darunter in Japan Hata Takashi (Universität Hiroshima), Tsushima Tatsuo (Universität Akita), Lim Phaik Chean (Staatliche Universität Yokohama), Ono Masayoshi (Universität Tokyo), Ōshima Hiroshi (Rikkyō-Universität), Okada Daishi (Technische Universität Tokyo), Yamamoto Reiko (Meisei-Universität), Sven Saaler (Deutsches Institut für Japanstudien bzw. Universität Tokyo), Harry Wray (Aichi-Mizuho-Universität), Yō Teruko (Universität Kyūshū), Hashimoto Miho (Gakugei-Universität Tokyo) und Roger Brown (Universität Saitama).

Die Japan Foundation ermöglichte mir einen längeren Forschungsaufenthalt in Japan in den Jahren 2001 und 2002 und der Deutsche Akademische Austauschdienst einen kürzeren im Frühjahr 2004. In Japan habe ich in zahlreichen Bibliotheken und Archiven über das übliche Maß hinaus freundliche Unterstützung erfahren, u.a. durch Dōke Tatsumasa (Archiv der Technischen Universität Tokyo), Tanimoto Muneo (Archiv der Universität Tokyo), Watanabe Sōsuke (Nationales Institut für Bildungsforschung, Tokyo), Kado Kazumasa (Archiv der Universität Kyoto), Orita Etsurō und Inoue Mikako (Archiv der Universität Kyūshū), Nagata Hideaki (Archiv der Universität Tōhoku), Kuromasa Futoshi (Archiv der Präfektur Akita) sowie Higuchi Yōko und Takahashi Teruyuki (Bibliothek der Universität Niigata),

In Deutschland waren wir mir insbesondere bei der Durchsicht des Manuskripts, aber auch mit sonstigen Anregungen behilflich Thilo Ernst, Thomas Friedrichsmeier, Ulrich Goch, Till Knaudt, Elisa Liepsch, Anke Scherer, Marius Schiffer, Jan Schmidt, Katja Schmidtpott, Tino Schölz, Charlotte Ullrich, Verena Witte und Martin Winterhalder.

Ohne die großzügige Unterstützung des Fördervereins japanisch-deutscher Kulturbeziehungen e.V., Köln (JaDe) hätte die Drucklegung nicht erfolgen können. Manfred Heinemann (Universität Hannover) danke ich für die Aufnahme in die Reihe »edition bildung und wissenschaft« und Peter Heyl (Akademie Verlag) für die verlagsseitige Untersützung bei der Vorbereitung des Manuskripts.

Bochum, im Mai 2006 Hans Martin Krämer

Vorbemerkungen

Bei der Wiedergabe japanischer Begriffe und Namen wurde die modifizierte Hepburn-Umschrift benutzt. Die Angabe japanischer Namen erfolgt, wie in Ostasien üblich, in der Reihenfolge Familienname Vorname. Auf Sekundärliteratur wird verwiesen in der Form (Verf. bzw. Hrsg., Jahr: Seite); auf unveröffentlichte Quellen in der Form (Sigel [laufende Nummer]: Seite). Zusätzlich erhalten die in Teil II untersuchten Reformpläne eine mit ›#‹ gekennzeichnete laufende Nummer, die der Nummer in der Übersicht vor dem Literaturverzeichnis am Ende der Arbeit entspricht. Bei Querverweisen auf Unterkapitel innerhalb ein und desselben Hauptteils wurde auf die Angabe der römischen Ziffer des entsprechenden Teils verzichtet.

I. Einleitung: 1945 als Zäsur in der japanischen Geschichte

Im April 2004 trat in Japan das Gesetz zur Umwandlung der Universitäten in Körperschaften öffentlichen Rechts *(Kokuritsu daigaku hōjin hō)* in Kraft. Damit erreichte eine Entwicklung ihren vorläufigen Höhepunkt, die Mitte der 1980er Jahre eingesetzt hatte. 1984 empfahl das von Premierminister Nakasone Yasuhiro eingesetzte Beratende Sonderkomitee für Erziehung (Rinji Kyōiku Shingikai) eine umfassende Reform des Hochschulwesens und insbesondere die Einrichtung eines eigenen Beratungsgremiums für die Hochschulreform, das Beratungskomitee für Universitäten (Daigaku Shingikai), das von 1987 bis 2000 tagte und »eine führende Rolle in der Planung und Verwirklichung der Universitätsreform« spielte (Schepers 1999: 217). Bis Mitte der 1990er Jahre haben viele Universitäten basierend auf den Empfehlungen des Beratungskomitees für Universitäten Anstrengungen in der Reform der Lehre unternommen, so bei der Umgestaltung der Curricula, der Einführung von Lehrevaluation und dem Ausbau von Graduiertenkursen (vgl. Okano/Tsuchiya 1999: 214–215). Erst in den letzten Jahren wurden diese Anstrengungen auch von tiefer gehenden strukturellen Reformen ergänzt: Seit 2001 wird so die institutionelle Landschaft umstrukturiert, wird die Hochschulfinanzierung auf die Grundlage externer Evaluierung gestellt und werden Managementmethoden in die Verwaltung eingeführt sowie das Personalrecht stark verändert. Im Gesetz zur Umwandlung der Universitäten in Körperschaften öffentlichen Rechts haben viele dieser Maßnahmen ihre verbindliche Rechtsform erhalten (vgl. Krämer 2003: 22–35).

Die Entwicklung hat damit langfristig die Richtung eingeschlagen, die sich Nakasone bei der Einsetzung des Beratenden Sonderkomitees für Erziehung 20 Jahre zuvor erhofft hatte. Nakasone selbst positionierte die Hochschulreform im Gesamtzusammenhang des von ihm verfolgten und am 27. Juli 1985 vor Parteifreunden verkündeten Ziels, »eine Gesamtbilanz der Nachkriegspolitik« zu ziehen, also mit der Nachkriegszeit abzurechnen. Sein Kultusminister Matsunaga Hikaru sekundierte 1985 im Unterhaus, die Bildungsreformen unmittelbar nach Kriegsende hätten einen totalen Neubeginn bedeutet; nun, 40 Jahre später, sei das damals geschaffene Bildungssystem aber aufgrund des sozioökonomischen Wandels überholt und nicht reif für das 21. Jahrhundert (Kokkai [5]). Dahinter steht die Auffassung, die Schulen und Hochschulen, wie sie sich Mitte der 1980er Jahre präsentierten, seien ein Produkt der Nachkriegszeit, insbesondere der Zeit der US-amerikanischen Besatzung (1945–1952), eine Sicht, die Nakasone schon 1978 in einer Buchveröffentlichung geäußert hatte. Er kritisierte darin die politische Elite seines Landes scharf dafür, dass sie »an jenem ausländischen Erziehungssystem und desen Ideologie festhielten, die vor 30 Jahren von den Besatzungsmächten festgelegt wurden« (Bohaczek 1990: 138).

Richtig ist, dass die japanischen Hochschulen sich strukturell seit dem Ende der Besatzungszeit kaum gewandelt haben. Der Status quo der institutionellen Hochschullandschaft und der inneren Verfasstheit der Hochschulen 1952 unterschied sich nicht wesentlich von dem gegen Mitte der 1990er Jahre. Wenn aus dieser Sachlage jedoch der Schluss gezogen wird, die Hochschulen hätten ihre für 50 Jahre der Nachkriegszeit gültige Gestalt während der Besatzungszeit und unter dem maßgeblichen Einfluss der US-amerikanischen Besatzungsmacht erhalten, so beruht dieser Schluss auf zwei stillschweigenden Annahmen, die einer kritischen Untersuchung erst noch bedürfen. Zum einen ist mit der Feststellung, dass die entscheidenden Änderungen während der Besatzungszeit erfolgten, noch kein Urteil über den Urheber dieser Änderungen getroffen. Die Machtverhältnisse zwischen 1945 und 1952 dürfen nicht so aufgefasst werden, dass die US-Amerikaner als alleinige Initiatioren und Umsetzungsinstanz von Politik in Frage kommen. Zum anderen versperrt der eingeschränkte Blick allein auf die Besatzungszeit die Sicht auf ältere Entwicklungslinien. Nicht alles, was bis 1952 entstand, ist auch erst nach 1945 neu geschaffen worden. Vielmehr gilt es, Kontinuitäten und Diskontinuitäten in Strukturen und Diskussionen seit der Vorkriegszeit sorgfältig gegeneinander abzuwägen.

Allzuoft hat jedoch nicht nur im politischen Diskurs, sondern auch in der Geschichtswissenschaft das Motiv von der »Stunde Null« das Denken beherrscht. In Japan existiert zwar der Begiff »Stunde Null« nicht; gleichwohl ist der Topos, den er benennt, auch in der japanischen Zeitgeschichte zu finden. So ist in der Forschung kaum umstritten, dass das Ende des Zweiten Weltkrieges im pazifischen Raum im August 1945 den entscheidenden Bruch nicht nur für das politische System im engeren Sinne bedeutete, sondern »eine Wasserscheide« darstellte, mit deren Überschreiten erst »Japan den Anfang machte, unter der Führung der Besatzungsarmee einen neuen Staat aufzubauen« (Kinbara/Takemae 1989: 5–6). Da in Japan Verwaltungseinheiten und die wesentlichen Regierungseinrichtungen bestehen blieben und auch das Staatsoberhaupt – der Tenno – im Amt verblieb, liegt es in Japan eigentlich weniger nahe als in Deutschland, den Bruch des Jahres 1945 zu betonen. Den großen Einschnitt markierten in Japan die Reformen der Besatzungszeit – und weil diese als von der US-amerikanischen Besatzungsarmee[1] ausgehend wahrgenommen wurden, war und ist die in Japan verbreitete Metapher für die Zäsur 1945 die von der »zweiten Landesöffnung«. Der Begriff impliziert den Vergleich mit der ersten Landesöffnung von 1853/54, als Japan auf Druck der USA (und europäischer Staaten) seine über 200 Jahre währende außenpolitische Isolation aufgab. Der Zeithistoriker Akazawa Shirō etwa bezieht sich wie folgt auf diesen Begriff: »Den Schock, den die das Kriegsende begleitetende Besatzung und die Nachkriegsreformen der Besatzungsarmee bewirkten, kann man passend zweite Landesöffnung nennen« (Akazawa 1995: 308). Im japanischen Äquivalent zur »Stunde Null« wird die Idee der Zäsur also untrennbar verknüpft mit der entscheidenden Wirkung des US-amerikanischen Einflusses durch die Reformen der Besatzungszeit.[2]

1 Die von 1945 bis 1952 währende Besatzung Japans war ein alliiertes Unternehmen, an dem elf (später 13) Siegernationen beteiligt waren. Die etwa 5.500 Bürokratinnen und Bürokraten des Hauptquartiers der auch für Bildung und Erziehung verantwortlichen Besatzungsverwaltung waren jedoch fast ausschließlich US-Amerikanerinnen und -Amerikaner, so dass im Folgenden, wie schon im Titel der Arbeit, von »US-amerikanischer Besatzung« die Rede sein wird.

2 Nakasone Yasuhiro, der die Welle von Hochschulreformen Mitte der 1980er Jahre anstieß, vertrat

Zu den Bereichen, in denen durch die US-Besatzungsmacht initiierte Reformen nach 1945 so einschneidend gewesen zu sein schienen, dass sie ein neues System herausbildeten, gehört neben dem politischen und wirtschaftlichen System auch das Bildungswesen. Nicht nur die äußeren Strukturen wurden verändert, indem u.a. die Pflichtschulzeit verlängert, ein bis zur zwölften Klasse einheitliches Schulsystem eingeführt und Koedukation auf allen Ebenen umgesetzt wurde; auch die Bildungsinhalte unterlagen einem drastischen Wandel, indem z.B. das alte, auf die Herausbildung von folgsamen Untertanen hin ausgerichtete Fach Ethik *(shūshin)* durch das neue Fach Staatsbürgerkunde *(kōminka)* ersetzt wurde. Die direkte Urheberschaft durch die USA scheint nicht nur deswegen außer Frage zu stehen, weil sich ein Großteil dieser Änderungen auf die Empfehlungen der 1946 nach Japan entsandten U.S. Education Mission zurückverfolgen lässt, sondern auch, weil sich die äußere Struktur der Reformergebnisse am Bildungssystem der USA orientierte.

Die Dichotomisierung der schon zeitgenössisch als »altes System« *(kyūsei)* und »neues System« *(shinsei)* gefassten Bildungssysteme der Zeit vor und nach 1945 führte auch dazu, dass historische Untersuchungen zum japanischen Bildungswesen im 20. Jahrhundert in der Regel nur eines von beiden – entweder altes oder neues System – zum Gegenstand hatten und haben. Dies gilt in besonderer Weise für das Hochschulwesen, wo der Bruch dadurch noch deutlicher scheint, dass seit 1948 alle Einrichtungen der höheren Bildung den Titel »Universität« *(daigaku)* führen, der zuvor nur wenigen Einrichtungen im Lande zugebilligt worden war. Doch damit ist noch nicht gesagt, dass die dem Namen nach verschiedenen Einrichtungen des alten Systems auch der Substanz nach verschieden waren. Auch dass die Bildungsreformen der Besatzungszeit »revolutionären Charakter« (Marshall 1994: 166) trugen, kann man anzweifeln, wenn man die zahlreichen und breit in der Öffentlichkeit geführten Reformdiskussionen der 1920er und 1930er Jahre sowie die ersten Teilumsetzungen in den frühen 1940er Jahren berücksichtigt.[3]

Wie neu waren die scheinbar den US-amerikanischen *four-year state colleges* nachgebildeten »Universitäten des neuen Systems« *(shinsei daigaku)* nun tatsächlich? Die Frage wiegt umso schwerer, als mit ihrer Beantwortung Werturteile verbunden sind, und zwar in der Regel negative. Dies gilt nicht nur für Politiker wie Nakasone Yasuhiro; auch der prominente japanische Bildungshistoriker Tsuchimochi Hōichi äußerte noch mehr als 50 Jahre nach Ende der Besatzungszeit, die Universitäten seien lediglich oberflächlich umstrukturiert worden und litten noch heute darunter, dass die Substanz der (US-amerikanischen) Reformvorhaben nicht verstanden worden sei. »Das Versäumnis, über die Reformpolitik der höheren Bildung unter der Besatzung zu ›reflektieren‹, spiegelt sich in den verschiedenen Problemen, mit denen die gegenwärtige höhere Bildung konfrontiert ist, wider« (Tsuchimochi 2006: 2).

Die vorliegende Arbeit setzt sich zum Ziel, die Vorarbeiten und Vorbereitungen für die Hochschulreformen der Besatzungszeit und ihre Vorläufer zu identifizieren. Dazu wird auf

---

in einer Rede Mitte der 1990er Jahre, die Aufgabe der Politik der Gegenwart sei eine »selbst durchzuführende dritte Landesöffnung, welche auf die der Meiji-Restauration und der Reformen MacArthurs folgt« (Nakasone 1995).

3 Der hier zitierte Bildungshistoriker Byron Marshall erwähnt die strukturellen Innovationen der 1930er und frühen 1940er Jahre zwar selbst am Rande, geht aber auf ihre Bedeutung für die Nachkriegszeit nicht ein (Marshall 1994: 137–138).

beide Dimensionen der Rhetorik von der »zweiten Landesöffnung« einzugehen sein: sowohl auf die Neuartigkeit der Reformen selbst als auch auf ihre Urheberschaft. Insbesondere im Hinblick auf die bis heute im Mittelpunkt der bildungspolitischen Auseinandersetzung stehenden staatlichen Hochschulen gibt eine Untersuchung der politischen Diskussionen und Aktivitäten der Zeit vor 1945 Anlass, das Hochschulwesen der Nachkriegszeit nicht mehr als reine Neuschöpfung zu betrachten. Die Einsicht in die umfangreichen, auf japanischer Seite geleisteten Vorarbeiten erlaubt vielmehr eine differenziertere Einschätzung derjenigen Faktoren und Akteure, die wesentlich zum Entstehen des heutigen staatlichen Hochschulsystems beigetragen haben.

Daraus folgt nicht nur eine Neubewertung der Besatzungszeit, sondern auch eine der Zeit bis 1945, deren Untersuchung bislang maßgeblich von Vorannahmen geprägt war, die den Blick auf bestimmte Kontinuitäten verstellen. Bevor die Implikationen dieser neuen Sichtweise jedoch näher erläutert werden, soll im Folgenden ein kurzer quantitativer Überblick über die Entwicklung des japanischen Hochschulwesens im 20. Jahrhundert zunächst die Rahmenbedingungen des politischen Handelns sowie den Begriffsgegenstand »Hochschulen« klären (1.). Daran schließt sich eine Zusammenfassung des Forschungsstandes an, der die oben über die allgemeine Tendenz der historischen Bildungsforschung aufgestellten Behauptungen belegen soll (2.). Schließlich werden Fragestellung und These auf der Grundlage der Betrachtung des Forschungsstandes tiefer gehend entwickelt und Methoden und Quellenbasis der Arbeit erörtert (3.).

1. Höhere Bildung in Japan im 20. Jahrhundert

Die Geschichte der modernen Schulerziehung in Japan beginnt in den 1870er Jahren. Zwar wurde bereits in der ersten Hälfte des 19. Jahrhunderts in mehreren tausend Schulen einige Jahre Lesen, Schreiben und Rechnen gelehrt, auch gab es vereinzelt höhere Akademien, nicht jedoch ein geregeltes und flächendeckendes System von Bildungseinrichtungen. Ein solches, das auch Schulpflicht vorsah, begann erst nach der Meiji-Restauration (1867/68), seit dem Erziehungserlass *(Gakusei)* von 1872, von den unteren Schulstufen her aufgebaut zu werden; die erste Universitätsgründung erfolgte 1877 in Tokyo. Im Laufe der folgenden Jahrzehnte gesellten sich weitere Universitäten zur Kaiserlichen Universität Tokyo hinzu und wurden Höhere Fachschulen gegründet. Neben den staatlichen Einrichtungen wurden zunehmend private Initiativen anerkannt und seit 1919 wurde auch privaten Hochschulen der Universitätsstatus zugestanden. Nachdem 1943 und 1944 überdies die Pädagogischen Seminare zu Hochschulen aufgewertet worden waren, bestanden zum Ende des Zweiten Weltkrieges in Japan bereits 413 Hochschulen (215 zentralstaatliche, 32 kommunale oder präfekturale und 166 private), davon 55 Universitäten (23 zentralstaatliche, vier kommunale oder präfekturale und 28 private).

Während der Besatzungszeit nach Ende des Zweiten Weltkrieges waren auch die Hochschulen von der Einführung des 6-3-3-4-Systems betroffen, in welchem die Grundschule auf sechs, die Mittelschule auf drei, die Oberschule auf drei und die Universität auf vier Jahre Dauer festgelegt wurde. Die Hochschulen des alten Systems wurden 1949 in Universitäten neuen Systems mit in i.d.R. vier Jahren Studienzeit umgewandelt.

Schon bei einer rein quantitativen Betrachtung der Entwicklung unter Ausblendung der politischen Entscheidungen kommen Zweifel an der Zäsur des Jahres 1945 auf. Dazu ist allerdings zunächst wichtig, den Betrachtungsgegenstand klarer zu definieren. Werden Zahlen für die Vorkriegszeit mit solchen der Nachkriegszeit verglichen, so ist der Bezugsgegenstand nicht selten nur die sich formal »Universität« nennende Institution (so z.B. Ōta 1978: Anhang: 81; Möhwald 1993: 22–23). In der vorliegenden Untersuchung hingegen umfasst der Begriff »Hochschulen« alle Institutionen, die 1945 mindestens den Abschluss der Mittelschule *(chūgakkō)* voraussetzten.[4] Damit fallen darunter folgende unterschiedliche (und auch zeitgenössisch in unterschiedlichen Kategorien behandelte) Hochschultypen:

- Universitäten *(daigaku)*

---

4 Die genaue Dauer an Schuljahren, die damit mindestens für den Eintritt in eine Hochschule erforderlich war, variierte im Betrachtungszeitraum. Der Eintritt in eine Mittelschule erforderte seit der Konsolidierung des unteren Schulsystems in der frühen Meiji-Zeit den Besuch einer sechsjährigen Grundschule. Für den Eintritt in eine Oberschule (ab 1886) oder eine Höhere Fachschule (ab 1903) war der Abschluss einer fünfjährigen Mittelschule erforderlich, so dass also der Eintritt in eine Hochschule elf Jahre vorhergehende Schulbildung voraussetzte. Für den Eintritt in die Oberschule wurde diese Dauer 1919 auf zehn Jahre verkürzt; aufgrund des harten Wettbewerbs um den Eintritt in die Oberschule blieben jedoch viele Aufstiegswillige ein Jahr länger in der Mittelschule, so dass die zehn Jahre selten eingehalten wurden (s. Teichler 1975: 104). 1943 wurde auch die Voraussetzung für den Eintritt in die Höhere Fachschule auf vier Jahre Mittelschulbesuch, also insgesamt zehn Jahre Schulbesuch, verkürzt.

- Höhere Fachschulen *(senmon gakkō)*[5]
- Oberschulen *(kōtō gakkō)*
- Pädagogische Hochschulen *(shihan gakkō)*

Die Gruppe der Universitäten lässt sich in vier Untergruppen aufteilen: die Kaiserlichen Universitäten *(teikoku daigaku)*, staatliche Ein-Fach-Universitäten *(tanka daigaku)*, Privatuniversitäten *(shiritsu daigaku)* und die (allerdings zahlenmäßig kaum ins Gewicht fallenden) öffentlichen Universitäten *(kōritsu daigaku)*. Allen war gemeinsam, dass zwischen dem Mittelschulabschluss und dem Eintritt in die Universität eine weitere dreijährige Ausbildungsstufe erforderlich war: im Falle der staatlichen Universitäten der Besuch einer Oberschule, im Falle der privaten der eines meist auf demselben Campus angebotenen Vorbereitungskurses *(daigaku yoka)*. Der Eintritt in Höhere Fachschulen und Oberschulen, die wie die Universitäten in staatlicher (d.h. zentralstaatlicher), privater oder öffentlicher (d.h. präfekturaler oder kommunaler) Trägerschaft stehen konnten, hatte lediglich den Besuch der Mittelschule zur Voraussetzung. Die Pädagogischen Seminare bzw. Hochschulen waren seit 1943 in zentralstaatlicher Trägerschaft und erforderten auch erst seit diesem Jahr den Mittelschulbesuch zur Zulassung. Zuvor hatte sich die Studierendenschaft an diesem in präfekturaler Trägerschaft stehenden Schultyp aus Absolventinnen und Absolventen sowohl der höheren Grundschulen (acht Schuljahre) als auch der Mittelschulen rekrutiert.[6]

Betrachtet man nun die institutionelle Landschaft in ihrer Entwicklung im 20. Jahrhundert unter Einbeziehung aller oben genannten vier Hochschultypen, so lassen sich drei Hochzeiten von Neugründungen staatlicher Hochschulen bzw. Universitätsfakultäten zwischen 1870 und 1964 ausmachen: eine kleinere um die Jahrhundertwende, eine stärker ausgeprägte in der ersten Hälfte der 1920er Jahre und wiederum eine weniger auffällige zwischen

---

5 Die Übersetzung des Schultyps *senmon gakkō* ist in mehrfacher Hinsicht problematisch. Zum einen existieren, nachdem dieser Schultyp 1952 abgeschafft worden war, seit 1961 wieder Schulen namens *kōtō senmon gakkō*, die jedoch nichts mit ihren Namensvettern aus der Vorkriegszeit zu tun haben. Zum anderen ist mit *senmon gakkō* eine Institutionsform bezeichnet, die gleichermaßen Medizinische Hochschulen, Hochschulen für Ingenieurwesen und allgemeinbildende Hochschulen ohne fachliche Spezialisierung umfasst. Wörtlich übersetzt bedeutet *senmon gakkō* jedoch »Fachschule«, was weder ihrer Stellung im System als Hochschule noch der Breite an Möglichkeiten inhaltlicher Gestaltung gerecht wird. Der deutsche Begriff »Fachhochschule« wäre überdies irreführend, weil er den Vergleich mit den gegenwärtig im deutschen Sprachraum existierenden Fachhochschulen nahelegte. Schließlich bringt auch die Hinzuziehung zeitgenössischer Übersetzungen keine entscheidende Hilfestellung. Der Erziehungswissenschaftler Wilhelm Vormeyer bezeichnet 1927 die *senmon gakkō* als »Spezialschulen«, wozu auch die Technischen Hochschulen gehörten (Vormeyer 1927). Murakami Komao nennt 1934 die *senmon gakkō* »Fachschulen«, was ihrem Hochschulcharakter kaum gerecht wird (Murakami 1934: 158). Am ehesten trifft die zeitgenössisch auch von den japanischen Institutionen selbst gebrauchte englische Übersetzung »college«. Für die vorliegende Arbeit wird, um den Anglizismus zu vermeiden, als Mittelweg zwischen »Fachschule« und »Fachhochschule« der Begriff »Höhere Fachschule« verwendet (vgl. auch Bohaczek 1990: 152–153).

6 Im Folgenden wird dieser Unterschied wiedergegeben werden, indem der Begriff *shihan gakkō* unterschiedlich übersetzt wird, je nachdem, ob eine Einrichtung aus dem Zeitraum vor 1943 (›Pädagogisches Seminar‹) oder nach 1943 (›Pädagogische Hochschule‹) gemeint ist.

1939 und 1945 (vgl. Diagramm 1, Balken). Vor Beginn der ersten Häufung von Expansionen, im Jahre 1896, existierten erst 10,5 % aller Einrichtungen, die im Jahre 1964 bestanden (vgl. Diagramm 1, Linie); 1902 waren es schon 20,4 %. Zwischen 1918 und 1925 stieg der Wert von 33,3 % auf 68,5 %, zwischen 1938 und 1945 von 75,3 % auf 91,4 %. Damit bestanden vor Beginn der Besatzungszeit bereits über 90 % aller staatlichen Hochschulen, die noch in der Mitte der 1960er Jahre existierten. Die Gründungen der Besatzungszeit waren zum überwiegenden Teil Hinzufügungen neuer Fakultäten zu den ehemaligen Kaiserlichen Universitäten. Zwischen der Gründung einer Fakultät für Wirtschaftswissenschaft an der Universität Hokkaidō im Jahre 1953 und der Loslösung der Pädagogischen Hochschule Miyagi aus der Universität Tōhoku im Jahre 1965 erfolgten lediglich Umbenennungen und Zusammenlegungen bestehender Hochschulen. Einzelne Hochschulen unter dem alten System wurden dabei im neuen System in der Regel zu Fakultäten von *daigaku*. Erst mit der Gründung der Technischen Hochschule Kitami im Jahre 1966 begann eine neue Gründungswelle, während derer in den 1970er Jahren (v.a. medizinische) Universitäten neu entstanden. Man kann also sagen, dass die Entwicklung des Systems staatlicher Hochschulen der Nachkriegszeit, wie es bis in die Mitte der 1960er Jahre Bestand hatte, 1945 – also vor Beginn der Besatzungszeit – von der institutionellen Seite her fast abgeschlossen war.

Diagramm 1

Gründungen von Hochschulen und Fakultäten, 1872–1954

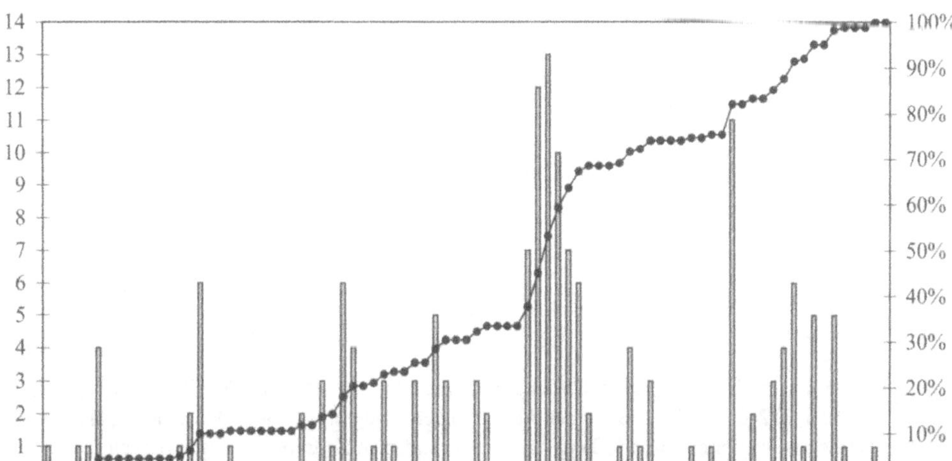

Quelle: Eigene Berechnung nach NKKJHI 1971: 624–644. Balken (Werte auf der linken Ordinatenachse abgetragen): Gründungen von Hochschulen und Fakultäten pro Jahr; Linie (Werte auf der rechten Ordinatenachse abgetragen): kumulierter Anteil der bis zum betreffenden Jahr gegründeten Hochschulen und Fakultäten an den 1952 bestehenden in Prozent.

Auch eine Betrachtung der Studierendenzahlen zeigt, dass die Besatzungszeit selbst sowie die unmittelbar folgenden Jahre eher eine Stagnation aufweisen. Zu Ende des Zweiten Weltkrieges hatte der Anteil der Hochschulstudierenden an der 20- bis 24-jährigen Bevölkerung einen Wert von über 7 % erreicht (vgl. Diagramm 2).[7] Dieser Wert hatte bis Beginn der 1920er Jahre bei unter 2 % gelegen, war aber bis 1928 auf 4 % gestiegen. Nach Kriegsende fiel der Wert von seiner Spitzenmarke von 7,3 % zunächst, da die Studierendenzahl zwar leicht stieg, jedoch nicht mit dem Anwachsen der Bevölkerungsgruppe zwischen 20 und 24 Jahren mithalten konnte. Erst 1960 durchbrach der Wert wieder die Marke von 7 % und stieg seitdem bis zu Beginn der 1980er Jahre stetig an.

Diagramm 2

Anteil der Hochschulstudierenden an der 20- bis 24-jährigen Gesamtbevölkerung in Prozent, 1898–1968

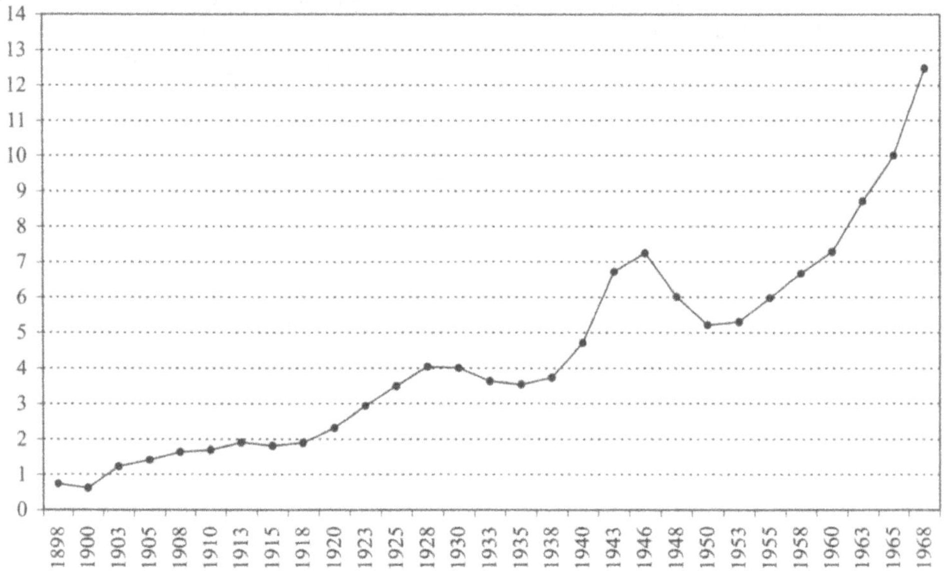

Quelle: Eigene Berechnung nach NKKJHI 1971: 106–119; Monbushō 1972a: II: 237, 242, 246, 256, 272–275, 329. Die auf der Abszissenachse abgetragenen Zeitabstände sind nicht äquidistant, weil nicht für alle Jahre im berücksichtigten Zeitraum Daten vorliegen.

Die Entwicklung der Zahl der Einrichtungen höherer Bildung und der Studierendenzahlen weist darauf hin, dass die Jahre der Besatzungszeit Jahre der Stagnation waren, nachdem in

7 Dieser Wert ist nicht identisch mit dem Anteil der Bevölkerung, der ein Hochschulstudium aufnahm. Zugangszahlen etwa eines Alterssegments für alle Hochschularten liegen nicht vor. Es handelt sich hier also nur um die Inbezugsetzung von allen zu einem Zeitpunkt an Hochschulen Eingeschriebenen zu einer bestimmten Altersgruppe zum selben Zeitpunkt.

der unmittelbar vorhergehenden Zeit des »totalen Krieges« (um 1940) sowohl die Zahl der Einrichtungen wie auch die der an ihnen Studierenden zunächst deutlich gestiegen war. Der relative Anteil der Gesamtbevölkerung mit Hochschulbildung lag in Japan 1920 hinter dem in den USA, Deutschland, Frankreich und Italien. In den 1930er Jahren jedoch hatte Japan die europäischen Länder überholt und konnte 1940 im weltweiten Vergleich den zweithöchsten Anteil von Hochschulbesucherinnen und -besuchern an der Gesamtbevölkerung aufweisen (Itō 1999: 7).

Da sich die während der Kriegszeit begonnene Erhöhung des Studierendenanteils nach Kriegsende zunächst fortsetzte und die zahlenmäßige Entwicklung der Studierenden eher das Jahr 1960 als ersten Wendepunkt der Nachkriegszeit nahelegt, sind die Grundannahmen derjenigen Forschungsliteratur, die sich zwar für die zahlenmäßige Entwicklung interessiert, aber dennoch die Epochengrenze 1945 absolut setzt (z.B. Nagai 1971: 45), in Zweifel zu ziehen. Andere, stark quantitativ argumentierende bildungssoziologische Autoren wie Amano Ikuo (1978) oder Ulrich Teichler (1975) haben hingegen die Entwicklung der höheren Bildung in einem längeren Zusammenhang betrachtet und sind zu ähnlichen Schlussfolgerungen wie den hier präsentierten gelangt. Da sie sich aber wenig für politische Entscheidungen interessieren und vielmehr die Abhängigkeit der Entwicklung des Bildungssystems von Wirtschaftsindikatoren betonen, können diese Arbeiten wenig zur Erhellung von Entscheidungsprozessen beitragen.

Es soll jedoch in der vorliegenden Arbeit um die politischen Entscheidungen gehen, die den institutionellen Rahmen schufen, der diese zahlenmäßige Entwicklung erst ermöglichte. Daher wird nun zunächst ein Überblick über die politikgeschichtliche Literatur zum japanischen Bildungssystem, insbesondere dem Hochschulsystem, im 20. Jahrhundert gegeben werden. Ziel des Literaturüberblicks ist, herauszuarbeiten, wie bislang mit der Frage der Kontinuität über die Grenze 1945 hinaus umgegangen worden ist und welche Akteurinnen und Akteure als maßgeblich für die Hochschulreformen angesehen werden.

2. Forschungsstand Politik- und Bildungsgeschichte

Sowohl in der allgemeinen politikgeschichtlichen Forschung zum 20. Jahrhundert als auch in der deren Trends folgenden Bildungsgeschichte lassen sich seit den 1960er Jahren mehrere gut abgrenzbare, jeweils zusammenhängende Tendenzen ausmachen. Bis Anfang der 1990er Jahre (und teilweise bis heute) gab es einen weit reichenden Konsens der Periodisierung, der die (frühe) Besatzungszeit als Gegenbild zur vorangegangenen Epoche des Faschismus zeichnete, was sich sowohl in Arbeiten zur Nachkriegszeit wie auch in solchen zur Vorkriegs- und Kriegszeit niederschlug. Seit den 1990er Jahren gibt es zunehmend Interpretationen, die im Gegensatz dazu Kontinuitäten seit den 1940er Jahren erkennen.

Besatzungszeit als Befreiung des Bildungssystems vom Faschismus

Das Genre der »Nachkriegsgeschichte« *(sengoshi)* bildet den wichtigsten Rahmen für die Einordnung und Bewertung der Besatzungszeit in der frühen Forschungsliteratur. Dieses Genre, welches mit »Nachkriegszeit« in der Regel die Besatzungszeit meinte, entstand schon bald, nachdem die Besatzungszeit selbst vorbei war (vgl. Gayle 2003, Gluck 1996 und Conrad 1999). Ein erster Vorläufer des Genres war die »Geschichte der Shōwa-Zeit« *(Shōwashi)*, die drei der prominentesten marxistischen Historiker der frühen Nachkriegszeit, Tōyama Shigeki, Imai Seiichi und Fujiwara Akira, vorlegten (Tōyama u.a. 1955; [2]1959). Auch die einflussreichen Überblickswerke der 1960er Jahre wurden von Historikern verfasst, die sich selbst als Marxisten verstanden (wie z.B. Rekishigaku Kenkyūkai 1961 oder Shinobu Seizaburō 1965). Die Autoren teilten dabei bestimmte Merkmale, die aus ihrer politischen Grundüberzeugung herzuleiten sind: Gemeinsam war ihnen erstens das Anliegen, eine Geschichte des Volkes zu schreiben, was gleichzeitig hieß, dieses Volk gegen den Staat zu positionieren. Das sich in zahlreichen Bewegungen manifestierende Volk sei bis 1945 vom Staat unterdrückt worden und habe sich erst danach behaupten können. Deshalb beginnen sie zweitens ihre Narrativen grundsätzlich erst 1945, während die Zeit vor 1945 allenfalls als Negativfolie für die Nachkriegszeit Bedeutung hat. Doch auch die Geschichte der Nachkriegszeit hat ein tragisches Moment: Drittens nämlich wird die Zeit ab ca. 1950 als Zeit eines konservativen Rückschwungs gesehen, in welcher Errungenschaften des vorangehenden Jahrfünfts zunichte gemacht worden seien. Höchstens in diesem Sinne werden auch Kontinuitäten zur Zeit vor 1945 gesehen, nämlich durch eine vage Parallelisierung der konservativen Ideale und Ziele der Zeit nach 1950 mit denen des Faschismus von vor 1945.

Seit etwa 1970 wendet sich die Zeitgeschichtsforschung einzelnen Detailthemen monographisch zu; dafür stehen beispielhaft die Werke von Takemae Eiji zu Arbeit (1970) und Management (1980), von Matsuura Sōzō zu Meinungsfreiheit und Journalismus (1969; 1975) und von Sodei Rinjirō zu MacArthur (z.B. 1974) oder die u.a. von Tsuru Shigeto und Tsurumi Shunsuke mitherausgegebene und auch Aufsätze der drei Vorbenannten enthaltende Aufsatzsammlung »Gemeinsame Forschungen zur Besatzung Japans« (*Kyōdō kenkyū Nihon senryō*, SNKK 1972) sowie die achtbändige Reihe des Instituts für sozialwissenschaftliche Forschung der Universität Tokyo mit dem Titel »Nachkriegsreformen« *(Sengo kaikaku)* von 1974–75 (TSKK 1974–75). Doch auch die neuen Beiträge der 1970er und 1980er Jahre teilen die Merkmale der älteren Literatur und sind bestrebt, eine Geschichte

»des guten Volkes« nach 1945 zu schreiben. Die These vom konservativen Rückschwung wird anhand einzelner Mitglieder der politischen Elite zu belegen versucht, wie es beispielsweise John W. Dower in seiner Monographie über Yoshida Shigeru (Dower 1979) oder Kobayashi Hideo in seinem Aufsatz über Kishi Nobusuke (Kobayashi 1984) tun.

Gleiches gilt für die Bildungsgeschichte, die um 1970 mit intensiver historischer Beforschung der Nachkriegszeit begann, und zwar sowohl für Arbeiten zu Bildung allgemein (z.B. Naka Arata 1969, Nakajima Tarō 1970, Ōta Takashi 1978) als auch für solche zu Hochschulen im Besonderen (z.B. Kaigo/Terasaki 1969). Sie dichotomisieren stark das Bildungswesen der Zeit bis 1945, die von der Meiji-Verfassung und dem Kaiserlichen Erziehungserlass geprägt gewesen sei, und der Nachkriegszeit, in der die alte Verfassung durch die neue von 1947 abgelöst und der Kaiserliche Erziehungserlass durch das Erziehungsgrundgesetz von 1946 ersetzt wurde (s. auch Ōuchi 2000: 4). Damit seien die Rahmenbedingungen für die Schulbildung »völlig erneuert« gewesen, und mithilfe von sozialen Bewegungen, an denen das Lehrpersonal maßgeblich beteiligt gewesen sei, sei ein »echter Neuanfang« gemacht worden. Die Aushöhlung der Verfassung durch die offene Wiederbewaffnung 1954, die allmähliche Zurücknahme von Errungenschaften der Besatzungszeit im Schulsystem, vor allem die Aufhebung der Direktwahl der Mitglieder der lokalen Bildungsverwaltung 1956, und der (1958 erfolgreiche) Versuch der Wiedereinführung von Moralkunde *(dōtoku)* als Schulfach seien Anzeichen eines allgemeinen reaktionären Rückschwungs gewesen, der die Reformzeit unmittelbar nach dem Krieg zu einer kurzen Ausnahmeperiode in der Bildungsgeschichte des 20. Jahrhunderts mache. Als maßgeblicher Urheber dieses gegen das Lehrpersonal gerichteten Rückschwungs wird in dieser Sicht das Kultusministerium (Monbushō) dargestellt. Bei allem Unterschied in der Schwerpunktsetzung auf verschiedene Gegenstände (z.B. Bildungsideal, Schulsystem, Freiheit der Wissenschaft oder Unterrichtsinhalte) zieht sich die hier skizzierte Geschichtssicht durch die Literatur der 1960er und 1970er Jahre und bleibt auch in den 1980er Jahren noch wirkungsmächtig (z.B. Yamazumi 1987: 141–221). Selbst neueste Darstellungen folgen der Narrative »Neubeginn durch Demokratisierung – konservativer Rückschwung«, wie etwa der Überblicksartikel von Günther Haasch in dem Handbuch *Bildung und Erziehung in Japan* zeigt (Haasch 2000: 126–134), und auch in der aktuellen Diskussion über die Änderung des Erziehungsgrundgesetzes finden sich noch dieser Sichtweise verpflichtete Stellungnahmen. So weist der Bildungssoziologe Satō Manabu etwa auf Überreste des kriegszeitlichen Tenno-Systems im Erziehungsgrundgesetz von 1946 hin und setzt dabei ein pauschales Bild »des Tenno-Systems« voraus, wobei lediglich der konservative Rückschwung früher angesetzt wird (Satō 2004: 225).

Ein wichtiger Wandel setzte in der Zeitgeschichtsschreibung Ende der 1970er Jahre mit der Öffnung der US-Archivbestände zur Besatzungszeit ein. Nahezu alle zwischen 1945 und 1952 entstandenen Dokumente der US-Besatzungsbehörden in Japan wurden seit 1974 nach und nach in den Räumlichkeiten der National Archives and Records Administration (mittlerweile in College Park, Maryland, USA) öffentlich zur Nutzung freigegeben. Diese Sammlung umfasst Dokumente im Umfang von insgesamt ungefähr 3 000 000 Seiten, wovon ca. zehn Prozent der für Erziehung und Bildung zuständigen Unterabteilung Civil Information and Education Section (CIE) entstammen (Kumata 1977). Zwischen 1978 und 1993 wurden die Dokumente auf Mikrofilm übertragen und in Kopie auch in der japanischen Parlamentsbibliothek in Tokyo der allgemeinen Nutzung zugänglich gemacht.

Die Politikgeschichte konzentrierte sich fortan auf den Entscheidungsprozess auf Seiten der US-Behörden, wodurch die Absicht, eine Geschichte des japanischen Volkes zu schreiben, an Bedeutung verlor. Die Epochengrenze 1945 hingegen gewann dadurch an Bedeutung, weil die Quellen US-amerikanischer Provenienz natürlich erst den Zeitraum ab 1945 abdeckten. Diese Hinwendung zu US-Quellen wurde zum Teil durch bereits oben genannte Autoren wie Takemae Eiji (1982) oder Sodei Rinjirō (1986) getragen; andere für diesen Trend repräsentative Arbeiten sind die von Kanda Fuhito zur Besatzung allgemein (1979; 1983), die von Yui Daizaburō über Besatzungsideale (1989), die von Nakamura Masanori zum Tenno-System (1992) oder die von Masuda Hiroshi zu den Personalsäuberungen (1996; 2001). Einen Gegenpol zu dieser Betonung der US-amerikanischen Seite stellt John W. Dowers *Embracing Defeat* aus dem Jahre 1999 dar, welches, wenn auch eher alltags- oder erfahrungsgeschichtlich denn politikgeschichtlich orientiert, den Anteil der Japanerinnen und Japaner an der Gestaltung der Besatzungszeit hervorhebt. Die Bedeutung der vorangegangenen Erfahrungen für die Zeit nach 1945 blendet aber auch Dower, abgesehen von einzelnen Hinweisen eher anekdotischer Art, weitgehend aus (Dower 1999, insbes. 22–27, 558–559).

Suzuki Eiichi war 1983 mit seinem »Die Besatzung Japans und die Bildungsreformen« *(Nihon senryō to kyōiku kaikaku)* der Erste, der Erkenntnisse aus dem US-Quellenfundus in eine bildungsgeschichtliche Monographie einfließen ließ. Kennzeichnend für die Anlage des Buches von Suzuki ist ein Kapitel »Bildungsreformpläne aus der Zeit unmittelbar vor der Kapitulation Japans« (S. 23–30) – dessen Gegenstand jedoch nicht japanische Vorarbeiten, sondern Pläne zur Vorbereitung der Besatzung aus dem Außenministerium und dem Kriegsministerium der USA sind. Weitere Werke aus dieser Zeit, die Bildung allgemein zum Gegenstand haben, sind Kubo Yoshizō 1984 und Kurosawa Hidefumi 1994. Letzterer untersucht vornehmlich die Schriften und politischen Aktivitäten von Maeda Tamon, Kultusminister von August 1945 bis Januar 1946 (Kurosawa 1994: 1–97), und Toda Teizō, Mitglied des Komitees zur Erziehungsreform von 1946 bis 1952 (Kurosawa 1994: 98–202). Obwohl beide auch vor 1945 in Politik und Wissenschaft tätig waren, bezieht Kurosawa keinerlei Dokumente der Vorkriegszeit oder Kriegszeit mit in die Analyse ein.

Auch zwei neuere deutschsprachige Studien vertreten, wie schon Klaus Luhmer 1973 in der ersten größeren deutschsprachigen Arbeit zum Thema (Luhmer 1973: II: 15–26), deutlich die Ansicht, allein der Einfluss der US-Besatzungsmacht sei beim Zustandekommen der Nachkriegsreformen im Bildungsbereich entscheidend gewesen. Der Sozialwissenschaftler Ulrich Möhwald fasst zusammen, bei den »sehr weitreichenden Eingriffen der Besatzungsmacht« habe »sich die japanische Seite kaum noch einbringen« können. Die Gesetze im Erziehungsbereich hätten »weitgehend auf Formulierungen der zuständigen Abteilung der amerikanischen Militärregierung« beruht, auch »die als demokratisch legitimierten Japaner« hätten fast keine Gelegenheit zur Beteiligung gehabt, und das Kultusministerium wird als »keineswegs reformfreudig« porträtiert (Möhwald 1993: 1–3; 13). Für die Historikerin Beate Rosenzweig ergibt ein Vergleich zwischen der US-amerikanischen Besatzungspolitik in Deutschland und Japan, dass die Bildungsreformen in Japan »eine radikale Veränderung nach amerikanischem Muster« bedeuteten (Rosenzweig 1998: 225). In ihrer Studie, für die sie ausschließlich englischsprachige und deutsche Quellen auswertet, geht sie davon aus, dass von US-amerikanischer Seite Reformvorschläge erarbeitet und vorgelegt worden seien, die dann von den deutschen und japanischen Stellen entweder akzeptiert oder abgelehnt worden seien. Die japanische Bereitschaft zur Kooperation leitet sie nicht aus konkreten Vorarbeiten der japanischen Seite ab, sondern aus der »spezifischen bildungspolitischen Tradition«, in der das japanische Erziehungswesen, »wie bereits mehrfach in der Erziehungsgeschichte der Fall, gegen das System einer als überlegen empfundenen Nation eingetauscht« wurde (Rosenzweig 1998: 210).

Studien, die nicht Bildung allgemein, sondern das Hochschulwesen im Besonderen zum Gegenstand haben, waren in den 1980er und häufig auch noch in den 1990er Jahren ähnlich einseitig auf US-amerikanische Quellen hin ausgerichtet. Beispielhaft hierfür sind die Arbeiten von Tsuchimochi Gary Hōichi, der in mehreren Aufsätzen seit Mitte der 1990er Jahre (Tsuchimochi 1997; 1999; 2001) und zwei Monographien (1996, zum Thema Privatuniversitäten; 2006, zur Allgemeinbildung in Universitäten) die Rolle der USA stark betont. Handlungen und Motive US-amerikanischer Individuen, Einrichtungen und Organisationen (insbesondere die Mitarbeiterinnen und Mitarbeiter der Besatzungsbehörden und die nach Japan gesandten US-amerikanischen Expertenkommissionen) werden ausführlich dargestellt, während ihre japanischen Entsprechungen kaum in Erscheinung treten. Eine Folge dieser Setzung ist, dass die Zeit vor 1945, als die US-Akteurinnen und -Akteure noch keine Rolle spielen konnten, überhaupt nicht bedacht wird. Ähnliches gilt für weitere Literatur der 1980er und 1990er Jahre zur Hochschulgeschichte (Terasaki 1988, Kuroha 1993, Yamamoto 1994). Eine Ausnahme bildet der von Ōsaki Hitoshi bearbeitete Sammelband zur Geschichte der Universitäten der Nachkriegszeit (SDK 1988): Zwar setzt auch er erst 1945 an, doch bezieht sich die Darstellung gleichermaßen auf japanische und US-amerikanische Akteurinnen und Akteure. Freilich handelt es sich nicht um eine Forschungsmonographie im engeren Sinne, bestehen doch zwei Drittel des Buches aus Dokumenten, Zeitzeugen-Interviews und der Wiedergabe von Podiumsdiskussionen. Dagegen finden die kriegszeitlichen Reformanstrengungen bei Ulrich Teichler immerhin schon am Rande Erwähnung; doch auch er geht davon aus, dass die »Vertreter der Erziehungsabteilung bei den Besatzungsbehörden« in der wichtigsten frühen Reformphase 1946/47 »zweifellos den größten Einfluss hatten« und dass es sich bei den Reformen letztlich um »von den zuständigen Amerikanern 1946 angeregte Bildungsreformen« handelte (Teichler 1975: 115–118, 137, 142).

Eine der vorliegenden in der Anlage ähnliche Studie ist lediglich in einem dem Thema Bildung nahestehenden Bereich vorgelegt worden. Der Linguist J. Marshall Unger richtet sich in seiner Monographie zur Schriftzeichenreform in der Besatzungszeit gegen die »schlichte Schwarz-Weiß-Geschichte von arroganten Amerikanern vs. machtlosen Japanern«: »Japanese government and business had been working on plans for script reform for decades, even during the war; what the Japanese eventually did was nothing more than what they had been on the verge of doing anyway« (Unger 1996: 7–8). Unger gelangt zu dieser hellsichtigen Einschätzung durch die von ihm für seinen Bereich erstmals geleistete gleichgewichtige Untersuchung der Zeiträume vor und nach 1945. Eine vom Ansatz her ähnliche Arbeit über Bildung oder Erziehung in der Besatzungszeit liegt bislang lediglich in Gestalt der von der Historikerin Kyoko Inoue vorgelegten Studie zum Bildungsdenken im Japan der Neuzeit vor. Inoue behandelt ausführlich die Diskussionen über »Persönlichkeit« als Bildungskonzept in den 1910er und frühen 1920er Jahren sowie nach 1945. Die Zeit zwischen 1925 und 1945 glaubt sie jedoch auf drei Seiten abhandeln und mit dem Schlagwort vom »Aufstieg des Ultranationalismus« inhaltlich ausreichend charakterisieren zu können

(Inoue 2001: 77–79), was der Bedeutung dieser Zeit für ihren Untersuchungsgegenstand auch nicht annähernd gerecht wird.

Vorkriegs- und Kriegszeit als Faschisierung der Bildungsinhalte

Genauso, wie der bisher dargestellte Teil der Literatur dazu neigt, die Zeit bis 1945 wenig zu berücksichtigen, hat derjenige Teil der Literatur, der diesen Zeitabschnitt behandelt, die Tendenz, die Zeit nach 1945 auszublenden. Zu stark ist die stillschweigende Annahme, dass die politischen Systeme vor und nach 1945 grundsätzlich verschieden sind, als dass auch für Teilbereiche einmal Parallelen oder Kontinuitäten ausgelotet worden wären. Mit dem Beginn des 15-jährigen Krieges 1931 wird auch der Beginn der Herrschaft des Tenno-Faschismus *(tennōsei fashizumu)* angesetzt, der in nahezu jeder denkbaren Hinsicht (innenpolitische Unterdrückung, antidemokratische Ideologie, Krieg) als das genaue Gegenteil der frühen Nachkriegszeit konzeptualisiert wird. Unter den vielen einflussreichen Autoren, die von den 1960er Jahren bis in die 1980er Jahre in diesem Sinne, zumeist marxistisch-leninistisch geprägt, politikgeschichtlich über die 1930er Jahre schrieben, sind u.a. Fujiwara Akira (z.B. 1968; 1978; 1982), Ienaga Saburō (1968) oder Miyachi Masato (1981) zu nennen. Die nicht-marxistische Interpretation des Politkwissenschaftlers Maruyama Masao, die außerordentlich einflussreich war, ging zumindest insofern mit der des dialektischen Materialismus konform, als sie in der These des »Faschismus von oben« die Rolle der (dem »guten« Volk entgegengesetzt gedachten) Eliten bei der Herausbildung eines autoritären Regimes betonte (vgl. Conrad 2003: 170–172).

In der Bildungsgeschichte ergibt sich die chronologische Grenzziehung direkt aus dem Erkenntnisinteresse, welches nahezu ausnahmslos die Auswirkung des Faschismus auf die Bildungsinhalte ist. Dies lässt sich beispielsweise bei Kubo Yoshizō zeigen, der seit den 1960er Jahren zur japanischen Bildungsgeschichte des 20. Jahrhunderts publiziert. Zwar behandelt er in seinen drei Hauptwerken zur Bildungpolitik der Vorkriegs- und Kriegszeit (Kubo 1969; 1979; 1991) unterschiedliche Einzelthemen, stets geht es jedoch darum, wie faschistische oder militaristische Ideologeme Einzug in die Bildungsinhalte hielten. Gegenstand seiner Untersuchungen ist zumeist das untere Schulwesen, doch auch die Militarisierung des Hochschulwesens wird gelegentlich behandelt (z.B. in Kubo 1991: 31–75). Kubo, der ausgiebig sowohl zur Vor- wie zur Nachkriegszeit publiziert hat, stellt in seiner zweibändigen Bildungsgeschichte der Shōwa-Zeit *(Shōwa kyōikushi)*, seiner einzigen Publikation, die die Epochengrenze 1945 transzendiert, selbst die Frage, ob die Shōwa-Zeit (1926–1989) vorrangig von Kontinuitäten oder von Brüchen geprägt gewesen sei. Ganz offenkundige Diskontinuitäten sieht er in den Besatzungsreformen, so u.a. in der »Ausweitung der Bildungschancen für die Massen, [...] eine[r] Reform von einem solchen Ausmaß, dass man es nicht mit dem alten System vergleichen kann« (Kubo 1994: 16). Die Kontinuitäten, die er zugleich hervorhebt, liegen allesamt im Bereich der Bildungsinhalte nach 1945: in der »Erziehung zur Ehrung des Tenno«, der Einführung des Feiertages zum Gedenken der Staatsgründung *(kenkoku kinenbi)*, der Verrechtlichung des Systems der Jahresdevisen *(nengō)*, der Stärkung der Bedeutung von Nationalflagge und -hymne oder der Historisierung der in den aus dem 8. Jahrhundert stammenden Werken *Nihongi* und *Kojiki* enthaltenen Gründungsmythen in den Geschichtsschulbüchern (Kubo 1994: 17). Auch gehen diese Kontinuitäten allesamt auf politische Entscheidungen zurück, die nach Ende der Besatzungszeit gefällt wurden. Damit schreibt Kubo die oben herausgearbeitete Tendenz fort, die Besatzungszeit als kurzes progressives Intermezzo zu begreifen, nach dessen Ende ein Rückschwung für eine konservativere Bildungspolitik sorgte (s. 1.2.1).

Eine ähnliche Fixierung auf die Faschisierung bzw. Militarisierung der Bildungsinhalte (Näheres dazu s.u. Kapitel 2) findet sich bis zur Gegenwart in einem Großteil sowohl der Überblicks- wie der Forschungsliteratur (z.B. Terasaki u.a. 1987, Henmi 1991; Irie 2004). Für den Bereich der Hochschulgeschichte wird dieser Trend erstmals von der Reihe »Forschungen zum Erziehungsrat« *(Kyōiku shingikai no kenkyū)* durchbrochen, aus der bis jetzt zwei Bände mit Themen, die für den Hochschulbereich relevant sind, vorliegen: einer zu Pädagogischen Hochschulen (Shimizu 2000) und einer zu höherer Bildung allgemein (Yoneda 2000). Die voluminösen und detailreichen Untersuchungen der Beratungen im Erziehungsrat, einem zwischen 1937 und 1941 tätigen Expertengremium, das der Regierung zuarbeitete, verzichten auf die Formulierung einer klaren These wie die der Faschisierung der Bildung, was ihnen im Gegenzug erlaubt, den Erziehungsrat, dem bislang kaum ernsthafte Aufmerksamkeit zuteil wurde, in den Blick zu nehmen. Das Erkenntnisinteresse liegt in der Vorgeschichte, dem politischen und gesellschaftlichen Hintergrund, den Beratungen selbst und ihren Folgen. Die Bände schließen mit einem längeren Kapitel »Die historische Bedeutung der Vorschläge« – hier wird jedoch nicht etwa auf die Bedeutung der Diskussionen für die Nachkriegsreformen eingegangen, sondern, der vorsichtigen Anlage der Bände entsprechend, lediglich die Bedeutung für die unmittelbar folgende Zeit, also bis 1945, herausgestellt.

Etwas weitergehende Aussagen trifft Itō Akihiro, der die 1920er Jahre als Ausgangspunkt der Massenexpansion der höheren Bildung sieht (Itō 1999). Dabei bejaht Itō zwar grundsätzlich eine langfristige Perspektive für diese Expansion, scheut sich aber dennoch, direkte Schlüsse für die Nachkriegszeit zu ziehen. Lediglich ein zweiseitiger Unterabschnitt gegen Ende des Buches wagt den Ausblick auf »Kontinuitäten und Diskontinuitäten zur Nachkriegszeit« (Itō 1999: 229–231). Vergleichbar ist das Buch von Sasaki Keiko, das ebenfalls die 1920er Jahre in den Mittelpunkt der Untersuchung stellt (Sasaki 2002). Sasaki analysiert die Anfänge der Bildungsexpansion der höheren Bildung für Frauen im Dreieck zwischen Regierung, Studierenden (als Element der Nachfrage) und Bildungseinrichtungen (Angebotsseite). Zwar setzt sich Sasaki damit ähnlich wie Itō weit von der herkömmlichen Beschränkung auf Bildungsinhalte ab, doch auch sie nimmt die Nachkriegsentwicklung allenfalls als vage Folie, die keine direkte Bedeutung für ihre Untersuchung selbst hat.

In kleineren Beiträgen wiesen einzelne Autorinnen und Autoren wie der damalige Leiter der historischen Abteilung des Nationalen Instituts für Bildungsforschung Satō Hideo auch aus politikhistorischer Perspektive schon in den 1980er Jahren auf den Zusammenhang von Reformversuchen der Vorkriegszeit mit den Reformen der Nachkriegszeit hin (Satō 1984). Für Satō jedoch bleibt der Faschismus eine Zeit der Abweichung, welche die (notwendige) Modernisierung des Bildungssystems verhindert habe. Kontinuität kann Satō vor allem deswegen postulieren, weil er die Reichweite der Reformen während der Besatzungszeit für gering hält: Er kontrastiert sie mit dem konservativen Rückschwung der 1950er Jahre, ohne ihre strukturelle Bedeutung auch für die spätere Bildungsexpansion zu würdigen (Satō 1984: 22–23).

Die Erbschaft des Krieges für die Nachkriegsbildung

Anders als die Politikgeschichte erkannte die Wirtschaftsgeschichte schon frühzeitig Weiterentwicklungen über das Jahr 1945 hinweg. Schon 1962/63 sah der marxistische Wirtschaftshistoriker Ōuchi Tsutomu eine große Kontinuität der Wirtschaftsentwicklung in dem Aspekt des für die Zeit des Hochwirtschaftswachstums der 1950er und 1960er Jahre typischen Staatsmonopolkapitalismus, dessen Grundlagen schon zu Beginn der 1930er Jahre gelegt worden seien. Die Nachkriegsreformen hätten die zwischen 1931 und 1945 angelegte Entwicklung lediglich beschleunigt (vgl. Ōishi 1974: 68–75).[8] Ähnlich argumentierten in der Folge auch Nakamura Takafusa (1978), Chalmers Johnson (1982), Andrew Gordon (1985), Sheldon Garon (1987) und Okazaki Tetsuji (1991), bis Sakakibara Eisuke (1990) und Noguchi Yukio (1995) die Idee zur These des »1940er-Systems« *(1940nen taisei)* zuspitzten. Dieses in der Folge weitergeführte und häufig angewandte Modell (vgl. z.B. Kobayashi 1996: 4, 221; Gao 1997; Tsutsui 1998: 119–121; Kurozawa 1999; Streeck 2001) setzt den Ausgangspunkt des bis in die Gegenwart fortdauernden Wirtschaftssystems nicht in den 1930ern an, sondern, unter den besonderen Umständen der Kriegswirtschaft, mit dem Beginn des »totalen Krieges« um 1940.[9] Weiteres Kennzeichen der Argumentation von Sakakibara und Noguchi ist, dass das 1940er-System einen japanischen Sonderweg ausmache, den es durch Überwechseln zum »normalen« Weg der USA und Westeuropas zu überwinden gelte.

Der Soziologe und Historiker Yamanouchi Yasushi entwickelt seit Ende der 1980er Jahre eine Theorie von der Entwicklung Japans im 20. Jahrhundert, die den Vorstellungen des 1940er-Systems ähnelt, aber nicht mit diesen identisch ist. Yamanouchi zufolge habe der Faschismus den Übergang von der klassenbasierten Gesellschaft zu einer »Systemgesellschaft« angestrebt. In dieser Systemgesellschaft seien nicht länger Klassengegensätze der entscheidende Agent historischen Wandels, sondern der Staat greife zunehmend vermittelnd in Klassenkonflikte und Arbeitskämpfe ein (Yamanouchi 1998: 34). Insbesondere der »totale Krieg« seit ca. 1940 habe dann zu einer beträchtlichen Rationalisierung und Modernisierung der Gesellschaft geführt, um die gesellschaftlich vorhandenen Ressourcen optimal für den Dienst an der Nation nutzbar machen zu können. Im Gegensatz zu den Proponenten des 1940er-Systems stellt Yamanouchi gerade die Gemeinsamkeit der Entwicklung und der ergriffenen politischen Maßnahmen aller Industrienationen in den 1930er und frü-

---

8 Auf die langfristigen Auswirkungen des Krieges für die Alltagsgeschichte hat die Ernährungshistorikerin Katarzyna Cwiertka hingewiesen, die die These vertritt, dass typische Muster der Nachkriegsernährung sich in den 1930er Jahren unter Einfluss des Militärs herausbildeten (Cwiertka 2005).

9 Der Japanhistoriker Andrew Gordon hat die Anregung des 1940er-Systems ebenfalls aufgegriffen, aber darauf hingewiesen, dass die damit angesprochene Form von Wirtschaftspolitik sich eigentlich schon seit Beginn der 1930er Jahre herausgebildet habe. Zu anderen Bereichen als Wirtschaftspolitik merkt er an: »Certainly Japan's surrender marked a great divide in modern history. But the dramatic new postwar departures in every area, from social and cultural life to politics and international relations, would build upon such wartime experiences in subtle and surprising ways« (Gordon 2003: 225).

hen 1940er Jahren heraus. Sei es wie in den USA durch den *new deal*, wie in Deutschland im Nationalsozialismus oder wie im japanischen »totalen Krieg«: Hier wie dort habe man sowohl auf der Ebene der Ideologie als auch auf der politischer Praxis eine Lösung wirtschaftlicher und gesellschaftlicher Probleme durch erhöhte staatliche Intervention angestrebt (Yamanouchi u.a. 1996: 10–11). Diese Entwicklung sei unumkehrbar gewesen und die aus der Kriegszeit resultierende Verwischung der Grenze zwischen privatem und öffentlichem Interesse sei auch das Fundament für das Wirtschaftswachstum seit den 1950er Jahren gewesen. Bildung, und insbesondere höhere Bildung, ist laut Yamanouchi ein wichtiges Element der Ablösung der Klassengesellschaft, weil sie durch Ausweitung von Aufstiegschancen Klassen zu transzendieren helfe.[10]

Auf die Anregungen Yamanouchis ist nur selten direkt Bezug genommen worden (z.B. Ueno 2004: 8–9), doch auch andere politikgeschichtliche Einzeluntersuchungen der letzten Jahre haben gelegentlich auf die vorkriegszeitliche und insbesondere die kriegszeitliche Erbschaft hingewiesen. So sieht die Historikerin Kosaka Fumiko die »Geburtsstunde des japanischen Gesundheitssystems«, eines Kernmerkmales der japanischen Nachkriegsgesellschaft, in den Jahren um 1945, insbesondere der Zeit nach Gründung des Wohlfahrtsministeriums 1937 (Kosaka 1995: 331–333), ein Zusammenhang, den der Zeithistoriker Gregory Kasza wie folgt charakterisiert hat: »It is a cruel paradox, but war, despite its immediate, catastrophic effects on human well-being, has played a major role in the evolution of the welfare state« (Kasza 2002: 417). Die Japanhistoriker Ray A. Moore und Donald L. Robinson kritisieren in ihrer Arbeit zur Entstehungsgeschichte der japanischen Verfassung die herkömmliche Sicht, Japan sei eine Verfassung westlichen Stils unter großem Druck aufoktroyiert worden:

> This view, however, is superficial. [...] It greatly exaggerates, or miscasts, the tension between them [den USA und Japan]. Specifically, it ignores Japan's readiness to give sympathetic consideration to the model of constitutionalism that Americans were seeking to impose upon them. It also ignores other factors that helped to make Japan ready to make the transition to constitutional democracy in 1946 (Moore/Robinson 2002: 13–14).

Allerdings führt auch bei Moore und Robinson der Hinweis auf die »Bereitschaft« nicht dazu, dass sie die Gründe für diese Bereitschaft, etwa die indigene Verfassungstradition vor 1945, untersuchen, sondern sie setzen vielmehr stillschweigend eine »kompatible Ideologie« voraus.

In der Bildungsgeschichte ist der Ansatz von Yamanouchi insbesondere von Ōuchi Hirokazu aufgegriffen worden. Er befasst sich in einem Aufsatz über die Kontinuität und Diskontinuität mit dem Erziehungswissenschaftler Abe Shigetaka (Ōuchi 1995). Zwar starb Abe 1939, doch heischt sein Wirken Aufmerksamkeit, weil er in der so häufig als irrational und antiwissenschaftlich vorgestellten Zeit des Faschismus eine streng wissenschaftlich-rationale Erziehungswissenschaft betrieb. Ōuchis Interesse ist nicht auf die Nachkriegszeit ge-

10 Von Seiten traditioneller linksliberaler HistorikerInnen ist Yamanouchi dafür kritisiert worden, die Rationalisierung und Modernisierung während des Faschismus überbetont zu haben. Die ausschließende faschistische Ideologie habe vielmehr zum Scheitern der sozialreformerischen Vorhaben geführt und keine Basis für eine Anknüpfung in der Nachkriegszeit geschaffen (z.B. Akazawa 1997: 4).

richtet, doch im Sinne einer Grundlegung durch die Kriegszeit ist sein Aufsatz wegweisend auch für die Kontinuitätsdebatte. In eine ähnliche Richtung weist Watanabe Kayoko mit ihrer Monographie zum Begriff der Allgemeinbildung. Watanabe legt zwar das Hauptgewicht auf die Zeit vor 1945, behandelt aber in einem substanziellen Kapitel auch die Nachwirkung der alten Begriffsdiskussion auf die Einführung von *general studies* während der Besatzungszeit (Watanabe 1997: 170–194). Kinma Kuniharu wiederum legt in seiner Untersuchung der Entwicklung des Konzeptes des *core curriculum* den Schwerpunkt auf die Nachkriegszeit, untersucht aber auch die Herausbildung dieser pädagogischen Idee vor 1945 (Kinma 2001).

Auch Arbeiten über die Entwicklung der Sekundarstufe haben Nachdenken über Kontinuität angeregt, ohne sich ausdrücklich auf Yamanouchi zu beziehen. Der Erziehungswissenschaftler Koyano Sozai bspw. betont in einem Aufsatz zu »Nachkriegsbildungsreformen und Sekundarstufe. Kontinuitäten und Diskontinuitäten zwischen altem und neuem System« die eingeschränkte Rolle, die die Civil Information and Education Section im Gegensatz zu den Akteurinnen und Akteuren auf japanischer Seite gespielt habe (Koyano 1991: 118); in diesem Zusammenhang bringt er auch zur Sprache, dass der Ursprung der Nachkriegs-Institution Oberschule darin zu suchen ist, dass 1943 alle Schulen der Sekundarstufe erstmals unter eine einheitliche gesetzliche Regelung gefasst wurden (Koyano 1991: 120). Ebenfalls auf den Bereich der Sekundarstufe beschränkt sich der ausdrücklich Kontinuitäten zur Vorkriegszeit aufweisende Beitrag von Ōshima Hiroshi aus dem Jahre 2000. Er befasst sich mit dem schon in den 1930er Jahren wirkenden Erziehungswissenschaftler Kido Mantarō, der während der Besatzungszeit im Komitee japanischer Erzieher und im Komitee zur Erziehungsreform aktiv war. Für den Teilaspekt der höheren Bildung für Frauen hat Ishii Runa in drei in jüngster Vergangenheit erschienenen Aufsätzen auf Kontinuitäten von der Vorkriegszeit zu den Reformen der Besatzungszeit hingewiesen, die sich an den Vorstellungen wichtiger Vertreterinnen der japanischen Frauenhochschulen festmachen lassen (Ishii 2000; Ishii 2001; Ishii 2002).

Die wichtigste Veröffentlichung der letzten Jahre zur Hochschulgeschichte der Nachkriegszeit ist *Sengo daigaku kaikaku* (Universitätsreformen der Nachkriegszeit) von Hata Takashi, erschienen 1999. Zwar setzt er im Wesentlichen auf verbesserter Materialbasis die 30 Jahre alten Anstrengungen von Kaigo und Terasaki (1969) fort, indem er sehr detailliert die strukturelle Entstehungsgeschichte der Universitäten des neuen Systems nachzeichnet (Hata 1999: 18–144). Doch darüber hinaus berücksichtigt er in einem sechs Seiten langen ersten Abschnitt mit dem Titel »Totales Kriegssystem und die Herausbildung der regionalen Verteilungspolitik von Einrichtungen der höheren Bildung« (Hata 1999: 18–23) die Kriegszeit als Vorgeschichte. Im Ergebnis schließt er daher, dass die Politik der gleichmäßigen Verteilung von Hochschulen im Lande, deren Ursprung Kaigo und Terasaki noch bei CIE ansiedeln, in Wirklichkeit ihren Ausgang in kriegszeitlichen Planungen nahm (Hata 1999: 142).

3. Die japanischen Hochschulen zwischen Faschismus und Besatzungszeit

Trotz vielversprechender Ansätze in den letzten Jahren ist also insbesondere hinsichtlich des Hochschulbereichs festzustellen, dass der Großteil der Forschung nach wie vor das Hochschulsystem der Nachkriegszeit – auch in seiner Entstehungsgeschichte – allein aus den nach 1945 datierenden Geschehnissen und Entwicklungen heraus zu begreifen sucht. Diese Grenzziehung ist überdies nicht unbedingt Ergebnis bewusster Entscheidungen, sondern engt das Blickfeld schon bei der Fragestellung zu Untersuchungsbeginn so ein, dass mögliche Faktoren, die sich erst bei Berücksichtigung der Vorgeschichte erschlössen, von vornherein ausgeblendet werden.

Mit dieser Tendenz korrespondiert eine Überbetonung der Rolle der US-amerikanischen Besatzungsmacht als Urheberin der Nachkriegsreformen. Diese Sichtweise hält sich hartnäckig auch dann, wenn für einzelne Bereiche zugestanden wird, dass eben nicht allein die Besatzungsmacht ausschlaggebend war. Carol Gluck bspw. schreibt 1996:

> Die sogenannten »Nachkriegsreformen« waren in Wirklichkeit Reformen einer Besatzungsmacht. Auch wenn einige von ihnen schon vor dem Krieg von japanischen Kritikern konzipiert worden waren und nach dem Krieg von japanischen Bürokraten unterstützt wurden, läßt sich nicht leugnen, daß den Japanern unter dem Besatzungsregime keine große Wahl blieb (Gluck 1996: 63–64).

Ziel der vorliegenden Arbeit ist es, am Beispiel der Hochschulreformen zu zeigen, dass »den Japanern« diese Wahl sehr wohl blieb – und dass der wichtigste diese Wahlfreiheit auf japanischer Seite ermöglichende Faktor in dem Erbe der Vorkriegszeit bestand. Anders ausgedrückt: Bei denjenigen Reformvorhaben, die auf lange vorbereitete Zustimmung großer Teile der auf japanischer Seite an der Entscheidung Beteiligten trafen, bestand eine größere Möglichkeit, verwirklicht zu werden. Der US-Besatzungsmacht und ihren konkreten Vorschlägen kam in diesem Sinne eher die Funktion eines ohnehin stattfindende Prozesse beschleunigenden Katalysators zu; sie spielte nicht etwa die Rolle des ursprünglichen Initiators dieser Prozesse oder des für ihre Umsetzung Hauptverantwortlichen.

Untersuchungsmethode

Um deutlicher herausarbeiten zu können, was die These vom Erbe der Vorkriegszeit bedeutet, müssen die Hochschulreformen insgesamt als politischer Entscheidungsprozess im Sinne der politikwissenschaftlichen Disziplin Politikfeldanalyse betrachtet werden. Die dort gebräuchliche Hilfskonstruktion des Phasenmodells hilft dabei, politische Prozesse – wenn auch idealtypisch – präziser zu fassen. So lassen sich innerhalb des hier zu behandelnden Gesamtreformprozesses Teilprozesse oder Phasen ausmachen und historisch-chronologisch zuordnen. Mit dem in der Politikwissenschaft bewährten Modell kann man somit methodisch klar zeigen, welche Teile des Reformprozesses zusammengehören und wie diese Teile miteinander zusammenhängen.

Die gängige Einteilung eines Entscheidungsprozesses nach der Politikfeldanalyse *(policy cycle)* umfasst fünf Hauptphasen: 1. Initiierung; 2. Estimation, Formulierung; 3. Selektion, Entscheidung; 4. Implementierung; 5. Wirkung (Jann 1998; Jann/Wegrich 2003; Mayntz

1982; Schubert 1991). Initiierung bezieht sich »auf den Teil des politischen Prozesses, in dem erkannt wird, daß ein politisch zu lösendes sozio-ökonomisches Problem besteht und dieses definiert wird« (Schubert 1991: 71). Diese zwei Teilschritte der Problemwahrnehmung und des Agenda-Setting können auch getrennt gedacht werden (Jann/Wegrich 2003: 83–84). Wird die Iniitiierung tatsächlich nur als erstes Aufwerfen des Problems überhaupt vorgestellt, ist die zweite Phase der Estimation davon nur schwer zu trennen. »In der Estimationsphase geht es um die Analyse der Problemsituation, wie sie sich aus der Initiationsphase ergibt, und um die daraus abgeleitete Entwicklung von Handlungsalternativen und konkreten Handlungsvorschlägen« (Schubert 1991: 72). Die zweite Phase kann man auch als Formulierungsphase bezeichnen, weil hier das Problem diskutiert wird. In der dritten Phase der Selektion »wird die abschließende Entscheidung über die bisher diskutierten Problemlösungen getroffen« (Schubert 1991: 73). Politikwissenschaft und Politikgeschichte haben ihr Forschungsinteresse traditionell auf diesen Bereich konzentriert und sich auf die Analyse der Machtverhältnisse zwischen den wenigen für diese Phase relevanten politischen Akteurinnen und Akteuren beschränkt. »Implementation wird« viertens »diejenige Phase genannt, in der politische Absichten in meßbare Taten umgesetzt werden. Konkret bedeutet das, daß die bisher nur auf dem Papier bestehenden Gesetze, Verordnungen, Programme und Regulationen jetzt in der Praxis angewandt werden« (Schubert 1991: 74). Diese Phase ist im Falle der Besatzungszeit von besonderem Interesse, weil die noch für die Entscheidungsphase maßgebliche Machtwirkung der US-Besatzungsmacht nur in den seltensten Fällen bis hierhin reichte. Denn es gilt zu beachten, »dass politisches und administratives Handeln durch Zielvorgaben, Handlungsprogramme, Gesetze usw. nicht endgültig steuerbar ist und daher in dieser Phase politische Programme und deren Intentionen verzögert, verändert oder sogar vereitelt werden können« (Jann/Wegrich 2003: 90). Die Wirkungsphase (»Termination«) schließlich ist schwer zu fassen, weil ein klares Ende von politischen Maßnahmen nicht ohne Weiteres festzustellen ist.

Überträgt man dieses Phasenmodell auf die Reformierung des japanischen Hochschulsystems zur Jahrhundertmitte, so fällt die Phase der Wirkungsentfaltung (5.) der Reformmaßnahmen in den Zeitraum ab den 1960er Jahren. Darüber hinaus kann man sagen, dass zwar der überaus größte Teil der Selektion bzw. Entscheidung (3.) und Implementierung (4.) während der Besatzungszeit stattfand. Doch die gleichfalls wichtigen Teilprozesse der Initiierung (1.) und Estimation bzw. Formulierung (2.), in denen »zentrale Vorentscheidungen getroffen werden« (Jann/Wegrich 2003: 83) und auf denen Entscheidung und Implementierung gründen, lassen sich nicht auf die Zeit nach 1945 beschränken. Diese werden, so die These dieser Arbeit, vielmehr maßgeblich in der Vorkriegs- und Kriegszeit zu verorten sein. Von Interesse ist also zum einen die genaue zeitliche Einordnung dieser ersten beiden Phasen, zum anderen der genaue Zusammenhang zwischen diesen und denen der Entscheidung und Implementierung. Anders gesagt: Inwieweit kann man davon sprechen, dass die Vorkriegsdiskussionen die Nachkriegsreformen vorbereiteten? Für die Phase der Implementierung wird schließlich zu beachten sein, welche Akteurinnen und Akteure die gefällten Entscheidungen wie auslegten; denkbar ist etwa, dass dafür auf Diskussionen oder Handlungsmuster aus der Zeit vor der Entscheidungsfindung zurückgegriffen wird.

Wie kann nun die Frage nach der »Vorbereitetheit« der Nachkriegsreformen durch die Vorkriegs- und Kriegszeit operationalisiert werden? Folgende Arten von Kontinuitäten könnten den vorbereitenden Charakter der Vorkriegs- und Kriegszeit für die Nachkriegszeit stützen:

Personelle Kontinuität: Personen oder Personengruppen, die in der Zeit der Umsetzung der Reformen aktiv waren, könnten dies auch schon vor 1945 gewesen sein. Zu berücksichtigen sind hier auch Lehrer-Schüler-Verhältnisse oder solche zwischen Kolleginnen und Kollegen.

Teilumsetzungen: Reformen, die in ihrer ganzen Breite erst nach 1945 verwirklicht wurden, könnten schon vor 1945 zumindest in Einzelbereichen zur Implementierung gelangt sein. Hier wird sorgfältig darauf zu achten sein, ob diese Teilumsetzungen lediglich nominelle Veränderungen oder substanziellen Wandel mit sich brachten, wie weitgehend sie also tatsächlich als »Vorbereitung« dienten.

Diskussionsinhalte: Wurden erst nach 1945 umgesetzte Reformen vor 1945 bereits diskutiert, so ist zumindest die Bekanntschaft mit deren Inhalten gegeben.

Sprachliche Kontinuität: Abgesehen von den Inhalten ist auch auf die verwandten Begriffe sowie auf den diskursiven Hintergrund von Reformdiskussionen zu achten. Ein Grund, Kontinuität anzunehmen, könnte in einem gemeinsamen diskursiven Feld liegen. Nicht auszuschließen sind gleichbleibende Begrifflichkeiten bei gewandeltem Inhalt oder gleich bleibende Inhalte bei sich wandelnden Begriffen – hierauf wird achtzugeben sein.

Die beiden letztgenannten Punkte betreffen auch das Problem, wie eine Zuordnung der Diskussionen, Entscheidungsfindungen und Umsetzungen zu den o.g. Phasen des *policy cycle* vollzogen werden kann. Entscheidend für die Anwendbarkeit des Entscheidungsprozess-Modells ist zunächst, dass es sich bei den über eine relativ große Zeitspanne beobachteten historischen Phänomenen tatsächlich um solche handelt, die einem zusammengehörigen Entscheidungsprozess zugeordnet werden können. Dazu werden Inhalt und Form des Reform-Diskurses zu unterscheiden sein, d.h. zum einen die Themen, die zur Debatte standen bzw. die Sachinhalte, die Gegenstand von Reformen wurden, zum anderen die sprachliche Fassung dieser Inhalte, also auch der diskursive Rahmen, in dem Diskussionen standen. Nur wenn Inhalt und Form zumindest in wesentlichen Zügen über den betrachteten Zeitraum hinweg übereinstimmen, ist überhaupt die Voraussetzung dafür gegeben, im konkreten Fall Diskussionen und Umsetzungen, die von den Vorkriegsjahren bis in die Nachkriegszeit reichten, als Teile ein und desselben Prozesses zu begreifen. Die Untersuchung wird sich also nicht nur den Reforminhalten, sondern auch der diskursiven Rahmengebung selbiger zuwenden müssen. Die konkrete Zuordnung wird sich sodann an fünf Unterthemen der Bildungsreform (s.u. 3.3) orientieren. Dabei wird zunächst zu analysieren sein, wann diese Themenfelder politisch zum ersten Mal betreten wurden (Initiierung) und wann sie mit grundsätzlicher Orientierung auf eine Entscheidung hin breiter diskutiert wurden (Estimation, Formulierung). Konkret wird die Arbeit jeweils Anhaltspunkte für die ersten beiden Phasen in der Zeit vor 1945 zu ermitteln suchen, weshalb für diesen Zeitraum die Analyse der öffentlichen Diskussion über Hochschulreformen im Mittelpunkt stehen wird. Anschließend werden, unter Beachtung des eben genannten Gebotes der inhaltlichen und formalen Übereinstimmung, die während der Besatzungszeit erfolgten Reformen als Entscheidungs- und Implementationsphase untersucht werden.

Rückschlüsse auf die Urheberschaft von Reformen schließlich sollen ebenfalls durch Hinzuziehung des Phasenmodells möglich werden. Selbst wenn die Entscheidungsphase in hohem Maße durch US-amerikanische Aktivität dominiert war, wie es die gängige Sicht von der Besatzung als der »zweiten Landesöffnung« nahelegt, so ist damit noch nichts über die anderen für politische Entscheidungsprozesse konstitutiven Teilprozesse ausgesagt. Von besonderem Interesse ist hier neben den früheren Phasen der Initiierung und Formulierung auch die der Implementierung. Im Unterschied zu den früheren Phasen waren die US-amerikanischen Besatzungstruppen während der Implementierung durchaus vor Ort in Japan präsent. Doch bedeutet dies nicht automatisch, dass sie während der Umsetzung einen gleich großen Einfluss ausgeübt hätten wie während der Entscheidungsphase. Methodisch ist für die Untersuchung der Phase der Umsetzung, für welche sich die bisherige politikhistorische Forschung, die auf die bis zur Gesetzgebung reichende Entscheidungsfindung fixiert war, wenig interessierte, die Berücksichtigung auch dezentraler Akteurinnen und Akteure wichtig. Denn umgesetzt wurden die Gesetze und Verordnungen weder von der Ministerialbürokratie noch von den Besatzungsbehörden, sondern von den betroffenen Hochschulen und ihren Angehörigen selbst. Die Arbeit bezieht deshalb auch auf dieser unteren Ebene entstandene Dokumente mit in die Analyse ein. Das Zustandekommen von Gesetzen als formaler Ausdruck politischer Willensentscheidungen ist demnach zwar wichtig, und viele Reformanstrengungen waren auf die Reform von Gesetzen gerichtet, doch sucht die vorliegende Arbeit auch Reformen, die sich nicht direkt in Gesetzen niederschlugen, nachzuzeichnen.

Literatur und Quellen

Die meisten wichtigen Werke der Sekundärliteratur, die zur Verwendung kommen werden, sind im Literaturüberblick oben (s. Punkt 1.2) bereits genannt worden, da sie wertvolle Hinweise zu Einzelthemen geben, auch wenn sie in Anlage und Absicht der vorliegenden Arbeit nicht entsprechen. Hinzu kommt die große Zahl an Jubiläumsgeschichten einzelner Hochschulen. Die häufig viele hundert Seiten umfassenden Werke dieses Genres bieten in der Regel wenige neue Einsichten, zeichnen sich aber durch großen Detailreichtum und eine Fülle von Materialien und Fakten aus. Seitdem die Universität Tokyo mit ihrer hundertjährigen Geschichte (TDHHI 1984–1987) Maßstäbe setzte, kann man den Universitätsgeschichten zudem einen hohen wissenschaftlichen Standard zubilligen. Nahezu alle der vielen im Zuge des 50-jährigen Jubliäums seit der Gründung 1948 oder 1949 in den letzten Jahren erschienenen Einzelgeschichten staatlicher Hochschulen wurden mit großem Aufwand und mit Akribie erstellt.

Sind schon diese Werke eher als Mischform aus Sekundärliteratur und Quellen zu betrachten, so sind für die vorliegende Arbeit zahlreiche weitere Bestände an Primärquellen in die Untersuchung mit eingeflossen. Quantitativ an erster Stelle zu nennen sind die oben bereits erwähnten Akten der US-Besatzungsbehörden (Record Group 331: Records of Allied Operational and Occupation Headquarters, World War II), die in Kopie in Tokyo eingesehen wurden. Archivalische Bestände einzelner Hochschulen, die bei Forschungsreisen in Japan in den Jahren 2001 und 2002 in Augenschein genommen werden konnten, bilden eine zweite wichtige Säule der Quellengrundlage. Ein dritter größerer Bestand an Dokumenten ist die Sammlung »Quellen zur Bildung der Nachkriegszeit« *(Sengo kyōiku shiryō)*, die im Nationalen Institut für Bildungspolitikforschung (Kokuritsu Kyōiku Seisaku Kenkyūjo) auf Mikrofilm zugänglich ist und die sich hauptsächlich aus Beständen ehemaliger Mitarbeiter des Kultusministeriums zusammensetzt. Schließlich bilden die Protokolle der staatlichen Beratungsgremien für Bildungsfragen der Vor- und Nachkriegszeit (Erziehungsrat und Komitee zur Erziehungsreform) einen vierten gewichtigen Block der benutzten Quellen. Zusätzlich wurden u.a. Mitschriften von Interviews mit Zeitzeuginnen und Zeitzeugen (veröffentlicht oder aus der *Harry Wray Oral History Collection* an der Meisei-Universität), Dokumente aus den Nachlässen einzelner Besatzungsoffiziere (insbesondere die in Mikrofilm in der Bibliothek der Fakultät für Erziehungswissenschaften der Universität Tokyo eingesehene *Joseph C. Trainor Collection*), Zeitungsartikel, Dokumente aus dem zentralen Staatsarchiv in Tokyo (Kokuritsu Kōbunshokan) sowie aus dem Archiv des Kultusministeriums, graue Literatur und Parlamentsprotokolle (Oberhaus, Unterhaus, Ausschüsse) benutzt.

Gang der Untersuchung

Um die Frage nach der Kontinuität beantworten und den gesamten Prozess der Hochschulreformen anhand des Phasenmodells der Politikfeldanalyse untersuchen zu können, wird die Gesamtreform in fünf Reformkomplexe, die die wichtigsten Bereiche betreffen, aufgeteilt. Zu zeigen sein wird, dass alle wichtigen Reformvorhaben, die nach 1945 zur Umsetzung gelangten, ursprünglich von japanischer Seite initiiert worden waren, auch wenn sie nach der Kriegsniederlage zunächst von US-Seite wieder ins Spiel gebracht worden sein mögen. Gleichzeitig soll gezeigt werden, dass Reformvorhaben ohne entsprechende Vorbereitung und japanische Unterstützung scheiterten. Die fünf zentralen Reformkomplexe, von denen vier dauerhaft das Hochschulsystem der Nachkriegszeit prägten und einer zur Illustration des Scheiterns dient, sollen im Folgenden kurz inhaltlich skizziert werden.

Vereinheitlichung des Hochschulzugangs: Die in der Besatzungszeit erfolgte Reform der Sekundarstufe führte zu einer einheitlichen Regelung des Zugangs zu den ebenfalls neu einheitlich organisierten Universitäten. Das Interesse der Untersuchung richtet sich vornehmlich auf die Abschaffung der Oberschulen, die bis 1948 das Nadelöhr des Zugangs zu den staatlichen Universitäten bildeten. Die Oberschulen waren seit der Zunahme der Zahl der zu ihrem Zugang Berechtigten, also der Mittelschulabsolventen, in den 1920er Jahren Gegenstand der Kritik geworden, so dass ihre Abschaffung schon früh auf die Tagesordnung gelangte. Die Oberschulen waren auch Diskussionsgegenstand, weil sie derjenige Ort waren, an dem der Elite vor 1945 Allgemeinbildung *(kyōyō)* vermittelt wurde. Der Diskurs über Allgemeinbildung der Zeit vor 1945 wird im Hinblick auf die Einführung der allgemein bildenden Kurse *(ippan kyōiku)* an den Hochschulen nach 1945 Bedeutung erhalten.

Institutionelle Vereinheitlichung der Hochschullandschaft: 1948 wurden die oben genannten vier Hochschultypen des alten Systems zu Universitäten des neuen Systems zusammengefasst. Dies bedeutete im Einzelnen die Vereinheitlichung aller Universitäten zu Vier-Jahres-Universitäten, die Gleichstellung der alten Höheren Fachschulen mit den anderen Institutionen und die Überführung der vormals getrennten Einrichtungen innerhalb einer Präfektur in Fakultäten einer zusammengehörigen neuen Universität. Von Interesse für die Untersuchung ist der Stellenwert, der den Höheren Fachschulen in der Reformdiskussion der Vorkriegszeit beigemessen wird, ferner, wie die konkrete Ausgestaltung einer Zusammenlegung vorgestellt wurde, und schließlich, welche Veränderungen der institutionellen Landschaft schon vor 1945 zur Umsetzung gelangten. Bei der Betrachtung der Nachkriegszeit ist von Interesse, wie die Zusammenlegungen im Einzelnen ausgehandelt wurden und wie auch mit Rekurs auf die Zeit vor 1945 für oder gegen welche Optionen argumentiert wurde. Am Fallbeispiel der (neuen) Universität Akita wird gezeigt werden, wie sich der Aushandlungsprozess konkret vollzog und welche Akteurinnen und Akteure daran beteiligt waren.

Allgemeiner Hochschulzugang für Frauen: Erst mit den Nachkriegs-Reformen der Sekundarstufe und der Hochschulen wurde Frauen der Zugang zu allen Einrichtungen des Bildungssystems eröffnet. Zu fragen sein wird, wie während der Zeit von Krieg und Faschismus die Rolle der Frauen im (insbesondere höheren) Bildungssystem diskutiert wurde und wie sich diese Diskussionen und die sich aus ihnen ergebenden konkreten politischen Vorhaben von denen der Nachkriegszeit unterschieden. Wichtig wird die Differenzierung zwischen der Position einer grundsätzlichen Öffnung von Institutionen für Frauen und der einer Errichtung von separaten Institutionen sein sowie die Unterscheidung zwischen struktureller Gleichstellung und der Beibehaltung von separaten Inhalten. Die Diskussion um die Koedukation auf verschiedenen Schulstufen spielt hier eine zentrale Rolle.

Verwissenschaftlichung der Lehramtsausbildung: Die Reform der Lehramtsausbildung gehörte zu den umstrittensten bildungspolitischen Themen der 1930er Jahre. Eine teilweise Umsetzung von Reformideen erfolgte bereits 1943/44, doch die endgültige Verwissenschaftlichung der Lehramtsausbildung durch Verlagerung an die Universitäten fand erst im Zuge der Vereinheitlichung des gesamten Hochschulsystems ab 1948 statt. Bei der Beantwortung der Frage, ob die Reformen aus der Zeit nach 1945 an die vor 1945 geführten Diskussionen anknüpfen konnten, stehen Meinungen zu den Anforderungen an Grundschullehrerinnen und -lehrer und den sich daraus ergebenden Ausbildungsinhalten sowie zur Differenzierung der Ausbildung von Lehrerinnen und Lehrern an verschiedenen Schulstufen im Vordergrund. Gerade bei der Lehramtsausbildung werden überdies die grundsätzlichen Ziele, die Schulbildung vor 1945 bzw. nach 1945 erfüllen sollte, sichtbar. Schließlich stellt sich auch die Frage, wie groß die Neuerung durch die Einführung von *general studies* als festem Bestandteil der Hochschulbildung für alle Studierenden war. Das Urteil, die Einführung dieser an den Pädagogischen Fakultäten (die zuvor Pädagogische Hochschulen waren) nach 1949 habe wesentlich zur Demokratisierung beigetragen, beruht auf Annahmen über die Zusammensetzung der Curricula unter dem alten System, die der Überprüfung bedürfen.

Hochschulverwaltung: Eine Dezentralisierung der Hochschulverwaltung stand weit oben auf der Agenda der US-Besatzungsarmee. Die Verwaltungsreform wurde jedoch zum einzigen wichtigen Reformvorhaben im Bildungsbereich, das auf ganzer Linie am japanischen Widerstand scheiterte. Die Untersuchung wird sich auf die Fragen konzentrieren, wie Hochschulverwaltung vor 1945 konzipiert wurde und welche japanischen Akteursgruppen welche Position in dem Streit um die Einführung eines neuen Universitätsgesetzes nach 1948 einnahmen.

In den beiden Hauptteilen der vorliegenden Arbeit werden die Diskussionen über die o.g. fünf Felder und die politischen Entscheidungen über sie eingehend analysiert. Für die Vorkriegszeit (Teil II) stehen dabei der zusammenhängende Reformdiskurs, der seinen Höhepunkt zwischen 1931 und 1936 hatte und an dem sich zahlreiche Individuen und Organisationen lebhaft beteiligten, die Tätigkeit des Erziehungsrates (1937 bis 1941) und die Umsetzung bzw. Nichtumsetzung von Reformen zwischen 1941 und 1945 im Vordergrund. Für die Nachkriegszeit (Teil III) werden anschließend die seit Ende 1945 artikulierten Reformvorstellungen der US-amerikanischen Besatzungsmacht und verschiedener Akteurinnen und Akteure auf japanischer Seite zu untersuchen sein. Die unterschiedliche Länge der Betrachtungszeiträume (1919 bis 1945 einerseits, 1945 bis 1952 andererseits) ergibt sich aus dem unterschiedlichen Grad der Intensität der politischen Diskussionen und Aktivitäten in den beiden Zeiträumen, der eine gleich gewichtete Betrachtungsweise nahelegt. Aus demselben Grund, aber auch, weil der Ausgangspunkt für das Erkenntnisinteresse auf der Besatzungszeit liegt, unterscheidet sich die Herangehensweise in den beiden Kapiteln. Einer eher statischen Bestandsaufnahme mit genau definierter Quellenbasis für die Zeit vor 1945 steht die Nachzeichnung der dynamischen Entwicklung in der kurzen Zeit von 1945 bis 1952 auf vielfältiger Quellengrundlage gegenüber.

Teil IV schließlich wird an die auf den vorangehenden Seiten aufgeworfenen Fragen nach der Funktion von Faschismus und Besatzungszeit für die Hochschulpolitik im 20. Jahrhundert anknüpfen. Diese Zuschreibungen werden Bedeutung erlangen durch Bezugnahme auf das von Yamanouchi Yasushi entwickelte theoretische Modell (s.o. S. 16–17) und dessen Aussagen zum Modernisierungsprozess Japans im 20. Jahrhundert. Es bietet die Möglichkeit, die Entwicklung im Hochschulsektor als Teil eines umfassenderen Prozesses sozialen Wandels im Japan des 20. Jahrhunderts zu deuten. Die von Yamanouchi vorgeschlagene Periodisierung jedoch, das Einsetzen also des entscheidenden Umbruchs zur »Systemgesellschaft« auch im Bereich höherer Bildung um 1940, wird mittels der Untersuchungsergebnisse kritisch zu befragen sein.

Letztlich wirft die Arbeit die Frage auf, ob die gängigen Auffassungen sowohl von »Faschismus« als auch von der »demokratisierenden« Besatzungszeit zu halten sind. Sollte sich herausstellen, dass gerade im Bereich Bildung, der als maßgeblich für die Demokratisierung in der Besatzungszeit gilt, entscheidende Reformen schon vor 1945 vorbereitet waren, dann ist die Frage zu stellen, ob die Dichotomie Faschismus vs. Demokratie nicht mehr verdeckt, als sie erklärt. Vielmehr könnte die beiden so verschieden scheinenden Epochen mehr verbinden als zunächst der Fall zu sein scheint und als gemeinhin angenommen oder unreflektiert vorausgesetzt wird. Damit ist nicht der Gegensatz der Begriffe Demokratie und Faschismus in Frage gestellt, wohl aber eine Betrachtungsweise der Geschichte Japans im 20. Jahrhundert, die von einer absoluten Gegenüberstellung dieser Begriffe ausgeht.

II. Zwischenkriegszeit, Faschismus und Krieg (1919–1945)

Vor 1945 war es der Kaiserliche Erziehungserlass von 1890, das die Ziele und Absichten aller Bildung in Japan von Seiten der Regierung festhielt. Im japanischen Erziehungswesen wurde in der ersten Hälfte des 20. Jahrhunderts durchgehend Wert auf die in diesem Dokument an zentraler Stelle genannte Befolgung von konfuzianisch definierten Pflichten und eine angemessene Untertanenhaltung zum väterlichen Tenno gelegt. Parallel dazu zeichnete sich seit den 1920er Jahren eine zunehmende Militarisierung des Schulunterrichts ab. Der ultranationalistisch indoktrinierende und auf die militärische Mobilmachung des gesamten Erziehungswesens ausgerichtete Unterricht während des Zweiten Weltkrieges erscheint so als logische Konsequenz aus den bereits angelegten Tendenzen.

Doch die 1920er und 1930er Jahre waren auch eine Zeit intensiver Diskussionen über strukturelle Reformen im Bildungswesen. Schon Mitte der 1930er Jahre blickte man auf eine lange Zeit solcher Reformdebatten zurück, wie ein Artikel in der Zeitung der Universität Tokyo *(Teikoku daigaku shinbun)* vom September 1934 zeigt:

> Die Reform des Bildungssystems ist seit wirklich langer Zeit ein ungelöstes Problem. Nicht nur wurden von der Erziehungswelt und von der allgemeinen Öffentlichkeit Reformpläne verschiedenster Art vorgelegt, auch gibt es kaum Fälle, in denen bei einem Wechsel des Kabinetts im Regierungsprogramm des neuen Kabinetts nicht auch ein Passus zur Reform des Bildungssystems enthalten wäre. Auch den Punkten der Parteiprogramme aller Parteien ist stets die Reform des Bildungssystems hinzugefügt. Warum eigentlich kommt es nicht dazu, dass die Reform des Bildungswesens, obschon es doch so aussieht, als sei sie die öffentliche Meinung aller Richtungen, auch nur ein wenig verwirklicht wird? (in: TDS 1934: 3).

Die hier von Yoshida Kumaji[11], Professor für Pädagogik an der Kaiserlichen Universität Tokyo, deutlich zum Ausdruck gebrachte Intensität allseitiger Debatten konnte auch im Hochschulbereich beobachtet werden. Hier war mit Gesetzesänderungen 1918 die Anerkennung der ersten privaten Hochschulen als Universitäten und die Heraufstufung einiger staatlicher Institutionen zu Universitäten vorbereitet worden. Schon kurz nach deren Verwirklichung zu Beginn der 1920er Jahre jedoch begannen erneut Rufe nach Reformen des Hochschulwesens laut zu werden, um in der ersten Hälfte der 1930er Jahre in eine breit geführte gesellschaftliche Debatte über das Erziehungswesen insgesamt zu münden. Die Themen dieser Diskussion wurden zudem 1937 Gegenstand des während der ersten Regierung

11 Lebensdaten der wichtigen in dieser Arbeit genannten Personen und, so zutreffend, die japanische Schreibung ihrer Namen finden sich im Personenregister am Ende der Arbeit.

unter Premierminister Konoe Fumimaro eingerichteten Erziehungsrates (Kyōiku Shingikai),[12] der sich in seinen bis 1941 dauernden Beratungen auch dem Hochschulwesen ausführlich widmete.

Der Erziehungsrat (dessen Arbeit in Unterkapitel 4.2 analysiert werden wird) stand somit einerseits in der Tradition der Diskussion struktureller Reformen, war andererseits aber auch wesentlich verantwortlich für die »Faschisierung« der Bildungsinhalte während des Zweiten Weltkrieges. Das vorliegende Kapitel soll eine Abwägung dieser beiden Gesichter der Bildungspolitik vor 1945 leisten. Dabei wird insbesondere die Erbschaft der Reformdiskussion und -politik der 1920er und 1930er Jahre für die unmittelbare Nachkriegszeit im Mittelpunkt des Interesses stehen. Von zentraler Bedeutung ist die Frage, inwieweit davon gesprochen werden kann, dass im Untersuchungszeitraum ein politischer Prozess initiiert und formuliert (s.o. S. 19–20) wurde und inwieweit dieser Prozess – nicht zwangsläufig alle seine Inhalte – mit dem in der Besatzungszeit implementierten identisch war.

Das Bild der ultranationalistischen, militaristischen und faschistischen Erziehungspraxis der Zeit vom Ende des Ersten bis zum Ende des Zweiten Weltkrieges ist aus zahlreichen Werken der Sekundärliteratur bekannt. Was davon auch für die Hochschulen zutrifft, versteht sich hingegen nicht von selbst (1.). Das Hauptaugenmerk der Untersuchung liegt hier auf dem Ausmaß des Zwangs, dem die Hochschulen bzw. die an ihnen Lehrenden und Lernenden in diesem Zeitraum ausgesetzt waren bzw. der Freiräume, die ihnen zum Handeln blieben. Die weiteren Unterkapitel behandeln den Gang der Reformdiskussion und -umsetzung bis 1945, jeweils unter Berücksichtigung der fünf Themenbereiche Hochschulzugang, institutionelle Vereinheitlichung, Lehramtsausbildung, Hochschulzugang für Frauen und Verwaltungsreform, die in der Einleitung (s.o. S. 23–24) genannt wurden. Die Wirtschaftskrise der 1920er Jahre war die Hauptursache für eine ab etwa 1925 zunehmend intensivere Debatte über Bildungsreformen (2.). Die Hochschulen selbst waren an dieser Debatte kaum beteiligt, dafür aber umso aktiver um eine Aufwertung ihres eigenen Status bemüht, was wiederum Rückwirkungen auf die Reformdiskussion hatte (3.). Die in der Diskussion entwickelten Ideen wurden von Regierungsseite wiederholt aufgegriffen und insbesondere in einem regierungsamtlichen Beratungsgremium der 1930er Jahre, dem Erziehungsrat, mit Blick auf alsbaldige Umsetzung weiterdiskutiert (4.). Dass ein Großteil der im Erziehungsrat beschlossenen Reformen vor 1945 nicht mehr zur Umsetzung gelangte, lag daran, dass

---

12 Die Übersetzung des Titels dieses Gremiums ins Deutsche ist nicht ganz einfach. Im gegenwärtigen politischen System Japans erfüllen *shingikai* eine relativ klar definierte und wichtige Rolle. Für die eng in die Regierungsarbeit eingebundenen und häufig über viele Jahre hinweg tagenden Beratungsgremien ist »Beratungskomitee« oder »administrativer Beratungsausschuss« eine passende Übersetzung (s. z.B. Seifert 1997 oder Foljanty-Jost 1991). Im Falle des Kyōiku Shingikai ist die Sachlage jedoch anders: Er wurde nicht wie heutige *shingikai* zur Zuarbeit eines Ministeriums eingerichtet, sondern war auf der Ebene des Kabinetts angesiedelt, er war nicht als ständiger Ausschuss konzipiert, sondern tagte in einem begrenzten Zeitraum, und seine Mitglieder waren in der Mehrzahl Experten und nicht Politiker oder Bürokraten. »Kyōiku Shingikai« wird daher in der vorliegenden Arbeit, wie schon der Bildungssoziologe Ulrich Teichler (1975: 115) vorgeschlagen hat, mit »Erziehungsrat« wiedergegeben (vgl. auch etwa den Namen des 2001 von der Bundesregierung eingerichteten »Nationalen Ethikrates«).

schon gegen Ende der Beratungen 1942 die Bedingungen des totalen Krieges über Finanzentscheidungen bestimmten. Lediglich die Lehramtsausbildung wurde 1943/44 noch teilweise reformiert (5.). Der Hauptteil des Kapitels endet mit einer Untersuchung der »Sprache der Reform« (6.), welche die im Reformdiskurs artikulierten Zielsetzungen und gesellschaftlichen Funktionen von Bildung identifiziert. Abschließend wird ein vorläufiges Fazit über den Charakter des japanischen Hochschulwesens vor 1945 zwischen faschistischen Inhalten und struktureller Orientierung auf Reformen gegeben (7.). Am Ende dieses Kapitels werden zentrale Themen, Personen und sprachliche Konventionen der Bildungsdiskussion bekannt sein, so dass davon ausgehend im folgenden Teil deren Kontinuität zur Besatzungszeit untersucht werden kann.

1. Militarisierung und Faschisierung des höheren Bildungswesens

Die Sekundärliteratur zur japanischen Bildungsgeschichte hat als Hauptmerkmal der Bildungspolitik der Zeit bis 1945 die Auswirkung des Faschismus auf die Bildungsinhalte herausgestellt (vgl. oben S. 14–15). Unter dem Paradigma des »Tenno-System-Faschismus« ist die seit der Meiji-Zeit (1868–1912) von der Regierung betriebene ideologische Ausrichtung der Gesellschaft auf den Tenno als wichtige Vorstufe zum Faschismus der 1930er Jahre betrachtet worden. Im Bildungsbereich wurde, im Sinne des Konzepts des »Tenno-Systems«, der Kaiserliche Erziehungserlass mit seiner Bestimmung der Untertanentreue zum Kaiserhaus als Bildungsziel als das Hauptverbindungsmoment zwischen dem späten 19. Jahrhundert und den 1930er Jahren gesehen. Dazu gesellte sich schon seit der Zeit des ersten Kultusministers Mori Arinori (im Amt von 1885 bis 1889) eine Militarisierung zunächst der unteren Schulstufen, die mit dem Chinesisch-Japanischen Krieg 1894/95 und dem Russisch-Japanischen Krieg 1904/05 nach und nach auch die höheren Schulstufen erfasste. Als Hintergrund für die folgenden Ausführungen sollen nun die Auswirkungen dieser Tendenzen zu Ultranationalismus und Militarisierung auf die höhere Bildung sowohl in der Zeit bis Mitte der 1930er Jahre als auch im Zeitraum des wachsenden Einflusses der japanischen Kriegshandlungen im pazifischen Raum auf das Alltagsleben, 1937 bis 1945, untersucht werden.

Vorkriegszeit

Der Kaiserliche Erziehungserlass wurde 1890 erlassen, ein Jahr nach Inkrafttreten der Meiji-Verfassung. Man kann das Pflichten betonende Edikt, wenn man beide Ereignisse miteinander verknüpft, als es eine Art Korrektiv zu den in der Verfassung gewährten Rechten auffassen: So wie die Verfassung für alle Japanerinnen und Japaner Gültigkeit hatte, wurden auch alle während ihrer Schulzeit mit dem Erlass konfrontiert, der Werte proklamierte, die sie ihr ganzes Leben lang beachten sollten. Tatsächlich kam dem Text selbst in der Folge höchste Verehrung zu. Abschriften (sowie ebenfalls zu Objekten der Verehrung deklarierte Photographien des Kaisers) wurden an alle Schulen des Landes verschickt; ein Erlass vom Juni 1891 bestimmte, dass Lehrende und Lernende einer Schule sich an nationalen Feiertagen zu versammeln, sich vor dem kaiserlichen Porträt zu verbeugen und die zeremonielle Verlesung des Erlasses durch den Rektor anzuhören hätten (Kawai u.a. 1984: 54–55). Wie strikt dieser Erlass ausgelegt wurde, zeigt, dass noch im selben Jahr Uchimura Kanzō, Lehrer an der Ersten Oberschule in Tokyo, entlassen wurde, weil er als Christ nicht ordnungsgemäß an der Zeremonie teilnehmen wollte.

Der Text selbst hatte ursprünglich der spirituellen Orientierung der Nation dienen sollen, die in der Mitte der Meiji-Zeit zwischen Verwestlichung und Bewahrung »des Eigenen« hin- und hergerissen war. Die Formulierung des Textes war 1890 eigentlich ein Kompromiss gewesen, der sowohl konfuzianische Traditionalisten als auch westlich orientierte Modernisierer hatte zufriedenstellen sollen (Marshall 1994: 58–59). Dennoch wurde der Kaiserliche Erziehungserlass in der Folge in Auseinandersetzungen über Bildungsfragen zum Bezugspunkt allein der Konservativen, die die Vernachlässigung der dort formulierten Ideale bemängelten. Die Werte des Erlasses sollten im Schulalltag zwar querschnittsartig in allen Fächern vermittelt werden, doch wurde (seit 1892) zusätzlich dafür das eigene Fach

Ethik *(shūshin)* eingerichtet. Mittels eines staatlichen Schulbuchsystems (seit 1904) sorgten die Autoritäten dafür, dass die zentralen Inhalte Patriotismus und Ehrfurcht vor dem Kaiser in allen Schulen ungetrübt Lehrinhalt werden konnten. Mit Ausnahme der Universitäten stand Ethik an allen Bildungseinrichtungen von der Grundschule bis zu den Hochschulen verpflichtend auf dem Stundenplan, wenn auch in allen Schulstufen stets nur mit geringer Stundenzahl (i.d.R. zwei pro Woche).

Der Patriotismus im japanischen Schulwesen der Vorkriegszeit war mit einem ausgeprägten Militarismus verknüpft, der seit der Einführung von soldatischer Körperertüchtigung 1883 auf Schüler und Studenten zielte. Diese paramilitärische Form des Schulunterrichts war auf einen Teil der Mittelschulen und Pädagogischen Seminare beschränkt; die Hochschulen wurden von der Militarisierung erst nach dem Ersten Weltkrieg erfasst. Der Sonderausschuss für Erziehung hatte 1917 vorgeschlagen, ein landesweites militärisches Ausbildungsprogramm an den Schulen und Hochschulen zu etablieren, welches 1925 realisiert wurde. An Mittelschulen, Pädagogischen Seminaren und allen Hochschulen (inkl. Universitäten) wurden nun von Heeresoffizieren geleitete militärische Drills und theoretische Vorlesungen eingeführt, die an staatlichen Einrichtungen verpflichtend waren (Krämer 2002: 23–24).

Im Hochschulwesen litten nicht nur Studierende, sondern auch Lehrende und Forschende unter zunehmender staatlicher Kontrolle, indem die politischen Autoritäten nach dem Ersten Weltkrieg den Spielraum dessen, was als Forschungsgegenstand politisch genehm war, zunehmend beschränkten. Noch 1905 und 1913 hatte die Kaiserliche Universität Kyoto zwei wichtige Siege erringen können, zunächst, als sie die Zurücknahme der Entlassung des Juraprofessors Tomizu Hirondo, der sich kritisch zum Kurs der Regierung bei den Friedensverhandlungen nach dem Russisch-Japanischen Krieg geäußert hatte, erwirken konnte. 1913 konnte sie dem Kultusministerium gegenüber die Absetzung des neuen Rektors Sawayanagi Masatarō, der mehrere Professoren hatte entlassen wollen, durchsetzen. Eine breite Solidaritätswelle und die Drohung vieler Professoren, ihr Amt niederzulegen, zwangen das Kultusministerium, das Recht zur Rektorwahl in Zukunft der Universität selbst zuzugestehen. Schon 1920 jedoch wurde Morito Tatsuo, Assistenzprofessor für Wirtschaftswissenschaften an der Kaiserlichen Universität Tokyo, wegen Störung der öffentlichen Ordnung zu einer Gefängnisstrafe verurteilt und verlor daraufhin seinen Posten an der Universität. Er hatte einen wissenschaftlichen Artikel über den russischen Anarchisten Kropotkin veröffentlicht, der vom Gericht als subversiv und Verletzung des Pressegesetzes beurteilt wurde (Marshall 1992: 128–129). War das Vorgehen gegen Morito noch ein isolierter Einzelfall gewesen, so begannen Polizei und Staatsanwaltschaft ab Ende der 1920er Jahre, massive Verhaftungswellen zur Unterdrückung der kommunistischen Bewegung einzusetzen. Am 15. März 1928 wurden kurz nach den ersten Parlamentswahlen mit Allgemeinem Männerwahlrecht, zu denen auch die Kommunistische Partei angetreten war, landesweit etwa 1 600 subversiver Tendenzen Verdächtigte festgenommen. Darunter befanden sich auch die Professoren Ōmori Yoshitarō (Universität Tokyo, Wirtschaftswissenschaften), Ishihama Tomoyuki, Sakisaka Itsurō und Sassa Hiroo (alle Universität Kyūshū, Fakultät für Recht und Literatur), die nach ihrer Festnahme sämtlich ihre Anstellung verloren (KDSGK 1967: III: 534).

Zwei weitere große Wellen von Entlassungen von Professoren aus politischen Gründen fanden 1933 und 1938 statt. An der Fakultät für Recht der Universität Kyoto verließen 1933 sechs Professoren im Zuge des so genannten Takigawa-Zwischenfalls die Universität. Eine Untersuchung des Kultusministeriums hatte die Schriften des liberalen Professors für Strafrecht Takigawa Yukitoki als marxistisch eingestuft und bewirkte im Mai seine Entlassung. Aus Protest reichten fünf weitere Professoren seiner Fakultät Entlassungsgesuche ein – anders als noch 1913 konnten sie damit aber nicht den gewünschten Druck auf das Ministerium ausüben, sondern verloren ebenfalls ihre Posten (Marshall 1992: 147–157). 1938 war es wiederum die Universität Tokyo, an welcher der bereits 1928 entlassene ehemalige Professor Ōmori Yoshitarō Anfang Januar 1938 im Zuge einer landesweiten Verhaftungswelle gegen Mitglieder der so genannten Volksfront, die gegen den seit dem Vorjahr offen ausgebrochenen Krieg Japans gegen China agitierte, festgenommen wurde. Nach der Verhaftung stellte sich heraus, dass Ōmori auch nach 1928 weiterhin engen Kontakt zu einer Gruppe von Professoren der Fakultät für Wirtschaftswissenschaft an der Universität Tokyo unterhalten hatte. Kultusministerium und Staatsanwaltschaft bekundeten öffentlich, sie erwarteten nun von der Universität die Entlassung der drei Betroffenen, Ōuchi Hyōe, Wakimura Yoshitarō und Arisawa Hiromi. Auch in diesem Falle nutzte die Gegenwehr der Universität und ihrer Gremien nichts: Im Dezember 1938 griff ein gesetzlicher Automatismus, wonach strafrechtlich Angeklagte ihren Beamtenstatus verloren, so dass die drei bis 1945 suspendiert waren (TDHHI 1985: tsūshi II: 868–875). Zu diesen größeren Entlassungsaktionen kamen Einzelfälle wie der des Professors für Wirtschaftswissenschaften an der Universität Tokyo Yanaihara Tadao, der 1937 wegen christlich motivierter Äußerungen gegen den Krieg zur Kündigung gedrängt wurde.

Parallel zu den »politischen Säuberungen« kam es auch zu Versuchen, die Ziele und Absichten von Wissenschaft und Forschung totalitär umzudefinieren. So lautete ein Formulierungsvorschlag für die gesetzliche Definition des Ziels von Universitäten 1936 in einem Beratungsgremium der Regierung: »Das Wesen unseres Landes ist, dass religiöse Zeremonie, Politik und erzieherische Unterweisung im Grunde eine untrennbare Einheit bilden und sich nicht voneinander entfernen« (in: TDHHI 1985: tsūshi II: 584). Ganz im Sinne solcher einengender Definitionen des Zuständigkeitsbereiches von Wissenschaft stand auch die Kampagne gegen den pensionierten Verfassungsrechtler und Oberhausabgeordneten Minobe Tatsukichi (bis 1934 Professor an der Universität Tokyo) im Jahre 1935. Seine seit langer Zeit in wissenschaftlichen Publikationen vertretene Auffassung, der Tenno stelle ein Organ des Staates dar, wurde im Parlament als unvereinbar mit der »Staatsform« *(kokutai)* verurteilt. Minobe wurde der Majestätsbeleidigung angeklagt, seine Schriften wurden verboten, und schließlich trat er von seinem Amt als Oberhausabgeordneter zurück.

Um »gefährliche Gedanken« auch unter den Lernenden im Keim ersticken zu können, folgte das Kultusministerium 1934 dem Vorbild des Innenministeriums und gründete ein »Büro für Gedanken« *(shisōkyoku)*, also zur Überprüfung von Äußerungen auf ihre politisch-ideologische Konformität. Dieses Büro ging 1937 im Rahmen einer Umstrukturierung im Kultusministerium in dem größeren Büro für das Unterrichtswesen *(kyōgakukyoku)* auf. Beide Abteilungen suchten nicht nur Verfehlungen zu bestrafen, sondern waren zugleich für positive Maßnahmen der Indoktrination zuständig. So publizierten sie die zentralen Texte zur Darlegung der herrschenden Staatsdoktrin, »Grundprinzipien unserer Staatsform« (*Kokutai no hongi*, 1937) und »Der Weg des Untertanen« (*Shinmin no michi*, 1941).

Kriegszeit

Außerhalb der spektakulären Entlassungsfälle kam es nur ganz vereinzelt zu politischen Säuberungen an den Hochschulen. Für die Professoren war damit der Höhepunkt der zu erleidenden Repressionen noch vor Beginn des »totalen Krieges« durch den Angriff auf die USA überschritten. Für die Studierenden hingegen, insbesondere die männlichen, steigerten sich die direkten Auswirkungen der Militarisierung, die immer mehr in den Studienalltag eingriff, bis 1945 kontinuierlich. So wurden Schülerinnen und Schüler seit 1937 zunehmend zu Arbeitseinsätzen zur Unterstützung der Kriegsanstrengung mobilisiert. Auch Universitätsstudenten wurden nach und nach in dieses System einbezogen; dort hatten diese Arbeiten anfangs allerdings noch häufig freiwilligen oder studienbezogenen Charakter. In dem aus dem Jahre 1998 stammenden Band »Mobilisierung der Studenten an der Universität Tokyo für Arbeits- und Kriegseinsätze« etwa wird für die Kaiserliche Universität Tokyo der erste auswärtige »Arbeitseinsatz« für den Juli 1937 angegeben. Es handelte sich dabei allerdings um Vorbereitungen für den Bau einer Sportanlage, die ein Sportverein der Universität unternahm. Im Juli 1938 halfen Medizinstudenten bei Impfungen in Nordchina, im Dezember 1938 führten ebenfalls Medizinstudenten eine Untersuchung zur hygienischen Situation von in die Mandschurei emigrierten Japanerinnen und Japanern durch, im Juli 1940 überprüften Studenten der Rechtswissenschaft die Wirksamkeit der Lebensmittelrationierung in Tokyo. Erst ab 1941 wurden Studenten der Universität Tokyo in gänzlich fachfremden Tätigkeiten, etwa zu manueller Tätigkeit in Stahlwerken, eingesetzt (TDSS 1998: Anhang: 8–103).

Ebenfalls 1941 wurden bestehende Alumni-, Schülerinnen-, Schüler- und Studentenorganisationen in ganz Japan »gleichgeschaltet« und von der Mittelschule aufwärts schulweise in »Patriotische Gesellschaften« *(gakkō hōkokukai)* mit Zwangsmitgliedschaft für Lehrende und Lernende umorganisiert. Diese Gesellschaften wurden noch im selben Jahr zu Organisationseinheiten für Arbeitseinsätze umfunktioniert; ab 1943 waren sie das an den Schulen für die Mobilisierung zur Landesverteidigung und zum Arbeitsdienst zuständige Glied der alle Angehörigen der ganzen Nation umfassenden nationalen Mobilmachung.

Waren die höheren Schulen lange Zeit noch vergleichsweise wenig von den Zeitumständen beeinflusst geblieben, so wurden nach dem Angriff Japans auf die USA im Dezember 1941 auch hier mehr und mehr Notmaßnahmen eingeführt. 1942 wurde die Ausbildungszeit an allen Hochschulen um ein Semester gekürzt, so dass nun die Abschlusszeremonien schon im September, statt wie bislang üblich im April, stattfanden. Die letzten Privilegien entfielen an den Universitäten Ende 1943 mit der Aufhebung der Befreiung von der Wehrpflicht für Studenten; auch sie wurden nun an die Front verschickt. In den letzten beiden Kriegsjahren schließlich brach das Unterrichtswesen nahezu vollständig zusammen: Ende 1944 etwa verbrachten Studentinnen und Studenten an den Pädagogischen Hochschulen mehr als die Hälfte der Schulzeit in Fabriken und auf Äckern, ab April 1945 schließlich wurde der Schulbesuch für alle Schulstufen außer der Grundschule für ein Jahr aufgehoben.

Selbst an den Hochschulen, an denen ein vergleichsweise hoher Prozentsatz von Studenten 1943 zum Kriegsdienst eingezogen wurde, blieb freilich eine große Mehrheit an der Schule zurück; bei den Oberschulen z.B. gehörte die Oberschule Toyama mit 20% Abberufenen schon zur Spitzengruppe (Kisaki 2003: 61). Das Einrücken der Schüler und Studenten wurde auch zur Mobilisierung der Heimatfront genutzt. Zu diesem Zweck wurden in allen größeren Städten zentrale Feiern abgehalten, von denen die im Stadion beim Meiji-Schrein in Tokyo vom 22. November 1943 landesweit repräsentativen Charakter besaß und am meisten im kollektiven Gedächtnis geblieben ist (Kisaki 2003: 63–64).

Der Krieg wirkte sich auch jenseits persönlicher Repression und Folgen für Einzelpersonen indirekt auf die Hochschulen aus, indem z.B. die Vergabe von Forschungsmitteln zunehmend in den Dienst des Krieges gestellt wurde. Hier etablierte sich mit dem Staatlichen Planungsamt (Kikakuin; seit 1937) und der in diesem angesiedelten Konferenz zur Mobilisierung der Wissenschaften (Kagaku Dōin Kyōgikai; seit 1938) eine vom Kultusministerium unabhängige Struktur, die einen Großteil der Geldflüsse in die Wissenschaft während des »totalen Krieges« monopolisieren konnte. Im Zusammenhang mit dieser Politik standen auch die zahlreichen Gründungen nationaler Forschungsinstitute in den Jahren 1939 bis 1941, darunter das Institut für Chemische Ressourcen, das Institut für Tropenmedizin, das Institut für Bevölkerungsprobleme und das Institut für Ostasiatische Kultur. Diese Wissenschaftspolitik verband eine Modernisierung der Forschung in Japan mit einer ganz direkten Ausrichtung dieser Forschung auf nationale Zwecke der Kriegstüchtigkeit und der Beherrschung von im Angriffskrieg eroberten Gebieten (Kubo u.a. 2001: 148–149).

Der extreme Nationalismus der Kriegszeit fand seinen Niederschlag schließlich auch ideologisch auf der Ebene allgemeiner Zielerklärungen in Gesetzen. Nach der Vorlage des Erziehungsrates wurden zwischen 1941 und 1943 für alle Schulstufen mit der Ausnahme der Universität die jeweilig gültigen Gesetze, welche die Rahmenbedingungen für die einzelnen Schulformen festlegten, geändert. Jeweils in den ersten Artikel, der die allgemeinen Ziele der jeweiligen Schulform darlegte, wurde die Passage eingefügt, die Schule oder Hochschule lehre vermittels der »Formung zum kaiserlichen Volk« *(kōkokumin no rensei)*, »den kaiserlichen Weg zu befolgen« *(kōkoku no michi o noritori)* (Yoneda 2000: 503). Damit fand der Geist des Kaiserlichen Erziehungserlasses, welches weniger konkrete gesetzliche Handlungsanweisung als vielmehr spirituelle Anleitung gewesen war, nun auch Eingang in einen eigentlich Organisation und Struktur regelnden Gesetzestext.

Wie der Krieg das Leben an den Schulen bestimmte, verdeutlicht das Beispiel des Präfekturalen Pädagogischen Seminars Tochigi (nach 1949 Universität Utsunomiya). Dort wurden ab 1941 alle extracurricularen Veranstaltungen im Rahmen der neugegründeten »Patriotischen Gesellschaft« durchgeführt, die bisherigen »Clubs« firmierten nun als »Gruppen« oder »Unterabteilungen« der Patriotischen Gesellschaft. Darunter befanden sich solche für verschiedene Sportarten, Musik oder Künste, aber auch solche für Luftschutz, Techniken der Landesverteidigung (ab 1943 unter dem Namen »Kriegstechniken«) oder Schießen (UDKGHI 1989: 166–169). Arbeitsdienst leisteten die Studierenden am Pädagogischen Seminar Tochigi seit 1938, jeweils drei bis fünf Tage während der längeren Ferien. Seit 1941 kamen bis zu 30 Tage während der Schulzeit hinzu, für die Unterricht ausfallen musste. Seit 1943 mussten sie überdies beim Bau von zwei Flugplätzen und einem Krankenhaus in der Nähe von Utsunomiya mithelfen. Dafür schaffte das neue Fach *shūren* (eigentlich neutral »Übung« oder »Schulung«) im Stundenplan Platz, das bis zu 60 Tage im Jahr für Arbeitsdienst oder Feldarbeit vorsah. Ab Sommer 1944 waren industrielle Produktionsstätten der Hauptaufenthaltsort der Studierenden auch während der Schulzeit. Die Studierenden aus der dritten Jahrgangsstufe, ein Teil derjenigen aus der zweiten sowie Studenten aus dem zweiten und dritten Jahr des Vorbereitungskurses arbeiteten ab 7. Juli 1944 ganztägig bei der Kupferfabrik Nikkō. Etwas später fing auch der andere Teil der Zweitjährler an, in Werken der Firma Kawasaki-Schwerindustrie in der Präfektur Kanagawa zu arbeiten. Der noch verbleibende Rest, die jeweils erste Jahrgangsstufe des Hauptkurses und des Vorbereitungskurses, arbeiteten ab Januar 1945 in der Utsunomiya-Zweigfabrik des Flugzeugproduzenten Nakajima (UDKGHI 1989: 185–188). Im ersten und zweiten Fall zeigte sich der Langzeit-Charakter des Arbeitseinsatzes auch darin, dass die Studierenden in Firmenwohnheimen untergebracht wurden. Nicht nur wegen dieser Umstände traf sie der Arbeitsdienst besonders hart: Ausgerechnet 1943 und 1944, zu der Zeit, in der die kriegsbedingte Lebensmittelknappheit in Japan besonders drastische Züge annahm, mussten sie körperliche Schwerstarbeit verrichten. Aus dieser Zeit stammende Selbstzeugnisse der Studierenden der mittlerweile in »Pädagogische Hochschule Tochigi« umbenannten Institution kreisen zu einem erheblichen Anteil um das Problem der alltäglichen Nahrungsversorgung (UDKGHI 1989: 190).

Mit der Suspendierung des Schulbesuchs für ein Jahr und der Aufhebung jeglicher Befreiungen vom Kriegsdienst im April 1945 wurden in den letzten Monaten des Krieges zahlreiche Studenten eingezogen. Die zur Fabrikarbeit Eingezogenen konnten hingegen eine Arbeitserleichterung feststellen, da aufgrund stockender Rohstofflieferungen der Umfang der zu leistenden Arbeit im Frühjahr 1945 erheblich abnahm. Von den zum verspäteten Semesterbeginn am 28. Juli 1945 neu an die Pädagogischen Hochschulen Aufgenommenen konnte die Mehrzahl nicht einmal an der Immatrikulationszeremonie teilnehmen, weil sie entweder bereits zum Kriegsdienst eingezogen waren oder weiter im Arbeitsdienst verpflichtet waren, den sie schon als Mittelschüler begonnen hatten.

Als zwei Wochen später der Krieg beendet war, befanden sich nach Schätzung des Kultusministeriums über 3,4 Millionen Schülerinnen, Schüler und Studierende im Arbeitsdienst; fast 30 000 waren im Arbeitseinsatz gestorben (UDKGHI 1989: 192–195). So hatte die Militarisierung und ultranationalistische Ausrichtung des Schulalltags in den 1930er Jahren nicht nur zur Entlassung von Lehrenden und Einschränkungen der Freiheit der Lernenden geführt, sondern letztlich auch zahlreiche Todesopfer gefordert.

2. Reformdiskurs, 1925–1937

Die frühe Shōwa-Zeit bedeutete insbesondere nach der Ausweitung des Krieges in China 1937 und noch einmal verschärft nach dem Angriff auf die USA 1941 für das japanische Bildungswesen, und darunter auch die Hochschulen, eine intensive Militarisierung und Einbeziehung in das System des Kriegsstaates. Doch parallel zu der oben geschilderten Militarisierung und »Faschisierung« wurde auf breiter gesellschaftlicher Grundlage über Strukturreformen im Bildungswesen diskutiert, ohne dass diese Diskussionen per se unter dem Primat von Militarismus und extremem Nationalismus gestanden hätten.

Vorläufer der Diskussionen der 1920er Jahre war der im Jahre 1917 von der Regierung eingesetzte Sonderausschuss für Erziehung (Rinji Kyōiku Kaigi), das bis dahin einflussreichste Beratungsgremium zu Bildungs- und Erziehungsfragen. Dieses hochrangig besetzte Gremium von Politikern und Experten, welches bis 1919 tagte, legte mehrere in Berichten zusammengefasste Empfehlungen vor. Ein ganzes Motivbündel hatte bei der Einsetzung des Gremiums gewirkt und dazu geführt, dass nicht nur Einzelfragen, sondern das Bildungs- und Erziehungssystem als Ganzes diskutiert wurde. Schwierigkeiten in der Finanzierung der Primarstufe hatten Bildungskreise bereits einige Zeit beschäftigt; dazu trat nun, dass die Zahlen der Besucherinnen und Besucher von weiterführenden und Berufsschulen stark im Anstieg begriffen waren. Überdies hatte der Erste Weltkrieg zu einem neuen Gefühl von internationaler Konkurrenz geführt, welches sich auch auf den Bildungsbereich erstreckte. Schließlich »drängten die Spannungen, die zwischen der zunächst entstandenen und formell dominierenden Orientierung auf allgemeine Bildung [...] einerseits und der immer bedeutsameren ›industriellen Berufsbildung‹ andererseits bestanden, zu einer Neuorientierung des Bildungswesens« (Teichler 1975: 100).

Zu den wichtigsten Empfehlungen des Gremiums gehörten die vom Juni 1918 zur Reform des höheren Bildungswesens. Die wichtigste Änderung, nämlich die Zulassung von privaten Hochschulen als Universitäten, fand Eingang in das Universitätsgesetz *(Daigakurei)* von 1918 und trat 1919 in Kraft. Schon im April 1924 setzte die Regierung ein neues, dem Kabinett unterstelltes Beratungsgremium zu Bildungsfragen ein, das Beratungskomitee zur Bildungspolitik (Bunsei Shingikai). Dieses tagte unregelmäßig bis 1935 und behandelte Probleme, die alle Schulstufen betrafen, von der Grundschule bis zur Universität. Im Gegensatz zum Sonderausschuss für Erziehung fungierte das Beratungskomitee zur Bildungspolitik jedoch als Forum zur Diskussion und Vorbereitung von Detailanpassungen und nahm kaum größere Veränderungen in Angriff. Er diskutierte nicht selbständig das Bildungssystem von Grund auf, sondern bekam von der Regierung konkrete Aufgaben. So äußerte er im Hochschulbereich fünf einzelne Empfehlungen, 1926 zur Zulassung von städtischen Hochschulen als Universitäten sowie 1931 zur Gründung der Kaiserlichen Universität Ōsaka, 1924 zur Abschaffung des einjährigen Vorbereitungskurses an Pädagogischen Seminaren, 1926 zur Änderung der Absichtsformulierung im Text des Lehramtsausbildungsgesetzes und 1930 zur Verlängerung der Ausbildungsdauer und Abschaffung der Zugangsmöglichkeit für Grundschulabsolventen zu Pädagogischen Seminaren (Yoneda 1994: 34–36). Von der strukturell wichtigsten letzten Empfehlung wurde 1931 zumindest die Verlängerung der Ausbildungsdauer umgesetzt, wenn auch nicht die wichtigere Umstellung des Zugangs vom Abschluss der Grundschule auf den der Mittelschule bzw. Höheren Mädchenschule (s.u. 2.3.3). Ideen für umfassende, tief greifende Änderungen im Bildungssystem wurden in der Mitte der 1920er Jahre aber eher außerhalb der eigentlich eigens dafür gegründeten Gremien geäußert.

Im Zeitalter der Vorherrschaft der Parteien in der Politik war es der konservativen Seiyūkai, unter der 1918 das erste Parteienkabinett entstanden war, vorbehalten, 1925 die erste weitergehende Stellungnahme zu veröffentlichen. Sie verband Vorschläge zu einzelnen strukturellen Veränderungen mit dem Anspruch einer Gesamtreform. Letzteres wurde aus den einleitenden Worten des Papiers mit dem Titel »Bildungspolitik der Seiyūkai« *(Seiyūkai kyōiku seisaku)* deutlich:

> Es ist überhaupt nicht zu leugnen, dass in der gegenwärtigen Kultur unseres Landes die Kraft der Erziehung der Vergangenheit lebendig ist. Doch es gibt schwerwiegende Übel in der Erziehung, die seit vielen Jahren heraufbeschworen worden sind, und wegen des Stillstandes in der Kulturpolitik von alters her türmen sich viele schwere Probleme ungelöst zu einem Berg auf, so dass es wirklich dringend für die nationale Politik ist, heute eine grundlegende Reform unserer Bildung durchzuführen und eine durchgängige Verbesserung der Erziehung einzuleiten (#1, SK 1962: 687).

Was führte dazu, dass diese Diskussionen in der zweiten Hälfte der 1920er Jahre begannen und ihren Höhepunkt zu Beginn der 1930er erreichten?

2.1 Die Wirtschaftskrise der 1920er Jahre

Eine Dringlichkeitsrhetorik wie in der Seiyūkai-Veröffentlichung aus dem Jahre 1925 fand sich nahezu durchweg im Vorkriegsdiskurs, der hier Gegenstand der Untersuchung sein soll. Die Selbstverständlichkeit der Dringlichkeit, mit der Veränderungen gefordert wurden, ist zunächst einmal auf die wirtschaftliche Unsicherheit nach Ende des Ersten Weltkrieges zurückzuführen. Der wirtschaftliche Boom seit 1914, welcher Ergebnis des Wegfalls eines großen Teils der europäischen Konkurrenz infolge des Ersten Weltkriegs war, fand nach 1920 ein rasches Ende. Die seitdem anhaltende wirtschaftliche Depression wurde durch das Große Kantō-Erdbeben 1923, in dessen Folge die Regierung in schwere Finanznot geriet, akut verschärft. Eine dauerhafte Konsolidierung des öffentlichen Haushaltes wurde durch die Bankenkrise von 1927 vereitelt, die die Regierung wiederum inmitten eines ausdrücklich eingeschlagenen Deflationskurses zu hohen Ausgaben zwang. Die Weltwirtschaftskrise 1929 schließlich machte alle Bemühungen einer Konsolidierung während der 1920er Jahre endgültig zunichte.

Eine direkte Folge der ununterbrochen krisenhaften Wirtschaftslage in Japan war der Anstieg der Arbeitslosigkeit, der sich aus den von Regierung und Wirtschaft zur Bekämpfung der Krise unternommenen Rationalisierungen ergab. Daraus resultierten niedrigere Löhne und Entlassungen, so dass zur Spitzenzeit 1931 die Arbeitslosenquote (Anteil Arbeitslose an arbeitsfähiger Bevölkerung) bei über 15 % lag (Kinbara/Takemae 1989: 20–21). Zu den wirtschaftlichen Schwierigkeiten kam die prekäre außenpolitische Lage hinzu, seitdem Japan 1931 in der Mandschurei einen Krieg entfesselte und sich international allmählich isolierte – eine allgemeine Krisenrhetorik griff in Japan immer mehr um sich.

Verbindendes Element zwischen der wirtschaftlich-sozialen Lage und dem Bildungswesen war die Massenarbeitslosigkeit von Absolventinnen und Absolventen immer höherer Schulstufen. Die Reformen von 1918/19 hatten zu einer starken Zunahme von Absolventinnen und Absolventen von Universitäten und Höheren Fachschulen geführt; die Nachfrage nach diesen hochqualifizierten Arbeitskräften hatte damit jedoch nicht Schritt gehalten, so dass nach einer Erhebung des Innenministeriums zwei Monate nach Ende des Schuljahres 1930 erst 39,1 % der Universitätsabsolventen und 43,8 % der Absolventinnen und Absolventen von Höheren Fachschulen in einem Beschäftigungsverhältnis standen (Arisawa 1994: I: 87). Zwischen 1920 und 1935 blieben mehr als 20 Prozent der Absolventinnen und Absolventen von Universitäten und Höheren Fachschulen im Jahr ihres Abschlusses arbeitslos (Teichler 1975: 109). Die Situation wurde dadurch verschärft, dass die Jahre des Aufschwungs während des Ersten Weltkrieges mit dem damit einhergehenden Anstieg der Nachfrage nach Arbeitskräften so kurz zurücklagen und überhaupt erst maßgeblich zur Expansion der höheren Bildung beigetragen hatten. Die ersten konkreten Ergebnisse dieser Expansion in Gestalt der Absolventen neu eingerichteter Hochschulen kamen genau zu dem Zeitpunkt auf den Arbeitsmarkt, als die Nachfrage sich aufgrund der schlechten allgemeinen wirtschaftlichen Situation dramatisch verschlechtert hatte (Itō 1993: 160).

Ende der 1920er Jahre »vermittelten die Beschäftigungsschwierigkeiten [der Akademiker] den Zeitgenossen den starken Eindruck eines gesellschaftlichen Problems, das die einfache Frage der Nachfrage nach Arbeitskraft überstieg« (Itō 1993: 161), weshalb sie ein unerschöpfliches Thema für Journalistik und Publizistik bereitstellten. Zwar mokierte sich der Schriftsteller Aono Suekichi im Januar 1928 in der Monatszeitschrift *Chūō kōron* darüber, Klagen über Akademikerarbeitslosigkeit höre er Jahr für Jahr, solange er denken könne (Aono 1928: 77), doch ist sein Beitrag eben Teil eines Themenschwerpunktes »Die Schwierigkeiten bei der Arbeitssuche von Universitätsabsolventen und der Niedergang der Intellektuellenklasse« in dieser Ausgabe des *Chūō kōron*. Das Sozialamt der Stadt Tokyo stellte 1929 fest, dass in den Stadtteilen Honjo und Fukagawa etwa 13 % aller Tagelöhner und Gelegenheitsarbeiter *(jiyū rōdōsha)* der »Intellektuellenklasse« (definiert als Männer, die mindestens die Mittelschule besucht haben) angehörten (in: Ōya 1929: 71). Ein Teil der Universitäten, die privaten früher als die staatlichen, richtete als Reaktion auf die Arbeitsmarktsituation während der 1920er Jahre Beratungsstellen für den Berufsweg ihrer Absolventen ein (Itō 1993: 157).

Die Akademiker-Arbeitslosigkeit hatte auch mit einem Wandel in der Beschäftigungsstruktur von Universitätsabsolventen zu tun. Hatten vor den 1920er Jahren Absolventen der Kaiserlichen Universitäten, welche die einzige Form von Universität darstellten, in der Mehrzahl Beamtenstellungen gefunden, so rückte die weitaus überwiegende Zahl der Absolventen von Universitäten in den 1920er Jahren, zu denen nun auch staatliche Ein-Fach-Universitäten und private Universitäten zählten, in Angestelltenpositionen in privaten Unternehmen vor, wo ihre Beschäftigung weit weniger gesichert war als in staatlichen Anstellungen (Itō 1993: 153). Die akute Wahrnehmung der Akademikerarbeitslosigkeit als Problem wurde also durch den schlichten Wandel der Nomenklatur zumindest verschärft, indem Absolventen ein und derselben Einrichtung früher Hochschul-, nunmehr aber Universitätsabgänger waren.

In der Reformdiskussion wurde häufig auf diese Akademikerarbeitslosigkeit verwiesen; unklar bleibt jedoch in vielen Fällen, was diese mit den konkreten Vorschlägen zu tun hatte. Die nahe liegende Forderung nach einer Beschränkung der Studentenzahlen etwa wurde von fast niemandem erhoben. Eher schon fand sich die Vorstellung, den Unterrichtsinhalt praktischer zu gestalten, in der Regel in Gestalt des Vorschlages, die Universitäten mögen sich stärker an den Höheren Fachschulen orientieren (dazu mehr unten in 2.3.2), um somit die Chancen der Absolventen auf dem Arbeitsmarkt zu erhöhen. Ebenfalls im Sinne einer stärker praxisorientierten Ausbildung stand die Forderung nach einer Verkürzung der Gesamtzeit, die ein Universitätsabsolvent im Schulsystem verbrachte. Die seit 1919 gültigen 16 Jahre Regelschul- bzw. -studienzeit vom Beginn der Grundschule bis zum Abschluss der Universität erschien vielen Zeitgenossinnen und Zeitgenossen zu lang, woraus die Forderung erwuchs, die Studenten früher ins Berufsleben zu entsenden. Freilich hätte eine Verkürzung der gesamten Schul- und Studienzeit zumindest kurzfristig noch zu einer Verschärfung der Akademikerarbeitslosigkeit beigetragen.

Die Schlussfolgerung, gerade Bildungsreformen seien angesichts der Arbeitslosigkeit nötig, ergibt sich aber noch aus einem anderen Zusammenhang, der zeitgenössisch hergestellt wurde: Arbeitslose Akademiker seien anfällig für »gefährliche Gedanken«. Ende der 1920er Jahre – »damals, als der vielsagende Ausdruck ›shisō mondai‹ [Gedankenproblem] aufkam und die ganze japanische Öffentlichkeit erschütterte« (Maruyama Masao (1988: 46)) – besaß der Marxismus eine große Anziehungskraft für Intellektuelle, wurde aber zugleich, auch in seiner rein akademischen Ausprägung, von der etablierten politischen Elite als Gefahr angesehen. Dass die ungünstigen wirtschaftlichen Umstände und die Arbeitslosigkeit Klassengegensätze vertieften und gerade die Jugend an den Hochschulen zu kapitalismuskritischen Gedanken führten – dem stimmten auch Linke wie der Wirtschaftshistoriker Ishihama Tomoyuki oder der Journalist Ōya Sōichi zu, auch wenn sie sich der inhaltlichen Wertung dieser Gedanken als »gefährlich« nicht anschlossen (vgl. z.B. Ishihama 1928 oder Ōya 1929: 76).

Innerhalb dieses Diskurses erschienen auch Absolventinnen und Absolventen der unteren Schulstufen, die keine Arbeit fanden, von »gefährlichen Gedanken« bedroht. So schrieb Kimura Masayoshi, Bürokrat im Kultusministerium, 1930 in seinem »Zur Erneuerung des Bildungssystems« *(Kyōiku seido sasshinron)*:

> Betrachtet man die 44 000 Mittelschulabsolventen des Monats März 1928, so gehen 47 % von ihnen, also über 20 000, weder auf eine höhere Schule noch einer Arbeit in einem Geschäft oder anderswo nach, sondern wandern ziellos umher. Überdies erreicht die Zahl an Schulabbrechern an der Mittelschule jährlich 28 000. Diese Tatsachen müssen in der heutigen Zeit der Gedankenprobleme und sonstiger gesellschaftlicher Gefahren wirklich eine schwere Sorge für den Staat darstellen (#55, SK 1962: 868–869).

Die Gefahr, dass sich aus der Befassung mit politisch bedenklichem Gedankengut tatsächlich soziale Unruhen ergeben könnten, beschäftigte um den gesellschaftlichen Zusammenhalt der Nation besorgte Beobachterinnen und Beobachter während des gesamten Betrachtungszeitraums. Welchen Stellenwert dieser Topos in der konkreten Bildungsreformdiskussion einnahm, wird weiter unten (6.2) eingehender untersucht werden.

Dass aus der Arbeitslosigkeit eine Akademikerarbeitslosigkeit wurde, lag an der rasanten Expansion aller höheren Schulstufen während der unmittelbar zurückliegenden Jahre. Während der Grundschulbesuch zwischen 1918 und 1929 nahezu konstant blieb, wuchs der Besuch von Mittelschulen und Hochschulen im selben Zeitraum auf über das Doppelte, der an Oberschulen sogar fast auf das Dreifache (s. Diagramm 3). Diese Ausdehnung der Sekundarstufe und Tertiarstufe in sehr kurzer Zeit war eine Folge der Empfehlungen des Sonderausschusses für Erziehung 1918/19. Hatte schon das Kabinett unter Premierminister Terauchi Masatake 1917 und 1918 die Einrichtung von zwölf neuen staatlichen Hochschulen beschlossen, so plante das neue Kabinett unter Premierminister Hara Takashi 1918 auf der Grundlage der Empfehlungen der Außerordentlichen Erziehungskonferenz die Einrichtung von 29 neuen staatlichen Hochschulen und die Umwandlung von sechs Höheren Fachschulen in Universitäten in einem Zeitraum von sechs Jahren, wozu 1919 noch drei weitere Neugründungen hinzukamen (Itō 1993: 150).

Diagramm 3

Männlicher Grund-, Mittel-, Ober- und Hochschulbesuch, 1918–1931 (1918 = 100)

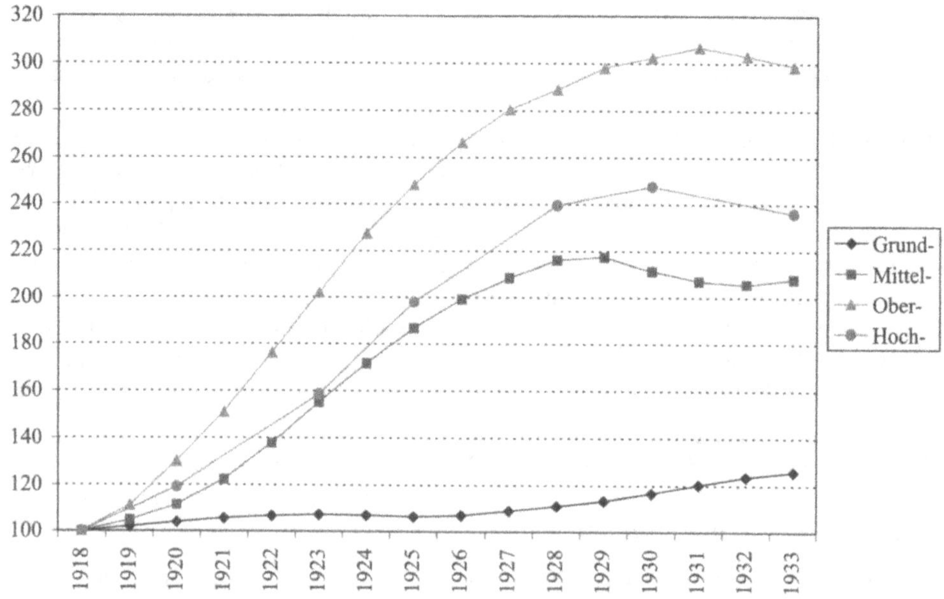

Quellen: Für Grund-, Mittel- und Oberschulen: Monbushō 1972a: II: 476, 488, 490–492; für Hochschulen: eigene Berechnung.

Mit Ausnahme der verstärkten staatlichen Anerkennung von privaten Bildungseinrichtungen waren mit der quantitativen Expansion aber keine strukturellen Änderungen einhergegangen. Der Sonderausschuss für Erziehung hatte eine Vermehrung von Mittelschulen, Oberschulen, Höheren Fachschulen und (Ein-Fach-)Universitäten befürwortet, jedoch »keine einschneidenden Umstrukturierungen des Bildungswesens« vorgesehen (Teichler 1975: 101). Nur im Falle der Oberschule hatte er auch eine Reform der Schulform selbst empfohlen. Diese eine Änderung (Hauptform der Oberschule sollte nicht mehr die dreijährige reine Vorbereitungsschule für die Universität sein, sondern eine siebenjährige integrierte Schule der Sekundarstufe) wurde zwar gesetzlich umgesetzt, fand jedoch keinen Widerhall in der Praxis: Nur einige wenige der neu eingerichteten Oberschulen machten von der Möglichkeit des Sieben-Jahres-Kurses Gebrauch, von den etablierten keine einzige. Die Situation der Expansion ohne begleitenden strukturellen Wandel führte zu wachsender Kritik an dem veralteten System, das als aus Überresten aus der Meiji-Zeit bestehend wahrgenommen wurde. So formulierte die Alumni-Vereinigung des Höheren Pädagogischen Seminars Tokyo Meikeikai 1935:

> Die Standards für den Umriss des Bildungssystem unseres Landes und für die darin enthaltenen Bildungsinhalte sind seit ihrer Festlegung schon viele Jahre lang nicht mehr überprüft worden, so dass heutzutage jeder ihre Reform wünschen muss. Die Verordnung über Grundschulen wurde nämlich 1900 erlassen, die über Mittelschulen, die über Höhere Mädchenschulen sowie die über Berufsschulen *[jitsugyō gakkō]* 1899 und die über Höhere Fachschulen 1903, so dass schon ungefähr 40 Jahre vergangen sind. In der Zwischenzeit wurden diese Verordnungen zwar häufig in Teilen geändert, doch weil sie niemals als Ganzes überprüft wurden, enthalten sie mittlerweile wohl vieles, was den Anforderungen der Gegenwart widerspricht (#25, SK 1962: 743).

Der größere Zulauf zu den Schulen, insbesondere der Drang auf die höheren Schulformen, wurde allerdings zeitgenössisch wiederum auch als Folge der Erfahrung der Wirtschaftskrisen erklärt. In Zeiten der Hyperinflation schien – insbesondere für die Mittelschicht, die überhaupt ein Vermögen hatte, das sie verlieren konnte, und deren Nachwuchs nicht direkt zum Lebensunterhalt der Familie beitragen musste – die sicherste Zukunftsinvestition die Bildung der Kinder zu sein (z.B. Ōya 1929: 73). Der Pädagoge Haruyama Sakuki fasste die Faktoren im September 1934 in seinem Artikel »Worauf die Erzieher Acht geben sollten, wenn Diskussionen über die Reform des Bildungsystems aufkommen« zusammen. Er ging vom Karrierismus *(risshin shusse shugi)* der Meiji-Zeit aus und verglich damit die Situation seit den 1920er Jahren:

> Als die Einrichtungen der höheren Bildung vermehrt ausgebaut waren und Absolventen produzierten, entstand ein Produktionsüberschuss in der Intellektuellenklasse und es griff eine ernste Arbeitslosigkeit um sich, so dass Schulbildung nicht länger die Abkürzung zu Erfolg im Leben war. Es versteht sich von selbst, dass dieses Phänomen der Hauptfaktor dafür ist, dass nach einer Reform des Bildungssystems verlangt wird (in: TDS 1934: 33–34).

Neben der allgemeinen Wirtschaftssituation, der Akademikerarbeitslosigkeit und der Überholtheit des Systems insgesamt fanden sich im zeitgenössischen Reformdiskurs selbst noch weitere Topoi zur Begründung der Reformnotwendigkeit. Der Publizist und Minseitō-Politiker Hayashi Heima etwa, der im Oktober 1928 als Privatperson einen Reformplan einreichte, listete zu Beginn seiner Vorschläge nicht weniger als 26 Mängel des gegenwärtigen Systems auf (#51, SK 1962: 822–824). Die enger mit dem Bildungssystem oder dem Wesen von Bildung zusammenhängenden im Reformdiskurs genannten Gründe für die Notwendigkeit einer Reform werden im Folgenden im Zusammenhang mit der Darstellung der Reformdiskussion selbst aufgegriffen werden.

Dass überhaupt eine große Zahl von Personen und Institutionen die Initiative ergriff und teilweise sehr detaillierte Pläne veröffentlichte, lässt sich auch auf eine japanische Tradition der Beteiligung an politischen Entscheidungen in dieser Form zurückführen. Schon in den 1880er Jahren war die Diskussion über die von der Regierung 1881 versprochene Verfassung durch zahlreiche von Einzelpersonen produzierte Verfassungsentwürfe, die in Zeitungen veröffentlicht wurden, angeheizt worden (Buchholz 2003: 148). Vor diesem Hintergrund war es bei der entsprechenden Motivlage der 1920er Jahre also nicht verwunderlich, dass viele Japanerinnen und Japaner sich an der öffentlichen Debatte über das Bildungswesen beteiligten, indem sie selbst Reformpläne ausarbeiteten.

2.2 Quantitativer Überblick über die Reformpläne

Reformpläne aus den 1920er und 1930er Jahren, die als Quellenbasis für dieses Kapitel dienen sollen, geben Auskunft über die Entwicklung der Diskussion in den Bereichen Abschaffung der Oberschulen, institutionelle Vereinheitlichung, Lehramtsausbildung, Hochschulzugang für Frauen und Hochschulverwaltung. Sie spiegeln nicht nur den Gang der Diskussion wider und waren eine wichtige Grundlage für spätere Entscheidungen, sondern waren auch das Medium, in dem sich überhaupt erst das Diskursfeld der Hochschulreformen formierte, indem sich in ihnen von allen Beteiligten geteilte Formulierungen und Topoi herausbildeten. Als »Reformplan« für diese Arbeit berücksichtigt wurden Texte, die konkrete Vorschläge zur Veränderung der Struktur des Bildungssystems in mehr als einem Bereich machen; ausgenommen wurden direkt vom zuständigen Ministerium erarbeitete Vorschläge, die in einem separaten Unterkapitel (s.u. 4) behandelt werden. Die Texte liegen in Form von zeitgenössisch veröffentlichten Artikeln in Zeitschriften oder Zeitungen, Büchern, Broschüren oder ursprünglich unveröffentlichten direkten Eingaben an das Kultusministerium vor.

Tabelle 1

Aufteilung der Reformpläne nach Jahr der Urheberschaft

Jahr	Anzahl
1925	1
1928	6
1929	6
1930	2
1931	6
1932	4
1933	4
1934	6
1935	3
1936	11
1937	5
1938	4
1941	1
unklar	16
Summe	75

Quelle: Eigene Berechnung.

Unter diesen Bedingungen konnten 75 solche Reformpläne aus dem genannten Zeitraum identifiziert werden. Sie teilen sich zeitlich wie in Tabelle 1 dargestellt auf. Allein zwischen 1931 und 1937 wurde eine Reform des japanischen Bildungssystems also in 39 einzelnen konkreten Reformplänen diskutiert. Nach Urheberschaft lassen sich die Pläne wie in Tabelle 2 sichtbar zuordnen. Auffällig ist, dass nur ein einziger Plan nominell von einer der potenziell von Reformen betroffenen Institutionen, einer Universität, kommt. Unter den 22 Privatpersonen befinden sich jedoch sechs, die ihren Text als einer Hochschule oder Schule Zugehörige schrieben, außerdem unter den 21 Texten, die Lobbyorganisationen entstammen, 16, die von Lehrendenverbänden oder direkt einer Institution zuzuordnenden Organisationen stammen. Darunter zeichnete der landesweite Lehrendenverband Teikoku Kyōikukai, der mit staaatlicher Unterstützung arbeitete (vgl. Kubo 1990b: 366–367), für zwei Pläne verantwortlich und der Tokyoter Zweig dieses Lehrendenverbandes Teito Kyōikukai für einen weiteren. Zwei stammten von dem Verband der Mittelschulrektoren Zenkoku Chūgaku Kōchō Kyōkai, acht vom Alumniverein des Höheren Pädagogischen Seminars Tokyo Meikeikai, einer vom Alumniverein der Technischen Universität Tokyo Kuramae Kōgyōkai, zwei von sonstigen Rektorenverbänden und zwei von Verbänden von Rektoren von Pädagogischen Seminaren.

Tabelle 2

Aufteilung der Reformpläne nach Urheberschaft

Kategorie	Anzahl
Parteien	8
Unabhängige Studiengruppen	6
Lobbyorganisationen	21
Regierungseinrichtungen	4
Hochschulen	1
Experten	10
Privatpersonen	22
Sonstige	3
Summe	75

Quelle: Eigene Berechnung.

Der Bildungshistoriker Yoneda Toshihiko, der eine kleinere Auswahl von Plänen zugrunde legt, kommt zu dem Schluss, dass die meisten Pläne von Vertretern »von innerhalb des Systems«, nämlich des Bildungs- wie des politischen Systems, stammten. Dadurch sei ihnen automatisch ein hoher Stellenwert zugekommen, denn man habe sie jedenfalls nicht ignorieren können (Yoneda 1994: 34).

Ein Interesse daran, sich über das Bildungssystem Gedanken zu machen, hatten neben den bereits genannten Personen und Gruppen unter den Lobbyorganisationen auch ein Ingenieurverband (Nihon Kōgakukai), der sich um die Ausbildung des Nachwuchses seiner Profession Gedanken machte. Unter den Parteien finden sich neben der bereits genannten Seiyūkai die andere große Partei der 1920er Jahre, die Minseitō, sowie die im Juli 1932 neu gegründete und ursprünglich sozialdemokratisch ausgerichtete Shakai Taishūtō.[13] Unter Experten gruppiert wurden Einzelpersonen, die ihre Pläne ausdrücklich als Fachleute für das Erziehungswesen veröffentlichten, wie die Erziehungswissenschaftler Abe Shigetaka (Kaiserliche Universität Tokyo) oder Kido Mantarō (Hōsei-Universität), oder solche, die ihre Vorschläge direkt zur Verwendung durch Regierungsgremien erarbeiteten. Am schwersten einheitlich zu fassen ist die Gruppe der Privatpersonen. Hierunter fielen neben den oben erwähnten Vertretern einzelner Bildungseinrichtungen auch Autoren allgemein bildender Bücher wie Hoashi Riichirō oder altgediente Politiker wie der bereits 1856 geborene Ōtsu Jun'ichirō, der schon in den 1870er Jahren an der Bewegung für Freiheit und Volksrechte beteiligt gewesen war. Die Breite der Diskussion wird noch deutlicher, wenn man sich die Tatsache vor Augen hält, dass eine der großen Tageszeitungen, die 1890 von dem Journalisten und Politiker Tokutomi Sohō gegründete und bis 1929 von ihm geleitete *Kokumin shinbun* (seit 1942 *Tōkyō shinbun*), 1929 gar einen Wettbewerb für den besten Reformplan unter dem Titel »Diskussion über den Umbau der Erziehung« *(Kyōiku kaizō ron)* veranstaltete (Hosono 1930: 299–307). Unter den 132 Einsendungen wurden von einer Jury die ersten beiden Plätze ermittelt; die Texte dieser beiden Gewinner wurden 1930 in Buchform veröffentlicht (#70 und #71).

Die wichtigsten und wirkungsmächtigsten der Reformpläne wurden aber von Gruppen erstellt, die in der obigen Aufstellung unter die Kategorie »unabhängige Studiengruppen« *(kenkyūkai)* fallen. Hierunter ist an erster Stelle die Kyōiku Kenkyūkai (»Gesellschaft zur Erforschung der Erziehung«) zu nennen, die 1931 gegründet wurde und der zunächst 18 Mitglieder, darunter prominente Politiker wie der spätere Premierminister Konoe Fumimaro, Politikberater wie Yasuoka Masahiro, Politikwissenschaftler wie Yoshino Sakuzō und Erziehungswissenschaftler wie der bereits genannten Abe Shigetaka angehörten. Im Mai 1937 nannte sich die Gruppe in Kyōiku Kaikaku Dōshikai (»Gruppe Gleichgesinnter zur Reform der Erziehung«) um. Mit der Umbenennung 1937 ging auch eine Reorganisation einher, nach welcher der Kyōiku Kaikaku Dōshikai fünf »ständige Mitglieder« *(jōnin iin)*, elf reguläre »Mitglieder« *(iin)* und 71 »Mitunterzeichner« *(dōjin)* angehörten (Yoneda 1994: 48). Unter den 16 Erstgenannten fand sich wiederum Abe Shigetake und mit Ōshima Masanori ein weiterer führender Erziehungswissenschaftler, wobei Abe als der »Vordenker« der Gruppe galt, wie sich andere Mitglieder nach dem Krieg erinnerten (Shōwa Dōjinkai 1968: 179). Ferner fanden sich unter den 16 enger mit der Dōshikai verbundenen Mitgliedern Vertreter der Ministerialbürokratie wie Kimura Masayoshi, ehemaliger Büroleiter

13 Die Shakai Taishūtō (wörtlich: »Soziale Massenpartei«) bestand aus zwei recht deutlich getrennten Strömungen, einer sozialdemokratischen und einer faschistischen. Doch auch die sich selbst als sozialdemokratisch verstehende Faktion (der z.B. der auch mit der weiter unten genannten Kyōiku Kaikaku Dōshikai assoziierte Kawai Eijirō und der christliche Politker Abe Isoo angehörten) war ausdrücklich antimarxistisch und unterstützte nach 1937 den Krieg gegen China (Oikawa 2003: 215–216).

im Kultusministerium, und nicht zuletzt zwei der engsten Berater von Konoe Fumimaro, Gotō Fumio und Gotō Ryūnosuke. Als »Mitunterzeichner« gehörten der Dōshikai zahlreiche Prominente an, darunter aus dem Bereich Politik Yasuoka Masahiro, der spätere (Nachkriegs-)Premierminister Ashida Hitoshi, der spätere Wohlfahrtsminister Yoshida Shigeru sowie der ehemalige Kultusminister Hirao Hachisaburō, als Vertreterinnen und Vertreter von Bildungseinrichtungen Inoue Hideko (Rektorin der Nihon Joshi Daigakkō, der heutigen Nihon Joshi Daigaku), Hani Motoko (1921 Gründerin der Höheren Mädchenschule Jiyū Gakuen, der heutigen Frauenuniversität Keisen Jogakuen), Yoshioka Yayoi (1900 Gründerin der Medizinischen Höheren Fachschule für Frauen Tōkyō Joi Gakkō, der heutigen Tōkyō Joshi Ika Daigaku), der Architekt Sano Toshikata (bis 1929 Professor an der Universität Tokyo), Kawai Eijirō (Universität Tokyo, Wirtschaftswissenschaft) und Toda Teizō (Universität Tokyo, Sozialwissenschaft), Harada Minoru (Waseda-Universität, Pädagogik) und Kido Mantarō (s.o.) sowie aus dem allgemeinen Kulturbereich die Journalisten Hasegawa Nyozekan und Maeda Tamon, der Schriftsteller Kikuchi Kan und der Verleger Iwanami Shigeo. Die Länge dieser Liste deutet darauf hin, dass sich die Gesellschaft 1937 nicht mehr vorrangig dem Studium widmen wollte, sondern nunmehr v.a. auf den Transport bereits erreichter Ergebnisse nach außen bedacht war. In der Tat wuchs die Dōshikai in der Folge zu einer landesweiten Organisation mit über 400 Mitgliedern an (Yoneda 1994: 48–49).

Seit 1933 wurde die Kyōiku Kenkyūkai offiziell als eine von mehreren Studiengruppen der Shōwa Kenkyūkai unterhalten, die als *think tank* für Konoe Fumimaro galt und der Denker wie Miki Kiyoshi und Rōyama Masamichi (die beide auch 1937 unter den »Mitunterzeichnern« der Kyōiku Kaikaku Dōshikai aufgezählt waren) angehörten (Fletcher 1982: 176, FN 2). Die Kyōiku Kenkyūkai bzw. Kyōiku Kaikaku Dōshikai arbeitete 1931, 1937 und 1941 detaillierte Reformpläne aus, die durch die direkte Verbindung der Dōshikai mit Konoe, der seit 1937 Premierminister war, großen Einfluss auch auf die Beratungen des Erziehungsrates ab 1937 hatten (s.u. 4.2). Schließlich ist die Kyōiku Kenkyūkai für die vorliegende Arbeit auch besonders wichtig, weil zahlreiche ihrer Mitglieder auch nach 1945 noch aktiv in der Bildungspolitik waren.

Am Kinkei Gakuin, der Privatschule unter der Leitung von Yasuoka Masahiro, der später auch Mitglied der Kyōiku Kenkyūkai war, entstand 1929 ein weiterer ausführlicher Reformplan. An dessen Erstellung waren neben Yasuoka auch weitere Personen, die später Mitglieder der Kyōiku Kenkyūkai bzw. Kyōiku Kaikaku Dōshikai wurden, beteiligt, nämlich der Politiker Gotō Fumio und Yoshida Shigeru, Bürokrat im Innenministerium und 1940 Wohlfahrtsminister. Ein weiteres prominentes Mitglied war der spätere Heeres- und Kultusminister Araki Sadao. Eine dritte hochrangig besetzte Studiengruppe, die einen umfangreichen Bildungsreformplan ausarbeitete, war die Tōyō Bunka Gakkai unter Führung des späteren Premierministers Hiranuma Kiichirō (im Amt von Januar bis August 1939). Der Gruppe, die 1933 ihren »Plan zur Reform des Erziehungssystems« *(Kyōiku seido kaikaku an)* veröffentlichte, gehörten u.a. der Kultusministeriums-Bürokrat Shimomura Juichi und die beiden Professoren der Sinologie an der Waseda-Universität Makino Kenjirō und Matsudaira Yasukuni an. Hiranuma selbst hatte bereits als Mitglied des Sonderausschusses für Erziehung zwischen 1917 und 1919 sein Interesse an Bildungspolitik bewiesen.

Die hier zu untersuchenden Pläne repräsentieren ein breites Spektrum an politischen Richtungen. Es liegen nicht nur Vorschläge der drei großen Parteien der 1930er Jahre – Seiyūkai, Minseitō und Shakai Taishūtō – vor, sondern mit dem der Kyōiku Kenkyūkai auch der einer Gruppe, die mit dem 1940 für die Auflösung der Parteien verantwortlichen Premierminister, Konoe Fumimaro, eng assoziiert war. Unter den Verfassern finden sich politisch reaktionäre wie die Tōyō Bunka Gakkai, die sich durch ihre Betonung auf eine Erziehung zu Untertanenmentalität und mythologisch inspirierten Patriotismus hervortat, ebenso wie eindeutig auf der Linken stehende wie der marxistische Erziehungswissenschaftler Yamashita Tokuji, der zwischen 1930 und 1932 wegen seiner Tätigkeit in der Proletarischen Erziehungsbewegung *(puroretaria kyōiku undō)* in einen politischen Prozess verwickelt war. Schließlich finden sich Vertreter sowohl dezidiert liberaler politischer Grundüberzeugungen als auch ausgesprochene Etatisten. Somit kann die Auswahl der Pläne als repräsentativ für das politische Meinungsspektrum der 1920er und 1930er Jahre gelten.

Wo eine Datierung vorliegt, wird in der folgenden Untersuchung auch die zeitliche Einordnung der Pläne Berücksichtigung finden. Die Pläne der Studiengruppen und der Lobbyorganisationen werden in der qualitativen Untersuchung der Pläne besondere Aufmerksamkeit finden, weil sie prominent besetzt waren und umsetzungsnah arbeiteten. Der Frage nach dem tatsächlichen Einfluss, den diese Studiengruppen und ihre Pläne auf die Politik hatten, wird in Unterkapitel 5 nachgegangen werden; im folgenden Abschnitt 2.3 wird es zunächst darum gehen, die Pläne selbst nach ihren Aussagen zu einzelnen Themenfeldern zu untersuchen. Ergänzend zu den Reformplänen im engeren (oben definierten) Sinne werden andere Äußerungen aus den 1920er und 1930er Jahren hinzugezogen werden, sofern sie innerhalb der Debatte wahrgenommen wurden.

2.3 Strukturelle Reformvorschläge

Als strukturierendes Element bei der Untersuchung der Reformpläne dienen die Themenfelder, die während der Umsetzung der Reformen nach dem Zweiten Weltkrieg wichtig waren, also (s.o. S. 23–24) Vereinheitlichung des Hochschulzugangs, institutionelle Vereinheitlichung der Hochschullandschaft, Verwissenschaftlichung der Lehramtsausbildung, allgemeiner Hochschulzugang für Frauen und die Verwaltungsreform. Für alle Bereiche soll im Folgenden eruiert werden, ein wie breites Spektrum an Veränderungsmöglichkeiten bereits während der 1920er und 1930er Jahre aufgespannt wurde und welche Optionen hierbei wie mehrheitsfähig waren. Weitere in den Plänen auftauchende Topoi, die nicht unbedingt direkt mit den Reformen der Nachkriegszeit zu tun haben, werden in Unterkapitel 6 behandelt werden.

Bei der Durchsicht der Reformpläne auch auf nicht direkt die Hochschulen betreffende Belange wird schnell deutlich, dass das am breitesten geteilte Anliegen die Verlängerung der Pflichtschulzeit war. Die Schulpflicht war in Japan zuerst im Jahre 1886 eingeführt und auf vier Jahre Dauer festgelegt worden (Monbushō 1972a: I: 308). Nachdem sich seit den mittleren 1890er Jahren institutionell an die vierjährigen Grundschulen angegliederte zweijährige Höhere Grundschulen verbreiteten und der Grundschulbesuch seit 1900 kostenlos wurde, konnte 1907 die Pflichtschulzeit mit hoher Aussicht auf praktische Verwirklichung auf sechs Jahre erhöht werden (Monbushō 1972a: I: 320–321). In der Außerordentlichen Erziehungskonferenz 1917/1918 wurde die Frage einer weiteren Verlängerung der Pflichtschulzeit auf acht Jahre diskutiert und sogar Einstimmigkeit darüber erzielt, dass eine solche wünschenswert sei; doch wurde die Forderung aus finanziellen Erwägungen nicht offiziell erhoben (Monbushō 1972a: I: 463).

Es handelte sich also um eine seit langem anstehende Reform, die denn auch von fast allen sich öffentlich in den 1920er und 1930er Jahren Äußernden eingefordert wurde, weil der kulturelle und technische Fortschritt der zurückliegenden Jahrzehnte es erforderlich zu machen schien, dass die ganze Bevölkerung über eine Schulzeit von sechs Jahren hinweg Kenntnisse der Landessprache und mathematisch-naturwissenschaftliche Grundkenntnisse erwerbe. Dabei wurde, nicht zuletzt in Hinblick auf europäische Länder, wo eine mindestens achtjährige (so etwa in den meisten deutschen Ländern, Österreich und England) oder siebenjährige (Baden, Bayern, Frankreich und die skandinavischen Länder) gesetzliche Schulpflicht weit verbreitet war, mit überwältigender Mehrheit die Verlängerung auf acht Jahre gefordert, in seltenen Fällen auch auf neun. Mehr Bildungsmöglichkeiten für breitere Kreise der Bevölkerung implizierten auch die von sehr vielen vorgeschlagenen Reformen für die Sekundarstufe. Hier wurde aber, im Gegensatz zur geplanten achtjährigen Grundschule, in der Regel von einer deutlichen Trennung verschiedener Stränge ausgegangen: Neben die etablierte Mittelschule, die es als ihre Kernaufgabe verstand, Jungen, die noch weiter im Bildungssystem (also zur Oberschule und Universität oder zur Höheren Fachschule) aufrücken wollten, auszubilden, sollte eine für berufstätige Jugendliche verpflichtende »Jugendschule« *(seinen gakkō)* mit Abendkursen treten. Im Ergebnis hätten alle Japanerinnen und Japaner im Alter bis 18 Jahren zumindest halbtags eine Schule besucht.

Auch bei den im Folgenden zu untersuchenden Vorstellungen der Pläne zur Reform der Hochschulen ist von Interesse, inwieweit diese ausdrücklich oder in struktureller Konsequenz darauf abzielten, breiteren Bevölkerungsschichten den Zugang zu mehr Bildung zu ermöglichen. Zu den wichtigsten Einzelaspekten erweiterter Zugangsmöglichkeiten zählten in der Diskussion die Abschaffung der Oberschulen als bisher einziger Zugang zu den Universitäten, die institutionelle Vereinheitlichung der Hochschullandschaft und damit einhergehend der Zugang von mehr Hochschul-Absolventinnen und Absolventen zu den höchsten Bildungstiteln, die Verleihung von Hochschulcharakter für die Lehramtsausbildung und die Abschaffung der Diskriminierung von Frauen beim Zugang zu verschiedenen Hochschultypen.

2.3.1 Abschaffung der Oberschulen

Kikuchi Dairoku, Kultusminister zwischen 1901 und 1903, schlug schon 1914 öffentlich vor, die Oberschulen, »eine zwischen den Mittelschulen und den Universitäten liegende Merkwürdigkeit«, abzuschaffen (GKS 1937: 7). Die Zukunft der Oberschulen wurde also bereits zu Zeiten des Sonderausschusses für Erziehung diskutiert, welche 1918 beschloss, die siebenjährige Oberschule zum Regelfall zu erklären. Damit sollte das Ziel der »Vervollkommnung der höheren normalen Bildung« (Artikel 1 des *Kōtō gakkō rei* vom 6. Dezember 1918; in: Monbushō 1972a: II: 156) sichergestellt werden sowie vermieden werden, dass der Oberkurs der Oberschule (die letzten drei Schuljahre) zum Regelmodell wird. Nur die wenigsten Oberschulen machten jedoch von der Möglichkeit, sieben Jahrgangsstufen anzubieten, Gebrauch, unter den prestigereichen 26 staatlichen im Inland nur eine einzige (Takeuchi 1999: 117). Die Zahl der Schüler im Vorbereitungskurs, den ersten vier Jahren der Oberschule, überstieg (in allen vier Jahrgangsstufen zusammen) nie mehr als etwa

2500 pro Jahr und blieb damit weit hinter der (auf drei Klassen aufzuteilenden) während der zehn Jahre nach 1925 zwischen 15000 und 18000 schwankenden Zahl von Schülern im Oberkurs zurück (vgl. Diagramm 4).

Überdies war für fast alle Besucher des Oberkurses klar, dass dieser die Eintrittskarte in die Universität darstellen sollte: Mitte der 1920er Jahre besuchten fast 90% aller Oberschul-Absolventen anschließend eine der Kaiserlichen Universitäten; der Anteil derjenigen, die unmittelbar nach ihrem Oberschulabschluss eine berufliche Tätigkeit ergriffen, lag während der gesamten 1920er und 1930er Jahre zu keinem Zeitpunkt über 0,5%.[14] Die Absicht des Sonderausschusses für Erziehung, die Oberschule sowohl als Vorbereitungsanstalt für die staatlichen Universitäten als auch als Einrichtung, die eine abschließende Bildung auf hohem Niveau ermöglicht, zu etablieren, war also gescheitert. Dies war der Hauptgrund dafür, dass einerseits seit Mitte der 1920er Jahre überhaupt schon wieder ein Reformdiskurs entstand und andererseits die Reform der Oberschule einen gewichtigen Platz innerhalb dieses Diskurses einnahm.

Diagramm 4

Schüler im Vorbereitungskurs bzw. im Oberkurs an Oberschulen, 1921–1937

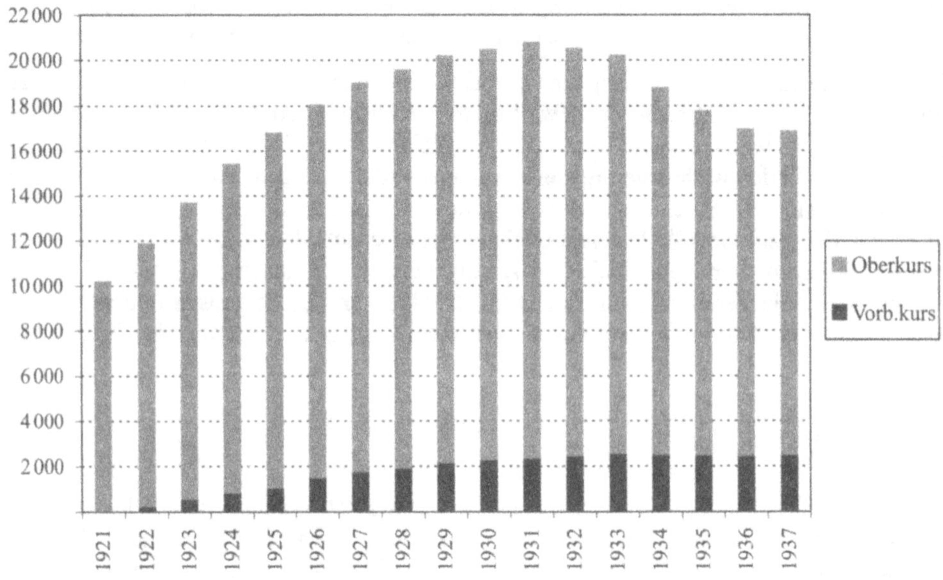

Quelle: Monbushō 1972a: II: 476.

14 Der größte Teil derjenigen, die nicht direkt nach Abschluss an eine Kaiserliche Universität weitergingen, besuchte eine andere staatliche oder (seltener) private Universität. Die Angaben folgen eigenen Berechnungen nach statistischen Jahrbüchern des Kultusministeriums (Monbushō 1972b: 150; Monbushō 1973: 164–165; Monbushō 1974: 160–161; Monbushō 1979a: 208–209).

Argumente für und gegen die Abschaffung

Außer zur Pflichtschulzeit äußerten sich die Reformpläne zu keinem anderen Problem so häufig wie zu dem der Oberschule. Von den hier untersuchten 75 Reformplänen bezogen 58 Stellung, wovon die große Mehrheit von 50 (86%) für die Abschaffung dieser Schulform plädierte. Häufigstes Argument dabei war, dass die Oberschule vom System her nicht mehr zeitgemäß bzw. sogar überflüssig sei.

Der Politiker Ōtsu Jun'ichirō, der ein Jahrzehnt zuvor Mitglied des Sonderausschusses für Erziehung gewesen war, schrieb 1931 beispielsweise:

> Die Oberschulen zu Vorbereitungsinstitutionen für den Eintritt in die Universität zu machen, ihren Absolventen eigens die Qualifikation für den Eintritt in die Universität zu verleihen: Dass dies ein weiterer großer Irrtum unserer Zeit ist und ein großer Mangel in unserem gegenwärtigen Bildungssystem, braucht wohl nicht eigens angemerkt zu werden. Es muss daher eine Notwendigkeit der Vernunft, eine notwendige Entwicklung sein, die Oberschulen abzuschaffen (#57, SK 1962: 815).

Die Nihon Kōgakukai fasste denselben Gedanken 1934 wie folgt zusammen: »Wir halten die Abschaffung der gegenwärtigen Oberschulen und Universitätsvorbereitungskurse für am geeignetsten, um die Bedeutung von abgeschlossener Bildung im Bildungssystem [...] durchgängig zur Entfaltung zu bringen« (#34, GKS 1937: 94). Ein wichtiges Anliegen in den Plänen war also (wie sich auch bei der Erörterung anderer Schulstufen zeigt), dass jede Schulform eine in sich abgeschlossene Bildung anbietet.

Verfechter der Oberschulen lehnten das Argument, die Oberschule weise keine eigenständige, in sich abgeschlossene Ausbildung auf, mit dem Verweis auf die Funktion der Persönlichkeitsbildung ab. So veröffentlichte die Landesweite Vereinigung der Oberschulrektoren (Zenkoku Kankōshiritsu Kōtō Gakkōchō) 1931 eine Stellungnahme, in der sie wie folgt argumentierte:

> Die gegenwärtigen Oberschulen sind keine an die Universitäten angehängten Vorbereitungskurse, sondern lassen als eigenständige Schule mit Betonung der Allgemeinbildung *[kyōyō]* ihre Kraft vollständig in Persönlichkeitsbildung fließen. Weil sie damit beschäftigt sind, den Boden zu bereiten für die zukünftigen Führer unseres Volkes, kann man das Ziel der Allgemeinbildung nicht erreichen, wenn man für das Pflügen nicht mindestens drei Jahre an Zeit aufwendet. [...] Wenn man die Ausbildungsdauer verkürzt, so entsteht bei der Herausbildung der Kultivierung und akademischen Fähigkeiten von Persönlichkeiten großer Schaden und es besteht Sorge, dass dies nicht geringen Einfluss auf das Fortkommen des zukünftigen Schicksals unseres Landes ausübt, weshalb wir mit Nachdruck die Aufrechterhaltung allermindestens des gegenwärtigen Zustandes von drei Jahren Ausbildungsdauer vertreten (in: Takahashi 1986: 868).

Die Oberschulen wurden jedoch nicht nur deshalb kritisiert, weil ihre eigenständige Existenz innerhalb der Logik des Systems nicht mehr sinnvoll erschien. Auch ihr elitärer Charakter und das an ihnen verfolgte Ideal von Persönlichkeitsbildung wurden von einem Teil der Reformpläne abgelehnt. So nannte die Meikeikai 1928 folgende drei Gründe für die Abschaffung der Oberschulen:

> Gewichtiger als die Vervollkommnung einer höheren Normalbildung mit dem vagen Ziel einer Persönlichkeitskultivierung muss die Berufsausbildung gedacht werden sowie die durch sie erfolgende Persönlichkeitskultivierung; in Zukunft soll wissenschaftliche Forschung in japanischer Sprache nicht mehr als Problem erscheinen; es besteht die Befürchtung, dass das Nebeneinanderstehen von Höheren Fachschulen und Universitätsfächern innerhalb der Intellektuellenklasse eine weitere kleine Klasse produziert. Aus diesen Gründen schlagen wir vor, die Oberschule des gegenwärtigen Systems, die Fremdsprachen großes Gewicht beimisst und auf die Vervollkommnung von höherer Normalbildung abzielt, abzuschaffen und mit Universitäten und Höheren Fachschulen zu vereinigen (#22, SK 1962: 740).

Der Hinweis der Meikeikai auf die Überbetonung der Fremdsprachenerziehung ist nicht nur als Ausfluss nationalistischer Rhetorik zu werten, wofür sowohl der relativ frühe Zeitpunkt der Äußerung (1928) spricht als auch die Tendenz der Meikeikai, sich eher für pädagogische Fragen denn für politische zu interessieren. Vielmehr ist zu berücksichtigen, dass der Fremdsprachenerwerb tatsächlich eine wichtige systematische Funktion der frühen Oberschulen in den 1880er und 1890er Jahren war, ja sogar einer der Gründe für ihre Einrichtung. Zu diesem Zeitpunkt lehrten an den Universitäten viele Nicht-Japaner, und zwar in ihren Muttersprachen. Ein Universitätsbesuch war also im 19. Jahrhundert ohne Fremdsprachenkenntnisse tatsächlich nicht möglich. Dies hatte sich aber bis zu den 1920er Jahren längst geändert, so dass die Argumentation der Meikeikai einer rationalen Grundlage nicht entbehrt.

Das dritte Monitum der Meikeikai deutet darauf hin, dass die Oberschulen längst eine andere Funktion übernommen hatten: die der Reproduktion der gesellschaftlichen Elite. Der Erziehungswissenschaftler Takeuchi Yō spricht gar von der »gesellschaftlichen Reproduktion eines akademischen Adels« mit einer ihm eigenen Kultur (Takeuchi 1999: 174–183). Diese Funktion erfüllten die Oberschulen nicht zuletzt durch das privilegierte, cliquenhaft abgeschlossene Leben der Oberschüler in Wohnheimen – nicht wenige Verfechter der Oberschulen wiesen darauf hin, dass eben darin der unverzichtbare erzieherische Wert der Oberschulen liege. So urteilte Tatsuzawa Tsuyoshi, Lektor für Germanistik an der Kaiserlichen Universität Tokyo, 1930 über seine Oberschulzeit:

> Wir halten das Leben in den drei Oberschuljahren für die bedeutungsreichste, die eindrucksvollste und ernteреichste Zeit in unserem langen Bildungsprozess. Wir glauben, dass die Erziehung, die wir dort erhalten haben, mehr als alles andere und stärker als irgendwo anders Blut und Fleisch geworden ist. Soll die Oberschule Vorbereitungskurs für die Universität sein, oder soll sie doch eigenständige Bildungseinrichtung mit dem Ziel der Vervollkommnung der höheren Normalbildung sein? – diese Frage wird laut und vernehmlich diskutiert. Für uns ist die Frage freilich eher müßig: Es ist egal, bzw.: Es stimmt beides. Es ist keine Frage, die vorläufig für eine Seite entschieden werden müsste. Wir glauben, dass der ursprüngliche Ruf der Oberschule darin liegt, das Wesen beider zugleich zu konkretisieren (in: TDS 1934: 218–219).

Diese zweifellos elitäre Position der Verfechter der alten Oberschule war dabei keineswegs per se konservativ, sondern hob affirmativ auf die Freiheit junger Menschen ab, wie ein Zitat aus Tatsuzawas weiteren Ausführungen belegt:

> Für uns bedeutete, so glauben wir, das Oberschulleben zunächst und vor allem Befreiung des Geistes und Freiheit der Seele. Es war das Gefühl, von den Gedanken und Empfindungen, in die man eingesperrt war, befreit zu werden, die Freude, dass gleichsam eine Scheuklappe von

> unseren Herzen genommen wurde. [...] Uns wurde die Gelegenheit gegeben, neue Gedanken zu berühren und uns an ein Leben mit neuen Empfindungen zu gewöhnen. [...] die Leute priesen die geistige Emanzipation des Lebens an der Oberschule (in: TDS 1934: 220–221).

Abe Shigetaka, als Professor für Pädagogik an der Kaiserlichen Universität Tokyo selbst Absolvent einer Oberschule kritisierte diese Position 1933 wie folgt:

> Vielleicht spielte die Oberschule früher einmal eine solche Rolle. Ob dies aber auf die Stärke der Oberschulerziehung zurückzuführen war oder ob die Umwelt der Studenten dies hervorrief, ist zweifelhaft. Um wieviel mehr ist es zweifelhaft, ob unter den gegenwärtigen gesellschaftlichen und wirtschaftlichen Bedingungen Oberschulen wie die heutigen für diese Aufgabe eigens zu errichten sind oder nicht (in: TDS 1934: 207).

An seiner Heimatinstitution mag Abe mit dieser Position nicht nur Freunde gehabt haben. Zumindest 1931 verhandelte der damalige Rektor der Universität Tokyo, Onozuka Kiheiji, im Auftrag des Senates der Universität mit dem Kultusministerium über damals kursierende Pläne des Kultusministers Tanaka Ryūzō zur Reform der Oberschulen (s.u. 4.1) und lehnte u.a. die Abschaffung der Oberschulen ausdrücklich ab. Die Universität befürchtete dadurch nämlich einen Qualitätsverlust bei den Studierenden (TDHHI 1985: tsūshi II: 585–586).

Institutionelle Zukunft der Oberschulen

Wie stellten sich die Autoren der Pläne die Zukunft der Institutionen nach ihrer Abschaffung im System vor? Tatsächlich kümmerten sich die meisten Verfasser wenig um den konkreten Weg der Umsetzung ihrer Vorschläge, so dass auch bei den vielen Befürwortern der Abschaffung der Oberschule nicht durchgehend Hinweise darauf zu finden waren, wie mit den bestehenden Einrichtungen verfahren werden sollte. Genannt wurden neben der ersatzlosen Auflösung der Institutionen drei Möglichkeiten: Umwandlung in Universitäten, Umwandlung in Mittelschulen und Umwandlung in Vorbereitungskurse für Universitäten.

Die geringste Änderung zum Status quo hätte sicherlich der letzte Vorschlag, wie ihn z.B. die Partei Minseitō 1931 unterbreitete (#6, SK 1962: 568), bedeutet. Doch gedacht war dabei nicht nur an eine Klärung der Funktion der Oberschule, sondern an ihre institutionelle Auflösung und ihren Eingang in die übergeordnete Institution Universität, die die volle Entscheidungsbefugnis über den Vorbereitungskurs erlangt hätte. Selten findet sich die Möglichkeit, die Oberschulen sollten in Mittelschulen verwandelt werden, in der Regel auch nur als eine von mehreren Möglichkeiten, so beim Wirtschaftsrat (Keizai Shingikai) (#37, GKS 1937: 24).

Am häufigsten geäußert wurde die, beispielsweise auch in dem oben zitierten Plan der Meikeikai von 1928 sichtbare, Vorstellung, die Oberschulen sollten zu Universitäten werden – keine selbstverständliche Idee, zählte doch die Oberschule zwar in der Kategorisierung der Zeit zur Tertiarstufe *(kōtō kyōiku)*, war aber doch immerhin bislang Vorbereitung für einen Universitätsbesuch und keineswegs mit Universitäten gleichwertig. Der Zwiespalt war natürlich auch den Verfassern der Pläne bewusst. Daher findet sich gelegentlich (so in #2, SK 1962: 568; #55, SK 1962: 870) eine nähere Bestimmung der Art von Universität, zu der die Oberschulen mutieren sollten: Es handelt sich weder um die Form der Kaiserlichen Universität noch um die einer gewöhnlichen Ein-Fach-Universität, sondern um die einer *bunrika daigaku*. So hießen die beiden 1929 aus den Höheren Pädagogischen Seminaren heraus neu gegründeten Einrichtungen in Hiroshima und Tokyo (s.u.). Impliziert war mit der Benennung (»Universität für Geistes- und Naturwissenschaften«) eine über Ein-Fach-Universitäten hinausreichende Bandbreite an Fächern, wobei das akademische Niveau jedoch unter dem der Kaiserlichen Universitäten vorgestellt blieb.

Im Hintergrund der Überlegungen zur institutionellen Zukunft der als Oberschule abgeschafften Institutionen stand, dass den meisten Plänen ein System mit drei einheitlichen Stufen vorschwebte: Es sollte keine Schulformen geben, die zwischen oder neben der Primar- *(shō)*, Sekundar- *(chū)* und Tertiarstufe (*kō* oder *dai*) stehen. Damit war aber nicht zwangsläufig gesagt, dass innerhalb dieser Stufen nur jeweils eine Schulform bestehen können sollte. Daher stellt sich die Frage, wie in den Reformplänen über die Binnengliederung der Tertiarstufe diskutiert wurde.

2.3.2 Institutionelle Vereinheitlichung

Die japanischen Hochschulen fielen, lässt man die Oberschulen einmal beiseite, entweder unter das Universitätsgesetz (*Daigakurei* oder *Teikoku daigaku rei*) oder unter das Gesetz über Höhere Fachschulen *(Senmon gakkō rei)*. Diese Trennung war historisch erwachsen und hatte inhaltliche Konsequenzen, war jedoch nicht unbedingt das Ergebnis zielgerichteter Planung. So nimmt es kaum Wunder, dass sie, ebenso wie die historische Hierarchie zwischen den Universitäten selbst, Gegenstand von Kritik und Reformbestrebungen wurde. Wie stark das Gefälle zwischen Universitäten, Höheren Fachschulen und anderen Hochschulen in der Forschung war, zeigt ein Blick auf die Publikationskultur. Das Kultusministerium erhob 1941 alle von Hochschulangehörigen in wissenschaftlichen Zeitschriften in den Bereichen Wirtschafts- und Rechtswissenschaft veröffentlichten Artikel. Betrachtet man die Publikationen von Beschäftigten staatlicher Hochschulen zwischen 1935 und 1940 in dieser Aufstellung, so sticht der Unterschied zwischen Universitäten und anderen Hochschulen ins Auge (Tabelle 3). Demnach hatten die Kaiserlichen Universitäten einen Anteil von fast der Hälfte an wissenschaftlichen Veröffentlichungen im Bereich Wirtschaftswissenschaft und sogar fast drei Viertel im Bereich Rechtswissenschaft (der auch Politikwissenschaft sowie teils Geschichte und Sozialwissenschaft umfasste), während Lehrende an Oberschulen und Pädagogischen Hochschulen bzw. Pädagogischen Seminaren sich mit wenigen Ausnahmen wenig oder gar nicht betätigten.

Neben der Differenzierung in Höhere Fachschulen und Universitäten war auch die zwischen privaten und staatlichen Einrichtungen für die Charakterisierung der Institutionen wichtig. Der Bildungssoziologe Amano Ikuo macht für die späte Meiji-Zeit folgende Pyramide aus, deren Hierarchie insbesondere für die Bereiche Finanzmittel, Qualität der Studierenden, Löhne der Lehrenden und Privilegien der Studierenden aussagekräftig ist (von oben nach unten): Kaiserliche Universitäten – Oberschulen – Staatliche Höhere Fachschulen – private Höhere Fachschulen (Amano 1978: 103–104). Innerhalb der privaten Höheren Fachschulen bestanden ebenfalls bedeutende Unterschiede, so dass auch zeitgenössisch weiter differenziert wurde zwischen Keiō und Waseda – die fünf alten rechtswissenschaftlichen privaten Höheren Fachschulen – die übrigen (Amano 1992: 224). Nach den Reformen von 1918/1919 wurde die Situation noch komplizierter, weil die staatlichen Ein-Fach-Universitäten, in der Hierarchie direkt unterhalb der Kaiserlichen Universitäten anzusiedeln, sowie die oberhalb der staatlichen Höheren Fachschulen anzusiedelnden Privatuniversitäten mit zu berücksichtigen waren.

Tabelle 3

Veröffentlichungen von wissenschaftlichen Aufsätzen in den Fächern Wirtschafts- und Rechtswissenschaften durch Angehörige von staatlichen Hochschulen in den Jahren 1935–1940, in Prozent, nach Hochschule

Schultyp bzw. -name	Wirtschaft	Recht	Schultyp bzw. -name	Wirtschaft	Recht
Höhere Fachschulen			*Pädagogische Hochschulen*		
Morioka Agrarwesen	0,04		Höhere PH Tokyo		0,48
Chiba Agrarwesen	0,04	0,27	*Zwischensumme*		*0,48*
Utsunomiya Agrarwesen	0,56				
Gifu Agrarwesen	0,13		*Oberschulen*		
Tokyo Agrarerziehung	0,17	0,07	Erste Tokyo	0,95	0,07
Tottori Agrarwesen	0,17	0,07	Sechste Okayama		0,21
Kyoto Textilwesen	0,43		*Zwischensumme*	*0,95*	*0,27*
Hakodate Fischereiwesen	0,13				
Tokyo Marine		0,07	*Ein-Fach-Universitäten*		
Kōbe Marine		0,07	Kōbe Wirtschaft	7,70	8,95
Fukushima Wirtschaft	0,99	1,03	Hiroshima Bunri		0,34
Nagasaki Wirtschaft	6,44	1,37	Tokyo Handel	10,16	8,27
Ōita Wirtschaft	0,35	0,07	*Zwischensumme*	*17,86*	*17,57*
Nagoya Wirtschaft	2,94	0,34			
Wakayama Wirtschaft	2,38	1,78	*Kaiserliche Universitäten*		
Hikone Wirtschaft	5,10	0,55	Tokyo	10,38	31,10
Otaru Wirtschaft	2,08		Kyoto	29,92	17,36
Yamaguchi Wirtschaft	4,71	1,09	Tōhoku	2,38	15,38
Yokohama Wirtschaft	2,68	0,21	Kyūshū	3,67	7,04
Takamatsu Wirtschaft	1,08	0,14	Hokkaidō	2,03	1,37
Takaoka Wirtschaft	2,38	2,12	*Zwischensumme*	*48,38*	*72,25*
Nagoya Ingenieurwesen		0,21			
Zwischensumme	*32,81*	*9,43*			
			Summe	100,00	100,00

Quelle: Eigene Berechnung nach MK 1941a und MK 1941b. Hochschulen ohne Angehörige mit Veröffentlichungen in einem der beiden Bereiche sind nicht aufgeführt.

Diese Prestigeunterschiede machten sich auch konkret an den Karrieremöglichkeiten für die Absolventen fest: So waren die besonders begehrten Beamtenposten in der zentralstaatlichen Bürokratie nahezu ausnahmslos den Absolventen der Kaiserlichen Universitäten vorbehalten und auch in der Industrie bspw. war es üblich, dass ein Absolvent einer Technischen Universität Vorgesetzter eines Absolventen einer Technischen Höheren Fachschule wurde, selbst wenn die Studieninhalte weitgehend identisch waren. Auch die Anfangsgehälter unterschieden sich entsprechend je nach akademischer Herkunft (Amano 1978: 149–155). Die Reformdiskussion nahm sich dieser Problematik in verschiedenen Formen an: Sei es, dass eine Aufwertung der Höheren Fachschulen erfolgen sollte, sei es, dass eine Vereinheitlichung aller Hochschulen mit dem Idealbild der Höheren Fachschulen vor Augen angestrebt wurde. Auch die Forderung nach Abschaffung von Privilegien für Absolventinnen und Absolventen bestimmter Hochschultypen gehört in diesen Diskussionszusammenhang (s.u. 6.2).

Verhältnis von Höheren Fachschulen zu Universitäten

Von 46 Plänen, die die zukünftige Stellung von Höheren Fachschulen ausdrücklich thematisierten, plädierten 26 für eine völlige Gleichstellung mit Universitäten im System; fünf weitere sahen eine weitgehende Gleichstellung vor, bei der nur die Länge der Ausbildungsdauer noch leicht unterschiedlich angesetzt wurde. Diese Gleichsetzung war logisch häufig schon dadurch vorbereitet, dass mit dem Wegfall der Oberschule (s.o.) der spezielle Zugang zur Universität verschwand; von da aus war es kein weiter Schritt mehr zur völligen Gleichstellung der beiden Hochschularten.

Dabei sollte das Endergebnis, die gleichberechtigte Stellung, in den meisten Fällen nicht durch eine »Aufwertung« der Höheren Fachschulen, sondern eher durch eine »Abwertung« der Universitäten erreicht werden. Dies war schon bei dem Vorschlag der einflussreichen Kyōiku Kenkyūkai von 1931 der Fall. Dort lauteten die Ausführungen zum Hochschulsystem wie folgt:

> V. Höhere Fachschulen
>
> 1. Zur fachwissenschaftlichen Forschung und zur technischen Lehre werden Höhere Fachschulen errichtet.
> 2. In den Höheren Fachschulen wird der Bildung von Persönlichkeiten genügend Gewicht beigemessen.
> 3. Die Ausbildungsdauer an den Höheren Fachschulen beträgt drei bis fünf Jahre.
> 4. Zu den Höheren Fachschulen werden nach Prüfung von wissenschaftlicher Begabung und körperlicher Kraft Menschen aus der Allgemeinheit zugelassen. Diese Prüfung der wissenschaftlichen Begabung macht das Niveau von Absolventen von vierjährigen Mittelschulen zum Maßstab.
> 5. Die vorgenannte Prüfung wissenschaftlicher Begabung wird in den regulären Fächern, in Staatsbürgerkunde und in den praktischen Fächern durchgeführt.
> 6. Die gegenwärtigen Universitäten, Oberschulen und Höheren Fachschulen werden zu staatlichen oder öffentlichen Höheren Fachschulen neu geordnet; die Entwicklung privater Höherer Fachschulen soll gefördert werden (#9, SK 1962: 705).

Hier wurde also die gesamte Tertiarstufe (zu der sich dann auch noch die später erwähnte hochschulförmige Lehramtsausbildung gesellte) unter der Überschrift »Höhere Fachschulen« abgehandelt.[15] Dabei bemühten sich die Autoren des Textes, einerseits die bislang im Strang Oberschule–Universität betonte Persönlichkeitsbildung nicht außer Acht zu lassen, legten andererseits aber das Schwergewicht deutlich auf »Fachwissenschaften«, »Techniken« und die »praktischen Fächer« sowie »körperliche Kraft« als Zugangsbedingung für die Tertiarstufe. Diese Betonung der praktisch ausbildenden Funktion der Tertiarstufe über der rein bildenden erklärt auch, warum die Höhere Fachschule, und nicht die Universität, zum Archetyp der neuen vereinheitlichten Institution wurde. Die Befürwortung der Zusammenlegung von Universitäten und Höheren Fachschulen in einem neuen Institutionstypus mit der Bezeichnung Höhere Fachschule findet sich mit sehr ähnlicher Argumentation auch z.B. bei der Meikeikai 1928 (#22, SK 1962: 740; oben bereits in 2.3.1 zitiert).

Die Tōyō Bunka Gakkai entschied sich – ähnlich wie auch das Kinkei Gakuin (#13, Kinkei Gakuin 1929: 5) – dafür, für alle Einrichtungen der Tertiarstufe die Bezeichnung »Universität« zu benutzen, argumentierte sonst aber ähnlich wie die Kyōiku Kenkyūkai:

> Die gegenwärtigen Universitäten sind dem System nach als höchste Anstalten des Staates Stätten zur Erforschung der wissenschaftlichen Prinzipien. Weil indes der Trend der letzten Zeit mehr und mehr zu Berufsausbildung geht und außerdem Universitäten überhaupt nicht von Höheren Fachschulen zu unterscheiden sind, sollen alle gegenwärtigen Universitäten und Höheren Fachschulen Universitäten genannt und zu Orten gemacht werden, die Fachausbildung aller Art ausüben (#12, GKS 1937: 70).

Hara Masatoshi (1967: 181) interpretiert die Pläne so, dass sie eine Abschaffung der Höheren Fachschulen anstrebten. Zwar laufen die meisten Pläne in der Tat auf ein System hinaus, in dem die Höheren Fachschulen in ihrer damaligen Form nicht mehr weiterbestanden hätten; doch ist dies, wie gesehen, eher als Abschaffung der Universitäten oder Vereinheitlichung von Universitäten und Höheren Fachschulen zu interpretieren.

Die tatsächliche Mindestzahl an Schuljahren bis zum Eintritt in die (neue) Höhere Fachschule variierte von Plan zu Plan, je nachdem wie sich die Autorinnen und Autoren Primar- und Sekundarstufe genau vorstellten. In 17 derjenigen 26 Pläne, die die Gleichstellung von Höherer Fachschule und Universität vorsahen, wurde von elf Jahren Schulbesuch vor Eintritt in die Tertiarstufe ausgegangen, in vier von zwölf Jahren oder mehr und in vier von nur zehn Jahren (einer legte sich nicht auf eine genaue Zahl fest).

Der Hauptunterschied zwischen den Universitätsstudenten und ihren Kommilitonen an den Höheren Fachschulen lag sicherlich im Fehlen der allgemein bildenden Teile, wie sie sowohl in den Oberschulen (als Vorbereitung für die Kaiserlichen Universitäten) als auch in den Vorkursen (im Falle der privaten Universitäten) dominierten. An den Höheren Fachschulen machte hingegen das Fachliche im engeren Sinne über 50 % des Unterrichtsanteils aus, wohingegen Universitätsstudenten in ihren drei Jahren Oberschule oder Vorbereitungskurs zunächst gar keine Fachanteile auf dem Stundenplan hatten. In der Reformdikussion wurde auch diese Differenz als negativ aufgegriffen und auf eine Angleichung hingewirkt, auch hier freilich weniger in dem Sinne, dass den Studierenden an Höheren Fachschulen

---

15 Darüber hinaus sah die Kyōiku Kenkyūkai – wie einige andere Pläne auch – noch ein *daigakuin* (etwa *graduate school*) vor, das aber eher als Forschungsinstitut konzipiert war und für das weder eine feste Ausbildungsdauer vorgesehen war noch die Möglichkeit, einen Abschluss zu erwerben (#9, SK 705–706).

mehr Allgemeinbildung im herkömmlichen Sinne zugestanden worden wäre, sondern vielmehr, dass – parallel zur Forderung nach der Abschaffung der Oberschule – diese auch bei den Universitäten reduziert werden sollte. Nicht unüblich war sogar, den Höheren Fachschulen Erfolge bei der Allgemeinbildung zuzusprechen und so den Begriff von Allgemeinbildung selbst umzudefinieren (vgl. hierzu u. 6.1).

Unterschiede innerhalb von Universitäten und Höheren Fachschulen

Die eigentlichen Universitäten gliederten sich, wie oben dargelegt, in Kaiserliche Universitäten, die erst seit 1919 zugelassenen staatlichen Ein-Fach-Universitäten und die ebenfalls erst seit 1919 zu Universitäten aufgestiegenen privaten Universitäten. So bestand von Trägerschaft und angebotenem Fächerspektrum her bereits eine deutliche Abstufung. Doch selbst innerhalb der Kaiserlichen Universitäten herrschte eine klare und allgemein anerkannte Hierarchie hinsichtlich der Schwierigkeit, dort als Student aufgenommen zu werden, Renomee der dort Beschäftigten, Prestige der Absolventen und nicht zuletzt der finanziellen Ausstattung.

In der Rangfolge der Finanzierung der staatlichen Universitäten 1941 (vgl. Tabelle 4) durchbrachen lediglich die Ingenieurwissenschaftliche Universität Tokyo (Tōkyō Kōgyō Daigaku) und die beiden Bunri-Universitäten in Tokyo und Hiroshima die führende Stellung der sieben Kaiserlichen Universitäten. Diese selbst tauchen mit Ausnahme der Universität Tōhoku exakt in der Reihenfolge ihrer Gründungsdaten auf: Tokyo 1886, Kyoto 1897, Tōhoku 1907, Kyūshū 1910, Hokkaidō 1918, Ōsaka 1931, Nagoya 1939. Die sieben Kaiserlichen Universitäten zusammen erhielten 72,6 % der staatlichen Ausgaben für alle Universitäten; ihr Anteil an den Ausgaben für Universitäten und Höhere Fachschulen betrug immer noch fast die Hälfte, nämlich 48,8 %. Selbst wenn man die Ausgaben für die Pädagogischen Seminare (die 1941 noch nicht in staatlicher Hand waren und noch nicht zur Tertiarstufe zählten) zum Hochschuletat hinzunimmt, beträgt der Anteil der Ausgaben für die sieben Kaiserlichen Universitäten mit 35,3 % immer noch über ein Drittel. Innerhalb der Kaiserlichen Universitäten nahm die Universität Tokyo mit einem Anteil von fast einem Fünftel an den staatlichen Ausgaben für alle staatlichen Universitäten den unangefochtenen Spitzenplatz ein. Die stark hierarchische Verteilung der Gelder wird auch offenkundig, wenn man die Spreizung zwischen dem Erst- und dem Letztplatzierten betrachtet: Die Universität Tokyo erhielt 1941 20 mal so viel Geld vom Staat wie die Handelsuniversität Kōbe und immer noch zehnmal soviel wie die Medizin-Universität Okayama (wenn die drei Letztplatzierten als Ausreißer betrachtet werden).

Der Abstand der Höheren Fachschulen zu den Universitäten in der Finanzierung wird darin deutlich, dass die bestausgestatteten unter ihnen lediglich mit den letzten drei Plätzen der Universitäts-Rangliste konkurrieren können (vgl. Tabelle 5). Innerhalb der Höheren Fachschulen selbst ist die Bandbreite geringer als bei den Universitäten: Die erstplatzierte Höhere Fachschule für Schiffsbau in Kōbe erhielt nur sechsmal so viel Geld wie die Agrarwissenschaftliche Höhere Fachschule in Chiba und nur die beiden bestbezahlten erhielten mehr als doppelt so viel wie der Durchschnitt im akademischen Jahr 1940/41 (227 000 Yen), während nur die letzten fünf von insgesamt 57 Höheren Fachschulen weniger als die Hälfte des Durchschnitts an staatlichen Zahlungen erhielten.

Tabelle 4

Rangfolge der staatlichen Universitäten nach staatlichen Finanzzuwendungen (Stand: 31. März 1941)

Universität	Rang	Summe (Yen)	Prozent
Kaiserliche Tokyo	1	5 266 192	19,8
Kaiserliche Kyoto	2	3 722 955	14,0
Kaiserliche Kyūshū	3	2 712 856	10,2
Kaiserliche Hokkaidō	4	2 668 692	10,1
Kaiserliche Tōhoku	5	2 640 190	10,0
Technische Tokyo	6	1 679 815	6,3
Kaiserliche Ōsaka	7	1 512 058	5,7
Tokyo Bunri	8	967 341	3,7
Hiroshima Bunri	9	824 633	3,1
Kaiserliche Nagoya	10	745 331	2,8
Kanazawa Medizin	11	579 023	2,2
Niigata Medizin	12	566 523	2,1
Nagasaki Medizin	13	555 402	2,1
Chiba Medizin	14	551 830	2,1
Okayama Medizin	15	539 582	2,0
Tokyo Handel	16	390 288	1,5
Kumamoto Medizin	17	361 414	1,4
Kōbe Handel	18	254 256	1,0
Summe		26 538 381	100,0

Quelle: Monbushō 1979b.

In den Reformplänen finden sich kaum Wünsche, an dieser Hierarchie innerhalb der Institutionen etwas zu ändern. Immerhin implizieren die Pläne zur Gleichstellung von Universitäten und Höheren Fachschulen wohl auch eine Verringerung des Status der Kaiserlichen Universitäten, ohne dies explizit zu machen. Der Wunsch nach besserer Berücksichtigung der privaten Hochschulen findet sich hingegen sehr wohl in einigen wenigen Plänen. So fordert die Seiyūkai 1934 nicht nur allgemein »die Abschaffung des Ideals der Unterscheidung zwischen staatlichen und privaten Schulen«, sondern auch konkret die staatliche Förderung von Privatschulen (#4, GKS 1937: 82 bzw. 80). Derselben Meinung wie die Seiyūkai 1934 war auch ihre Konkurrenzpartei, die Minseitō, im selben Jahr (#7, GKS 1937: 85) sowie ebenfalls 1934 die Japanische Ingenieurvereinigung (#34, GKS 1937: 91). Auch in vielen derjenigen Pläne, die von Einzelpersonen veröffentlicht wurden, wird die Förderung von privaten Schulen mit dem Ziel, dass diese zu den staatlichen aufschließen können, thematisiert, so etwa bei Hoashi Riichirō (#53, SK 1962: 585), Yokoo Sōzaburō (#72, SK 1962: 585), Ōtsu Jun'ichirō (#57, SK 1962: 818), Yamamasu Gijū (#48, SK 1962: 841) oder Ōuchi Tamie (#58, SK 1962: 620–621).

Tabelle 5

Rangfolge der staatlichen Höheren Fachschulen nach Zuwendungen in Yen (Stand: 31. März 1941)

Höhere Fachschule	Rang	Summe	Proz.	Höhere Fachschule	Rang	Summe	Proz.
Kōbe Marine	1	514 198	4,0	Taga Ing.wesen	30	189 512	1,5
Kumamoto Ing.wesen	2	458 796	3,5	Tokyo Musik	31	183 107	1,4
Yokohama Ing.wesen	3	401 842	3,1	Muroran Ing.wesen	32	179 287	1,4
Akita Bergbau	4	396 727	3,0	Niihama Ing.wesen	33	174 639	1,3
Hamamatsu Ing.wesen	5	395 736	3,1	Morioka Agrarwesen	34	172 828	1,3
Nagoya Ing.wesen	6	393 223	3,0	Gifu Agrarwesen	35	169 007	1,3
Yamanashi Ing.wesen	7	366 241	2,8	Miyazaki Agrarwesen	36	163 150	1,3
Hiroshima Ing.wesen	8	355 460	2,7	Tokyo Kunst	37	159 291	1,2
Sendai Ing.wesen	9	352 365	2,7	Tottori Agrarwesen	38	156 452	1,2
Kanazawa Ing.wesen	10	349 820	2,7	Utsunomiya Agrarw.	39	155 884	1,2
Meiji Ingenieurwesen	11	337 298	2,6	Kyoto Textil	40	155 200	1,2
Tokushima Ing.wesen	12	337 158	2,6	Mie Agrarwesen	41	152 304	1,2
Nagaoka Ing.wesen	13	336 605	2,6	Nagasaki Wirtschaft	42	144 881	1,1
Kōbe Ing.wesen	14	321 946	2,5	Otaru Wirtschaft	43	141 940	1,1
Yonezawa Ing.wesen	15	318 363	2,5	Tokyo Textil	44	136 453	1,1
Fukui Ingenieurwesen	16	311 690	2,4	Takaoka Ing.wesen	45	131 998	1,0
Kiryū Ingenieurwesen	17	308 591	2,9	Ōsaka Fremdsprachen	46	131 591	1,0
Morioka Ing.wesen	18	273 190	2,1	Hikone Wirtschaft	47	126 803	1,0
Tokyo Ing.wesen	19	271 344	2,1	Yokohama Wirtschaft	48	126 714	1,0
Tokyo Zahnmedizin	20	257 764	2,0	Wakayama Wirtschaft	49	126 556	1,0
Kyoto Kunsthandwerk	21	251 844	1,9	Nagoya Wirtschaft	50	124 797	1,0
Hakodate Fischerei	22	249 424	1,9	Ōita Wirtschaft	51	123 151	1,0
Ube Ingenieurwesen	23	238 643	1,8	Tokyo Gehörlose	52	122 021	0,9
Tokyo Fremdsprachen	24	237 893	1,8	Takamatsu Wirtschaft	53	108 733	0,8
Ueda Textil	25	207 642	1,6	Toyama Pharmazie	54	107 418	0,8
Kagoshima Agrarw.	26	205 851	1,6	Tokyo Blinde	55	102 886	0,8
Kurume Ing.wesen	27	193 642	1,5	Kumamoto Pharmazie	56	99 180	0,8
Tokyo Agrarwesen	28	193 539	1,5	Chiba Agrarwesen	57	83 931	0,7
Tokyo Agrarerziehung	29	192 708	1,5				
				Summe		12 979 257	100,0

Quelle: Monbushō 1979b.

2.3.3 Lehramtsausbildung

Die Lehramtsausbildung war eines der Kernstücke der Bildungsreformdebatte der Zwischenkriegszeit. Dies lag daran, dass zum einen an Bildungsfragen in hohem Maße Interessierte häufig entweder an Pädagogischen Seminaren lehrten oder Absolventinnen oder Absolventen dieser Seminare waren, zum anderen allen Beteiligten bewusst war, dass der Erfolg einer Bildungsreform vor allem davon abhing, wie gut die neuen Lehrerinnen und Lehrer sein würden. Der »Verband zur Förderung der Verbesserung der Lehramtsausbildung« (Shihan Kyōiku Kaizen Sokushin Renmei), ein Zusammenschluss von zehn Standesvereinigungen von Lehrenden und Absolventen von Pädagogischen Seminaren, der seit 1928 bestand, schrieb im April 1936:

> Dass die Kultur eines Landes völlig von dem moralischen Einfluss und der Erziehungsgewalt seiner Lehrer abhängt, versteht sich von selbst. Insbesondere in Anbetracht der gegenwärtigen Lage werden wir uns dessen erneut schmerzlich bewusst. Sei es bei der Klärung des Ideals unserer Staatsform *[kokutai]* oder der Hoffnung auf Reinigung der Politik, sei es bei der guten Führung der Gedanken des Volkes, der Verbesserung des Alltagslebens oder der Grundsteinlegung für eine Industrienation – die Aufgabe, die Grundlagen dieser Dinge einzupflanzen und aufzuziehen, kann letztlich von niemand anderem als von den über 200 000 Lehrern im ganzen Lande verlangt werden. Wir können nicht anders als mit Bedenken erfüllt sein, wenn gleichwohl die Regierung und Männer in verantwortungsvoller Stellung, obschon sie diese Tatsachen anerkennen, auf der anderen Seite dazu neigen, die Aufgabe der Lehrer geringzuschätzen und diese Probleme zu vernachlässigen (#29, GKS 1937: 101–102).

Doch nicht nur Lobbyorganisationen für den Stand der Lehrerinnen und Lehrer vertraten die Position, dass es sich bei der Lehramtsausbildung um den Kern aller Bildungsanstrengungen handelte und diese zugleich gegenwärtig in hohem Maße vernachlässigt werde. Schon die Kyōiku Kenkyūkai zählte 1931 als einzigen von sechs »Mängeln des gegenwärtigen Systems«, der direkt einer Schulform zuzuordnen war, die unzureichende Lehramtsausbildung auf (#9, SK 1962: 703) und forderte gar die Abschaffung des gesamten gegenwärtigen Lehramtsausbildungssystems (SK 1962: 706).

Die komplette Abschaffung des Status quo gehört zwar zu den selteneren Forderungen, doch weit reichende, und im Übrigen, anders als bei den Oberschulen, wenig einheitliche, Vorstellungen finden sich in den einzelnen Plänen durchaus. So entwickelte das Kinkei Gakuin einen wenig realistisch klingenden Drei-Stufen-Plan. Dieser sah zunächst den Besuch eines Pädagogischen Seminars mit anderthalbjähriger Ausbildungsdauer vor. Grundschullehrerinnen oder -lehrer sollten sich nach drei Jahren praktischer Arbeit in ihrem Beruf für ein Höheres Pädagogisches Seminar bewerben können, wo ihnen innerhalb eines Jahres »weitere höhere Bildung für Erzieher« nahegebracht werden sollte. Schließlich sollten Absolventinnen und Absolventen dieser Höheren Pädagogischen Seminare nach weiteren fünf Jahren praktischer Tätigkeit als Lehrerin oder Lehrer die Qualifikation zum Besuch einer zweijährigen Pädagogischen Universität erwerben. Deren Absolventinnen und Absolventen könnten dann Mittelschullehrerinnen oder -lehrer werden (#13, Kinkei Gakuin 1929: 7).

Von der Stellung im System her waren die Zugangsberechtigung und die Ausbildungsdauer die beiden wichtigsten Eigenschaften, die die Lehramtsausbildung vom Hochschulwesen trennte. Ebenfalls den Hochschulcharakter betrafen die Ausbildungsinhalte. Hier ist insbesondere von Interesse, wie sehr die Inhalte verfachlicht werden sollten, ein wie großer wissenschaftlicher Charakter also den Pädagogischen Seminaren bzw. Pädagogischen Hochschulen zugestanden wurde. Ebenfalls zur Diskussion stand die Frage der Trägerschaft, d.h. insbesondere, ob die bislang von den Präfekturen unterhaltenen Pädagogischen Seminare in Zukunft vom Zentralstaat übernommen werden sollten. Ging es bei den regulären Pädagogischen Seminaren in der Regel um die Gleichstellung mit der unteren Stufe der Hochschulen, also den Höheren Fachschulen, so war bei den Höheren Pädagogischen Seminaren *(kōtō shihan gakkō)* schon früh die Rede von der Heraufstufung zu Universitäten.

Zugang: Heraufstufung der Pädagogischen Seminare zu Hochschulen

Bis 1907 war die Zugangsvoraussetzung zu den Pädagogischen Seminaren der Abschluss der höheren Grundschule (damals noch sechs Schuljahren entsprechend) und ein Mindestalter von 17 Jahren (Monbushō 1972a: I: 378). Die Verordnung über die Pädagogischen Seminare *(Shihan gakkō kitei)* vom April 1907 schuf eine zusätzliche Zugangsmöglichkeit, so dass ab dem Schuljahr 1908 die fünfjährige Erste Abteilung *(dai-1 bu)* für Absolventinnen und Absolventen der (nunmehr achtjährigen) höheren Grundschule parallel zu der einjährigen Zweiten Abteilung *(dai-2 bu)* für Absolventen der Mittelschule und Absolventinnen der Höheren Mädchenschule stand. Obgleich die Zweite Abteilung schon aufgrund ihrer sehr kurzen Ausbildungsdauer von nur einem Jahr einen strukturell untergeordneten Status an den Pädagogischen Seminaren hatte und erst 1931 (auf Empfehlung des Rates zur Bildungspolitik, s.o. S. 36–37) zu zwei Jahren Dauer ausgebaut wurde (Monbushō 1972a: I: 501–502), war ihre Einrichtung doch Anlass zu ersten Überlegungen zu einer Gleichstellung der Pädagogischen Seminare insgesamt mit anderen Hochschulen (Shimizu 2000: 10).

Die Zahl der an den Zweiten Abteilungen Eingeschriebenen erreichte 1925 ein Fünftel der an den Ersten Abteilungen Eingeschriebenen (vgl. Diagramm 5).[16] Da sich die Zahl der an den Ersten Abteilungen Lernenden auf fünf Jahrgangsstufen verteilte, besuchten damit etwa gleich viele Schülerinnen und Schüler pro Altersjahrgang die zwei Abteilungen (vgl. auch Shinoda/Tezuka 1979: 66).

Betrachtet man ein einzelnes Pädagogisches Seminar, für das Absolventenzahlen vorliegen, so zeigt sich, dass in Einzelfällen wie dem Pädagogischen Seminar für Männer Tochigi (in Utsunomiya) sich der Anteil der Schüler an der Zweiten Abteilung seit Gründung derselben auf dem gleichen Niveau bewegte wie der an der Ersten (vgl. Diagramm 6). Auch hier ist wieder zu berücksichtigen, dass sich die Schüler der Zweiten Abteilung auf weit weniger Jahrgangsstufen verteilten als die der Ersten. Die große Nachfrage nach einem Studium in der Zweiten Abteilung war sicherlich ein wichtiger Faktor bei den Überlegungen, die Zweite Abteilung zur Hauptabteilung der Pädagogischen Seminare zu machen. Damit wären die Pädagogischen Seminare von der Regelung des Zugangs her (mindestens Mittelschulabschluss) mit Höheren Fachschulen gleichgestellt gewesen.

16 Das starke Absinken der Zahlen in der ersten Hälfte der 1930er Jahre erklärt sich daher, dass der Besuch der Zweiten Abteilung ab 1928, der der Ersten ab 1933 gebührenpflichtig wurde. Die Erste Abteilung kehrte 1937, die Zweite 1942 zur Gebührenfreiheit zurück (NKK 1983: III: 1047).

Diagramm 5

Studierende an der Ersten und Zweiten Abteilung in Pädagogischen Seminaren, 1908–1945

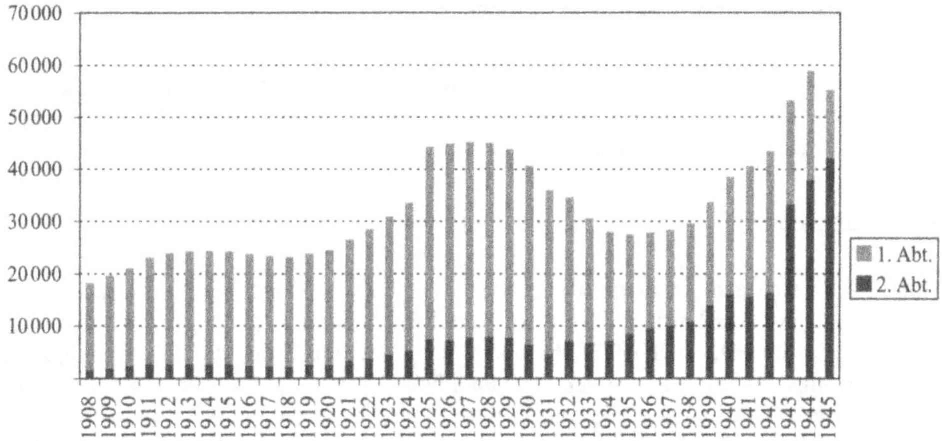

Quelle: Monbushō 1972a: II: 468–469. Für die Jahre 1943 bis 1945 wurde der Hauptkurs als Zweite Abteilung angegeben, der Vorbereitungskurs als Erste Abteilung (vgl. u. 5.1).

Diagramm 6

Studierende an der Ersten und Zweiten Abteilung am Pädagogischen Seminar Tochigi, 1909–1932

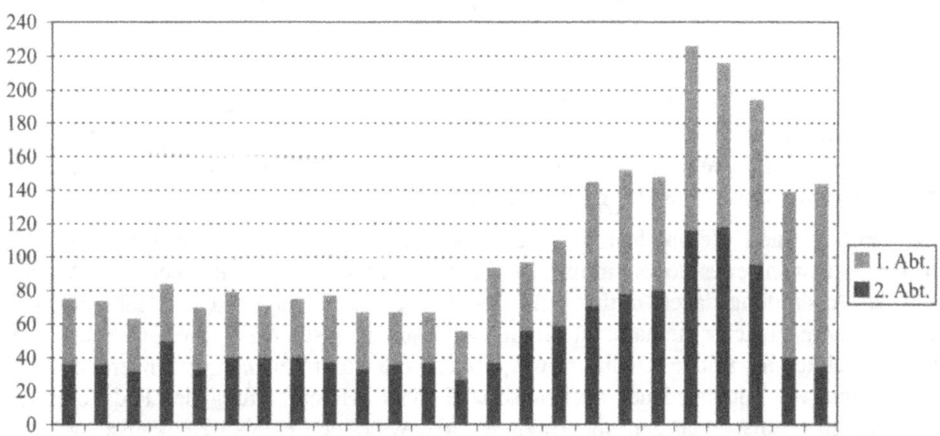

Quelle: UDKGHI 1989: 80–83.

Von den 75 Plänen äußerten sich 66 konkret zur Frage der zukünftigen Regelung des Zugangs zu Pädagogischen Seminaren bzw. zu den in den jeweiligen Plänen vorgestellten Anstalten zur Ausbildung von Grundschullehrern und -lehrerinnen. Etwas mehr als zwei Drittel dieser 66 Pläne (46) sprachen sich für eine Beschränkung des Zugangs auf Absolventinnen und Absolventen der Sekundarstufe (also im aktuellen, evtl. aber auch zu reformierenden, System der Mittelschulen bzw. Höheren Mädchenschulen) aus.

Die minimale Zahl von Schuljahren stieg damit in der Vorstellung der Pläne von acht auf zehn (sieben mal vertreten), elf (31 mal), zwölf (fünf mal) oder sogar 14 (einmal) Jahre (zwei Pläne machten keine näheren Angaben zur Dauer der Sekundarstufe).

Ausbildungsdauer

Beschränkten sich manche Pläne wie derjenige der Partei Minseitō von 1934 darauf, ausdrücklich nur die Abschaffung der Ersten Abteilung zu fordern und ansonsten alles beim Alten zu belassen (#7, GKS 1937: 86), und kann in anderen Fällen die Beschränkung des Zugangs noch so interpretiert werden, dass innerhalb der bestehenden Pädagogischen Seminare die Zweite Abteilung lediglich zum Regelfall erklärt werden sollte, so hätte es für eine regelrechte Gleichstellung mit den Höheren Fachschulen auch einer Verlängerung der Ausbildungsdauer bedurft. Diese betrug an den Pädagogischen Seminaren für Absolventen einer Mittelschule bzw. Absolventinnen einer Höheren Mädchenschule bis 1931 lediglich ein Jahr bzw. nach 1931 zwei Jahre.

Von den 42 Plänen, die die Lehramtsausbildung für Grundschulabsolventinnen und -absolventen versperren wollten und sich zur Ausbildungsdauer äußerten, gingen 23 über die seit 1931 gültigen zwei Jahre nicht hinaus. Unter diesen sahen zwei Pläne von Individuen (#69, #70) sogar nur ein Jahr vor, der des Kinkei Gakuin von 1929 (#13) anderthalb Jahre; sieben der restlichen 20 datieren von vor 1931, so dass die dort vertretenen zwei Jahre zumindest eine Verlängerung darstellten. Von den übrigen 19 Plänen, die eine substanzielle Erweiterung vorsahen, befürworteten alle bis auf einen die Ausdehnung auf drei Jahre – was auch die Regelausbildungsdauer an den Höheren Fachschulen war. Lediglich der landesweite Lehrendenverband Teikoku Kyōikukai wünschte 1932 eine vierjährige Ausbildungsdauer (#15; allerdings auch verbunden mit einer kürzeren Schulzeit von nur zehn Jahren bis zum Abschluss der Sekundarstufe), änderte seine Meinung aber bis zum Vorlegen eines zweiten Planes 1938 auf drei Jahre (#16; nach elf Schuljahren).

Von den 51 Plänen, die überhaupt zu dieser Frage Stellung bezogen, vertrat also lediglich ein Drittel sowohl eine Höherstufung der Zugangsvoraussetzungen als auch eine Ausweitung der Ausbildungsdauer, mithin eine De-Facto-Gleichstellung mit der Höheren Fachschule. Davon zunächst einmal unabhängig ist die Frage zu stellen, ob diese Gleichstellung auch tatsächlich als solche erwünscht war, ob also die strukturellen Änderungen bezüglich Zugang und Ausbildungsdauer auch ausdrücklich als Heraufstufung der Pädagogischen Seminare zu Hochschulen gedacht waren. Bei der wichtigen Kyōiku Kenkyūkai war dies zwar nicht der Fall, doch der bekannteste Erziehungswissenschaftler in ihrer Mitte, Abe Shigetaka, der auch eigene Pläne veröffentlichte, befürwortete 1936 eine solche Heraufstufung indirekt, indem er schrieb: »Über der Mittelschule wird die Höhere Fachschule errichtet, deren Dauer je nach Charakter der Fächer zwischen zwei und fünf Jahren beträgt. Die derzeitige Oberschule, das derzeitige Pädagogische Seminar und Höhere Pädagogische Seminar werden abgeschafft« (#41, SK 1962: 789). Deutlicher wurde die Meikeikai, die noch 1928 weder eine Änderung des Zugangs noch der Ausbildungsdauer vorgesehen hatte, in ihrem Plan von 1934: »Das Pädagogische Seminar des gegenwärtigen Systems erhöhen wir auf das Niveau einer Höheren Fachschule« (#24, SK 1962: 747).

Die Tōyō Bunka Gakkai verfocht im Zuge der Subsumierung aller Einrichtungen der Tertiarstufe unter den Begriff »Universität« (s.o. 2.2.3.2) sogar die Heraufstufung der Pädagogischen Seminare zu Universitäten: »Weil die gegenwärtigen Pädagogischen Seminare an ihrem niedrigen Niveau leiden, soll die Dauer des gegenwärtig der Zweiten Abteilung Entsprechenden verlängert werden und sollen die Pädagogischen Seminare zu dreijährigen Pädagogischen Universitäten gemacht werden« (#12, GKS 1937: 72). Der Oberschulrektor Yamauchi Yūtarō hielt es sogar für »ideal, wenn in Zukunft Grundschullehrer alle aus dem Kreise der Universitätsabsolventen ausgewählt« würden (#69, SK 1962: 839).

Insgesamt befanden sich unter den 42 ausdrücklich strukturelle Höherstufungen befürwortenden Plänen 13, die damit auch nominell eine Gleichstellung mit den Höheren Fachschulen verbanden; weitere drei Pläne taten dies auch, obwohl sie diese strukturellen Höherstufungen nicht in vollem Umfang vertraten oder diese nicht näher spezifizierten. Es handelte sich bei dieser Position also nicht um die Mehrheitsmeinung, aber dennoch um eine immer wieder zu vernehmende und gerade in den einflussreichsten Plänen prominente Ansicht.

Die Diskussion war ohnehin vielfältiger und beschränkte sich nicht auf kleinere quantitative Änderungen am bestehenden System, wie die Vorschläge des Philosophen Hoashi Riichirō zeigen, der die völlige Abschaffung des Systems der Lehramtsausbildung forderte und dem stattdessen eine nur leicht formalisierte praxisorientierte Zusatzausbildung von ein oder zwei Jahren für Absolventen von Mittelschulen und Absolventinnen von Höheren Mädchenschulen vorschwebte (#53, SK 1962: 585).

Ausbildungsinhalte

Stärker als bei den anderen Einrichtungen der Tertiarstufe bzw. denjenigen, die in die Tertiarstufe verlagert werden sollen, spielte bei den Pädagogischen Seminaren auch die Kritik an den Lehrinhalten eine große Rolle in der Diskussion. Allerdings blieb es häufig bei vagen Vorwürfen, ohne dass klar würde, was gegen den angeprangerten Missstand getan werden sollte. Die Seiyūkai etwa schrieb Anfang der 1930er Jahre[17] unter der Überschrift »Verbesserung der Lehramtsausbildung«:

> Wir legen das Hauptaugenmerk darauf, das System der Lehramtsausbildung zu verbessern und zu erneuern, die herkömmliche formalistische Erziehung zu beseitigen, Persönlichkeiten zu bilden und zugleich auf kreativen und unternehmungsfreudigen Geistern basierend praktische Erziehung durchzuführen. Folglich muss man sich bemühen, die Fächerinhalte zu refor-

17 Der Plan ist nicht datiert. Er entstand aber wohl zwischen zwei anderen Plänen der Seiyūkai aus den Jahren 1931 (#2) und 1934 (#4). Darauf deutet eine Passage hin, in der es heißt, man habe sich innerhalb der Partei noch nicht endgültig auf die hier provisorisch vorgeschlagene Dauer von zwei Jahren Ausbildungszeit für Pädagogische Hochschulen entschieden (SK 1962: 698). Im Plan von 1934 ist diese Festlegung dann aber getroffen (#4, GKS 1937: 80).

mieren, sich mit den tatsächlichen Verhältnissen der Gesellschaft vertraut zu machen, indem man den Alltagsverstand heranzieht, den Schwerpunkt auf geistige Übungen zu legen und Menschen mit festem Glauben heranzuziehen (#3, SK 1962: 694).

Takayama Kiyoshi schrieb 1936 zum Punkt »Mängel in der Lehramtsausbildung«:

> Die Inkonsequenzen der gegenwärtigen Grund- und Mittelschulbildung liegen weniger in Mängeln des Systems als in der Unzulänglichkeit der Lehramtsausbildung begründet. Die derzeitigen Pädagogischen Seminare und Höheren Pädagogischen Seminare sind eigentlich Stätten zur Heranbildung von Technikern der Auslegung von Schulbüchern. Sie bilden keine Führer *[shidōsha]* für Leben und Lernen des Volkes heran. Bei dieser Lehramtsausbildung ist es keine Übertreibung zu sagen, dass es unmöglich ist, Erziehungsergebnisse hervorzubringen, egal wie man das Bildungssystem reformiert. Man muss es von Grund auf erneuern (#63, SK 1962: 806–807).

Die aus diesen allgemein gehaltenen Äußerungen herauslesbaren Monita bezogen sich zum Teil auf die Unterrichtsmethoden an den Pädagogischen Seminaren, zum Teil aber auch auf Unterrichtsinhalte, wenn etwa der fehlende Bezug auf die »tatsächlichen Verhältnisse der Gesellschaft« oder das »Leben des Volkes« beklagt wurde. Betrachtet man die landesweit einheitlichen Stundenpläne für Pädagogische Seminare, so kann man erkennen, woher Beschwerden dieser Art rührten (Tabelle 6). Obgleich die Ausbildungsdauer an der Zweiten Abteilung 1931 von ein auf zwei Jahre verlängert wurde, wurde das Fach Staatsbürgerkunde von vier auf zwei Stunden gekürzt und das Fach Gewerbe von drei auf nur vier Stunden erhöht (jeweils Gesamtumfang). Auch bei den Wahlfächern konnten nur bereits im Pflichtbereich gelehrte Fächer vertieft werden. Eine Ausnahme stellte lediglich Englisch dar; das Fehlen dieses Faches, das in der Ersten Abteilung eine bedeutende Rolle spielte, als reguläres Pflichtfach der Zweiten Abteilung erklärt sich daraus, dass dem Fremdsprachenunterricht an den Mittelschulen, von wo die Besucher der Zweiten Abteilung ja kamen, bereits großes Gewicht beigemessen wurde (um 1930 je nach belegtem Kurs zwischen 20 und 30 Stunden innerhalb von fünf Jahren).

Zwei der vorliegenden Reformpläne machten konkrete Vorschläge, wie ein neuer Stundenplan für das Pädagogische Seminar aussehen sollte, wobei beide von einer Institution ausgingen, die Absolventen von Mittelschulen innerhalb von drei Jahren zu Lehrern ausbilden sollte. Gemeinsam war den beiden Entwürfen von Ōtani Tokuma und der Meikeikai, dass die beiden großen Blöcke Pädagogik und Wahlfächer trotz der Verlängerung der Ausbildungsdauer auf drei Jahre kaum erhöht wurden und dass die für Turnunterricht vorgesehene Zeit deutlich anstieg. Ein großer Unterschied bestand allerdings darin, dass Ōtani Japanisch sowie Japanische Geschichte und Geographie zugunsten von 13 Stunden Fremdsprachen wegfallen lassen wollte, während die Meikeikai umgekehrt 14 Stunden Japanisch und Japanische Geschichte und Geographie vorsah, aber dabei bleiben wollte, den Fremdsprachenunterricht im Wahlbereich zu belassen. Die Meikeikai schickte ihrem Stundenplan folgende Absichtserklärung voraus:

> Die Fächer sollen insbesondere
> 1. zur Grundlegung eines japanischen Geistes beitragen,
> 2. zur Festigung des Glaubens, Erzieher zu sein, beitragen,
> 3. zum Bewusstsein von der allgemeinen Lage der Welt und der Situation unseres Landes beitragen,
> 4. zur Förderung von wissenschaftlichem Wissen und Fertigkeiten beitragen,

5. zur Kultivierung von Gefühl und Körper beitragen und
6. zur Förderung der Erkenntnis, Führer des Volkslebens zu sein, beitragen (#27, GKS 1937: 162).

Tabelle 6

Verteilung der Wochenstunden an Pädagogischen Seminaren für Männer

Fach	Ist 1925 (1 Jahr)	Ist 1931 (2 Jahre)	#56, ca. 1933 (3 Jahre)	SKSCI, 1934 (3 Jahre)	#27, 1937 (3 Jahre)
Ethik	2	4	10	5	5
Philosophie			9	3	3
Staatsbürgerkunde bzw. Sozialwissenschaft	4	2	7	2	2
Pädagogik	8	12	13	12	14
Japanisch	3	4		9	8
Geschichte/Geographie	2	4		5	6
Fremdsprachen			13		
Mathematik	2	4		4	5
Naturwissenschaft	2	4	7	6	7
Gewerbe	3	4		6	6
Zeichnen/Werken	3	4	5	6	4
Musik	2	4	4	3	4
Turnen	3	6	14	9	10
Arbeitsdienst			15		
Regionalkunde				2	2
Wahlfächer		16	17	18	18
Summe	34	68	114	90	94

Quelle: Ist 1925: Shimizu 2000: 112; Ist 1931: Shimizu 2000: 118; #56: Ōtani Tokuma (SK 1962: 852–853); SKSCI: Shihan Kyōiku Seido Chōsa Iinkai, *Shihan gakkō gakka katei tōshin* (GKS 1937: 241–243); #27: Meikeikai (GKS 1937: 163–164).

Zwar passte die Betonung des »japanischen Geistes« bei der Meikeikai zur Erhöhung der Stundenzahl in den Fächern Japanisch, Japanische Geschichte und Japanische Geographie; widersprüchlich war jedoch der Wunsch nach Verständnis »von der allgemeinen Lage der Welt« und die Reduktion der Stundenzahl des Faches Staatsbürgerkunde sowie der Verzicht auf Fremdsprachenunterricht als Pflichtfach.

Beide Vorschläge waren recht weit von einer wissenschaftlichen Lehramtsausbildung entfernt: der der Meikeikai aufgrund seiner einseitigen Betonung »japanischer« Fächer und der

Vernachlässigung von Fremdsprachen und gesellschaftswissenschaftlichen Fächern, der von Ōtani wegen seiner großen Betonung von Ethik und Turnen sowie seiner Einführung von 15 Stunden »Arbeitsdienst« (s. dazu unten 6.2).[18] Auffällig ist ferner, dass sich der Plan der Meikeikai sehr eng an den Ergebnissen des »Komitees zur Untersuchung des Systems der Lehramtsausbildung« (Shihan Kyōiku Seido Chōsa Iinkai), eines Beratungsgremiums des Kultusministers aus dem Jahre 1934, orientierte (vgl. Tabelle 6 Spalte SKSCI).

Bei den nicht ins Detail gehenden Plänen spielte die Verfachlichung hingegen eine größere Rolle, so etwa bei der Kyōiku Kenkyūkai. Kido Mantarō, eines ihrer Mitglieder, erinnerte sich später:

> Als Lehrer sollten [die Studierenden der Pädagogischen Seminare] Pädagogik selbst wissenschaftlicher erforschen und vertiefen. Pädagogik selbst war noch keine richtige Wissenschaft: sie musste noch wissenschaftlicher gemacht werden. Erst auf dieser wissenschaftlichen Grundlage sollten hervorragende Lehrer herangezogen werden« (in: Shōwa Dōjinkai 1968: 191).

Trägerschaft

Die Forderung nach der Überführung der seit der Meiji-Zeit in präfekturaler Trägerschaft stehenden Pädagogischen Seminare in zentralstaatliche tauchte nur vereinzelt in der Reformdiskussion auf, wurde aber von durchaus wichtigen Vertretern geäußert. So äußerte die Meikeikai als Standesvertretung der Absolventen des Höheren Pädagogischen Seminars Tokyo 1929 diesen Wunsch (#23, in: Shimizu 2000: 163), distanzierte sich aber in ihren späteren Plänen wieder von dieser Vorstellung. Ausdrücklich dafür sprach sich 1933 auch die Tōyō Bunka Gakkai aus, und zwar mit folgender Begründung: »Weil die Lehramtsausbildung Grundlage der Erziehung ist, ist es selbstverständlich, dass der Staat selbst die Verantwortung dafür übernimmt, weshalb sie aus staatlichen Mitteln betrieben werden muss« (#12, GKS 1937: 72).

Während bei der Tōyō Bunka Gakkai mitschwang, dass der Staat auch deswegen die komplette Verantwortung für die Lehramtsausbildung übernehmen sollte, damit er die »Grundlage der Erziehung« auch besser kontrollieren könne, spielte bei der Landesweiten Konferenz der Mittelschullehrer, die 1935 ebenfalls für die Verstaatlichung der Pädagogischen Seminare eintrat, eher die systemweite Vereinheitlichung eine Rolle. Hier wurden die eindeutig postsekundär zu gestaltenden (nämlich nur noch für Absolventen der Mittelschule und Absolventinnen der Höheren Mädchenschulen offenen) Pädagogischen Seminare bzw. Pädagogischen Hochschulen in Analogie zu den öffentlichen Oberschulen gedacht, welche in den 1930er Jahren (bis auf eine Ausnahme) ebenfalls in zentralstaatlicher Trägerschaft standen (#19, SK 1962: 721). Von der bisher üblichen Gliederung – Grundschulen in kommunaler Trägerschaft, Mittelschulen und Höhere Mädchenschulen in regional-präfekturaler oder privater und Tertiarstufe (zum größten Teil) in zentralstaatlicher (so nicht privater) – her gesehen, war die Forderung nach Verstaatlichung der Pädagogischen Seminare in der

---

18 Im Übrigen erläuterte auch Ōtani zu seinem Stundenplan, die japanischen Klassiker sollten als konkretes Lehrmaterial in anderen Fächern zur Anwendung kommen, so dass innerhalb der drei Jahre ein »Überblick über die Klassiker« vermittelt werde (SK 854).

Tat naheliegend, wenn man diese denn eindeutig in der Tertiarstufe verortete. Dass viele Pläne dies taten, sich aber dennoch deutliche Befürworter einer Überführung der Lehramtsausbildung in den Zuständigkeitsbereich des Zentralstaates erst ab Mitte der 1930er Jahre fanden,[19] kann wohl darauf zurückgeführt werden, dass erst ab diesem Zeitpunkt der zentralen Kontrolle der Bildungsinhalte derjenigen Institutionen, die die Lehrerinnen und Lehrer für den Schulpflichtbereich zur Verfügung zu stellen hatten, größeres Gewicht beigemessen wurde.

Bei den Pädagogischen Seminaren zur Ausbildung von Lehrerinnen und Lehrern für Grundschulen war weniger als die Hälfte der Verfasser von Reformplänen zu einer substanziellen Aufwertung sowohl von Zugang als auch von Ausbildungsdauer bereit. Im Falle der Ausbildung von Lehrenden[20] an Schulen der nächsten Schulstufe (Mittelschulen und Höhere Mädchenschulen) war dies viel eher der Fall, wie der folgende Abschnitt zeigen wird.

Höhere Pädagogische Seminare

Die Ausbildung von Lehrern an Mittelschulen bzw. Lehrerinnen an Höheren Mädchenschulen fand seit Gründung der Höheren Pädagogischen Seminare 1886 zweigleisig statt. Zum einen hatten seit Gründung der Universität Tokyo Absolventen der Kaiserlichen Universitäten, später auch der Ein-Fach-Universitäten und staatlichen Höheren Fachschulen (und eines Teils der privaten Hochschulen) automatisch und ohne weitere pädagogische Qualifikation die Erlaubnis, an Mittelschulen lehrend tätig zu werden. Zum anderen waren die (staatlichen) Höheren Pädagogischen Seminare, von denen eines 1886 in Tokyo gegründet wurde, eines 1902 in Hiroshima und je eines für Frauen 1890 in Tokyo und 1908 in Nara, speziell für die Ausbildung von Lehrenden an Mittelschulen bzw. Höheren Mädchenschulen zuständig. Der Staat hatte auf diese Einrichtungen direkteren Zugriff als auf die anderen genannten Hochschulen und bezweckte mit ihnen, den Kern der Lehrenden der Sekundarstufe, insbesondere die zukünftigen Rektoren, nach seinen Vorstellungen auszubilden.

Ein Teil des Lehrkörpers an Mittelschulen hatte also eine Universität besucht; wenn dennoch lebhaft über die Errichtung einer Pädagogischen Universität *(shihan daigaku)* diskutiert wurde, so hatte diese Diskussion die Frage zum Gegenstand, ob es wünschenswert sei, eigene staatliche Universitäten zur Lehramtsausbildung einzurichten. Sasaki Kichisaburō, Professor am Höheren Lehrerseminar Tokyo, veröffentlichte bereits unmittelbar nach Abschluss der Beratungen der Außerordentlichen Erziehungskonferenz 1921 in der Pädagogischen Fachzeitschrift *Kyōiku kenkyū* einen Aufsatz mit dem Titel »Diskussionen über die

19 Zu den genannten kam noch die Teikoku Kyōikukai, die diese Forderung in ihrem aus dem Jahre 1938 stammenden Plan neu aufnahm (#16, in: Shimizu 2000: 166).

20 Lehrerinnen an Mittelschulen für Männer gab es nur in seltenen Ausnahmefällen; Absolventinnen der Höheren Pädagogischen Hochschulen für Frauen bzw. von Fachhochschulen für Frauen, die das Lehramtsexamen bestanden, fanden zumeist an Höheren Mädchenschulen Anstellung. Die Reformpläne behandeln die Mittelschule für Männer als Regelfall für die Sekundarstufe, beziehen teilweise aber auch Lehrerinnen der Sekundarstufe mit ein, was in der Beschreibung und Übersetzung der Pläne sprachlich berücksichtigt wurde. Näheres zur ausdrücklichen Thematisierung von höherer Bildung für Frauen weiter unten in 2.3.4.

Errichtung einer Pädagogischen Universität«. Allerdings befürwortete Sasaki darin die Einrichtung einer Pädagogischen Universität zur Weiterbildung und Forschung für Absolventen der Höheren Lehrerseminare, nicht also als selbst Lehrkräfte ausbildende Anstalt (Sasaki 1921: 5). 1929 waren zwei Bunri-Universitäten in Tokyo und Hiroshima gegründet worden, um den Rufen nach Verwissenschaftlichung der Lehramtsausbildung Genüge zu tun (zur Namensgebung vgl. oben 2.3.1). Sie wurden auf der Grundlage der dort bereits bestehenden Höheren Pädagogischen Seminare gegründet, wobei letztere allerdings weiter bestanden. Dies hatte zur Folge, dass die Bunri-Universitäten sich schnell als normale Ein-Fach-Universitäten verstanden, die sich nicht länger der Lehramtsausbildung zu widmen hätten, wofür die Höheren Pädagogischen Seminare ja weiter bestanden.

Dass diese Lösung die an ernsthafter Reform Interessierten nicht befriedigte, zeigt sich daran, dass kaum ein Unterschied in den Forderungen der Pläne von vor und nach 1929 festzustellen ist; eher noch findet sich, wie bei der Minseitō 1931, die Forderung, die gerade erst gegründeten Bunri-Universitäten zugunsten tatsächlich der Lehramtsausbildung auf wissenschaftlichem Niveau gewidmeter Pädagogischer Universitäten aufzulösen (genauso auch die Meikeikai 1935 (#25, SK 1962: 745), der Unterhausabgeordnete Yamamasu Gijū (#48, SK 1962: 843) und sogar der Rektor der Bunri-Universität Tokyo, der Pädagoge Ōse Jintarō (#47, SK 1962: 801)).

Ebenfalls zu der Gruppe derjenigen Pläne, die die Abschaffung der Sonderform Höheres Pädagogisches Seminar und die Einrichtung von Pädagogischen Universitäten forderten, gehörte der des landesweiten Lehrerverbandes Teikoku Kyōikukai (1933: #15, GKS 1937: 55), der dieses Modell 1938 sogar für die Ausbildung von Lehrpersonal für Mittel- und Grundschulen vorschlug (#16, Shimizu 2000: 166). Die gemeinsame Ausbildung von Lehrenden an Schulen der Primar- und Sekundarstufe an Pädagogischen Universitäten schlugen auch die Tōyō Bunka Gakkai 1933 (#12, GKS 1937: 72), der Erziehungswissenschaftler Kido Mantarō 1937 (Funaki 1994: 91) und die Meikeikai 1929 (Funaki 1994: 94) vor. In eine ähnliche Richtung ging der Plan der Minseitō von 1931, der eine Abschaffung der Höheren Pädagogischen Seminare und eine Umwandlung der Bunri-Universitäten in Pädagogische Universitäten vorsah (#6, SK 1962: 568). Ein weiteres Modell, in dem »Pädagogische Universitäten« vorgesehen waren, der Zugang zu Einrichtungen zur Ausbildung von Mittelschullehrern aber erst Universitätsabsolventen offen sein sollte, legte die Seiyūkai 1934 vor (#4, GKS 1937: 80).

In einer anderen Gruppe von Plänen war zwar ebenfalls die Abschaffung des bestehenden Systems und eine Verschiebung der Ausbildung der Mittelschullehrer und Lehrerinnen an Höheren Mädchenschulen auf die Zeit nach der Tertiarstufe angedacht, dabei aber nicht die Einrichtung von ausdrücklich so genannten »Pädagogischen Universitäten« vorgesehen. So forderte die Kyōiku Kenkyūkai 1931, die Höheren Pädagogischen Seminare abzuschaffen und stattdessen einen zweijährigen Ausbildungskurs für Absolventinnen und Absolventen von Höheren Fachschulen (diese umfassen im Plan der Kyōiku Kenkyūkai die Universitäten des tatsächlich bestehenden Systems, s.o.) anzubieten (#9, SK 1962: 706). Hoashi Riichirō, von dem oben bereits gesagt wurde, er habe für die Ausbildung der Grundschullehrerinnen und -lehrer die völlige Abschaffung des Systems der Lehramtsausbildung zugunsten einer nur leicht formalisierten praxisorientierten Zusatzausbildung von ein oder zwei Jahren für Absolventinnen und Absolventen der Sekundarstufe favorisiert, befürwortete für Lehrerinnen und Lehrer in der Sekundarstufe eine Zusatzausbildung für Universitätsabsolventinnen und -absolventen (#53, SK 1962: 585). Yoshimizu Shōgan, Preisträger beim Wettbewerb der *Kokumin shinbun* von 1929, sah ebenfalls die Abschaffung der Höheren Pädagogischen Seminare und stattdessen eine zweijährige Zusatzausbildung für Absolventinnen und Absolventen von Universitäten oder Höheren Fachschulen vor (#71, Yoshimizu 1930: 19).

Insgesamt vertraten 21 Pläne die Einrichtung von Pädagogischen Universitäten und 19 lehnten sie ausdrücklich ab. Die allermeisten Pläne blieben freilich innerhalb des bestehenden Systems insofern, als sie unhinterfragt separate Einrichtungen für die Lehramtsausbildung als selbstverständlich voraussetzten. Einige wenige vertraten jedoch auch die nicht nur nominelle Heraufstufung der Höheren Pädagogischen Seminare zu Universitäten, sondern vielmehr die Verlagerung der Lehramtsausbildung direkt an die bestehenden Universitäten. So wollte die Privatperson Takayama Shūgetsu 1932 alternativ zu den Höheren Pädagogischen Seminaren auch Universitäten und Höheren Fachschulen die Einrichtung von pädagogischen Kursen zur Qualifikation von Lehrenden in der Sekundarstufe erlauben (#64, SK 1962: 836–837). Ähnliches schwebte auch dem Rektor der Tōkyō Furitsu Kōgyō Gakkō, Uno Saburō, vor, der für die Ausbildung von Mittelschullehrern die Errichtung von Ein-Jahres-Kursen für Universitätsabsolventen innerhalb eines Teils der bestehenden Universitäten befürwortete (#66, SK 1962: 833). In ähnlicher Weise vertrat die Teikoku Kyōikukai 1933, Absolventinnen und Absolventen von Universitäten und Höheren Fachschulen solle die Lehramtsqualifikation für die Sekundarstufe nach einem Jahr pädagogischer Zusatzausbildung gewährt werden (#15, GKS 1937: 55). 1938 schlug dieselbe Teikoku Kyōikukai nicht nur, wie oben erwähnt, die Zusammenfassung der Lehramtsausbildung für die Primar- und Sekundarstufe an Pädagogischen Universitäten vor, sondern alternativ auch die Einrichtung von Pädagogik als reguläres Fach zur Lehramtsausbildung an Universitäten (#16, Shimizu 2000: 166).

Ausdrücklich und alternativlos die Verlagerung der Mittelschullehrerausbildung an die bestehenden Universitäten verlangte der Pädagoge Haruyama Sakuki in einem Zeitungsartikel im Februar 1934. Hintergrund seiner Position war, dass er die Ausbildung von Lehrern in separaten Einrichtungen ablehnte. Im Einzelnen führte er an, Lehrkräfte benötigten wissenschaftliche Kenntnisse und müssten hervorragende Persönlichkeiten sein – für beides aber sei der Besuch einer Universität vorteilhafter als der eines Pädagogischen Seminars (in: TDS 1934: 192). Die pädagogischen Spezialkenntnisse, die an den Pädagogischen Seminaren vermittelt würden, seien hingegen nicht unbedingt ein Vorteil: Allzu oft benutzten Absolventen der Pädagogischen Seminare diese formalistisch als reine Techniken, ohne den Bedürfnissen der Schüler damit genügen zu können (in: TDS 1934: 193–194). Haruyamas Fazit lautet klar: »Heute, da die Nation finanzielle Schwierigkeiten hat und Qualifizierte sowohl mit abgeschlossenen Prüfungen als auch mit Prüfungsbefreiung zahlreich sind und unter Beschäftigungsmangel leiden, besteht keine Notwendigkeit, eine Pädagogische Universität mit dem Ziel der Lehramtsausbildung zu errichten« (in: TDS 1934: 199). Im Gefolge von Haruyamas Artikel kam es zu einer Debatte über die richtige Austarierung des Gegensatzes von Akademismus und Professionalismus. Letztere Position, also die Betonung der pädagogischen Fachausbildung für zukünftige Lehrer, wurde dabei von Pädagogen wie Hasegawa Otohiko, 1925 Mitglied des Rates zur Bildungspolitik, und Takayama Kiyoshi, Lehrkraft am Höheren Pädagogischen Seminar Tokyo, vertreten, die die Bunri-Universität als zu akademisch ablehnten. Auf der Seite von Haruyama standen als Befürworter des akademischen Prinzips hingegen auch Ōshima Masanori, Professor an der Bunri-Universität Tokyo, Ishiyama Shūhei und Osada Arata, Professor an der Bunri-Universität Hiroshima (Funaki 1994: 86–91).

Großes Gewicht in der Diskussion zur Frage der pädagogischen Universität besaß neben der Stimme der beteiligten Fachleute auch die Meinung der etablierten Universitäten. So äußerte die Kaiserliche Universität Tokyo sich sogleich öffentlich ablehnend, als der Vorschlag zur Gründung einer solchen Universität zu verschiedenen Zeitpunkten in der Diskussion auftauchte. An der Philosophischen Fakultät der Kaiserlichen Universität Tokyo etwa bildete sich Anfang 1934 ein Ausschuss zur Abwehr von Plänen für eine Pädagogische Universität, dem die Professoren Haruyama Sakuki, Imai Toshiki, Toda Teizō, Yoshida Kumaji und Abe Shigetaka angehörten. Ihre Gründe für die Ablehnung einer eigenen Universität zur Lehramtsausbildung waren wie folgt: 1. das Ziel einer Pädagogischen Universität, Lehrer auszubilden, sei nicht in Einklang zu bringen mit den im *Daigakurei* gesetzlich definierten Zielen von Universitäten; 2. die Einrichtung einer Pädagogischen Universität bedeute automatisch das Zugeständnis der Unfähigkeit der bestehenden Universitäten, Lehrer ausbilden zu können; 3. die per Gesetz zugelassenen Universitäten sollten über die Einrichtung neuer Universitäten mitbestimmen können (TDHHI 1985: tsūshi II: 587–588). Neben diesen nach außen vorgetragenen Argumenten war die Hauptsorge der Kaiserlichen Universitäten, und gerade ihrer Philosophischen Fakultäten, aber in erster Linie die für die eigenen Absolventen zu befürchtende Konkurrenz. Denn ein großer Teil der Absolventen eines geisteswissenschaftlichen Studiums an den Kaiserlichen Universitäten wurde in den 1920er und 30er Jahren Mittelschullehrer (vgl. Tabelle 7).

Tabelle 7

Prozentzahl der Absolventen der Philosophischen Fakultät der Kaiserlichen Universitäten Tokyo, Kyoto, Tōhoku und Kyūshū, die Mittelschullehrer wurden

Universität	1925	1930	1935
Tokyo	61,7% (100 von 162)	40% (124 von 310)	17,1% (55 von 321)
Kyoto	34,1% (15 von 44)	35, 3% (55 von 156)	30,8% (61 von 198)
Tōhoku*		15,8% (18 von 114)	9,8% (25 von 254)
Kyūshū*		21,7% (30 von 138)	

Quellen:
1925: Monbushō 1972b: 168–169, 182–183;
1930: Monbushō 1973: 193–194, 208, 217, 225;
1935: Monbushō 1974: 187–188, 199–200, 217.
* 1925 gab es an den Kaiserlichen Universitäten Tōhoku und Kyūshū noch keine Philosophischen Fakultäten. Angaben für 1930 und 1935 sind für die Philosophisch-Rechtswissenschaftlichen Fakultäten. Für das Jahr 1935 fehlt die Angabe für die Universität Kyūshū.

So fand an der Kaiserlichen Universität Kyoto zwischen 1925 und 1935 durchgängig etwa ein Drittel der Absolventen der Philosophischen Fakultät Beschäftigung als Mittelschullehrer und an der Universität Tokyo waren es 1925 sogar über 60 %. Selbst nach 1930, als der Anteil derjenigen Absolventen der Universität Tokyo, die Mittelschullehrer wurden, alleine nur noch bei etwa 40 % lag, stand die Mittelschule als zukünftiger Arbeitsplatz in allen Teilfächern der Philosophischen Fakultät immer noch auf dem ersten Platz (vgl. die Zahlen in TDS 1935: 224–225). Auch wenn die Zahlen stark schwankten, war der Lehrerberuf doch offenbar eine wichtige Beschäftigungsperspektive für die Absolventen der Philosophischen Fakultäten, woraus sich die Haltung ihrer Vertreter zur Frage der pädagogischen Universität erklärt.

2.3.4 Hochschulzugang für Frauen

> Obwohl die Zahl der Stimmen, die eine Gleichberechtigung in der Erziehung fordern, immer mehr zunimmt, geschieht die Erziehung der Mädchen bisher noch immer in der altherkömmlichen, traditionellen Form. Das Mädchen soll schliesslich zu einer guten Hausfrau und Mutter herangebildet werden. Von einer wissenschaftlichen Ausbildung für Mädchen in dem Sinne wie für die männliche Jugend kann in Japan noch fast keine Rede sein. Die Hochschulen und Universitäten sind für das weibliche Geschlecht offiziell noch nicht freigegeben. Die Frauenemanzipationsbewegung stellt zielbewusst die Forderung nach echter wissenschaftlicher Bildung für das weibliche Geschlecht auf, und zwar sollen alle Universitäten wie auch Hochschulen in gleicher Weise für Frauen wie für Männer offen stehen. Der Erfolg dieser Bestrebungen liegt aber noch in der Zukunft (Murakami 1934: 273).

So schilderte Murakami Komao 1934 in seiner in Deutschland eingereichten Dissertation über »Das Japanische Erziehungswesen« die Situation der Schulbildung für Frauen im Kapitel »Die Zukunft der japanischen Erziehung«. Dass er formuliert, die »Hochschulen und Universitäten«[21] seien »noch nicht« freigegeben, deutet schon darauf hin, dass die Fragestellung Anfang der 1930er Jahre keineswegs neu war. Der Universitätszugang für Frauen war schon 1918 in dem Sonderausschuss für Erziehung verhandelt worden. In der Empfehlung hieß es:

> In Bezug auf Frauen, die Fachinhalte studieren wollen, soll ihnen der Weg eröffnet werden, zu einer Universität zugelassen zu werden, wenn, wie es z.B. an der Kaiserlichen Universität Tōhoku bereits umgesetzt ist, sie Absolventinnen Höherer Pädagogischer Seminare für Frauen sind und die Universität anerkennt, dass sie eine mindestens Absolventen von Oberschulen gleichwertige akademische Leistungsfähigkeit besitzen. Für so etwas wie die Errichtung eigener Universitäten für Frauen jedoch scheint uns die Zeit noch nicht gekommen. Die Ausbildung von Frauen in Fachinhalten befindet sich heute noch in einem Versuchsstadium. Insbesondere bedarf die Frage eines Systems der Einrichtung besonderer Universitäten für Frauen noch ausreichender Nachforschungen. Heute ermöglichen wir die Einrichtung von Oberkursen an den Höheren Mädchenschulen. Durch die Vermittlung höherer Bildung an diesen soll die höhere Bildung für Frauen vervollkommnet werden (in: Yamada 1999: 185–186).

---

21 Murakami versteht unter »Hochschulen« die in der vorliegenden Arbeit »Ein-Fach-Universitäten« genannten Einrichtungen (verwirrenderweise mit Ausnahme der Bunri-Universitäten), so dass »Hochschulen und Universitäten« bei ihm mit »Universitäten« in der Sprachregelung der vorliegenden Arbeit identisch ist (vgl. Murakami 1934: 161–163).

In den Beratungen im Jahre 1918 hatte lediglich Naruse Jinzō, Pädagoge und Gründer der Frauenhochschule Nihon Joshi Daigakkō, gefordert, die Gründung von Frauenuniversitäten mit den Fakultäten Haushaltswissenschaft, Religion und Medizin zu ermöglichen. Unter bestimmten Bedingungen sollten sogar bestehende Universitäten Frauen zulassen können, wenn die Gründung eigener Universitäten nicht praktikabel erschien. Naruse blieb mit dieser Meinung in dem Sonderausschuss für Erziehung jedoch gänzlich isoliert; freilich wurde das Gremium schon zeitgenössisch von Experten, die mit Frauenerziehung zu tun hatten, scharf als unzeitgemäß kritisiert (Yamada 1999: 191–195). 1925 hatte sich ein »Landesweiter Bund der Studentinnen« (Zenkoku Joshi Gakusei Dōmei) zusammengeschlossen, um beim Kultusministerium eine Öffnung der Vorbereitungsinstitutionen für Universitäten für Frauen zu erreichen (Sasaki 2002: 62–63).

Die Frage der Einbeziehung von Frauen in das Bildungssystem war auch für die hier untersuchten Reformpläne ein dringliches Thema: Von den 75 Plänen thematisierten 40 die Frage des Universitätszugangs für Frauen. Das Problem des Universitätszugangs für Frauen lässt sich in vier Teilbereiche, die besondere Aufmerksamkeit auf sich zogen, teilen: die Bildungsmöglichkeiten für Frauen in der Sekundarstufe, also die Möglichkeit für Mädchen, die normale Mittelschule zu besuchen oder die Gleichstellung der Höheren Mädchenschulen mit den Mittelschulen; die direkte Zulassung von Frauen zu den Universitäten selbst als allgemein gesetzlich geregelte Praxis; die Frage separater Einrichtungen, also ob Frauen zusammen mit Männern an höherer Bildung teilhaben sollten oder in eigenständigen Frauenuniversitäten; schließlich damit zusammenhängend die Frage, ob die zu vermittelnden Inhalte separat sein sollten.

Bildungsmöglichkeiten für Frauen in der Sekundarstufe

Waren zum Zeitpunkt der Diskussionen Mädchen in der Grundschulphase Jungen noch gänzlich gleichgestellt, so änderte sich dies schon beim Übergang zur Mittelschule. Diese war grundsätzlich nur Jungen zugänglich, ebenso wie die Oberschule – diese aber wiederum war der einzige Zugangsweg zu den Universitäten. Der reguläre Weg für junge Frauen, eine formelle Bildung jenseits der Grundschule zu erwerben, bestand hingegen im Besuch einer Höheren Mädchenschule (*kōtō jogakkō*, 1899 per Gesetz eingerichtet), der, wie der einer Mittelschule für Männer, fünf Jahre dauerte.

Mit der Mittelschule für Jungen gleichgestellt war diese Institution insofern, als ihr Abschluss für den Eintritt in ein Pädagogisches Seminar oder eine Höhere Fachschule qualifizierte. Darüber hinaus gab es innerhalb der Höheren Mädchenschulen »Oberkurse« *(kōtōka)*, die weitere zwei Jahre eine nicht fachlich spezialisierte höhere Bildung ermöglichten. Der Abschluss dieser Oberkurse ermöglichte aber keine weiteren Aufstiegschancen innerhalb des Bildungssystems.

Der »Sackgassencharakter« der Oberkurse wird wohl auch dazu geführt haben, dass diese sich in der Praxis kaum durchsetzen konnten. Erlebten die Höheren Mädchenschulen insgesamt während der 1920er Jahre einen enormen Zuwachs an Schülerinnen von unter 100 000 im Jahre 1919 bis auf über 330 000 im Jahre 1929 (vgl. Diagramm 7), stagnierte die Zahl der Besucherinnen eines Oberkurses ab etwa 1925 bei zwischen 2 000 und 2 500 (vgl. Diagramm 8). Zwar war letztere Zahl seit etwa 1915 relativ gesehen rapide angestiegen; absolut jedoch konnte die Zahl mit zu Spitzenzeiten unter 2500 Schülerinnen mit der allgemeinen Entwicklung der Höheren Mädchenschulen nicht Schritt halten.

Die Reformdiskussion konzentrierte sich auf die Frage, ob die systematische Trennung in einen Schulstrang für Mädchen und einen für Jungen weiterverfolgt werden sollte. Von den 40 hier untersuchten Plänen, die die Bildungsbeteiligung von Frauen thematisierten, befürwortete die überwältigende Mehrheit von 37 die Ermöglichung der Teilnahme von Frauen am gleichen System der Sekundarstufe wie die Männer. Damit war jedoch noch nichts darüber gesagt, ob Mädchen die bislang den Männern vorbehaltene Mittelschule besuchen dürfen sollten oder ob die nur Mädchen zugängliche Höhere Mädchenschule lediglich formalrechtlich den Mittelschulen gleichgestellt werden sollte.

Diagramm 7

Schülerinnen im Hauptkurs Höherer Mädchenschulen, 1913–1941

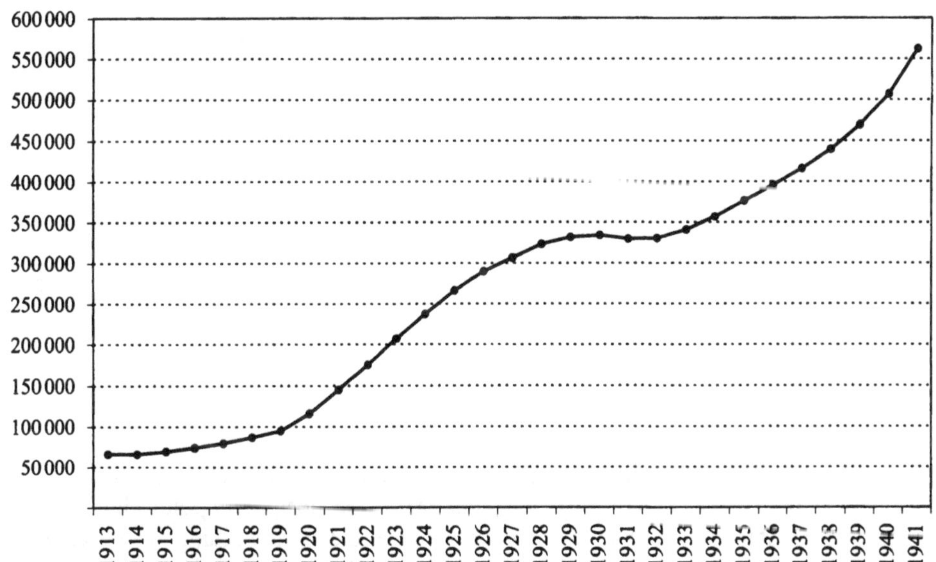

Quelle: Monbushō 1972a: II: 484.

Eine sehr weit reichende Forderung fand sich im Plan des Lehrerverbandes von Tokyo, Teito Kyōikukai, von 1928: »[Bildung für] Männer und Frauen soll auf einem völlig einheitlichen System beruhen« (#17, GKS 1937: 17). Auch die Alumni-Vereinigung des Höheren Pädagogischen Seminars Tokyo, Meikeikai, stellte sich schon in ihrem ersten, sonst wenig reformfreudigen Plan von 1928 vor: »Der oben stehende Schulverlaufsplan wird für Männer und Frauen durchgehend angewandt« (#21, SK 1962: 739), was auch in ihrem letzten Plan von 1937 noch galt: »Für Männer und Frauen soll ein gemeinsamer Strang gelten« (#27, GKS 1937: 151). Die Privatperson Yoshimizu Shōgan forderte ähnlich grundsätzlich: »Das neue System soll durchgängig auch auf Frauenerziehung angewandt werden« (#71, Yoshimizu 1930: 20).

Diagramm 8

Schülerinnen im Oberkurs Höherer Mädchenschulen, 1913–1941

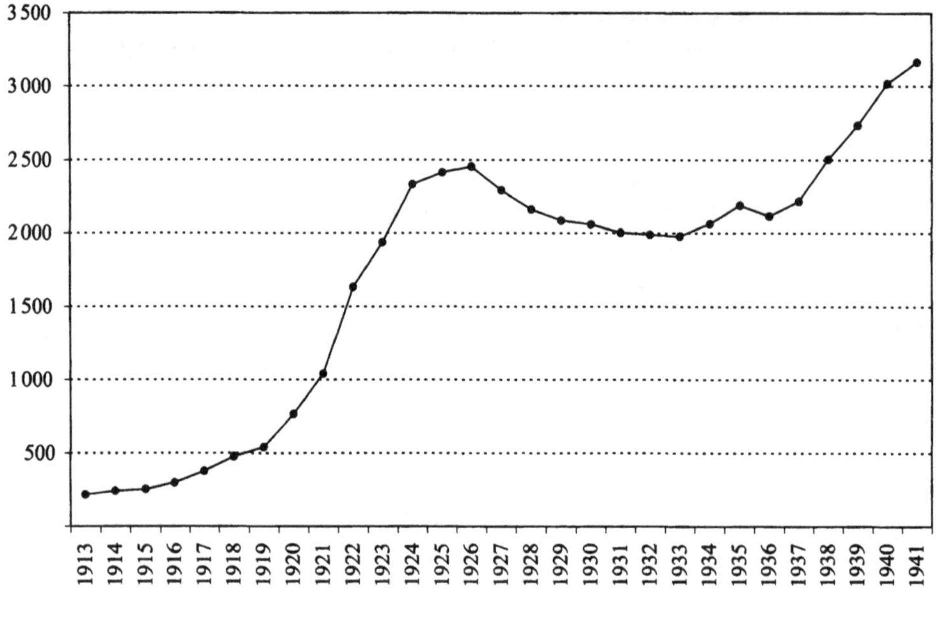

Quelle: Monbushō 1972a: II: 484.

Nun kritisierte derselbe Yoshimizu auch in scharfen Worten offen die Militarisierung der Schulerziehung (#71, Yoshimizu 1930: 17), kann also wohl insgesamt politisch einer eher progressiven Richtung zugeordnet werden. Dass jedoch die Befürwortung einer Höherstufung der Sekundarstufe für Frauen kein Anliegen nur der Linken war, zeigt sich, wenn man weitere Pläne hinzuzieht. Selbst der Plan der von Hiranuma Kiichirō angeführten und radikale tennoistische und nationalistische Positionen vertretenden Tōyō Bunka Gakkai etwa bemängelte, dass das Niveau der gegenwärtigen Höheren Mädchenschulen von den Eltern und Brüdern der Schülerinnen verachtet würde und schlug vor, alle Höheren Mädchenschulen den Mittelschulen gleichzustellen (#12, GKS 1937: 68). Dieser Vorschlag war in den Plänen am häufigsten vertreten, so z.B. auch bei der ebenfalls kaum der Linken zuzurechnenden Gruppe von Rektoren ingenieurwissenschaftlicher Fachhochschulen (Kōgyō Senmon Gakkōchō Yūshi) (#33), der Seiyūkai (#3) oder bei Takada Yūshu, dessen Plan sich sonst durch extreme Ablehnung alles Nicht-Japanischen und die Befürwortung der Hinwendung zum agrarisch geprägten Landeseigenen im Sinne der reaktionären Denkrichtung der *kokugaku* auszeichnet (#62).

Zu den lediglich drei Plänen, die eine Niveauerhöhung der Frauenbildung explizit ablehnten, gehörte der in dem Buch »Reform der Bildung in den landwirtschaftlichen Dörfern« *(Nōson kyōiku no kakushin)* von Yokoo Sōzaburō präsentierte. Er schlug nicht nur die Umwidmung der Hälfte der bestehenden Mittelschulen in nicht weiterführende Fachschulen für Agrarwesen, Technik und Handel vor, sondern beschränkte seine Reformvorschläge für das höhere Frauenschulwesen auch darauf, die Höheren Mädchenschulen in »Hausfrauenschulen« umzubenennen (#72, SK 1962: 586).

Bei den von Einzelpersonen eingereichten Plänen überwogen indes Einstellungen wie die des Oberschulrektors Yamauchi Yūtarō, der befürwortete, »das Niveau der Frauenerziehung zu heben und dem von Männererziehung gleichwertig zu machen« (#69, SK 1962: 839). Da zudem der Lehrerverband Teikoku Kyōikukai 1933 forderte, »die systematische Diskriminierung von Männern und Frauen abzuschaffen« (#15, GKS 1937: 53), und sich auch noch 1938 dafür aussprach, »eine Diskriminierung nach Männern und Frauen nicht zu errichten« (#16, in: Takahashi 1989: 428), überdies auch die mit Konoe Fumimaro assoziierte Kyōiku Kenkyūkai 1931 konstatierte, »man könne [mit der derzeitigen Erziehungsorganisation] die Chancengleichheit, mit der Männer und Frauen ihrem Geschlecht nach höhere Bildung empfangen, nicht erlangen« (#9, SK 1962: 703), und ihre Nachfolgerin Kyōiku Kaikaku Dōshikai dies 1941 dahingehend zur Forderung konkretisierte, dass die Höheren Mädchenschulen zu normalen Mittelschulen werden sollten (#11, MSC 1942: 31), kann man einen breiten Konsens dahingehend ausmachen, das Niveau der Sekundarstufenbildung von Frauen zu erhöhen, und zwar durch eine strukturelle Angleichung dieser Schulen an die Mittelschulen für Männer.

Dieser Konsens umfasste sowohl die politischen Differenzen wie auch den Zeitraum der Diskussion; inwiefern er sich auf die Sekundarstufe beschränkte oder schon auf die Universität zielte, ist hingegen eigens zu klären.

Zulassung von Frauen zu Universitäten

Nachdem 1919 der Titel *daigaku* auch Privateinrichtungen grundsätzlich zugänglich geworden war, versuchten mehrere nur Frauen zulassende Höhere Fachschulen, Universitätsstatus zu erhalten. Sie hatten keinen Erfolg und erhielten Mitte der 1920er Jahre Absagen vom Kultusministerium (Takahashi 1989: 425). Doch blieb den schon bestehenden Höheren Fachschulen für Frauen nicht nur nach 1919 der den alten Höheren Fachschulen für Männer in der Regel gewährte Aufstieg zur Universität verwehrt, auch die Struktur der bestehenden Höheren Fachschulen für Frauen unterschied sich insofern von der für Männer, als die Vielfalt an Möglichkeiten fachlicher Spezialisierung nicht existierte. Der Großteil der Einrichtungen zielte auf die Fortsetzung einer allgemeinen Bildung auf höherem Niveau ab; professionelle Ausbildung wurde nur im Bereich Medizin angeboten sowie als Ergänzung zu den staatlichen Einrichtungen zur Ausbildung von Lehrerinnen für die Höheren Mädchenschulen, die Höheren Lehrerinnenseminare bzw. Pädagogischen Hochschulen für Frauen *(joshi kōtō shihan gakkō)*, von denen es bis Kriegsende nur drei (in Tokyo, Nara und Hiroshima) gab (Amano 1978: 70–71; Watanabe 1991: 192). Auch diese versuchten Mitte der 1930er Jahre vergeblich, die Umwandlung ihrer Institutionen in Universitäten zu erreichen. Beschäftigte und Alumni der Höheren Lehrerinnenseminare Tokyo und Nara sandten 1934 und 1935 entsprechende Petitionen an das Kultusministerium. Sie machten sich nicht zuletzt deswegen Hoffnungen, weil die Regierung für die Lehramtsausbildung eine Politik paralleler Institutionen für Frauen und Männer verfolgte. So gab es Pädagogische Seminare für Frauen und Höhere Pädagogische Seminare für Frauen, aber keine Bunri-Universitäten (s.o. 2.3.3) für Frauen. Die Bittschriften aus Tokyo und Nara zeitigten jedoch keinerlei Reaktion im Kultusministerium (Murata 1980: 148–153).

An den Universitäten selbst gab es zwar keine ausdrückliche gesetzlich festgehaltene Beschränkung; da aber der Zugangsweg (über die Oberschule) versperrt war, erübrigte sich eine solche Klausel ohnehin. Nur ganz vereinzelt konnten Frauen daher vor 1945 eine Universität besuchen, indem sie eine durch Artikel 9 in dem 1918 geänderten Universitätsgesetz eröffnete Möglichkeit ausnutzten:

> An Fakultäten einschreiben können sich Absolventen der Vorbereitungskurse an der entsprechenden Universität, Absolventen des Oberkurses einer Oberschule oder Personen, denen hiermit gleichwertige oder höhere Kenntnisse in vom Kultusminister zu bestimmenden Punkten zugestanden werden (Monbushō 1972a: II: 155).

Der letzte Passus erlaubte Quereinsteigerinnen grundsätzlich die Aufnahme an einer Universität. So schrieb sich die erste Studentin überhaupt 1913 (noch unter dem Vorläufer des oben zitierten Universitätsgesetzes) an der Kaiserlichen Universität Tōhoku in Sendai ein (Fakultät für Naturwissenschaften); 1923 erlaubte auch die Fakultät für Recht und Philologie die Einschreibung von Frauen explizit in ihren Statuten. Einige wenige andere Universitäten, darunter sowohl weitere staatliche wie die Universität Kyūshū in Fukuoka als auch private wie die Universitäten Dōshisha oder Ryūkoku (beide in Kyoto), folgten in den nächsten Jahren – eine landesweite Erlaubnis erwuchs daraus jedoch nicht. 1942 erlaubten 14 Universitäten, jeweils mit Einzelerlaubnis des Kultusministeriums, die Aufnahme von Frauen als reguläre Hörerinnen; davon machten jedoch z.B. 1941 lediglich 87 Frauen Gebrauch (Yukawa 1994: 129). Auch als Gasthörerinnen waren 1940 lediglich 85 Frauen an Universitäten eingeschrieben; davon je etwa die Hälfte an staatlichen bzw. an privaten Universitäten (KS seiri 1970: XII: 204). Diese niedrigen Zahlen sind Ausweis wohl weniger des Desinteresses der Frauen als des Fehlens eines systematischen Zugangs und des aufwändigen Anerkennungsverfahrens.

Auch wenn man die Höheren Fachschulen mit hinzunimmt, so waren 1925 nur 0,3 % aller Frauen eines Jahrgangs Studentinnen einer Hochschule, und selbst 1935 erst 0,6 % (Sasaki 2002: 78). An aufstiegswilligen Absolventinnen der Höheren Mädchenschulen mangelte es indes nicht, wie die o.g. Zahlen (s. Diagramm 7) zeigten – auch die geringen Zahlen der in Oberkursen der Höheren Mädchenschulen eingeschriebenen Frauen deuten weniger darauf hin, dass keine Neigung zum Besuch höherer Schulen bestand, als vielmehr darauf, dass der Abschluss eines solchen Oberkurses eben nicht zum Besuch einer Universität qualifizierte. Unter den Frauen bestand durchaus bereits seit den 1920er Jahren der Wunsch nach höherer Bildung, gespeist zu etwa gleichen Teilen einerseits aus dem Streben, sich eine berufsqualifizierende höhere Ausbildung anzueignen, und andererseits aus dem allgemeineren Wunsch nach der Aneignung kulturellen Kapitals durch höhere Bildung (insbesondere als Investition für die Suche nach einem lukrativen Ehepartner) (Sasaki 2002: 72–78).

Der Besuch von Universitäten war Frauen also zwar seit spätestens 1918 nicht ausdrücklich verwehrt, doch auch nicht ausdrücklich erlaubt; zugleich jedoch bestand eine potenziell große Nachfrage. Diesem Problem widmeten sich auch viele der hier untersuchten Reformpläne. Von den 37 Plänen, die eine Gleichstellung der Frauen während der Sekundarstufe befürworteten, forderten 26, auch die Universitäten zu öffnen. Bei den restlichen elf, die sich zu der Frage schlicht nicht äußerten, wäre die Hochschulzugangsberechtigung für Frauen zwar die logische Konsequenz aus der Gleichstellung in der Sekundarstufe; es kann jedoch nicht ausgeschlossen werden, dass diese nicht automatisch mitgedacht war. Immerhin forderte kein Plan, zugleich die Sekundarstufe gleichzustellen und den Weg in die Tertiarstufe zu versperren.

Der häufigste Fall, in dem eine Ausweitung des weiblichen Bildungszugangs auf Hochschulen vertreten wurde, war der, in dem wie oben einfach eine Gleichstellung durch das gesamte Bildungssystem hindurch erfolgen sollte, ohne dass die einzelnen Schulformen, die dies betraf, noch eigens aufgeführt wurden (so in den Fällen #15, #16, #17, #21, #22, #28, #71, #53, #70, #43). Nur wenige Pläne hingegen zählten die Universität ausdrücklich auf, wobei es sich zudem um wenig einflussreiche Pläne von Einzelpersonen handelte. So schlug der Unterhausabgeordnete Yamamasu Gijū, der die Abschaffung der Oberschule ablehnte und damit zu den weniger Reformfreudigen zählte, 1931 vor: »Frauen den Weg zum Universitätszugang erleichtern. Also Absolventinnen der Oberkurse der Höheren Mädchenschulen natürlich in die Universitäten lassen, Oberschulen für Frauen zulassen und Vorkurse für Frauen errichten« (#48, SK 1962: 842). Ausdrücklich genannt wird die Universität auch im Wettbewerb der *Kokumin shinbun*, wo sich 29 der eingesandten Beiträge für die Öffnung für Frauen aussprechen (#73, Hosono 1930: 319).

Acht Pläne schließlich (#3, #10, #11, #12, #20, #24, #27, #64) beschränkten sich nicht darauf, die Universität zu nennen, sondern thematisierten auch die Nowendigkeit einer weiteren Verbreitung und Neugründung von Frauenhochschulen und -universitäten. So formulierte 1937 die Kyōiku Kaikaku Dōshikai: »Neueinrichtung und Vervollkommnung von Einrichtungen der höheren Fachausbildung für Frauen planen. [...] Staatliche Frauenuniversitäten errichten, um Chancengleichheit von Männern und Frauen in der Bildung zu erzielen« (#10, GKS 1937: 139 u. 147). Häufig war damit gemeint, dass separate Einrichtungen vorzusehen seien. Die Meikeikai etwa schrieb in einem »Nachtrag« zu langen Ausführungen über neu zu gründende Pädagogische Universitäten *(shihan daigaku)*: »Pädagogische Frauenuniversitäten sollen eigens errichtet werden; ihre Struktur und ihr Inhalt entsprechen den vorbenannten Bestimmungen« (#27, GKS 1937: 188). Selbst die Tōyō Bunka Gakkai schlägt eine Frauenuniversität vor, deren Länge derjenigen der Männeruniversität entsprechen soll (#12, GKS 1937: 71).

Hier war bereits die Frage nach separaten Einrichtungen für Frauenbildung und nach Koedukation berührt, die ihrerseits wiederum eng mit der Frage der Bildungsinhalte zusammenhängt.

Separate Einrichtungen für Frauen

Koedukation war seit den 1920er Jahren bis in die 1930er Jahre hinein Thema einzelner Lobbyistinnen und Lobbyisten. So wandten etwa Koizumi Ikuko, Lehrerin und Autorin des 1931 veröffentlichten Buches »Theorie der Koedukation« *(Danjo kyōgaku ron)* und Mitglied der Kyōiku Kenkyūkai (Urheberin von Plan #9), oder Noguchi Entarō, Mitglied des 1923 innerhalb der Teikoku Kyōikukai gegründeten »Ausschusses zur Belebung der Frauenerziehung« (Joshi Kyōiku Shinkō Iinkai), einen großen Teil ihrer politischen Energie über lange Zeit dafür auf, für gemeinsamen Unterricht auf allen Schulstufen zu streiten, und 1933 bis 1934 war eine »Forschungsgesellschaft für das Problem der Koedukation« (Danjo Kyōgaku Mondai Kenkyūkai) als Lobbyorganisation aktiv (Hashimoto 1992: 221–238). Somit gab es zwar auch ganz ausdrückliche Befürworterinnen und Befürworter eines gemeinsamen Unterrichts, doch in den nicht bloß auf ein Reformthema festgelegten umfassenderen Bildungsreformplänen tauchte diese Position nur selten auf.

Mit 28 von 37 sah die große Mehrheit derjenigen Pläne, die für die Sekundarstufe eine Gleichstellung der Frauen befürworten, ausdrücklich getrennten Unterricht für die Sekundarstufe vor. Drei Pläne machten keine weiteren Angaben und nur sechs weitere sahen ausdrücklich Koedukation auf dieser Stufe vor. Zudem ist die Forderung nach Koedukation in der Sek undarstufe deutlich auf Pläne mit insgesamt progressivem politischen Anspruch beschränkt. Der marxistische Erziehungswissenschaftler Yamashita Tokuji etwa schrieb im Januar 1932: »Das Prinzip ›Koedukation auf Schulen der universitären Stufe‹ trägt als Widerspiegelung der Frauenemanzipation gewichtige Bedeutung, sollte aber nicht auf Schulen der universitären Stufe beschränkt bleiben« (#68, Yamashita 1932: 63). Schon bei dem Erziehungswissenschaftler Kido Mantarō ist nicht eindeutig zu sagen, ob er auch zu den Befürwortern einer völligen Gleichstellung in diesem Sinne gehörte. Bei der Vorstellung des Reformplans seiner Zeitschrift *Kyōiku* (»Erziehung«) führte er 1937 aus:

> Wir fordern zumindest in der Erziehung gleiche Rechte für Männer und Frauen und sehen überhaupt keine Notwendigkeit, im Erziehungssystem Diskriminierungen zu errichten. Ob man aber nicht doch zur Volksbildung der Mädchen eine Art Mittelschule [gesondert] errichten sollte, bedarf noch sorgfältiger Überlegung (Kido 1937: 240).

Die Sprachregelung der meisten Pläne wusste dabei ohne Weiteres das allgemeine Ideal der »Gleichstellung« mit dem konkreten Vorschlag für separate Einrichtungen zu vereinen. So fuhr die oben bereits zitierte Stellungnahme der Teito Kyōikukai von 1928, »[Bildung für] Männer und Frauen soll auf einem völlig einheitlichen System beruhen«, wie folgt fort: »Schulen, die nur Frauen aufnehmen, sollen sich im Allgemeinen ›...schule für Frauen‹ nennen« (#17, GKS 1937: 17). Auch die Meikeikai, die, wie oben ausgeführt, in ihrem Plan von 1937 postulierte: »Für Männer und Frauen soll ein gemeinsamer Strang gelten« (#27, GKS 1937: 151), ging wenige Zeilen weiter davon aus, dass es separate Oberschulen für Frauen geben soll. Noch auffälliger war dies beim Lehrerverband Teikoku Kyōikukai, der sich (s.o.) 1938 dafür aussprach, »eine Diskriminierung nach Männern und Frauen nicht zu errichten«, zugleich aber in der Sekundarstufe eigene Frauenoberschulen vorsah (#16, in: Takahashi 1989: 428). Der an der Kaiserlichen Universität Tokyo tätige Erziehungswissenschaftler Irisawa Munetoshi vertrat 1934 zwar ebenfalls die Ausweitung des Zugangs zu höherer Bildung für Frauen und die Gründung von entsprechenden Vorbereitungsinstitutionen in der Sekundarstufe, mahnte jedoch: »[in Mittelschulen] ist Koedukation unter den gegenwärtigen Umständen bei uns unmöglich« (in: TDS 1934: 56).

Auf der Tertiarstufe wandelte sich das Bild: Auch ein Teil derjenigen, die für die Sekundarstufe noch eine Geschlechtertrennung befürworteten, trat nun für gemeinsame Einrichtungen ein. Von den 20 Plänen, die ausdrücklich Stellung zu dieser Frage bezogen, waren zehn für Koedukation und zehn für Trennung. Weit verbreitet war eine Haltung wie die der Meikeikai 1928: »Zur Regel machen, außer in Kindergärten, Grundschulen und Universitäten keine Koedukation anzuwenden« (#21, SK 1962: 740).

Der Bildungshistoriker Takahashi Tsugiyoshi argumentiert, dass der Unterschied zwischen der Öffnung bestehender Einrichtungen, die bislang nur Männern zugänglich waren, für Frauen (also der Ermöglichung von Koedukation) und der Errichtung neuer, eigener Einrichtungen nur für Frauen zeitgenössisch weniger nach der Frage des Grundsatzes denn nach dem Maßstab der Umsetzbarkeit gesehen wurde (Takahashi 1989: 424). Dies mag bei den Protagonistinnen der Ausweitung des Zugangs zu höherer Bildung zutreffen. Yayoi, die im Jahre 1900 die Medizinische Höhere Fachschule für Frauen Tōkyō Joi Gakkō (die heutige Tōkyō Joshi Ika Daigaku) gründete, etwa urteilte rückblickend:

> Auch dass an der Kyūsei Gakusha, wo ich studiert hatte, aufgrund der Koedukation die guten Sitten in Verfall kamen und es deshalb dazu kam, dass die Immatrikulation von Frauen abgelehnt wurde, war für mich ein Motiv dafür, die Notwendigkeit einer medizinischen Ausbildungseinrichtung nur für Frauen zu fühlen (Watanabe 1991: 193–194).

Doch es war sicherlich nicht nur die einfachere Umsetzbarkeit, die die Zeitgenossinnen und Zeitgenossen veranlasste, nach Geschlechtern getrennte Einrichtungen anzustreben, sondern auch die Verknüpfung der Frage der instutionellen Umsetzung mit den geschlechterspezifisch beabsichtigen Bildungsinhalten, welche wiederum maßgeblich bestimmt waren von einem spezifischen Frauen- und Männerbild.

Separate Bildungsinhalte für Frauen

Die in der Meiji-Zeit vorherrschende Meinung über die Bestimmung der Frau sah vor, dass diese das Ideal der »guten Gattin und weisen Mutter« *(ryōsai kenbo)* anzustreben hatte. Die in diesem Slogan gefasste Begrenzung der Rolle der Frau auf die der Ehefrau und der Mutter fand ihren Ausdruck auch im Bildungsideal der Meiji-Zeit. Hieß es im Gesetzestext des *Kōtō jogakkō rei* noch neutral »Die Höheren Mädchenschulen haben zum Ziel, für Mädchen notwendige höhere Bildung zu vermitteln«, so wurde der damalige Kultusminister Kabayama Sukenori bei einer Rede im Juli 1899 deutlicher: Die Höheren Mädchenschulen

> leisten die Bildung, die zu weisen Müttern und guten Gattinen macht; deswegen müssen sie anmutige und elegante Charaktere und gehorsame und keusche Naturelle pflegen und zugleich die für das Leben in den mittleren und höheren Schichten notwendigen Kentnisse in Wissenschaft und handwerklichem Können vermitteln (Monbushō 1972a: I: 348).

Das *ryōsai-kenbo*-Ideal überdauerte die Zeiten und war auch noch in den 1920er und 30er Jahren wirkungsmächtig, was sich u.a. darin zeigte, dass Frauen von dem seit 1925 gültigen allgemeinen Wahlrecht ausgeschlossen blieben und verheiratete Frauen nach dem 1899 in Kraft getretenen und bis 1945 gültigen Zivilrecht nicht geschäftsfähig waren und ihr Ehemann über ihr Vermögen verfügte (Neuss-Kaneko 1990: 62). Die Rolle des Ideals ist auch für das Bildungssystem vor 1945 betont worden. So schreibt der Japanhistoriker Sheldon Garon: »[B]etween 1890 and 1945 […] the government mobilized its centralized education system to prepare girls to become the ›good wives and wise mothers‹ so essential to the nation's strength, prosperity, and moral well-being« (Garon 1997: 115). Die Japanhistorikerin Kathleen Uno hat demgegenüber den Wandel des Konzepts *ryōsai kenbo* innerhalb des von Garon genannten Zeitraums hervorgehoben. Ursprünglich entwickelt, um Frauen »zu Gesellschaft und Staat durch Haushaltsführung und Kindesaufzucht statt durch politische, künstlerische oder wirtschaftliche Tätigkeit in der Öffentlichkeit« beitragen zu lassen, habe sich in den 1930er Jahren das Gewicht von Haushaltsführung und Kindesaufzucht weg und hin zu einer Betonung des reinen Gebärens von Kindern als Hauptaufgabe von Frauen hin bewegt (Uno 1993: 299–300). Welche Haltung nahmen nun die Reformpläne in der Diskussion über den Stellenwert von *ryōsai kenbo* für die Bildungsinhalte, insbesondere im Falle des Faches Haushaltsführung, ein?

In den Curricula schlug sich die Vorstellung von besonderen Bildungsinhalten für Frauen dergestalt nieder, dass in der Sekundarstufe Mädchen im Vergleich zu Jungen mehr Ethikunterricht, mehr Musik, weniger Staatsbürgerkunde, weniger Fremdsprachen, weniger Mathematik, weniger Naturwissenschaften und weniger Sport im Stundenplan hatten. Ein Teil der Differenz wurde durch die nur an Höheren Mädchenschulen zu belegenden Fächer Haushalten und Nähen abgedeckt, doch insgesamt hatten die Mädchen einige Stunden weniger zu belegen. Auf den Pädagogischen Seminaren hatten die Frauen ebenfalls weniger Sport und Englisch zu belegen, stattdessen aber Unterricht in Haushalten und Nähen. Die Männer hatten dafür das Fach Gewerbeunterricht auf dem Stundenplan. Keine Unterschiede zwischen den Geschlechtern gab es an den Pädagogischen Seminaren hingegen in den Fächern Mathematik und Naturwissenschaft (vgl. Murakami 1934: Tabellen im Anhang).

Auch die Autoren der Reformpläne sahen besondere Fachinhalte an Schulen und Universitäten für Frauen vor. So lautet das vollständige Zitat der oben erwähnten Stelle aus dem Plan der Tōyō Bunka Gakkai, an der eine Frauenuniversität vorgeschlagen wird: »Für die Frauenuniversität sollen eingedenk des Wesens der Frau angemessene Fächer bestimmt werden, wobei insbesondere für die Vervollkommnung der weiblichen Tugenden Sorge zu tragen ist; die Ausbildungslänge jedoch soll der von Universitäten für Männer entsprechen« (#12, GKS 1937: 71). Das schon erwähnte Zitat der Meikeikai von 1928 fährt fort: »Der oben stehende Schulverlaufsplan wird für Männer und Frauen durchgehend angewandt. Seine Inhalte aber sind für Männer und Frauen zu trennen.« (#21, SK 1962: 739–740). Auch Yamauchi Yūtarō, der, wie oben erwähnt, befürwortete, »das Niveau der Frauenerziehung zu heben und dem von Männererziehung gleichwertig machen« (#69, SK 1962: 839), hat zur inhaltlichen Ausgestaltung der Frauenbildung im gleichen Plan folgende Vorstellungen: »Mittelschulen für Mädchen sollen das gleiche Niveau wie solche für Jungen haben und können für Mädchen notwendige Fächer hinzufügen« (#69, SK 1962: 839). Konkreter wird Hayashi Heima, der im Oktober 1928 die möglichen Fachrichtungen an Universitäten für Frauen auf Kultur, Kunst, Pädagogik, Recht, Fremdsprachen und Medizin beschränkt wissen wollte (#51, SK 1962: 825); an Höheren Fachschulen sollten Frauen im Fach Staatsbürgerkunde auch in Etikette und Haushaltswissenschaft unterwiesen werden, und Militärübungen sollten durch Nähen ersetzt werden (#51, SK 1962: 826).

Ōtani Tokuma machte sich in seinem undatierten[22] Plan zur Reform der Pädagogischen Seminare auch ein Modellcurriculum der Meikeikai zu eigen (#56, SK 1962: 853). Dieses sah im Vergleich zum Status quo (s.o. S. 65) weniger Unterschiede zwischen Männern und Frauen vor. So war dieselbe Anzahl von Stunden für Fremdsprachenunterricht vorgesehen, und da der Gewerbeunterricht wegfiel, gab es auch hier keinen Unterschied mehr. Doch auch Ōtani sah noch das nur von Frauen zu belegende Fach »Haushalten und Nähen« vor,

22 Da dem in dem Plan enthaltenen Entwurf für ein Curriculum das Datum Februar 1933 zugewiesen wird, ist wohl davon auszugehen, dass der Plan selbst von etwa 1933/34 stammt.

wofür deutlich weniger Sportstunden anfielen. Einen konkreten Vorschlag für das Fächerspektrum, das an Frauenuniversitäten angeboten werden sollte, machte der Erziehungswissenschaftler Irisawa Munetoshi: »Frauenuniversitäten sollen nicht einfach dasselbe wie Universitäten für Männer sein, sondern hauptsächlich Forschung zu Haushaltswissenschaft, Pädologie[23], Sozialarbeit und Erziehungspraxis betreiben« (in: TDS 1934: 56).

Auch bei Aktivistinnen, die für die Ausweitung von höheren Bildungschancen für Frauen stritten, fand sich der Wunsch nach anderen Inhalten für Frauen. So vertrat Yoshioka Yayoi (s.o.), Ärztinnen sollten lediglich in bestimmten Gebieten tätig werden. 1926 äußerte sie sich dazu, wie geeignete Tätigkeitsbereiche für Frauen aussehen könnten, und nannte Hygiene, Gynäkologie, Geburtskunde, Pädiatrie, Zellforschung, Armenfürsorge, Gesundheitspflege an Schulen und die Fürsorge für Prostitutierte (Watanabe 1991: 198). Auch Kimura Fumi, Dozentin am Höheren Pädagogischen Seminar für Frauen Tokyo, trug als Rednerin auf der Siebten Weltkonferenz für Erziehungswissenschaften, die 1937 in Tokyo stattfand, ihr Anliegen vor, die bestehenden Frauenhochschulen zu Universitäten aufsteigen zu lassen. Darüber hinaus sollte auch an den Kaiserlichen Universitäten und Ein-Fach-Universitäten der gegenwärtig in Einzelfällen schon mögliche Zugang für Frauen verstetigt werden:

> Außerdem sind an diesen Männeruniversitäten überhaupt keine derjenigen Fächer vertreten, die in unserem Lande für wichtig und für notwendig für Frauen erachtet werden, wie zum Beispiel Haushaltswissenschaft. Um die Kenntnisse und weiblichen Tugenden der Frauen zu vermehren, ist die Verbesserung der höheren Bildungseinrichtungen für Frauen unbedingt notwendig (TKDSKKZS 1939: I: 604).

Im Reformdiskurs fand sich also zunächst ein breit geteilter Grundkonsens, dass der Zugang von Frauen zu Bildung ausgeweitet werden sollte. Dies wurde in den meisten Stellungnahmen hinsichtlich der Sekundarstufe konkretisiert, wo Mädchen im gleichen System wie Jungen unterrichtet werden sollten – sei es durch Öffnung der bestehenden Mittelschulen auch für Mädchen, sei es durch Gleichstellung der Höheren Mädchenschulen mit den Mittelschulen auf Systemebene. Ein wichtiges Motiv für die Gleichstellung auf der Sekundarstufe war die Schaffung eines gleichberechtigten Zugangs zur Tertiarstufe. Die Einrichtung eigener Frauenuniversitäten oder die Öffnung bestehender Universitäten für Frauen waren von vielen geteilte Ziele.

Es ist jedoch kein Zufall oder nur pragmatischen Erwägungen zu verdanken, dass jene Lösung weit häufiger vertreten wurde als diese. Denn obwohl Frauen die gleiche Ausbildungslänge zugestanden wurde, fand sich bis hin zu den aktiven Proponentinnen der Frauenuniversitäten die Vorstellung, dass andere Inhalte Ausbildungsgegenstand sein sollten. Schon in der Meiji-Zeit hatten Befürworter der Ausweitung höherer Bildung für Mädchen bis hin zum Zutritt zu Universitäten argumentiert, dass »Mädchen innerhalb der höheren Wissenschaften die für Frauen geeigneten Bereiche erlernen sollen«, so der christliche Erzieher Iwamoto Yoshiharu 1888 (in: Kischka-Wellhäußer 2004: 259). Iwamoto hatte sogar, ähnlich wie viele an der Diskussion der 1920er Jahre Beteiligte, nichts gegen Koedukation

23 Das auch heute noch in Japan etablierte Fach Pädologie *(jidōgaku)* umfasst als sich mit Kindern befassender wissenschaftlicher Disziplin Teilbereiche wie Erziehungswissenschaft, Pädiatrie und Kindespsychologie.

an Universitäten einzuwenden, obwohl er sie für die Sekundarstufe (er selbst war Schulleiter einer Mädchenschule) strikt ablehnte (s. Kischka-Wellhäußer 2004: 280–281). Die Historikerin Watanabe Yōko sieht in solchen Äußerungen einen Widerspruch zwischen dem rationalen Anspruch auf Chancengleichheit einerseits und der irrationalen *ryōsai-kenbo-* und Familienstaats-Ideologie andererseits (Watanabe 1991: 195–197). Die Sprachregelung der Quellen zeigt jedoch, dass ein Widerspruch von denjenigen, die solche Äußerungen tätigten, offenkundig nicht gesehen wurde. Auf dieses Phänomen wird bei der Betrachtung der weiteren Diskussionen vor und nach 1945 im Folgenden besonders zu achten sein.

2.3.5 Verwaltungsreform und Dezentralisierung

Bei der Erfüllung der Bildungs- und Erziehungsfunktion von Schule spielen im Allgemeinen drei Aspekte eine wesentliche Rolle: Bildungsinstitutionen, Bildungsinhalte und Verwaltung. Während das Bildungssystem mit seinen Einrichtungen und die dort zu vermittelnden Inhalte im Reformdiskurs der 1920er und 1930er Jahre eine zentrale Position einnahmen, war der Gedanke, die Verwaltung zu reformieren, nicht sehr prominent.

In 13 der hier untersuchten Reformpläne tauchten aber entweder einzelne Vorschläge zur Frage der Verwaltungsreform auf oder es gab sogar eigene Unterabschnitte zu diesem Thema. Der einhellige Tenor der Stellungnahmen lautete, dass die Position des Kultusministeriums gestärkt werden müsse. Ursachen für diese Haltung war die Unzufriedenheit mit inkompetenten Erziehungsverwaltern auf regionaler Ebene (Seiyūkai, #3, SK 1962: 697) oder der Mangel an zentraler Planungsmöglichkeit bei der Primar- und Sekundarstufe, wo die Kommunen bzw. Präfekturen die Hoheit über zahlreiche Einzelentscheidungen hatten (Abe Shigetaka 1936, #41, SK 1962: 787). Ebenfalls das Gleichgewicht zwischen Zentralregierung und Kultusministerium auf der einen Seite sowie regionaler Kultusbürokratie auf der anderen betrafen die Vorschläge von Yoshimizu Shōgan, der auch Grundschulen dem Monbushō unterstellen wollte (#71, Yoshimizu 1930: 15), und Takada Yūshu, dem vorschwebte, das Kultusministerium regionale Erziehungsbeamte ernennen zu lassen (#62, SK 1962: 813). Die vielleicht gewichtigste Stellungnahme zum Thema Verwaltungsreform war die gemeinsame Äußerung von fünf Verbänden von Rektoren: dem der Mittelschulen, der Höheren Mädchenschulen, der Ingenieursschulen, der Landwirtschaftsschulen und der Handelsschulen. Sie schlugen vor, das Land in einige wenige Bildungsdistrikte aufzuteilen, die jeweils einem Büro unterstellt werden sollten, welches wiederum direkt dem Kultusministerium unterstehen sollte. Das Kultusministerium sollte so, wie bei Yoshimizu Shōgan, die direkte Oberhoheit auch über die Primar- und Sekundarstufe erlangen (KNKSSH 1957: XVI: 126–127).

Eine Ausnahme stellten lediglich die Pläne der Meikeikai von 1936 und 1937 dar, welche die Schaffung eines permanenten Beratungsgremiums für Bildungsfragen vorschlugen. Dieses Gremium (Bunkyōin) sollte direkt dem Kabinett unterstehen und der Kultusminister ihm als stellvertretender Vorsitzender angehören (#26, SK 1962: 728–729 bzw. #27, GKS 1937: 177–178). Diese Konstruktion hätte sicherlich langfristig zu einer Minderung des Einflusses des Kultusministeriums geführt, wenn auch die Beschneidung der Befugnisse des Kultusministeriums nicht ausdrücklich als Ziel genannt war.

Weiter verbreitet war unter diesen Plänen jedoch die Ansicht, die Stellung des Kultusministeriums müsse gestärkt werden. Ein denkbares Motiv für diese Haltung war die in den

1930er Jahren schwache Position des Kultusministers innerhalb des Kabinetts (vgl. Krämer 2002: 40–42). Der Wunsch, die regionalen Erziehungsbeamten durch das Kultusministerium bestellen zu lassen, deutet auf diese Motivlage hin, wurden diese Beamten doch vom Innenministerium ernannt, das somit eine vom Kultusministerium unabhängige Bildungspolitik verfolgen konnte. Auch das Heeresministerium, obgleich in den hier untersuchten Reformplänen nirgends genannt, gehörte zu den konkurrierenden Ministerien, die in ihrem Sinne Einfluss auf die Bildungspolitik nehmen konnten, nämlich durch den Wehrkundeunterricht an den Schulen und Hochschulen, der von Offizieren der Reserve durchgeführt wurde. Die Befürwortung einer Stärkung des Kultusministeriums konnte während der 1930er Jahre also auch bedeuten, dass man den Zugriff der eigentlichen Erziehungsbürokratie auf das Erziehungssystem wahren wollte und implizierte nicht zwangsläufig eine positive Haltung zu einem verstärkten Zentralismus.

2.4 Fazit

Die hier untersuchten Reformpläne reichen zeitlich vom Jahr des außenpolitischen Friedens und der wirtschaftlichen Krise 1925 bis zum Jahr des Beginns des großflächigen Angriffes auf das chinesische Festland und des wirtschaftlichen Aufschwungs 1937, stammen also aus einem Zeitraum großen historischen Wandels. Nichtsdestotrotz übt die Entstehungszeit eines Planes einen weit geringeren Einfluss auf die vertretenen Positionen aus, als man zunächst annehmen könnte. Vielmehr finden sich die meisten relevanten Topoi unabhängig von der jeweiligen Entstehungszeit in den Plänen. Der Bildungshistoriker Yoneda Toshihiko nennt vier Punkte, die allen von ihm untersuchten, zwischen 1928 und 1939 entstandenen elf Reformplänen gemeinsam seien:

1. Schulerziehung nach der Primarstufe in die Stränge »Sekundarerziehung« und »Jugendschule« teilen;
2. den Strang »Sekundarstufe« intern vereinheitlichen;
3. die Oberschule abschaffen und zur Universität machen;
4. die Höhere Fachschule abschaffen und zur Universität machen (Yoneda 1994: 32).

Yoneda ist darin zuzustimmen, dass die in den Reformplänen gemachten Vorschläge sehr homogen waren. Weitgehend unabhängig von der politischen Herkunft der Verfasser oder dem Zeitpunkt des Entstehens zeigt sich eine große Zustimmung zu ganz ähnlichen Änderungen im Schulsystem. Für den Hochschulbereich ist Yonedas Einschätzung aber zum einen zu korrigieren, zum anderen zu ergänzen.

Denn es ist zwar richtig, dass von vielen eine Vereinheitlichung von Höheren Fachschulen und Universitäten angestrebt wurde, doch ist keineswegs klar, dass das Endprodukt dieser Vereinheitlichung eine Hochschule sein sollte, die der bestehenden Universität entsprach. Vielmehr zeigte sich in vielen Plänen eine Bevorzugung praktischer Ausbildung auch auf dem Niveau der Tertiarstufe und damit eher die Tendenz, eine Hinwendung der Universität zur Höheren Fachschule zu befürworten als andersherum. Außer den von Yoneda genannten Punkten lässt sich ferner hinweisen auf die Lehramtsreform, die allen Beteiligten ein dringliches Anliegen war. Zwar sind die hier vertretenen Ansichten heterogener als in den beiden von Yoneda für den Hochschulbereich genannten Punkten, doch einig waren sich die meisten Teilnehmer am Reformdiskurs darin, dass die Lehramtsausbildung eine Aufwertung erfahren muss, d.h. mindestens eine Verlängerung der Ausbildungsdauer, meistens auch eine qualitative Höherstufung der Zugangsmöglichkeiten. Schließlich lässt sich unter den Übereinstimmung erzielenden Topoi auch noch die Ausweitung der Zugangsmöglichkeiten von Frauen zu höherer Bildung nennen.

Alle genannten Punkte tragen ein gemeinsames »progressives« Element, indem entweder eine bestehende Differenzierung innerhalb des (Hoch-)Schulsystems zugunsten größerer institutioneller Einheitlichkeit und damit Gleichbehandlung der Lernenden aufgehoben werden oder indem breiteren Bevölkerungsschichten der Zugang zu höheren Stufen von Bildung ermöglicht werden sollte. Dieser Befund überrascht, wenn man sich die japanische Gesellschaft und das japanische Erziehungswesen der 1930er Jahre als von einem faschistischen politischen System geprägt, durchmilitarisiert und ausschließend vorstellt. Inwieweit die vorgestellten strukturellen Reformvorschläge tatsächlich »progressiven« Zielen dienten, wird nach einer Untersuchung der sprachlichen Verortung des Reformdiskurses (s.u. 6.) näher zu erörtern sein. Zunächst ist aber von Interesse, wie sich die Hochschulen selbst in der Reformdiskussion positionierten und wie die von der Diskussion aufgeworfenen Reformtopoi bis 1945 weiter verhandelt wurden.

3. Aufstiegswunsch einzelner Hochschulen

Bei der Vorstellung der Teilnehmer an der Reformdiskussion wurde darauf hingewiesen, dass sich nur wenige betroffene Institutionen selbst daran beteiligten. Wenn einzelne Hochschulen in den 1920er und 1930er Jahren öffentlich in Erscheinung traten, so geschah dies zumeist nicht mit Vorschlägen zum gesamten Bildungssystem, sondern zu ihrer eigenen Zukunft. Besonders zahlreich waren die Versuche, die eigene Institution innerhalb des bestehenden Systems aufsteigen zu lassen, welche sich, nachdem die Errichtung von Ein-Fach-Universitäten 1919 gesetzlich ermöglicht worden war, während der 1920er Jahre an vielen Höheren Fachschulen nachzeichnen lassen. Einige Fallbeispiele mögen im Folgenden, auch im Hinblick auf die parallele Situation nach 1945, illustrieren, mit welchen Mitteln und mit welchen Argumenten die Hochschulen für ihre Sache stritten.

An der 1910 gegründeten Höheren Fachschule für Bergbauwesen in Akita machte man sich schon 1919 bei Bekanntwerden der von der Zentralregierung nach den Empfehlungen des Sonderausschusses für Erziehung geplanten Hochschulreformen Hoffnungen auf eine Anerkennung als Ein-Fach-Universität. Der Rektor der Höheren Fachschule, der Gouverneur der Präfektur, der Bürgermeister und einzelne Parlamentsabgeordnete begannen ihre Lobbytätigkeit für die Höhere Fachschule. Am 17. Januar 1919 etwa beschloss der Stadtrat einstimmig, dem Kultusministerium eine diesbezügliche Eingabe zu überreichen (HI 1961: 52). Nachdem die *Asahi shinbun* im November 1919 berichtet hatte, die Höhere Fachschule in Akita gehöre zu denjenigen Hochschulen, deren Aufwertung zur Universität geplant sei (Itō 1999: 57), wuchsen die Anstrengungen der Hochschule noch und auch Studenten und Alumni sandten Petitionen nach Tokyo. Im Mai 1921 verkündete das Kultusministerium jedoch, neben der bereits im April 1920 zur Handelsuniversität Tokyo aufgestiegenen Höheren Fachschule lediglich noch fünf Medizinische Höhere Fachschulen zu Ein-Fach-Universitäten heraufzustufen.

Eine ganze Reihe weiterer Hochschulen scheiterte auf ähnliche Art mit ihren Aktivitäten zur Statusverbesserung zwischen 1919 und 1921, darunter die Höhere Fachschule für Agrarwesen in Morioka (Präfektur Iwate), die Höhere Fachschule für Agrarwesen Kagoshima und die Technische Höhere Fachschule Kyoto (HI 1961: 52) sowie die Handelshochschule Kōbe und die Technischen Höheren Fachschulen Tokyo und Ōsaka (Amano 1978: 170–171). In Akita sandte das Präfekturparlament im Dezember 1921 eine letzte Petition an die Zentralregierung, in der sie noch einmal die Einzigartigkeit des Falles Akita betonte und um Berücksichtigung bat:

> Die Höhere Fachschule für Bergbauwesen Akita, die in der im ganzen Land als Bergbauregion bekannten Präfektur Akita liegt, hat eine vollständige Ausstattung und erfüllte Inhalte und ist damit nicht nur die einzige solche Höhere Fachschule in unserem Lande, sondern hat auch in ganz Asien nicht ihresgleichen. Wir glauben dass, wenn man sie zur Ein-Fach-Universität erhöht, sich ihr Ruhm weiter mehren wird, sie viele ausgezeichnete Studenten in das ganze Land und die ganze Welt hinausschicken wird und ihr höchste Autorität im Lande bei der Bergbauausbildung zukommen wird. Deshalb bitten wir darum, nach Überprüfung rasch die Aufwertung zur Ein-Fach-Universität zu beschließen (AKI 1983: III: 845).

Eine weitere Variante dieser Art von Aktivismus bestand darin, dass schon als Universitäten bestehende Institutionen einen größeren Verbund im Rahmen einer Volluniversität anstrebten. So suchte die Medizinische Universität Niigata, als solche erst seit 1922 bestehend, schon 1925 den Zusammenschluss mit der in derselben Präfektur gelegenen Technischen Höheren Fachschule Nagaoka. Zusammen mit neu zu gründenden Fakultäten für Natur- und Agrarwissenschaften hätten die beiden bestehenden Hochschulen den Kern für eine Kaiserliche Universität in Niigata bilden sollen (NDNHI 1974: I: 53). Sah man 1925 in Niigata rasch ein, dass die Zeit für eine Volluniversität an der Nordwestküste von Honshū noch nicht reif war, so nahm das Präfekturparlament die im April 1939 erfolgte Gründung der Kaiserlichen Universität Nagoya, welche ebenfalls aus einer Medizin-Universität hervorgegangen war, zum Anlass, im Dezember 1939 eine Petition an den Premierminister zu richten. Wenn man sich die bestehenden Kaiserlichen Universitäten anschaue, so »existieren diese als würdige große Paläste der Kultur in ihrer jeweiligen Region; einzig die Region am Japanischen Meer sieht einer solchen Einrichtung noch nicht entgegen«. Die gewachsene Bedeutung der dem Japanischen Meer zugewandten Region (womit die Mandschurei und China gemeint waren) gebiete es aber, Niigata auch hinsichtlich der Herausbildung von Bildungsinstitutionen zu seinem Recht kommen zu lassen. Man bitte darum, in Niigata, dem Zentrum pädagogischer Kultur in Nordwest-Japan, die Medizin-Universität um Fakultäten für Ingenieurwesen, Agrarwissenschaft und Naturwissenschaften zu ergänzen und dadurch zu einer Volluniversität auszubauen (in: NDNHI 1974: I: 54–55). Doch obwohl die Zentralregierung in den verbleibenden Kriegsjahren zahlreiche neue Hochschulen gründete, blieben die Bitten aus Niigata (sowie gleichlautende aus Kanazawa in der benachbarten Präfektur Ishikawa; vgl. KDGHI 2001: 343–348) unerwidert und Nagoya blieb 1939 die letzte Gründung einer Kaiserlichen Universität.

Vier weitere staatliche Höhere Fachschulen waren hingegen in der Zwischenkriegszeit erfolgreich mit ihren Bemühungen, zur Universität aufzusteigen: 1929 wurde zum Gründungsjahr für die Technische Universität Tokyo, die Handelsuniversität Kōbe, die Bunri-Universität Tokyo und die Bunri-Universität Hiroshima (s.o. 2.3.3). Ebenfalls erst 1929, also einige Jahre nach den anderen Medizinischen Höheren Fachschulen, stieg die Medizinische Höhere Fachschule Kumamoto zur Universität auf. Auch dort war es zuvor zu einer intensiven Lobbyarbeit seitens der Universitätsleitung, der Studenten, des Alumnivereins, der Stadt und des Präfekturparlamentes gekommen (Yoshikawa 1997: 28–33).

Die Bemühungen zahlreicher einzelner Hochschulen, zur Universität aufgewertet zu werden, zeigen, dass der in der Reformdiskussion häufig vorgebrachte Vorschlag, den Unterschied zwischen Höheren Fachschulen und Universitäten aufzuheben, auf positive Aufnahme bei einem Teil der betroffenen Institutionen getroffen wäre. Auch wenn einzelne Hochschulen sich bei der Begründung ihres Wunsches auf ihre Einzigartigkeit beriefen, deutet doch die große Zahl solcher Versuche darauf hin, dass auch die Institutionen selbst mit der vom System vorgegebenen Trennung unzufrieden waren. Dies betraf nicht etwa bloß die Leitungen der Hochschulen, sondern i.d.R. die Gesamtheit ihrer Angehörigen, wie die Art und Weise der Lobbytätigkeit, die Lehrende, Studierende und Alumni miteinschloss, zeigt.

Nachdem die Reformdiskussion bis etwa Mitte der 1930er Jahre skizziert worden und auch Erfolg und Misserfolg der Bemühungen einzelner Hochschulen betrachtet worden ist, stellt sich die Frage, welches Schicksal den in der Reformdiskussion aufgeworfenen Ideen bis 1945 beschieden war.

4. Regierungsamtliche Beratungen, 1931–1942

Nachdem es bislang im Wesentlichen um die (erste) Phase der Initiierung des politischen Entscheidungsprozesses ging, stellt sich nun die Frage, ob und wie aus den initiierten Vorschlägen detaillierte, umsetzungsnahe Formulierungen erarbeitet wurden (Phase 2) und wie über diese entschieden wurde (Phase 3). In der dritten Phase bildet der Gesetzgeber den Hauptakteur; für die schwer zu fassende, zwischen Initiierung und Entscheidung stehende Phase der Estimation bzw. Formulierung sind Schritte, die legislative Entscheidungen vorbereiten, von zentraler Bedeutung. Institutionell lässt sich die Verarbeitung dieser Schritte im Fall der Hochschulreformen in der Ministerialbürokratie (Kultusministerium) auffinden, die an der Umsetzung orientierte Reformvorschläge zur Vorlage für die Legislative erarbeitete, und in den dem Kultusministerium oder der Regierung unterstellten Experten-Gremien, die der Konsensschaffung von später zu verabschiedenden Gesetzen dienten. Dieses Kapitel wird daher zunächst regierungsamtliche Planungen und Reaktionen untersuchen, um sich dann dem wichtigsten regierungsnahen Bildungsplanungsgremium der 1930er Jahre, dem Erziehungsrat, zuzuwenden.

4.1 Politische Vorstöße bis 1937

Bislang wurden nur Reformvorschläge analysiert, die in den 1920er und 1930er Jahren von privater Seite, von Verbänden oder von Regierungsorganen, die nicht direkt mit dem Kultusministerium zu tun hatten, eingebracht worden waren. Diese bezogen sich jedoch gelegentlich auf Initiativen der Ministerialbürokratie; umgekehrt reagierte das Kultusministerium auch auf Reformvorschläge mit eigenen Plänen. Im Folgenden werden diese regierungsamtlichen Aktionen und Reaktionen untersucht werden, wobei die Position zu denjenigen Fragen, die in den Plänen von Privat- und Verbandsseite wichtig waren, besondere Beachtung finden wird.

Einen wichtigen Ausgangs- und Bezugspunkt stellte das Beratungskomitee zur Bildungspolitik dar (Bunsei Shingikai; vgl. oben S. 36–37). Seine Einrichtung 1924 veranlasste Kultusminister Egi Kazuyuki (im Amt von Januar bis Juni 1924), einen detailierten Plan für die Verlängerung der Pflichtschulzeit auszuarbeiten und in diesem Rat einzureichen (Text in: GKS 1937: 191–194). Hatte der Rat zwischen 1924 und 1926 noch intensiv getagt, so hatte er gegen Ende der 1920er Jahre die Initiative in der Reformdiskussion verloren. Dies belegt z.B. die Tatsache, dass das Kultusministerium selbst 1930 zur Beratung der Reform der Sekundarstufenerziehung für Mädchen ein Gremium parallel zum Beratungskomitee zur Bildungspolitik einrichtete. Der »Untersuchungsausschuss zur Sekundarstufenerziehung für Mädchen« (Joshi Chūtō Kyōiku Chōsa Iinkai) tagte von Dezember 1929 bis November 1930 und war mit einem ehemaligen Staatssekretär des Kultusministeriums, Akashi Takaichirō (Staatssekretär von 1922 bis 1924), als Vorsitzendem und u.a. den Mitgliedern Yoshida Kumaji (bereits Mitglied des Sonderausschusses für Erziehung zwischen 1917 und 1919), Abe Shigetaka (s.o. 2.2) und Morioka Tsunezō (s.u. 4.2) durchaus prominent besetzt. Der von diesem Komitee vorgelegte Plan (Text in: GKS 1937: 195–232) erarbeitete detaillierte Vorschläge zur Reform der Stundenpläne der Höheren Mädchenschule, bewegte sich ansonsten aber eng im Rahmen des Status quo. Die einzige größere vorgeschlagene Änderung war die Empfehlung, dreijährige Oberkurse an Höheren Mädchenschulen könnten auch eigenständig gegründet werden und sich dann Oberschule für Frauen nennen – dieser Punkt wurde aber lediglich am Rande erwähnt und in seinen Konsequenzen (also insbesondere zur Frage, ob der Besuch einer solchen Oberschule auch zum Besuch von Universitäten berechtigen sollte) nicht näher ausgeführt (GKS 1937: 198).

Noch deutlicher wurde die Bedeutungslosigkeit des weiterhin bestehenden Rates zur Bildungspolitik im Jahre 1931, als der Kultusminister selbst öffentlich einen umfassenden Reformvorschlag lancierte, ohne vorab das Gremium konsultiert zu haben.

Der Tanaka-Plan von 1931

Tanaka Ryūzō (Kultusminister vom 29. November 1929 bis 13. Dezember 1931) war vor seiner Ernennung zum Kultusminister Bürokrat im Ministerium für Handel und Landwirtschaft gewesen, hatte also praktisch keine Erfahrungen im Bildungs- oder Erziehungsbereich aufzuweisen (Taga 1965: 230). Tanaka hielt im Juni 1931 vier Konferenzen innerhalb seines Ministeriums ab und veröffentlichte schließlich am 5. August 1931 den ersten alle Bildungsstufen umfassenden Reformplan des Kultusministeriums (Taga 1965: 231).

Während der Tanaka-Plan (wohl als Konzession an das Finanzministerium) auf eine Ausweitung der Schulpflichtzeit verzichtete, kann man ihn innerhalb des oben skizzierten Reformdiskurses als durchaus weitgehend bezeichnen (Text in: SK 1962: 675–677). Er sah die Abschaffung der Oberschulen in ihrer bisherigen Form vor und deren Umwandlung in zweijährige Vorbereitungskurse innerhalb der Universitäten. Höhere Fachschulen sollten zwar formell den Universitäten nicht gleichgestellt werden, doch durch den Wegfall der alten Oberschulen war der Zugang für beide Institutionen gleich geregelt. Gleiches galt für die Pädagogischen Seminare, die zwar nicht formell, jedoch de facto (bzgl. Zugang und Ausbildungsdauer) auf die gleiche Stufe wie die Höheren Fachschulen gestellt werden sollten. Die Höheren Pädagogischen Seminare sowie die Bunri-Universitäten sollten abgeschafft werden, die Ausbildung von Lehrenden für die Sekundarstufe stattdessen an nur für Universitätsabsolventen zugängliche ein- bis zweijährige spezielle Trainingseinrichtungen verlagert werden. In der Sekundarstufe sollten die Schulen für Mädchen weitgehend denen für Jungen gleichgestellt sein, aber separat bleiben; die höheren Schulen sollten hingegen koedukativ sein, was die Öffnung der Universitäten für Frauen implizierte.

Vertreterinnen und Vertreter der direkt betroffenen Institutionen, d.h. vor allem der Oberschulen und Pädagogischen Seminare, organisierten nach Bekanntwerden der Absichten des Kultusministeriums Proteste. Wichtiger für das mittelfristige Scheitern der Tanaka-Pläne waren aber regierungsinterne Querelen, die im Oktober 1931 begannen, als das Finanzministerium plante, etwa die Hälfte der bestehenden Abteilungen im Kultusministerium abzuschaffen. In der kurzen Zeit bis zum Ende des Kabinetts im Dezember 1931 musste sich das Kultusministerium nicht nur mit der Abwehr dieses Ansinnens aus dem Finanzministerium beschäftigen, sondern auch mit mehreren Initiativen des Innenministeriums zur Kürzung der Finanzquellen der Primarstufe und zur Beschneidung der Befugnisse des Kultusministeriums in der gemeinsam verantworteten kommunalen Grundschulerziehung (Taga 1965: 239–245). Hauptursache für die Folgenlosigkeit des Tanaka-Plans 1931 war also die Schwäche des Kultusministeriums, dessen Abschaffung sogar 1931 Gegenstand der öffentlichen Diskussion war – wenn man nicht sogar, wie schon zeitgenössisch geschehen, das Lancieren des Planes selbst als Versuch sieht, die Initiative in der Bildungspolitik zurückzugewinnen (Taga 1965: 248–249).

In den folgenden Jahren, 1932 bis 1935, konzentrierte das Kultusministerium einen Großteil seiner Energien auf die Errichtung eines landesweiten Systems von Jugendschulen, ein Projekt, das in den Jahren 1934 und 1935 auch das Beratungskomitee zur Bildungspolitik noch einmal beschäftigte.[24] Aus diesem Grunde lagen die Aktivitäten hinsichtlich der Tertiarstufe im Kultusministerium einige Zeit brach (Yoneda 1994: 38–40). Erst 1936, nachdem das Beratungskomitee zur Bildungspolitik im Vorjahr auch offiziell aufgelöst worden war, trug das Kultusministerium wieder öffentlich sichtbar zur weiterhin schwelenden Reformdebatte bei, wiederum auf die Initiative eines neuen Kultusministers hin.

Der Hirao-Plan von 1936

Wie Tanaka Ryūzō war Hirao Hachisaburō ursprünglich kein Bildungsexperte, sondern Geschäftsmann. Er hatte vor seinem Gang in die Politik Mitte der 1930er Jahre mehreren Großunternehmen vorgestanden, sich aber zugleich in den 1910er Jahren in Kōbe als Gründer des Konglomerats von privaten Bildungseinrichtungen Kōnan, welches aus Kindergarten, Grundschule, Mittelschule und Oberschule bestand, hervorgetan. Hirao wurde im März 1936 im Kabinett Hirota Kōki Kultusminister und blieb bis Februar 1937 im Amt.

Im Juni 1936 veröffentlichte er unter seinem eigenen Namen einen Reformplan in der Tageszeitung *Yomiuri shinbun* (Text in: SK 1962: 670–674). Der Plan deutete insofern auf Hiraos Herkunft als Gründer einer privaten Oberschule, als er die Fortexistenz der Oberschule verteidigte und die Lösung der von ihm diagnostizierten Probleme des gesamten Bildungssystems eher auf den Stufen der Mittelschule und der Universität suchte. Überdies rückten bei ihm die Privatuniversitäten, die nur selten Gegenstand von Reformüberlegungen wurden, ins Blickfeld. Die Vielzahl und die Konkurrenz der Privatuniversitäten untereinander sei schädlich, so dass die Zulassungskriterien strenger gehandhabt werden sollten. Als »Idealplan« schlug Hirao sogar die Zusammenlegung eines Teiles der bestehenden Privatuniversitäten vor.

Manche Überlegungen teilte Hirao freilich mit der Mehrzahl der zuvor vorgelegten Reformpläne. So strebte auch er eine Verlängerung der Schulpflicht auf acht Jahre an und damit einhergehend eine Hebung des Niveaus der Lehramtsausbildung. Konkret sollte die Erste Abteilung an den Pädagogischen Seminaren abgeschafft werden und die Ausbildungsdauer zwei bis drei Jahre betragen. An den Oberschulen sollte zum Zwecke der Berufsvorbereitung ein halbes von drei Jahren Unterricht aus manueller Arbeit bestehen (vgl. hier-

24 Die halbtags zu besuchenden Jugendschulen für Absolventinnen und Absolventen der Höheren Grundschulen wurden 1935 landesweit mit fünfjährigem Hauptkurs für Jungen und dreijährigem für Mädchen eingerichtet. 1939 wurde ihr Besuch verpflichtend für alle Schülerinnen und Schüler, die nicht die Mittelschule oder Höhere Mädchenschule besuchten. Für den Hochschulbereich relevant waren die Jugendschulen wegen der Pädagogischen Seminare für Jugendschullehrer *(seinen gakkō kyōin yōseijo)*, die ein Jahr nach den Pädagogischen Seminaren 1944 zu Pädagogischen Hochschulen für Jugendschullehrer *(seinen shihan gakkō)* heraufgestuft wurden (s. auch S. 101–102).

zu u. 6.2), ohne welche die Zulassung zur Universität nicht erteilt werden sollte. Schulen für Frauen sollten »dem jeweiligen System der Schulen für Männer folgen, doch für Frauenuniversitäten sollen Frauen anstelle des Nachweises über Arbeit für Männer einen Nachweis über die Ableistung von Hausarbeit erbringen und Frauen sollen sich sogleich nach Abschluss von der Universität bei der Ableistung von Hausarbeit nützlich machen« (SK 1962: 671).

Ein weiteres Anliegen Hiraos, welches ihn wieder von der Mehrheit der Reformdiskussion entfernte, war, die Konzentration der Universitäten auf die Region Tokyo zu beseitigen. Oberschulabsolventen sollten sich nur noch an einer Universität in ihrem Herkunftsbezirk bewerben können, um diesen Zentralismus zu überwinden. Hirao hatte mit seinen Vorschlägen zum Teil zwar innerhalb der Reformdiskussion eine Außenseiterrolle, weckte aber mit seinem Ruf nach einer Verlängerung der Pflichtschulzeit Hoffnungen unter den an der Reformdiskussion beteiligten Lobbyorganisationen (insbesondere den Vertreterinnen und Vertretern von Pädagogischen Seminaren), dass dieses alte Desideratum nun endlich zur Umsetzung gelangen könnte. Das Finanzministerium freilich bediente sich einer Verzögerungstaktik und einigte sich schließlich noch 1936 mit dem Kultusministerium darauf, ab April 1938 die achtjährige Schulpflicht einzuführen. Im Januar 1937 jedoch stürzte das Kabinett Hirota; im Nachfolgekabinett unter Premierminister Hayashi Senjūrō wurde das Amt des Kultusministers nunmehr von Hayashi in Personalunion ausgeübt. Unter diesen Umständen hatte die Bildungspolitik im Kabinett nur geringe Priorität und die ministeriumsinternen Vorarbeiten vom Vorjahr verloren ebenso an Bedeutung wie die Absprachen zwischen den Ministerien hinfällig wurden (Yoneda 1994: 42).

Erst als Konoe Fumimaro, der Anfang der 1930er Jahre eng mit der Kyōiku Kenkyūkai assoziiert gewesen war, im Juni 1937 Premierminister wurde, gehörte Bildungspolitik wieder zu den Kernthemen der Regierungsarbeit. Dies manifestierte sich in der Einrichtung des Erziehungsrates noch im selben Jahr, eines direkt dem Kabinett unterstellten Beratungsgremiums, das in großem Stil das gesamte Erziehungssystem betreffende Fragen erörtern sollte.

4.2 Beratungen im Erziehungsrat

Der Erziehungsrat,[25] welcher 1937 zusammentrat und bis 1941 tagte, wird in der Sekundärliteratur überwiegend als Organ zur Durchsetzung der radikalen Indoktrinierung eines militaristischen Untertanenideals betrachtet. In der Tat gehört zu den wichtigen Ergebnissen der Ausschussarbeit eine Neudefinition der zentralen Erziehungsziele der einzelnen Schulstufen, welche die Orientierung am Kaiserlichen Erziehungserlass deutlich verschärfte. So wurde für alle Schulstufen der »Weg des kaiserlichen Landes« *(kōkoku no michi)* als zentraler Bezugspunkt beschworen, zu dem es zurückzukehren galt (Grundschulen), den es zu kultivieren galt (Mittel- und Oberschulen) oder auf dessen Grundlage »nationales Denken genährt« werden sollte (Universitäten). In das 1943 noch neu erlassene Mittelschulgesetz fand dieses rhetorische Element genauso Einzug wie die Phrase von der »Formung des Volks« *(kokumin no rensei)*, die einerseits den staatlichen Zugriff auf die Untertanen als

25 Zur deutschen Übersetzung s.o. S. , Fußnote 13.

Erziehungsziel postulierte, zum anderen vermittels des Begriffs *rensei* (Drill, Training, Formung) das militärische Element betonte. Zusammengenommen wurden beide Begriffe auch unter dem Schlagwort »Formung zum kaiserlichen Volk« *(kōkokumin no rensei)* thematisiert (s. auch oben 1.2).

Diese Umdefinition des Ziels von Bildung wird z.B. von den Bildungshistorikern Kubo Yoshizō (1990a: 355–356) und Terasaki Masao (1987: 175, für den Fall der Hochschulen) oder von dem Zeithistoriker Yasukawa Junosuke (1986: 282–294) als Hauptaufgabe des Erziehungsrates gesehen. Yasukawa erkennt auch in Formulierungen über die Aufgaben von Bildung wie »Bewusstsein vom Staat« eigentlich nur eine Verschleierung des Zieles »Weg der Unterstützung des kaiserlichen Wohlergehens *[kōun fuyoku]*« (Yasukawa 1986: 285), womit er übersieht, dass sich Staatsorientierung keineswegs nur auf die tennoistische Rechte beschränkte (s. dazu unten 6.3). Im Folgenden soll anhand der Diskussionen im Erziehungsrat und der Beratungsergebnisse abgewägt werden, wie wichtig neben der skizzierten ideologischen Ausrichtung strukturelle Reformvorhaben waren. Dabei wird in der Darstellung an die Themenfelder des Reformdiskurses der 1930er Jahre angeknüpft. Von Interesse ist nicht nur die Wirkung des Erziehungsrates, sondern auch die Verbindung, die zwischen dessen Beratungen und dem vorangehenden Reformdiskurs besteht, weshalb es zunächst um seine personelle Zusammensetzung gehen soll.

Personelle Zusammensetzung

Der Erziehungsrat wurde am 10. Dezember 1937 per kaiserlichen Erlass als Ausschuss, der das Kabinett berät, eingerichtet. Damit hob er sich von den meisten seiner Vorgängereinrichtungen ab, die wie das Kyōiku Hyōgikai (1921 bis 1924) oder das Kyōgaku Sasshin Hyōgikai (1935 bis 1937) lediglich Beratungsgremien des Kultusministeriums waren; dadurch, dass es mit 65 regulären Mitgliedern das größte Bildungsberatungsgremium vor 1945 war, unterschied es sich auch von den übrigen. Die erste Vollversammlung wurde am 23. Dezember 1937 einberufen; die letzte fand am 13. Oktober 1941 statt. Am 9. Mai 1942 wurde der Erziehungsrat per kaiserlichen Erlass aufgelöst.[26]

Die herausragende Stellung des Ausschusses ergibt sich nicht nur aus seiner Zuordnung zum Kabinett und aus der Tatsache, dass seine Einrichtung auf die Initiative von Premierminister Konoe Fumimaro zurückging, sondern auch aus seiner hochrangigen Besetzung. Insgesamt hatte der Erziehungsrat während seines Bestehens 136 Mitglieder, wovon 55 Funktionsmitglieder waren, die qua Amt (z.B. Parlamentarischer Staatssekretär des Kultusministeriums) ihren Sitz im Ausschuss hatten. Unter ihnen fanden sich an Amtsträgern bis 1945 u.a. drei zukünftige Premierminister (Abe Nobuyuki, Tōjō Hideki, Suzuki Kantarō), 20 ehemalige und zukünftige Minister, die Firmenchefs von Yawata Seitetsu, Sumitomo,

---

26 Die Beratungen fanden in Vollversammlungen unter Anwesenheit aller 65 regulären, vom Kabinett ausgewählten Ausschussmitglieder statt sowie seit April 1938 in einem »Sonderausschuss« *(tokubetsu iinkai)*, in den 30 Ausschussmitglieder delegiert wurden. Der Sonderausschuss bildete außerdem aus seiner Mitte fünf verschiedene aus neun bis 16 Mitgliedern bestehende »Unterausschüsse zur Feinabstimmung« *(seiri iinkai)* zu den Themenbereichen Primarstufe, Sekundarstufe, Tertiarstufe, Erwachsenenbildung sowie Verwaltung und Finanzierung, die den Hauptteil der tatsächlichen Arbeit leisteten (Hirahara 1971: 18–20).

Mitsui und Mitsubishi Sekiyu sowie der oberste Verwaltungschef *(sōmu chōkan)* des von Japan abhängigen Marionettenstaates Manshūkoku (chin. Manzhouguo). Der Großteil der Mitglieder setzte sich aus Parlamentsabgeordneten und Vertreterinnen und Vertretern von Bildungseinrichtungen, häufig Rektoren von Universitäten, zusammen.

Eine Verbindung zum Reformdiskurs der 1920er und 1930er Jahre war nicht nur thematisch gegeben, sondern auch personell. Dies war zuerst durch Konoe Fumimaro der Fall, der als Mitglied der Kyōiku Kenkyūkai bzw. assoziiertes Mitglied der Kyōiku Kaikaku Dōshikai schon lange ein manifestes Interesse an Bildungsfragen hatte und nun als Premierminister die Einrichtung des Ausschusses durchsetzte. Doch auch unter den Ausschussmitgliedern fanden sich direkt am Reformdiskurs Beteiligte, so insbesondere Gotō Fumio, 1941 Vorsitzender der Kyōiku Kaikaku Dōshikai (#11) und 1929 Mitunterzeichner des Kinkei-Gakuin-Planes (#13).[27] An der Entstehung des letzteren war auch der Innenministeriumsbürokrat Yoshida Shigeru beteiligt gewesen. Gotō war schon 1931 Mitglied der Kyōiku Kenkyūkai (#9) gewesen, aus der Konoe auch weitere Kernmitglieder im Erziehungsrat unterbringen konnte, so Nishimura Fusatarō (#9, #10), Abe Shigetaka (auch Autor eigener Pläne (#41, #42, #43)), Ōkura Kinmochi und Shimomura Juichi. Weitere neun der lose mit der Kyōiku Kaikaku Dōshikai assoziierten »Mitwirkenden« waren ebenfalls im Erziehungsrat vertreten (Yoneda 1994: 48–49). Der ehemalige Kultusminister Hirao Hachisaburō hatte 1936 einen eigenen Reformplan vorgelegt (s.o. 4.1), und Shimomura Juichi war Mitglied der Studiengruppe Tōyō Bunka Gakkai gewesen. Auch der Lehrendenverband Teikoku Kyōikukai war mit besonders vielen Mitgliedern im Erziehungsrat vertreten, z.B. durch den damaligen Vorsitzenden Nagata Hidejirō (amtierte von 1934 bis 1942) und den von 1927–1932 amtierenden ehemaligen Vorsitzenden Hayashi Hirotarō; des Weiteren waren Delegierte der Teikoku Kyōikukai Mitglieder im Erziehungsrat (Yoneda 1994: 51). Schließlich war der Unterhausabgeordnete Andō Masazumi an der Formulierung der Pläne seiner Partei Seiyūkai (#2, #3, #4) beteiligt gewesen. Somit waren im Erziehungsrat insbesondere die drei großen Studiengruppen Kyōiku Kenkyūkai bzw. Kaikaku Dōshikai, Tōyō Bunka Gakkai und Kinkei Gakuin vertreten.

Der Experte für Bildungsgeschichte der Vorkriegszeit Yoneda Toshihiko urteilt (in: Kubo u.a. 2001: 494): »[O]bgleich viele Mitglieder der Kyōiku Kaikaku Dōshikai Ausschussmitglieder [des Erziehungsrates] geworden waren, vermochten sie ihre Meinung nicht in das Beratungsergebnis eingehen zu lassen.« Eine ähnliche Haltung vertritt Shimizu Yasuyuki (2000: 411), der meint, das Beratungsergebnis hinsichtlich der Lehramtsausbildung spiegele nur die von den Pädagogischen Seminaren vertretene Position der Reformdiskussion wider und führt als Hauptbeispiel die Kyōiku Kaikaku Dōshikai an. Besondere Beachtung muss im Folgenden also die Frage finden, ob die zahlreich im Erziehungsrat vorhandenen Vertreter der Reformdiskussion der 1930er Jahre sich dort auch artikulieren und durchsetzen konnten.

27 Allerdings vertrat Gotō im Kyōiku Shingikai Positionen, die sich nicht unbedingt mit den von der Kyōiku Kaikaku Dōshikai veröffentlichten deckten (Shimizu 2000: 200, 412).

Abschaffung der Oberschulen

Der Erziehungsrat veröffentlichte seine Empfehlungen für die Sekundarstufe an das Kabinett am 14. September 1939. Diese waren unterteilt in einen Abschnitt zur Mittelschule und einen zur Oberschule. Von einer Abschaffung letzterer war keine Rede, vielmehr wurde sie als ein Teil der Sekundarstufe behandelt. Das Problem des Doppelcharakters der Oberschule, mit dem schon der Sonderausschuss für Erziehung gerungen hatte (Allgemeinbildung für Absolventen, die keine weitere Schulform besuchen wollen vs. Vorbereitungsschule für die Universität), blieb ungelöst, wie die neue Formulierung der Aufgaben der Oberschule zeigte: »Sie [die Oberschule] erweitert die Allgemeinbildung und legt Gewicht auf für die Universitätserziehung nötiges Grundlagenwissen« (MKC 1942: 34). Die einzige signifikante Neuerung der Empfehlung (neben der neuen Möglichkeit, Frauenoberschulen zu gründen; s. hierzu unten S. 103–104) war die Zurücknahme der Reform von 1919: Die siebenjährige integrierte Oberschule sollte nicht mehr die Standardform darstellen, sondern nur noch als Ausnahmefall zugelassen werden. Damit passte sich der Erziehungsrat der Realität an, in der sich die siebenjährige Oberschule nicht hatte durchsetzen können, verstärkte zugleich aber im Ergebnis noch den Charakter der Oberschule als Vorbereitungsinstitution für die Universität, der Hauptgegenstand der Kritik in der Reformdiskussion der 1920er und 1930er Jahre gewesen war.

Doch auch den Schritt hin zur vollständigen Umformung der Oberschule in eine Vorbereitungsanstalt für die Universität, etwa durch Angliederung an einzelne Universitäten, wie im Falle der Vorbereitungskurse an Privatuniversitäten, vollzog der Erziehungsrat in seiner Empfehlung nicht, sondern beließ die Oberschule im Status einer Institution der Sekundarstufe. Dies war umso überraschender, als dieselbe Empfehlung die übrigen Einrichtungen der Sekundarstufe, d.h. Mittelschulen (für Männer), Höhere Mädchenschulen und Berufsschulen *(jitsugyō gakkō)* erstmals unter die neue Kategorie *chūtō gakkō* (wörtlich: »Mittelstufenschule«) fasste, also vereinheitlichte, nun aber mit der Beibehaltung der Oberschule dennoch wieder verschiedene Schultypen innerhalb der Sekundarstufe vorsah. Wie kam es, dass die in der Reformdiskussion der vorangehenden Jahre so häufig anzufindende Postition, die Oberschule abzuschaffen, sich nicht im Beratungsergebnis des Erziehungsrates widerspiegelte?

Die Befürworter einer Abschaffung der Oberschule meldeten sich auf den Sitzungen des Erziehungsrates durchaus zu Wort. Nachdem der Sonderausschuss etwa ein halbes Jahr lang die unteren Schulstufen und die Lehramtsausbildung beraten hatte, begannen die Beratungen zur Sekundarstufe Ende November 1938. Zunächst standen die Mittelschulen zur Diskussion; als es nach einigen Sitzungen am 14. Dezember auch um die Oberschulen ging, ergriff sogleich Nishida Hirotarō, Rektor der Höheren Fachschule für Ingenieurwesen Kiryū (Präfektur Gunma), das Wort. Er schlug die Abschaffung der Oberschulen vor, um das Problem des Zwiespalts zwischen Vorbereitungsinstitution und in sich abgeschlossener höherer Schule zu lösen. Ein Teil der bisherigen Oberschulen sollte als Vorbereitungskurse an die Universitäten angegliedert, ein weiterer Teil in drei- bis vierjährige »Höhere Fachschulen für Geistes- und Naturwissenschaften« *(bunrika senmon gakkō)* umgewandelt werden. Letztere sollten als »Einrichtungen mit in sich abgeschlossener Bildung in Philosophie oder den reinen Naturwissenschaften« einen sinnvollen Endpunkt individueller Bildungsgänge darstellen und nicht den Weg zum anschließenden Besuch noch der Universität ebnen (KS toku 1970: VII: 115).

In derselben Sitzung sprach sich auch Uehara Taneyoshi, Rektor der Höheren Fachschule für Agrarwesen Mie, gegen ein Fortbestehen der Oberschulen aus. Auch sein Hauptmotiv war dabei die Ablehnung von Schulen mit reinem Vorbereitungscharakter für eine höhere Schulform: »Erziehung zur Vorbereitung ist grundsätzlich äußerst schädlich«. Hinzu komme, dass das Durchschnittsalter bei Abschluss der Universität zu hoch sei. Als Abhilfe schlug Uehara vor, die Oberschulen abzuschaffen und die Universitätsausbildung um zwei Jahre »nach unten« zu verlängern, also den Zugang zu um einen zweijährigen vorbereitenden Unterricht erweiterte Universitäten nach dem Abschluss der fünfjährigen Mittelschule (elf Schuljahre) zu erlauben (KS toku 1970: VII: 138–139).

Diese Positionen der Vertreter der Höheren Fachschulen wurden jedoch kaum Gegenstand der Diskussion. Die übrigen Ausschussmitglieder widmeten sich vielmehr – unter der stillschweigenden Voraussetzung der Fortexistenz der Oberschulen – Detailproblemen wie der Länge der Ausbildungsdauer, dem Zugang (Zulassung wie seit 1919 schon nach vier Jahren Mittelschule oder erst nach regulärem Abschluss der fünfjährigen Mittelschule) oder der Umgestaltung der Unterrichtsinhalte. Unter diesen Umständen delegierte der Sonderausschuss das Thema weiter an den für die Sekundarstufe zuständigen Unterausschuss zur Feinabstimmung, wie etwa das dort von Tajiri Tsuneo vorgelegte Papier vom 3. Februar 1939 zeigt. Tajiri, obgleich als Rektor der Höheren Fachschule für Handel Yokohama ebenfalls ein Vertreter der Höheren Fachschulen, trat in seinem Vorschlag zwar für die Abschaffung der siebenjährigen Oberschule ein, ging jedoch von der Fortexistenz der regulären Oberschule aus. Die siebenjährige Oberschule betrachtete er als »Schule für Privilegierte«, weil sie zu einem schulischen Zweiklassen-System sogleich nach Abschluss der Grundschule führe (KS seiri 1970: IV: 219). Im selben Geiste entschied sich der Erziehungsrat in den folgenden Beratungen auch, die verschiedenen Mittelschultypen organisatorisch zusammenzufassen.

Zu einer grundsätzlichen Aussprache über die zukünftige Existenz der Oberschule kam es im Unterausschuss zur Feinabstimmung am 19. Mai 1939. Nishida Hirotarō erneuerte seinen Vorschlag, die Oberschulen in zweijährige Vorbereitungskurse an den Universitäten umzustrukturieren. Erstmals meldete sich nun auch der wohl prominenteste Vertreter der Kyōiku Kenkyūkai im Erziehungsrat, Gotō Fumio, zur Abschaffung der Oberschule zu Wort und hielt ein langes Plädoyer für die Umwandlung des kompletten Bildungssystems in ein Drei-Stufen-Modell, bestehend nur noch aus Grundschule, Mittelschule und Universität (KS seiri 1970: VII: 254–258). Nun fühlten sich auch die Verfechter des Status quo bemüßigt, ihre Stimme zu erheben, um die Oberschule zu verteidigen. Das im weiteren Verlaufe gewichtigste Argumente führte Satō Kanji, Dekan der Fakultät für Agrarwissenschaften an der Kaiserlichen Universität Tokyo, an. Satō hatte sich 1937 (als *dōjin*) zur Mitwirkung bei der Kyōiku Kaikaku Dōshikai, der Nachfolgeorganisation der Kyōiku Kenkyūkai, gewinnen lassen, deren Positionen er freilich nun mit seinem Eintreten für den Erhalt der Oberschule widersprach. Er begründete seine Verteidigung damit, dass die Oberschule unersetzlich dafür sei, für den Besuch der Universität unabdingbaren Stoff zu vermitteln. Folge man dem Vorschlag von Gotō (Senkung der Bedingung für die Zulassung zur Universität auf den Abschluss der Mittelschule), so bedeute dies notwendigerweise einen nicht hinnehmbaren Niveauverlust für die Universitätsstudenten; folge man dem Vorschlag von Nishida (zweijährige Vorbereitungskurse an den Universitäten), so bestehe die Gefahr, dass die Fakultäten die Studenten von Beginn an für die engen Zielsetzungen ihres Faches vereinnahmten, anstatt ihnen eine fachübergreifende Allgemeinbildung auf hohem Niveau zu vermitteln (KS seiri 1970: VII: 248).

Matsuura Shigejirō, zwischen 1924 und 1927 Staatssekretär im Kultusministerium, brachte ein zweites Gegenargument ins Spiel. Das Drei-Stufen-Modell sei zu simpel und werde den Besonderheiten des japanischen Erziehungswesens nicht gerecht. Die Oberschule sei in Japan eingeführt worden, weil zwischen der Mittelschule und der Universität ein großer Abstand zu überbrücken gewesen sei. Die Abschaffung der Oberschule unter den gegenwärtigen Umständen geriete der japanischen Kultur zu großem Nachteil und wäre ein großer Fehler (KS seiri 1970: VII: 251–252). Eine Umwandlung in Vorbereitungskurse, so Matsuura weiter, sei praktisch nicht durchzuführen. Ein solcher würde beispielsweise im Falle der Universität Tokyo mehrere tausend Studenten umfassen, hätte also ohnehin eine ausreichende Größe, um eine eigenständige Einrichtung zu sein, und müsste deswegen separat verwaltet werden, weshalb man ihn auch gleich, wie gegenwärtig, als separate Schule organisieren könne (KS seiri 1970: VII: 253).

Grundsätzlich über die Oberschule diskutiert wurde auch hinsichtlich der Frage, welches Ziel diese verfolgen solle. Zwar waren die Hauptbezugspunkte dieser Diskussion die gleichen wie schon in dem Sonderausschuss für Erziehung 20 Jahre zuvor, doch war man durchaus bereit, über die damalige Diskussion hinauszugehen. Tadokoro Yoshiharu, Oberhausabgeordneter, ehemaliger Staatssekretär im Kultusministerium und auch schon im Sonderausschuss für Erziehung aktiv, erinnerte im Juli 1939 daran, wer bei den damaligen Diskussionen eigentlich die Zielgruppe für die in sich abgeschlossene Oberschulausbildung gewesen sei. Ein Oberschulbesuch ohne anschließenden Universitätsbesuch, nicht jedoch schon ein Mittelschulabschluss, sei als ausreichend erachtet worden z.B. für »Gentlemen vom Lande, Verwaltungsbeamte auf dem Lande, Leiter von Kommunalverwaltungen« (KS seiri 1970: VIII: 200). Diese Zielgruppe sei jedoch unrealistisch gewesen (KS seiri 1970: VIII: 202). Noch weiter ging Tanaka Hozumi, der dafür plädierte, die Definition der Realität anzupassen. Wenn diese nun einmal so aussehe, dass alle Absolventen der Oberschule die Universität besuchten, dann sei das eben so und »eine von der Realität entfernte Definition anzugeben wirklich nicht wünschenswert« (KS seiri 1970: VIII: 204). Mit dieser Einstellung, die sich bis zur Beschlussfassung nicht änderte, entfernte sich die Mehrheit des Erziehungsrates sowohl von der Grundeinstellung noch der Außerordentlichen Erziehungskonferenz als auch der Reformdiskussion der vorangegangenen 15 Jahre, die mittels Änderungen am Erziehungssystem gesellschaftlichen Missständen zu begegnen suchte und nicht das Erziehungssystem einfach den gesellschaftlichen Zuständen anpassen wollte.

Erst nach Abschluss der Beratungen zur genauen Formulierung der an das Kabinett auszusprechenden Empfehlung zur Sekundarstufe im Sonderausschuss im Herbst 1939 kam es erneut zu Wortmeldungen für die Abschaffung der Oberschule. Mikuniya Sanshirō, Rektor der Pädagogischen Hochschule in Aoyama (Tokyo), merkte am 25. Oktober 1939 an, er selbst sei zwar eigentlich für eine Umwandlung der Oberschulen in Vorbereitungskurse an Universitäten, sehe aber mittlerweile ein, dass die Stimmung im Erziehungsrat für die Beibehaltung einer eigenständigen Einrichtung mit eigenständigem Abschluss sei (KS toku 1970: X: 351). Ähnlich resignativ gab sich der Politiker Andō Masazumi, der eigentliche Autor der Reformpläne der Partei Seiyūkai aus den Jahren 1931 bis 1934, welche durchweg die Abschaffung der Oberschule und den Übergang von Mittelschule zu Universität vorgesehen hatten. Im Erziehungsrat war er Mitglied auch des Sonderausschusses, wo er sich am 27. Oktober 1939 ausführlich zur Reform der Sekundarstufe äußerte (KS toku 1970: X: 402–417). Zur Oberschule sagte er:

> Ich bin eigentlich der Meinung, die derzeitigen Oberschulen, Universitäten und Höheren Fachschulen seien in einer Umstrukturierung völlig neu zu gliedern, aber diese Meinung hat sich nicht durchgesetzt; es ist dabei geblieben, dass die Oberschulen fortbestehen. Weil sich sowohl der Sonderausschuss als auch der Unterausschuss zur Feinabstimmung für die Beibehaltung ausgesprochen haben, folge ich dieser Entscheidung (KS toku 1970: X: 412).

Im Kern waren es zwei Faktoren, die dazu führten, dass das Beratungsergebnis die Fortexistenz der Oberschule vorsah. Zum einen machte sich hier die Besetzungspolitik bei der Zusammenstellung des Beratungsgremiums bemerkbar, in dem eine Mehrzahl der Mitglieder Vertreter der Kaiserlichen Universitäten waren, welche sehr dezidiert die Notwendigkeit der Oberschule zur Wahrung der Qualität ihrer eigenen Institutionen vertraten. Zum anderen führte aber auch schlicht der zeitliche Ablauf der Beratungen im Erziehungsrat dazu, dass die Abschaffung der Oberschule nie ernsthaft zur Diskussion stand. Denn die Voraussetzung für die Abschaffung der Oberschule war für die der Kyōiku Kenkyūkai nahe stehenden Ausschussmitglieder und andere Protagonisten der Reformdebatte seit Mitte der 1920er Jahre die Umstrukturierung des gesamten Systems der Sekundar- und Tertiarstufe. Auf sechs Jahre Grundschule hätten fünf Jahre Mittelschule folgen sollen; der erfolgreiche Abschluss der Mittelschule hätte zum Besuch der vierjährigen Universität berechtigen sollen (vgl. oben 2.3.1). Schon bei den Beratungen zur Mittelschule, die denen zur Oberschule vorausgingen, hätten die Gegner der Oberschule dies im Blick haben müssen. Nachdem es aber schon bei der Mittelschule nur um Detailanpassungen gegangen war, war klar, dass es keine neue reformierte Mittelschule als einzige Institution der Sekundarstufe vor der Universität geben könnte. Ein Beschluss zur Abschaffung der Oberschule hätte auch ein Wiederaufrollen der Beratungen zur Mittelschule erzwungen. Die Abschaffung der Oberschule war nur als eine Maßnahme im Rahmen eines Gesamtpaketes (Drei-Stufen-Modell) zu haben, welches aber bereits an anderen Stellen gescheitert war. Daher vertraten auch Mitglieder, die in der Reformdiskussion während der vorangegangenen Jahre als Befürworter der Abschaffung aufgetreten waren, diese im Erziehungsrat nicht mehr vehement, weil sie die Unmöglichkeit, ihren Gesamtplan durchzusetzen, einsahen, wie die Beispiele Gotō Fumio und Andō Masazumi gezeigt haben.

Institutionelle Vereinheitlichung

Die Diskussion zur Vereinheitlichung der eigentlichen Tertiarstufe (Höhere Fachschulen und Universitäten) im Erziehungsrat ähnelte der über die Oberschulen. Von den weit reichenden Ideen der Reformdiskussion der 1920er und 1930er Jahre fand sich im Beratungsergebnis wenig wieder, obwohl die einschlägigen Positionen durchaus auf den Sitzungen vertreten waren.

Schon bei den Beratungen zur Lehramtsausbildung im Oktober 1938 äußerte Gotō Fumio, die Höheren Fachschulen sollten als eigenständiger Schultyp aufgegeben und den Universitäten zugeschlagen werden (KS seiri 1970: IV: 166). Diese Äußerung tätigte er freilich im Zusammenhang mit der Abgrenzung der Pädagogischen Hochschulen von den Höheren

Fachschulen, so dass dieser Teil seiner Ausführungen zunächst auch nicht weiter aufgegriffen wurde. Eine zusammenhängende Diskussion entstand erst, als der Sonderausschuss sich im September 1939 schwerpunktmäßig mit der Tertiarstufe auseinanderzusetzen begann. Dort sollte es eigentlich zunächst nur um die Universitäten gehen, doch Shimomura Juichi nutzte Klagen über die sinkende Befähigung von Universitätsstudenten zur selbständigen forschenden Betätigung zu dem Hinweis, dass unter diesen Bedingungen der Unterschied zur Höheren Fachschule schwinde (KS toku 1970: X: 33). Den implizierten Angriff auf die institutionelle Unterscheidung zwischen beiden Einrichtungen verstand Matsuura Shigejirō sogleich und verteidigte die Notwendigkeit des Unterschiedes. Der Forschungsauftrag der Universitäten, der sie von den Höheren Fachschulen unterscheide, gelte zunächst nur für die Professoren, nicht jedoch für die Studierenden (KS toku 1970: X: 35). Und auch hinsichtlich der Lehre gehe es zwar im Grunde um dieselben Fachinhalte, doch führe das höhere Ausgangsniveau der Universitätsstudenten dazu, dass diese »erstklassige Führer, die in allen Bereichen der Gesellschaft aktiv sind«, würden (KS toku 1970: X: 39).

In gleichem oder ähnlichem Sinne äußerten sich in der Folge auch weitere Mitglieder des Sonderausschusses. Tanaka Hozumi betonte, der Hauptunterschied liege in der größeren Selbständigkeit der Universitätsstudenten (KS toku 1970: X: 46), Sasai Shintarō meinte, die Unterscheidung würde den Anforderungen der Gegenwart am ehesten gerecht (KS toku 1970: X: 124). In der Diskussion fand kaum eine Trennung zwischen deskriptivem und normativem Zugriff statt. Die Fragen, wie groß der tatsächliche Unterschied zwischen den bestehenden Institutionen sei, und die, ob die institutionelle Unterscheidung gerechtfertigt sei, wurden ohne klare Trennung gleichzeitig diskutiert. Dies lässt sich sowohl von den Befürwortern des Status quo wie auch von dessen Gegnern sagen. So war das Hauptargument für die Aufhebung der Trennung auch bei Uehara Taneyoshi, dass der Unterschied zwischen den Absolventinnen und Absolventen beider Schulformen ohnehin nicht sehr groß sei (KS toku 1970: X: 410). Andō Masazumi hingegen hob sehr ausdrücklich nicht auf die bestehenden Verhältnisse ab, sondern auf von ihm als wünschenswert empfundene zukünftige Verhältnisse. Er verfocht im Sonderausschuss die Umwandlung der Höheren Fachschulen in Ein-Fach-Universitäten, machte allerdings zur Bedingung, dass diese zunächst mit einem zweijährigen Vorbereitungskurs *(yoka)* ausgestattet werden. Eigentlich vertrat Andō – wie im vorangehenden Abschnitt bereits erwähnt – die Zusammenlegung und Reorganisierung aller höheren Bildungseinrichtungen, hatte sich aber mittlerweile mit der Fortexistenz der Oberschulen abgefunden. Um seine ursprünglichen Vorstellungen von einer Vereinheitlichung des Systems doch noch umsetzen zu können, schlug er nun als Ideal eine vierjährige Höhere Fachschule mit zweijährigem Vorkurs vor: Damit hätte die Ausbildungsdauer sechs Jahre betragen, genau wie im Falle der Kaiserlichen Universitäten (drei Jahre Oberschule plus drei Jahre Universität) (KS toku 1970: X: 411–414).

Da die Diskussion hier in Details ging, wurde sie an den Unteraussschuss zur Feinabstimmung für die Tertiarstufe verwiesen. Hier gab wieder ein Gegner der institutionellen Trennung den Anstoß. Uehara Taneyoshi unterbrach den Ausschussvorsitzenden Hayashi Hirotarō, der vorschlug, zunächst Universitäten und anschließend Höhere Fachschulen zu behandeln, mit dem Hinweis, man müsse zuvor die Unterscheidung zwischen beiden Schultypen selbst diskutieren. Uehara postulierte, wie schon im Sonderausschuss, es bestehe »im Wesentlichen kein Unterschied zwischen Universität und Höherer Fachschule«. Schon innerhalb der Universitäten seien die Qualitätsunterschiede so beträchtlich, dass gute Höhere

Fachschulen ohne Weiteres das Niveau von mittelmäßigen Universitäten erreichten. Wichtiger aber: »Wenn man einmal Vor- und Nachteile der Koexistenz der beiden Systeme bedenkt, dann scheint mir, es gebe enorm viele Nachteile, aber fast keine Vorteile«. Denn die von der Allgemeinheit geteilte Betrachtung der Universität als Hauptweg und der Höheren Fachschule als Seitenweg führe dazu, dass auch für die Höhere Fachschule besser geeignete Studierende alles täten, um doch auf die Universität zu gelangen. Daraus ergäben sich insbesondere die »Prüfungshöllen« beim Übergang von Mittel- zu Oberschule und von Oberschule zu Universität. Die oft jahrelangen Wiederholungsversuche der Prüflinge verhinderten maßgeblich eine Verkürzung der gesamten Schulzeit, die doch als Ziel Konsens sei (KS seiri 1970: X: 4–5).

Dagegen nahm zunächst wieder Matsuura Shigejirō Stellung, der ausführlich erklärte, wo er die Unterschiede zwischen Universitäten und Höheren Fachschulen sehe, nämlich in der Forschung, die an Höheren Fachschulen zwar gelegentlich auch stattfinde, an den Universitäten aber eine unabdingbare Kernaufgabe sei. Diesmal blieb Matsuura aber nicht auf der deskriptiven Ebene stehen, sondern betonte auch, dass das gegenwärtige System den gesellschaftlichen Erfordernissen angepasst sei:

> Es ist gut, dass es die Trennung gibt zwischen denjenigen, die den ganzen Weg bis zur Universität hin zurücklegten, und denjenigen, die eine Ausbildung an der etwas leichter verfügbaren Höheren Fachschule absolvierten und danach sogleich in die Gesellschaft hinauswollten. Dadurch, dass es beide gibt, entsprechen sie der gesellschaftlichen Nachfrage. Ich glaube daher, dass es eher der tatsächlichen gesellschaftlichen Situation angemessen ist, dass es diese Trennung gibt (KS seiri 1970: X: 9).

Hozumi Shigetō, Dekan der Fakultät für Jura an der Universität Tokyo, pflichtete bei: »Es gibt Schulen auf verschiedenen Stufen; sowohl hinsichtlich des Alters, als auch des Wissens, als auch der Fertigkeiten ist es wichtig, dass aus ihnen Menschen verschiedener Niveaus hervortreten. Eines der Ziele eines Schulsystems liegt ebendarin« (KS seiri 1970: X: 12–13).

Wie schon im Falle der Oberschulen musste Andō einsehen, dass seine Position in der Minderheit war, so dass er von seiner Haltung, alle Höheren Fachschulen seien zu Ein-Fach-Universitäten aufzuwerten, abrückte und nunmehr lediglich noch die Umwandlung eines Teils der Höheren Fachschulen in Ein-Fach-Universitäten forderte (KS seiri 1970: X: 33). Die Grundsatzdiskussion flammte ein weiteres Mal auf, als Soeda Keiichirō, Unterhausabgeordneter für die Minseitō, in deren Parteivorstand er von 1939 bis 1940 saß, sich im Dezember 1939 einmischte. Soeda, der 1937 als Mitunterzeichner *(dōjin)* der Kyōiku Kaikaku Dōshikai auftrat, hatte an den zuvor genannten Sitzungen nicht teilgenommen. Soedas Argumente, die im Großen und Ganzen den von Uehara einen Monat zuvor vorgebrachten glichen, wurden wiederum von Matsuura zurückgewiesen, der auch diesmal die Oberhand behielt. Immerhin schloss Soeda seine letzte Bemerkung mit folgendem Ausblick in die Zukunft:

> Zwischen normalen Regelstudenten an der Universität und Studenten auf dem Niveau einer Höheren Fachschule mag es einen gewissen Unterschied in den Vorkenntnissen geben, doch je nachdem, wie sich das System zukünftig ändern wird, wissen wir nicht, was daraus werden wird, und ich glaube, man muss sie nicht unbedingt besonders trennen (KS seiri 1970: X: 223–224).

In den nachfolgenden Beratungen des Unterausschusses zur Feinabstimmung ging es im Grunde nur noch um Details der Ausgestaltung der Höheren Fachschulen. So machten im April 1940 Nishida Hirotarō und Tajiri Tsuneo Werbung für die Verlängerung der Studienzeit an den staatlichen Höheren Fachschulen auf vier Jahre. Die Frage der Verwandtschaft zwischen Universität und Höherer Fachschule war hier ein weiteres Mal berührt, denn mit jeder Verlängerung der Höheren Fachschule rückte diese in die Nähe der Universität, so dass man auch gleich die Umwandlung in die Universität hätte fordern können. Nishida und Tajiri beharrten hingegen darauf, dass sie keineswegs den früheren Vorstößen von Andō und Gotō folgen wollten, sondern es ihnen lediglich um eine Verbesserung der Ausbildungsfähigkeit eines bestimmten Teiles der Höheren Fachschulen ging, die aber weiterhin ihrem Auftrag als Höhere Fachschule gerecht werden sollten (KS seiri 1970: XIII: 2–3, 17–22). Da sowohl Nishida als auch Tajiri Rektoren staatlicher Höherer Fachschulen waren, wurde ihr Anliegen im Erziehungsrat als zur Aufwertung ihrer eigenen Institution dienend aufgefasst und nicht sehr ernst genommen. Redner wie Tadokoro verwiesen hingegen darauf, man habe doch gerade erst die Sekundarstufe vereinheitlicht, so dass eine Ausdifferenzierung einer anderen Schulstufe der Gesamtabsicht des Erziehungsrates zuwiderlaufe (KS seiri 1970: XIII: 29). Obwohl die Gesamtabsicht der Vereinheitlichung hier noch einmal unwidersprochen ausdrücklich genannt wurde, bedeutete dies nicht, dass der Unterausschuss zur Feinabstimmung oder der Sonderausschuss sich zu einer noch weitergehenden Vereinheitlichung der gesamten Tertiarstufe durchringen konnte.

Wie im Falle der Oberschulen war die Reihenfolge der Beratungen ein wichtiger Faktor für die Bewahrung des Status quo. So wies Satō Kanji ganz zu Beginn der Diskussion über die Vereinheitlichung im Unterausschuss zur Feinabstimmung offenbar mit dem Ziel, die Diskussion im Keim zu ersticken, darauf hin, dass die Option zur Gleichstellung von Höherer Fachschule und Universität gar nicht mehr bestehe: »Wenn man die Oberschule abschaffte, wäre das kein Problem, aber wir haben doch gerade in diesem Komitee die Oberschule weiter zugelassen, so dass es doch gerade jetzt [Unterbrechung im Original]« (KS seiri 1970: X: 7). Die Vertreter tief greifender Änderungen am Gesamtsystem wie Andō oder Gotō waren zum Zeitpunkt der Diskussionen über die Tertiarstufe bereits in der Defensive und konnten nur noch Einzelvorschläge vorbringen, die unter den bereits zuvor gesetzten Bedingungen wenig überzeugend waren.

Noch ein weiterer Faktor war bei den Beratungen zur Höheren Fachschule wichtig. Die Partikularinteressen von Vertretern bestimmter Institutionsformen beherrschten hier die Diskussion mehr als in anderen Bereichen. So waren Repräsentanten sowohl der Kaiserlichen Universitäten als auch der staatlichen Höheren Fachschulen um Besitzstandswahrung bemüht und offenbar an tiefer gehenden Reformen, wie einer institutionellen Vereinheitlichung, wenig interessiert. Auch in diesem Punkt unterschieden sich die Beratungen im Erziehungsrat von der vorangegangenen Reformdiskussion, in der die Behandlung des gesamten Bildungssystems dazu geführt hatte, dass die Autoren eigene Partikularinteressen weitgehend hintanstellten.

Lehramtsausbildung

Das Beratungsergebnis für Lehramtsausbildung, am 8. Dezember 1938 veröffentlicht, verzichtete darauf, die Pädagogischen Seminare zu Höheren Fachschulen heraufzustufen.

Gleichwohl wurden sie mit der Festsetzung der Ausbildungsdauer auf drei Jahre und der Zugangsqualifikation auf den Mittelschulabschluss diesen strukturell gleichgestellt. Ein gewichtiger Unterschied zu den Höheren Fachschulen verblieb freilich auch in puncto Trägerschaft: Die Pädagogischen Seminare sollten weiterhin präfekturale Einrichtungen bleiben (Monbushō 1972a: II: 252).

Ähnlich wie in der vorangegangenen breiten gesellschaftlichen Diskussion war auch im Erziehungsrat praktisch unbestritten, dass die Lehramtsausbildung in separaten Einrichtungen erfolgen solle. Lediglich der Rektor der privaten Keiō-Universität, Koizumi Shinzō, äußerte am 7. April 1938 auf der 5. Sitzung der Vollversammlung den Wunsch, die Lehramtsausbildung vollständig zu liberalisieren und auch solchen Einrichtungen, die nicht allein der Lehramtsausbildung dienten, die Teilhabe daran zu ermöglichen (in: Shimizu 2000: 178). Ein Großteil der Diskussion im Sonderausschuss des Erziehungsrates beschäftigte sich aber nicht mit der Frage, ob Pädagogische Seminare vonnöten seien, sondern damit, wie diese beschaffen sein sollten.[28]

Dabei ging es zunächst um die Frage des Zugangs. Nahezu einhellige Meinung war, dass die Ausbildung für Mittelschulabsolventen, die bisherige Zweite Abteilung, künftig den Hauptausbildungsweg darstellen sollte. Im Hintergrund dieser Meinungsübereinstimmung stand, dass sich der Erziehungsrat zuvor bereits auf eine Verlängerung der Schulpflichtzeit auf acht Jahre geeinigt hatte; eine entsprechende qualitative Heraufstufung der Lehramtsausbildung schien nun die logische Konsequenz dieses Schrittes zu sein (Shimizu 2000: 180). Offen war jedoch zunächst die Frage, wie mit der bisherigen Option, nach der höheren Grundschule (achtes Schuljahr) ein Pädagogisches Seminar zu besuchen, zu verfahren sei. Ein Teil der Ausschussmitglieder vertrat, diese Möglichkeit sollte als Nebenzweig bestehen bleiben. Als Begründung führten sie überwiegend praktische Gründe an; insbesondere befürchteten sie, durch die Verengung der Zugangsvoraussetzungen könnten bei Schwankungen der Bewerberzahlen Schwierigkeiten für die Bedarfsdeckung entstehen. Auch diese eher skeptischen Ausschussmitglieder jedoch betrachteten die Umwandlung der Pädagogischen Seminare in Hochschulen als positiv und sprachen wörtlich von einer »Heraufstufung zu Höheren Fachschulen« (Shimizu 2000: 181–184).

Darüber, was diese »Heraufstufung zu Höheren Fachschulen« tatsächlich bedeuten sollte, wurde allerdings erst im Unterausschuss zur Feinabstimmung Klarheit erzielt. Gemeint war nämlich keineswegs, wie Mikuniya Sanshirō, selbst Rektor eines Pädagogischen Seminars, in einem Redebeitrag am 7. Oktober 1938 anmerkte, die Pädagogischen Seminare unter das Gesetz über Höhere Fachschulen zu fassen und etwa als »Höhere Fachschulen für Erziehung« oder dergleichen neu zu gründen. Vielmehr sei die Wendung von der »Heraufstufung« analogisch zu verstehen und impliziere lediglich die Angleichung von Zugangsvoraussetzungen und Ausbildungsdauer an die Standards von Höheren Fachschulen. Mikuniyas Äußerungen wurden gestützt von Shimomura, der ebenfalls für »Pädagogische Hochschulen mit denselben Zugangsbedingungen wie Höhere Fachschulen nach dem Gesetz über Höhere Fachschulen, aber selbst nicht durch das Gesetz über Höhere Fachschulen

28 Zudem ist von Bedeutung, dass die Lehramtsausbildung nicht im Zusammenhang mit höherer Bildung diskutiert wurde, sondern schon institutionell separat in einem anderen Unterausschuss zur Feinabstimmung.

bestimmt,« eintrat (KS seiri 1970: IV: 7–8). Auch Gotō Fumio trat, ganz im Geiste der Reformpläne der Kyōiku Kenkyūkai bzw. Kyōiku Kaikaku Dōshikai von 1931 und 1937 (#9 und #10, s.o. S. 68) für eine Heraufstufung der Pädagogischen Seminare zu Höheren Fachschulen ein, die jedoch nicht im Wortsinne, sondern als Angleichung »im Geiste der Höheren Fachschule« zu verstehen sein sollte (KS seiri 1970: IV: 23).

Stoff für Auseinandersetzungen ideologischer Art bot die Diskussion über die Inhalte der Lehramtsausbildung (vgl. Shimizu 2000: 285–296). Hier waren im Unterausschuss zur Feinabstimmung auf der einen Seite die Verfechter der Verfachlichung der Inhalte im Sinne der Angleichung der Pädagogischen Seminare an Höhere Fachschulen auch auf inhaltlicher Ebene zu finden. Sie stritten zwar darüber, ob die fachliche Vertiefung im Studium konkret in der Gestalt eines festen Angebotes von Wahlkursen, etwa im Bereich Fremdsprachen, oder von individuellen Vertiefungsmöglichkeiten zu verwirklichen sei, waren sich aber einig, dass eine größere Verfachlichung, also eine Ausweitung desjenigen Anteils der Lehramtsausbildung, der die Fachinhalte vermittelt, Not tue (so Mikuniya, Gotō und Morioka Tsunezō). Ihnen recht klar gegenüber standen diejenigen, die eine stärkere Betonung der Fachausbildung für unnötig, wenn nicht kontraproduktiv, hielten und stattdessen Wert auf die Kultivierung eines besonderen Lehrergeistes legten. Letztere unterlegten ihre Redebeiträge nicht selten mit einer markanten patriotischen Rhetorik wie etwa Sasai Shintarō am 21. Oktober 1938: »Augenmerk der Lehramtsausbildung ist der Weg des Lehrers; es versteht sich von selbst, dass dieser Weg der kaiserliche Weg ist und die Fächer den Inhalt dieses Weges widerspiegeln müssen« (KS seiri 1970: IV: 189). Neben Sasai trat insbesondere Tanaka Hozumi gegen eine Verfachlichung der Lehramtsausbildung ein. Auch bei Tanaka findet sich zugleich mit der Überzeugung, das Fundament der Lehramtsausbildung müsse das »Ideal unserer Staatsform« *(kokutai kannen)* sein, was sich am direktesten im Fach Japanische Geschichte manifestiere, die Meinung, die Herausbildung von Lehrerpersönlichkeiten sei wichtiger als die Vermittlung einzelner Fächer (KS seiri 1970: IV: 202–203).

Da aber Äußerungen dieser Art, wie sie neben Sasai und Tanaka auch Kōsaka Masayasu tätigte, kaum Anhaltspunkte für konkrete Konsequenzen boten und eine genaue Vorgabe der Stundenzahl für einzelne Fächer auch nicht Absicht der Beratungen war, fand diese ultranationalistische Haltung auch keinen direkten Eingang in den Anhang des Beratungsergebnisses, der die zukünftige Fächerliste für die Pädagogischen Seminare festlegte. Diese zeigt im Vergleich zur seit 1931 gültigen (vgl. oben 2.3.3) am ehesten den Einfluss beider Seiten: Mit der Einführung des Faches Psychologie setzten sich die Verfechter der Verfachlichung durch, mit der Etablierung der neuen Fächergruppe »Volkskunde« *(kokuminka)*, worunter Ethik, Staatsbürgerkunde, Philosophie, Japanisch und Geschichte/Geographie fielen, diejenigen, die eine Stärkung des »japanischen Geistes« in der Lehramtsausbildung forderten (Shimizu 2000: 372).

Die Frage der zukünftigen Trägerschaft der Pädagogischen Hochschulen war am Rande Gegenstand der Diskussion im Unterausschuss zur Feinabstimmung. Sie kam erstmals im Zusammenhang mit der Überführung der Pädagogischen Seminare für Jugendschullehrer in Hochschulen zur Sprache. Die Einführung einer verpflichtenden Jugendschule für alle Japanerinnen und Japaner, die keine andere Schule der Mittelstufe besuchten (s.o. 4.1), kann als das zentrale Reformprojekt des Erziehungsrates für die Sekundarstufe bezeichnet werden. Entsprechend wichtig war es für das Gremium, auch für eine angemessene Ausbildung der Lehrenden an dieser neuen Schulform Sorge zu tragen. Insbesondere Shimomura Juichi machte sich für organisatorisch unabhängige, vom Nationalstaat getragene Ausbildungsstätten für Jugendschullehrer stark: Schließlich seien die übrigen Hochschulen zur Ausbildung von Lehrenden für die Sekundarstufe ebenfalls in zentraler staatlicher Trägerschaft (KS seiri 1970: I: 129).

Umstritten war in der Diskussion bereits die Eigenständigkeit der Pädagogischen Hochschulen für Jugendschullehrer; andere Mitglieder des Erziehungsrates wollten diese entweder an die Pädagogischen Hochschulen oder an zur beruflichen Ausrichtung passende Höhere Fachschulen angliedern. Die Frage der Trägerschaft war somit im Falle der Pädagogischen Hochschulen für Jugendschullehrer nur sekundär. Man einigte sich jedoch im Unterausschuss zur Feinabstimmung nach einer Besprechungspause, deren Inhalt nicht im Protokoll festgehalten wurde, darauf, die Pädagogischen Hochschulen für Jugendschullehrer sollten »allmählich in Eigenständigkeit überführt« werden und solche für die Fachbereiche Handel, Industrie und Fischerei müssten »die Aussicht haben, zentrale staatliche Einrichtungen zu werden« (KS seiri 1970: I: 142). Shimomura war es auch, der das Thema Trägerschaft bei den Beratungen zu den allgemeinen Pädagogischen Hochschulen anschnitt. Die Pädagogischen Seminare sollten nicht mehr allein für den Bedarf ihrer jeweiligen Präfektur Lehrerinnen und Lehrer ausbilden, sondern es sollte zusätzlich landesweit einige zentrale staatliche Pädagogische Hochschulen geben, die jeweils größere Gebiete bedienten bzw. prinzipiell landesweit für Lehrernachwuchs sorgten (KS seiri 1970: IV: 12). Zumindest sollte der Staat die Studiengebührenfreiheit für Studentinnen und Studenten auch der präfekturalen Pädagogischen Seminare sichern. Diesem Punkt konnten auch die sonst wenig zu grundsätzlichen Änderungen bereiten Mitglieder Tanaka und Hayashi zustimmen (KS seiri 1970: IV: 50–51).

Zu einem späteren Zeitpunkt sprach sich auch Mikuniya für eine zentralstaatliche Trägerschaft der Pädagogischen Hochschulen aus. Er ging hierin sogar noch weiter als Shimomura, indem er dies nämlich für alle Pädagogischen Hochschulen, nicht nur für einen Teil, forderte. Seine Begründung lautete wie folgt:

> Dass, wie gegenwärtig der Fall, sämtliche Probleme der Pädagogischen Seminare der freien Entscheidung durch die Gouverneure der Präfekturen überlassen sind, muss man wohl einmal überdenken. Ob es, um es konkret zu benennen, um die Zahl der Klassen pro Jahrgangsstufe geht, um Einrichtung oder Abschaffung der dem Pädagogischen Seminar angegliederten Grundschulen oder um alle möglichen anderen Fälle bis hin zu Zulassungsprüfungen: die Rektoren sind äußerstem Druck von Seiten der Autorität der Gouverneure ausgesetzt. [...] Dass die Gouverneure frei über solche schwerwiegenden Probleme bestimmen, übt einen äußerst großen Einfluss auf die nationale Erziehung aus, [...] und ich glaube, bezüglich des Inhaltes der Lehramtsausbildung besteht die Notwendigkeit, etwas mehr nationale Kontrolle auszuüben (KS seiri 1970: IV: 292).

Ähnlich wie schon in der Reformdiskussion der 1920er und 1930er Jahre (s.o. 2.3.3) blieb die Äußerung solcher Positionen aber selten, weshalb sie auch keine Aufnahme in das Beratungsergebnis fanden.

Bildungsmöglichkeiten für Frauen

Der Erziehungsrat folgte der Mehrheit der Reformpläne der vorangegangenen Dekade, als er am 14. September 1939 beschloss, alle Schulformen der Sekundarstufe, also auch die Höhere Mädchenschule, unter dem Begriff »Mittelschule« zusammenzufassen (MKC 1942: 26). Innerhalb dieser jedoch sollte es für Mädchen eigene »Mädchen-Mittelschulen« geben. Zwar sollten die grundsätzlichen Regelungen für alle Typen von Mittelschulen gelten, darunter auch damals nicht für beide Geschlechter selbstverständliche Punkte wie die Betonung des Sportunterrichts, doch zugleich hieß es am Schluss der Aufzählung der grundsätzlichen Charakteristika der neuen Mittelschulen: »Bei Mädchen [soll Schwergewicht gelegt werden] auf Kultivierung von Mütterlichkeit und Aufzucht von Gattinnentugend *(bosei no son'yō, futoku no kan'yō)*« (MKC 1942: 28). Daraus ergaben sich auch erhebliche Unterschiede bei der konkreten Festlegung der jeweiligen Unterrichtsinhalte (MKC 1942: 30–33). Vorangegangen war im entsprechenden Unterausschuss eine Diskussion, in der die Koedukation in der Sekundarstufe zu keinem Zeitpunkt in Erwägung gezogen worden war; zur Diskussion hatte lediglich die Gewichtung zwischen »normalen« und »frauenspezifischen« Fächern gestanden (Hashimoto 1992: 244).

Auch bei den Beratungen zur Oberschule stand die Position im Raum, solche Einrichtungen für Frauen sollten eher Allgemeinbildung für Hausfrauen fördern denn der Vorbereitung eines Universitätsbesuchs dienen. Die Einrichtung von Oberschulen für Frauen an sich hingegen war kaum umstritten. Ein erstes Plädoyer dafür hielt bereits im April 1938 in der Vollversammlung Yoshioka Yayoi, das einzige weibliche Mitglied des Erziehungsrates, die sich wünschte, »dass als allererstes so schnell wie möglich Oberschulen für Frauen anerkannt« werden (KS sōkai 1971: III: 146). Im Unterausschuss zur Feinabstimmung fand die Diskussion über postsekundäre Bildungsmöglichkeiten für Frauen dann zunächst entlang der Linie Oberschule vs. Oberkurs an Höheren Mädchenschulen statt. Insbesondere Matsuura Shigejirō trat gegen eigenständige Oberschulen und für Oberkurse an bestehenden Höheren Mädchenschulen (also künftigen Mittelschulen für Mädchen) zur Vorbereitung auf die Universität ein:

> Meines Erachtens sollte der Staat Frauen, die eine Universitätsbildung erhalten wollen, nicht so sehr ermutigen, weil dies nur einige wenige Besondere betrifft. Deshalb sollte man sie auch nicht dadurch ermutigen, dass man eigens eigenständige Frauen-Oberschulen vorhält (KS seiri 1970: VII: 241).

Mit dieser Meinung war Matsuura allerdings deutlich in der Minderheit. Fast alle anderen Mitglieder des Unterausschusses, die sich zu dem Thema zu Wort meldeten, traten für Oberschulen für Frauen ein, so Satō Kanji (KS seiri 1970: VII: 231), Tadokoro Yoshiharu (KS seiri 1970: VII: 240), Sakurai Kenzō (KS seiri 1970: VII: 242), Nishimura Fusatarō (KS seiri 1970: VIII: 192) und Tanaka Hozumi (KS seiri 1970: VIII: 195). Die Begründung von Sakurai, Rektor der kommunalen Höheren Mädchenschule in Tokyo, war exemplarisch für die Haltung der Befürworter der Oberschule: Zum einen sei nur auf einer eigenständigen Oberschule, die landesweit Bewerberinnen anziehe, das für eine Oberschule nötige Niveau zu erreichen, zum anderen gebiete die gewünschte Vereinheitlichung des Systems die Gleichbehandlung von Frauen mit Männern an dieser Stelle (KS seiri 1970: VIII: 178). Zugleich wies er sofort darauf hin, dass diese Gleichbehandlung nicht für die Inhalte gelten sollte: »Bei den Inhalten der Fächer wird es, weil es sich um Frauen handelt, natürlich Unterschiede geben, doch beim Verlauf der Schultypen will ich nicht unüberlegt hier und dort unnötig nach Männern und Frauen diskriminieren« (KS seiri 1970: VIII: 179). Eine Einzelmeinung vertrat Tajiri Tsuneo, der mehrfach äußerte, als Übergangsinstitution von der Mittelschule zu neu zu gründenden Frauenuniversitäten reichten die Höheren Fachschulen (KS seiri 1970: VII: 186; KS seiri 1970: VIII: 189, 191).

Im Juni 1939 beschloss der Unterausschuss nach einer Besprechungspause, deren Inhalt nicht im Protokoll festgehalten wurde, dreijährige Frauen-Oberschulen zuzulassen, also ein den Männern strukturell völlig gleichgestelltes System zu errichten. Damit ging der Unterausschuss zur Feinabstimmung über die zuvor im Sonderausschuss erzielte allgemeine Einigung über die Oberschulen hinaus, welche Oberschulen weiterhin nur für Männer vorsah (vgl. KS seiri 1970: IX: 192). Freilich stellte sich keines der Mitglieder des Unterausschusses ein quantitativ so umfassendes System von Frauen-Oberschulen vor, wie es bei Oberschulen für Männer existierte; Sakurai dürfte, als er im Juli 1939 als Städte für zu errichtende Frauen-Oberschulen Tokyo (mit zwei Schulen) sowie Nagoya, Kyoto, Ōsaka, Kōbe, Okayama und Kumamoto nannte (KS seiri 1970: IX: 300), bereits weit über die Vorstellungen seiner Kollegen hinausgegangen sein. Überdies wurde die Idee, dass Frauen die bestehenden Oberschulen für Männer besuchen könnten, zu keinem Zeitpunkt geäußert. Dies lässt sich zum einen auf die häufig geäußerte Befürchtung zurückführen, das Niveau der Absolventinnen der Höheren Mädchenschulen sei nicht kompatibel mit denen der Oberschulen (Hashimoto 1992: 247).

Wichtiger dürfte jedoch die nahezu einhellig verbreitete Überzeugung gewesen sein, dass (auch höhere) Bildung für Frauen wesenhaft etwas andere bedeute als solche für Männer. Eine solche essenzialistische Haltung verwundert nicht bei denjenigen Mitgliedern wie Matsuura oder Tajiri, die ohnehin gegen Oberschulen für Frauen votierten. So erklärte Tajiri etwa in seiner Begründung zur Ablehnung von Oberschulen für Frauen:

> Die Hälfte des japanischen Volkes besteht aus Frauen. […] Man muss also das Bildungsniveau der Hälfte des Volkes erhöhen, wenn man die japanische Kultur erhöhen will. […] Frauen unterscheiden sich jedoch von Männern und haben ein Wesen als Frauen, eine andere »Funktion«. Als so genannte Hausfrauen sind nur Frauen, um ein altes Wort zu benutzen, »gute Gattin und weise Mutter«, und es gibt nur bei Frauen die Kultivierung von so genannter Gattinnentugend. Das ist ihre Besonderheit und ihr Vorteil. […] Nun war die Rede davon, bei Mädchenschulen reiche, mit Mittelschulen [für Männer] verglichen, die so genannte höhere Normalbildung nicht aus – das ist selbstverständlich und es ist sinnlos, blindlings diese angleichen zu wollen. Weil es Fächer gibt, deren Kenntnis für Frauen unabdingbar ist, wie Haushaltswissenschaft oder Nähen, kann man nichts daran machen, dass die Normalbildung mit den Männern verglichen zurücksteht (KS seiri 1970: VII: 184–5).

Doch auch die Befürworterinnen und Befürworter von Oberschulen für Frauen beeilten sich, in diesem Punkt Tajiri zuzustimmen. So sah Sakurai Haushaltswissenschaft als festen Bestandteil des Oberschul-Curriculums vor (KS seiri 1970: VIII: 178) und Tadokoro betonte, in den Oberschulen für Frauen müssten »von Anfang bis Ende die Kultivierung von Gattinnentugend und Haushaltswissenschaft berücksichtigt werden« (KS seiri 1970: VIII: 182). Auch Tanaka Hozumi, der es für »selbstverständlich« hielt, »Männer und Frauen vom System her gleich zu behandeln« (KS seiri 1970: VII: 194), äußerte im selben Redebeitrag,

Ziel sei es, »ausgezeichnete Hausfrauen zu schaffen, wozu die Höheren Mädchenschulen alleine nicht ausreichen« (KS seiri 1970: VII: 195).

Das Beratungsergebnis des Erziehungsrates vom September 1939 enthielt schließlich zunächst eine Formulierung, derzufolge Oberschulen (wie zuvor) nur für Männer eingerichtet würden. Der letzte Absatz jedoch beschrieb die Ausnahme von der Regel: »Was Frauen anbelangt, so wird ein System von Frauenoberschulen zugestanden; deren Inhalt usw. soll im Großen und Ganzen den Oberschulen für Männer entsprechen« (MKC 1942: 35).

Mit diesen Beratungsergebnissen im Hintergrund kam am 26. Januar 1940 der für Hochschulfragen konstituierte Unterausschuss zur Feinabstimmung zusammen, um die Frage des Zugangs von Frauen zu Universitäten zu diskutieren. Shimomura Juichi, Rektor des Höheren Lehrerinnenseminars Tokyo, hielt zunächst ein Plädoyer für die grundsätzliche Zulassung von Frauen zu Universitäten:

> Wir sind in einer Situation, in der unter der Generalmobilmachung der Bevölkerung besonders die Notwendigkeit größer wird, dass Frauen und Männer zusammenarbeiten, die Kultur unseres Landes erhöhen und die reale Leistung unseres Landes steigern. Da ist es doch selbstverständlich, dass Frauen das Tor zum Zugang zu den Universitäten geöffnet werden muss (KS seiri 1970: XII: 200).

Shimomura machte jedoch sogleich klar, dass es ihm nicht etwa, wie seine Rhetorik nahelegte, darum gehe, Frauen tatsächlich zu den bestehenden Universitäten zuzulassen. Er lehnte Koedukation vielmehr strikt ab und bestand darauf, dass Frauen ausschließlich zu eigenständigen Einrichtungen zugelassen werden sollten. Ursächlich für diese Meinung war, wie im Falle der Oberschulen, eine von Universitäten für Männer abweichende Zielsetzung: »Ich glaube, an Universitäten für Frauen muss man bis zuletzt betonen, dass Kraft aufgewandt werden muss für die Förderung von Gattinnentugend« (KS seiri 1970: XII: 201–202). Diese besondere Zielsetzung solle auch klar in einem neuen Gesetzestext zu Universitäten ihren Niederschlag finden; ebenso wie die von ihm gewünschte Schwerpunktsetzung von Frauenuniversitäten auf das Fach Haushaltskunde in Form von eigenständigen Fakultäten für Haushaltswissenschaft:

> Vom heutigen Bildungsniveau oder Kulturniveau der Frauen in unserem Land aus betrachtet, halte ich es nicht für nötig, alle Fakultäten [an Frauenuniversitäten] anzubieten. Na ja, etwa Literatur, Naturwissenschaften und Medizin sowie die Frauen eigene Haushaltswissenschaft sollten reichen, denke ich (KS seiri 1970: XII: 205).

Die zahlreichen weiteren Wortmeldungen im Verlaufe der Ausschusssitzung richteten sich ausnahmslos gegen Shimomuras Position. So äußerte Hiraga Yuzuru Unverständnis, wie Shimomuras lebhaftes Plädoyer für die Ausweitung der Partizipation von Frauen am tertiären Bildungssystem in Einklang zu bringen sei mit seiner Betonung des *ryōsai-kenbo*-Prinzips. Hozumi Shigetō wurde noch deutlicher, als er sagte: »Ich denke, auch unter Frauen gibt es andere als gute Gattinnen und weise Mütter, die als nützliche Talente für die Nation arbeiten. [...] Die grundsätzliche Denkweise hier ist die von der Chancengleichheit in der Erziehung« (KS seiri 1970: XII: 212).

Bemerkenswert ist bei den Wortmeldungen sowohl Shimomuras als auch der gegen ihn Argumentierenden, dass die Ausweitung der Teilhabe von Frauen an höherer Bildung mit ihrer Nützlichkeit für den Staat oder für die Gesellschaft begründet wurde. Tadokoro Yoshiharu hatte schon in der Vollversammlung die Ablehnung des Sonderausschusses für Erziehung 20 Jahre zuvor, Frauenuniversitäten einzurichten, resümiert und seine Grundhaltung dazu mit folgenden Worten erläutert: »Wir akzeptieren, dass [Frauen] unter den heutigen Umständen der Nation einen sehr großen Beitrag leisten können, [...] weswegen man jetzt darüber nachdenken muss, ihnen ein wenig den Zugang zu öffnen« (KS sōkai 1971: III: 189). Eine wichtige Rolle spielte der Aspekt der Nützlichkeit für den Staat auch bei Diskussionen darüber, wieviel Berufsausbildung Frauen erhalten dürfen sollten. Gotō Fumio fasst diese Diskussion im Juni 1940 mit folgenden Worten zusammen:

> Ich glaube, das wurde seit den Beratungen über die Mittelstufe ausgiebig diskutiert, nämlich die Fragen, wie die Nation die japanischen Frauen überhaupt erziehen sollte, wie man die nationale Aufgabe der Frauen fassen sollte. Wir wollten, dass Frauen hauptsächlich die ihnen als Frauen zukommenden Aufgaben übernehmen, aber weil es wohl auch unter Frauen solche Menschen gibt, die einen Fachberuf ergreifen und wie Männer einen Beruf wirksam ausüben können, sprachen wir davon, in diesem Sinne Oberschulen und Höhere Fachschulen für Frauen zulassen zu können (KS seiri 1970: XIV: 261).

Auch in der abschließenden Diskussion des Unterausschusses über Frauenuniversitäten im Januar 1940 fehlte es nicht an Äußerungen, die Shimomura zustimmten und bei der grundsätzlichen Definition der Rolle der Frau in der Gesellschaft inhaltlich mit ihm konform gingen; die Mehrheitsmeinung hielt es allerdings für unangemessen, diese wie bei den niederen Schulstufen im Rahmen eines Gesetzestextes übermäßig zu betonen und vertrat, dass ein einfaches Auslassen aller Schranken implizierenden Formulierungen die eleganteste Lösung darstelle.

Ausdrücklich war über Koedukation im Vorfeld kaum gesprochen worden. Yoshioka Yayoi, deren Befürwortung separater höherer Bildungseinrichtungen für Frauen in den 1930er Jahren bekannt war (s.o. 2.3.4), versicherte in ihrem Plädoyer vor der Vollversammlung für die Erlaubnis, Frauenuniversitäten einzurichten, sie könne der Öffnung von bestehenden Universitäten auch für Frauen nicht zustimmen, denn »die schädlichen Folgen der Koedukation sind wirklich zahlreich« (KS sōkai 1971: III: 146). Weitere Aussagen zur Koedukation im Erziehungsrat bezogen sich auf die Mittelschule. Der Vorsitzende des Unterausschusses zur Feinabstimmung, Hayashi Hirotarō, führte ausländische wissenschaftliche Meinungen (nämlich des deutschen Psychologen Hans Henning und der US-amerikanischen Pädagogin Helen Keller) an, um die Möglichkeit des Erfolges von Koedukation nachzuweisen. Demnach gebe es zahlreiche Belege dafür, dass Mädchen genauso gut oder besser als Jungen in der Schule sein könnten. »In der Realität«, so jedoch Hayashi weiter, »und besonders, wenn man es von den Anforderungen der heutigen japanischen Gesellschaft her bedenkt, bzw., wenn man die familiären Zustände bedenkt, müssen Theorie und Praxis in Japan sehr weit auseinanderliegen«, weswegen in Japan Koedukation nicht in Frage komme (KS seiri 1970: VII: 221–222).

In seiner Sitzung am 26. Januar 1940 folgte der Unterausschuss zur Feinabstimmung aber seiner Linie, Formulierungen anzustreben, die keine ausdrücklichen Schranken errichteten und hielt folgende Punkte informell als Konsens fest:

> 1. Die Errichtung von Universitäten für Frauen soll unter dem gegenwärtigen Universitätsgesetz erlaubt sein. 2. In Frauenuniversitäten kann ein Fach mit Bezug zu Haushaltskunde eingerichtet werden. 3. In der Universitätserziehung soll auch die Koedukation von Männern und Frauen erlaubt sein. 4. Mittelschullehrerinnen sollen grundsätzlich aus der Mitte der Absol-

ventinnen von Frauenuniversitäten eingestellt werden; für eine Übergangszeit soll ein Ausbildungsinstitut auf Niveau der Höheren Fachschule bestehen bleiben (KS seiri 1970: XII: 222).

Nachdem der im Unterausschusses zur Feinabstimmung gefundene Konsens Sonderausschuss und Vollversammlung durchlaufen hatte, hieß es im Vorwort des endgültigen Beratungsergebnisses des Erziehungsrates zum Hochschulwesen vom 19. September 1940 schließlich: »[...] dem Fortschritt der Zeit entsprechend planen wir die Erweiterung nötiger Fakultäten, Fächer usw. und gestehen zugleich die Einrichtung von Frauenuniversitäten zu [...]« (MKC 1942: 37). Weiterhin wurde unter »Universitäten« festgehalten: »Der Weg soll eröffnet werden, Frauenuniversitäten nach dem Universitätsgesetz zu errichten und Frauen Universitätsbildung zukommen zu lassen. An Frauenuniversitäten kann Haushaltswissenschaft als Fach eingerichtet werden« (MKC 1942: 41). Die ausdrückliche Erwähnung der Haushaltswissenschaft muss man vor dem Hintergrund der vorangegangenen Beratungen nicht unbedingt als Betonung des Unterschiedes zu regulären Universitäten werten, sondern kann sie auch so interpretieren, dass mit der Zulassung der Haushaltswissenschaft lediglich als Fach (im Gegensatz zu Fakultät) die Möglichkeit verbaut wurde, Frauenuniversitäten mit einer einzigen Fakultät für Haushaltswissenschaft einzurichten, wie es etwa Shimomura befürwortet hätte (Yoneda 2000: 533).

Der Hauptunterschied zwischen dem Beratungsstand im Unterausschuss und dem endgültigen Beratungsergebnis im Erziehungsrat ist der Wegfall des Passus, der ausdrücklich Koedukation vorsah. Die Bildungshistorikerin Hashimoto Noriko erkennt darin eine sich durch alle Bildungsstufen durchziehende prinzipielle Ablehnung der Koedukation, deren Hintergrund ein Bildungsideal gewesen sei, das zur Aufrechterhaltung der geschlechtlich getrennten Arbeitsweise Frauen auf Dauer auf niedrigerem Bildungsniveau halten wollte (Hashimoto 1992: 250–252). Dagegen vertritt der Bildungshistoriker Yoneda Toshihiko, es habe sich bei dem Wegfall der in Frage stehenden Passage lediglich um eine Formulierungsfrage gehandelt (Yoneda 2000: 546), was angesichts der im Unterausschuss dominanten Neigung, die Erlaubnis nicht ausdrücklich im Gesetzestext zu erwähnen, plausibel erscheint. Die von Hashimoto implizierte Ausschließlichkeit der von ihr geschilderten hegemonialen Position scheint überdies durch die zahlreichen Befürworter von Koedukation auf verschiedenen Schulstufen, die im Reformdiskurs der 1930er Jahre nachgewiesen werden konnten, in Frage gestellt. Derselbe Diskussionshintergrund erlaubt auch, die Schlussfolgerung von Takahashi Mieko, das Beratungsergebnis des Erziehungsrates sei nichts anderes gewesen als die »Forderung, die ›Besonderheiten von Frauen‹ für den ›totalen Krieg‹ nutzbar zu machen« (Takahashi 2001: 110), als verkürzt abzulehnen.

Zum einen gab es, wie oben etwa im Zitat von Gotō Fumio anklang, durchaus die Position, Frauen sowohl jenseits ihrer Rolle als Mutter oder Gattin als auch ihres direkten Nutzens für den Staat eine berufliche Karriere zuzugestehen. Zum anderen waren es, selbst wenn dann diese berufliche Karriere vorrangig im Dienste der Nation gesehen wurde, eben nicht die »Besonderheiten von Frauen«, die hier in den Dienst des Staates gestellt wurden, sondern die gleichberechtigte berufliche Leistung von Frauen, die hinter der von Männern nicht zurückstand. Schließlich ist auch die Verkürzung der »nationalen Aufgabe« auf die Nutzbarmachung allein für den Krieg nicht plausibel, weil es dieselben Positionen schließlich schon vor Beginn des »totalen Krieges«, unter dessen Umständen der Erziehungsrat tagte, gab, wie die Analyse der Reformdiskussion der 1920er und 1930er Jahre (s.o. 2.3.4) zeigte. Die Gleichzeitigkeit des Willens, strukturell Frauen mit Männern im Bildungswesen gleichzustellen, mit der Beharrung auf traditionellen Besonderheiten der Rolle der Frau in der Gesellschaft muss vielmehr einerseits im Zusammenhang der gesamten Diskussion über Bildungsreform gesehen werden (s. dazu die Diskussion über den Topos »Chancengleichheit« unten in 6.1), andererseits auch in seiner Kontinuität bis in die Nachkriegszeit, in welcher der Kontext des Krieges keine Rolle mehr spielte, ähnliche Vorstellungen aber dennoch fortlebten.

Verwaltungsreform und Dezentralisierung

Anders als in der Reformdiskussion der 1920er und 1930er Jahre spielten im Erziehungsrat Fragen der Verwaltungsreform eine gewichtige Rolle. Der Unterausschuss zur Feinabstimmung traf sich ganz zu Ende der Beratungen zwischen Juni und September 1941 15 Mal, um über »Erziehungsverwaltung und -finanzierung« zu diskutieren. Die Reichweite der vorgeschlagenen Reformen war jedoch stark beschränkt, zielten diese doch zumeist auf eine geänderte Aufgabenverteilung oder einen neuen Zuschnitt der Abteilungen innerhalb des Kultusministeriums.

So es nicht lediglich um solche Detailfragen ging, war, wie schon in der Reformdiskussion, die relativ schwache Stellung des Kultusministeriums ein wichtiges Thema. Tanaka Hozumi ging im Sonderausschuss im Juni 1941 sogar so weit zu äußern, »die Schwäche des Kontroll- und Führungsorgans [d.h. des Kultusministeriums] bedarf nicht der Erörterung, und man geht nicht falsch zu sagen, es ist äußerst unvollkommen« (KS toku 1970: XIV: 27). Uehara Taneyoshi sah die Wurzel des Übels darin, dass das Kultusministerium im Vergleich zu anderen Ministerien viel zu klein sei (KS seiri 1971: XX: 2), doch richtete sich das Hauptaugenmerk der Diskussion auf das Verhältnis des Kultusministeriums zu den Bildungseinrichtungen vor Ort. Hier lautete ein beliebter Topos, lokale Beamte hätten kein Verständnis für Fragen von Erziehung und Bildung. Sie dächten nur an die Vor- und Nachteile für ihren Ort oder ihre Region, so dass eine nationale, zentralstaatliche Kontrolle nicht durchsetzbar sei, so etwa Mikuniya Sanshirō (KS seiri 1971: XXI: 7–9, 16).

Ein Mittel zur Abhilfe, das diskutiert wurde, war das sog. Blockmodell. Dieses sah die Aufteilung des Landes in etwa acht große »Blöcke« *(burokku)* vor, die sich jeweils aus mehreren Präfekturen zusammensetzen sollten. So könne man den lokalen oder regionalen Egoismus überwinden und dem Kultusministerium einen direkteren Zugriff auf die nur wenigen, jeweils für größere Gebiete zuständigen Beamten der Mittelebene gewähren. Die Block-Idee ging indirekt zurück auf die acht »Universitätsdistrikte« *(daigakku)* des ersten großen Erziehungserlasses aus dem Jahre 1872. In jedem dieser acht geographischen Gebiete sollte je eine Kaiserliche Universität errichtet werden, ein Ziel, das, obgleich die gesetzliche Vorgabe aus der frühen Meiji-Zeit seit 1879 außer Kraft war, mit der Errichtung der siebten Kaiserlichen Universität in Nagoya 1939 nahezu erreicht war (die Kaiserlichen Universitäten Ōsaka und Kyoto befanden sich freilich in ein und demselben der ursprünglich vorgesehenen Universitätsdistrikte). Die Neugründung der Universität in Nagoya (also außerhalb der Regionen Tokyo und Osaka-Kyoto, in denen sich bestehende Bildungseinrichtungen konzentrierten), gab dem Block-Gedanken in den 1930er Jahren neuen Auftrieb (vgl. Fujiwara 1981: 444–446), und in der Tat verknüpfte auch Shimomura Juichi im Erziehungsrat die Block-Idee für die Verwaltung mit den Kaiserlichen Universitäten: Die Verwaltung der regionalen Schulen sollte der jeweiligen in dieser Region gelegenen Kaiserlichen Universität überlassen werden (KS seiri 1971: XX: 26).

Im Gegensatz zu dem Vorschlag von Uehara, der Kultusminister sollte nicht bei jedem Kabinettswechsel neu bestimmt, sondern direkt vom Tenno für lange Zeit benannt werden – was Uehara freilich selbst als unrealistisch bezeichnete – (KS seiri 1971: XX: 16), fanden die Überlegungen zum Block-Modell Eingang in das Beratungsergebnis vom Oktober 1941. Dies galt auch für ein weiteres von vielen Mitgliedern geäußertes Anliegen: die Verstetigung eines Gremiums wie des Erziehungsrates. In diesem Sinne äußerte sich bereits am 4. Juni 1941 im Sonderausschuss Shimomura Juichi (KS toku 1970: XIV: 28–29), und in der Sitzung des Unterausschusses zur Feinabstimmung vom 20. Juni 1941 stimmten ihm Uehara, Hiraga Yuzuru und Hayashi Hirotarō zu (KS seiri 1971: XX: 16, 47, 49). Tanaka Hozumi jedoch meinte, solche Gremien seien eher ineffektiv (KS seiri 1971: XX: 53), und Gotō Fumio wies darauf hin, dass ein Gremium, das zur Lösung akuter Probleme geschaffen wurde, notwendig temporären Charakter trage und daher dessen unbefristete Fortführung unlogisch sei (KS seiri 1971: XX: 54). So kam man rasch überein, dass der Erziehungsrat selbst nicht fortgeführt werden sollte; ein ähnliches Gremium zu schaffen blieb jedoch der Wunsch der Mehrheit. In der Empfehlung an die Regierung blieb davon noch die vage Aussage: »Es soll eine Organisation eingerichtet und gestärkt werden, die mit der Erneuerung des auf den Grundprinzipien unserer Staatsform basierenden Unterrichtswesens und mit der Planung und Untersuchung der Grundlagen der Kulturpolitik befasst wird« (Monbusho 1972a: II: 256).

Die einzelnen Aufgaben einer solchen Organisation blieben genauso unbestimmt wie Details zur Durchführung des Block-Systems zur Stärkung des Zugriffs der zentralen Verwaltung auf die einzelnen Bildungseinrichtungen. Selbst die Anzahl und Größe der vorgesehenen »Bildungsdistrikte« blieb in der Empfehlung an die Regierung, die sich ansonsten auf Detailempfehlungen zur Verbesserung der Effizienz der Arbeit des Kultusministeriums beschränkte, unbestimmt.

4.3 Fazit

Der Erziehungsrat entwickelte eine von der Mehrzahl seiner Mitglieder nicht gewollte Eigendynamik, die letztlich dazu führte, dass fast keines der großen Reformvorhaben durch ihn Unterstützung fand. Dies lag zum einen daran, dass zu jedem einzelnen Unterthema eine starke Lobby von Befürwortern der Bewahrung des Status quo im Erziehungsrat saß, so dass dieselben Mitglieder, die insgesamt für tief greifende Reformmaßnahmen eintraten, solche in Bezug auf die von ihnen vertretene Institution zu verhindern suchten. Zum anderen sorgte die Reihenfolge der Beratungen dafür, dass die von so vielen zuvor vertretene Reduzierung des mehrgleisigen Systems auf drei klare Schulstufen (Grund-, Mittel-, Hoch-) nicht zustande kam. Schon vor den Beratungen zur Mittelschule hätte die Zukunft der Oberschule thematisiert werden müssen. Nachdem die bestehende Mittelschule im Wesentlichen bestätigt war, war auch die Abschaffung der Oberschule, deren Funktion der Vorbereitung auf die Universität ja durch eine neu gestaltete Mittelschule hätte übernommen werden müssen, sehr problematisch geworden. Nachdem auch das Wegfallen der Oberschule keine Option mehr war, bestand schließlich auch keine Möglichkeit mehr, Universität und Höhere Fachschule gleichzustellen, es sei denn, man hätte die Oberschule auch für die Höhere Fachschule obligatorisch gemacht, was aber in der Reformdiskussion niemand vorgeschlagen oder als realisierbare Option angesehen hatte.

So blieben die Empfehlungen des Erziehungsrates für den Hochschulbereich deutlich hinter der Reformdiskussion der 1920er und 1930er Jahre zurück. Dennoch konnte auch der Erziehungsrat zwei der Kernforderungen in seinen Empfehlungen an die Regierung unterbringen. Zum einen sollte die Lehramtsausbildung Hochschulcharakter erhalten, also der Zugang auf Absolventen der Mittelschule beschränkt werden und dieser Zweig der Ausbildung auf drei Jahre ausgebaut werden. Auch die zu den Inhalten der Lehramtsausbildung gemachten Vorschläge gingen teilweise in diese Richtung, was insbesondere im Verlangen nach Ausbau des Anteils der erziehungswissenschaftlichen Fächer seinen Ausdruck fand. Mit diesen Forderungen zur Lehramtsausbildung befand sich der Erziehungsrat klar im Mainstream der während der Reformdiskussion geäußerten Meinungen. Zum anderen sollten Frauen in der Sekundarstufe strukturell gleichgestellt werden (einheitliche Mittelschule), staatliche Oberschulen für Frauen errichtet werden und eine universitäre Bildung regelhaft ermöglicht werden. Bei allen oben genannten Einschränkungen, welche die Debatte im Erziehungsrat offenbarte, wäre hiermit ein wesentlicher Schritt zur völligen strukturellen Gleichstellung von Frau und Mann im japanischen Bildungswesen getan worden. Verglichen mit der Reformdiskussion der 1920er und 1930er Jahre repräsentierte der Erziehungsrat hiermit eine eher überdurchschnittliche Reformfreudigkeit, worin sich die personelle Zusammensetzung widerspiegelt. Zwar hatte es Beiträger zur Reformdiskussion gegeben, die noch weitergehen wollten, doch zahlreiche hätten bereits die Position des Erziehungsrates so nicht geteilt.

Nach der Einberufung des Erziehungsrates 1937 hatten die Kriegshandlungen Japans auf dem Festland nicht das erwartete rasche Ende gefunden, sondern sich im Gegenteil ausgeweitet. Bis zur Auflösung des Erziehungsrates im Mai 1942 hatte Japan überdies durch den Angriff auf die USA und die Länder Südostasiens den Krieg großflächig ausgeweitet. Diejenige Regierung, der vom Erziehungsrat dessen letzte Arbeitsergebnisse vorgelegt wurden, war nicht mehr von Konoe Fumimaro geleitet, sondern von General Tōjō Hideki, der einem reinen Kriegskabinett vorsaß. Unter diesen völlig veränderten Bedingungen war es ungewiss, wie selbst die abgemilderten Empfehlungen des Erziehungsrates aufgenommen würden und ob sie die Möglichkeit zur Umsetzung erhalten sollten.

5. Umsetzung und Nichtumsetzung von Reformen

Der Reformdiskurs der 1920er und 1930er Jahre umfasste, wie gezeigt, eine große Breite an Reformvorschlägen; in vielen Bereichen bestand jedoch eine große Übereinstimmung über gewünschte Änderungen. Einige dieser Punkte – Reform der Lehramtsausbildung, Öffnung des Universitätszugangs für Frauen – wurden auch im Erziehungsrat positiv aufgegriffen und der Regierung zur Umsetzung empfohlen. Im Folgenden wird es darum gehen, was mit diesen Vorschlägen tatsächlich geschah, also ob und wie Reformen bis 1945 umgesetzt wurden. Da dies in nur wenigen der angesprochenen Bereiche der Fall war, gilt besonderes Augenmerk der Frage, warum bestimmte Reformen nicht umgesetzt wurden.

Der bis 1941 tagende Erziehungsrat beriet in seinen letzten Jahren schon unter den Bedingungen des »totalen Krieges«. Dessen Auswirkungen auf den Entscheidungsprozess und den der Implementierung, bzw. die Verhinderung von Implementierung, soll abschließend für die Kernbereiche der Hochschulreform abgeschätzt werden.

5.1 Reform der Lehramtsausbildung 1943/44

Von den in den 1930er Jahren und im Erziehungsrat diskutierten Hochschulreformen gelangte bis 1945 lediglich die Lehramtsreform tatsächlich zur Umsetzung. Die Änderung des Gesetzes über Lehramtsausbildung *(Shihan kyōikurei)* und die Heraufstufung der Pädagogischen Seminare zu Pädagogischen Hochschulen 1943 und der Pädagogischen Seminare für Jugendschullehrer zu Pädagogischen Hochschulen für Jugendschullehrer 1944 war neben der Gründung zahlreicher Höherer Fachschulen um 1940 und der Gründung der Kaiserlichen Universitäten Nagoya und Ōsaka 1931 und 1939 die wichtigste hochschulpolitische Maßnahme der japanischen Regierung zwischen 1925 und 1945. Neben der Heraufstufung zu Hochschulen wurden die Pädagogischen Seminare 1943 ferner Gegenstand einer weiteren Reformmaßnahme, die zuvor nur wenig diskutiert worden war: Sie wurden, ebenso wie im Jahr darauf die Pädagogischen Seminare für Jugendschullehrer, von der Trägerschaft durch die Präfekturen in zentralstaatliche Trägerschaft überführt. Hatte bislang der jeweilige Gouverneur Entscheidungen gefällt, diese dem Kultusministerium mitgeteilt und sich von diesem bestätigen lassen, so erhielten nunmehr die Rektoren der Pädagogischen Hochschulen selbst Entscheidungsbefugnis und holten die Erlaubnis für einzelne Entscheidungen vom Ministerium ein (KKK 1974: V: 1362).

Um zu verstehen, unter welchen Bedingungen sich die Teilumsetzung der Reform der Lehramtsausbildung vor 1945 vollzog, muss man fragen, wie es zu der relativ unvermittelten Änderung kam, die Pädagogischen Seminare in staatliche Trägerschaft zu überführen, welche Rolle dabei die Lobbyarbeit der Pädagogischen Seminare selbst spielte und welche Auswirkungen die Gesetzesänderungen von 1943/44 auf die konkrete Praxis der Pädagogischen Seminare bzw. Pädagogischen Hochschulen hatten.

Lobbytätigkeit der Pädagogischen Seminare und Beschluss der Reform

Die Rektoren der Pädagogischen Seminare hatten sich bereits 1922 zu einem landesweiten Verband zusammengeschlossen. Im Laufe der 1930er Jahre beteiligten sie sich an der

Reformdebatte, teils durch eigene Reformpläne (#30), teils durch Mitwirken an solchen größerer Dachverbände (#29). Ein Mitglied des Verbandes, Mikuniya Sanshirō, von 1938 bis 1943 Rektor des Pädagogischen Seminars Aoyama in Tokyo, wurde 1937 Mitglied des Erziehungsrates. Mikuniya, der 1938 zum Direktor des Verbandes gewählt wurde, blieb bis zum Ende Mitglied im Erziehungsrat und konnte so die Verbandsposition dort maßgeblich einbringen.

Im Laufe des Jahres 1938 legte der Verband aufgrund der positiven Berichte Mikuniyas aus dem Erziehungsrat zunächst keine Aktivitäten an den Tag, denn die Hauptforderung des Verbandes, die Gleichstellung mit den Höheren Fachschulen, schien auch vom Erziehungsrat geteilt zu werden. 1939 änderte sich dies jedoch, da ein für den Verband wesentlicher Punkt in den im Dezember 1938 veröffentlichten Empfehlungen des Erziehungsrates fehlte: Die Pädagogischen Seminare sollten zwar mit Höheren Fachschulen gleichgestellt werden, doch ihre Trägerschaft bei den Präfekturen verbleiben (Yokohata 1978: 259). Der Verband hatte durchgängig eine Verstaatlichung der Lehramtsausbildung gefordert, so auch in dem konkreten Reformplan, an dessen Ausarbeitung und Veröffentlichung er 1936 beteiligt war. In dem vom »Verband zur Förderung der Verbesserung der Lehramtsausbildung« vorgelegten Plan blieb die Trägerschaft zwar freigestellt (Präfekturen oder Zentralregierung), die Löhne der Lehrenden sollten aber in jedem Falle aus dem nationalen Staatshaushalt kommen (#29, GKS 1937: 104). In diesem Sinne hatte sich auch Mikuniya im Erziehungsrat geäußert (vgl. oben 4.2).

Dennoch stellte der Verband 1939 die Forderung nach Verstaatlichung zunächst zurück, weil nun das Kultusministerium eine eher passive Einstellung der Heraufstufung zu Hochschulen gegenüber einnahm und es daher vordringlicher erschien, sich zunächst für die Umsetzung der in der Empfehlung des Erziehungsrates genannten Punkte einzusetzen als für darüber hinausgehende Ziele (Yokohata 1978: 259). Die Umsetzung der Empfehlungen des Erziehungsrates wurde 1939 und 1940 wegen des sich ausweitenden japanischen Krieges in China verschoben. 1940 stellte Kultusminister Matsuura die Umsetzung für 1941 in Aussicht. Nachdem sich abzeichnete, dass die Umsetzung 1940 erneut aus finanziellen Gründen scheitern würde, verstärkte der Verband der Rektoren der Pädagogischen Seminare seine Lobbytätigkeit und erreichte im Februar 1941 einen Zusammenschluss von Parlamentariern, die sich für die Lehramtsausbildung einsetzten. Nun stand neben der Gleichstellung mit Höheren Fachschulen auch wieder die Verstaatlichung auf der Agenda, wie ein im Juni 1941 in der Zeitschrift *Teikoku Kyōiku* veröffentlichter Reformplan der Alumnivereinigung der Bunri-Universität Hiroshima, Shōshikai, zeigte. In diesem Plan begrüßte die Shōshikai die mittlerweile zweieinhalb Jahre alten Aussagen des Erziehungsrates zur Lehramtsausbildung, bedauerte, dass diese immer noch nicht umgesetzt waren und forderte eine alsbaldige Entscheidung der Regierung. Zusätzlich verlangte er die Verstaatlichung, wenngleich er dafür keine gesonderte Begründung nannte (KNKSSH 1957: XVI: 220–221). Im Januar 1942 schließlich beschloss das Kabinett, zum April 1943 beide Forderungen zu erfüllen, was dann auch geschah (Beschluss im Wortlaut in: UDKGHI 1989: 147–148).

Welche Motive spielten die ausschlaggebende Rolle für die Durchsetzung der Verstaatlichung? Die Tōyō Bunka Gakkai hatte schon 1933 ausdrücklich die Übernahme der Pädagogischen Seminare in zentralstaatliche Verantwortung gefordert, damals noch mit der lapidaren Begründung: »Weil die Lehramtsausbildung der Grundstock der Erziehung ist, ist es selbstverständlich, dass der Staat selbst die Verantwortung dafür trägt« (#12, GKS 1937: 71). In den Argumentationen der Befürworter Anfang der 1940er Jahre war hingegen offenkundig, dass es der Wunsch nach inhaltlicher Kontrolle der künftigen Erzieherinnen und Erzieher der Jugend der Nation durch den Staat war, der die Überführung der Pädagogischen Seminare in zentralstaatliche Trägerschaft nötig zu machen schien. Während des »totalen Krieges« kam der Abwehr »schädlicher Gedanken« eine noch wichtigere Rolle zu als in den Diskussionen der 1920er und 1930er Jahre (s.u. 6.2). Zeigten sich in der Argumentation für andere Bestandteile der Reform (Heraufstufung des Zugangs, Verlängerung der Ausbildungsdauer, Reform der Inhalte) bis zuletzt aus Erziehungsanliegen selbst stammende Motive, so stimmten nach 1940 auch Erzieherinnen und Erzieher sowie Vertreterinnen und Vertreter der Schulen in die politische Argumentation ein, wenn es um die Verstaatlichung ging (Yokohata 1978: 262–263). Nicht auszuschließen ist freilich, dass hier eine zeitbedingt hegemoniale Rhetorik für bereits seit längerem verfochtene Inhalte dienstbar gemacht wurde. Die zur Entscheidung ausreichende politische Willensbildung konnte Anfang der 1940er Jahre aber wohl nur mithilfe von Argumentation zugunsten von staatlichen Kontrollen erreicht werden, wofür auch spricht, dass die neue Fassung des Gesetzes über Lehramtsausbildung vorsah, dass Unterrichtswerke für Pädagogische Hochschulen nunmehr durch das Kultusministerium verfasst werden sollten (NKDSHKH 1990: 483).

Umsetzung und Folgen der Reform

Im April 1943 wurden die 106 alten Pädagogischen Seminare für Frauen oder Männer neu gegliedert in 47 Pädagogische Hochschulen für Frauen und Männer (pro Präfektur eine) sowie neun weitere nur für Männer in denjenigen Präfekturen, in denen zuvor mehr als ein Pädagogisches Seminar für Männer bestanden hatte. Die Zusammenlegung bedeutete freilich nicht, dass die Abteilungen für Männer und Frauen nun räumlich gemeinsam untergebracht gewesen wären; die bestehenden Einrichtungen wurden vielmehr lediglich organisatorisch zusammengefasst und beispielsweise einem gemeinsamen Rektor unterstellt. Die zweite Abteilung mit der Zugangsmöglichkeit für Absolventinnen und Absolventen der Grundschulen war zwar formell abgeschafft, lebte aber de facto in der Gestalt des Vorbereitungskurses weiter: In diesen zweijährigen Kurs wurden Absolventen der achtjährigen Grundschule aufgenommen, die anschließend zusammen mit den Absolventen der Mittelschulen den dreijährigen Hauptkurs besuchten.

Die Gesamtstudierendenzahlen waren von dieser Reform weniger beeinflusst als von der Wiedereinführung der Gebührenfreiheit 1942 (vgl. oben 2.3.3). Sie stiegen seit dem Tiefpunkt 1935 von unter 30 000 bis 1944 auf fast 65 000 an, wobei der größte Sprung von 1942 (46 721) auf 1943 (62 701) zu verzeichnen war. Auch die Verteilung auf Hauptkurs und Vorbereitungskurs blieb zunächst unverändert mit etwa 20 000 Studierenden in den beiden Jahren des Vorbereitungskurses und etwa 30 000 in den drei Jahren des Hauptkurses (vgl. oben Diagramm 4, S. 48).

Größere Änderungen ergaben sich auf der Seite der Lehrenden, die nun staatliche Beamte wurden und zum Teil als Professoren den zweithöchsten Beamtenrang (*chokunin*; direkt vom Kaiser ernannt) innehatten und damit denselben Titel wie Universitätsprofessoren trugen. Alle Pädagogischen Hochschulen bis auf fünf bekamen neue Rektoren, welche direkt vom Kultusministerium eingesetzt wurden. Viele von ihnen waren Karrierebürokraten, die in Abständen von wenigen Jahren zwischen verschiedenen Hochschulen als Rektoren ausgewechselt wurden. Von den 1943 erstmals an die Pädagogischen Hochschulen berufenen waren immerhin 16 nicht zuvor Rektoren an Pädagogischen Seminaren gewesen (Yokohata 1978: 264). Nachdem ein Teil der Lehrenden nunmehr Professorenstatus hatte, schafften manche Pädagogischen Hochschulen auch zumindest rudimentäre Selbstverwaltungsstrukturen. So teilte die Pädagogische Hochschule Tochigi ihre bisherige Lehrerkonferenz in eine Lehrerversammlung und einen Senat auf. Letzterer hatte beratende Funktion in für die Hochschule wichtigen Belangen und sollte den Rektor in seiner Amtsausübung unterstützen. Die bereits an den Pädagogischen Seminaren bestehende starke Stellung des Rektors wurde dadurch aber kaum angetastet, konnte dieser doch bestimmen, welche Professoren er in den Senat berufen wollte (UDKGHI 1989: 155–156).

Neben der Änderung der Strukturen durch das Gesetz über Lehramtsausbildung legte die Verordnung über die Pädagogischen Seminare *(Shihan gakkō kitei)* vom April 1943 auch die Stundenpläne neu fest. Die Aufteilung der nunmehr 120 Semesterwochenstunden auf die Fächer ergibt sich aus Tabelle 8 (Spalten 1 und 2 sind zum Vergleich mit dem Ist- und Diskussionsstand der 1930er Jahre aufgeführt, vgl. oben Tabelle 6, S. 65). Demnach wurde im Vergleich zum Stand von 1931 die Verlängerung von zwei auf drei Jahre zur Ausweitung des Faches Turnen (einschließlich Wehrsportübungen) sowie zur Einführung des neuen Faches *shūren* genutzt. Dieses umfasste praktische Dienste außerhalb des eigentlichen Schulunterrichts wie etwa den Schulhof säubern, wurde aber bald auch zum Arbeitsdienst eingesetzt (s.o. S. 33–35). Anteilig auf etwa die Hälfte des Standes von 1931 nahm hingegen der Umfang der pädagogischen Fächer (hierunter fielen Erziehungswissenschaften, Psychologie und Hygiene) und des Wahlpflichtbereiches ab, in welchem zusätzlich zu einem verpflichtenden Fremdsprachenanteil auch Fächer zur Vertiefung belegt werden konnten, welche bereits Teil des regulären Unterrichts waren.

Eine weitere Änderung betraf die Vereinheitlichung des Lehrplans für Männer und Frauen. Hatten zuvor noch Unterschiede in der Stundenzahl in Fächern wie Japanisch (Männer 4, Frauen 6 Stunden) oder Turnen (Männer 6, Frauen 4 Stunden) bestanden, so war nun der Stundenplan für beide Geschlechter identisch. Einzige Ausnahme war das Fach Gewerbe (mit den Inhalten Handel, Agrarwissenschaft, Industrie oder Fischerei), das nur für Männer angeboten wurde. Die gleiche Stundenzahl hatten die Frauen stattdessen im Fach Haushalten zu belegen, das aus den Teilbereichen Haushalt, Kindererziehung, Textilwissenschaft und Gartenbau bestand (genaue Auflistung der Lehrinhalte in: Monbushō 1942: 107–128).

Mit den genannten inhaltlichen Änderungen blieb die Verordnung über die Pädagogischen Hochschulen von 1943 nicht nur hinter dem Diskussionsstand der 1930er Jahre zurück, sondern auch hinter der Mehrheitsmeinung im Erziehungsrat. Zwar wurden die inhaltlichen Fächer (Japanisch, Geschichte und Geographie, Mathematik und Naturwissenschaften) anteilig der erhöhten Gesamtstundenzahl angepasst, absolut also im Sinne der im Erziehungsrat mehrheitlich geforderten Verfachlichung erhöht. Zur Verwissenschaftlichung im Sinne eines Hinausreichens über die direkte Nützlichkeit des Unterrichts an der Pädagogischen Hochschule für die spätere Schulpraxis kann man auch rechnen, dass nunmehr Fremdsprachen, die an den zukünftigen Arbeitsstätten der Grundschullehrer nicht als Fach existierten, im Wahlbereich verpflichtend waren. Es wäre jedoch kaum im Sinne der Mitglieder des Erziehungsrates gewesen, die Erhöhung der Gesamtstundenzahl nicht auch zu einer Erhöhung der für Pädagogik reservierten Stunden zu nutzen. Ebensowenig hatte der Erziehungsrat die Einrichtung des nun gewichtigen Platz einnehmenden Faches *shūren* empfohlen.

Tabelle 8

Verteilung der Wochenstunden an Pädagogischen Hochschulen 1943

Fach	Ist 1931 (2 Jahre)	SKSCI, 1934 (3 Jahre)	Ist 1943 (3 Jahre)
Ethik	4	5	8*
Philosophie		3	
Staatsbürgerkunde bzw. Soz.wiss.	2	2	
Pädagogik	12	12	13
Japanisch	4	9	8
Geschichte/Geographie	4	5	7
Fremdsprachen**			
Mathematik	4	4	5
Naturwissenschaft	4	6	11
Gewerbe bzw. Haushalten***	4	6	9
Zeichnen/Werken	4	6	11
Musik	4	3	6
Turnen	6	9	18
shūren			12
Regionalkunde		2	
Wahlfächer	16	18	12
Summe	68	90	120

Quellen: Ist 1931: Shimizu 2000: 118; SKSCI: Shihan Kyōiku Seido Chōsa Iinkai, *Shihan gakkō gakka katei tōshin* (GKS 1937: 241–243); Ist 1943: HHI 1981: 261–262. *1943 wurden Ethik und Philosophie auf der Ebene nationaler Vorgaben nicht mehr unterschieden. **1943 waren mindestens 6 Wochenstunden aus dem Bereich »Wahlfächer« an Fremdsprachen zu belegen. ***Zur Zeile »Gewerbe bzw. Haushalten« vgl. den Text dieses Kapitels.

Insgesamt scheint die Neugestaltung des Lehrplans eher an den Bedürfnissen des Lehrplans der Grundschulen orientiert gewesen zu sein, als eine Anpassung der Pädagogischen Seminare an das Niveau von Höheren Fachschulen bewirkt zu haben, womit die direkten Auswirkungen der Reform von 1943 kaum als sehr tief greifend bezeichnet werden können. Zeitgenössische Aussagen der Studierenden selbst machen deutlich, dass diese subjektiv keine große Veränderung spürten (UDKGHI 1989: 148).

5.2 Ausbleiben weiterer Reformen

Im Hochschulbereich wurde von den strukturellen Empfehlungen des Erziehungsrates lediglich die Reform der Lehramtsausbildung umgesetzt. Warum blieb es bei dieser einen Umsetzung und warum wurde gerade die Lehramtsausbildung reformiert? Yoneda Toshihiko urteilt, die Diskusionen im Erziehungsrat seien »insgesamt nicht derart gewesen, dass sie die Zeitumstände ausnutzten bzw. zu diesen passten. Dass viele Beratungsergebnisse nicht verwirklicht wurden, hat darin seinen Grund« (in: Kubo u.a. 2001: 7). Tatsächlich deutet wenig in den Beratungen des Erziehungsrates darauf hin, dass Reformen speziell für die Bedürfnisse des »totalen Krieges« diskutiert wurden; vielmehr ging es um langfristige strukturelle Reformen, die nach dem erwarteten Kriegsende umgesetzt werden sollten, was die Mitglieder auch ausdrücklich so äußerten (vgl. z.B. Tanaka Hozumi in: KS seiri 1971: XX: 4 oder Sasai Shintarō in; KS seiri 1971: XX: 55–56).

Doch stellt sich die Frage, ob überhaupt »den Zeitumständen« angemessene Reformvorschläge möglich gewesen wären. Verhindert wurde die Reformumsetzung nämlich wohl weniger aufgrund des nach 1937 allmählich in seiner Intensität steigenden Krieges, sondern aufgrund dessen Eskalation in den allerletzten Kriegsjahren. Zwar beendete der Erziehungsrat seine Tätigkeit 1942, und schon im Oktober 1941, noch vor Beginn des Pazifischen Krieges im Dezember 1941, lagen alle Beratungsergebnisse vor; doch diejenigen Teile, die zur Umsetzung gelangten, traten erst 1943 in Kraft. Zu diesem Zeitpunkt aber hatte sich der Kriegsverlauf bereits gegen Japan gewendet: Die US-Amerikaner errangen in der Schlacht bei den Midway-Inseln im Juni 1942 ihren ersten Sieg gegen die japanische Marine, und bereits im April 1942 hatten sie erstmals japanische Großstädte (Tokyo, Nagoya, Kōbe) bombardiert. Damit waren bereits Ende 1942 die Voraussetzungen für Bildungspolitik völlig andere als noch im Oktober 1941: In der Prioritätensetzung der Regierung traten strukturelle Reformen gegenüber der täglichen Sorge um die »Verteidigung des Vaterlandes« zurück.

Da überdies seit 1943 durch Arbeitseinsätze, die Evakuierung von Schulkindern aufs Land und die Aufhebung der Befreiung von der Wehrpflicht das Unterrichtswesen mehr und mehr in Auflösung begriffen war, ging auch die politische Bedeutung des Bildungsbereiches insgesamt drastisch zurück. Zwar wurde 1943 nicht nur das Gesetz über Lehramtsausbildung geändert, sondern auch die die anderen Schulstufen betreffenden Gesetze, doch waren die praktischen Auswirkungen gering. Im geänderten Gesetz über die Oberschulen *(Kōtō gakkō rei)* 1943 etwa folgte die Regierung zwar der Vorlage des Erziehungsrates, indem es die Eingangsvoraussetzung zur Oberschule von »Abschluss des vierten Jahres der Mittelschule« in »Abschluss der Mittelschule« änderte – da die Ausbildungsdauer der Mittelschule aber zuvor von fünf auf vier Jahre gekürzt worden war, hatte diese Änderung keinerlei praktische Konsequenzen (Ishida 1977: 16–19). Auch die Vorschläge zur Verwaltungsreform, das heißt die Stärkung des Kultusministeriums insgesamt und insbesondere auf regionaler Ebene (zuungunsten des Innenministeriums) sowie die dauerhafte Einrichtung eines Beratungsgremiums, blieben unverwirklicht. Im November 1942 war im Zuge einer allgemeinen Verwaltungsreform der Personalbestand des Kultusministeriums um 30% gekürzt worden, so dass an eine Stärkung der Kontrolle des Erziehungswesens durch das Kultusministerium nicht zu denken war. Die Übernahme von Empfehlungen des Erziehungsrates in diesem Bereich beschränkte sich darauf, dass in jedem Büro eine neue Unterabteilung für Planung eingerichtet wurde (Shimizu u.a. 1991: 65–66).

Ebenso hatte die Ausweitung der höheren Bildungsmöglichkeiten für Frauen unter den Bedingungen des eskalierten Krieges nach 1942 keine Aussicht auf Verwirklichung, da sie zum einen nur mehrstufig zu verwirklichen war (zunächst Einrichtung von Oberschulen für Frauen, dann Regelung des Zugangs zu Universitäten) und zum anderen keine direkte Verbindung zur Maxime der Stunde, »Mobilisierung der Wissenschaft« *(kagaku dōin)*, besaß (Yoneda 2000: 550). So fand weder die Einrichtung von Oberschulen für Frauen noch die von Frauenuniversitäten Eingang in die 1943 umgesetzten Änderungen des Gesetzes über die Oberschulen bzw. des Universitätsgesetzes. Zugleich übernahmen in der Kriegszeit immer mehr Frauen qualifizierte Arbeitsplätze, die bislang von Männern besetzt gewesen waren (Sasaki 2002: 26); für diese musste aber die einzige Möglichkeit höherer Bildung für eine größere Zahl von Frauen, der Besuch von privaten Höheren Fachschulen, ausreichen.

Gleiches lässt sich für die staatlichen Höheren Fachschulen sagen. War im Erziehungsrat die institutionelle Gleichstellung von Höheren Fachschulen und Universitäten zumindest noch diskutiert worden, so wurde das neben den Universitäten separat existierende System der Höheren Fachschulen zu Kriegszeiten noch konsolidiert, indem zwischen 1939 und 1945 eine ganze Anzahl von Neugründen vorgenommen wurde. Die Bedürfnisse des hoch technisierten Krieges erforderten eine größere Zahl von Ingenieuren, allerdings kurzfristig, das heißt an den weniger Ausbildungszeit benötigenden Höheren Fachschulen ausgebildete. In der Endphase des Krieges, als die Zahl der heimgekehrten verwundeten Soldaten wuchs und auch die Heimatfront von den Kriegshandlungen betroffen war, wuchs zudem der akute Bedarf an medizinischem Fachpersonal. So wurden 1939 gleichzeitig die letzte Kaiserliche Hochschule in Nagoya mit den Fakultäten Medizin, Ingenieurwesen und Naturwissenschaften und sechs Höhere Fachschulen für Ingenieurwesen (in Kurume (Präfektur Fukuoka), Taga (Ibaraki), Ube (Yamaguchi), Muroran (Hokkaidō), Niihama (Ehime) und Morioka (Iwate)) sowie eine für Fischereiwesen in Kagoshima gegründet. 1941 folgte die Höhere Fachschule für Agrarwesen in Obihiro (Hokkaidō), 1943 die Höhere Fachschule für Ingenieurwesen in Nagano und von 1943 bis 1945 fünf Medizinische Ein-Fach-Universitäten (in Maebashi (Gunma), Hirosaki (Aomori), Matsumoto (Nagano), Tokushima und Yonago (Tottori)).

Genau in dem Zeitraum, in dem die vom Erziehungsrat vorgeschlagene Bildungsreform hätte stattfinden sollen, wurde der Hochschulbereich in bedeutendem Umfang ausgebaut – aber auf der Grundlage des unveränderten alten Systems. Zum einen wurde dadurch die institutionelle Trennung des Hochschulbereichs untermauert, zum anderen schuf die Regierung durch die quantitative Expansion indirekt aber auch neues Argumentationsmaterial für die Vertreter einer Heraufstufung der Höheren Fachschulen, trugen diese doch jetzt einen noch größeren Teil der Ausbildungslast im gesamten Hochschulbereich als zuvor.

6. Die Sprache der Reform I

Die bisherige Analyse der Reformdiskussion der 1920er und 1930er Jahre hat gezeigt, wie weit die Vorschläge auf strukturell-institutioneller Ebene gingen. Um jedoch diese Diskussionen im Zusammenhang ihrer Zeit verstehen und ggf. auch die Differenz zu den Nachkriegsreformen klarer herausarbeiten zu können, ist es nötig, sie zu kontextualisieren und insbesondere zu untersuchen, welche Werte sich hinter den Forderungen verbargen und mittels welcher Begrifflichkeit diese geäußert wurden. Auf dieser Ebene können ganz eigene Kontinuitäten oder Brüche erkennbar sein.

Im Folgenden werden zunächst diejenigen Begriffe und Topoi aus den Reformplänen und Diskussionen der 1930er Jahre, die direkt mit der allgemeinen zugrunde liegenden Auffassung von Bildung, den damit verbundenen Werten oder den ausdrücklich artikulierten Zielen von Bildung zu tun haben, untersucht (6.1). Davon unabhängig lassen sich eine Reihe speziellerer Einzelpunkte finden, die immer wieder in der Bildungsdiskussion auftauchten und damit wichtige Topoi der Zeit darstellten, ohne dass sie selbst als eigenständige Ziele von Bildung fungiert hätten (6.2). In beiden Fällen konzentriert sich die nachstehende Analyse auf die oben bereits vorgestellten Diskussionen, zieht aber auch weitere Texte hinzu, die nicht im engeren Sinne Reformpläne mit konkreten strukturellen Vorschlägen darstellten, aber dennoch grundlegende Auffassungen über Bildung äußerten.

6.1 Allgemeinbildung, Persönlichkeitsbildung und Chancengleichheit

Die strukturellen Vorschläge der Diskussion der 1930er Jahre vermittelten in hohem Maße den Eindruck, im Sinne einer Erweiterung der Bildungszugangsmöglichkeiten und der Egalisierung der institutionellen Zugehörigkeiten »progressiven« Charakter zu tragen (vgl. oben 2.4). Damit ist jedoch noch nicht gesagt, ob diese Ziele tatsächlich beabsichtigt waren. Es bedarf vielmehr einer eigenen Untersuchung, welche allgemeinen Vorstellungen über Bildung und Erziehungswesen und welche damit verbundenen Werte den Reformvorschlägen zugrunde lagen und welche Absichten und Ziele mit ihnen verfolgt wurden. Hierbei ist, wie schon bei der obigen Analyse der strukturellen Vorschläge, zum einen zwar auf die Unterschiedlichkeit der einzelnen Pläne zu achten, zum anderen ist aber auch von Interesse, welche sich über den ganzen Zeitraum erstreckenden Gemeinsamkeiten sich finden lassen.

Ganz eng mit dem Begriff »Bildung« selbst verknüpft war der Begriff »Allgemeinbildung«, welcher gerade für die Tertiarstufe eine besondere Bedeutung hatte. Neben dem Streit über den Stellenwert, der in den höheren Schulen der Allgemeinbildung zukommen solle, gab es auch Versuche, den Inhalt des Begriffes selbst umzudefinieren. Ein weiteres von nahezu allen Beteiligten geteiltes, aber unterschiedlich definiertes Ziel von Bildung und Erziehung war das der »Persönlichkeitsbildung«. Schließlich spielte, wie in manchen Zitaten bereits angeklungen, Chancengleichheit als Wert für zahlreiche Autoren von Reformplänen und Teilnehmerinnen und Teilnehmer von Diskussionen eine große Rolle.

Begriff von Allgemeinbildung

Einer der zentralen Begriffe im Bildungsdiskurs der 1920er und 1930er Jahre war *kyōyō*, ein Neologismus der Meiji-Zeit, der eine direkte Übersetzung des deutschen Begriffs »Bildung« darstellte. Dominierte noch in den 1910er Jahren eine Vorstellung von Bildung, die die praxisferne, unpolitische Aneignung von westlichem Wissen einzelner Individuen zum Ideal machte, so sollte sich dies seit der zweiten Hälfte der 1920er Jahre allmählich ändern. Insbesondere der Elite-Charakter dieses Bildungsideals geriet früh in die Kritik. Schon 1925 argumentierten der Politiker Abe Isoo und der Publizist Sawada Ken in *Chūō kōron*, Bildung müsse auch breiten Massen zugänglich sein, und 1932 vertrat der Chemiker Tamamushi Bun'ichi, eine Allgemeinbildung auf (natur)wissenschaftlicher Grundlage müsse als allgemeine Volksbildung angestrebt werden (vgl. Watanabe 1997: 136, 142).

Als Ort der Vermittlung von *kyōyō* wurde die Tertiarstufe des Schulwesens gedacht, was auch daran lag, dass es mit *shūyō* einen weiteren im Deutschen mit »Bildung« zu übersetzenden Begriff im Japanischen gibt, der aber eine weniger wissenschaftliche Konnotation trägt, so dass man *kyōyō* auch als »höhere Bildung« übersetzen könnte. Innerhalb der Tertiarstufe war es die Oberschule, die sich vornehmlich diese Art von Bildung selbst zum höchsten Ziel gesetzt hatte. Die genaue Mischung von Fachwissen und Allgemeinbildung blieb dabei aber stets umstritten, und zwar nicht nur hinsichtlich der Oberschulen (vgl. Watanabe 1997: 147–150). Dies zeigte sich auch in den Reformplänen, deren häufig ablehnende Haltung den Oberschulen gegenüber (s.o. 2.3.1) es mit sich brachte, dass den Oberschulen das Monopol auf Allgemeinbildung streitig gemacht wurde bzw. die Bedeutung des Begriffs neu formuliert wurde.

Der Plan der Meikeikai von 1928, in dem Kritik an dem »vagen Ziel einer Persönlichkeitskultivierung« geübt wurde, ist bereits zitiert worden (s.o. 2.3.1). Ōtani Tokuma wollte Anfang der 1930er Jahre ausdrücklich auch Schülerinnen und Schüler an den Pädagogischen Seminaren in den Genuss von *kyōyō* kommen lassen und führte als wesentliche Bestandteile dessen auf, was *kyōyō* für Schüler an Pädagogischen Seminaren bedeuten soll: »1. Verständnis für Erziehung und Eifer als Erzieher vermitteln. 2. Kulturmenschen mit Bildung *[kyōyō]* hervorbringen. 3. Relativ tiefes Fachwissen vermitteln. 4. Als Erzieher besonders notwendiges Wissen und notwendige Techniken vermitteln« (#56, SK 1962: 852). Hier finden sich, in der Formulierung »Kulturmensch« sichtbar, noch Reste eines traditionellen, elitären Bildungsideals, das aber auch auf die in diesem Plan nicht der Tertiarstufe zugerechneten Pädagogischen Seminare ausgeweitet werden sollte; überdies wurde darauf hingewiesen, wie wichtig die Balance zwischen dieser Bildung auf der einen und dem »Fachwissen« sowie den »Techniken« auf der anderen Seite sei. Der marxistische Pädagoge Yamashita Tokuji wies 1932 Befürchtungen zurück, eine Überführung der Universitäten in Höhere Fachschulen bei gleichzeitiger Abschaffung der Oberschulen gehe zu Lasten der Allgemeinbildung: »Wenn fachliche Forschung der gesellschaftlichen Umgebung und ihren Notwendigkeiten angepasst ist, dann entfernt sie sich überhaupt nicht vom gesunden Menschenverstand *[jōshiki]* der Gesellschaft und von allgemeiner Bildung *[ippanteki kyōyō]*, ganz im Gegenteil« (#68, Yamashita 1932: 68).

Die Spitze gegen die Oberschulen zeigte sich auch, wenn Höheren Fachschulen die Befähigung zur Vermittlung von *kyōyō* zugesprochen wurde. So äußerte Gotō Fumio, einer der

Protagonisten der Abschaffung der Oberschulen, im Erziehungsrat, an den Höheren Fachschulen müsse »die Allgemeinbildung, die heute von den Oberschulen erwartet wird, gleich oder doch sehr ähnlich gelehrt werden« (KS seiri 1970: VII: 256). Selbst wenn die Oberschule weiterhin als die eigentliche Stätte der Vermittlung von Allgemeinbildung betrachtet wurde, lag dem in den 1930er Jahren nichtsdestotrotz gelegentlich ein veränderter Begriff davon zugrunde, wie es bei Tanaka Hozumi deutlich wurde, der im Erziehungsrat wörtlich von »fachlicher Allgemeinbildung« sprach (KS seiri 1970: VIII: 195) und damit durch sein Eintreten für größere Praxisnähe auch der Oberschulen gerade die beiden entgegengesetzten Begriffe *senmon* und *kyōyō* in einen Ausdruck brachte.

Eine selbstverständliche Anwendung des Begriffs *kyōyō* auf die Gesamtbevölkerung, die Hand in Hand geht mit einem Nationalismus als Bildungselement, findet sich bei dem Rektor der Bunri-Universität Tokyo, Ōse Jintarō: »Das Ziel einer Reform des Erziehungssystems ist, die Bildung *[kyōyō]* des Volkes zu erhöhen, die Entwicklung der Kultur voranzutreiben und den Fortschritt des nationalen Wohlergehens zu planen« (#40, GKS 1937: 75). Neben dem Nationalismus hielt in den 1930er Jahren auch eine Ablehnung des Individualismus Einzug in die Bildung. Dies fällt besonders deutlich bei Etatisten wie der Kyōiku Kaikaku Dōshikai aus, die 1937 gleich zu Beginn ihres Reformplans schrieb:

> Die intellektualistische und individualistische Tendenz in der herkömmlichen Erziehung führte als üble Begleiterscheinung zu einer Trennung zwischen Wissen und Persönlichkeit – weshalb sich der Geist des Dienstes an und der Zusammenarbeit mit der Gesellschaft und dem Staat abschwächte und niederging – und lud zum Verfall der Moral im staatlichen und gesellschaftlichen Leben ein. Die Persönlichkeitsbildung *[jinkakuteki kyōyō]* des Volkes neigt dazu, vernachlässigt zu werden, so dass, zusammen mit der Verschärfung des inneren und äußeren Zustandes, eine bedauernswerte Situation entstand (#10, GKS 1937: 134).

Gelegentlich wurden für »Allgemeinbildung« auch andere Begriffe als *kyōyō* herangezogen, so das Synonym *ippan kyōiku*. So schrieb Watanabe Toshio vom Kinkei Gakuin 1929 unter der Überschrift »Die Bildung *[kyōyō]* von Lehrern ist zu erhöhen«, »die Pädagogischen Seminare sollten zu Universitäten heraufgestuft werden und an das höchste Niveau von Allgemeinbildung *[ippan kyōiku]* angepasst werden« (#67, Kinkei Gakuin 1929: 24). Der Elektrotechniker Hirota Seiichi gebrauchte um 1930 das Fremdwort *liberal education*:

> Überhaupt liegt der große Irrtum des Kyōiku Hyōgikai [von 1921 bis 1924 tätiges Beratungsgremium des Kultusministeriums] darin anzunehmen, man könne keine höhere Normalbildung, also *liberal education*, erhalten, wenn man nicht in die Oberschule eintrete. Auch in Europa und Amerika gibt es noch viele Leute, die in der Tradition der Vorherrschaft der alten Philosophie, Religion und Literatur dem großen Irrtum erliegen, zu glauben, wenn man nicht Latein und Griechisch oder klassische Literatur lese, sei die *liberal education* nicht vollkommen. *Ich glaube, dass Vervollkommnung der Persönlichkeit erreicht wird, indem man durch fortgesetztes Forschen, Selbstbildung und Bemühen auf seinen jeweiligen Beruf bezogen, durch Erfahrung, nicht durch Lesen, in einer Sache aufgeht und Erleuchtung erlangt.* Ich glaube, Klassiker und Literatur sind nicht unbedingt notwendig. Wenn man zum Nachweis dessen einmal mit alten Bauern oder großen Handwerksmeistern spricht, so merkt man selbst, dass man ganz natürlich vor ihnen den Kopf senkt, obwohl sie nicht weise und in den Prinzipien von Konfuzianismus und Buddhismus geschult sind. Schaut man sich die heutige Realität an, so glaube ich zumindest, dass Schüler an Höheren Fachschulen für Handel oder Technik in Persönlichkeit Schülern an Oberschulen überhaupt nicht nachstehen (#52, SK 1962: 874; Satz im Original hervorgehoben).

In diesem typischen Versuch, den einseitigen Glauben daran, nur die Oberschule könne reine Bildung vermitteln, zu erschüttern, ist auch ein anderer Begriff von großer Bedeutung: der der »Persönlichkeit«. Insbesondere in der Wendung »Kultivierung von Persönlichkeit« zu finden, stellte dieser Begriff einen weithin geteilten positiven Bezugspunkt bei der Bestimmung dessen dar, wozu Bildung und Erziehung dienen sollten. Dennoch war nicht unumstritten, wie dieser Begriff inhaltlich ausgefüllt werden sollte.

Persönlichkeitsbildung

Anders als der in dialogischem Zusammenhang mit Fachlichkeit und Wissenschaftlichkeit stehende Bildungsbegriff wurde der Begriff »Persönlichkeit«[29] nicht auf die Tertiarstufe beschränkt benutzt. Die Herausbildung von Persönlichkeit (»Persönlichkeitskultivierung«, *jinkaku tōya*) war ein Ziel auch für die unteren Schulstufen. Diese in den Reformplänen zu findende Sprachregelung war allerdings nicht selbstverständlich: Innerhalb der bestehenden Gesetzestexte war es lediglich das Universitätsgesetz *(Daigakurei)* von 1918, das in seinem ersten Artikel bestimmte, »für die Kultivierung von Persönlichkeit [...] ist Sorge zu tragen« (Monbushō 1972a: II: 155).[30] Dagegen finden sich in den Reformplänen zahlreiche Beispiele, in denen Persönlichkeitskultivierung als Ziel auch schon von Grundschulen (z.B. #3, SK 1962: 693; #20, SK 1962: 754) oder zumindest Mittelschulen (z.B. #10, GKS 1937: 138; #64, SK 1962: 834; #34, GKS 1937: 93) definiert wird.

Die weite Verbreitung von Persönlichkeitskultivierung als Ziel von Erziehung hat gewiss auch damit zu tun, dass dieser Begriff ausgesprochen vage und dehnbar ist. Was wird also in den Reformplänen tatsächlich unter »Persönlichkeit« verstanden? Für Fukuzawa Yukichi, den großen Aufklärer der frühen Meiji-Zeit, haftete der Beschäftigung mit Literatur und Philosophie ohne direkten Nutzen im Gegensatz zu praktischer Betätigung ein Makel an (Mathias-Pauer 1990: 123–124). Die Entgegensetzung zwischen Heranbildung von Persönlichkeit und berufsorientierter Fachausbildung als Bildungsziel war auch noch während der Taishō-Zeit (1912–1926) Konsens, doch bedeutete das nicht, dass ersterer ein niedrigerer Stellenwert zugesprochen worden wäre (Roden 1980: 196–198). Die Heranbildung von Persönlichkeiten war vielmehr im Bildungssystem in einem anderen Schultyp repräsentiert

---

29 Der japanische Begriff *jinkaku* wird in dieser Arbeit mit »Persönlichkeit« übersetzt. In ihrer Monographie zum Persönlichkeitsideal in der modernen japanischen Geschichte erklärt die Historikerin Kyoko Inoue wie folgt, warum sie *jinkaku* nicht mit *»personality«* übersetzt: »The word *jinkaku* consists of two Chinese characters, *jin* ›person(s),‹ and *kaku* ›status/rank‹; thus, *jinkaku* literally means a person's rank, or the rank of a human being. In contrast, the English word ›personality‹ usually refers to human traits in an ethically neutral way, with no suggestion that some types of personality might be better than others« (Inoue 2001: 13). Der Verfasser der vorliegenden Arbeit glaubt hingegen, dass die ethische Dimension des Konzepts in der emphatischen Verwendungsweise von »Persönlichkeit« oder *»personality«* (wie etwa in »eine herausragende Persönlichkeit«) ebenfalls enthalten ist und dass sich *jinkaku* somit adäquat mit »Persönlichkeit« übersetzen lässt.

30 Kyoko Inoue hält den Begriff vor 1945 für wesenlich mit der Sekundarstufe verbunden und übersieht den durch die Formulierung im Universitätsgesetz gegebenen engen Bezug zur Tertiarstufe (Inoue 2001: 79–80).

(Oberschule und Universität) als die praktische Berufsausbildung (Mittelschule und Höhere Fachschule), wobei – im Gegensatz zur Haltung Fukuzawas – jenem Weg mehr Prestige zukam als diesem. Für den wichtigsten *jinkaku*-Theoretiker der frühen 1920er Jahre, Abe Jirō, bestand die Bildung von Persönlichkeit darin, »Wahrheit, Tugend, Schönheit und Heiligkeit nachzueifern« (Inoue 2001: 75); »Persönlichkeit« war also so weit wie möglich von praktischen Erwägungen entfernt und sollte gerade in Distanz zu solchen Erwägungen entwickelt werden.

Schon im Zusammenhang mit dem Begriff von »Bildung« war jedoch zu sehen, dass in der Reformdiskussion seit Mitte der 1920er Jahre der Begriff Persönlichkeitskultivierung von den Befürwortern einer Aufhebung dieser Trennung umdefiniert wurde: Persönlichkeitskultivierung sollte nun auch ausdrücklich durch Berufsausbildung möglich sein und wurde häufig sogar gegen als »vage« diffamierte Persönlichkeitskultivierung durch Literatur und Philosophie ausgespielt. Diese Argumentation richtete sich zumeist gegen die privilegierte Existenz der Oberschulen, etwa wenn Tajiri Tsuneo im Erziehungsrat anmerkte: »Erhabenes Wissen oder die Bildung von Persönlichkeiten sind nicht das Monopol allein der Oberschulen, alle Schulen insgesamt können das genauso« (KS seiri 1970: IX: 209).

Weit verbreitet war in den 1930er Jahren auch die Betonung der nationalen Eigentümlichkeit gegen einen universellen Begriff von Persönlichkeit. So schrieb die Meikeikai 1935 unter der Überschrift »Gesichtspunkte einer Belebung der Erziehung«: »Im Allgemeinen hat Erziehung die Kultivierung von Persönlichkeit zum höchsten Ziel, doch die Erziehung des japanischen Volkes verfolgt die Kultivierung japanischer Persönlichkeit, die den japanischen Geist zum Kern macht, als Grundkurs« (#25, SK 1962: 742–743). Inhaltlich ähnlich vage und zugleich mit nationalistischem Pathos sprach Ōse Jintarō im Oktober 1933 von »völkischer Kultivierung« (*kokuminteki tōya*; #40, GKS 1937: 75). Etwa zur selben Zeit meinte auch die Seiyūkai, Erziehung »muss sich um die Heranbildung von völkischer Persönlichkeit bemühen« (#3, SK 1962: 695). Zuvor, im Jahre 1931, hatte es bei der Seiyūkai noch geheißen, Ziel von Erziehung sei »die Kultivierung von nationalen und autonomen Menschen« (#2, SK 1962: 567). Andō Masazumi von der Seiyūkai äußerte auch im Erziehungsrat sehr deutlich seine Überzeugung, dass die persönlichkeitsbildende Aufgabe des Schulsystems nur mit gleichzeitiger Förderung nationalen Bewusstseins zu erreichen sei:

> Kultivierung von Persönlichkeit ist in der Bedeutung, Menschen als universelle Menschen zu formen – also Kultivierung von Persönlichkeit auf dem Standpunkt des universellen Menschen, sei er Japaner oder wer auch immer –, alleine nicht möglich. Weil nationales Denken mit hineinkommen muss, ist es besser, Kultivierung von Persönlichkeit und Heranbildung von nationalem Denken nebeneinanderzustellen (KS seiri 1971: XX: 22).

Dass diese Rhetorik der nationalen Besonderheit von Persönlichkeitskultivierung auch von den Studenten der Oberschulen selbst bereitwillig aufgenommen wurde, zeigt ein Zitat eines Absolventen aus dem Jahre 1934, der ein Ziel des Besuchs der Oberschule darin sah, die materialistische Zivilisation des industriellen Westens hinter sich zu lassen, indem »man auf der Grundlage unserer Staatsform seine Persönlichkeit vervollkommnet« (in: Roden 1980: 242).

Die genaue Bedeutung von Persönlichkeit blieb in solchen Äußerungen zwar letztlich unklar; dennoch lässt sich schlussfolgern, dass es nicht um Persönlichkeit im Sinne von freier Entfaltung individueller Persönlichkeit ging, sondern darum, dass die Erzieherinnen und

Erzieher auf ein bestimmtes Persönlichkeitsideal hinarbeiten. Diese Annahme wird durch weitere Aussagen innerhalb der Reformpläne gestärkt, wie etwa die aus dem frühesten hier betrachteten Reformplan, dem der Seiyūkai von 1925, wo die Rede von der »Verbesserung von charaktervollen Persönlichkeiten« (#1, SK 1962: 687) ist. Noch deutlicher wird die Ausrichtung von Persönlichkeit auf ein gleichförmiges Ziel für alle bei der Tōyō Bunka Gakkai: »Das Wesen von Unterrichtung liegt darin, Persönlichkeiten zu vervollkommnen und zu nützlichen Talenten für die Nation zu machen« (#12, GKS 1937: 62). Über den Auftrag von Universitäten hieß es weiter: »Unabhängig von ihrer Fachrichtung muss man von ihnen erwarten, dass sie die Erziehung von Persönlichkeiten vertiefen, indem sie japanische Geschichte und Klassiker lehren, und so die für den Staat notwendigen Talente heranziehen« (#12, GKS 1937: 70).

Auch wo es in weniger martialischer Diktion und etatistischer Absicht um professionelle Gesichtspunkte der Lehramtsausbildung ging, wie 1937 bei der Meikeikai, wurde »Persönlichkeitsbildung« auf ein bestimmtes Ideal bezogen, wenn es hieß, Pädagogische Seminare hätten sich um »die Kultivierung von Erzieherpersönlichkeiten« zu bemühen (#27, GKS 1937: 159). Welchen Inhaltes diejenige Persönlichkeit sein sollte, die an Pädagogischen Seminaren das Ziel der Ausbildung war, wurde auch im Erziehungsrat ausführlich diskutiert, als es im November 1938 um die Formulierung der ersten Paragraphen des neuen Lehramtsausbildungsgesetzes ging. Der ursprüngliche, vom Kultusministerium formulierte Vorschlag, lautete in Teilen:

> Die Erziehung an den Pädagogischen Seminaren bildet mit folgenden Zwecken Menschen aus, die Erzieher sein sollen: 1. Das Wesentliche besteht in einer Ausbildung, die der Einübung des kaiserlichen Weges Gewicht beimisst und insbesondere auf Demut *(kenkyo)* und Führerschaft *(sendatsu)* von Menschen abzielt (KS seiri 1970: IV: 307).

Der Staatssekretär des Kultusministeriums (im Amt von Juni 1937 bis Dezember 1938), Itō Enkichi, führte zur Erklärung aus, »Demut« und »Führerschaft« seien »die wichtigste Grundlage von Persönlichkeit« (KS seiri 1970: IV: 309). Den in der Diskussion besonders umstrittenen Begriff »Demut« erläuterte Itō wie folgt:

> In Japan bedeutet Erziehung nicht, dass ein Individuum einem anderen Individuum Dinge beibringt oder dass ein großes Individuum einem niedrigeren Individuum Dinge beibringt. Vielmehr leiten [die Lehrenden] Kinder dabei an, sich den Weg, der im Kaiserlichen Erziehungserlass aufgezeigt wurde, anzueignen, und helfen ihnen, diesen Weg zu beschreiten. Sie haben nicht selbst etwas Besonderes, das sie Individuen weitergeben, sondern leiten die Kinder an, indem sie selbst dem großen Weg folgen und somit zu Führung und Vorbild werden (KS seiri 1970: IV: 308).

Hier wurde die antiindividualistische Konzeption von Persönlichkeit, wie sie gerade im Zusammenhang mit der Lehramtsausbildung häufig betont wurde, sehr deutlich. Im Erziehungsrat freilich wandte sich zwar niemand offen gegen Itōs Ausführungen, viele äußerten jedoch ihren Unmut über die Begriffe, die ihnen zur Charakterisierung des Wesentlichen des Lehrerberufes unpassend erschienen. Aus der Vorlage wurde daraufhin der Begriff »Demut« bis zur nächsten Sitzung fünf Tage später entfernt (KS seiri 1970: IV: 357), und in dieser Form stand die Formulierung in der späteren Empfehlung an die Regierung (Monbushō 1972a: II: 252).

Eine bestimmte Vorstellung davon, worin Persönlichkeit zu bestehen habe, also ein der freien Entfaltung entgegengesetzter Begriff von Persönlichkeit, wird schließlich auch in der Argumentation des Verbandes der Mittelschulrektoren zugunsten der Beibehaltung der fünfjährigen Schuldauer der Mittelschulen 1935 deutlich:

> Wir glauben fest daran, dass besonders die Mittelschulerziehung nicht einfach Erziehung auf mittlerer Stufe ist, sondern bei der Kultivierung von Geist und Körper unbedingt mindestens fünf Jahre benötigt, um unter dem Prinzip der Kultur die ganze Persönlichkeit heranzubilden und diejenigen wichtigen Menschen heranzuziehen, die die Führer der Volksmasse (derjenigen, die zur Grundschule gingen) sind. Diese von uns vertretene Erziehung der Wichtigen bedeutet, Menschen zu erzeugen, die sich dessen bewusst werden, dass Wohl und Wehe der Nation auf ihren eigenen Schultern liegt, und die nicht nur selb- und eigenständig sind, sondern die sich auch zu den Massen gesellen und dort für sie Vorbild sein können. Eine solche Erziehung kann ihr Ziel beim besten Willen nicht erreichen, wenn man nicht auf die ganzheitliche Kultivierung, die integriert und durchgängig vollzogen wird, ihren Einfluss und ihr Einsickern in dem Zeitraum zwischen zwölf oder 13 und 17 oder 18 Jahren wartet, in dem alle Leistungen, die die Grundlage für das ganze Leben des Menschen bilden, zusammenkommen und in dem die Entwicklung von Geist und Körper am auffälligsten ist und die Kultivierbarkeit *(tōyasei)* am frischsten (#19, GK 100).

Hier verband sich eine Elitevorstellung von Persönlichkeit mit einem Nationalismus, der die nationale Führungsrolle dieser Persönlichkeiten betonte. Implizit wird hier auch deutlich, dass es in dem Sinne nicht um individuelle Entfaltung ging, als die Mittelschulerziehung nützlich für die Nation sein sollte, deren Führer sie hervorbringe.

Die Gegenposition zu dieser Meinung, welche im Reformdiskurs der 1930er Jahre überwog, bildete die Betonung der Individualität der Lernenden und der Freiheit ihrer Entfaltungsmöglichkeiten. Zumindest in diese Richtung geht z.B. die Formulierung des Plans des Zusammenschlusses mehrerer Lehrendenverbände Zenkoku Rengō Kyōikukai um 1933, die für die Grundschule zum Prinzip erhob, »Erziehung dem Wesen der Natur der Kinder gemäß und mit ihrem Alltagsleben als Grundlage durchzuführen« (#18, SK 1962: 774). Auch zur Sekundarstufe hieß es, Schulerziehung sollte »das Alltagsleben der Jugendlichen zum Fundament machen« (#18, SK 1962: 774). Ausdrücklich wurde »Bemühen um Erziehung mit Respekt vor Individualität« in der vom Kultusministerium erstellten Synthese von Meinungen von Regionalverwaltungen *(chihōchō)* eingefordert, wo dies als Punkt unter »Vertiefung von Persönlichkeitserziehung« behandelt wurde (#36, SK 1962: 656). Solche Meinungen blieben jedoch in den 1930er Jahren in der deutlichen Minderheit; die Stoßrichtung der Mehrheit der Pläne und Äußerungen war klar antiindividualistisch.

Chancengleichheit

Der für den Begriff »Chancengleichheit« (bzw. *equality of opportunity*) gebrauchte Neologismus *kikai kintō* ist in Japan erstmals 1916 in einem Wörterbuch (dem *Dai Nippon Kokugo Jiten*) zu finden, allerdings in der Bedeutung »Gleichberechtigung eines Vertragspartners im internationalen Recht«. Erst 1969 ist in der zweiten Auflage des Wörterbuchs *Kōjien* auch die allgemeinere Bedeutung »Chancen gleich verteilen« belegt, ab der vierten Auflage (1991) zusätzlich mit dem Anwendungsbeispiel »Chancengleichheit in der Erziehung« versehen. Doch schon in den 1920er Jahren findet der Begriff Anwendung auf die gesellschaftliche Stellung einzelner Gruppen, und dies, ohne dabei politisch eindeutig mit progressiven Vorstellungen verknüpft gewesen zu sein. So stellt es sich zumindest nach Durchsicht der Reformpläne dar, in denen, im gesamten Zeitraum und im gesamten politischen Spektrum, »Chancengleichheit« als ein zentrales Anliegen der Reform in den Vordergrund gestellt wurde.

Dies ist zum einen der Sache nach der Fall, wie man schon den obigen Ausführungen zu strukturellen Reformvorschlägen (2.2) entnehmen kann, in denen die Verbreiterung des Zugangs zur Tertiarstufe ein zentrales Moment darstellte. Auch im ersten der hier behandelten Reformpläne, dem der Seiyūkai von 1925, gibt es bereits einen Abschnitt »Hilfe für arme Kinder«, der ausdrücklich nach Problemlösungen für Kinder verlangt, die nur aus finanziellen Gründen die Schule nicht besuchen können (#1, SK 1962: 689). In weiteren Plänen ist aber auch wortwörtlich die Rede von *kikai kintō*.[31] Ebenfalls bei der liberalen Seiyūkai firmierte Chancengleichheit z.B. 1934 als eines von sieben Grundzielen von Bildung:

1. Durchsetzung von Geisteserziehung
2. Beseitigung der Einförmigkeit in der Erziehung
3. Beseitigung der Vorbereitungserziehung
4. Förderung von Industrieerziehung
5. Chancengleichheit in der Erziehung
6. Verkürzung der Ausbildungsdauern
7. Lehramtsausbildung und -entlohnung (#4, GKS 1937: 79)

In einem anderen Plan hatte die Seiyūkai zuvor ausgeführt, was »Chancengleichheit in der Erziehung« für sie bedeutete: »Errichtung eines Erziehungssystems für die Volksmassen. [...] Auch Leuten, die nicht Schulabsolventen sind, und Leuten, die praktische Fähigkeiten haben, den Weg eröffnen, in alle Schulen einzutreten; Chancengleichheit in der Erziehung verwirklichen« (#3, SK 1962: 696). Die Seiyūkai verstand unter Chancengleichheit also in einem liberalen Sinne die Abkehr von dem alleinigen Verlass auf Titel und die Vergrößerung der Flexibilität des Schulzugangs, verhandelte dies aber auch im Zusammenhang mit der Forderung der Öffnung der (höheren) Schulen für breitere Massen. In demselben Plan hatte es zuvor in einer etwas anderen Formulierung bei der Beschreibung des Ist-Zustandes bereits geheißen: »Im gegenwärtigen Erziehungssystem erhalten Arme, körperlich und geistig Behinderte sowie Frauen keine gleichen Bildungschancen« (#3, SK 1962: 692).

Chancengleichheit wurde nicht selten im Zusammenhang mit dem Vorschlag, die Oberschulen als offensichtlichsten Engpass beim Zugang zu höherer Bildung abzuschaffen, eingefordert. So erschien der Begriff affirmativ auch bei dem liberal-konservativen Politker Ōtsu Jun'ichirō, der unter der Überschrift »Problem der Abschaffung der Oberschulen« ausführte:

> Schaut Euch unser Volk an, das nach der Beendigung der so genannten Normalerziehung, also der Grund- und Mittelschule, Fachausbildung oder literarische Bildung zu erhalten wünscht. Sind nicht an den Oberschulen und Höheren Fachschulen die Hürden unbarmherziger Aufnahmeprüfungen erbaut, so dass die Mehrzahl der Bewerber schroff abgelehnt wird?

31 Die erste bekannte Verwendung des Begriffs mit Bezugnahme auf Fragen der Erziehung und Bildung in Japan ist in einem Artikel von Fukushi Matsunosuke, einem Bürokraten im Kultusministerium, aus dem Jahre 1925 zu finden (Fukushima 2002: 2).

> Ist es nicht der gegenwärtige Zustand der Erziehung, dass die Mehrzahl des Volkes keine Erziehung nach dem Prinzip der Chancengleichheit erhalten und an den Segnungen der Kultur des erleuchteten Zeitalters nicht teilhaben kann? Es ist ein Fehler des gegenwärtigen Erziehungssystems, die Probleme des Alltagslebens des Volkes außer Acht zu lassen und es zum Ideal zu machen, sinnlose höhere Erziehung zu lehren. [...] Wünscht man die Quelle des Übels der Erziehung nach [sozialen] Klassen zu berichtigen, dies grundlegend zu bereinigen und diese Verbesserungen zu planen, dann muss man zunächst zum vordringlichen Problem erklären, ein der Zeit angemessenes System zu errichten und die Oberschulen abzuschaffen (#57, SK 1962: 815).

Hier ist klar die Rede von dem »Übel der Erziehung nach [sozialen] Klassen«, der die Erziehung für das ganze Volk entgegengestellt wird. Chancengleichheit bezieht sich hier also auf die gleiche Zugangsmöglichkeit zu Bildungsmitteln für verschiedene soziale Klassen. Selbst die reaktionäre Tōyō Bunka Gakkai bezieht sich, wenn auch nur am Rande, positiv auf den Begriff »Chancengleichheit«, wenn sie schreibt, man müsse »den Schaden der Verhärtung des Erziehungssystems beseitigen und zugleich die Bildungschancen für Bildungswillige gleichmäßig verteilen« (#12, GKS 1937: 63).

Eine regelrechte Definition von »Chancengleichheit« findet sich bei dem bereits genannten Ōse Jintarō. Er führte 1933 aus:

> Chancengleichheit der Erziehung bedeutet nicht gleiche Qualität und gleiche Quantität im Ergebnis von Erziehung, sondern die Gleichheit der Chancen, eine der jeweiligen Individualität und den jeweiligen Umständen angepasste Erziehung zu erhalten (#40, GKS 1937: 76).

Verwirklicht werden könne diese Chancengleichheit nur durch den Staat, so Ōse und wortgleich auch die Meikeikai 1937: »Alle [Schulen] unter staatliche Kontrolle stellen und vollkommene Chancengleichheit verwirklichen« (#40, GKS 1937: 75 und #27, GKS 1937: 151). Die Verantwortung des Staates betonte auch Andō Masazumi, als er im April 1938 vor der Vollversammlung des Erziehungsrates seine grundsätzlichen Vorstellungen von Bildungsreform ausführlich darlegte: »Die Erziehung des Volkes ist Aufgabe des Staates. [...] Jedem im Volk, der Bildung erhalten will, Bildungschancen gleichmäßig zukommen zu lassen, darin liegt diese Aufgabe« (KS sōkai 1971: III: 165–166).

Die Minseitō benannte 1934 auch einzelne Punkte, die bei der Abschaffung der Chancenungleichheit helfen sollten:

> Chancengleichheit der Erziehung. Einrichtungen wie ein System der Unterrichtsgebührenfreiheit, das arme Kinder mit herausragendem Talent zu höheren Schulen aufsteigen und ihre Begabung voll zur Geltung bringen lässt, Stipendienmittel oder Schulunterkünfte sollen ausgeweitet und somit das Lernen erleichtert werden (#7, GKS 1937: 86).

Hier schien Chancengleichheit als selektive Förderung Hochbegabter verstanden zu werden. Auch Hayashi Heima betonte 1928 die soziale Ungleichheit:

> Proletarier können nicht in den Genuss der heutigen Mittelschulerziehung kommen. Die Chancenungleichheit ist die Ursache für gesellschaftliche Missstände und obwohl besonders die Chancengleichheit in der Erziehung am allernotwendigsten ist, gibt es nichts, wo die Chancen so ungleich wären wie in der heutigen Erziehung (#51, SK 1962: 822).

Erstes Reformgebot war bei Hayashi daher: »Größtes Gewicht muss auf die Chancengleichheit in der Erziehung gelegt werden und jeder aus dem Volk muss, zudem leicht, diejenige Erziehung erhalten können, die er will« (#51, SK 1962: 824). Auch Hayashi kann man, obwohl seine Verwendung des Begriffs »Proletarier« zunächst anderes vermuten lässt, kaum der Linken zurechnen: Immerhin war eines der Hauptmotive für seinen Reformplan die Sorge vor »gefährlichen Gedanken« (s.u. 6.2) und er betonte ausdrücklich die Notwendigkeit, nationale Inhalte in den Schulen zu stärken.

Der häufigste Inhalt von »Chancengleichheit in der Erziehung« war also die Gleichstellung der Chancen von Kindern aus armen Familien. Doch auch die geschlechtergerechte Verteilung von Chancen hatte ihren Platz im Reformdiskurs der 1920er und 1930er Jahre. So nannte Takayama Kiyoshi 1936 als Beispiele für die »Ungleichheit der Bildungschancen« begabte Kinder ohne Mittel, um die Schulgebühren zu bezahlen, und die Ungleichheit zwischen den Geschlechtern (#63, SK 1962: 806). Auch die Kyōiku Kenkyūkai stellte 1937 ausdrücklich das Reformziel »Chancengleichheit von Männern und Frauen in der Erziehung« auf (#10, GKS 1937: 147). Und im Erziehungsrat war Chancengleichheit das erste Argument, das Yoshioka Yayoi in ihrem Plädoyer für die Ausweitung von Bildungsmöglichkeiten für Mädchen und Frauen vor der Vollversammlung benannte (KS sōkai 1971: II: 33). Im weiteren Verlauf der Beratungen im Erziehungsrat spielte das Argument der Chancengleichheit von Jungen und Mädchen im Bildungssystem auch für diejenigen Mitglieder des Gremiums eine Rolle, die offensiv die Notwendigkeit, beiden Geschlechtern wesentlich verschiedene Bildungsinhalte zukommen zu lassen, vertraten. Tadokoro Yoshiharu etwa verteidigte mit dem Argument der Chancengleichheit sein Eintreten für eine Oberschule für Frauen (KS seiri 1970: VIII: 182, 207), und Tajiri Tsuneo vermochte in seiner Gegenrede Eintreten für Chancengleichheit und Besonderheitsdiskurs zusammen in einem Satz unterzubringen:

> Sind nicht Höhere Fachschulen besser [als Oberschulen für Frauen]? Deren Absolventinnen werden zu prächtigen Hausfrauen und verfügen über die Schönheit und Tugend der Japanerin, während der Abschluss für diejenigen, die noch ein wenig weiter voranschreiten wollen, zugleich den Weg der Chancengleichheit bereitet und den Weg zur Universität eröffnet (KS seiri 1970: VIII: 189).

Als weiteres Hemmnis auf dem Weg zur Chancengleichheit wurde auch die geographisch ungleiche Verteilung von Bildungseinrichtungen gesehen. So begründete der Finanzpolitiker Ogura Masatsune im Sonderausschuss des Erziehungsrates seine Unterstützung für die Fortexistenz der Oberschulen u.a. mit dem Argument, dass, schaffe man diese zugunsten von direkt an den Universitäten untergebrachten Vorkursen ab, Studenten aus entlegenen Landesteilen dafür in die Ferne gehen müssten und »folglich auch die Möglichkeit zur Chancengleichheit in der Erziehung verloren« gehe (KS toku 1970: VII: 173; ähnlich Shimomura in: KS seiri 1970: VIII: 198). Wie breit der Begriff »Chancengleichheit« gebraucht wurde, zeigt auch die Petition der Rektoren der städtischen Berufsschulen *(jitsugyō gakkō)*:

> Basierend auf dem Geiste der Chancengleichheit in der Erziehung sollen für alle Jugendlichen, die in den Großstädten einer Tätigkeit nachgehen, geeignete Erziehungseinrichtungen geschaffen werden, in denen sie ihr ganzes Leben hindurch Schulerziehung mit Konzentration auf ihren jeweiligen Beruf erhalten können (#31, SK 1962: 767).

Die Ubiquität der Forderung nach Chancengleichheit wird auch dadurch attestiert, dass die Meikeikai 1935 in einer Zusammenfassung üblicher Forderungen »von Experten« im Bildungsreformdiskurs »Chancengleichheit der Erziehung« als einen von acht häufig genannten Punkten aufzählt (#25, SK 1962: 744) und dass auch Behinderungen von Schülern als Objekt des auf Chancengleichheit zielenden Reformeifers genannt werden (#1, SK 1962: 689). Schließlich waren es nicht allein Individuen, Lobbyorganisationen oder Parteien, die sich auf das Prinzip »Chancengleichheit« beriefen. Selbst Kultusminister Tanaka Ryūzō bemühte 1931 in seinem Reformplan ausdrücklich das Prinzip der »Chancengleichheit in der Erziehung« im Zusammenhang mit dem freien Zugang zu höheren Schulen für Befähigte auch ohne entsprechenden Abschluss (in: Taga 1965: 233). Es handelte sich also bei »Chancengleichheit« um einen Wert, der von nahezu allen an der Reformdebatte zwischen 1925 und 1942 Beteiligten geteilt wurde, überdies in einer von allen sehr ähnlich verstandenen Bedeutung.

6.2 Weitere Topoi

Die mit dem Bildungssystem verbundenen Zielvorstellungen und Werte beschränkten sich nicht auf die bislang genannten Topoi. In den 1920er und 1930er Jahren existierten vielmehr zahlreiche weitere häufig auftauchende Motive, die weniger zentral für die Überzeugungen der Beteiligten waren. Dazu gehörte die eng mit der Vorstellung von Chancengleichheit verbundene Forderung nach der Abschaffung von Privilegien. Ebenfalls zum Teil aus einer Idealisierung der Gleichheit aller Japanerinnen und Japaner erklärt sich, dass »Erziehung durch Arbeit« zu einem wichtigen Anliegen in der Reformdebatte werden konnte. Doch auch mit den bisher genannten Topoi zunächst nur schwer zu vereinbarende Werte waren in den 1930er Jahren von Bedeutung. Dazu gehörte die alles überragende Notwendigkeit, die besondere »japanische Staatsform« zu bewahren sowie die Betonung eines vage gehaltenen »japanischen Geistes«, dessen Förderung Aufgabe des Schulsystems sei. Schließlich waren »gefährliche Gedanken« gleich in zweifacher Hinsicht in der Diskussion um Bildung und Erziehung wichtig: Zum einen war es das höhere Bildungssystem, in dem zum Kummer der Befürworterinnen und Befürworter einer »Reinhaltung der Gedanken« marxistisches Gedankengut besonders weit verbreitet war, zum anderen sollten die richtigen Inhalte an Schulen die Entstehung von Sympathien für linke Überzeugungen gerade verhindern.

Abschaffung von Privilegien

Betrifft die Frage der Chancengleichheit in erster Linie den Eingang zum Bildungswesen, so besteht die komplementäre Forderung am Ausgang aus dem Bildungswesen darin, dass niemand aufgrund seines Abschlusses von einer bestimmten Schule Absolventen oder Absolventinnen anderer Schulen gegenüber im Vorteil sein sollte. Diese Vorstellung konkretisierte sich im Reformdiskurs in dem Wunsch nach Abschaffung von Bildungsprivilegien. Der Plan der Seiyūkai von Anfang der 1930er Jahre führte dazu aus:

> Da gegenwärtig mit dem Abschluss einer Schule die jeweiligen Privilegien verbunden sind, wird der Schulabschluss selbst zum Ziel der Studenten, und die Studenten laufen, ohne ihre Fähigkeiten und Umstände zu bedenken, zielstrebig auf die Privilegien zu. Dies vergiftet nicht allein das Leben der Studenten, sondern es gibt, solange diese Privilegien fortbestehen, in der Gesellschaft keine Aussicht auf Verwirklichung des Prinzips von der geeigneten Person am geeigneten Ort (#3, SK 1962: 696).

Die Seiyūkai schlug konkret vor, die Trennung zwischen privaten und öffentlichen Einrichtungen aufzuheben, alle Titel und Grade abzuschaffen, besondere Zugangswege zu höheren Bildungseinrichtungen zu beseitigen und Eingangsprüfungen für Beamte einzuführen. Watanabe Toshio, Student an der Privatakademie Kinkei Gakuin, zählte 1929 folgende Punkte auf: Öffnung der Offiziersränge auch für Männer ohne Schulabschluss, Einstellung in öffentliche und privatwirtschaftliche Berufe ohne Ansehen des Schulabschlusses und Verleihung des gleichen Titels für Absolventen von Universitäten und Höheren Fachschulen (#67, Kinkei Gakuin 1929: 19–20). Zahlreiche weitere Pläne erwähnen lapidar, Bildungsprivilegien müssten »abgeschafft« oder dürften »nicht zugelassen« werden, ohne nähere Begründungen dafür zu geben (z.B. #10, GKS 1937: 136, 142; #11, MSC 1942: 34; #27, GKS 1937: 151; #34, GKS 1937: 91; #49, SK 1962: 893; #50, Henshūbu 1937: 233; #57, SK 1962: 819; #64, SK 1962: 838; #66, SK 1962: 832; #71, Yoshimizu 1930: 19).

Ein weiteres zeitgenössisch diagnostiziertes Krisenphänomen hängt mit dieser Fixierung auf Abschlüsse und Titel zusammen: Die unteren Schulstufen seien zu reinen Vorbereitungs-Einrichtungen für die oberen geworden, so dass ihre Inhalte ganz auf das Vorankommen in die nächsthöhere Stufe ausgerichtet seien und diejenigen Schülerinnen und Schüler vernachlässigten, die nicht weiter in der Bildungshierarchie aufsteigen könnten oder wollten. So beklagte Hayashi Heima 1928: »Die oberen Klassen an den bisherigen Grund- und Mittelschulen fallen stets der Vorbereitung zum Aufstieg in höhere Schulen zum Opfer. Dies schadet natürlich den normalen Schülern, aber auch denjenigen, die in die nächsthöhere Schulstufe aufzusteigen wünschen« (#51, SK 1962: 822). Oder, wie die Kyōiku Kenkyūkai im Abschnitt »Mängel des gegenwärtigen Systems« festhielt:

> Gegenwärtig ist die Grundschule Vorbereitungsinstitution für die Mittelschule, die Mittelschule Vorbereitungsinstitution für die Oberschule und Höhere Fachschule und die Oberschule Vorbereitungsinstitution für die Universität. Das Ergebnis ist, dass viele Schulen ihre Hauptaufgabe darin sehen, Vorbereitungserziehung für höhere Schulstufen zu geben und ihre eigentlichen Aufgaben nicht erfüllen können (#9, SK 1962: 703).

Als Weg zur Behebung des diagnostizierten Missstandes boten die Reformpläne zwei verschiedene Wege an. Zunächst stand im Vordergrund, die konkreten, durch einen Abschluss erwachsenden Privilegien im Bildungssystem abzuschaffen. Der Bildungsbürokrat Kimura Masayoshi zählte einige solcher Privilegien auf: Befreiung von der Wehrpflicht, Sonderbedingungen bei der Ernennung zum Beamten, Zugangsqualifikationen als Aufnahmekriterium für eine höhere Schulform, bestimmte Abschlüsse als Vorbedingung für die Teilnahme an einem Test, erleichterter Zugang zu Lizenzen (wie Lehrerlizenz), Bevorzugung bei der Einstellung in Firmen oder Banken (#55, SK 1962: 869). Die Reformbemühungen erstreckten sich hier bis auf die Privatwirtschaft; in der Regel waren es allerdings die durch den Staat gewährten Erleichterungen und Befreiungen, insbesondere im Beamten- und im Wehrpflichtrecht, auf die der Reformeifer zielte. Dabei ging es im Kern um die Sonderstellung einzelner Einrichtungen gegenüber anderen, wie den Universitäten gegenüber den Höheren Fachschulen. Die Forderung nach Abschaffung der Privilegien ergab sich also in diesem Sinne schon aus der Forderung der Gleichstellung der Höheren Fachschulen mit den Universitäten (s.o. 2.3.2). Benachteiligt waren Höhere Fachschulen nicht nur hinsichtlich der formalen Berechtigung, einen Titel führen zu dürfen (nur Absolventen der Universitäten wurde der Grad *gakushi* verliehen), sondern auch ganz konkret, indem z.B. die Vergabe von Lizenzen an Mittelschullehrer ohne weitere Vorbedingungen oder Examina (sog. testfreies Genehmigungssystem, *mushiken kentei seido*) nicht gleichmäßig für alle Absolventen der Tertiarstufe galt (Sasaki 2002: 48–51).

Andererseits lag ein zweiter möglicher Weg, der zur Behebung des Missstandes skizziert wurde, darin, wie oben schon bei der Seiyūkai gesehen, die Titel selbst komplett abzuschaffen, was sich nicht mehr allein aus dem Wunsch nach Gleichstellung der verschiedenen Bildungseinrichtungen erklären lässt. Diese teils radikalen Konsequenzen wie die Abschaffung der Titel haben als Hintergrund wohl vielmehr Vorstellungen über die Gleichheit der »Volksgenossinnen und -genossen«, die in ihrem Verhältnis zum Staat ohne Unterschied sein sollten. Auf die insbesondere in den letzten beiden Abschnitten aufgeworfene Frage nach dem Spannungsverhältnis von »Progressivität«, Faschismus und Staatsbezogenheit sowie das Problem, inwieweit man davon sprechen kann, dass in Japan ähnlich wie im deutschen Nationalsozialismus diskursiv eine »Volksgemeinschaft« konstituiert wurde, soll im Schlusskapitel der Arbeit (Teil IV) näher eingegangen werden.

Arbeitsdienst und Anti-Intellektualismus

Ein häufig schon bei der Problemdiagnose zu findender Topos in den Diskussionen der 1930er Jahre ist der »Intellektualismus« bzw. die »Überbetonung der Erziehung des Intellekts« *(chiiku henchō)*. Eine solche Tendenz schade, so der Pädagoge Haruyama Sakuki, der Ausbildung von Persönlichkeit *(jinkaku)*, wie sie jede Erziehung anstreben müsse. Ein mögliches Gegengewicht liege in stärkerer Betonung von Moralerziehung (in: TDS 1934: 29–32). Auch im Reformplan der der Minseitō aus dem Jahre 1934 ist die »Erziehung des Intellekts« der moralischen Erziehung entgegengestellt. Gleich der erste Punkt unter »Verbesserung der Erziehungsinhalte« in diesem Reformplan lautet:

> Um das Übel der Überbetonung der Erziehung des Intellekts zu korrigieren und die Moral des Volkes sowie seine Vorstellung von der »Staatsform« *[kokutai]* zu stärken, müssen die Erzieher den Kern dieser Sache ausreichend erfassen und, insbesondere auf den Unterricht in Japanischer Geschichte, Japanisch, Klassischem Chinesisch *[kanbun]* und Ethik Acht gebend, sich zum Besten anstrengen (#7, GKS 1937: 84).

Takayama Kiyoshi vom Höheren Pädagogischen Seminar Tokyo verurteilte »das Übel der Überbetonung der Erziehung des Intellekts« 1936 mit scharfen Worten, sah dabei aber neben der Moral auch das praktische Denken gefährdet:

> Von der Grundschule bis zur Universität wird völlig die Weitergabe von Wissenstechniken zur Hauptsache gemacht und die Ausbildung von Menschen ignoriert. Es fehlt dramatisch an der Kultivierung von Sorgfalt, die die Grundstimmung des Menschen ist, es fehlt an der Erziehung *[kunren]* zu einem Mitglied der Menschheit und der Gemeinschaft und Gesellschaft und so entsteht Selbstsüchtigkeit im Überfluss. Insbesondere die Fächer der Grundausbildung der Volkserziehung in der Grund- und Mittelstufe sind eine völlige Vermischung von Wissenschaft und Erziehung und bedürfen äußerst grundsätzlich des Umbaus. In einem Wort gesagt, es gilt einen Plan zu erstellen zur Anleitung für das praktische Leben im Unterricht (#63, SK 1962: 806).

Takayama hielt also zum einen die Anleitung zum praktischen Leben als Ziel des Grundschulunterrichts durch die »intellektualistische« Erziehung für gefährdet. Zum anderen sah er, wenn auch ohne die Nennung der Reizwörter »Volksmoral« *(kokumin dōtoku)* und

»Staatsform« *(kokutai)*, ethische Probleme als Folge des »Intellektualistismus«, wenn er beklagte, es fehle an Erziehung der Schülerinnen und Schüler zu Mitgliedern »der Gemeinschaft und Gesellschaft«. Dagegen betonten die Kyōiku Kenkyūkai 1931 und die Tōyō Bunka Gakkai 1933 Körperlichkeit als Gegenpol zur intellektuellen Erziehung, wenn sie forderten, die körperliche Verfassung als Kriterium zur Aufnahme an Universitäten einzuführen (#9, SK 1962: 705; #12, GKS 1937: 70).

Kimura Masayoshi beschwor um 1930 die von dem englischen Philosophen Herbert Spencer in seinen *Essays on Education* 1861 ausgearbeitete Trias von intellektueller, moralischer und körperlicher Erziehung, sah in dem Schwergewicht auf intellektuelle Erziehung aber auch einen Mangel an pädagogischen Fachfähigkeiten:

> Schaut man sich die heutige Schulerziehung an, so gibt es wohl keinen Widerspruch dagegen zu sagen, dass es zwar natürlich auch Ausnahmen gibt, sie im Allgemeinen jedoch von Anfang bis Ende Unterrichtung in Wissenstechniken ist und eine Erziehung des Hineinstopfens dominiert. Folglich leiden die Kinder und Schüler unter der allzu großen Last. [...] Von alters her wird gelehrt, dass in der Schulerziehung intellektuelle, moralische und körperliche Erziehung miteinander einhergehen, in Wirklichkeit jedoch mangelt es der moralischen und körperlichen Erziehung im Vergleich mit der intellektuellen bei weitem an Vertiefung. [...] Dass in den Schulen Unterrichtsmethoden, die die Kreativität der Schüler zur Entfaltung bringen können, nicht genügend berücksichtigt werden, hat zur Folge, dass es in unserem Land wenige Erfindungen und Entdeckungen gibt, man sich nach dem Schulabschluss auf andere verlässt, das Ideal eigenständiger Unternehmungen und kreativer Geist schwach ausgeprägt sind und es bei der Ausübung praktischer Tätigkeiten keine Erfindungsgabe, keine Forschung und keine eigenen Meinungen gibt (#55, SK 1962: 867).

Auch hier steht also neben der Klage über schlechte Lehrtechniken die mangelnde Betonung der »Ausübung praktischer Tätigkeiten« im Vordergrund, der die Leistungsfähigkeit Japans verringere. Der Wunsch nach mehr Praxisbezug spiegelt sich auch dadurch in den Reformplänen wider, dass auffallend häufig »Arbeit« *(kinrō)* als Gegenstand des Schulunterrichts eingefordert wird. »Arbeitserziehung« *(kinrō kyōiku)* als bislang vernachlässigtes Element der Schulerziehung wird dabei nicht nur für weiterführende Schulen gewünscht, sondern bereits ab der Grundschule, so z.B. bei der Seiyūkai (#3, SK 1962: 693), bei der Kyōiku Kaikaku Dōshikai 1941 (#11, MSC 1942: 29), bei Takayama Shūgetsu 1932 (#64, SK 1962: 834), bei Uno Saburō (#66, SK 1962: 831) oder bei der vom Kultusministerium angefertigten Synthese der Meinungen von Regionalverwaltungen (#36, SK 1962: 660). Die eher progressive Partei Shakai Taishūtō strebte 1937 in ihrer Broschüre »Bildungsreform« gar ein »Arbeits-Schulsystem« an. Die gegenwärtige Akademiker-Arbeitslosigkeit sei ein Ergebnis des »individualistischen Karrieredenkens«, welches sich seit der Meiji-Zeit durchgesetzt habe und unsinnig große Teile der Bevölkerung dazu treibe, die Höhere Fachschule oder Universität zu besuchen:

> Dies rührt daher, dass die Erziehung zum Karrierismus unmerklich eine bourgeoise Verachtung körperlicher Arbeit im ganzen Volk eingepflanzt hat. [...] Deshalb müssen wir diese individualistische Erziehung zum Karrierismus zerschlagen, ein »Arbeits-Schul«-System errichten, das sein Hauptaugenmerk auf »der Verbindung und der Einheit von Lernen und Arbeiten« hat, und die Grundlage der Volkserziehung wieder sicher aufbauen (Shakai Taishūtō 1937: 26–27).

Freilich war »Arbeit« hier nicht durchgängig im Sinne von auf berufliche Tätigkeiten vorbereitender produktiver Beschäftigung gemeint. Der Begriff wurde nämlich seit der Jahrhundertwende in der Reformpädagogik gebraucht, um die Aktivierung von Schulkindern durch Übertragung von eigenständig zu lösenden, nicht auf rein geistige beschränkte Aufgaben zu bezeichnen. In dieser Bedeutung findet sich der Begriff *work* etwa bei John Dewey in seinem 1899 erschienenen *School and Society* (Dewey 1974: 9–18) oder der Begriff »Arbeit« in der von der deutschen Reformpädagogik entwickelten »Arbeitsschule« (Lamberti 2002: 31).

Diese Art von Arbeitsauffassung vertrat in Japan in den 1930er Jahren bspw. der Pädagoge Kido Mantarō. Er argumentierte, man könne »das Alltagsleben eines Kindes durch seine Werke verstehen«. Der Fokus bei Kido lag auf der Möglichkeit, wie Lehrerinnen und Lehrer das Alltagsleben ihrer Schülerinnen und Schüler beeinflussen können; die Lehrenden sollten die Lernenden in ihrem Alltagsleben anleiten *(seikatsu shidō)*. Er gelangte für praktische Unterrichtszwecke zu folgender Schlussfolgerung: »Erziehung des Alltagslebens *[seikatsu kyōiku]* nun muss Anleitung zum Alltagsleben *[seikatsu shidō]* durch Erziehung nach dem Werkprinzip bzw. nach dem Produktivitätsprinzip sein« (in: Ōshima 2000: 51).

Doch bei der Mehrzahl der hier untersuchten Reformpläne ist der Begriff »Arbeit« eher wörtlich zu verstehen. So schlug Takada Yūshu in seinem Reformplan vor, die Hälfte der täglichen Schulzeit an Grundschulen solle zu hauswirtschaftlichen oder landwirtschaftlichen Tätigkeiten der Schüler genutzt werden (#62, SK 1962: 811). Ziel einer solchen »Arbeitserziehung« war die Erziehung zu einem Arbeitsethos, wie er sich im Text der Ingenieursvereinigung Kōgakukai von 1934 zeigte: »An den Grundschulen müssen neben dem selbstverständlichen Fortschreiten der Bemühungen um die Vervollkommnung der Volkserziehung Übungen zur Folgeleistung von Arbeit durchgehend gemacht werden« (#34, GKS 1937: 92). Es ging also nicht etwa bloß um stärker praxisbezogene berufsbezogene Ausbildung oder die Vermittlung bestimmter beruflich nutzbarer Kenntnisse und Fähigkeiten, sondern darum, allgemein »einen Geist der Liebe zur Arbeit auszubilden« (Meikeikai, #27, GKS 1937: 155) bzw. »die Disposition und die Gewohnheit, einer Tätigkeit nachzugehen, auszubilden« (Sano Toshikata, #59, SK 1962: 856). Die geeignetste Methode, diesen Arbeitsgeist zu vermitteln, lag darin, die Schülerinnen und Schüler körperlich arbeiten zu lassen, auch wenn nicht viele so weit gingen wie der Architekt Sano Toshikata, der in seinen Ausführungen zur Grundschule eine Verbindung zwischen der Herausbildung von Arbeitsethos und dem Dienst an der Gemeinschaft herstellte: »Besonders wichtig ist es, die Gewohnheit auszubilden, froh Arbeit als öffentlichem Dienst und Beruf nachzugehen. Um den Geist zu entwickeln, sich für die Heimat anzustrengen, halte ich es für am effektivsten, [die Schüler] bei Straßenbauarbeiten oder ähnlichem helfen zu lassen« (#59, SK 1962: 857).

Dass es bei der Betonung der »Arbeitserziehung« nicht primär um Berufsvorbereitung ging, zeigt die Tatsache, dass auch an den Pädagogischen Seminaren »Arbeit« auf dem Stundenplan stehen sollte, also auch die zukünftigen Lehrer der zum Arbeitsdienst anzuhaltenden Schulkinder selbst während ihrer Ausbildung zu Lehrern Arbeitsdienst leisten sollten (Ōtani Tokuma, #56, SK 1962: 853), und teilweise sogar als Pflichtfach an Universitäten (Takada Yūshu, #62, SK 1962: 812). Die Position, Arbeitserziehung an den Pädagogischen Seminaren zu institutionalisieren, war in den 1930er Jahren alles andere als marginal und fand auch Eingang in die Regierungsempfehlung des Erziehungsrates zur Lehramtsausbildung, in der es hieß: »Einrichtungen zum Arbeitseinsatz für Gruppen werden für wichtig erachtet und ihr Ausbau soll geplant werden« (in: Shimizu 2000: 399). Der Staatssekretär des Kultusministeriums, Itō Enkichi, führte dazu bei der Erstvorlage vor dem Erziehungsrat lediglich aus: »Zu dem Punkt mit [...] dem Arbeitseinsatz für Gruppen ist eigentlich nichts zu sagen, aber er wurde hier eingefügt, um klar zu machen, dass er, vom Geist der Lehramtsausbildung her gesprochen, für besonders wichtig erachtet werden muss« (KS seiri 1970: IV: 289). Der Leiter des Büros für Unterrichtsangelegenheiten der niederen Schulstufen *(futsū gakumu kyoku)* des Kultusministeriums, Fujino Megumi, fügte hinzu, »Arbeitseinsätze in Gruppen« müssten »an allen Schulen ab der Mittelstufe etabliert werden« und »Einrichtungen zum Arbeitseinsatz für Gruppen noch systematischer, noch organisierter [...] unbedingt an zwei Tagen im Monat genutzt werden« (KS seiri 1970: IV: 330–331).

Die gemeinsame und in großer Breite in den Plänen zu findende Vorstellung von Arbeitserziehung und Arbeit als Teil des Schulunterrichts speiste sich zu einem nicht geringen Teil aus nationalistischen Haltungen, die den Dienst am Staat betonten, den alle »Volksgenossinnen und -genossen« gleichermaßen durch ihre Arbeit zu leisten hatten, war also motiviert durch eine Ideologie der Gleichheit des Volkes, die durch den gleichartigen Dienst am Staat entstand. Die zeitliche Verteilung der für Arbeitsdienst plädierenden Reformvorschläge macht jedoch zugleich deutlich, dass es sich nicht eindeutig um ein Element der Ausrichtung auf den Krieg handelt, wie der Bildungshistoriker Yoneda Toshihiko meint (in: Kubo u.a. 2001: 356). Denn die Forderung nach der Aufnahme von Arbeitseinsätzen in den regulären Unterricht wurde bereits erhoben, lange bevor sie im »totalen Krieg« verwirklicht wurde. Unter dem Aspekt der Ausrichtung der gleichartigen Untertanen auf den Staat jedoch kann man die zeitgenössischen Ausführungen zu diesem Topos als komplementär zu denen der Chancengleichheit und der Abschaffung von Privilegien betrachten.

Japanische Staatsform und Japanischer Geist

Bereits mehrfach ist auf den extremen Nationalismus hingewiesen worden, der sich im Zusammenhang mit der Diskussion über Bildungsreformen während der 1930er Jahre äußerte. Sprachlich fand dieser Nationalismus seinen Ausdruck insbesondere in der Rede von der besonderen japanischen »Staatsform« (*kokutai*; auch »Staatskörper« oder *national polity* übersetzt) und dem »japanischen Geist« *(Nippon seishin)*, den es in den Bildungsinstitutionen zu vermitteln gelte. Dem Begriff »Staatsform« kommt eine zusätzliche Bedeutung zu, da er seit der Verabschiedung des Gesetzes zur Aufrechterhaltung der öffentlichen Ordnung 1925 gleichsam synonym für die Substanz des japanischen Staates stand. Das Gesetz stellte nämlich Handlungen »mit der Absicht, die Staatsform zu verändern oder das System des Privatbesitzes zu negieren« (Rekishigaku Kenkyūkai 1997: IV: 376–377) unter Strafe – was genau mit »Staatsform« gemeint war, blieb zwar letztlich unklar, die Anwendung des Gesetzes in der Praxis zeigte jedoch, dass insbesondere die kaiserliche Institution und die Verfassung als wesentliche Bestandteile der »Staatsform« aufgefasst wurden.

Schon im ersten hier untersuchten Reformplan, dem der Seiyūkai von 1925, hieß es gleich zu Beginn, das erste Ziel von Bildungsreform sei die Reform der Inhalte: »Insbesondere muss man die Geisteserziehung zur Grundstimmung jeglicher Unterrichtung und Unterweisung machen, und die Verbesserung von charaktervollen Persönlichkeiten sowie die Kultivierung des Ideals unserer Staatsform bedürfen weiterer Anstrengung« (#1, SK 1962: 687). Von dieser Erwähnung bei der Seiyūkai abgesehen fand sich der Topos von der Notwendigkeit, das »Ideal der japanischen Staatsform« zum bevorzugten Gegenstand des Unterrichts zu machen, aber nur in den 1930er Jahren. 1934 war es die andere große Partei, die Minseitō, die in ihrem Reformplan allgemein »die Stärkung des Ideals unserer Staatsform« einforderte und bei der »Erziehung der Massen [...] eine besondere Berücksichtigung der Heranbildung des Ideals unserer Staatsform« für nötig hielt (#7, GKS 1937: 84–85).

Etwas konkretere Vorstellungen davon, wie »das Ideal unserer Staatsform« in der Schulpraxis vermittelt werden sollte, hatte die Tōyō Bunka Gakkai, die ihrer ultranationalistischen Ausrichtung gemäß diesem Problem einen eigenen Unterabschnitt widmete. Zur Vermittlung des »Ideals unserer Staatsform« und zur »Stärkung des Geistes von Loyalität und Patriotismus« seien Unterricht in japanischer Geschichte und den japanischen Klassikern vonnöten.

> Die Klassiker sind das *Kojiki*, das *Nihon Shoki* und das *Man'yōshū*,[32] in welchen sich die Glorie unserer Staatsform manifestiert, ferner die konfuzianischen Klassiker und Kommentare, welche den kaiserlichen Weg stützen, die Geschichtsbücher aus Japan und China sowie die Werke einstiger und heutiger Gelehrter, welche die in den Klassikern enthaltenen Gedanken darlegen. Deren wahre Bedeutung muss unbedingt vermittelt werden und sich mit dem Unterricht in japanischer Geschichte verbinden, und die Studenten und Schüler müssen zu loyalen Untertanen gemacht werden, indem sie die große Bedeutung der Gründung unseres Landes erfassen (#12, GKS 1937: 59–60).

Dass diese Indoktrinierung sich keineswegs nur an Schülerinnen und Schüler der unteren Schulstufen wandte, sondern tatsächlich auch Studenten umfassen sollte, betonte der Plan der Tōyō Bunka Gakkai in einer späteren, weiter oben bereits zitierten Passage (s.o. 6.1), derzufolge die Universitäten »unabhängig von ihrer Fachrichtung [...] japanische Geschichte und Klassiker lehren« sollten (#12, GKS 1937: 70).

Noch vager als der Topos von der japanischen »Staatsform« war die Rede vom »japanischen Geist«, dessen Vermittlung an den Schulen gestärkt werden sollte. Auch hier beschränkten sich die Forderungen nicht auf die unteren Schulstufen allein. So äußerte die Meikeikai sowohl in ihrem Plan von 1934 als auch in dem von 1937 an prominenter Stelle die Erwartung, dass an den Pädagogischen Seminaren »der japanische Geist gründlich vermittelt werden soll« (#24, SK 1962: 747; #27, GKS 1937: 185). Im Erziehungsrat war es Mikuniya Sanshirō, der nicht müde wurde, auf die Bedeutung des »japanischen Geistes« für den Unterricht an den Pädagogischen Seminaren bzw. Pädagogischen Hochschulen hinzuweisen. Bei den Beratungen des Unterausschusses zur Feinabstimmung im Oktober 1938 etwa behandelte er die Tatsache, dass die Pädagogische Hochschule »Geisteserziehung« leiste, als selbstverständlich und begründete damit die Notwendigkeit, der Pädagogischen Hochschule drei Jahre Ausbildungsdauer zuzuerkennen (KS seiri 1970: IV: 182). Etwas

---

32 Zum *Nihon Shoki* (auch: *Nihongi*; »Annalen Japans«) und *Kojiki* (»Aufzeichnungen alter Begebenheiten«) s.o. S. 14. Das *Man'yōshū* (»Sammlung zehntausender Blätter«) ist eine Gedichtsammlung aus dem 8. Jahrhundert und gilt als wichtigstes literarisches Zeugnis des frühen japanischen Altertums.

später auf derselben Sitzung plädierte Mikuniya gleichzeitig für eine Verfachlichung der Lehramtsausbildung und für einen hohen Stellenwert der »Geisteserziehung«:

> Innerhalb dieser 3300 Stunden machen diejenigen Fächer, die, wie auch immer, die japanische Denkweise einhämmern, denjenigen Teil aus, in den die Lehramtsausbildung an Pädagogischen Hochschulen ihre Hauptenergie stecken sollte. Dazu kommen Drills *[tanren]*, und diesen, sowie dem Wissen, welches nötig ist, um Selbstbewusstsein als Erzieher zu wecken, ferner anderen geistigen Übungen, sollte äußerst viel Zeit zugeteilt werden. Ich glaube, im Großen und Ganzen müssen von den 3300 Stunden 700 oder 800 für diese Richtung aufgewendet werden. Die japanische Staatsform Betreffendes – dazu gehören vielleicht auch Studien der japanischen Klassiker – solche Dinge betreibt man gegenwärtig ja kaum. Man erklärt gerade einmal oberflächlich, was die japanische Staatsform ist, und das *Kojiki*, das *Nihon Shoki* oder das *Jinnō Shōtōki*[33] studieren vielleicht ein paar Besondere einmal gründlich, aber allgemein wird das nicht gelehrt. Ohne dies zu tun, kann man aber Japan nicht studieren und sich seiner Heimat tief bewusst werden (KS seiri 1970: IV: 206).

Grundsätzlich stimmten Mikuniya auch weitere Teilnehmer der Diskussion im Erziehungsrat zu, darunter Morioka Tsunezō, Kōsaka Masayasu und Tadokoro Yoshiharu. Insgesamt jedoch waren die Rede von der japanischen »Staatsform« und dem »japanischen Geist« als Ziele von Bildung zwar präsent, stellten jedoch keine zentralen Topoi etwa bei der Formulierung von übergreifenden Absichten bei der Bildungsreform dar. Gleiches lässt sich auch zur Reformdiskussion der 1920er und auch noch der 1930er Jahre sagen. Allerdings ist der hier nahe liegende Schluss wohl weniger, dass den Teilnehmerinnen und Teilnehmern an der Diskussion nicht an diesen Punkten gelegen war, als vielmehr, dass der Konsens über die Wichtigkeit dieser Topoi so umfassend war, dass es nicht nötig war, darüber große Worte zu verlieren. In gewisser Weise mag dies auch für den letzten hier zu untersuchenden Punkt gelten, die Rede von der »Gefährdung der Gedanken«.

Gefährliche Gedanken: *shisō mondai*

Die Angst vor »gefährlichen Gedanken« war in den 1920er und 1930er Jahren eines der Motive für die Beteiligung an der Reformdiskussion (vgl. oben 2.1). Besonders prominent wurde dieses Motiv seit den Ereignissen des Jahres 1928. Die Welle von Verhaftungen von Kommunisten im März 1928 (s.o. 2.1) wurde im April von der Regierung bekanntgegeben und zu antikommunistischer Hetze genutzt. In der sich hieran anschließenden öffentlichen Diskussion ging es immer wieder auch um Bildung: Einerseits wurden Schulen und Schülerinnen oder Schüler bzw. Studenten als durch kommunistischen Einfluss gefährdet gesehen und ihr Schutz vor diesem Einfluss eingefordert, andererseits wurde das Bildungssystem aber auch als Ursache für die Entstehung »gefährlicher Gedanken« ausgemacht.

In letzterem Sinne äußerte sich Kultusminister Shōda Kazue in einem Artikel für die Zeitschrift seiner Partei Seiyūkai, *Seiyū*, im August 1928 unter dem Titel »Verbesserung der Erziehung und Hinführung zu besseren Gedanken«:

33 Das *Jinnō Shōtōki* (»Wahre Genealogie der Götter und Kaiser«) ist ein 1339 von dem Hofadligen Kitabatake Chikafusa verfasstes Geschichtswerk, das während eines Schismas des Kaiserhauses die Legitimität (der später anerkannten) Kaiserlinie nachzuweisen suchte.

> Die Ursachen [für die Verschlimmerung des »Gedankenproblems«] kann man erstens in der Erziehung sehen und zweitens in der Wirtschaft. [...] In der Erziehung haben die Wegbereiter unseres Landes in den letzten Jahrzehnten in allen Richtungen ungeheure Anstrengungen unternommen, so dass wir, vom Zustand der Vollkommenheit der Bildungseinrichtungen her betrachtet, fast genauso weit wie der Westen, wenn nicht weiter, fortgeschritten sind. [...] Die intellektuelle Erziehung ist ausreichend, doch dass die moralische Erziehung ihr immer mehr hinterherhinkt, ist auch für das Auge eines Laien offenkundig. Die materielle Erziehung hat zwar ungeheure Fortschritte gemacht, aber die moralische Erziehung, so meinen wir, ist im Vergleich dazu immer ineffektiver geworden (Shōda 1928: 7).

Die Aufgabe der Lehrenden sei daher die »Hinführung zu besseren Gedanken« *(shisō zendō)*, aber

> überhaupt nicht bloß in Unterricht wie Ethik *(shūshin)* oder Moral. Ich denke vielmehr, die Notwendigkeit der Hinführung zu besseren Gedanken besteht in allen Disziplinen. Es ist also die Aufgabe jedes einzelnen Lehrers, in seinem jeweiligen Fach die Hinführung zu besseren Gedanken anzustreben (Shōda 1928: 8).

Besonders große Bedeutung komme in dieser Hinsicht der Lehramtsausbildung zu (Shōda 1928: 9).

Die Lehramtsausbildung war auch einer der Hauptpunkte im ersten Plan des Hauptkonkurrenten der Seiyūkai, der Minseitō, von 1928, der aus Beratungen eines parteiinternen »Sonderausschusses für das Erziehungssystem und das Gedankenproblem« heraus entstand (Taga 1965: 251, FN 4). Als 1934 die Befürworter der Einrichtung von Pädagogischen Universitäten die Fähigkeit der etablierten Kaiserlichen Universitäten zur Ausbildung von Lehrern in Frage stellten (s.o. 2.3.3), brachten sie auch das »Gedankenproblem« mit ins Spiel. Abe Shigetaka als Vertreter der Kaiserlichen Universität Tokyo setzte sich wie folgt zur Wehr:

> Was ich befürchte, ist, dass gerade heute, wo im Zusammenhang mit dem Gedankenproblem die Ausbildung von Lehrern für äußerst wichtig befunden wird, die These, eine Einrichtung zur Lehramtsausbildung sei nötig, unter den Zeitumständen die Ohren gewöhnlicher Menschen leicht erreicht. Wenn das in der Gesellschaft weitergetragen wird, dann kommt es leicht dazu, dass Leute, die kein Verständnis von Erziehung haben, völlig unkritisch glauben, die Kaiserlichen Universitäten seien dafür nicht geeignet (in: TDHHI 1985: tsūshi II: 588–589).

Das Argument, von dem Abe sich hier distanzierte, war also, die Universitäten seien von »gefährlichen Gedanken« durchsetzt und deshalb zur Lehramtsausbildung ungeeignet. In der Tat galten die Universitäten nach den zahlreichen Verhaftungen und Entlassungen kritischer Professoren in den späten 1920er und frühen 1930er Jahren in der breiten Öffentlichkeit als Brutstätte staatsgefährdender Gedanken, so dass die Instrumentalisierung für die Sache der Pädagogischen Universitäten eine Erfolg versprechende Strategie war. Auch noch 1937 im Erziehungsrat beklagte Shiio Benkyō, Rektor der buddhistischen Taishō-Universität, erst das Durchgreifen des Kultusministeriums und der Justiz habe das »Gedankenproblem« an den gesellschaftswissenschaftlichen Fakultäten der Kaiserlichen Universitäten gelöst (KS sōkai 1971: III: 42).

Bei der Betrachtung der Seite der Studierenden waren es eher die Oberschulen, die Anlass zur Sorge zu geben schienen. Die Ausbreitung marxistischer und sozialistischer Gedanken betraf in den 1920er Jahren auch die Oberschulen, wo der Nachweis der Identifikation mit ihnen zu Bestrafungen führte (nur in seltenen Fällen jedoch zu Schulentlassungen). Die Fälle wurden in der Presse sensationalistisch behandelt und hinterließen in der Öffentlichkeit den Eindruck, es handele sich um ein weit verbreitetes Phänomen, dabei wurden an der als notorisch geltenden Ersten Oberschule in Tokyo während der Hochzeit der Strafmaßnahmen zwischen 1927 und 1933 von über 3 000 Schülern ganze 91 aus »Gedankengründen« bestraft, leichte Strafen inbegriffen (Takeuchi 1999: 240–242). Nichtsdestotrotz wurden auch diese »Gedanken«-Tendenzen in der Diskussion als Munition gegen die Oberschulen verwendet. Die Tōyō Bunka Gakkai war hierbei am explizitesten:

> Die Oberschule ist ursprünglich der Ort, der höhere Normalbildung vervollkommnet und wird, da das Alter ihrer Schüler in eine Zeit fällt, in der ihre Gedanken der besten Führung bedürfen, wegen ihrer Persönlichkeitsbildung für wichtig erachtet. Die Realität indes läuft dem völlig zuwider: Nicht nur sind die Oberschulen in reine Vorbereitungsanstalten für Universitäten verwandelt, auch sind ihre Leistungen in puncto Gedankenbildung nicht gerade zufriedenstellend. Weil zudem auf Persönlichkeitsbildung auch in den Schulen darunter und darüber genauso Wert zu legen ist, besteht derzeit keine Notwendigkeit für ihr Fortbestehen (#12, GKS 1937: 69).

Auch noch 1940, als das Problem weitgehend aus der öffentlichen Diskussion verschwunden war, konnte Tadokoro Yoshiharu es im Erziehungsrat in Bezug auf die Oberschulen einsetzen. Als Begründung dafür, warum auch Lehrer an Oberschulen ein Referendariats-System bräuchten, wenn man schon für die Mittelschule eines einrichte, führte er an:

> Unter dem Problem der Roten haben die Oberschulen am meisten gelitten, weswegen es zur Forderung danach gekommen ist, das Auftreten von Roten zu stoppen und die Oberschulen abzuschaffen. Vom Gesichtspunkt einer Verbesserung der Oberschulen her ist es daher unlogisch, an den Mittelschulen Referendariate einzuführen, an den Oberschulen jedoch nicht (KS seiri 1970: XIV: 358).

Insgesamt war das Motiv der »gefährlichen Gedanken« im Erziehungsrat schon nicht mehr prominent und spielte auch in der vorangegangenen Reformdiskussion zwar eine auffällige, doch keine zentrale Rolle bei der Begründung von Vorhaben in der Bildungspolitik. Auch Fachpädagogen wie Kido Mantarō, die die Aufgabe der Bildungsreform vom politischen Tagesgeschäft abgetrennt sehen wollten, erkannten jedoch das »Gedankenproblem« als tatsächliches Problem an. So schrieb Kido 1937 in der von ihm herausgegebenen Zeitschrift *Kyōiku*:

> Erziehungsprobleme werden für gewöhnlich in Zusammenhang mit dem Gedankenproblem bedacht. Doch am Grunde des Gedankenproblems liegen wirtschaftliche, gesellschaftliche und politische Probleme. Ohne diese zu lösen, sind die Probleme der Erziehung nur schwierig zu lösen (Kido 1937: 234).

Hier ist zwar der Versuch, sich den Freiraum zu schaffen, über Erziehung reden zu können, ohne über das »Gedankenproblem« reden zu müssen, deutlich sichtbar, zumindest rhetorisch musste Kido 1937 aber die Gültigkeit des »Problems« anerkennen.

6.3 Fazit

Die oben (in den Unterkapiteln 2 und 4) herausgearbeiteten strukturellen Reformvorschläge standen, wenn man den diskursiven Zusammenhang, in dem sie stehen, mitbedenkt, einerseits im Dienste reaktionärer Absichten (z.B. zur Abwendung »gefährlicher Gedanken«), andererseits waren sie aber auch mit Absichten verbunden, die den gängigen Vorstellungen von Bildungsdiskussionen während »des Faschismus« zuwiderlaufen. Insbesondere verbindet sich durch die Forderungen nach Chancengleichheit und Abschaffung der Privilegien auch in ansonsten mit ultranationalistischer Rhetorik durchtränkten Plänen mit den strukturellen Vorschlägen ein Gleichheitsideal, das nicht ohne Weiteres als allein rhetorisches Element abgetan werden kann. Die Forderung nach – auch sozialer – Gleichheit des Volkes passt sich vielmehr in die militaristischen und nationalistischen Vorstellungen ein.

Das verbindende Element hier ist die sehr viele Pläne gleich welcher politischer Couleur auszeichnende Staatszentriertheit. Dieser Etatismus lässt die Forderungen nach Gleichheit im Lichte der optimalen Ausnutzung aller dem Staat zur Verfügung stehenden Ressourcen erscheinen – dafür ist eine sozial möglichst gleichgestellte Bevölkerung genauso vorteilhaft wie eine bestmögliche Verteilung der Bildungschancen. Somit wird deutlich, dass der Gleichheitsdiskurs in der Bildung vor 1945 nicht vorrangig mit der freien Entfaltung von Individuen verbunden war. Dies wird bei dem Vergleich mit den Reformdiskussionen und -umsetzungen der Besatzungszeit zusätzlich zu deren struktureller Komponente zu bedenken sein.

7. Fazit

Das Bild der Hochschulen zwischen den 1920er Jahren und 1945 erscheint zunächst als ein widersprüchliches. Auf der einen Seite erlebten Lehrende und Lernende eine immer stärker durchgreifende Militarisierung und Faschisierung ihrer Bildungseinrichtungen. Diese Tendenz fand sich auch im Diskurs über Bildung und Hochschulen wieder, etwa in der Rede von der Besonderheit der japanischen Staatsform oder von der notwendigen Abwehr »gefährlicher Gedanken«. Auf der anderen Seite wurde seit Mitte der 1920er Jahre, und praktisch ohne Unterbrechung bis Anfang der 1940er Jahre, über eine tief greifende und langfristige Reform des Erziehungswesens diskutiert. In dieser Diskussion wurden viele Positionen über die politischen Grenzen hinweg geteilt, und dies nicht nur hinsichtlich der strukturellen Konsequenzen, sondern auch im Hinblick auf die damit verfolgten Ziele.

Zu letzteren zählten, wie oben gezeigt wurde, Chancengleichheit in der Erziehung für Angehörige verschiedener sozialer Schichten, Lernende beiderlei Geschlechts und Bewohnerinnen und Bewohner unterschiedlicher Regionen, ferner die Abschaffung von durch das Bildungssystem verliehenen Privilegien sowie die Kultivierung von Persönlichkeiten, welche zwar sehr unterschiedlich aufgefasst wurde, aber fast durchgehend ein bestimmtes, festes Bild von Persönlichkeit voraussetzte. Die wichtigsten gemeinsamen strukturellen Forderungen lagen in der Abschaffung der elitären Oberschule, einer unterschiedlich konsequent konzipierten Vereinheitlichung der verschiedenen Einrichtungen der Tertiarstufe, Institutionen der Lehramtsausbildung eingeschlossen, einer Verfachlichung der solcherart institutionell aufgewerteten Lehramtsausbildung und schließlich der Ausweitung des Hochschulzugangs für Frauen, insbesondere durch Eröffnung des Zugangs zu Universitäten.

Militarisierung und Faschisierung auf der einen Seite und Öffnung und Expansion sowie Gleichheitsdenken auf der anderen Seite hatten ihren gemeinsamen Nenner in einem von fast allen Beteiligten geteilten Etatismus. Sei es, dass eine stärkere Einmischung des Staates in Bildungsfragen ausdrücklich gefordert wurde, wie bei Abe Shigetaka oder dem Kinkei Gakuin, oder sei es, dass die Rhetorik dies lediglich implizierte, wie bei Andō Masazumi oder der Kyōiku Kenkyūkai bzw. Kyōiku Kaikaku Dōshikai: Stets war der Dienst am Staat das Endziel, auf das die Bildungsreform hinzuarbeiten hatte, dem die anderen Ziele untergeordnet waren. Chancengleichheit und Persönlichkeitsbildung im Erziehungssystem sollten nicht der freien Entfaltung von Individuen dienen, sondern der gleichmäßigen Entwicklung der Angehörigen des japanischen Volks zu »nationalen«, japanischen Persönlichkeiten. Beide Perspektiven waren in der Diskussion der 1930er Jahre untrennbar miteinander verknüpft: Im Erziehungsrat betonten mit Tadokoro Yoshiharu, Tajiri Tsuneo und Andō Masazumi ausgerechnet diejenigen die Rolle des Schulsystems bei der Abwehr von für den Staat »gefährlichen Gedanken«, die auch beständig Chancengleichheit als in Schule und Hochschule zu verwirklichendes Ziel anführten.

Kathleen Uno hat darauf hingewiesen, wie Frauen in diesem Zeitraum für und durch den japanischen Staat nutzbar gemacht wurden:

> Intervention by the Japanese state in women's roles, however, posed a dilemma for early twentieth-century Japanese women. On the one hand, as mothers they were urged to devote more attention to the care and education of their children as future subjects of the imperial family-state. On the other hand, they were urged to toil at productive work within the confines of the home, since rising economic productivity benefitted their household and the nation.

> This suggests that the state policies tended to generate a double burden for ordinary, working women. While mothers were given greater responsibility for child care and socialization, they were expected to engage in productive tasks as well, for the sake of the imperial nation-state (Uno 1995: 45–46).

In der japanischen Sekundärliteratur wird die Dominanz dieser etatistischen Sichtweise nicht zugestanden. Stattdessen werden für die 1930er Jahre zahlreiche Strömungen innerhalb der politischen und militärischen Elite identifiziert und die Unterschiede zwischen diesen betont. So sieht etwa der Zeithistoriker Amemiya Shōichi während des Krieges vier Faktionen am Werk: Neben einer »Faktion eines sozialen Nationalismus«, dem er Konoe und sein Umfeld zurechnet, erkennt er eine »Wehrstaat-Faktion«, eine »liberale Faktion« und eine »reaktionäre Faktion«. Als Gemeinsamkeit aller vierer gesteht Amemiya ihre Unterstützung des Tenno-Systems zu; dass auch die sog. »Liberalen« sich ebenso wie die anderen drei Gruppen gut mit staatszentrierten Positionen arrangieren konnten, bleibt Amemiya, der die Unterschiede der Gruppen insbesondere an ihrer Haltung zur Außenpolitik festmacht, die Zuordnung jedoch auch für innenpolitische Fragen postuliert, hingegen verborgen (Amemiya 1997: 9–16). Am ehesten hat bislang der US-amerikanische Japanhistoriker Sheldon Garon Etatismus als verbindendes Element verschiedener politischer Interessengruppen und Diskussionszusammenhänge zwischen 1931 und 1945 herausgearbeitet: »[P]rogressive intellectuals [...] actively participated in new policymaking bodies responsible for introducing the heavy-handed statist schemes that subordinated most private interests« (Garon 1994: 349).

Im Zweiten Weltkrieg wurde das Ziel der Herausbildung gleichmäßig befähigter »nationaler Persönlichkeiten«, ausdrücklich einschließlich Frauen, noch wichtiger, weil sich dies nahtlos mit der für den »totalen Krieg« unabdingbaren optimalen Nutzbarmachung aller zur Verfügung stehender Ressourcen verbinden ließ. Auch wenn die unter diesen Idealen entwickelten Reformideen aus Kostengründen während des Krieges zum größten Teil nicht mehr umgesetzt werden konnten, zeigt doch die Tatsache, dass noch 1943 die Pädagogischen Seminare in Pädagogische Hochschulen umgewandelt wurden, welchen Stellenwert das Bildungswesen auch unter den Bedingungen des »totalen Krieges« noch einnahm. So wichtig die Wehrtüchtigkeit der Nation freilich als Maßstab für politische Gestaltung in den 1930er Jahren war, so wichtig ist es, noch einmal zu betonen, dass der überwiegende Teil derjenigen, die zur Bildungsreformdiskussion beitrugen, nicht für die Kriegszeit plante. Auch der Erziehungsrat verstand sich nicht als Gremium, das ein für die Kriegsführung effizientes Bildungssystem konzipieren sollte, sondern als eines, das grundlegende Reformen für die Nachkriegs- oder Friedenszeit beriet.

Mit Blick auf das in der Einleitung (s.o. 1.3) entwickelte Phasenmodell politischer Entscheidungsprozesse kann man den Prozess der Initiierung (1. Phase) der Hochschulreform auf die zweite Hälfte der 1920er und erste Hälfte der 1930er Jahre datieren. Aus zahlreichen gesellschaftlichen Sektoren heraus wurden Ideen für eine Bildungsreform geäußert, die, auch wenn sie nicht alle inhaltlich übereinstimmten, so doch ein gemeinsames diskursives Feld festlegten, innerhalb dessen diskutiert wurde. Im Hochschulbereich entstand so bald ein Konsens dahingehend, dass insbesondere die Oberschule, die Stellung der Höheren Fachschule gegenüber der Universität, die Zukunft der Lehramtsausbildung und der Zugang von Frauen zur Hochschule die zentralen Themen einer Reform seien. Dem Erziehungsrat kam die Rolle der Formulierung (2. Phase) zu, da er nicht nur an die in der Initiierung aufgeworfenen Diskussionen anknüpfend weiterdiskutierte, sondern auch umsetzungsnah konkrete Handlungsvorschläge erarbeitete, insbesondere in Gestalt von Vorschlägen zur Änderung der für die jeweiligen Bildungseinrichtungen geltenden Gesetze. Bei der Entscheidung (3. Phase) hatten die bislang tätigen Akteure fast keinerlei Einfluss mehr. Durch die Umstände des »totalen Krieges« geriet der politische Prozess an dieser Stelle ins Stocken und endete schließlich in minimalen Teilumsetzungen.

Damit hätte der Reformprozess – als Fehlschlag – beendet sein können, doch schufen die Kriegsniederlage 1945 und die US-amerikanische Besatzung Japans ab Oktober 1945 neue Umstände, unter denen – je nach Sichtweise – der bisherige Reformprozess weitergeführt werden oder ein neuer initiiert werden konnte. Um beurteilen zu können, welche von beiden Sichtweisen die angemessenere ist, ist eine Untersuchung der Reformdiskussion, -entscheidung und -umsetzung während der Besatzungszeit vonnöten. Der folgende Teil versucht aufzuzeigen, dass nach 1945 die bereits zuvor initiierten und formulierten Reformvorhaben wieder aufgenommen wurden, es also derselbe Reformprozess war, der zu seinem Ende geführt wurde. Zum Nachweis der Kontinuität wird es insbesondere nötig sein, auf der Grundlage der im vorliegenden Kapitel geleisteten Vorarbeit auf Kontinuitäten von Inhalten, deren sprachliche Vermittlung und personelle Kontinuitäten zu achten. Auch wird eine abschließende Beurteilung der Lehramtsreform von 1943 – als in sich abgeschlossene Reform oder als Teilumsetzung eines längeren Prozesses – erst nach einer Untersuchung der Lehramtsreform während der Besatzungszeit möglich sein.

III. Besatzungszeit (1945–1952)

Seit der Mitte der 1920er Jahre war intensiv und weit reichend über Reformen im höheren Bildungswesen diskutiert worden. Der sich stetig ausweitende Krieg seit Beginn der 1940er Jahre verhinderte eine Umsetzung selbst derjenigen Reformideen, die mehrheitlich Zustimmung fanden. Das Ende des Zweiten Weltkrieges 1945 veränderte die Rahmenbedingungen für Bildungspolitik in zweierlei Hinsicht grundlegend: einmal, indem der Krieg als bestimmender Faktor für die Ziele von Erziehung und als begrenzender Faktor für die institutionelle Ausgestaltung wegfiel, zum anderen, weil in Gestalt der US-Besatzungsbehörde ein neuer Akteur die Bühne des politischen Handelns in Japan betrat.

Wie veränderten die neuen politischen Rahmenbedingungen von Frieden und Demokratie den Bildungsreform-Diskurs, und wie beeinflusste die Anwesenheit der US-amerikanischen Besatzungsbehörde die Reformen im höheren Bildungswesen während der Besatzungszeit? Die Beantwortung dieser Frage ist zentral für das Kontinuitätsproblem, schlösse doch ein maßgeblicher Einfluss der Besatzungsmacht von vornherein große Kontinuitäten auf japanischer Seite aus. Dabei wird darauf zu achten sein, inwiefern vor 1945 initiierte Reformvorschläge ausdrücklich aufgegriffen wurden, inwiefern neue eingebracht wurden oder auch, ob alte Vorschläge ohne Anknüpfung an die Vorkriegstradition in neuem Gewande in die Diskussion eingebracht wurden. Der Schwerpunkt des vorliegenden Teiles wird auf der Implementation von Reformen liegen, die im Hochschulbereich 1947 einsetzte. Zuvor sollen jedoch die der Umsetzung vorausgehenden Diskussionen untersucht werden. Dabei werden weiterhin die Problembereiche Hochschulzugang bzw. Abschaffung der Oberschulen, institutionelle Vereinheitlichung (insbesondere Höhere Fachschulen vs. Universitäten), Verwissenschaftlichung der Lehramtsausbildung, Hochschulzugang für Frauen und Verwaltungsreform und Dezentralisierung im Zentrum der Analyse stehen.

Die Politik der US-amerikanischen Besatzungsarmee konzentrierte sich in ihrer ersten Phase auf Maßnahmen wie das Aussetzen des Schulunterrichts in bestimmten Fächern, das Schwärzen von Textstellen in Schulbüchern oder die »Säuberung« des Lehrkörpers von »unerwünschten Elementen«. Hinsichtlich der Tertiarstufe hingegen herrschte noch bis in das Jahr 1947 hinein teilweise große Unklarheit und es gab weder ein klares Gesamtkonzept noch Vorstellungen über die wesentlichen Details (1.).

Auf japanischer Seite hingegen hinderte die noch bis mindestens 1947 andauernde akute materielle Notsituation nach der Niederlage zahlreiche Beteiligte, darunter das Kultusministerium (2.1), Individuen, unabhängige Gruppen sowie Hochschulen (2.2) und das 1946 als zentrales Beratungsgremium der Regierung gegründete Komitee zur Erziehungsreform (2.3), nicht daran, schon unmittelbar nach Kriegsende Pläne zur Erziehungsreform zu entwickeln, die häufig an in den vorangehenden Jahren entwickelte Gedanken anknüpften (3.2).

Die Entscheidung und Umsetzung über einzelne Reformmaßnahmen ab 1947 zeichnete sich durch einen hohen Grad an Autonomie lokaler Akteurinnen und Akteure, das heißt insbesondere einzelner Hochschulen, aus (3.). Dies zeigt auch das detaillierte Fallbeispiel der Gründung der neuen Universität Akita durch den Zusammenschluss bestehender Hochschulen in der Präfektur Akita (4.). Inwieweit nicht nur strukturell, sondern auch diskursiv-rhetorisch auf Erbschaften aus der Vorkriegs- und Kriegszeit zurückgegriffen wurde, muss abschließend anhand ausgewählter Topoi untersucht werden (5.).

1. Reformvorhaben der Besatzungsarmee, 1944–1947

Die Planungen für die US-amerikanische Besatzung Japans liefen bereits an, als die Kriegshandlungen noch im vollen Gange waren. Zu einem Zeitpunkt, als die Rahmenbedingungen einer Besatzung politisch noch gar nicht geklärt waren (etwa direkte vs. indirekte Besatzung, alliierte vs. Ein-Mächte-Besatzung), wurden in den USA bereits Pläne für den zivilen Aspekt der Besatzung entworfen, wozu auch der Bereich Bildung und Erziehung gehörte. Dieser war deswegen von großer Bedeutung, weil nach Einschätzung der USA die Wiederholung eines japanischen Angriffskrieges nur nach einer Umerziehung der japanischen Bevölkerung zu vermeiden war.

Die Leitlinien der US-Besatzungspolitik wurden kurz vor und nach Kriegsende in der Kapitulationserklärung sowie der »Initial Post-Surrender Policy« festgelegt (1.1). Zur Konkretisierung waren jedoch noch weitere Schritte erforderlich. Auch hierfür war aber im Bildungsbereich zu Beginn der Besatzung noch nicht das Personal der Besatzungsbehörde selbst verantwortlich, sondern es wurde, wie in vielen anderen Politikbereichen auch, eine externe Kommission aus Experten und Expertinnen eingesetzt, die U.S. Education Mission to Japan, die im März 1946 Japan bereiste und anschließend ihre Empfehlungen in einem Bericht zusammenfasste (1.2). Erst nach diesem Zeitpunkt begann die für Bildung zuständige Unterabteilung der Besatzungsbehörde, die Civil Information and Education Section (CIE), konkrete eigene Ideen zu entwickeln. Der Unterbereich Hochschule genoss dabei in der Frühzeit der Besatzung keine hohe Priorität; dennoch kann in den bis etwa 1947 in CIE entwickelten eigenen Vorstellungen bereits die Meinungsbildung zu den fünf wichtigsten Reformfeldern nachvollzogen werden (1.3).

1.1 Kriegszeitliche Planungen

Bereits 1942 fanden erste Aussagen über die Notwendigkeit, im Falle einer japanischen Kriegsniederlage auch das Erziehungssystem zu reformieren, Eingang in im US-amerikanischen Außenministerium entworfene Konzepte (Suzuki 1983: 5). Diese blieben freilich vage und waren noch nicht zu konkreten Empfehlungen zugespitzt. Im während des Krieges neu gegründeten US-amerikanischen Militärgeheimdienst Office of Strategic Services (OSS) führten mehrere Informationsstudien 1944 zu einem Dossier, das erste konkrete Empfehlungen aussprach. Besonderes Augenmerk sollte im Erziehungsbereich dem Verwaltungsapparat, insbesondere dem Kultusministerium an dessen Spitze, dem Kaiserlichen Erziehungserlass und der Unterdrückung von Religionsgemeinschaften zukommen (Suzuki 1983: 7–8).

Parallel fertigte das Far East Area Committee im US-amerikanischen Außenministerium zwischen Juli und November 1944 den Bericht »Japan: The Education System under Military Government« an. Dieser sah Änderungen in bestimmten Schulfächern mit besonders ultranationalistischen Inhalten vor sowie die Abschaffung weiterer Instrumente der Indoktrination (Schulfeiern, die zeremoniell verliehenen kaiserlichen Porträts etc.). An auch für den Hochschulsektor relevanten Punkten fanden sich Empfehlungen zu Personal-»Säuberungen«, zu einer Reform der Kultusbürokratie und der Hinweis, auf die Lehramtsausbildung sei Gewicht zu legen. Zu Beginn des Berichts fand sich außerdem die Beobachtung, die Studierendenzahlen seien äußerst gering (Suzuki 1983: 13, 16), implizit also die Erwartung, dass diese gesteigert werden müssten.

Anfang 1945 schließlich begannen die Ministerien für Äußeres, Heer und Marine im State-War-Navy Coordinating Committee (SWNCC) gemeinsam zu beraten. Im Februar 1945 beschloss dieses SWNCC ein Arbeitsvorhaben, das als zu untersuchende Problembereiche u.a. das Auswahlverfahren der Hochschulen für Mittelschüler und die Art der Produktion von Absolventinnen und Absolventen durch das Schulsystem benannte; zu der geplanten näheren Untersuchung kam es jedoch in der Folge nicht (Suzuki 1983: 24). Stattdessen erarbeitete im Außenministerium der Japanspezialist Gordon T. Bowles kurz vor der Kapitulation am 30. Juli 1945 eigenständig ein Dossier zum japanischen Erziehungswesen. Dieses ging noch von der Annahme aus, dass die Schulen als gefährliche Stätten der Indoktrination zunächst sämtlich geschlossen werden müssten und erst nach Abschluss einer Konsolidierungsphase der Besatzung wieder geöffnet werden könnten (in: Kubo 1984: 63). In einer späteren Phase sollten Reformen in Angriff genommen werden, jedoch nicht durch die Besatzungsmacht, sondern durch »kooperative Japaner«, weil sonst die Dauerhaftigkeit der Reformen nicht gewährleistet wäre (in: Kubo 1984: 66). Für den Hochschulbereich nannte Bowles als in dieser Phase zu ereichende Ziele: »Das Ungleichgewicht zwischen Mittelschulen und Einrichtungen der höheren Bildung muss geändert werden. Um größere Chancen für höhere Bildung zu erzeugen, müssen viele höhere Schulen gegründet werden« (in: Kubo 1984: 67).

Seit April 1945 arbeitete das SWNCC schließlich an der »United States Initial Post-Surrender Policy for Japan«. In dem dann am 22. September 1945 veröffentlichten und breit publizierten Dokument taucht der Bereich Bildung allerdings nur am Rande, im Zusammenhang mit der Demilitarisierung des Schulwesens, auf (DS 1949: 77).

Insgesamt spielte der tertiäre Sektor bei den kriegszeitlichen Überlegungen zu Umerziehung und Schulreformen nur eine untergeordnete Rolle. Schwerer wogen die Abschaffung des Kaiserlichen Erziehungserlasses sowie Eilmaßnahmen in den für besonders schädlich gehaltenen Fächern Geschichte und Geographie einschließlich einer Überprüfung der dort verwandten Schulbücher, die Demilitarisierung des Schulunterrichts und die Diskontinuierung von Zeremonien, die zum Ziel hatten, Schülerinnen und Schüler auf den Tenno-Staat auszurichten. Dagegen gab es zum Hochschulbereich nur vage Problembeschreibungen, nicht jedoch konkrete Reformvorschläge. Obschon mehrere der im Außenministerium an der Erstellung und Diskussion der Berichte und Dossiers Beteiligten Kenntnisse über Japan aus erster Hand besaßen, so etwa Hillis Lory, 1925 bis 1929 Dozent an der Kaiserlichen Universität Tōhoku in Sendai (Suzuki 1983: 12), oder Eugene H. Dooman und Gordon T. Bowles, beide in Japan geboren (Suzuki 1983: 19), fand nur eine Beschreibung des Kriegssystems der 1930er Jahre Eingang in die entsprechenden Papiere; autochthone Änderungs- und Reformvorschläge hingegen blieben unbekannt. Allerdings fand sich mehrfach die Idee, Leitungspositionen in der Bildungsbürokratie oder in den Schulen mit »alten Liberalen«, also aus den 1920er Jahren bekannte Politiker und Akademiker, die sich gegen die Militarisierung eingesetzt hatten, zu besetzen.

1.2 U.S. Education Mission to Japan

Im Bereich der Bildungspolitik war die Zeit bis Mitte 1946 für die Besatzungsbehörden in mancherlei Hinsicht eine vorübergehende Phase der Orientierung. Dies zeigt sich schon am CIE-Personal: Kenneth R. Dyke, der erste Leiter von CIE nach der Einrichtung der Abteilung im Oktober 1945, verließ Japan im Mai 1946, Harold G. Henderson, Leiter der Erziehungsunterabteilung von CIE, blieb bloß bis Dezember 1945 im Amt und Robert K. Hall, ebenfalls für kurze Zeit Leiter der Unterabteilung für Erziehung, bis Juli 1946. Das ab Mitte 1946 bestehende Team aus Donald R. Nugent (Leiter CIE), Mark T. Orr (Leiter Education Division) und Joseph C. Trainor (stellvertretender Leiter Education Division) hingegen war bis 1949 (im Falle Orrs) bzw. bis zum Ende der Besatzung 1952 tätig.

So ist erklärlich, dass die während der Amtszeit von Dyke, Henderson und Hall ergriffenen Maßnahmen eher kurzfristiger Natur waren. Zwischen Oktober und Dezember erließ CIE unter der Bezeichnung »die vier großen Erziehungsdirektiven« bekannt gewordene Anweisungen, die einzigen in der Form unmittelbarer Befehle formulierten Direktiven, die CIE bis Ende der Besatzung erlassen sollte. Die Direktiven regelten das Verhältnis zwischen Kultusministerium und Besatzungsbürokratie, die »Säuberung« des Erziehungspersonals von »unerwünschten Elementen«, das Verbot des Staats-Shintō und die Suspension des Unterrichts in den Schulfächern Moral, japanische Geschichte sowie Geographie. Keine dieser Maßnahmen zielte auf strukturelle Änderungen ab; die Hochschulen waren nur von der Überprüfung des Lehrpersonals, die im Oktober 1945 befohlen und ab Mai 1946 umgesetzt wurde (s. hierzu: Yamamoto 1994), betroffen.

Erst mit der Einsetzung der United States Education Mission to Japan (USEM) im März 1946 begann man, tatsächlich an strukturellen Reformen zu arbeiten. Die Idee zur Entsendung einer solchen aus US-amerikanischen Bildungsexperten und Bildungsexpertinnen zusammengesetzten Delegation war zuerst im Oktober 1945 von Gordon T. Bowles aus dem Außenministerium geäußert worden. CIE stellte daraufhin eine Liste der Teilnehmerinnen und Teilnehmer zusammen, die bis Februar 1946 mit dem Außenministerium abgestimmt wurde. Der zunächst noch »Advisory Group on Education to Japan« genannten Delegation sollten fast ausschließlich US-amerikanische Erziehungswissenschaftlerinnen und -wissenschaftler sowie Hochschulrektoren angehören; ein Japanexperte oder eine Japanexpertin fand sich nicht darunter (Kubo 1984: 317–349).

Das offizielle Programm der Delegation dauerte vom 7. bis zum 30. März 1946; der am Ende des vierwöchigen Aufenthalts am 30. März 1946 vorgelegte Bericht der USEM behandelte höhere Bildung in zwei Kapiteln, einem zur Lehramtsausbildung und einem zu sonstiger höherer Bildung. In letzerem war der beschränkte Zugang zum Universitätssystem als eines der Hauptprobleme der Vergangenheit formuliert:

> There has been too wide a gap between the world of higher learning occupied by scholars and the unidentified millions of the Japanese people [...] Recognition of the right of access to higher learning must be made clearer to the people and to the administrative powers controlling higher education, as the prerogative and special advantages of the few are relaxed and redefined for the many (DS 1946: 47–48.).

Ein weiterer Schwerpunkt des Kapitels zu höherer Bildung war der Hinweis auf den Mangel an allgemein bildenden Elementen in den existierenden Curricula. Als Grundlage für freies Denken sei die Einführung oder Stärkung allgemein bildender Kurse auch in primär der Berufsausbildung gewidmeten Studiengängen ratsam (DS 1946: 52). Der Bericht schlug weiterhin in recht vagen Formulierungen die Gründung einer Art Akkreditierungsagentur und eine Stärkung privater Hochschulen vor, während weitere Passagen auf materielle Missstände in den medizinischen Einrichtungen und Bibliotheken eingingen (DS 1946: 48–49, 54).

Bei seinen Ausführungen zur Lehramtsausbildung ging der Bericht davon aus, dass die bestehende institutionelle Struktur erhalten bleibt. Die Ausbildung an den Pädagogischen Hochschulen habe drei inhaltliche Bereiche abzudecken: Allgemeinbildung *(general or liberal education)*, Fachinhalte und methodisches Rüstzeug (Pädagogik, Psychologie) (DS 1946: 40). Die USEM befürwortete eine substanzielle Höherstufung der Pädagogischen Hochschulen: »Although it may be necessary to certificate primary teachers at the end of two years, four full years beyond the middle grade or upper secondary school should be offered by all the normal schools« (DS 1946: 42).[34] Einen eigenen Unterabschnitt widmete der Bericht der Verbesserung der Ausbildung von Lehrerinnen und Lehrern, die ihren Abschluss an Höheren Fachschulen und Universitäten erworben hatten. In diesen Fällen war bislang keine Zusatzqualifikation erforderlich gewesen, um an einer der unteren Schulstufen lehren zu dürfen. Der Bericht verlangte, dass auch Personen, die an anderen Institutionen als Pädagogischen Hochschulen die Lehrbefugnis erlangten, also etwa an Universitäten, die o.g. drei Ausbildungsbereiche abzudecken hätten, also insbesondere auch Pädagogik. Er äußerte sich aber nicht dazu, ob die Lehramtsausbildung innerhalb von regulären Universitäten oder in separaten Einrichtungen angesiedelt werden sollte, sondern regte lediglich an, zur Festlegung der Details, wie das System der Lehramtsausbildung an Höheren Fachschulen und Universitäten geändert werden solle, eine eigene Kommission einzuberufen (DS 1946: 43).

Auch die Bildungsverwaltung war Gegenstand des Berichts. So wurde das Kultusministerium mit den folgenden Worten kritisiert:

> The Ministry of Education has been the seat of power for those who controlled the minds of Japan. In order to prevent the possible misuse of the power of this office as heretofore constituted, we propose that its administrative controls be reduced. This means that many present controls affecting curricula, methods, materials of instruction, and personnel shall be transferred to prefectural and local school administrative units (DS 1946: 27).

Auch diese Empfehlung war aber nur im Kapitel zur Primar- und Sekundarstufe zu finden, betraf also den Hochschulbereich nicht direkt.

Es ist auffällig, dass die Hochschulkapitel des USEM-Berichtes sehr vorsichtig formuliert waren und fast keine konkreten Vorschläge machten; am ehesten finden sich solche noch in den Ausführungen zur Lehramtsausbildung. Hingegen betonte der Bericht mehrfach sogar ausdrücklich, dass die Rolle der Besatzungsbehörden in diesem Bereich wohl ohnehin begrenzt sein werde und daher die konkrete Umgestaltungsarbeit der japanischen Seite über-

34 ›Normal schools‹ hießen in den USA seit dem 19. Jahrhundert Stätten zur Ausbildung von Lehrerinnen und Lehrern.

lassen werden müsse (z.B. DS 1946: 48). Der Mangel an konkreten Vorschlägen fällt noch stärker ins Auge, wenn man die hochschulbezogenen Kapitel mit dem Rest des Berichtes vergleicht, der für die Primar- und Sekundarstufe bereits mit konkreten Empfehlungen aufwartete. Auch die Kritik an der Bevorzugung der Kaiserlichen Universitäten und der Benachteiligung von Privatuniversitäten – eine der Quellen für die Kritik am Kultusministerium – fiel eher milde aus. In einem früheren Entwurf waren die Kaiserlichen Universitäten sogar für ihr hohes Niveau gelobt worden und war für die Fortführung ihrer führenden Stellung im System plädiert worden (in: Tsuchimochi 1993: 148). Ebenso hatte ein früherer Entwurf negativ über das niedrige Niveau vieler Privatuniversitäten geurteilt (in: Tsuchimochi 1993: 150). Ein Grund für das Fehlen klarer Empfehlungen mag demnach gewesen sein, dass man sich innerhalb der USEM über die grundsätzliche Stoßrichtung von Empfehlungen in diesem Bereich nicht einig werden konnte.

Warum auch immer die Formulierungen der Abschnitte zum Hochschulwesen vage gewesen sein mögen: In der schließlich veröffentlichten Form stellten sie keine große Hilfe für CIE dar. Da überdies kurz nach Erscheinen des USEM-Berichtes ein bedeutender Personalwechsel innerhalb CIE stattfand, hatte der USEM-Bericht letztlich fast keinen Einfluss auf die Hochschulpolitik während der Besatzungszeit.

1.3 Frühe Überlegungen zur Hochschulreform von CIE

Die Civil Information & Education Section entstand aufgrund der Empfehlung, eine eigenständige Abteilung zur Umerziehung der japanischen Bevölkerung einzurichten, welche das SWNCC Anfang September 1945 ausgesprochen hatte. Oberbefehlshaber General Douglas MacArthur folgte dieser Anregung und richtete am 3. Oktober 1945, kurz nach dem Umzug des Hauptquartiers (General Headquarters, GHQ) von Yokohama nach Tokyo, CIE als eigenständige Abteilung mit zwei Unterabteilungen, der Information Division und der Education Division, ein. Zu diesem Zeitpunkt hatte CIE lediglich drei Mitarbeiter; deren Zahl wuchs ab November aber rasch und erreichte im Februar 1946 einen Stand von 30 (Kubo 1984: 171–175).

CIE war sich der Wichtigkeit von Veränderungen im Hochschulbereich durchaus von Anfang an bewusst. Joseph Trainor, der stellvertretende Leiter der Education Division und ab Juni 1946 Mitglied von CIE, urteilte 1953 im Rückblick:

> Japanese higher education was indeed in need of reform. [...] The complex and discriminatory structure of schools which had operated at the secondary level in the pre-occupation years found its fruition in higher education. [...] Throughout the whole scene, the multi-channel system of education operated, with the benefits of the better higher education available only to the few who had followed the favorite channels of education (Trainor 1983: 223).

Obwohl Trainor der Struktur des Hochschulwesens also einen entscheidenden Einfluss auf die japanische Gesellschaft zuerkannte, hatte CIE in den ersten Monaten große Mühe, den Hochschulen eine dieser theoretischen Prioritätensetzung angemessene Aufmerksamkeit entgegenzubringen. Alfred Crofts, seit Februar 1946 erster Universities Officer in CIE, erinnerte sich 1985:

> The fact is I couldn't have a plan because there was no means of implementation of any plans you could make. Any plan you set down was between you and the doorpost. You couldn't be-

> gin to achieve it without working through military channels. I must say, without fear of exaggeration, military channels were pretty nearly blocked against either [sic!] the idea of giving large access to higher education to orientals (HWOHC [2]: 24).

In der Tat hielt Struktur erst mit dem Wechsel von Crofts zu Edwin F. Wigglesworth, damals Dozent an der New York University, im Juni 1946 Einzug. Im Rückblick beschrieb Wigglesworth 1983 die Situation bei seinem Eintreffen wie folgt:

> [W]e were having a difficult time because we were there in June of 1946, almost a year after the end of the war and the coming of the Occupation Forces. Nevertheless, they hadn't gotten around very far to getting the organization going, or having the Mission going, or action going, in the Education Division. [...] I found that nobody had a program in mind (HWOHC [5]: 5).

Tatsächlich stammen die ältesten innerhalb CIE erarbeiteten schriftlich fixierten Überlegungen zum Hochschulbereich von Wigglesworth selbst. In einer längeren Studie mit dem Titel »Reorganization of Higher Education«, die vermutlich kurz nach seiner Ankunft entstand,[35] legte Wigglesworth den Kurs für CIE fest.

Die Vorschläge darin übertrafen die der USEM bereits um einiges an Konkretheit. Der noch unfertige Charakter dieser Studie offenbart sich dennoch in falschen Sachannahmen über die Grundlagen des japanischen Erziehungssystems (s.u. 1.3). Der mangelhafte Kenntnis- und Planungsstand von CIE im ersten Jahr der Tätigkeit der Behörde zeigt sich ebenso deutlich in einem Memorandum aus einem Gespräch zwischen Wigglesworth und Matsui Masao, Leiter der Universitätsabteilung *(daigakuka)* im Büro für Schulerziehung *(gakkō kyōiku kyoku)* des Kultusministeriums, vom August 1946 mit dem Titel »The Certification of Schools for University Standing«. Darin hieß es:

> It was gradually brought out that the only method by which a school can be established as a university at the present time is the submission of complete plans of the project to the Minister of Education; and he, personally, decides whether or not the petitioning school shall be granted university status. There is no formal list of requirements which a school must meet in order to obtain university standing (GHQ [1]).

In der Tat war, wie Matsui ausführte, der Kultusminister laut dem Universitätsgesetz *(Daigakurei)* von 1918 und der Universitätsverordnung *(Daigaku kitei)* von 1919 für die Einrichtung und Aufhebung von Universitäten in letzter Instanz verantwortlich. Bemerkenswert ist allerdings, dass weder Wigglesworth noch die anderen beim Gespräch anwesenden CIE-Mitglieder (Lulu Holmes, Eileen Donovan) gewusst zu haben scheinen, dass dasselbe

---

35 Das 16-seitige Dokument ist undatiert. Einen Hinweis auf die Datierung gibt jedoch die Tatsache, dass in dem Dokument von »J.E.C.« die Rede ist. Mit »J.E.C.« wurde innerhalb von CIE das »Japan Educators Committee« (Komitee japanischer Erzieher, Nihon Kyōikuka Iinkai) bezeichnet, die Vorgängerorganisation des »Japan Education Reform Committee« (Komitee zur Erziehungsreform, Nihon Kyōiku Sasshin Iinkai), das in CIE mit »JERC« abgekürzt wurde. Der Beschluss zur Einrichtung des Komitees zur Erziehungsreform fiel im August 1946, und das Komitee zur Erziehungsreform begann im September 1946 zu tagen, so dass, wenn Wigglesworth »Suggestions for J.E.C. action« ausspricht (TC [3]: 14), davon auszugehen ist, dass das Komitee zur Erziehungsreform noch nicht lange im Amt gewesen sein kann und das Dokument etwa im August oder September 1946 entstand.

Gesetz und dieselbe Verordnung sehr wohl auch Kriterien für die Zulassung als Universität vorgaben, so dass die Entscheidung nicht ausschließlich im persönlichen Ermessen des Kultusministers lag. Selbst dort, wo die Bestimmungen der Universitätsverordnung vage blieben, griff seit Mitte der 1920er Jahre (als durch die wachsende Zahl von Anträgen privater Institutionen die Notwendigkeit klarer Regeln wuchs) eine schriftliche Fixierung detaillierter Kriterien in Gestalte ministeriumsinterner Überprüfungsregeln *(shinsa naiki)*. Ähnliche Verordnungen und Erlasse existierten auch für die Zulassung von Höheren Fachschulen und Oberschulen (DKKNH 2005: I: 23–26).

Nichtsdestotrotz kristallisierten sich während der Amtszeit Wigglesworths, die bis Juni 1947 dauerte, einige Schwerpunktgebiete heraus, in denen die innerhalb CIE für höhere Bildung Zuständigen tätig sein würden. Zwar konstatierte Trainor in einem internen Memorandum noch kurz nach Wigglesworths Ablösung durch Walter C. Eells Mitte 1947, es gebe »gegenwärtig kein klar definiertes Programm« im Bereich höhere Bildung (TC [5]: 1). Dennoch ließen sich bereits zu diesem Zeitpunkt die Schwerpunkte identifizieren, denen CIE auf dem Arbeitsgebiet Hochschulen verstärkt Aufmerksamkeit zuwandte.

Abschaffung der Oberschulen

Schon in einem sehr frühen internen Planungsdokument von vermutlich Dezember 1945 implizierte CIE, dass die Oberschule nicht fortgeführt werden soll. Nach achtjährigen Grundschulen hätte, diesem Plan zufolge, die Sekundarstufe aus einer dreijährigen Mittelschule bestanden, die sogleich zum Besuch der Universität berechtigt hätte (Tsuchimochi 1992: 86–87). Allerdings gelangten diese Entwürfe nie über die Planungsphase hinaus und verloren in der ersten Hälfte des Jahres 1946, nach dem Bericht der USEM und dem Personalwechsel in CIE, gänzlich ihre Bedeutung.

In seiner Studie von Mitte 1946 ging Wigglesworth davon aus, dass die gesamte Tertiarstufe in einheitlich vier Jahre Ausbildungsdauer umfassende Universitäten umgewandelt würde. Ein Teil der existierenden Oberschulen würde im neuen System zu Universitäten, wahlweise könnten sie aber auch Oberschulen neuen Typs werden (TC [3]: 2–5). Damit ging die Studie »Reorganization of Higher Education« in ihrer Konkretheit weit über die Empfehlungen der USEM hinaus, indem sie die Abschaffung der alten Oberschulen, die der USEM-Bericht nicht berührt hatte, klar formulierte. Dies zeigt sich überdies in einem Anhang, der alle Oberschulen alten Typs auflistet und jeweils anmerkt, mit welcher bestehenden Universität diese vereinigt werden könnten bzw. welches sonstige Schicksal für die jeweilige Institution empfehlenswert wäre (TC [3]: 12).

Zwar war mit Wigglesworths Studie von 1946 noch nicht zweifelsfrei entschieden, welches zukünftige Schicksal den einzelnen ehemaligen Oberschulen bevorstehen sollte und ob deren Überführung in Universitäten lediglich als Möglichkeit vorgesehen war; doch die Notwendigkeit, die alten Oberschulen abzuschaffen, war unbestritten. Auch in einem Papier mit Anweisungen für seinen Nachfolger stellte Wigglesworth einerseits klar heraus, dass die alten Oberschulen abgeschafft werden müssen, ließ aber die Zukunft der einzelnen Institutionen noch offen (TC [4]: 2).

Die klare Haltung von CIE zur Abschaffung der Oberschulen lag darin begründet, dass man in ihr den ausschließenden Charakter der bisherigen höheren Bildung in Japan exemplarisch auf die Spitze getrieben sah. Joseph Trainor fasste die Motive von CIE 1953 rückblickend wie folgt zusammen:

> In general they [die alten Oberschulen] were the institutions which furnished the inside track to the great universities and consequently they were an important link in the discriminatory system whereby students for the limited university openings were selected. In addition they contained much arrogance and their students spent no little time in expressing their feelings of superiority and in defying conventions. [...] There was a strong sentimental attachment for the koto gakko, for it was the school in which most Japanese leaders had first experienced the thrill of intellectual challenging [sic!]. [...] The Education Division itself was inclined to feel that the koto gakko was an institution which higher education in Japan could well dispense with and felt that the values which had been inherent in them were not peculiar to them, but could be operative in any institution of education at any level (Trainor 1983: 226).

Die »gefühlsmäßige Bindung« der japanischen Führung an die alte Oberschule sollte CIE aber in der Folge noch zu schaffen machen. Der Personalwechsel an der Spitze des Kultusministeriums weg von reinen Bürokraten hin zu Vertretern der akademischen Welt hatte nämlich zugleich auch solche Personen in die Führungspositionen gebracht, die persönlich an der Oberschule hingen bzw. diese als Vorbereitungsinstitution für die Universität für unabdingbar hielten (s.u. 2.1). Trainor sah sich daher in einem Memorandum an seinen Vorgesetzten 1947 dazu veranlasst, auf die Einhaltung des einmal eingeschlagenen Weges zu drängen: »The old-koto-gakko [...] must be budged from its present position of favored entrenchment« (TC [5]: 2). Hier nahmen die CIE-Mitarbeiterinnen und -Mitarbeiter also bereits einen (drohenden) Konflikt wahr.

Institutionelle Vereinheitlichung

Wigglesworth war von 1935 bis 1938 Englischlehrer an der staatlichen Höheren Fachschule für Wirtschaft in Hikone (Präfektur Shiga) gewesen. So ist es nicht verwunderlich, dass er während seiner Zeit als Universities Officer für CIE ein besonderes Interesse an der Zukunft der Höheren Fachschulen an den Tag legte. Für die Probleme dieser Schulform war er insbesondere deshalb sensibilisiert, weil er 1937 dem Rektor der Höheren Fachschule für Wirtschaft in Hikone, Yano Kanjō (auch unter dem Vornamen Tsuraki bekannt), geholfen hatte, eine Rede vor der Siebten Weltkonferenz für Erziehungswissenschaften in Tokyo ins Englische zu übertragen. In dieser Rede von Yano, der 1946 auch Mitglied des Komitees zur Erziehungsreform wurde (s.u. 2.3), ging es um »Probleme der Verfachlichung in der Handelserziehung« und dabei auch um die Existenz des Dualismus Höhere Fachschule–Universität, welchen Yano freilich in seiner Rede nicht in Frage stellte (TKDSKKZS 1939: II: 449–451). Wigglesworth hatte 1937 auch die Inhalte der Rede kommentiert und mit Yano darüber »ausführlich diskutiert« (HWOHC [5]: 4).

Die existierenden Höheren Fachschulen, auf vier Jahre Ausbildungsdauer verlängert, sollten in Wigglesworths Studie von Mitte 1946 im neuen System zu Universitäten werden. Ein Großteil der Ausführungen Wigglesworths war der Frage gewidmet, welche Schuljahre der gegenwärtigen Schulformen welchen Schuljahren der Schulformen im zukünftigen System entsprechen würden. Hierbei setzte er jedoch einen falschen Status quo voraus, wenn er annahm, der Eintritt in die Universität sei bislang nach 14 Schuljahren erfolgt und würde daher im geplanten neuen System zwei Jahre früher liegen. Tatsächlich verließen diejenigen Absolventen der Mittelschule, die zur Oberschule weitergingen, seit 1919 die Mittelschule vielmehr schon ein Jahr vor ihren Mitschülern, so dass auch der Eintritt in die Universität schon nach 13 Schuljahren erfolgte. Seine Annahme, die Umstellung »zwinge die Universität zwei Jahre hinzuzufügen, auf dem gegenwärtigen vor-universitären Niveau« (TC [3]: 4) war also falsch und seine folgenden Ideen zur Lösung dieses Problems waren größtenteils unnötig.

Inhaltlich betonte Wigglesworth die Wichtigkeit allgemein bildender Kurse. So schrieb er zu den Voraussetzungen, unter denen die derzeitigen Höheren Fachschulen als Universitäten anerkannt werden können: »[A]s universities, they must offer general courses which will have the objective of achieving a degree of cultural development within the individual as well as proficiency in the specialty of the school« (TC [3]: 2). Und zu Oberschulen und Höheren Fachschulen sagte er: »For both koto and semmon gakko - become university, there should be an equal distribution of class hours between technical and liberal arts subjects« (TC [3]: 5).

Zu Privatuniversitäten äußerte sich der sonst so konkrete Plan nur vage, indem er die »General CI&E Policy« so bestimmte, dass nach eingehender Prüfung erkannte etwaige Kontrollen seitens des Kultusministeriums möglichst gelockert werden sollten (TC [3]: 10). In einem weiteren Abschnitt legte Wigglesworth schließlich detailliert dar, wie ein Gremium zur Akkreditierung von Hochschulen und akademischen Graden aussehen könnte, das unabhängig vom Kultusministerium, aber auch nicht direkt von den Hochschulen eingesetzt, agieren sollte (TC [3]: 6–7).

Wohl noch vor Entstehung dieses Papiers deutete Wigglesworth schon im August 1946 dem Kultusministerium gegenüber an, dass, die Höheren Fachschulen im 6-3-3-4-Plan nur als Universitäten ihren Platz finden würden (GHQ [1]: 1). In den Anweisungen für seinen Amtsnachfolger wurde er noch konkreter: »[I]t is recommended that senmon gakko be elevated to daigaku of specialized training whenever possible and as soon as possible« (TC [4]: 3). Kurz zuvor, im April 1947, hatte er in einem Gespräch mit dem Leiter des u.a. für Hochschulen zuständigen Büros für Schulerziehung im Kultusministerium, Hidaka Daishirō, empfohlen, insbesondere in den weniger dicht besiedelten Präfekturen Höhere Fachschulen und Oberschulen zu Volluniversitäten zu vereinigen:

> CIE officer [d.i. Wigglesworth], as a result of the observations of the placement of senmon and koto gakko in the various cities, recommended that the consolidated universities idea for each of these cities such as Niigata, Kanazawa, Morioka, etc., which would bring together the various senmon and koto gakko into one unit, be given serious consideration (GHQ [23]: 1).

Zu diesem Zeitpunkt waren allerdings auch schon das Komitee zur Erziehungsreform und zahlreiche einzelne Hochschulen auf die Idee gekommen, dass sich die in einer Region bestehenden Hochschulen jeweils zu neuen Universitäten zusammenschließen könnten (s.u. 2.3 und 3.2.2).

Lehramtsausbildung

Wigglesworths Ideen zur Lehramtsausbildung in seinem Papier von August oder September 1946 sahen vor, getrennte Einrichtungen für die Lehramtsausbildung beizubehalten, die bestehenden Pädagogischen Hochschulen jedoch zu vierjährigen Pädagogischen Universitäten aufzuwerten. Grund- und Mittelschullehrerinnen und -lehrer sollten nach zwei Jahren Studium an einer solchen Universität die Lehrbefugnis erhalten (womit es sich streng genommen nicht um eine Vierjahresuniversität im Sinne des 6-3-3-4-Systems gehandelt hätte), Oberschullehrerinnen und -lehrer nach vier Jahren (TC [3]: 7). Die Forderung nach einer Heraufstufung der Pädagogischen Hochschulen zu Universitäten war gegenüber dem USEM-Bericht eine entscheidende Neuerung.

Diese Aufwertung der Lehramtsausbildung auf Universitätniveau war jedoch noch nicht gleichbedeutend mit der vollständigen Eingliederung der Lehramtsausbildung in die Universitäten. Vielmehr hielt CIE noch an den Pädagogischen Hochschulen fest. Dies wird z.B. klar in der Erwartung Harry E. Griffiths von der Abteilung Teacher Training, die er im Juni 1946 schriftlich festhielt: »[t]he establishment of a four year normal school entirely on the college level« (TC [2]: 2). Auch die sich wöchentlich als Higher Education Group treffenden mit Hochschulfragen befassten CIE-Mitarbeiterinnen und -mitarbeiter ließen diesen Punkt im Oktober 1946 offen. In einer Sitzung zur Lehramtsausbildung hielten sie fest:

> Graduates of Daigaku must have pedagogical training before being admitted to teach on the elementary and secondary levels. [...] Teachers on the elementary and secondary level must have a liberal arts eduaction. [...] On the elementary level, teachers must have a minimum of 14 years of education to be elevated for a temporary certificate. [...] For teachers on the elementary level a 16 year minimum should be required for holders of the permanent certificate. [...] For teachers on the secondary level a minimum of 17 years should be required allowing for one additional year of concentration on the subject matter (GHQ [32]: 1–2).

Diese Vorgaben, denen zufolge für reguläre Grundschullehrerinnen und -lehrer eine Studienzeit von vier Jahren an der Universität (6 +3 +3 +4 = 16 Jahre) vorgesehen war, beschäftigten sich nur mit dem Fall, dass Universitätsabsolventinnen oder -absolventen Lehrerin oder Lehrer werden wollten. Damit war keine Aussage darüber getroffen, dass nicht auch spezielle Einrichtungen zur Lehramtsausbildung parallel existieren könnten. Allerdings hätte auch für diese die Aussage gegolten, dass sie den Lehramtsanwärterinnen und -anwärtern eine *liberal arts education* vermitteln mussten. Damit wären separate Einrichtungen zumindest inhaltlich den Universitäten nicht sehr fern gewesen. Ob es sie überhaupt geben sollte, war aber zu diesem Zeitpunkt, im Herbst 1946, aus CIE-Sicht noch ungeklärt.

Hochschulzugang für Frauen

CIE lag von Beginn an daran, Frauen den regulären Zugang zu Universitäten zu eröffnen. Hier war die Unzufriedenheit von CIE mit dem bestehenden System klar zu erkennen: »Opportunities for women in higher education were so few as to be indefensible except under a social system which discriminated against women in all conceivable ways« (Trainor 1983: 223). Wigglesworth bezeichnete die Öffnung der staatlichen Hochschulen für Frauen im Rückblick als »one of the main elements of our program« und macht deutlich, dass CIE sich bewusst war, dass das eigentliche Problem bei der Zugangsbeschränkung, also in der Sekundarstufe, lag (HWOHC [5]: 20). Auch in seinen Anweisungen bei Verlassen des Postens hielt er fest: »He [d.i. Wigglesworths Nachfolger für das Jahr 1948] must make sure koto gakko is coeducational« (TC [4]: 1). Gemeint war mit dieser Anweisung wohl nicht, dass alle Oberschulen ohne Ausnahme koedukativ sein müssten, sondern dass der Zugang von Frauen zu Oberschulen grundsätzlich gewährleistet sein sollte. Gegen erstere Auslegung spricht die von CIE in der Folge verfolgte Politik der Förderung von monoedukativen Einrichtungen der höheren Bildung nur für Frauen.

Diese Politik verfolgten insbesondere die Inhaberinnen des Postens Advisor on Women's Education, dessen durchgängige Existenz seit 1946 die wichtige Stellung des Problems der Beteiligung von Frauen an (höherer) Bildung innerhalb CIE zeigt. Im Hochschulbereich bestand ein wichtiges Tätigkeitsfeld für die Beraterin in der Anfangszeit darin, mit den privaten Höheren Fachschulen für Frauen zusammenzuarbeiten und deren Bemühungen, als Universität anerkannt zu werden, zu unterstützen. So traf sich die erste Beraterin für Frauenerziehung, Eileen R. Donovan, im Juli 1946 mit Hoshino Ai, der Rektorin der Höheren Fachschule für Frauen Tsudajuku, um die Gründung eines Lobbyverbandes der Höheren Fachschulen für Frauen zu besprechen (Ishii 2002: 17). Mit der gezielten Förderung der nicht-koedukativen reinen Frauenhochschulen bezog CIE indirekt auch Stellung in der Frage, welches die wünschenswerte Form des Hochschulstudiums sei, koedukativ oder nach Geschlechtern getrennt. Auch Donovans Nachfolgerin, Lulu Holmes, setzte die Politik der Förderung reiner Frauenhochschulen während ihrer Zeit bei CIE von August 1946 bis April 1948 fort. Holmes, die 1946 Studiendekanin für Frauen *(Dean of Women)* am State College of Washington at Pullman war und 1936 Austauschprofessorin an der Höheren Fachschule für Frauen Kōbe (Kōbe Jogakuin Senmon Gakkō) gewesen war, initiierte noch mit Donovan zusammen im September 1946 die Gründung der »Japanischen Gesellschaft der Universitätsabsolventinnen« (Daigaku Fujin Kyōkai) (Kusano 2001: 79). Holmes schließlich war es auch, die sich u.a. durch öffentliche Vortragstätigkeit und Empfehlungsschreiben an die Regierung mit Nachdruck dafür einsetzte, dass die Mitgliedshochschulen des Verbandes der Höheren Fachschulen für Frauen bei der ersten sich bietenden Gelegenheit (die dann 1948 kommen sollte) als Universitäten anerkannt würden (s.u. 3.2.4) (Sekino 1973: 54, 72–73).

Verwaltungsreform und Dezentralisierung

Die Reform der Verwaltungsstruktur von Erziehung hing für die Besatzungsmacht eng zusammen mit der institutionellen Landschaft sowie den Bildungsinhalten und stand diesen an Wichtigkeit nicht nach. In den Vereinigten Staaten von Amerika war das Erziehungssystem nach dem Ende des Zweiten Weltkrieges (und ist es heute noch) hochgradig dezentralisiert: Für alle Schulstufen war die Kommune der wichtigste Bezugspunkt. Vor diesem Hintergrund urteilte Joseph C. Trainor rückblickend über den Beginn der Besatzungszeit:

> It is not strange then that American educators, in evaluating the education system of Japan as it existed prior to the end of the war should consider that a major requirement for its reform and reorganization was some formula by means of which the power to administratively control the schools should be shifted from its highly central location in the Ministry of Education and the national government to some agency or agencies closer to the people themselves (Trainor 1983: 186).

Die Verwaltungsreform hing auch deshalb eng mit der institutionellen Umgestaltung zusammen, weil die Aufgabenverteilung je nach Hochschultyp im alten System unterschiedlich gewesen war, nun also, zugleich mit der institutionellen Vereinheitlichung, vereinheitlicht werden musste. In den alten Universitäten bestanden Senate *(hyōgikai)* und Fakultätsräte *(kyōjukai)* mit weitgehenden Vollmachten zur Selbstverwaltung. In den Kaiserlichen

Universitäten hatten seit der Änderung der Erlasses über die Kaiserlichen Universitäten 1892/93 die Senate und Fakultätsräte das Recht, über die Ausrichtung von Lehrstühlen und die Gestaltung von Curricula zu entscheiden. Die Universität Kyoto erkämpfte zwischen 1913 und 1915 zudem entscheidende Personalrechte, woraufhin an den Kaiserlichen Universitäten und an fast allen der in der Taishō-Zeit entstehenden staatlichen Ein-Fakultäten-Universitäten die Senate den Rektor wählten und die Fakultätsräte das Recht auf die Einstellung von Lehrpersonal, insbesondere die Berufung neuer Professoren, ausübten (Kaigo/ Terasaki 1969: 565–566).

Das Kultusministerium war bei den Universitäten in der Hauptsache für übergreifende Fragen wie etwa die Einrichtung neuer Universitäten zuständig, besaß aber auch das Haushaltsrecht für einzelne Universitäten. Im Falle der alten Oberschulen, Höheren Fachschulen und Pädagogischen Hochschulen hingegen besaß das Kultusministerium Oberhoheit über alle entscheidenden Verwaltungsbereiche, ernannte also sowohl den Rektor als auch das Lehrpersonal und bestimmte ferner über die Gründung oder Schließung einzelner Einrichtungen. Selbst dort, wo in den ersten Monaten nach Kriegsende an einzelnen Hochschulen Studenten aus eigener Kraft ihnen verhasste Rektoren abzusetzen vermochten, war es das Kultusministerium, das den Nachfolger auswählte und einsetzte (wie z.B. an der Oberschule Mito im Oktober 1945, MKGDMKGSHI 1982: 313–321).

CIE ging zunächst die Reform der Verwaltung von Grund- und Mittelschulen an, welche bislang in der Hand des Innenministeriums gelegen hatte. Hier hatte die USEM empfohlen: »We recommend that in each city, or other prefectural subdivision, there shall be established a lay educational agency elected by the people, this agency to be in charge of all public primary and secondary schools in its locality« (DS 1946, 29). Der US-amerikanische Vorschlag erfuhr sogleich Unterstützung aus der auf lokaler Ebene bereits aktiven Gewerkschaftsbewegung heraus, wo ähnliche Vorstellungen von lokalen Erziehungsausschüssen *(kyōiku iinkai)*, in welchen Eltern, Lehrerinnen und Lehrer, Schülerinnen und Schüler, Intellektuelle und Gewerkschaftsvertreterinnen und -vertreter über Finanzfragen sowie die Einrichtung und Abschaffung von Schulen beschließen sollten, schon im Frühjahr 1946 entwickelt wurden (Ōta 1978: 123).

Obgleich das Gesetz über Erziehungsausschüsse erst 1948 verabschiedet und erst 1950 in allen Kommunen umgesetzt wurde, standen seine Grundzüge doch schon bald fest: In jeder Präfektur und in jeder Kommune wurde je ein Erziehungsausschuss eingerichtet, der über die Belange der von der jeweiligen Gebietskörperschaft eingerichteten Schulen der Primar- und Sekundarstufe entschied. Von den sieben Mitgliedern der präfekturalen bzw. den fünf der kommunalen Ausschüsse wurde eines vom Präfekturparlament bzw. dem Stadtrat bestimmt, die jeweils anderen in freier Wahl gewählt. Die Ausschüsse hatten sehr weit reichende Befugnisse, von der Einrichtung und Aufhebung von Schulen über die Einstellung und Entlassung von Lehrkräften bis hin zur Auswahl von Schulbüchern und Festlegung der Rahmenrichtlininen für Unterrichtsinhalte.

Obwohl Reformen in der Schulverwaltung für CIE grundsätzlich eine wichtige Stellung einnahmen und die der unteren Schulstufen rasch angegangen wurde, genoss die Reform der Verwaltung der Hochschulen in der Zeit unmittelbar nach Kriegsende zunächst keine so hohe Priorität, dass bereits konkrete Empfehlungen ergangen wären. Wigglesworth äußerte 1983, die Frage der Hochschulverwaltung wäre zwar sicherlich noch in Zukunft aufgekommen, doch zu seiner Zeit sei CIE gezwungen gewesen, sich mit grundlegenderen Dingen zu beschäftigen (HWOHC [5]: 26). Immerhin beschwerte sich Wigglesworth im Mai 1947 darüber, dass das Kultusministerium die Zahlen der zu den einzelnen Hochschulen zuzulassenden Studierenden festlegte (GHQ [18]), und der USEM-Bericht hatte das Kultusministerium insgesamt kritisiert. Ausdrückliche Vorschläge für eine Neuaufteilung der Kompetenzen in der Tertiarstufe fehlten aber sowohl im USEM-Bericht als auch in den frühen Äußerungen von CIE-Mitarbeiterinnen und -Mitarbeitern.

1.4 Fazit

Die grundsätzliche Argumentationslinie von CIE im Bereich höherer Bildung war bereits früh erkennbar. In den Worten von Joseph Trainor 1947: »[T]he reform of higher education should be brought about in such a way as to eliminate as much as feasible the old complicated and discriminatory structure of this level in Japanese education« (TC [5]: 1). Im Zuge der Umerziehung der Japanerinnen und Japaner zu demokratischen Werten sollten Diskriminierungen beseitigt und ein möglichst breiter Zugang der Bevölkerung zu höherer Bildung ermöglicht werden. Auch die Bereiche, in denen sich Reformen abzuspielen haben würden, standen Mitte 1947 für CIE fest. Was jedoch genau mit den alten Oberschulen, mit der Lehramtsausbildung, dem Zugang von Frauen zu Universitäten, den Höheren Fachschulen und der Verwaltungsreform geschehen sollte, darüber herrschte zu diesem Zeitpunkt im Detail noch wenig Klarheit auf Seiten von CIE.

Überdies fühlte sich innerhalb von GHQ nicht nur CIE für höhere Bildung zuständig. War die Verantwortung bei der Primar- und Sekundarstufe unumstritten, so meldeten für das Gebiet Forschung andere Sektionen Ansprüche an: die Economic and Scientific Section (Naturwissenschaften), die Public Health and Welfare Section (Medizin) und die Natural Resources Section (Agrarwissenschaft) (Tsuchimochi 1999: 44). Allerdings scheint keine der anderen Sektionen genaue Pläne ausgearbeitet zu haben, so dass sich ihr Einfluss, so er vorhanden war, nicht auf strukturelle Veränderungen ausgerichtet haben dürfte. Wichtiger war ein außerhalb GHQ liegender Konkurrenzfaktor für CIE, nämlich die zahlreichen japanischen Akteurinnen und Akteure im Bildungssystem. Bevor im Folgenden die weitere Entwicklung der Reformen, die ab 1948 in ihre Umsetzungsphase gerieten, verfolgt wird, sollen daher zunächst die auf japanischer Seite zwischen Kriegsende und 1947 entwickelten Vorstellungen von Reformen im Hochschulbereich untersucht werden.

2. Japanische Initiativen, 1945–1947

Dauerte es bis Oktober 1945, bis der bürokratische Apparat auf US-amerikanischer Seite grundsätzlich funktionierte und offenkundig noch einige weitere Monate, bis dort organisiert gearbeitet werden konnte, so herrschte auf japanischer Seite zunächst organisatorische Kontinuität, da das Kultusministerium wie auch die Schulen selbst ja weiterbestanden. Jenes hatte sowohl berechtigte Sorge um sein Fortbestehen unter fremder Besatzung als auch – schon, um eigenen Einfluss an den Schulen zurückzugewinnen – ein Interesse an einer Demilitarisierung des Schulwesens, also genügend Motive, um Änderungen am bestehenden System möglichst noch vor ersten Schritten der Besatzungsmacht anzugehen. Auch viele Schulen und deren Angehörige ergriffen die Gelegenheit im Vakuum zwischen weggefallenen alten Autoritäten und noch nicht handlungsfähigen neuen, ihre Gedanken selbstbewusst zu äußern.

So entstanden zwischen September 1945 und Ende 1946 insbesondere zu Hochschulfragen, wo die US-Position noch sehr offen war, vielerlei Meinungen und Positionen, die verschriftlicht wurden und entweder veröffentlicht oder an für zuständig gehaltene Stellen (GHQ, Kultusministerium, Komitee zur Erziehungsreform) versandt wurden. Von Interesse für die vorliegende Analyse ist zum einen, welche Ideen zur Umgestaltung des Hochschulwesens entwickelt wurden, inwieweit diese sich an die Diskussionen der Vorkriegszeit anlehnten und wie weit sie vom gegenwärtigen System abzugehen bereit waren, zum anderen, wie diese sprachlich vermittelt wurden, ob also zentrale Begriffe denen des Diskurses der 1920er und 1930er Jahre ähnelten oder ob an das demokratische Zeitalter angepasst neue auftauchten.

Bei der Darstellung der Positionen der japanischen Seite steht auch die Frage im Vordergrund, wie die Interaktion mit CIE aussah: Welche Initiativen wurden also von japanischer Seite entwickelt bzw. wie stark beeinflusste CIE diese? So hielt sich lange Zeit insbesondere in der Memoirenliteratur z.B. die Meinung, die alten Oberschulen seien auf einseitigen Druck der USA hin abgeschafft worden. Diese Einschätzung fand sich sowohl bei ehemaligen Akteurinnen und Akteuren der US-amerikanischen wie der japanischen Seite. Donald M. Typer, bei CIE für Jugendorganisationen zuständig, etwa erinnerte sich 1985 in einem Interview:

> [Frage:] Would you say that, although the Japanese had no other choice, in general, they were favorable towards the reforms or do you think that they felt many times that what we were doing didn't fit Japanese society? [Antwort:] I'm sure particularly when we did away with the good high schools. They had a five [sic!] year high school that was a very good servant for them. [...] I'm sure it must have been, to them, structurally and organizationally unwise. There must have been some real wrenching by them in our insistence on this (HWOHC [4]: 3).

Und Kennoki Toshihiro, hochrangiger Karrierebürokrat im Kultusministerium während der Besatzungszeit, sagte 1975 ebenfalls in einem Interview, es sei einzig und allein der Druck der USA auf Japan gewesen, der zur Abschaffung der Oberschulen geführt habe (NK 1975: 128), eine Position, die Kennoki auch in Veröffentlichungen vertrat (Kennoki 1977: 35). Spricht schon ein Blick auf die Diskussionen der Vorkriegszeit gegen diese Einschätzung, so wird auch die Analyse der Diskussionen und der Wege zur Entscheidung in der Nachkriegszeit darauf hindeuten, dass die Urheberschaft für Entscheidungen wie die Abschaffung der alten Oberschule in hohem Maße bei den wesentlichen japanischen Akteurinnen und Akteuren, in diesem Falle insbesondere dem Komitee zur Erziehungsreform, liegt.

2.1 Kultusministerium

Unmittelbar nach Kriegsende am 15. August 1945 war das Kultusministerium zunächst vollauf damit beschäftigt, praktische Fragen zu klären. Im April 1945 waren mit der Aufhebung jeglicher Befreiungen vom Kriegsdienst fast alle Schulen dazu übergegangen, Lehrende und Lernende ausschließlich in den Dienst des Krieges zu stellen, so dass fast gar kein Unterricht mehr stattgefunden hatte; nun ging es darum, den Schulbetrieb so schnell wie möglich wieder aufzunehmen. Gleichzeitig musste der zuletzt immer stärker an den Bedürfnissen des Krieges ausgerichtete Schulbetrieb an die geänderten Verhältnisse angepasst werden. Schon am 16. August verordnete das Ministerium deshalb die Aufhebung der Mobilisierung von Studierenden, am 23. August folgte die Abschaffung militärischer Drills an den Schulen. Der letzte kriegszeitliche Kultusminister war noch am 15. August zurückgetreten; sein Nachfolger wurde Maeda Tamon, Karrierebürokrat mit Auslandserfahrung und Verbindungen zu maßgeblichen Kreisen der Erziehungsreformbewegung der 1930er Jahre – Maeda war u.a. Mitglied einer Vorgängervereinigung der Kyōiku Kenkyūkai gewesen.

Maeda sorgte nicht nur dafür, dass ein Teil der Büroleiter gegen Personen ausgetauscht wurden, die keine Beamtenlaufbahn durchlaufen hatten und die als liberal galten, wie etwa Tanaka Kōtarō, Katholik und Jura-Professor an der Universität Tokyo, oder Yamazaki Kyōsuke, Professor für Bauingenieurwesen an der Universität Tokyo. Maeda erwirkte auch, dass das Kultusministerium am 15. September 1945, noch vor Gründung von CIE im Oktober 1945, das neue Erziehungsideal des Landes in einem kurzen Papier mit dem Titel »Der Kurs der Erziehung für den Aufbau eines neuen Japan« darlegte. Das Kultusministerium beließ es nicht bei der Veröffentlichung dieses Textes, sondern legte dessen Inhalt im Laufe des Monats Oktober auf mehreren landesweiten Konferenzen den Rektorinnen und Rektoren von Grundschulen und Pädagogischen Hochschulen dar (Monbushō 1972a: I: 681). Der »Kurs der Erziehung« ging von zwei Prämissen aus: Zum einen sollte alles Militärische aus dem Erziehungswesen verschwinden, um dem (in der kaiserlichen Erklärung zum Kriegsende formulierten) Ziel eines Japan, das dem Weltfrieden dient, näherzukommen. Zum anderen sollte das Erziehungswesen »sich noch mehr bemühen, unsere Staatsform *[kokutai]* zu erhalten«. Ziel war der Aufbau einer »Kulturnation Japan« – Konsequenzen für das politische System wurden hingegen nicht genannt. Ein Großteil der Ausführungen beschränkte sich somit auf die Eliminierung des militärischen Geistes und der strukturellen Verstricktheit des Militärs in das Erziehungswesen aus den Schulen, ferner wurde die Notwendigkeit einer Verwissenschaftlichung des Unterrichts betont. Eine Reform des Ministeriums selbst wurde angekündigt: das Büro für die Mobilisierung von Studierenden sei bereits aufgehoben worden (Kaigo/Shimizu 1966: 2). Mitte Oktober schaffte das Kultusministerium im Zuge einer größeren Umstrukturierung dann auch das Büro für das Unterrichtswesen (*kyōgakukyoku*; s.o. II.1) ab.

In der dem Kultusministerium gegenüber kritisch eingestellten Literatur wird diese frühe Verlautbarung des Kultusministeriums als leicht durchschaubarer Plan, durch kleine Zugeständnisse an von den Siegermächten erwarteten Druck eine Bewahrung des politischen Systems zu erreichen, aufgefasst. Auch die Verwissenschaftlichung der Lehrinhalte habe nicht die Erneuerung der Gesellschaft zum Ziel gehabt, sondern sei lediglich Ergebnis der Schlussfolgerung der Bürokratie, den Krieg auf dem Gebiet der Technik verloren zu haben (s. z.B. Naka 1969: 14; Ōta 1978: 29).

Im September und Oktober 1945 war das Kultusministerium weiter damit beschäftigt, praktische Probleme zu lösen: Evakuierte Schülerinnen und Schüler mussten in die Städte und eingezogene Studenten von der Front nach Japan zurückgeholt werden, ein Teil der Schulbücher wurde aus dem Verkehr gezogen, und die Entmilitarisierung des Sportunterrichts wurde konkretisiert (Naka 1969: 19, 26). Doch auch längerfristigere Planungen zum Hochschulwesen wurden bereits im September 1945 im Kultusministerium in Angriff genommen, wie zwei interne Papiere des Ministeriums belegen. Dazu gehörten zunächst Maßnahmen, die militaristische Elemente aus dem Hochschulwesen entfernen sollten, wie die bis August 1946 nach und nach erfolgende Umbenennung von Hochschulen und Forschungsinstituten oder die Zurücknahme der kriegszeitlichen Schwerpunktsetzung weg von Geisteswissenschaften und hin zu Naturwissenschaften an einigen höheren Schulen (SB [1]: 1; SB [2]: 1; Hata 1999: 153). Im Übrigen sah das Kultusministerium zwar das Einmalige der Lage unmittelbar nach Kriegsende, plante aber das kommende Fiskaljahr wie gehabt detailliert mit Überlegungen, an welcher ihm unmittelbar unterstehenden Hochschule die Studierendenzahlen wie nach oben oder unten zu korrigieren seien. Dabei ging es von der unveränderten Fortexistenz des bestehenden Systems mit Oberschulen, Höheren Fachschulen, Ein-Fach-Universitäten und Kaiserlichen Universitäten aus (SB [2]: 2–4).

Zwei weitere ministeriumsinterne Dokumente vom November 1945 befassten sich mit der Hochschulplanung und strebten eine Abkehr von der Einförmigkeit an. Dazu sollten zum einen private Hochschulen stärker mit staatlichen Mitteln gefördert werden, zum anderen Universitäten regional verteilt werden, um der Konzentration in den Großstädten entgegenzuwirken (Hata 1999: 27–28). Spätestens seit der Veröffentlichung des USEM-Berichts musste jedoch auch das Kultusministerium gewahr werden, dass strukturelle Reformen auf der Agenda standen. Wie gestaltete sich die Politik des Kultusministeriums von Anfang 1946 bis Ende 1947 in den wichtigsten einzelnen Teilgebieten des Hochschulwesens?

Abschaffung der Oberschule

Da die Dringlichkeit struktureller Maßnahmen aus Sicht aller Beteiligten in den niedrigeren Schulstufen höher war, waren es im Hochschulbereich die alten Oberschulen, die als erstes Gegenstand von Reformbemühungen wurden. Das Kultusministerium legte sich früh auf einen Kurs fest, die Oberschulen beizubehalten, insbesondere unter Abe Yoshishige, der von Januar bis Mai 1946 Kultusminister war und zuvor das Amt des Rektors der Ersten Oberschule in Tokyo innegehabt hatte. Der Leiter der Abteilung für Universitäten zur selben Zeit, Kennoki Toshihiro, berichtete in seinen Memoiren, wie Abe und er schon Anfang 1946 befürchteten, CIE habe vor, die alten Oberschulen abzuschaffen, und daher Gegenmaßnahmen planten. So wollten Abe und Kennoki kurz nach dem Amtsantritt Abes im Februar 1946 wenige Wochen vor Beginn des neuen Schuljahres an den Oberschulen und Universitäten die Ausbildungsdauer der Oberschulen verlängern. Diese war 1943 von drei auf zwei Jahre verkürzt worden und sollte nun wieder auf drei Jahre verlängert werden, damit man mit einer fester konsolidierten Oberschule besser für deren Erhalt kämpfen könnte (Kennoki 1977: 24–32). Noch im Oktober 1946 vermutete Noguchi Akira, Rektor der

Zweiten Oberschule in Sendai, das Kultusministerium auf der Seite der Verfechter der Oberschule; das Ministerium stehe aber unter Druck von GHQ, weshalb es nicht offen für sie eintreten könne (KKGSH 1982: V: 622).

In der Tat zeigt ein ministeriumsinternes Dokument zum zukünftigen bildungspolitischen Kurs vom September 1946, dass das Ministerium allenfalls in einzelnen Oberschulen die Zahl der Klassen verringern wollte, ansonsten aber von der Fortexistenz der Oberschule als Institution ausging (SKS [13]: 4–5).

Institutionelle Vereinheitlichung

Nicht nur die Oberschule, auch die Höhere Fachschule gedachte das Kultusministerium zunächst noch zu bewahren, wie das zuvor herangezogene Dokument vom September 1946 belegt. Darin waren quantitative Anpassungen zwischen verschiedenen Typen von Höheren Fachschulen vorgesehen (wenig leistungsfähige ingenieurwissenschaftliche sollten ggf. geschlossen, agrarwissenschaftliche hingegen nach Möglichkeit neu gegründet werden), welche man auch als Zurücknahme kurzfristiger kriegszeitlicher Expansionspolitik deuten kann. Die Trennung zwischen Höheren Fachschulen und Universitäten wurde jedoch nicht angetastet. Allerdings wollte man überlegen, die Zahl der Ein-Fach-Universitäten durch Heraufstufung ausgewählter Höherer Fachschulen zu erhöhen. Ebenso sollte in Erwägung gezogen werden, in Nordwestjapan (Hokuriku), in Südwestjapan (Chūgoku) und auf Shikoku neue Kaiserliche Universitäten zu errichten (SKS [13]: 3–7). Dies hätte zwar einen bedeutenden quantitativen Ausbau des bestehenden Systems bedeutet, dadurch aber auch eine Festigung desselben.

Ein Diagramm aus dem Ministerium aus dem Jahre 1946 zeigt ebenfalls das Festhalten an Höheren Fachschulen als eigenständiger Hochschulform: Darin waren die Schultypen des gegenwärtigen Systems sowie drei Möglichkeiten für die zukünftige Verteilung der Schultypen auf die Schuljahre eingetragen. In zwei der drei Planskizzen blieb die alte Oberschule als der Universität vorgeschaltete Vorbereitungsinstitution erhalten, im dritten Plan war sie nachträglich durchgestrichen und, durch ein viertes Jahr ergänzt, mit »Universität« überschrieben. In demselben Diagramm tauchte jedoch durchgängig in allen drei Entwürfen noch die Höhere Fachschule als selbständige Institutionsform auf, sowie, ausdrücklich als einzige Unterform genannt, eine »Höhere Fachschule für Erziehung« (in: NSKK 1984: 20).

Eine Änderung in der Nomenklatur, welche die Sonderstellung der Kaiserlichen Universitäten betraf, trat zum April 1947 in Kraft: Die sieben in diese Kategorie fallenden Universitäten verloren das Beiwort »Kaiserlich«. Damit hatten sie äußerlich die gleiche Bezeichnung wie die ab 1949 ins Leben gerufenen anderen staatlichen Universitäten neuen Systems, deren Namen ebenfalls bis auf wenige Ausnahmen lediglich aus einem Ortsnamen plus *»daigaku«* für »Universität« gebildet waren.

Lehramtsausbildung

Die Notwendigkeit, die Lehramtsausbildung zu verbessern, war schon in den frühesten Absichtserklärungen des Kultusministeriums nach Kriegsende genannt worden, zunächst im Zusammenhang mit dem Vorhaben, verstärkt Fortbildungsprogramme anzubieten, um die

Lehrerinnen und Lehrer an die neuen Umstände zu gewöhnen (Naka 1969: 21). Demgegenüber stand die systematische strukturelle Reform der Lehramtsausbildung zurück. So hielt noch im September 1946, kurz nach dem Beschluss, das Komitee zur Erziehungsreform einzusetzen, ein internes Dokument des Kultusministeriums zum »Kurs bei der Instandsetzung des Lehramtsausbildungssystems« fest, Verbesserungen sollten »innerhalb des gegenwärtig bestehenden Lehramtsausbildungssystems« vorgenommen werden, an eine Abschaffung oder grundlegende Änderung der Pädagogischen Hochschulen war demnach nicht gedacht (SKS [5]).

Das oben bereits erwähnte Planungsdokument zum zukünftigen bildungspolitischen Kurs, welches das Datum 29. September 1946 trägt, ging demgebenüber bereits weiter, indem es die Umwandlung der Pädagogischen Hochschulen in vierjährige »Höhere Fachschulen für Erziehung« vorsah sowie die Umwandlung der Höheren Pädagogischen Hochschulen (für die Ausbildung von Lehrerinnen und Lehrern für die neue Oberschule) in Universitäten, zu denen freilich nähere Bestimmungen ausblieben (SKS [13]: 8–9). Ein internes Arbeitspapier der Unterabteilung für Lehramtsausbildung im Kultusministerium vom Dezember 1946 blieb bei der Ausbildung von Lehrpersonal für Grund- und Mittelschulen an vierjährigen koedukativen »Höheren Fachschulen für Erziehung«, für deren Besuch der Abschluss der (neuen) Oberschule vorauszusetzen sei. Der Ausbildungsschwerpunkt sollte auf Allgemeinbildung liegen; Fachinhalte wurden, im Gegensatz zu pädagogischen Inhalten und Praktika, nur am Rande erwähnt. Bemerkenswert an diesem Papier ist ferner, dass kommunale bzw. präfekturale und private Höhere Fachschulen für Erziehung ebenso zugelassen werden sollten wie staatliche. Zur Ausbildung von Lehrpersonal für die Oberschule fehlte die noch im September erfolgte Bestimmung, die entsprechenden Einrichtungen in Universitäten umzuwandeln; nun hieß es lediglich, deren genaue Ausgestaltung erfordere noch Bedenkzeit (in: NSKK 1984: 5).

Auch Anfang 1947 plante man im Kultusministerium noch eigenständige Einrichtungen – dies geht zumindest aus einem internen Papier mit dem Titel »Universitäten zur Ausbildung von Lehrern« hervor. Darin waren Universitäten vorgesehen, die nur Lehramtsausbildung betreiben und die aus einer Ersten Abteilung für die Ausbildung von Lehrerinnen und Lehrern für Grund- und Mittelschulen und aus einer Zweiten Abteilung für die Ausbildung von Lehrerinnen und Lehrern an Mittel- und Oberschulen bestehen sollten; nur aus einer solchen Zweiten Abteilung bestehende Universitäten sollten jedoch ebenso zulässig sein. Zudem war zwar als Regelfall eine Abteilung für Männer und eine für Frauen vorgesehen, doch sollten auch Universitäten nur mit einer Abteilung für eines der Geschlechter möglich sein. In jedem Fall sollte es sich um eine reguläre vierjährige Universität handeln. Für die Regelung weiterer Details wurde auf vom Kultusministerium herauszugebende Erlasse verwiesen (in: NSKK 1984: 55–56). Auch im Juli 1947 hielt das Kultusministerium in groben Zügen an diesem Plan fest. Es sollten nun nicht mehr »Universitäten zur Ausbildung von Lehrern« mit zwei Abteilungen eingerichtet werden, sondern getrennt voneinander, mit dem Übersetzungswort des englischen Begriffs *liberal arts* bezeichnet, »Erste Gakugei-Universitäten« und »Zweite Gakugei-Universitäten« für Grund- und Mittelschul- einerseits bzw. Oberschullehrer andererseits (Hata 1999: 100; zur Begrifflichkeit s.u. 2.3.3).

Damit hatte das Kultusministerium zwischen 1945 und 1947 seine Haltung zur Lehramtsausbildung dahingehend geändert, dass diese nun an Universitäten erfolgen sollte; gleich geblieben war hingegen die Auffassung, dass dies an separaten Einrichtungen, seien es Pädagogische Hochschulen, Höhere Fachschulen für Erziehung oder Gakugei-Universitäten, vonstatten gehen sollte.

Hochschulzugang für Frauen

Zur zukünftigen Stellung von Frauen in der Gesellschaft hatte das Kultusministerium nach Kriegsende zunächst noch keine eindeutige Position. Einerseits führte Staatssekretär Ōmura Seiichi Mitte Oktober 1945 auf einer der Konferenzen zur Erläuterung der Verlautbarung »Der Kurs der Erziehung für den Aufbau eines neuen Japan« aus, die Erziehung von Frauen sei bislang »äußerst niedrigrangig« und insbesondere »bezüglich Politik, Wirtschaft, Industrie, Gesellschaft usw. völlig unentwickelt« gewesen. Deshalb seien die »Hausfrauen selbstverständlich arm an gesellschaftlichem, öffentlichem und demokratischem Charakter« gewesen, was sich fortan ändern müsse (KNKSSH 1957: 18: 500). Andererseits förderte das Ministerium im November 1945 die Gründung von Weiterbildungseinrichtungen für Mütter und Frauen, verband diese Maßnahme aber mit der Zielsetzung eines »spezifisch japanischen Familiengeistes« und der »traditionellen japanischen Frauentugend«.

Schon im Dezember 1945 verabschiedete das Kabinett aber einen »Umriss der Erneuerung der Erziehung von Mädchen«, der eindeutig Stellung bezog, indem er als Ziel »Chancengleichheit in der Erziehung und Angleichung der Erziehungsinhalte zwischen Männern und Frauen« festhielt. Wichtigstes Mittel zur Erreichung dieses Zieles sollte die »Öffnung der Einrichtungen höherer Bildung für Frauen« sein. Im Einzelnen wurde bestimmt, die bestehenden Universitäten in koedukative umzuwandeln, Frauenuniversitäten zu gründen, Absolventinnen von Höheren Fachschulen den Zugang zu Universitäten zu gewähren, alle Fakultäten ohne Ausnahme für Gasthörerinnen zu öffnen und das Niveau von Frauenschulen der Sekundarstufe so zu verbessern, dass deren Absolventinnen die Hochschulreife zugestanden werden konnte. Der nahe liegende Schritt, die Oberschulen auch für Frauen zu öffnen, wurde hingegen nicht erwogen; lediglich sollte »später überlegt werden, Oberschulen für Frauen neu zu gründen« (Kaigo/Shimizu 1966: 3–4). In einem Entwurf dieses »Umrisses« vom Oktober 1945, der ansonsten dem Endergebnis schon recht nahe war, war die Neugründung von Oberschulen für Frauen noch als einziger Weg zum Universitätszugang vorgesehen gewesen (SKS [14]).

Der Ansicht von CIE-Mitarbeiterin Eileen Donovan zufolge entstand der »Umriss« im Kultusministerium, weil man dort den Willen von GHQ antizipierte und entsprechenden Anweisungen zuvorkommen wollte (Ōshima 2004: 110–111). Anstoß für den »Umriss« war eine Anregung von Kultusminister Maeda bei einer ministeriumsinternen Besprechung am 23. Oktober 1945 gewesen, die Beschränkungen für Frauen in der Tertiarstufe zu entfernen. Zwölf Tage zuvor hatte General MacArthur dem japanischen Premierminister gegenüber fünf große Reformziele der Besatzung genannt, zu denen auch Frauenemanzipation durch Frauenwahlrecht gehörte. Selbst wenn man die Einschätzung teilt, dass Maeda dem Geist der von MacArthur in Aussicht gestellten Reformen folgen wollte, so wäre dieser Einfluss dennoch eher sehr indirekt gewesen und müsste man dem Kultusministerium große Eigeninitiative bei dem Zustandekommen des »Umrisses« bescheinigen.

Die vollständige Öffnung der Universitäten selbst war mit der Erklärung vom Dezember 1945 besiegelt. Der Satz »Zur Belebung der Frauenerziehung werden in Tokyo und in Westjapan je eine Kaiserliche Frauenuniversität gegründet« (SKS [13]: 3) im ministeriumsinternen Planungsdokument zum zukünftigen bildungspolitischen Kurs vom September 1946 ging demzufolge wohl schon davon aus, dass diese Neugründungen nicht die Öffnung der anderen Universitäten ersetzen sollte, sondern diese ergänzen. Dafür spricht auch, dass es zur Oberschule hieß, es sollten nicht bloß zwei Oberschulen für Frauen, eine in Tokyo, eine in Westjapan, neu gegründet werden, sondern auch in den bestehenden »ein paar Klassen« zur Koedukation geöffnet werden (SKS [13]: 4–5). Damit hatte das Kultusministerium wohl auch in der Sekundarstufe Koedukation unumkehrbar akzeptiert, wie es der USEM-Bericht ein halbes Jahr zuvor vorgesehen hatte.

Verwaltungsreform

Zwar waren die Vorschläge der USEM zur Verwaltungsreform vage geblieben, doch schon diese Kritik hätte für das Kultusministerium den Verlust eines Teils seiner bisherigen Aufgaben bedeutet. Dass damit potenziell die gesamte Existenz des Ministeriums auf dem Spiel stand, zeigt die Tatsache, dass GHQ im Falle des Innenministeriums eine Auflösung nicht nur lange Zeit erwog, sondern diesen Schritt Ende 1947 auch vollzog (Takemae 2002: 304–305). Es verwundert daher nicht, dass dem Kultusministerium nicht an der Umsetzung dieses Teils des USEM-Berichtes gelegen war und es sich folglich bemühte, Alternativvorschläge zu einer Umstrukturierung der Erziehungsverwaltung zu erstellen. Am 26. August 1946 veröffentlichte die *Yomiuri shinbun* einen unter der Ägide von Minister Tanaka Kōtarō entstandenen »Entwurf der Hauptpunkte für die Reform der Erziehungsverwaltung« *(Kyōiku gyōsei sasshin yōkōan)* des Kultusministeriums, datiert vom 20. August. Dieser Plan sah vor, das Land in neun »Erziehungsbezirke« *(gakku)* zu teilen, deren Mittelpunkt jeweils eine Kaiserliche Universität (von denen sieben bereits bestanden) bilden sollte. Die Verwaltung aller unteren Schulstufen sollte dem vom Ministerium zu ernennenden Präsidenten der Kaiserlichen Universität des jeweiligen Bezirks unterstehen. In den Präfekturen sollte jeweils lediglich ein Zweigamt der übergeordneten Bezirksverwaltung bestehen (Kubo 1984: 404; Trainor 1983: 189).

Die für Hochschulfragen zuständigen Mitarbeiterinnen und Mitarbeiter von CIE waren konsterniert, weil sie von diesen Plänen erst aus der Zeitung erfuhren. Überdies sickerte der Plan des Kultusministeriums zu einem Zeitpunkt zur Presse durch, als gerade die Einrichtung des Komitees zur Erziehungsreform beschlossen worden war, weshalb CIE den Vorstoß als Versuch des Ministeriums interpretierte, seine Fähigkeit zur Initiative zu demonstrieren (Kubo 1984: 404–406). Zwar basierte der veröffentlichte Plan offenbar auf CIE-Vorarbeiten. Ein vermutlich von Wigglesworth verfasstes Memorandum vom 4. Juni 1946 entwickelte nämlich ganz ähnliche Vorstellungen, insbesondere zur herausgehobenen Stellung der Kaiserlichen Universitäten auch für die Verwaltung der unteren Schulstufen (TC [1]). Doch scheinen diese Vorstellungen innerhalb CIE keineswegs spruchreif gewesen zu sein. So äußerte jedenfalls am 6. Juni 1946 Harry Griffith:

> It is felt that this is most inadequate because so much of it is »shooting in the dark«. Decentralization must either be accomplished by the Ministry of Education or by the Education Division of CIE. [...] In view of this, theorizing on special problems at this point is a sheer waste of time (TC [2]: 2).

CIE intervenierte folglich beim Kultusministerium und stoppte den Vorstoß Tanakas zunächst erfolgreich.

2.2 Einzelne Hochschulen und Organisationen von Hochschulangehörigen

Das Ende der Kampfhandlungen 1945 und damit der Ausrichtung aller Aspekte des Lebens auf den Krieg bedeutete auch ein erneutes Aufblühen der schon um 1937/38 zum Erliegen gekommenen Diskussionen über das Bildungswesen von Nicht-Regierungs-Seite. An solchen beteiligten sich eine Reihe von Individuen und Hochschulen, darunter besonders auffällig Kaiserliche Universitäten, Ein-Fach-Universitäten und Pädagogische Hochschulen. Außerdem gab es regional und landesweit organisierte Lehrendenverbände, seit 1947 auch eine schlagkräftige landesweite Lehrendengewerkschaft, die sich ebenfalls für die Reform derjenigen Institutionen, an denen ihre Mitglieder beschäftigt waren, interessierten.

Schon 1945, unmittelbar nach Kriegsende wurden die ersten Wortmeldungen veröffentlicht. Unter diesen frühen sticht als ausführlichste das von der Alumni-Organisation der Höheren Pädagogischen Hochschule Tokyo, Meikeikai, am 1. Dezember 1945 veröffentlichte 35-seitige Papier mit dem Titel »Meinung zum Aufbau der Erziehung im neuen Japan« hervor. Dieses befindet sich unter den Unterlagen der Besatzungsbehörden, jedoch ohne englische Übersetzung, so dass unklar ist, inwieweit seine Inhalte von US-amerikanischer Seite wahrgenommen wurden. Laut dem Vorwort der »Meinung« formte die Meikeikai sogleich nach Kriegsende eine »Untersuchungsgruppe zur Erforschung der Erziehung im neuen Japan«, deren Ergebnis mit der Schrift vorliege (GHQ [6]: 1). Umfang, Gliederung und Skopus des Textes erinnern deutlich an die Reformpläne der 1920er und 1930er Jahre. Tatsächlich hatte die Meikeikai zuletzt 1938, also gerade einmal sieben Jahre früher, ihren letzten umfassenden Plan zur Reform des Erziehungswesens formuliert.

Wie das Kultusministerium waren auch die staatlichen Universitäten nach dem Ende des Krieges zunächst damit befasst, die Folgen des Krieges im engeren Sinne abzuwickeln. An der Kaiserlichen Universität Tokyo fand noch am Nachmittag des 15. August 1945 eine Dekanekonferenz statt, die den Stopp von kriegsbezogener Forschung beschloss. Auf einer Senatssitzung am 4. September kam man zudem überein, die Namen mehrerer Lehrstühle und Forschungsinstitute, die während des Krieges geändert worden waren, wieder in zivile Bezeichnungen zurückzuändern (Hata 1999: 152–153).

Im März 1946 konstituierte sich an der Universität Tokyo eine Studiengruppe unter Vorsitz des Dekans der Literaturwissenschaftlichen Fakultät, Toda Teizō, der auch Mitglied im zeitgleich tagenden Komitee japanischer Erzieher (und stellvertretender Vorsitzender in dessen Unterausschuss zu Hochschulfragen, s. Kubo 1984: 379) war. Die Sonderstellung der Kaiserlichen Universität Tokyo im japanischen Universitätssystem manifestierte sich darin, dass diese Studiengruppe nicht nur die eigene Universität oder das Hochschulwesen betreffende Probleme erörterte, sondern gleich zu Beginn ihrer Existenz auch entlegenere Fragen wie (die von der USEM aufgeworfene) Sprachpolitik behandelte. Bis zur Auflösung einen Monat später traf sich das zehnköpfige Gremium mit dem Namen »Ausschuss zum Studium des Erziehungssystems« zehnmal, wobei es fünf förmliche Empfehlungen aussprach. Neben der zur Sprachreform und dreier zur inneren Struktur der Universität Tokyo selbst legte es Rektor Nanbara Shigeru am 15. April 1946 auch eine allgemeine zu »Schultypen und Ausbildungsdauern« vor. Andere ehemals Kaiserliche Universitäten bildeten ebenfalls solche Studiengruppen, beschränkten ihre Beratungen aber eher auf Belange der eigenen Universität (wie an der Universität Hokkaidō im März 1947, vgl. SKS [1]).

Landesweite Lehrendengewerkschaften wurden erst im Verlauf des Jahres 1946 in Japan gegründet; die in der Nachkriegszeit dominierende Gewerkschaft Nihon Kyōshokuin Kumiai (kurz: Nikkyōso) entstand erst im Juni 1947. Verbände von Lehrenden existierten freilich schon vorher: Seit 1883 gab es eine landesweite Interessenvertretung von Lehrenden, die ihren Namen mehrfach zwischen Dai Nippon Kyōikukai und Teikoku Kyōikukai (unter welchem Namen sie in den 1930er Jahren auch Reformpläne veröffentlichte (#15 und #16)) wechselte und 1948 in Nikkyōso aufging. Somit erklärt sich, dass keine Äußerungen einer Gewerkschaft aus der unmittelbaren Nachkriegszeit vorliegen. Ein umfangreiches, 14-seitiges, Papier arbeitete hingegen der Zweigverband der Dai Nippon Kyōikukai in der Präfektur Nagano im Oktober 1946 (zur Datierung s. Kurosawa 1994: 171) aus.

Die sehr divergenten Gruppen erarbeiteten bis 1947 zahlreiche Vorschläge, die das Hochschulsystem oder einzelne Bereiche davon betrafen. Parallel arbeitete seit September 1946 das Komitee zur Erziehungsreform, wodurch die Diskussion erheblich systematisiert und gebündelt wurde. Die Existenz des Komitees hinderte aber Individuen, Gruppen und Hochschulen nicht daran, weiter eigene Ideen zu entwickeln. Vielmehr avancierte das Komitee zum wichtigsten Empfänger von Eingaben und Vorschlägen neben dem Kultusministerium.

Abschaffung der Oberschulen

Die Meikeikai hatte in ihren Reformplänen aus den Jahren 1937 und 1938 noch die Abschaffung der alten Oberschulen vorgesehen, wenn sie auch in den 1930er Jahren nie einen so radikalen Umbau des Gesamtsystems vorgesehen hatte wie beispielsweise die Kyōiku Kenkyūkai (s.o. II.2.3.1). In der mit dem Datum 1. Dezember 1945 versehenen ersten Stellungnahme der Meikeikai nach Kriegsende findet sich der Vorschlag, die Oberschule aus dem System zu entfernen, nicht mehr (GHQ [6]: 26), was der Tendenz der gesamten Schrift geschuldet sein mag, sich am realistisch Machbaren zu orientieren und nicht groß angelegte Änderungen des Gesamtsystems zu verfolgen.

Die Stellungnahme der Kaiserlichen Universität Tokyo vom April 1946 ging da schon weiter. Zwar fiel die Kritik an der alten Oberschule relativ milde aus; man wünschte sich für den oberen Abschnitt der Sekundarstufe gewisse ihrer Vorzüge zu bewahren, weshalb diese Schulstufe auch nicht »obere Mittelschule«, sondern »Oberschule« genannt werden sollte. Die alte Oberschule, wie sie bislang bestand, war im neuen System jedoch nicht vorgesehen (in: Kaigo/Terasaki 1969: 66–67). Mit der Höheren Pädagogischen Hochschule Okazaki (1944 gegründet) verschriftlichte eine weitere Hochschule ihre Gedanken zur Bildungsreform in der ersten Zeit nach Kriegsende. Auch in dem Papier der Hochschule vom September 1946 sollten die Oberschulen abgeschafft werden (in: Kurosawa 1994: 135, 168–169). Schließlich sah auch der sehr weitgehende Reformplan des Lehrendenverbandes von Nagano vom Oktober 1946 vor, dass die Oberschulen als solche nicht weiter existieren, sondern zu Universitäten konsolidiert werden sollten (SKS [3]: 10–11).

Hatte die USEM die Zukunft der Oberschulen alten Systems noch offen gelassen, so mehrten sich im Herbst 1946 Stimmen wie die drei zuvor genannten, die im Zuge der Vereinheitlichung zu einem 6-3-3-4-System, in dem kein Platz für eine Institution zwischen der neuen Oberschule und der neuen Universität war, dafür eintraten, die alten Oberschulen abzuschaffen. Dass auch eine so eng mit der Existenz der Oberschulen zusammenhängende Institution wie die Kaiserliche Universität Tokyo sich in diesem Punkt auf die Seite der Reformerinnen und Reformer schlug, musste den Vertretern der alten Oberschulen um so bedrohlicher erscheinen. Zwischen Oktober und Dezember 1946 entwickelten sie daher Lobbyaktivitäten zur Erhaltung ihrer Schulform. Der erste solche Beschluss wurde auf einer Regionalkonferenz von Oberschulrektoren am 15. Oktober 1946 gefasst. Einen Monat später, am 14. November 1946, kamen die Rektoren aller Oberschulen zusammen und beschlossen, eine Petition zur Erhaltung der Oberschulen an das Komitee zur Erziehungsreform zu schicken (KKGSH 1982: V: 622–623). In ihrem Beschluss vom Oktober vertraten sie implizit die herkömmliche Auffassung von der Universität als einer fortgeschrittenen Lehranstalt für Wenige, als sie schrieben: »Der direkte Anschluss von der oberen Mittelschule [damit ist die spätere neue Oberschule gemeint] an die Universität ist, von der seelischen und körperlichen Entwicklungsstufe her betrachtet, unmöglich«. Ebenfalls an überholte Diktion erinnert die Aussage: »Die Oberschule besitzt eine eigene große Bedeutung als Trainingsplatz für die Gedanken der Jugend«, die dem Diskurs über »gefährliche Gedanken« zu entstammen scheint (in: Takahashi 1986: 1073). Ende 1946 hielten auch Studenten mehrerer Oberschulen Versammlungen ab und wählten Vertreter, die in Tōkyō beim Kultusministerium vorstellig wurden, um eine Petition zum Erhalt der Oberschulen einzureichen (SDKSHI 1981: 220).

Der Streit um die Zukunft der Oberschulen alten Systems spitzte sich so Ende 1946 zwischen Befürwortern und Gegnern einer Abschaffung zu und sollte auch das Komitee zur Erziehungsreform das ganze Jahr 1947 über beschäftigen, bis eine Lösung gefunden wurde (s.u. 2.3).

Institutionelle Vereinheitlichung

Schon bald nach Kriegsende knüpften die für Bildungsreformen eintretenden Gruppen an die Position der Vorkriegszeit an, die Trennung zwischen Höheren Fachschulen und Universitäten sei für das höhere Bildungssystem insgesamt schädlich. Zwar sah der Meikeikai-Text vom Dezember 1945 strukturell noch die Beibehaltung der Trennung der Hochschulen in Oberschulen, Höhere Fachschulen, Pädagogische Hochschulen und Universitäten vor (GHQ [6]: 26–27). Doch schon die Kaiserliche Universität Tokyo empfahl im April 1946, dass die Höhere Fachschule im neuen System nicht mehr eigenständig existieren sollte. Bei der Begründung bediente man sich weniger der Auffassung, der Unterricht in bestimmten Fakultäten der Universitäten und in Höheren Fachschulen sei ohnehin identisch, so dass sich eine institutionelle Differenzierung erübrige. Vielmehr schien den Professoren der Kaiserlichen Universität Tokyo die Abschaffung der Höheren Fachschulen aufgrund ihrer unnötig hoch spezialisierten fachlichen Ausrichtung nahe liegend (in: Kaigo/Terasaki 1969: 66–67).

Nach dem Papier der Höheren Pädagogischen Hochschule Okazaki vom September 1946 sollten als Hochschultypen nur noch Universitäten und Höhere Fachschulen bestehen bleiben. Dabei sollte, wie etwa in den Vorkriegsplänen der Kyōiku Kenkyūkai, die Höhere Fachschule zur eigentlichen Normalinstitution der Tertiarstufe werden, während die Universität eine darauf noch aufbauende Institution ab zwei Jahren Ausbildungsdauer, also eine Art Graduiertenschule, darstellte (in: Kurosawa 1994: 135, 168–169). Damit ist der Plan von Interesse, da er offenkundig in der zentralen Stellung der Höheren Fachschule an Vorkriegsüberlegungen anknüpft. Anders argumentierte der Reformplan des Lehrendenverbandes von Nagano vom Oktober 1946, der nicht nur für eine Reduzierung der verschiedenen Schultypen plädierte, sondern auch konkret die Konsolidierung der bestehenden Universitäten, Höheren Fachschulen und Oberschulen zu Universitäten vorschlug, von denen in jeder Präfektur mindestens eine bestehen sollte (SKS [3]: 10–11).

Erst im Juni 1948 meldete sich die Lehrendengewerkschaft Nikkyōso mit einer eigenen Streitschrift »Grundideen zu den Universitäten neuen Systems« *(Shinsei daigaku no kihon kōsō)* zu Wort. Zu diesem Zeitpunkt war die Struktur des zukünftigen Systems im Großen und Ganzen bereits beschlossene Sache (s.u. 3.1), so dass die Forderung nach einer Abschaffung der Diskriminierung zwischen verschiedenen Hochschultypen etwas verspätet kam. Immerhin ließ sich der Hinweis auf schädliche Unterschiede hinsichtlich Ziel, Ausstattung und Gelegenheit zur Forschung für die Lehrenden auch auf zukünftig zu erwartende Unterschiede zwischen den Universitäten neuen Systems übertragen, so dass die Kritik in diesem Sinne ihre Berechtigung hatte. Rhetorisch sparte Nikkyōso jedenfalls nicht mit scharfen Worten über die bisherigen Einrichtungen höherer Bildung, die »feudalistisch« und »reaktionär« gewesen seien; damit sich daran etwas ändere, müssten die Universitäten in Zukunft nicht nur ein »neues System« bilden, sondern auch mit »neuem Leben« (auf Japanisch beides gleichlautend *shinsei*) gefüllt werden (SKS [7]).

Lehramtsausbildung

Die einzige strukturelle Änderung, die der sonst in dieser Hinsicht konservative Meikeikai-Text vom Dezember 1945 vorsah, war die Forderung, die Höheren Pädagogischen Hochschulen zu Universitäten aufzuwerten (GHQ [6]: 27). Ein Jahr später hatte die Meikeikai ihre Meinung geändert und verfocht nun die Einrichtung von Vier-Jahres-Universitäten für die Ausbildung von Grund- und Mittelschullehrerinnen und -lehrern. Im Dezember 1946 fasste ein »Untersuchungsausschuss zur Verbesserung der Lehramtsausbildung« innerhalb der Meikeikai seine Ergebnisse in einem Papier mit dem Titel »Meinung zur Errichtung Pädagogischer Universitäten« zusammen und nannte fünf Gründe, die für eine Pädagogische Universität sprächen. Die Lehramtsausbildung sei unbedingt an Universitäten durchzuführen, weil 1. dies dem Ziel des Aufbaus einer Kulturnation angemessen sei, 2. nur eine Universität der Aufgabe gerecht werden könne, Lehrende gleichermaßen in Menschenbildung, Pädagogik und Fachinhalten auszubilden, 3. die Ausbildung von Lehrenden materiell der Ausbildung für andere Berufe gleichgestellt sein müsse, 4. die kontinuierliche Versorgung der Nachfrage nach Lehrerinnen und Lehrern nur so sicher gedeckt werden könne und 5. die bisherigen Mängel in der politischen und ethischen Bildung von Lehrerinnen und Lehrern am ehesten an Universitäten gedeckt werden könnten (SKS [6]). Zu einem Zeitpunkt, als CIE zu Klarheit darüber gelangt war, dass sich eine einheitliche vierjährige Universität an das 6-3-3-System anschließen würde, gelangte auch die Meikeikai nun zu der Auffassung, die Lehramtsausbildung sollte an Universitäten im vollen Sinne (sogar ein Graduiertenkurs war vorgesehen, s. SKS [6]: 4), erfolgen. Dennoch verfolgte sie weiterhin als Ideal eine Lehramtsausbildung in separaten Einrichtungen, nicht als ein Fach oder eine Fakultät in einer größeren Einheit Universität.

Als Schulform, die selbst wiederum Lehrkräfte für Schulen ausbildete, waren die Pädagogischen Hochschulen von Reformen besonders betroffen und an Reformen besonders interessiert. Es verwundert daher nicht, dass an der Zweiten Pädagogischen Hochschule in

Tokyo z.B. die Lehrenden schon am 1. September 1945 eine »Studiengruppe zur neuen Erziehung« bildeten (TGDNHI 1970: 690). In einer von Anfang 1946 stammenden Eingabe an das Kultusministerium machte sich Kondō Ahiru, Rektor der Ersten Pädagogischen Hochschule Aichi, Gedanken über Verbesserungsmöglichkeiten in der Lehramtsausbildung. Er wollte der bisherigen Sonderbehandlung von Lehrenden dadurch entgegenwirken, dass die bisherigen Pädagogischen Hochschulen nunmehr »Höhere Fachschulen für Erziehung« genannt werden sollten und dass Absolventinnen und Absolventen von anderen Hochschulen der Erwerb eines Zertifikates erleichert werden sollte. Von der Substanz her waren die Pädagogischen Hochschulen seit 1944 allerdings bereits dreijährige Höhere Fachschulen, so dass Kondōs Vorschlag wenig Neues brachte. Ausdrücklich vermeiden wollte er die Heraufstufung der Pädagogischen Hochschulen zu Universitäten; vielmehr sollten nur die beiden bestehenden Bunri-Universitäten in eine Pädagogische Universität für Absolventinnen und Absolventen anderer Hochschulen umgewandelt werden. Die Höheren Fachschulen für Erziehung sollten hingegen – wie es dem Status quo entsprach – in jeder Präfektur einmal vertreten sein. Neu war hier lediglich Kondōs Forderung, diese Anstalten koedukativ zu gestalten (SKS [4]).

Ausführlich ging der Plan der Höheren Pädagogischen Hochschule Okazaki vom September 1946 auf die Lehramtsausbildung ein: Die bestehenden Einrichtungen sollten in vierjährige Höhere Fachschulen (für Lehrerinnen und Lehrer an Grundschulen und unteren Mittelschulen) bzw. zweijährige Universitäten (für Lehrerinnen und Lehrer an oberen Mittelschulen) umgewandelt werden. Von letzteren sollte es landesweit sieben (auf Großregionen verteilt) geben, wobei diese sowohl als eigenständige Universitäten als auch als Fakultät an bestehenden Universitäten eingerichtet werden können sollten (in: Kurosawa 1994: 135, 168–169). Zwar scheint es sich bei der Idee, die Lehramtsausbildung an erziehungswissenschaftlichen Fakultäten von Universitäten durchzuführen, um eine Vorwegnahme des nach 1949 umgesetzten Modells zu handeln, doch spricht dagegen, dass »Universität« im Entwurf der Pädagogischen Hochschule Okazaki nicht die an das zwölfte Schuljahr anschließende Hauptform der Tertiarstufe meint, sondern vielmehr eine Zusatzausbildung für Absolventinnen und Absolventen der Tertiarstufe.

Ein in der Frage separate vs. integrierte Lehramtsausbildung vermittelnder Plan stammte aus der Feder von Vertreterinnen und Vertretern der Studierenden an den Pädagogischen Hochschulen des ganzen Landes. Er kritisierte die »Zerstörung der Humanität« der Studierenden und den Mangel an Wissenschaftlichkeit des gegenwärtigen Systems der Pädagogischen Hochschulen; »wahre Erzieher« zeichneten sich durch »tief greifende Erforschung der Wissenschaften und Künste«, »die Fähigkeit, Curricula aus eigener Kraft zu entwickeln«, und »eine tiefe Bildung zur Führung und Formung der Gesellschaft« aus (in: Kurosawa 1994: 182–183). Obwohl es den alten Schulen daran mangelte, sollte zumindest ein Teil der Lehrenden an solchen separaten Einrichtungen ausgebildet werden. Die Pädagogischen Hochschulen sollten freilich zuvor von Grund auf reformiert werden, indem sie in vollwertige Universitäten umgewandelt werden, die, unabhängig davon, wie die Tertiarstufe sonst verändert werde, gleichwertig mit den ranghöchsten Einrichtungen sein müssten. Ein weiterer Teil der zukünftigen Lehrenden sollte aus Absolventinnen und Absolventen anderer, nicht speziell der Lehramtsausbildung dienender Universitäten rekrutiert werden, wo am Lehramt Interessierte aber eine auf den Lehramtsberuf vorbereitende Zusatzausbildung erhalten sowie Praktika absolvieren sollten (in: Kurosawa 1994: 183–185).

Trat der Plan der Studierenden rhetorisch drastisch auf, indem er die vollständige Abschaffung der gegenwärtigen Pädagogischen Hochschulen forderte, so legte ein weiterer Plan vom Oktober 1946, von der Ersten Pädagogischen Hochschule in Ōsaka entworfen, die Reformierbarkeit der Pädagogischen Hochschulen nahe – dennoch kamen beide Pläne fast zum selben Ergebnis, nämlich der Einrichtung von vierjährigen Institutionen der Tertiarstufe für die Ausbildung von Grund- und Mittelschullehrerinnen und -lehrern. Beim Plan aus Ōsaka sollte diese Einrichtung Höhere Fachschule für Erziehung heißen, ansonsten ähnelten sich die beiden Pläne aber hinsichtlich ihrer Forderung nach Reform der Inhalte und Aufwertung der Lehramtsausbildung durch Abschaffung der Zugangsmöglichkeit für Grundschulabsolventinnen und -absolventen. An Gründen, die für separate Einrichtungen sprächen, nannte der Plan aus Ōsaka: gezielte Ausbildung über lange Zeit sei für den Lehrerberuf wichtig; der ganzheitliche Auftrag der Ausbildung von Lehrerinnen und Lehrern überschreite die enge fachliche Spezialisierung, wie sie für Höhere Fachschulen und Universitäten typisch sei; andere fortschrittliche und demokratische Länder hätten auch separate Einrichtungen; der USEM-Bericht unterstütze separate Einrichtungen; die spezifischen Versäumnisse der gegenwärtigen Pädagogischen Hochschulen seien reformierbar; um die große Nachfrage nach Lehrkräften dauerhaft zu befriedigen, sei eine konstante Sicherung des Nachwuchses vonnöten (in: Kurosawa 1994: 178–179).

Der sehr weitgehende Reformplan des Lehrendenverbandes von Nagano vom Oktober 1946 sah nicht nur eine Reduzierung der Zahl verschiedener Schultypen vor, sondern auch die Abschaffung besonderer Einrichtungen für die Lehramtsausbildung. Die Pädagogischen Seminare bzw. Hochschulen der Vergangenheit seien durch ihre Ausrichtung auf Berufsausbildung nicht in der Lage gewesen, einen genügend breiten Horizont zu vermitteln (SKS [3]: 4). Die Pädagogischen Hochschulen sollten wie alle anderen Einrichtungen der Tertiarstufe auch, zu Universitäten konsolidiert werden.

Somit standen sich im Herbst 1946 noch recht unterschiedliche Vorstellungen über die Zukunft der Lehramtsausbildung gegenüber: Die einen sahen diese an Höheren Fachschulen für Erziehung am besten aufgehoben, andere wollten die Vereinheitlichung des Systems auch auf die Lehramtsausbildung ausdehnen und diese an Universitäten verlagern. Fast durchgängig Einigkeit herrschte jedoch darüber, dass die Ausbildung von Lehrerinnen und Lehrern an separaten, nur zu diesem Zweck errichteten Institutionen erfolgen sollte. Darüber, sowie nicht zuletzt über die konkrete institutionelle Zukunft der einzelnen Pädagogischen Hochschulen, sollte bis zum Beginn des neuen Universitätssystems 1949 noch kontrovers diskutiert werden.

Hochschulzugang für Frauen

Es waren die Vertreterinnen der Frauen-Hochschulen selbst, die sogleich nach Kriegsende die Initiative ergriffen und nun die Chance sahen, ihre in der Vorkriegszeit begonnene Lobbytätigkeit zum Erfolg zu führen. Die Höhere Pädagogische Hochschule für Frauen Tokyo knüpfte dabei als erste an ihre Aktivitäten von Mitte der 1930er Jahre an (s.o. II.2.3), konnte sie sich doch auf das Beratungsergebnis des Erziehungsrates stützen, der 1940 beschlossen hatte, staatliche Frauenuniversitäten zu errichten (s.o. II.4.2). Schon am 29. November 1945 reichte die Hochschulleitung einen Antrag auf »Errichtung einer Kaiserlichen Frauenuniversität Tokyo« beim Kultusministerium ein. Darin berief sich die Hochschule zur Begründung positiv auf die bereits erfolgte Ausweitung des Wahlrechts auf Frauen, äußerte sich aber skeptisch zu der für das Folgejahr geplanten grundsätzlichen Öffnung aller Universitäten für Frauen:

> Man muss sich wahrhaftig darüber freuen, dass ab April 1946 die Tore der Universitäten weit für Frauen geöffnet werden. Aber unser Land hat, abgesehen von der Primarstufe, nur in einem ganz schmalen Bereich der höheren Bildung [...] Erfahrung mit der Koedukation, weshalb wir angesichts der familiären und gesellschaftlichen Gewohnheiten glauben, dass es noch zu früh ist, plötzlich Koedukation zum Grundprinzip zu erklären (in: OJDHKI 1984: 276).

Ähnelte schon diese Argumentation der in früheren Aussagen zur Errichtung von Universitäten für Frauen, so fand sich in dem Antrag auch die bereits in den Beratungen des Erziehungsrates für zentral erachtete Haushaltswissenschaft (s.o. II.4.2) wieder: Die neu einzurichtende Universität sollte »aus den drei Fakultäten Geisteswissenschaft, Naturwissenschaft und Haushaltswissenschaft bestehen, was ein Vorhaben für eine Frauenuniversität darstellt, die dem Wunsch vieler Frauen entspricht« (in: OJDHKI 1984: 277). Der Antrag fand im Kultusministerium Zustimmung, wurde aber vom Finanzministerium als derzeit nicht durchführbar abgelehnt bzw. auf einen späteren Zeitpunkt umfassenderer Konsolidierung des höheren Bildungssystems verschoben (OJDHKI 1984: 278).

Auch die privaten Frauenhochschulen wurden schon früh nach Kriegsende in eigener Sache tätig. Vertreterinnen und Vertreter dreier privater Tokyoter Frauenhochschulen hatten sich schon vor 1945 regelmäßig zusammengefunden. Von ihnen ging im September 1946 die Initiative aus, eine Versammlung mit Vertreterinnen und Vertretern von zehn privaten Frauenhochschulen und der Höheren Pädagogischen Hochschule für Frauen Tokyo abzuhalten. Auf diesem Treffen wurde ein Beschluss zur Unterstützung des 6-3-3-4-Systems gefasst, wohl mit dem Hintergedanken, dass das letzte Glied eine einheitliche vierjährige Universität ohne parallele konkurrierende Organisationsformen bedeuten würde, somit also auch die bisherigen Höheren Fachschulen für Frauen dann Universitäten würden. Zumindest beschloss man gleichzeitig für die nahe Zukunft die Gründung eines »Verbandes der Frauenuniversitäten«. Dieser fand Anfang 1947 zusammen und umfasste bei seiner ersten Vollversammlung im April 1947 19 Hochschulen für Frauen, die Frauenuniversitäten werden wollten, darunter 17 private Hochschulen und die beiden staatlichen Höheren Pädagogischen Hochschulen Tokyo und Nara (Hashimoto 1992: 282–283).

Schließlich war das Thema Hochschulzugang für Frauen auch für die verschiedenen Vorschläge von privater Seite oder von einzelnen Organisationen wichtig. Das Papier »Meinung zum Aufbau der Erziehung im neuen Japan« der Meikeikai vom 1. Dezember 1945 widmete der Frage des Bildungszuganges für Frauen einen eigenen Abschnitt. Dabei ließ schon der erste Satz keinen Zweifel an der grundlegenden Absicht der Meikeikai: »Das Vordringen von Frauen auf allen Ebenen ist eine natürliche Folge des Aufbaus eines neuen kulturellen Japan« (GHQ [6]: 13). Dementsprechend sollte insbesondere die höhere Bildung für Frauen geöffnet werden. An den bestehenden Universitäten sollte Koedukation ermöglicht und zugleich sollten neue Universitäten nur für Frauen geschaffen werden. Oberschulen für Frauen sollten eingerichtet werden, um den Zugang zu Universitäten zu schaffen. Hier, wie auch in der Forderung nach getrennten Mittelschulen für Jungen und Mädchen (GHQ [6]: 25) fand sich freilich die alte Einstellung wieder, die Koedukation auf bestimmte Schulstufen zu beschränken. Diese war auch bei den Pädagogischen Hochschulen artikuliert, die in Zukunft wieder als nach Geschlechtern getrennte Einrichtungen geführt werden sollten, um den »jeweiligen Besonderheiten« der Geschlechter »gerecht zu werden« (GHQ [6]: 32). Dies wurde auch in der Zielvorstellung von Erziehung für Frauen deutlich, die nämlich u.a. darin bestehen sollte, »Frauen mit Talent für die Haushaltsführung aufzuziehen« (GHQ [6]: 13). Ein Unterschied zwischen diesem ersten Nachkriegsplan und seinen Vorgängern aus der Vorkriegszeit bestand darin, dass es nicht bei dieser Zielformulierung blieb, sondern auch politische Bildung als Vorbereitung auf die Einführung des Frauenwahlrechts genannt wurde (GHQ [6]: 14).

In dem Papier der Höheren Pädagogischen Hochschule Okazaki vom September 1946 sollten die Mittelschulen weiterhin nach Geschlechtern getrennt organisiert sein, auch wenn die zu vermittelnden Inhalte »im Großen und Ganzen identisch« sein sollten (in: Kurosawa 1994: 135, 168–169). Hingegen bejahten sowohl der Plan der Studierendenvertreterinnen und -vertreter von Pädagogischen Hochschulen als auch derjenige der Ersten Pädagogischen Hochschule in Ōsaka mit selbstverständlichem Gestus Koedukation in allen Schulstufen (Kurosawa 1994: 184, 179). Der Reformplan des Lehrendenverbandes von Nagano vom Oktober 1946 schließlich plädierte für Koedukation das ganze Schulsystem hindurch (SKS [3]: 7), lediglich Oberschulen (neuen Typs) nur für Frauen sollten neben koedukativen existieren dürfen (SKS [3]: 10).

Verwaltungsreform und Dezentralisierung

Ähnlich wie schon in der Reformdiskussion der 1920er und 1930er Jahre spielten Überlegungen zur Verwaltungsreform fast keine Rolle in den Beiträgen zur Bildungsreformdiskussion der frühen Nachkriegszeit. Bemerkenswert ist daher der deutlich formulierte Vorschlag beim Reformplan des Lehrendenverbandes von Nagano vom Oktober 1946, die Macht des Kultusministeriums zugunsten von lokalen Erziehungsausschüssen *(kyōiku iinkai)* und der Schulen selbst zu mindern (SKS [3]: 5). Die Erwähnung von lokalen Erziehungsausschüssen, die zu diesem Zeitpunkt noch nicht gesetzlich verankert waren, sondern lediglich bereits im März 1946 im Bericht der USEM aufgetaucht waren (s.o. 1.2), lässt darauf schließen, dass es bei dieser Empfehlung um die Primar- und Sekundarstufe ging, für welche die lokalen Erziehungsausschüsse eingerichtet werden sollten.

Obwohl auf japanischer Seite fast niemand der Beteiligten Interesse daran äußerte, Strukturen der Verwaltung zu reformieren, sollte dieser Fragenkomplex das Komitee zur Erziehungsreform insbesondere im Jahr 1948 intensiv beschäftigen. Der Grund dafür war, dass CIE im Sommer 1948 einseitig einen Vorstoß zur Hochschulreform unternahm (s.u. 3.2.5).

2.3 Komitee japanischer Erzieher; Komitee zur Erziehungsreform

Noch bevor die endgültige Zusammenstellung der USEM feststand, sandte GHQ am 9. Januar 1946 ein »Memorandum concerning Committee of Japanese Educators« an die japanische Regierung. Das Kultusministerium stellte daraufhin ein »Komitee japanischer Erzieher« (Nihon Kyōikuka Iinkai) aus 29 Personen zusammen, das mit der USEM zusammenarbeiten sollte. Vorsitzender war der Rektor der Kaiserlichen Universität Tokyo, Nanbara Shigeru, stellvertretender Vorsitzender der ehemalige Staatssekretär des Kultusministeriums und Vorsitzende des Lehrerverbandes Teikoku Kyōikukai, Kawahara Shunsaku, der auch schon Mitglied im Erziehungsrat gewesen war. Einige weitere Mitglieder hatten sich an der Reformdebatte der 1930er Jahre beteiligt, darunter Sano Toshikata und Yano Kanjō sowie von der Kyōiku Kenkyūkai der Erziehungswissenschaftler Kido Mantarō und Ōshima Masanori (Professor für Philosophie, Universität Tokyo) (Suzuki 1983: 127–128).

Das Komitee japanischer Erzieher sprach zeitgleich mit dem Erscheinen des USEM-Berichtes seine eigenen, unabhängig erarbeiteten[36] Empfehlungen aus; diese wurden allerdings nicht veröffentlicht, sondern am 25. März 1946 dem Kultusministerium übergeben (Tsuchimochi 1999: 51). Sie übertrafen, vielleicht auch, weil die Mehrzahl der Angehörigen des Gremiums Mitglieder von Universitäten war, in ihren das Hochschulwesen betreffenden Passagen den USEM-Bericht um einiges an Präzision. Das Komitee sprach sich klar für die Abschaffung der Oberschulen, die Überführung von Höheren Fachschulen in Universitäten und die Verlängerung der Ausbildungsdauer an Universitäten, deren Zugangsvoraussetzung der Abschluss einer oberen Mittelschule sein sollte, aus. Bemerkenswert ist folgende Überlegung, die wenig Standesdünkel für ein Gremium, das überwiegend aus Vertretern der Universitäten bestand, zeigte:

> Die Ausbildungsdauer [bis zum Abschluss der Universität] würde sich gegenüber dem gegenwärtigen System um ein Jahr verringern. Es mag also wohl sein, dass man sich Sorgen darüber macht, dass die Qualität der Universitätsabsolventen sinkt. [...] Selbst wenn man einmal ein gewisses Absinken voraussetzt, dann wird doch wohl, weil die gegenwärtig im Verhältnis eins zu drei von den Universitäten bzw. den Höheren Fachschulen Abgehenden zu vier Universitätsabsolventen werden, das allgemeine Kulturniveau der Nation im Vergleich zu heute steigen (in: Kaigo/Terasaki 1969: 62–63).

Angesichts der Tatsache, dass längst Fakultäten für Agrarwissenschaft, Ingenieurwesen und Wirtschaftswissenschaft an Universitäten sowie Ein-Fach-Universitäten für einen Teil der genannten Fächer existierten, gebe es eigentlich keinen Grund, eigens noch Höhere Fachschulen zu errichten. Die parallele Existenz solcher Einrichtungen mit gleichem Fächerspektrum führe nur zu unnötigen Hierarchien im Berufsleben, weswegen eine Zusammenführung beider Institutionsformen wünschenswert sei (in: Kaigo/Terasaki 1969: 63). Harsche Kritik kommt den (alten) Oberschulen zu. Zum einen sei deren angeblich unverzichtbare Aufgabe der allgemeinen Menschenbildung keineswegs an die Organisationsform gebunden, sondern sehr wohl auch auf anderen Schulstufen durchführbar. Zudem sei nicht einzusehen, wieso nur der kleinen Zahl Schüler an etwa 30 Einrichtungen landesweit die Gunst einer solchen Bildung zuteil werden solle. Zum anderen beruhe auch die Einschätzung, an den alten Oberschulen würden hervorragend Fremdsprachenkenntnisse vermittelt, auf einem Irrtum, denn mit dem Fremdsprachenunterricht müsse auf einer viel früheren Schulstufe begonnen werden (in: Kaigo/Terasaki 1969: 64). Auch für die Lehramtsausbildung warb das Komitee für umfassende Änderungen: Diese sollte vollständig an eigens zur Lehramtsausbildung abgestellten Universitäten angesiedelt sein; die Zulassung als Lehrerinnen und Lehrer an den neu zu gründenden oberen Mittelschulen sollte nach dem Ab-

---

36 Hierzu äußerte sich Nanbara Mitte der 1960er Jahre (als Zeuge im ersten Schulbuchprozess von Ienaga Saburō) sogar vor Gericht: Das Komitee japanischer Erzieher sei bei der Erstellung seines Berichtes weder Weisungen von CIE noch von der USEM gefolgt, sondern habe völlig eigenständig gearbeitet (SDKSHI 1981: 217–219).

schluss einer Universität und einer zweijährigen Zusatzausbildung erworben werden können (Kaigo/Terasaki 1969: 64).

Das Komitee japanischer Erzieher stellte seine Tätigkeit mit der Abreise der USEM-Mitglieder ein. Der Vorsitzende Nanbara konnte jedoch den im Mai 1946 neu ernannten Kultusminister Tanaka Kōtarō für eine Fortführung des Gremiums gewinnen (Kubo 1984: 402). Im August 1946 beschloss das Kabinett daraufhin, ein »Komitee zur Erziehungsreform« (Kyōiku Sasshin Iinkai) einzurichten, dem 19 der 29 Mitglieder des Komitees japanischer Erzieher angehörten. Ähnlich dem Erziehungsrat 1937 war das neue Komitee direkt dem Kabinett und nicht dem Kultusministerium unterstellt. Es tagte von September 1946 bis Juni 1952, seit Juni 1949 unter dem Namen »Rat zur Erziehungsreform« (Kyōiku Sasshin Shingikai).

Zur Zusammensetzung des Komitees ist anzumerken, dass von den ursprünglich im August 1946 nominierten 38 Mitgliedern – trotz anderslautendem Kabinettsbeschluss – alle bis auf zwei Vertreterinnen und Vertreter von Einrichtungen des Bildungswesens waren. Erst im Oktober 1946 wurden elf weitere Mitglieder nachnominiert, von denen zehn Oberhaus und Unterhaus des japanischen Parlamentes repräsentierten. Vorsitzender des Gremiums war bis November 1947 der ehemalige Kultusminister Abe Yoshishige, von da an bis zur Aufhebung sein bisheriger Stellvertreter, Nanbara Shigeru (Watanabe 1998: 45–46). Drei Mitglieder vertraten das Komitee zur Erziehungsreform in einem »Verbindungskomitee« (*renraku iinkai, steering committee*) zwischen dem Komitee, dem Kultusministerium und CIE, das sich regelmäßig traf. Die Beratungen des Komitees zur Erziehungsreform sollen im Folgenden tiefer gehend analysiert werden, den in der Einleitung genannten fünf Themenfeldern folgend.

Abschaffung der Oberschulen

Am 27. Dezember 1946 übersandte das Komitee zur Erziehungsreform seine ersten, zwischen dem 29. November und 27. Dezember auf Vollversammlungen beschlossenen Empfehlungen dem Kabinett. Einer von drei Blöcken von Empfehlungen behandelte das Schulsystem. In knappen Sätzen empfahl das Komitee zur Sekundarstufe u.a., dass lediglich dreijährige koedukative Mittelschulen als auf die Grundschule folgende Institutionen zugelassen werden sollten. In der Frage der Oberschule ließ das Komitee die Entscheidung offen: Zwar sollte eine neue dreijährige koedukative Oberschule der Regelfall werden; doch vier- oder fünfjährige Oberschulen sollten ebenso möglich sein wie nicht-koedukative. Damit war die Fortexistenz der alten Oberschulen grundsätzlich weiterhin möglich, auch wenn diese bislang in der Regel Schüler erst nach elf Schuljahren zugelassen hatten, die neue Festlegung der Mittelschule als dreijährig aber den Zugang zur Oberschule auf Absolventinnen und Absolventen von neun Schuljahren bestimmte.

Ein weiteres Element, das dazu beitrug, die Entscheidung über die Oberschulen noch offen zu halten, war die flexible Regelung der Ausbildungsdauer von Universitäten. Das Komitee benannte die Ausbildungsdauer der auf die Oberschule folgenden Universitäten als drei bis fünf Jahre, so dass mit fünfjährigen Oberschulen und dreijährigen Universitäten die nahezu nahtlose Fortführung bestehender Einrichtungen möglich gewesen wäre. Die diesen Beschlüssen vorausgegangene Diskussion war überaus kontrovers verlaufen. Sie entbrannte durch eine klare Stellungnahme seitens Toda Teizō, der eine Position ähnlich derjenigen, die auch das Komitee japanischer Erzieher (in dem er Mitglied gewesen war) geäußert hatte, vertrat. Er richtete sich auf der 7. Sitzung der Vollversammlung am 18. Oktober 1946 gegen ein mehrgliedriges Schulsystem, bei dem der Weg zur Universität mit der Entscheidung zum Mittelschulbesuch schon nach dem 6. Schuljahr festgelegt wurde:

> Von dem Grundsatz her bedacht, dass ein demokratisches Japan wieder aufgebaut werden muss, ist ein Schulsystem, in dem es schon bei kleinen Kindern, die gerade die Grundschule abgeschlossen haben, heißt: »Du hier gehst jetzt in die höhere Schule, du da darfst hier aber nicht hingehen, sondern musst jetzt dort hingehen«, in dem den ganz Jungen ein Bewusstsein von Diskriminierung deutlich vermittelt wird, dass ihr Schicksal für die Zukunft schon auf diese Weise feststeht, ganz und gar nicht wünschenswert (NKKSK 1995: I: 127).

Stattdessen müssten, so Toda, grundsätzlich alle Schulen der Sekundarstufe den Weg zur Universität ermöglichen (NKKSK 1995: I: 129). Von der Stoßrichtung her ähnlich argumentierte auch Ōshima Masanori, der in den 1930er Jahren schon Mitglied der Kyōiku Kaikaku Dōshikai gewesen war, ohne sich explizit auf »Demokratie« zu berufen. Erziehung müsse von nun an die Aufgabe haben, das ganze Volk zu »verbessern« und nicht Schulen nur für einen kleinen Teil desselben bereitstellen (in: Kaigo/Terasaki 1969: 78–79).

Gegen die hier geäußerten Grundsätze erhob sich kein Widerspruch, wohl aber gegen die Implikationen: Der Staatssekretär des Kultusministeriums Yamazaki Kyōsuke vertrat am deutlichsten die Meinung, die alten Oberschulen sollten erhalten bleiben, obwohl sie Eliteschulen für nur wenige darstellten (NKKSK 1995: I: 133). Im Unterausschuss zum höheren Schulwesen (Fünfter Sonderausschuss) entwickelte Amano Teiyū, ehemaliger Rektor der Ersten Oberschule in Tokyo, im November und Dezember 1946 einen Plan, der die Existenz der Oberschulen als eigenständige Institutionen retten sollte. Die Oberschulen sollten zu »Vor-Universitäten« *(zenki daigaku)* werden, die ein Curriculum mit Schwerpunkt auf Allgemeinbildung lehren sollten. Die nachfolgende eigentliche Universität sollte dagegen stark fachausbildenden Charakter haben (Kaigo/Terasaki 1969: 80). Amano machte keinen Hehl aus seiner positiven Grundhaltung zur alten Oberschule:

> Ich möchte die Besonderheiten der jetzigen [d.i. alten] Oberschulen nicht abtöten. Die Rektoren der einzelnen Oberschulen vertreten derzeit, dass die gegenwärtigen Oberschulen bewahrt werden müssen. In Wirklichkeit möchte ich das auch so vertreten, aber weil dann die Reform des Ganzen nicht mehr gelingen kann, halte ich mich bedeckt. Dennoch halte ich die Besonderheiten der jetzigen Oberschule für eine ungeheuer starke Kraft für die japanische Kultur (NKKSK 1997: VIII: 148).

Die uneingeschränkt positive Grundhaltung zur alten Oberschule wurde zwar von einigen der Anwesenden geteilt, stieß jedoch auch auf scharfe Kritik, insbesondere von Vertreterinnen und Vertretern der Höheren Fachschulen, die bislang von dem Elitezweig Oberschule – Universität ausgeschlossen gewesen waren. Mutai Risaku, als Rektor der Bunri-Universität Tokyo in der Lehramtsausbildung tätig, betonte, die Einheitlichkeit des neuen Systems sei ein zu hohes Gut, um es der Bewahrung einer speziellen Einrichtung zu opfern (NKKSK 1997: VIII: 148). Ōtani Buichi, Rektor der Höheren Fachschule für Sporterziehung Tokyo, wurde noch deutlicher, als er die Tradition der Oberschule selbst angriff:

> Diejenigen, die gegenwärtig in allen Bereichen in Führungspositionen stehen, haben wohl in ihrer Mehrzahl die Oberschule und Universität besucht. Damit aber sind diejenigen, die Japan

> in den gegenwärtigen elenden Zustand versetzt haben, ebenfalls Leute, welche die Oberschule besucht haben. [...] Wir können einfach nicht glauben, dass die Oberschule etwas so Tolles ist und dass ihre bis heute währende Tradition unbedingt aufrechterhalten werden muss. Vielmehr glauben wir, dass eine Ursache dafür, dass Japan in diesen Zustand geriet, in der Oberschule der Vergangenheit liegt. [...] Das 6-3-3-4-System kommt doch wohl daher, dass die japanische Erziehung insgesamt demokratisch neu aufgebaut werden soll. Widerspricht es daher nicht dem Geist der Demokratisierung, etwas Besonderes beizubehalten? (NKKSK 1997: VIII: 149–150).

Die Empfehlungen des Komitees vom Dezember 1946 hatten zwar Amanos Vorschläge der Teilung des Universitätsstudiums nicht berücksichtigt, ihnen aber mit der flexiblen Regelung der Ausbildungszeiten von Oberschule und Universität ein Hintertürchen offen gelassen; das Schulerziehungsgesetz vom März 1947 hingegen legte die Ausbildungsdauer von Universitäten klar auf vier Jahre fest (s.u. 3.1). Dennoch bemühte sich Amano weiter um eine Durchsetzung seiner Position im Komitee zur Erziehungsreform.

Zumindest einem Teil der Oberschulen und Höheren Fachschulen sollte die Möglichkeit eröffnet werden, zu »Vor-Universitäten« zu werden, denn die bestehenden Oberschulen müssten sonst, weil sie die Standards für die neuen Universitäten nicht erreichen würden, zu neuen Oberschulen werden, wofür sie aber wiederum eigentlich zu gut seien. Dies bedeute de facto ein Versprechen an die alten Oberschulen, in Zukunft zu vollen Universität werden zu können, war also ausdrücklich als vorübergehende Maßnahme gedacht, wie der Vorsitzende des 5. Sonderausschusses, der Musikwissenschaftler Komiya Toyotaka, auf der 31. Sitzung der Vollversammlung am 11. April 1947 ausführte (NKKSK 1996: II: 288–289, 292). Amano geriet im Laufe der Beratungen immer stärker in die Defensive, weil die Hinüberrettung allein der Oberschulen aus dem alten System zunehmend unfair erschien, wie z.B. Yano Kanjō aus Sicht der Höheren Fachschulen äußerte (NKKSK 1996: III: 210).

Im Dezember 1947 kam es zur endgültigen Klärung der Frage der Zukunft der Oberschulen im Komitee zur Erziehungsreform. Amano konnte nicht verdeutlichen, wie die bereits bestehenden Volluniversitäten (insbesondere die ehemaligen Kaiserlichen Universitäten), welche Vier-Jahres-Universitäten werden wollten, und die ehemaligen Höheren Fachschulen zugleich in das System der zweigeteilten Universitäten eingepasst werden sollten, ob diese also auf die »Vor-Universität« aufbauen oder ein paralleles Angebot darstellen sollten. Nicht zuletzt diese Unklarheit führte schließlich zur Ablehnung von Amanos Plänen auf der Vollversammlung. Am 19. Dezember 1947 beschloss die 49. Vollversammlung vielmehr, die Höheren Fachschulen und Oberschulen sollten »als vorübergehende Maßnahme dreijährige Universitäten werden können« (NKKSK 1996: III: 224).

Institutionelle Vereinheitlichung

Dass den Oberschulen im Dezember 1947 nun doch zugetraut wurde, Universitäten, wenn auch nur dreijährige, werden zu können, lag auch daran, dass das Komitee zur Erziehungsreform mittlerweile eine ganz andere Möglichkeit der Überführung der bestehenden Hochschulen in neue Universitäten anzudenken begonnen hatte. Erstmals im November 1946 äußerte nämlich Sano Toshikata im Fünften Sonderausschuss die Idee, die Hochschulen könnten ihre Schwächen, die sie jeweils als einzelne Institutionen hätten, auch durch regionale Zusammenschlüsse zu stärkeren Verbunduniversitäten kompensieren, eine Idee, der

Toda Teizō sogleich begeistert zustimmte (NKKSK 1997: VIII: 74, 77). Sano und Toda schwebten ursprünglich nur Zusammenschlüsse der Pädagogischen Hochschulen und Höheren Fachschulen innerhalb einer Region vor; die Möglichkeit, auch die Oberschulen daran zu beteiligen, äußerte erstmals Kido Mantarō im Achten Sonderausschuss (zur Lehramtsausbildung) im März 1947 (NKKSK 1997: IX: 292).

Bis diese Lösungsmöglichkeit geäußert wurde, die im Laufe des Jahres 1947 im Komitee allmählich an Akzeptanz gewann, war aber zunächst überhaupt zu klären, dass die Höheren Fachschulen tatsächlich Universitäten werden sollten, was sich keineswegs von selbst verstand. So sprachen sich vor der Entscheidung über den ersten großen Block an Empfehlungen Ende Dezember 1946 sowohl Hatani Ryōtai (Rektor der buddhistischen Ryūkoku-Universität) als auch Toda Teizō dafür aus, die bisherigen Höheren Fachschulen im 6-3-3-4-System nicht auf der Ebene der neuen Universitäten anzusiedeln, sondern auf der der neuen Oberschulen (NKKSK 1995: I: 191, 411). Dafür sprach die bisherige dreijährige Ausbildungsdauer der Höhere Fachschulen; der Unterschied im Alter beim Zugang hätte allerdings zwei Jahre betragen (altes System: nach elf Jahren, neues: nach neun). Freilich hatte Toda selbst noch kurz zuvor ausgeführt, zwei parallele, auf unterschiedlichen Niveaus angesiedelte Ingenieurabschlüsse wie im bisherigen System führten zu Unfrieden am Arbeitsplatz, wenn die Absolventinnen und Absolventen der unterschiedlichen Hochschulformen aufeinanderträfen (NKKSK 1995: I: 127–128), was den Aussagen zur Höheren Fachschule ähnelte, welche die im März 1946 beschlossenen Empfehlungen des Vorgängergremiums Komitee japanischer Erzieher enthielt.

Hoshino Ai unterstützte Todas frühere Äußerung auf der 8. Sitzung der Vollversammlung (25. Oktober 1946), indem sie hinzufügte, das Übel der Trennung in zwei Abschlussarten gelte nicht nur für Ingenieurberufe, sondern für alle Studiengänge, die sowohl an Höheren Fachschulen als auch an Universitäten angeboten würden, wovon insbesondere Frauen, die bislang nur Höhere Fachschulen besuchen dürften, betroffen seien. Auch für die besonders zahlreichen medizinischen Höheren Fachschulen einigte man sich schnell darauf, dass ihre Überführung in Universitäten ratsam sei; hier hatte allerdings ein anderes, speziell der Ausbildung von Medizinerinnen und Medizinern gewidmetes Regierungsgremium bereits die entscheidende Vorarbeit geleistet (Kaigo/Terasaki 1969: 74–78).

Am 27. Dezember 1946 legte sich das Komitee in seinen ersten Empfehlungen zum Schulsystem daher eindeutig gegen das Fortbestehen von Höheren Fachschulen fest, indem es die Universität als einzige auf die (neue) Oberschule folgende Schulform bestimmte. Ob die Höheren Fachschulen nun im neuen System Oberschulen oder Universitäten werden sollten, war damit freilich noch nicht endgültig geklärt, sondern sollte bis Dezember 1947 noch offen bleiben. Auch bedeutete selbst die grundsätzliche Akzeptanz der Abschaffung der alten Oberschulen und Höheren Fachschulen noch nicht automatisch die Zustimmung zu einer Vier-Jahres-Universität als Abschluss des Bildungssystems. Amano war im Komitee nicht allein mit der Auffassung, vierjährige Universitäten mit Zugang nach zwölf Schuljahren, die zudem teilweise aus ehemaligen Höheren Fachschulen bestünden, würden wohl eher dem Abschluss von Fachausbildung dienen, könnten aber nicht Stätten höherer Lehre und Forschung sein. Sowohl hinsichtlich der Forschung als auch der Qualität der Studierenden werde das Niveau so niedrig sein, dass man als eigentliche Universität im engeren Sinne noch eine Institution an das 6-3-3-4-System anhängen müsste (NKKSK 1996: II: 296). Andere Mitglieder des Komitees hingegen akzeptierten die grundlegende Änderung des

Charakters der neuen Tertiarstufe. So meinte Kido Mantarō, das Niveau der Universitäten werde insgesamt in der Tat sinken, dafür partizipierten aber eben auch viel mehr Studierende daran (NKKSK 1997: IX: 314).

Die Einrichtung einer weiteren Schulstufe nach Abschluss des 6-3-3-4-Systems lehnte das Komitee als für das ganze System schädlich ab, beließ den Universitäten aber die Möglichkeit, Graduiertenkurse im Anschluss an ein vierjähriges Studium anzubieten (NKKSK 1996: II: 297, 301), so dass sich Amano auch an dieser Stelle nicht durchsetzen konnte. Gab es insgesamt im Komitee zur Erziehungsreform also eine große Mehrheit für die Angleichung von Höherer Fachschule und Universität, so war die in den 1930er Jahren noch zu findende Position, Endergebnis dieser Angleichung müsse aber eher eine Höhere Fachschule denn eine Universität sein, nunmehr völlig marginalisiert. Lediglich der Astronom Sekiguchi Rikichi wagte im Dezember 1947 einen Vorstoß in diese Richtung, als er vorschlug, alle neuen Universitäten, auch die aus den ehemaligen Kaiserlichen Universitäten gebildeten, in Höhere Fachschulen umzubenennen (NKKSK 1995: I: 410). Sekiguchis Idee wurde aber gar nicht erst diskutiert und auch von ihm selbst nicht weiter ernsthaft in Erwägung gezogen.

Lehramtsausbildung

In einem ursprünglich geheimen Abschnitt der Empfehlungen des Komitees zur Erziehungsreform vom Dezember 1946 stand zur Lehramtsausbildung nur ein Satz: »Die Ausbildung von Lehrenden soll in Fächern für Erziehungswissenschaft an Volluniversitäten oder Ein-Fach-Universitäten durchgeführt werden« (NKKSK 1998: XIII: 56). Das Komitee sprach an dieser Stelle ausdrücklich von »Fächern« *(gakka)* und nicht von »Fakultäten« *(gakubu)* für Erziehungswissenschaft. Vorangegangen war ein komplizierter Einigungsprozess nach langen Diskussionen, die zeigten, dass in der Frage der Lehramtsausbildung die Fronten so verhärtet waren wie in keinem anderen Bereich.

Kido Mantarō meinte 1968 zurückblickend, es habe im Komitee zur Erziehungsreform zwei große Lager gegeben: auf der einen Seite eine mit der Universität Tokyo in Verbindung gebrachte Fraktion *(akamonha)*, darunter z.B. Abe Yoshishige und Nanbara Shigeru, die für eine Hintanstellung von Pädagogik zugunsten von Fachinhalten gestritten habe, und auf der anderen Seite die Vertreterinnen und Vertreter der Pädagogischen Hochschulen *(meikeikaiha)*, welche die Wichtigkeit der Pädagogik betont hätten. Jene hätten dafür plädiert, die Lehramtsausbildung im Rahmen eines regulären Universitätsstudiums unterzubringen, während diesen die Fortführung separater Einrichtungen zur Lehramtsausbildung am Herzen gelegen habe (in: Shōwa Dōjinkai 1968: 191).

Im Sonderausschuss für höhere Bildung, in dem die Lehramtsausbildung zunächst verhandelt wurde, hatten anfangs die Vertreterinnen und Vertreter der Pädagogischen Hochschulen die Oberhand. Kinoshita Kazuo (Rektor der Ersten Pädagogischen Hochschule Tokyo) und Mutai Risaku setzten sich beide für separat zu errichtende Universitäten für Erziehungswissenschaft ein. Toda Teizō hingegen gehörte zu denjenigen, die mit Nachdruck gegen die Beibehaltung separater Einrichtungen eintraten. Er wunderte sich darüber, dass die Gegenmeinung nun so stark sei, habe man doch im März desselben Jahres (1946) im Komitee japanischer Erzieher Einmütigkeit erzielt, »so etwas Dummes wie Lehramtsausbildung nicht zu brauchen«. Dem Argument, Pädagogik sei eine spezifisch für den Lehrerberuf nötige Technik, die man am besten an eigens dafür abgestellten Schulen lehrte, entgegnete er mit der Überzeugung: »Dass so eine Technik nötig sein soll, ist ein eigenartiges Argument; so entstehen verschlossene *[inki]* Menschen und keine offenen und beweglichen *[meirō kattatsu]* Lehrer. Ohne offene und bewegliche Menschen wird auch Japan nicht offener« (NKKSK 1997: VIII: 70).

Die Diskussion wurde dadurch noch komplizierter, dass nicht allein auf der Achse institutionell integriert – separat diskutiert wurde, sondern auch universitär – nicht-universitär. Nicht alle, die sich gegen eine separate Lehramtsausbildung aussprachen, verfochten auch deren Integration in die Universitäten. So hielt Sano Toshikata nur ein oder zwei Jahre Lehramtsausbildung nach Abschluss der (neuen) Oberschule für ausreichend (NKKSK 1997: VIII: 21). Auch wünschten sich gerade diejenigen, die wie Kinoshita oder Mutai für eine separate Lehramtsausbildung plädierten, diese in Form einer regulären Vier-Jahres-Universität. Mutai etwa lehnte jeden Kompromiss in diesem Punkt ab, weil zwei Jahre zu kurz seien, um eine eigenständige Schule zu konstituieren und zu wenig Bildung für die zukünftigen Lehrerinnen und Lehrer bedeutete, die zumal in Zukunft neun Jahre Pflichtschulzeit zu unterrichten hätten (NKKSK 1997: VIII: 22, 24–25).

Diese beiden Diskussionsstränge beschäftigten den Fünften Sonderausschuss mehrere Wochen lang, ohne dass sich eine der beiden Seiten auf die andere zubewegt hätte. Erst der Kompromissvorschlag von Sano Toshikata vom 6. Dezember 1946, die Lehramtsausbildung zwar an regulären Universitäten durchzuführen, dort aber in separaten institutionellen Einheiten (NKKSK 1997: VIII: 75), weichte die Fronten schließlich auf. Sanos Idee fand Unterstützung von beiden Seiten, sowohl von Mutai Risaku als auch von Toda Teizō und selbst von Kinoshita, der bislang am kompromisslosesten die Universität für Erziehungswissenschaften vertreten hatte. Erst kurz vor der Abstimmung in der Vollversammlung fand man am 18. Dezember 1946 dann eine Formulierung, die konsenfähig war. Mutai schlug vor, an Volluniversitäten ein Fach *(gakka)* Erziehungswissenschaften, auf der gleichen Ebene angesiedelt wie z.B. Geschichte oder Philosophie, einrichten zu können. Alternativ sollte dies auch an Ein-Fach-Universitäten möglich sein, um bspw. an ingenieurwissenschaftlichen Ein-Fach-Universitäten Lehrerinnen und Lehrer für technische Fächer auszubilden (NKKSK 1997: VIII: 100). So entstand die oben bereits zitierte Empfehlung des Komitees zur Lehramtsausbildung vom Dezember 1946.

Damit war zwar die Option, die Lehramtsausbildung nicht-universitär zu gestalten – etwa, wie bis dahin vielfach vorgeschlagen, in Form von Höheren Fachschulen – obsolet, nicht gänzlich geklärt war aber, ob die Formulierung vom Dezember 1946 die Gründung von eigens der Lehramtsausbildung gewidmeten Institutionen gänzlich ausschloss oder nur nicht zur Hauptform der Lehramtsausbildung erklärte. Auch das Schulerziehungsgesetz vom März 1947 ließ diese Entscheidung offen: Es klärte lediglich, dass es kein separates System von Einrichtungen mit anderen Bezeichnungen in der Tertiarstufe geben würde (s.u. 3.1). Separate und entsprechend benannte Universitäten für Lehramtsausbildung waren hingegen durchaus noch denkbar.

Hier bestanden zwei unterschiedliche Interpretationsmöglichkeiten des Beschlusses vom Dezember 1946, die sich bald wieder unversöhnlich gegenüberstanden, so dass im März 1947 ein eigener Unterausschuss zur Lehramtsausbildung (Achter Sonderausschuss) gebildet werden musste. Nun vertrat Mutai, jetzt als Vorsitzender des Ausschusses, die Lehramtsausbildung sollte in eigenen Fakultäten erfolgen, und zwar entweder so, dass diese die pädagogischen Studieninhalte abdeckte, andere Fakultäten aber die eigentlichen Fachinhalte, oder so, dass die Fakultät für Erziehungswissenschaften selbst sowohl Pädagogik als auch Fachinhalte lehren sollte (NKKSK 1997: IX: 264). Außerdem sollten nun doch auch Universitäten, die hauptsächlich der Lehramtsausbildung gewidmet sein würden, errichtet werden. Diesen Vorschlag akzeptierten die eher skeptischen Vertreter wie Kido Mantarō nur unter der Auflage, dass es sich ausdrücklich um eine Universität mit allgemein bildendem Auftrag handele, an der auch Studierende, die nicht Lehrerinnen oder Lehrer werden wollten, einen Abschluss erlangen könnten (NKKSK 1997: IX: 272). Außerdem sollte die Bezeichnung keinesfalls »Universität für Erziehungswissenschaft« lauten, sondern den allgemein bildenden Charakter hervorheben, indem man sie »Gakugei-Universität« (*gakugei* als Übersetzung für *liberal arts* gedacht) nennt. Der Begriff *gakugei* war schon in den Diskussionen der Vorkriegszeit benutzt worden. Kikuchi Dairoku gebrauchte ihn bereits 1914, um in seinem Vorschlag der Abschaffung der Oberschulen eine Alternative für deren zukünftige institutionelle Existenz anzubieten (s.o. II.2.3.1). *Gakugei daigakkō* oder *gakugeibu* sollten, so Kikuchi, die Entsprechung eines *art course* wie in einem US-amerikanischen College sein (GKS 1937: 9–10). In dieser Bedeutung wurde der Begriff auch im Komitee zur Erziehungsreform verstanden.

Mutai stellte den neuen Diskussionsstand am 4. April 1947 in der Vollversammlung vor und löste damit eine heftige Auseinandersetzung mit Nanbara Shigeru aus, der einen völligen Widerspruch zwischen den jetzigen Empfehlungen und dem Beschluss vom Dezember 1946 konstatierte (NKKSK 1996: II: 272–275). In den nun folgenden Sitzungen des Unterausschusses wurde das Argument der quantitativen Versorgung der Schulen mit Lehrkräften wichtig. Insbesondere Kido rechnete mehrfach vor, dass nur mit Absolventinnen und Absolventen regulärer Universitäten niemals der enorme Bedarf an Lehrerinnen und Lehrern für die Grund- und Mittelschulen gedeckt werden könne. Deshalb müsse man zumindest vorübergehend Kurzzeit-Universitäten zur Lehramtsausbildung einrichten. Amano ließ sich auch von diesem Argument nicht überzeugen und blieb bis zuletzt dabei, dass separate Einrichtungen für die Lehramtsausbildung schlechte Lehrerinnen und Lehrer hervorbrächten. Die bestehenden Pädagogischen Hochschulen zeigten, dass nur diejenigen Mittelschulabsolventen, die den Zugang zur Oberschule oder Höherer Fachschule nicht schafften, als dritte Wahl das Lehramt in Erwägung zögen. Dieses Muster würde man mit der Errichtung separater Universitäten für Erziehung bloß perpetuieren (NKKSK 1997: IX: 347).

Die Mehrheit der Ausschussmitglieder ließ sich aber von dem Versorgungsargument überzeugen, wenn auch so, dass schließlich folgender Kompromiss ausgearbeitet und im Mai 1947 von der Vollversammlung als Empfehlung verabschiedet (jedoch erst im November 1947 veröffentlicht) wurde: Lehrerinnen und Lehrer für Grund- und Mittelschulen sollten sich aus zwei Quellen rekrutieren, zum einen Absolventinnen und Absolventen von Gakugei-Universitäten, welche Lehramtsausbildung zu ihrer Hauptaufgabe machen, und zum anderen die anderer Voll- und Ein-Fach-Universitäten, welche während ihres Studiums entsprechende Qualifikationen erworben haben. Die bestehenden Pädagogischen Hochschulen sollten, »soweit geeignet«, in Gakugei-Universitäten umgewandelt werden. Für Oberschul-Lehrerinnen und -Lehrer galt die Bestimmung, diese sollten »in der Hauptsache aus Absolventen von Universitäten rekrutiert werden«, womit das Komitee die ausdrückliche Empfehlung der USEM, derzufolge ein Universitätsbesuch ohne pädagogisches Begleitstudium nicht zum Lehrberuf befähigen sollte, ignorierte (NKKSK 1998: XIII: 65).

Der Stimmungsumschwung im Komitee zur Erziehungsreform war auch durch einen rhetorischen Trick möglich gewesen. Die Gegnerinnen und Gegner der Sonderform Pädagogische Hochschule hatten sich auf die letztlich gewählte Formulierung »Absolventen von Gakugei-Universitäten, welche Lehramtsausbildung zu ihrer Hauptaufgabe machen« auch deswegen eingelassen, weil der Begriff Gakugei-Universität von ihnen ins Spiel gebracht worden war. Ursprünglich sollte damit genau das Gegenteil einer Universität, die nur Lehramtsausbildung betreibt, bezeichnet werden. Indem aber Kinoshita, Mutai und andere nicht mehr von »Universität für Erziehung«, dem ursprünglich von ihnen verfochtenen Konzept und Stein des Anstoßes für Nanbara, Amano, Toda und andere, redeten, sondern sich den Begriff »Gakugei-Universität« aneigneten, fiel es auch der Gegenseite leichter, zuzustimmen. Substanziell bedeutete das einzige Zugeständnis, die einschränkende Formulierung »zur Hauptaufgabe machen« – dies sollte sicherstellen, dass auch Studierende, die nicht das Lehramt anstrebten, sinnvoll eine solche Universität besuchen könnten. Erarbeitet wurde der Kompromiss maßgeblich von Sano und Kido, die eine vermittelnde Haltung einnahmen. Was die Vorgaben für die konkrete Umstellung der Pädagogischen Hochschulen auf das neue Universitätssystem bedeuteten, war aber aufgrund der vagen Formulierung auch Ende 1947 noch unklar, so dass nicht nur im Komitee zur Erziehungsreform noch später über vorübergehende Zwei-Jahres-Universitäten für die Lehramtsausbildung nachgedacht wurde, sondern auch viel Spielraum zur Ausgestaltung für die einzelnen Institutionen verblieb.

Hochschulzugang für Frauen

Grundsätzlich wurde über den Zugang von Frauen zu Einrichtungen der Tertiarstufe im Komitee zur Erziehungsreform nicht mehr diskutiert. Doch tauchten Ende 1947 plötzlich Zweifel auf, ob die Mindeststandards für Universitäten, die der Verband zur Akkreditierung von Universitäten mittlerweile zu erarbeiten begonnen hatte (s.u. 3.1), nicht für viele der bestehenden Höheren Fachschulen für Frauen zu hoch sein würden. So waren es die Vertreterinnen der Höheren Fachschulen für Frauen, die nun für eine institutionelle Sonderform der Universität plädierten. Kawai Michi, Rektorin der Höheren Fachschule für Frauen Keisen, bat am 28. November 1947 darum, für Frauen neben Vier-Jahres-Universitäten vorläufig auch Kurzzeit-Universitäten zuzulassen:

> Vom Standpunkt der Frauen aus möchte ich eigentlich sagen, dass wir uns Zwei-Jahres-Universitäten wünschen. [...] Es ist selbstverständlich, dass auch Frauen zur Universität wollen, [...] doch von der akademischen Stärke und der Studierfähigkeit her sind sie noch nicht so weit wie Männer. Wenn man daher Universität sagt, dann muss es das gleiche Niveau haben wie eine für Männer, deshalb wünsche ich mir so etwas wie *junior colleges* (NKKSK 1996: III: 176).

Hoshino Ai, die andere Vertreterin einer Höheren Fachschule für Frauen im Komitee, pflichtete Kawai bei (NKKSK 1996: III: 203), während es dem Staatssekretär des Kultusministeriums, Yamazaki Kyōsuke, überlassen war, darauf hinzuweisen, dass gesonderte Zwei-Jahres-Universitäten für Frauen das Gebot der Gleichheit der Geschlechter verletzten (NKKSK 1996: III: 201). Kawai hingegen spitzte ihre Forderung noch zu und vertrat am 19. Dezember 1947 sogar, Zwei-Jahres-Universitäten sollten nicht nur vorübergehend, sondern dauerhaft als Alternative für Frauenuniversitäten eingerichtet werden (NKKSK 1996: III: 216).

Im Rahmen der Diskussionen über Amanos Konzept einer Teilung der Universität in zwei Abschnitte erfuhr Kawai weiteren Zuspruch. Die »Vor-Universität« sei vielleicht, so Yano Kanjō, als zukünftige institutionelle Form der Oberschule ungeeignet, doch »von der gegenwärtigen Situation der Frauen her gesprochen, kann man, wenn denn zwei Jahre unbedingt nötig sind, eine zwei- oder dreijährige besondere Universität« vorsehen (NKKSK 1996: III: 222). Zu diesem Zeitpunkt überwogen im Komitee noch die Stimmen, die, hauptsächlich um die Einheitlichkeit des Systems zu wahren, widersprachen, doch im Januar 1949 empfahl das Komitee tatsächlich die Einrichtungen von »Kurzzeit-Universitäten« *(tanki daigaku)*, wenn auch ohne einen ausdrücklichen Hinweis darauf, dass diese vor allem für Frauen eingerichtet werden sollen. Allerdings warnte die Empfehlung davor, die Zwei-Jahres-Universität zur Fortexistenz der alten Oberschule zu gebrauchen (NKKSK 1998: XIII: 92).

Warum Kawai Kurzzeit-Universitäten für Frauen als Dauerlösung befürwortete, war zuvor bei den Beratungen im Ersten Sonderausschuss (für das Erziehungsideal) deutlich geworden. Bei der Formulierung des Erziehungsgrundgesetzes schlug Sekiguchi Rikichi vor, Koedukation als eigenen Punkt aufzunehmen, was Kawai grundsätzlich begrüßte. Zugleich verwahrte sie sich aber dagegen, Koedukation für alle Schulstufen als zwingend festzuschreiben, sondern wollte ausdrücklich (neuen) Mittel- und Oberschulen freistellen, ob sie koedukativ oder monoedukativ unterrichten wollten. Amano Teiyū stimmte ihr mit folgendem Gedankengang zu: »Eigentlich müsste an Universitäten und allen anderen Schulen Koedukation herrschen, doch wegen der gesellschaftlichen Umstände und anderer Umstände geht das noch nicht – ist es das, was Sie meinen?« Doch Kawai widersprach: es gehe ihr nicht um eine vorübergehende Lösung. Es gebe nämlich zum einen bestimmte geschlechtsspezifische Fächer wie Nähen, zum anderen, »wenn wir die unterschiedlichen Fächer einmal beiseite lassen, ist es [an Schulen nur für Frauen] außerdem einfacher zu lehren, z.B. Mathematik und all die anderen Fächer« (NKKSK 1997: VI: 174–175).

Die Ausweitung des Zugangs von Frauen zu Hochschulen zu befürworten und gleichzeitig Koedukation abzulehnen, war eine Argumentationsfigur, die sich bereits bei Vertreterinnen von Frauenhochschulen der Vorkriegszeit fand (s.o. S. 81). Dass es hier nicht bloß um pragmatisches Denken ging, sondern auch zumindest teilweise essenzialistische Vorstellungen von der Binarität der Geschlechter maßgeblich waren, zeigen Kawais Ausführungen vor dem 1. Sonderausschuss. Von Belang wird freilich auch das Interesse an institutioneller Sicherheit für die bestehenden Frauenhochschulen gewesen sein, die befürchteten, den Standards für die neuen Universitäten nicht zu genügen. Dieser Aspekt spielte auch eine wesentliche Rolle bei den Diskussionen zum Stellenwert der Haushaltswissenschaft im Verband zur Akkreditierung von Universitäten, wie zu untersuchen sein wird, wenn es um die Umsetzung der Reformen gehen wird (s.u. 3.2.4)

Verwaltungsreform und Dezentralisierung

War schon der Vorstoß von Kultusminister Tanaka zur Verwaltungsreform durch einen Zeitungsartikel aufgedeckt worden (s.o. 2.1), so wurde auch die nächste Welle von Diskussionen über Verwaltungsreform über ein Jahr später durch einen Zeitungsartikel ausgelöst.

Am 4. November 1947 titelte die *Tōkyō shinbun*: »Übertragung der staatlichen Universitäten und Höheren Fachschulen in regionale Zuständigkeit – Beratungen werden beschleunigt, Verwirklichung in naher Zukunft – ereilt das Kultusministerium das Schicksal, aufgelöst zu werden?« Der Artikel führte aus, es sei im Zuge der Vorbereitungen für das Gesetz über lokale Erziehungsausschüsse *(kyōiku iinkai)* für die unteren Schulstufen geplant, alle Universitäten bis auf zehn in regionale Trägerschaft zu überführen, womit das Kultusministerium ohne Aufgaben dastehe und aufgelöst werden könne (in: Kaigo/Terasaki 1969: 92). Die Anhaltspunkte, auf denen dieser Artikel beruhte, sind unklar. Eine Verschiebung der Aufgaben der Erziehungsverwaltung weg vom Kultusministerium lag zwar im generellen Interesse von CIE, ein konkreter Plan aus der zweiten Jahreshälfte 1947 findet sich aber in den CIE-Unterlagen nicht.

Der Artikel und die darin aufgezeigte Perspektive führte aber auch ohne weitere Konkretion zu heftigen Reaktionen auf japanischer Seite. Das Komitee zur Erziehungsreform ließ von Dezember 1947 bis März 1948 einen Unterausschuss zur Frage der Hochschulverwaltungsreform tagen, beschloss aber schon am 26. Dezember 1947 eine Erklärung in der Vollversammlung zu diesem Thema. Darin hieß es schlicht: »Es ist unmöglich, alle Universitäten außer den gegenwärtigen staatlichen Volluniversitäten vollständig in regionale Trägerschaft zu überführen« (NKKSK 1998: XIII: 68). An Gründen wurde insbesondere die Sorge genannt, regionale Organe hätten weniger Verständnis für Universitäten und seien leichter parteipolitisch beeinflussbar, ferner, dass die japanischen Universitäten bislang keine regionale, sondern stets eine nationale Rolle gespielt hätten und schließlich, dass die Finanzen der Kommunen und Präfekturen viel zu schwach seien, um teure Universitäten tragen zu können (NKKSK 1998: XIII: 68).

Als Alternative brachte das Komitee zur Erziehungsreform ein »Zentrales Erziehungskomitee« (Chūō Kyōiku Iinkai) auf, dessen Rat das Kultusministerium konsultieren müssen sollte. Dieses Zentrale Erziehungskomitee sollte aus 15 Mitgliedern bestehen, von denen sieben vom Kultusministerium zu ernennen, sechs von den regionalen Erziehungskomitees zu bestimmen sein sollten und zwei das Parlament vertreten sollten (NKKSK 1998: XIII: 68–69). Nach Abschluss der Beratungen des Unterausschusses formulierte die Vollversammlung des Komitees zur Erziehungsreform im April 1948 eine Empfehlung »Zur Sicherung von Freiheit und Autonomie der Universität«. Darin affirmierte es im Wesentlichen den Status quo der bereits als Universitäten bestehenden Institutionen, d.h. sprach Vollmacht über Angelegenheiten der Forschung und Lehre sowie das Wahlrecht für den Rektor dem Senat zu und das Berufungsrecht den Fakultäten, beließ das Budgetrecht aber beim Ministerium, mit der Notwendigkeit der Überprüfung durch das Zentrale Erziehungskomitee, dessen Einrichtung es im Dezember empfohlen hatte. Nur in einem Nachsatz wurde die Möglichkeit erwähnt, an den einzelnen Universitäten Kuratorien (*shōgikai*, *councils*) einzurichten, die je zur Hälfte aus Universitätsangehörigen und Externen mit Universitätserfahrung bestehen und in Haushaltsfragen beratende Funktion haben sollten (NKSSK 1998: XIII: 76–77).

Parallel zum Komitee zur Erziehungsreform bemühte sich auch der Verband zur Akkreditierung von Universitäten (s.u. 3.1) zwischen Januar und März 1948, einen Gegenentwurf zur vermeintlich drohenden Regionalisierung der Verantwortung für die Universitäten zu entwerfen. Am 26. Dezember 1947, am selben Tag, an dem im Komitee zur Erziehungsreform die erste Erklärung gegen die Regionalisierung der Universitäten verabschiedet wurde, sandte der Vorsitzende des Verbandes zur Akkreditierung von Universitäten einen Brief an CIE, in dem er – mit ähnlichen wie den oben genannten Gründen – das aus der Presse vage bekannte Vorhaben vehement ablehnte. Der positive Gegenvorschlag blieb noch unbestimmter als beim Komitee zur Erziehungsreform:

> Concerning the administration of university or college certain national and self-controlled organization maintained by the association of universities and colleges must be established which steps out of the control of the Education Ministry and of the influence from politics (GHQ [15]: 3).

Im Januar 1948 präzisierte der Verband, dass dieses Gremium »Rat für das Hochschulwesen« (Daigaku Kyōiku Shingikai, Higher Education Council) heißen und aus 50 Mitgliedern bestehen solle, davon 25 vom Verband selbst, zehn aus den lokalen Erziehungskomitees, vier Parlamentsmitglieder, fünf Vertreterinnen oder Vertreter von Präfekturen, fünf Personen mit Universitätserfahrung und ein Vertreter oder eine Vertreterin eines nicht näher spezifizierten zentralen Erziehungskomitees (GHQ [11]: 3).

2.4 Fazit

Die japanischen Überlegungen und Diskussionen von Kriegsende bis etwa 1947, sei es im Kultusministerium, in einzelnen Hochschulen oder im Komitee zur Erziehungsreform, zeichneten sich in Formulierung und Inhalt durch große Unabhängigkeit von US-amerikanischen Vorgaben aus, was schon ihre viel weiter reichende Detailfülle und ihr umfassenderer Skopus zeigt. Dabei verfolgte das Kultusministerium im Hochschulbereich in den ersten anderthalb Jahren nach Kriegsende insgesamt am ehesten eine Politik der Wahrung des Status quo. Auch dies geschah jedoch nicht sehr systematisch oder mit großem Energieaufwand, da zu diesem Zeitpunkt andere Bereiche Priorität genossen.

Als typischer Beitrag zur sehr frühen Reformdiskussion der Nachkriegszeit blieben die Vorschläge der Meikeikai vom Dezember 1945 strukturell hinter ihren im Jahrzehnt zuvor geäußerten zurück. Dies mag auch daran liegen, dass der Meikeikai an einer realistischen Umsetzungsmöglichkeit ihrer Ideen gelegen war; immerhin ging die »Meinung« an einigen Stellen auf die desolate materielle Situation nach Kriegsende ein und endete mit einem Abschnitt zu den dringlichsten, kurzfristig zu unternehmenden Maßnahmen. Insbesondere in der Bereitschaft zur weiteren Öffnung des Bildungssystems für Frauen ist der Text von der Tendenz her zukunftsweisend, wenn er auch hier Überlegungen aus der Zeit vor 1945 aufgriff und von einer völligen Gleichstellung noch entfernt war. Dagegen knüpften die von einzelnen Hochschulen oder Verbänden seit 1946 eingebrachten Diskussionsbeiträge, darunter auch die der Meikeikai, inhaltlich an diejenigen Reformvorschläge der 1920er und 1930er Jahre an, die zu den weitgehenderen zählten. Die Abschaffung der Oberschulen fand breite Rückendeckung, die institutionelle Vereinheitlichung der Tertiarstufe insbesondere durch Gleichstellung der Höheren Fachschulen mit den Universitäten blieb nahezu unwidersprochen, eine substanzielle Höherstufung der Lehrerbildung, häufiger denn nicht in universitärer Form, schien vordringlich und die möglichst weitgehende Beteiligung von Frauen an höherer Bildung erschien als eine Selbstverständlichkeit. Eigenständige Vorschläge zur Verwaltungsreform wurden hingegen fast keine entwickelt.

Bei der Betrachtung derjenigen Hochschulen, die sich in die Reformdiskussionen einmischten, fällt auf, dass es sich dabei vor allem um die Kaiserlichen Universitäten und die Pädagogischen Hochschulen handelte. Sichtbar waren ferner auch die Ein-Fach-Universitäten, insbesondere die Technische Universität Tokyo und die Handelsuniversität Tokyo (s.u. 5.1). Im Gegensatz zu den drei genannten Hochschultypen hatten die Oberschulen und die Höheren Fachschulen in der frühen Nachkriegszeit bis auf wenige Ausnahmen weder die Ressourcen noch das Interesse, sich in die landesweiten Diskussionen einzubringen – auch hier spiegelt sich ein Muster wider, dass man schon in den beiden vorangegangenen Jahrzehnten beobachten konnte.

Der wichtigste Motor für Erziehungsreform unter den vielfältigen Akteursgruppen war aber bei weitem das Komitee zur Erziehungsreform. Bei der Beurteilung des Stellenwertes des Komitees spielt eine große Rolle, wie stark es von US-Seite beeinflusst war. In einem Teil der Sekundärliteratur findet sich die Position, das Komitee zur Erziehungsreform sei ein gegen den Willen des Kultusministeriums eingesetztes Instrument gewesen, mit dem CIE seine eigenen Vorstellungen habe durchsetzen können (z.B. Ōta 1978: 89; Suzuki 1983: 206; Kubo 1984: 402–403; Marshall 1994: 148). In der Tat war CIE sehr darum bemüht, das Komitee vor dem Einfluss des Kultusministeriums zu schützen (Suzuki 1983: 205–206), und auch das Kultusministerium interpretierte die Einsetzung des Komitees als Beschneidung der eigenen Befugnisse (s.o. S. 164).

Dennoch ist der neueren Sekundärliteratur (z.B. Hata 1999: 11; Kubo u.a. 2001: 17–18) darin zuzustimmen, dass die Diskussionen im Komitee zur Erziehungsreform den Eindruck großer Eigenständigkeit, d.h. Unabhängigkeit des Komitees sowohl von CIE als auch vom Kultusministerium, machten. Joseph Trainor gab in seinen Memoiren folgende Einschätzung zur ersten Empfehlung des Komitees:

> The recommendation of the Reform Council [d.i. das Komitee zur Erziehungsreform] was in many respects an amazing thing. No clear-cut recommendation of this type had been made by the American Mission [d.i. die USEM] which seemed to assume that the existing types of institutions would be continued. While there was some emotional preference in the Education Division for a four-year higher institution program, the Reform Council had been insulated from Division thought (Trainor 1983: 226).

Der Einschätzung, das Komitee zur Erziehungsreform sei von CIE »isoliert« gewesen, kann so nur schwerlich zugestimmt werden. In Gestalt des *steering committee* existierte immerhin ein sich wöchentlich treffendes Verbindungsgremium zwischen dem Komitee, CIE und dem Kultusministerium. Der CIE-Offizier Wigglesworth erinnerte sich in einem Interview, CIE habe das Verbindungsgremium v.a. dazu genutzt, um eigene Vorhaben an die japanische Seite zu vermitteln, kaum, um Informationen über das Komitee zur Erziehungsreform von japanischer Seite zu bekommen (HWOHC [5]: 10–11). Mark Orr, als Leiter der Education Division in CIE an den meisten Sitzungen des *steering committee* während seiner Amtszeit (Juni 1946 bis Februar 1949) beteiligt, urteilte 1980 rückblickend: »It may be surprising to some who have been interested in this subject that there was very little pressure on that committee from our side. They conducted their meetings by and large without our presence. If we were there, it was by their invitation« (HWOHC [1]: 4). In die Detailverhandlungen mischte sich CIE also nicht ein, fast nie nahmen CIE-Mitglieder an Sitzungen teil und CIE erhielt auch keine (übersetzten) Protokolle von den Komitee-Sitzungen. Dennoch hatte es Gelegenheit, seine eigenen Positionen über das Verbindungsgremium einzubringen.[37]

Hidaka Daishirō, während seiner Amtszeit als Staatssekretär im Kultusministerium Mitglied des *steering committee*, urteilte im Rückblick, die wichtigen strukturellen Entscheidungen, wie die Einführung des 6-3-3-4-Systems und die damit einhergehende Abschaffung der alten Oberschulen, seien nicht Ergebnis äußeren Drucks, sondern von innen gewesen, nämlich seitens der Vertreterinnen und Vertreter der Privatuniversitäten gegenüber denen staatlicher; die privaten seien im Komitee nämlich in der Überzahl gewesen (in: KKGSH 1982: V: 588). Tatsächlich waren zwar mehr Vertreterinnen und Vertreter privater Institutionen präsent als etwa im Erziehungsrat neun Jahre zuvor; dennoch ist Hidakas Aussage irreführend, waren doch von 22 eine Hochschule vertretenden Mitgliedern nur acht Professoren oder Rektorinnen bzw. Rektoren von Privathochschulen. Nichtsdestotrotz ist die Zusammensetzung der Mitglieder ein wichtiger Schlüssel für das Verständnis der Richtung, welche die Diskussionen im Komitee zur Erziehungsreform nahmen. Darauf wird im Hinblick auf Gemeinsamkeiten mit dem und Unterschiede zum Erziehungsrat noch im Schlussteil (s.u. IV.) zu sprechen zu kommen sein.

Das Komitee zur Erziehungsreform klärte mit seiner starken Stellung eine Reihe von Fragen endgültig, so die universitäre Form der Lehramtsausbildung, die Aufhebung der Höheren Fachschulen als separater Form der Tertiarstufe und, nach langen Diskussionen, auch die Abschaffung der alten Oberschulen. Es mischte sich auch in die von CIE angestoßene Diskussion zur Verwaltungsreform ein, deren Ausgang Ende 1947 noch offen war. Die konkrete institutionelle Zukunft der bestehenden Hochschulen, wie diese also neue Universitäten werden sollten, wurde zwar auch hin und wieder im Komitee erörtert, wurde aber nicht Gegenstand einer förmlichen Empfehlung an die Regierung. Dieses Problem sollte sich vielmehr ab 1948 in der Phase der Implementierung der Reformen anders lösen: Insbesondere die betroffenen Hochschulen selbst hatten ein Interesse daran, ihre eigene Zukunft zu bestimmen, wie das folgende Kapitel zu Entscheidung und Umsetzung der Reformen zeigen wird.

37 Protokolle der Treffen des Verbindungsgremiums sind von keiner der drei Seiten überliefert, so dass eine endgültige Beantwortung dieser Frage schwierig scheint (vgl. Watanabe 1998: 49).

3. Entscheidung und Umsetzung der Reformen, 1948–1952

Waren die ersten anderthalb Jahre nach Kriegsende von ergebnisoffenen Diskussionen über das Hochschulsystem geprägt gewesen, so standen 1947 Entscheidungen und in der Folge die Umsetzung derselben an. Die in Form von Gesetzen 1947 erfolgten Festlegungen klärten dabei zwar einige der zuvor diskutierten Fragen über die zukünftige Gestalt des Hochschulwesens, ließen aber doch zahlreiche Probleme noch offen. So dauerte es bis Mitte 1948, bis, in Gestalt der sog. Elf Grundsätze, zumindest die bei der Überführung des alten in das neue Hochschulsystem anzuwendenden Prinzipien feststanden. In der Sekundärliteratur findet sich bis in die Gegenwart die Auffassung, die Elf Grundsätze seien gleichsam von CIE diktiert worden (z.B. Kaigo/Terasaki 1969: 100; TDSSKHKI 1983: 5; NDNGHI 2001: 1). Demgegenüber werden auch die Vorarbeiten auf Seiten des Kultusministeriums zu berücksichtigen sein (3.1), bei der Untersuchung der konkreten Umsetzung vor Ort schließlich auch der Beitrag der einzelnen Hochschulen (3.2).

In der Umsetzungsphase der Reformen, in der sich die nähere Ausgestaltung der neuen Universitäten sowohl strukturell als auch inhaltlich vollzog, traten auch Akteurinnen und Akteure in den Vordergrund, die bislang kaum am politischen Entscheidungsprozess beteiligt gewesen waren, insbesondere die Hochschulen selbst sowie ihre Angehörigen. Eine genaue Einschätzung des Einflusses dieser verschiedenen Akteursgruppen auf das Endergebnis des Reformprozesses ist wichtig, weil große Einwirkungsmöglichkeiten dezentraler Akteurinnen und Akteure auf die Implementierung von Reformen auf geringe Durchsetzungsfähigkeit der Besatzungsmacht hindeuten, was wiederum Implikationen für die Frage nach Kontinuität oder Diskontinuität hat.

3.1 Entscheidung über die Gesamtreform, 1948/49

Nur kurz nach den Empfehlungen des Komitees zur Erziehungsreform vom Dezember 1946 wurden deren wesentliche Punkte gesetzlich kodifiziert. Die allgemeinen Erziehungsideale wurden im Erziehungsgrundgesetz vom März 1947 festgelegt. Schon zwei Tage vorher wurde zur Regelung der strukturellen Aspekte des neuen Schulsystems das Schulerziehungsgesetz *(Gakkō kyōikuhō)* beschlossen, das am 1. April 1947 in Kraft trat (Text in: Monbushō 1972a: II: 44–52). Dieses legte gleich in Artikel 1 die vom Gesetz anerkannten Schultypen fest auf Grundschule, Mittelschule, Oberschule, Universität, Blindenschule, Gehörlosenschule, Sonderschule und Kindergarten. Damit war für die Tertiarstufe lediglich eine Schulform vorgesehen, die Universität. Die einzige Bestimmung über verschiedene Typen von Universitäten lautete, dass es Universitäten mit mehreren oder auch nur mit einer einzigen Fakultät geben könne (Artikel 53). Artikel 55 legte die Ausbildungszeit auf vier Jahre fest. Dennoch ließen die Regelungen des Schulerziehungsgesetzes einige Fragen offen. Weder die Zukunft der Lehramtsausbildung noch die institutionelle der alten Oberschulen nämlich war durch diese Vorgaben eindeutig festgelegt. Selbst hinsichtlich der Höheren Fachschulen war nicht zweifelsfrei geklärt, ob diese einfach alle zu Universitäten werden sollten, teilweise zu Oberschulen neuen Systems oder vielleicht ganz ihre institutionelle Eigenständigkeit aufgeben mussten, weil sie die Anerkennung als neue Universitäten nicht schaffen würden. Klar formuliert war hingegen die Öffnung aller Universitäten für Frauen durch die Definition des Zugangs als grundsätzlich offen für alle Absolventinnen und Absolventen der neuen Oberschulen (Artikel 56). Auch hier ließen die Formulierungen jedoch offen, ob alle Universitäten koedukativ sein müssen oder ob es auch Universitäten nur für Frauen oder nur für Männer würde geben können.

Artikel 60 sah die Einrichtung eines das Kultusministerium bei der Zulassung von Universitäten beratenden Gremiums vor, des »Komitees für die Errichtung von Universitäten« (Daigaku Setchi Iinkai, University Chartering Committee). Zum Zeitpunkt des Schulerziehungsgesetzes existierte jedoch bereits eine Vorgängerorganisation des ab Juli 1947 formell ins Leben gerufenen »Verbandes zur Akkreditierung von Universitäten« (Daigaku Kijun Kyōkai, University Accreditation Association), der Kriterien für die Zulassung von Universitäten ausarbeitete, welche das erstgenannte Gremium schließlich übernehmen sollte. Der Akkreditierungs-Verband, der im Gegensatz zum Errichtungskomitee ein unabhängiger Zusammenschluss von Universitäten war, beschloss gleich bei seiner Gründungsversammlung am 8. Juli 1947, die von seiner Vorgängerorganisation erarbeiteten Kriterien zur Zulassung von Universitäten mit wenigen Änderungen zu übernehmen. Die endgültige Fassung dieser allgemeinen Kriterien wurde zwar noch leicht verändert und erst am 15. Dezember 1947 endgültig verabschiedet, außerdem wurden in den folgenden Monaten noch detaillierte Mindestbedingungen für die Akkreditierung einzelner Fächer erarbeitet, die grundsätzlichen Vorgaben standen jedoch im Juli 1947 fest.

Von Belang waren die Kriterien insbesondere für diejenigen Hochschulen des alten Systems, die noch keine Universitäten gewesen waren. Zu den schwierigen Bedingungen zählte die Personalsituation. Den »Standards zur Errichtung von Universitäten« *(Daigaku setchi kijun)* in ihrer Version vom Juli 1947 (Text in: Tanaka 1995: 189–195) zufolge waren als unterste Organisationseinheit Lehrstühle einzurichten, welchen ein Professor bzw. eine Professorin vorzusitzen hatte; für die Qualifikation als Professor bzw. Professorin sollten akademische Titel, Berufserfahrung, Publikationen und Tätigkeit in akademischen Gesellschaften Ausschlag gebend sein (Art. 3 und 4). Insbesondere das Kriterium Publikationen barg Schwierigkeiten, weil es unter dem alten System fast nur unter den Lehrenden der Kaiserlichen Universitäten, der Ein-Fach-Universitäten und einiger weniger Höherer Fachschulen die Verpflichtung und Möglichkeit zum wissenschaftlichen Arbeiten und Publizieren gegeben hatte (s.o. II.2.3.2). Das Komitee für die Errichtung von Universitäten setzte 1948 einen Unterausschuss nur zur Überprüfung der Tauglichkeit der Lehrenden für die neuen Universitäten ein, in dessen Ergebnissen sich die kritische Personalsituation an vielen Hochschulen widerspiegelte.[38]

Die andere Hauptschwierigkeit für diejenigen Hochschulen, die bislang keine Universitäten gewesen waren, lag in der Breite der zu vertretenden Fächer. Artikel 7 der »Standards« sah vor, dass Studierende an geisteswissenschaftlichen Fakultäten aus 15, solche an naturwissenschaftlichen aus zwölf verschiedenen Fächern im Rahmen eines Studium generale wählen können müssen. Diese zwölf bzw. 15 Fächer mussten aus folgender Fächerliste stam-

---

38 Über die wenig schmeichelhaften Beurteilungsergebnisse liegt, mit der Ausnahme von Randnotizen in einigen Geschichten einzelner Hochschulen, keine Literatur vor. Handschriftliche Listen mit einem Teil der Ergebnisse (für etwa 5.000 von 20.000 überprüften Hochschullehrenden) finden sich im Bestand des Nationalen Instituts für Bildungsforschung in Tokyo (*Sengo kyōiku shiryō*, Rolle 27, Nr. VI-305 bis VI-308).

men: Jura, Politik, Wirtschaft, Soziologie, Statistik, Geschichte, Philosophie, Psychologie, Pädagogik, Literatur, Humangeographie, Fremdsprachen, Mathematik, Physik, Chemie, Geologie, Biologie, Astronomie und Anthropologie. Hatten die Pädagogischen Hochschulen und die Oberschulen ohnehin ein breites Angebot von Fächern zu vertreten und damit eher die Chance, dieser Bedingung zu entsprechen, so sah es bei den Höheren Fachschulen schlechter aus, da sie außer Fremdsprachen in der Regel ihrer Ausrichtung entsprechend entweder nur naturwissenschaftliche (bei Höheren Fachschulen für Ingenieurwesen, Agrarwesen, Medizin etc.) oder nur geisteswissenschaftliche (bei Höheren Fachschulen für Wirtschaft oder Handel) Grundlagenfächer anboten.

Zum einen standen also hohe Anforderungen vor der Anerkennung als Universität, zum anderen hatte das Schulerziehungsgesetz andere institutionelle Wege für die alten Hochschulen verbaut. Daraus folgte, dass viele dieser Hochschulen alleine den Status einer Universität nicht erlangen konnten, sondern sich mit anderen zusammenschließen mussten, um ihren Platz im neuen System zu finden. Diese Erkenntnis reifte freilich nur allmählich, was auch daran lag, dass weder CIE noch das Kultusministerium bis Anfang 1948 einen klaren Kurs vorgaben. So versammelte das Kultusministerium zwar im März 1948 die Hochschulrektoren zu mehreren Konferenzen und veröffentlichte die dort mündlich gegebenen Erläuterungen im April 1948 in einer Broschüre mit dem Titel »Umstrukturierung der höheren Bildung in Japan«, doch beschränkten sich die Ausführungen auf Themen wie »Der Charakter der neuen Universitäten« oder »Immatrikulation in die neuen Universitäten«. Klare Aussagen zur institutionellen Umstrukturierung fehlten hingegen; deutlich wurde lediglich, dass die Einführung des neuen Systems 1949 erfolgen sollte (Hata 1999: 71; Monbushō 1948).

Die Elf Grundsätze von 1948

Ministeriumsintern hatte das Nachdenken darüber, wie die 270 staatlichen Hochschulen in Universitäten des neuen Systems zu überführen sein würden, schon früher begonnen. Noch im September 1947 stellte das Kultusministerium in einem internen Memorandum fest, dass noch zahlreiche Finanz- und Detailfragen zu klären seien, bevor ein umfassender Plan zum weiteren Vorgehen erstellt werden könne. Unter anderem sei nötig, den tatsächlichen aktuellen Zustand der einzelnen Hochschulen zu untersuchen, zu ergründen, »in welche Gestalt die Hochschulen vor Ort umgewandelt zu werden wünschen« und welche neuen Formen überhaupt denkbar seien. Hier zählt das Dokument auf: »Zusammenschluss-Methode, Volluniversität-Methode, Drei-Jahres-Universität, Vor-Universität, Haupt-Universität, Fünf-Jahres-Oberschule, Staatliche Oberschule, Abend-Universität, Frauen-Universität, Vier-Jahres-Universität« (OKB [1]).

Bis Dezember 1947 hatte das Kultusministerium mehr Übersicht gewonnen und stellte in einem regierungsinternen Dokument, welches den Planungsstand zusammenfasste, die Situation wie folgt dar:

> Man kann sich denken, dass die Universitäten alten Systems gänzlich zu Universitäten neuen Systems umgewandelt werden, unter den Ober- und Höheren Fachschulen jedoch wird es wohl solche geben, die zu Universitäten neuen Systems umgewandelt werden, und solche, die zu drei- bis fünfjährigen Oberschulen neuen Systems umgewandelt werden. Für den Fall der Umwandlung zu Universitäten neuen Systems ist es wünschenswert, dass Schulen in ein und

> derselben Region sich ihrer Trägerschaft folgend zusammenschließen und eine Universität bilden (MTB [1]: 1).

Weiter hieß es:

> Wenn man die staatlichen Hochschulen betrachtet, dann gibt es eine beträchtliche Zahl, die in schon bestehende Universitäten aufgenommen werden oder sich mit diesen zusammenschließen werden. Weil es außerdem auch ziemlich viele regionale Universitäten, Oberschulen und Höheren Fachschulen gibt, die sich zusammenschließen werden, ist die Erwartung, dass die Zahl der Universitäten neuen Systems nicht so groß werden wird (MTB [1]: 2–3).

Aus diesen Ausführungen wird zum einen ersichtlich, dass das Kultusministerium Ende 1947 im Detail noch wenig festgelegt war und sich für verschiedene Institutionen verschiedene Lösungen vorstellen konnte. Zum anderen stellte das Ministerium aber auch fest, dass es sich regionale Zusammenschlüsse wünschte und diese auch erwartete – man darf nicht zuletzt finanzielle Erwägungen als ursächlich hierfür vermuten.

Bis Mai 1948 änderte das Ministerium diesen Kurs nicht. Nunmehr hieß es in einem internen Dokument hinsichtlich der Durchführung der Umstellung auf das neue System, »besondere Fälle ausgenommen« sollten die staatlichen Hochschulen in einer Region »sich möglichst zusammenschließen und die Verwirklichung des Grundsatzes von einer Universität pro Region anstreben« (TCB [2]). Etwa zur selben Zeit erarbeitete auch das Komitee für die Errichtung von Universitäten einen »Abriss der Schritte bei der Umstellung der staatlichen Universitäten auf das neue System«. In einem Entwurf zu diesem Papier wurden die möglichen zukünftigen Wege der staatlichen Hochschulen schrittweise eingegrenzt. Zunächst sollten diejenigen Hochschulen, die sich an Orten befanden, an denen bereits Volluniversitäten (also ehemalige Kaiserliche Universitäten) existierten, mit diesen zusammengelegt werden. Dann sollten die an denselben Orten wie bestehende Ein-Fach-Universitäten (also v.a. Medizinische Universitäten) befindlichen Ober- und Höheren Fachschulen mit diesen zu jeweils einer neuen Universität zusammengelegt werden. Nicht in diese beiden Kategorien fallende Hochschulen sollten

> mit der Ausnahme von besonderen Fällen sich jeweils in einer Region zusammenschließen und eine zusammengesetzte Universität bilden. Nur die sich nicht zu einer Volluniversität oder zusammengesetzten Universitäten zusammenschließenden Schulen sollen Ein-Fach-Universitäten werden (TKD [2]: 1).

Im Juni 1948 dann begann das Kultusministerium mit der konkreten Ausarbeitung von Prinzipien für den Übergang vom alten zum neuen Hochschulsystem. Erst jetzt trat es in Beratungen mit CIE ein, als deren Ergebnis die bisher diskutierten Ideen zu elf Grundsätzen konsolidiert und am 6. Juli 1948 veröffentlicht wurden (Hata 1999: 92–95, 102). Angesichts der Vorarbeiten des Kultusministeriums seit 1947 kann also allenfalls von einer Kooperation zwischen CIE und dem Ministerium gesprochen werden, kaum jedoch davon, CIE habe die Elf Grundsätze angewiesen. Die wichtigsten dieser Grundsätze lauteten:

> 1. Mit der Ausnahme besonderer Regionen (Hokkaidō, Tokyo, Aichi, Ōsaka, Kyoto und Fukuoka) werden alle staatlichen Hochschulen in einer Region zu jeweils einer staatlichen Universität neuen Systems vereinigt. Es wird angestrebt, das Prinzip »eine Präfektur, eine Universität« zu verwirklichen.
>
> 2. Fakultäten bzw. Teilcampusse von staatlichen Universitäten neuen Systems dürfen die Grenzen einer Präfektur nicht überschreiten.

3. In jeder Präfektur muss mindestens eine Fakultät oder Abteilung für Allgemeinbildung sowie eine für Lehramtsausbildung errichtet werden (in: Kaigo/Terasaki 1969: 102–103).

Mit dem Bekanntwerden der Elf Grundsätze waren die Hochschulen vor Ort gefragt, denen es nun oblag, sich wie gefordert zusammenzuschließen. Bis das Gesetz zur Errichtung der staatlichen Schulen *(Kokuritsu gakkō setchi hō)*, welches die jeweils zu errichtenden neuen Universitäten einzeln benannte, im Mai 1949 durch das Parlament verabschiedet wurde, führte der Prozess der Verhandlungen der Hochschulen untereinander zu zahlreichen Konflikten, denen im Folgenden besonderes Augenmerk geschenkt werden soll.

3.2 Die Umsetzung in den einzelnen Reformbereichen, 1948–1952

Im Jahre 1948 hatten sich die zahlreichen Akteurinnen und Akteure, die von der Umsetzung hochschulpolitischer Rahmenvorgaben vor Ort betroffen waren, konsolidiert. Auf zentraler Ebene waren dies neben dem Kultusministerium, GHQ bzw. CIE und dem Parlament in zwei Kammern auch die Lehrendengewerkschaft Nikkyōso (Juni 1947 gegründet) und der nationale Studierendenverband Zengakuren (September 1948 gegründet). Auf regionaler Ebene befassten sich die Präfekturparlamente sowie die seit April 1947 direkt vom Volk gewählten Gouverneure mit Hochschulpolitik. Lokal schließlich waren zum einen Stadträte und Bürgermeister, zum anderen die Hochschulen involviert. An den Hochschulen selbst wiederum bildeten Verwaltung, Lehrende und Studierende separate Einheiten mit zum Teil unterschiedlichen Interessen. Schließlich konnten auch örtliche Medien eine Rolle im politischen Entscheidungsprozess spielen.

Auch wenn es in der vorliegenden Arbeit mehr um die zeitliche Verortung eines großen politischen Entscheidungsprozesses (der Hochschulreformen zur Mitte des 20. Jahrhunderts) geht, so ist doch die Frage nach den Trägerinnen und Trägern einzelner Phasen dieses Prozesses, also den Akteurinnen und Akteuren, ebenfalls von Belang. Für die Teilfrage nach der Urheberschaft der Reformen ist gerade auch die Phase der Implementierung mit den für diese typischen dezentralen Akteurinnen und Akteuren zu berücksichtigen (s. auch oben 1.3). Dies soll im vorliegenden Unterkapitel geschehen. Exemplarisch werden dafür die Oberschulen, deren Stellung beim Übergang zum neuen Universitätssystem besonders prekär war, in den einzelnen Präfekturen untersucht. Ähnliche Schwierigkeiten gab es aber auch bei den Höheren Fachschulen und den Pädagogischen Hochschulen, wie die weiteren Unterkapitel sowie ein ausführliches Fallbeispiel (4) zeigen werden.

3.2.1 Institutionelle Zukunft der Oberschulen

Amano Teiyū hatte im Komitee zur Erziehungsreform bis 1947 erfolglos für ein Modell zur Rettung der Oberschulen geworben (s.o. 2.3). Doch selbst Amano, der wohl prominenteste Vorkämpfer für den Erhalt der Oberschulen, musste zugestehen, dass diese so klar auf die Reproduktion der Eliten abzielenden Einrichtungen innerhalb des neuen Erziehungssystems keinen Platz mehr haben würden. Drei Monate nach seiner Abstimmungsniederlage resümierte er im März 1948 in einem Zeitungsartikel:

> Es ist wohl unter den Informierten gleichermaßen anerkannt, dass die erfolgreichste Erziehung im alten Schulsystem an den Oberschulen erfolgte. [...] Ich glaube fest an die Überle-

> genheit der Oberschulerziehung. Als das so genannte 6-3-System verhandelt wurde, waren der Informierten nicht wenige, die aufgrund dieser Überlegenheit das Fortbestehen der Oberschulen alten Systems vertraten. [...] Diese Auffassung verdiente Aufmerksamkeit. Nichtsdestotrotz ergriff ich die Initiative und stimmte dem 6-3-System zu – warum wohl? Wie überlegen auch immer die Oberschulerziehung sein mag, nein, je überlegener sie ist: Ich konnte nicht umhin, es für ein gegen die gesellschaftliche Gerechtigkeit verstoßendes Prinzip zu halten, diese Erziehung nur Wenigen zukommen zu lassen. [...] Kurz gesagt, der Geist des neuen Erziehungssystems entsteht nicht durch die *Abschaffung*, sondern durch die *dialektische Aufhebung* der Oberschule (in: Takahashi 1986: 1062–1064; Hervorhebung im Original).

Wie sah diese »dialektische Aufhebung« in der Praxis aus? Amano verwies mit diesem Satz auf die Einführung allgemein bildender Kurse in den Universitäten (vgl. unten 5.1). Zunächst aber soll das Augenmerk auf den Umgang der alten Oberschulen mit der Umstellung auf das neue System gerichtet werden.

Die Oberschulen selbst hatten bis Ende 1946 ihre Energien noch auf den Erhalt des Status quo gerichtet (s.o. 2.2). Nachdem mit dem Erlass des Schulerziehungsgesetzes diese Strategie endgültig gescheitert war, waren sie nun gezwungen, sich dringend Gedanken um ihre Zukunft zu machen, wobei, anders als bei den Höheren Fachschulen und Pädagogischen Hochschulen, bei ihnen nicht selbstverständlich war, dass die Heraufstufung zur Universität anzustreben war. Ebensogut kam die Umwandlung der im alten System zwischen Sekundar- und Tertiarstufe angesiedelten Oberschule in die neue Oberschule in Frage. Hatte die dreijährige alte Oberschule bislang die Jahrgangsstufen 11 bis 13 unterrichtet, so fielen der neuen Oberschule die Jahrgangsstufen 10 bis 12 zu, der neuen Universität die 13 bis 16. In der Tat stellten sich sowohl CIE als auch das Kultusministerium Mitte 1947 eine Einzelfallprüfung je Schule vor, die darüber entscheiden sollte, ob sie im neuen System Oberschule oder Universität werden sollte (TC [4]). Das Kultusministerium unterschied in einer Anweisung an die Oberschulen vom 28. Juli 1947 (*Hatsugaku* Nr. 316) genauer zwischen vier Möglichkeiten. Die Anweisung erbat von den Rektoren eine Einschätzung über den von der Schule gewünschten Kurs, die ausdrücklich keinen offiziellen Antragscharakter besitzen sollte: »Es ist nicht unbedingt nötig, dass Ihr Bericht die offizielle Professorenversammlung, den Willen anderer Schulen vor Ort oder eine Überprüfung der Meinungen der Alumnivereinigung sowie anderer Betroffener durchlaufen hat«. Die angeschriebenen Schulen sollten sich für eine der folgenden vier Optionen entscheiden, wobei sie auch ausdrücklich eine Rangliste mit Präferenzen einreichen konnten: »1. Überwechseln zu einer Oberschule neuen Systems«, »2. alleine Universität werden«, »3. sich mit anderen Universitäten oder Höheren Fachschulen zusammenschließen und Universität werden« oder »4. Fakultät einer bestehenden Universität werden« (KNKSSH 1957: XXIV: 353–355).

Spätestens durch diese Anweisung wurden alle Oberschulen dazu angeregt, sich konkret Gedanken über ihre Zukunft zu machen. Zwar richteten die Rektoren aller Oberschulen drei Tage vor der letzten Abstimmung über Amanos Plan im Komitee zur Erziehungsreform im Dezember 1947 ein gemeinsames Schreiben an das Komitee zur Unterstützung Amanos, drückten also ihre Zustimmung zu dem Konzept der »Vor-Universität« aus (SSGK 2001: 17), doch verfolgten die meisten der Oberschulen zu diesem Zeitpunkt tatsächlich schon längst andere Lösungen. Viele hatten sogar schon vor der genannten Anweisung Nr. 316 vom Juli 1947 damit begonnen, Kontakte zu benachbarten Einrichtungen zu knüpfen, um eine gemeinsame institutionelle Zukunft zu diskutieren. Oberschulen in Städten mit Kaiserlichen Universitäten (Erste in Toyko, Zweite in Sendai, Dritte in Kyoto, Achte in Nagoya sowie die Oberschulen Tokyo, Ōsaka und Fukuoka) hatten die geringsten Schwierigkeiten, da eine Kooperation jeweils mit der schon bestehenden Kaiserlichen Universität (Möglichkeit 4 in Anweisung Nr. 316) nahelag. So waren sich die an der Dritten Oberschule in Kyoto seit April 1947 zur Klärung der Frage der zukünftigen institutionellen Verfassung tagenden Gremien noch gar nicht über den einzuschlagenden Kurs einig geworden, als der Rektor der Universität Kyoto, Torikai Risaburō, Ende 1947 oder Anfang 1948 der Schule vorschlug, sich zur neuen Universität Kyoto zu vereinen (KKGSH 1982: V: 608; Takahashi 1986: 1083). Auch den Studenten an der Ersten Oberschule in Tokyo fiel es leicht, der Aussicht, mit der prestigereichen Universität Tokyo vereint zu werden, zuzustimmen. Unter ihnen fanden sich schon früh solche, die aktiv bereit waren, dafür die Identität ihrer Schule als eigenständige Institution aufzugeben (KKGSH 1982: V: 606–607). Und obwohl Rektor Amano Teiyū bis Anfang 1948 noch gegen einen Zusammenschluss mit der Universität Tokyo war, hatte die Versammlung der Professoren an der Ersten Oberschule schon im Dezember 1947 einstimmig dafür gestimmt (TDHKGHI 1979: 34; TDSJI [1]).

Ähnlich reibungslos verlief der Weg der alten Oberschulen in das neue System an denjenigen Orten, die bereits vor 1945 eine Ein-Fach-Universität für Medizin vorweisen konnten (Vierte in Kanazawa, Fünfte in Kumamoto, Sechste in Okayama, Siebte in Kagoshima sowie die Oberschule Niigata). Dort ergriff entweder schon sehr früh das Präfekturparlament die Initiative, wie in Kanazawa im Dezember 1945 (KD 1960b: 3) oder in Kumamoto im Dezember 1946 (KDSHI 1980: 12), oder der Rektor der Medizinischen Universität, wie in Niigata im Juni 1947 (NDNHI 1974: I: 60–61). In Kagoshima war es der Rektor der Oberschule selbst, der im Januar 1948 einen Verein zur Gründung einer Volluniversität in der Präfektur initiierte (KD 1960a: 8).

An allen anderen Standorten gab es hingegen große Schwierigkeiten, weil sich die Schulen dort 1947 festlegten, nicht als Oberschule im neuen System fortexistieren zu wollen, aber keine attraktiv scheinende andere Hochschule vor Ort hatten, mit der sie kooperieren wollten. Schon aus finanziellen Gründen aber wollte die Regierung so weit wie möglich viele einzelne kleine Universitäten vermeiden und Zusammenschlüsse anstreben. Die Oberschule Yamaguchi etwa plante im August 1947, alleine eine aus nur einer Fakultät bestehende Universität zu gründen, obwohl es neben den Pädagogischen Hochschulen auch noch eine Höhere Fachschule für Wirtschaft in derselben Stadt sowie eine für Ingenieurwesen in derselben Präfektur gab (YDSHI 1982: 83–84). Ähnlich war die Situation in Mito (Präfektur Ibaraki) und Shizuoka, wo jeweils vor Ort nur die Pädagogischen Hochschulen bestanden sowie innerhalb derselben Präfektur eine Höhere Fachschule für Ingenieurwesen. Beide Oberschulen ergriffen im Sommer 1947 die Initiative, um alleine zu Ein-Fakultäten-Universitäten aufzusteigen (IDSHI 1982: 8; SDGKHI 1999: 75). Die Oberschule in Hirosaki (Präfektur Aomori) war von jeglichen Kriegszerstörungen verschont geblieben und konnte zudem in unmittelbarer Nachbarschaft eine große, nach Kriegsende ungenutzte Kaserne vorweisen. Sie beschloss daher im Oktober 1947, dafür zu werben, aus eigener Kraft eine Volluniversität mit vier Fakultäten (Wirtschaftswissenschaft, Literatur, Naturwissenschaft, Agrarwissenschaft) und drei eigenständigen Forschungsinstituten (Volkskunde, Pferdezucht und Apfelwissenschaft) werden zu dürfen (AKHI 1974: II: 756). An allen diesen Standorten kam es zu Konflikten mit den Pädagogischen Hochschulen, die nach einiger

Zeit einsahen, dass sie auf sich alleine gestellt nicht universitätswürdig sein würden und daher bald die Kooperation mit benachbarten Hochschulen anstrebten (vgl. unten 3.2.3).

In diesen vier Fällen gelangten jedoch auch die Oberschulen zwischen Juni 1947 und Mai 1948 zu der Erkenntnis, dass sie alleine die Kriterien für eine Universität nicht erreichen würden und akzeptierten schließlich den Zusammenschluss mit den anderen Hochschulen vor Ort. Noch länger Schwierigkeiten gab es hingegen an vier anderen Oberschulen, die sich alle ein Zusammengehen mit einer (ehemaligen) Kaiserlichen Universität in einer benachbarten Präfektur wünschten: die Oberschule Yamagata mit der Universität Tōhoku (Präfektur Miyagi), die Oberschule Urawa (Präfektur Saitama) mit der Universität Tokyo, die Oberschule Himeji (Präfektur Hyōgo) mit der Universität Kyoto und die Oberschule Saga mit der Universität Kyūshū (Präfektur Fukuoka). Waren es in der Regel die Oberschulen, die von sich aus den Zusammenschluss wünschten (immerhin war für die Lehrenden damit der Status eines Professors einer ehemaligen Kaiserlichen Universität verbunden), so ging im Falle der Oberschule Urawa die Initiative in nicht unerheblichem Maße von der Universität Tokyo aus. Diese war sich schon früh mit der Ersten Oberschule einig geworden (s.o.), wollte aber die Gunst der Stunde nutzen und durch eine weitere Vereinigung noch mehr Lehrpersonal akquirieren. So zogen sich durch das Jahr 1948 Verhandlungen mit der Oberschule Urawa. Weil aber der Wegfall der Oberschule Urawa für das Projekt der Universität Saitama eine Isolierung der Pädagogischen Hochschulen in Saitama bedeutet hätte, verzichtete die Universität Tokyo zuletzt im Februar 1949 doch auf ihr Begehren (TDHKGHI 1979: 33; TDHHI 1986: tsūshi III: 53–54; TDSJI [2], [3]). Auf Missfallen stießen die Bemühungen der Oberschulen bei den anderen Hochschulen vor Ort, selbst wenn sie, wie im Falle der Handelsuniversität Kōbe (Präfektur Hyōgo), die im März 1948 eine Petition beim Kultusminister gegen eine Fusion der in derselben Präfektur gelegenen Oberschule Himeji mit der Universität Kyoto stellte (MTB [2]), schon vor 1949 Universitätsstatus besaßen und daher nicht zu befürchten hatten, auf sich selbst gestellt keine Universität im neuen System bilden zu können.

Vergleichsweise reibungslos verlief der Übergang der beiden Oberschulen (Kōchi und Matsuyama in Ehime) auf der Insel Shikoku. Dort entstand zu einem frühen Zeitpunkt, im Juli 1946, die Idee, eine große Volluniversität Shikoku, bestehend aus allen oder einem Teil der Hochschulen aller vier Präfekturen, zu bilden. Zwar ruhte diese Idee zunächst, weil eindeutige Reaktionen aus dem Kultusministerium ausblieben, doch ab Anfang 1948 konkretisierten sich die Pläne, bis sich im März 1948 Vertreter von Einrichtungen aller vier Präfekturen trafen und Details ausarbeiteten. Das Kultusministerium entwickelte als Gegenvorschlag zur »Universität Shikoku« einen »Universitätsverbund Shikoku«, bestehend aus vier jeweils in den Präfekturen zu gründenden Universitäten, die aus den dort bestehenden Hochschulen gebildet werden sollten (TCB [1]). Dieser Kurs verfestigte sich mit dem Bekanntwerden des Prinzips von einer Universität je Präfektur im Juni 1948, so dass die Idee einer Universität für ganz Shikoku rasch aufgegeben wurde (EDGHSI 1999: 27–28, 31–33). Die einzelnen Hochschulen, die nun präfekturweise weiter miteinander verhandelten, waren jedoch schon durch den Shikoku-Plan darauf eingestellt, miteinander zu kooperieren, so dass die in anderen Präfekturen auftretenden Konflikte, die daraus entstanden, dass einzelne Einrichtungen sich weigerten, mit anderen zu verhandeln, hier ausblieben.

Dass die Hochschulen in Shikoku und ihre Angehörigen schon vor 1948 darauf vorbereitet waren, kooperative Lösungen zu unterstützen, zeigt auch eine von einem studentischen Komitee an der Oberschule Matsuyama (Präfektur Ehime) im Juni 1947 durchgeführte Umfrage unter allen Studenten der Schule. Von den 682 Befragten sprachen sich nur 74 (11 %) dafür aus, dass die Oberschule zu einer Oberschule neuen Typs werde. Dagegen waren 85 % für eine der verschiedenen Universitäts-Lösungen – tatsächlich ging es bei dieser Umfrage schon weniger um die Frage Oberschule vs. Universität als vielmehr darum, welche der möglichen Universitäts-Lösungen präferiert würde. Nur 96 (14 %) der Befragten sprachen sich für eine Umwandlung der Oberschule alleine in eine Universität aus, 489 (71 %) hingegen für die Teilnahme der Oberschule an einer Volluniversität entweder im Rahmen der Präfektur Ehime (14 %) oder der ganzen Insel Shikoku (57 %). Die Pädagogische Hochschule der Präfektur Ehime war in der Umfrage allerdings nur in der Option »Universität Ehime« enthalten – die Studenten waren also tendenziell sowohl gegen den alleinigen Aufstieg zur Universität nur ihrer Schule allein als auch gegen das (später realisierte) Zusammengehen mit der Pädagogischen Hochschule (EDGHSI 1999: 30–31).

Einführung des Studium generale

Welche Folgen hatte der im Einzelfall auf so unterschiedliche Weise erfolgende Zusammenschluss der Oberschulen mit anderen Hochschulen zu neuen Universitäten? Diejenigen Lehrenden der neuen Universitäten, die den alten Oberschulen angehört hatten, erfüllten innerhalb der Universität die Funktion, allgemein bildende Kurse, das von den Standards zur Errichtung von Universitäten (s.o. 3.1) vorgeschriebene Studium generale, zu lehren (s. auch unten 5.1). Konkret wurde das Studium generale an verschiedenen Institutionen in folgenden Gestalten implementiert (SDK 1988: 146):

1) als eigene Fakultät für Allgemeinbildung *(kyōyō gakubu)*, die Nachfolgerin einer alten Oberschule war, welche zusammen mit einer ehemaligen Kaiserlichen Universität die neue Universität bildete (Bsp.: Universität Tokyo),

2) als eigene Fakultät(en) für Rechts- und/oder Naturwissenschaften, die Nachfolgerin(nen) einer alten Oberschule war(en), welche zusammen mit einer ehemaligen Ein-Fach-Universität die neue Universität bildete(n) (Bsp.: Universität Kanazawa),

3) als eigene Fakultät für Literatur- und Naturwissenschaften *(bunri gakubu)*, die Nachfolgerin einer alten Oberschule war, welche zusammen mit anderen Hochschulen, die im alten System keine Universität waren, die neue Universität bildete (Bsp.: Universität Hirosaki), oder

4) als Querschnittaufgabe aller Fakultäten an denjenigen neuen Universitäten, die keine alte Oberschule in sich aufnahmen (Bsp.: Universität Shiga).

Aus dieser Übersicht ergibt sich, dass, obgleich die Einführung des Studium generale scheinbar landesweit einheitlich geregelt war, die Umsetzung, und damit auch die Aussicht auf Erfolg in der Lehre, sehr stark von den institutionellen Gegebenheiten abhing. Eine solide Umsetzung der Grundidee war eigentlich nur in den ersten beiden Fällen zu erwarten, wo sich die Lehrenden der ehemaligen Oberschulen gänzlich ihrer neuen Aufgabe, Allgemeinbildung zu vermitteln, widmen konnten, ohne durch andere Aufgaben in der fachlich spezialisierteren Lehre gebunden zu sein. Im dritten Fall war hingegen die Fachlehre der anderen beteiligten Institutionen häufig so schwach, dass auch die Lehrenden der ehemaligen Oberschule sich daran beteiligen mussten. Im vierten Fall schließlich (hierunter fielen immerhin 17 der 72 im Jahre 1949 bestehenden nationalen Universitäten) war es das Studium generale selbst, für das gar nicht erst geeignete Lehrkräfte bereitstanden. Doch auch in den privilegierten Fällen konnte von einem reibungslosen Ablauf der Einführung des Studium generale keine Rede sein. So wies der Erziehungswissenschaftler Kido Mantarō in einem Interview 1967 rückblickend darauf hin, dass keineswegs erzieherische oder ideelle Gründe dafür ausschlaggebend gewesen seien, das Studium generale als eigenen Studienabschnitt an den Beginn der vierjährigen Universitätsausbildung zu setzen, sondern vielmehr der Wunsch der alten Professoren, die ehemaligen Oberschullehrer nicht zu vollwertigen Universitätsmitgliedern werden zu lassen (in: Horio; Terasaki 1971: 113).

Der Blick auf die konkrete Umsetzung vor Ort zeigt, dass die Politik der Zusammenschlüsse bestehender Hochschulen innerhalb einer Präfektur nicht einseitig durch das Kultusministerium oder CIE diktiert wurde. Zwar gab es Fälle, in denen man sich nur unwillig diesen Vorgaben, also den Elf Grundsätzen von Juni/Juli 1948, beugte, doch sind ebenso solche Fälle zahlreich, in denen schon vor diesem Datum ähnliche Lösungen angestrebt wurden. Ähnliches lässt sich auch für die Höheren Fachschulen sagen.

3.2.2 Institutionelle Vereinheitlichung

Wie bei den Oberschulen gab es auch unter den Höheren Fachschulen einige, die aufgrund ihrer geographischen Nähe zu bestehenden Universitäten schon früh einen entsprechenden Zusammenschluss anstrebten. Befand sich in derselben Präfektur oder sogar Stadt etwa eine Medizin-Universität, so wurde man sich wie in Kanazawa oder Kumamoto prinzipiell schon 1946 einig. Auch an den ehemaligen Kaiserlichen Universitäten war der Zusammenschluss der Universität mit einer Höheren Fachschule für Wirtschaft (so an der Universität Nagoya), Agrarwesen (Hokkaidō), Ingenieurwesen (Tōhoku, Kyūshū) oder Pharmazie (Ōsaka) eine alle Beteiligten befriedigende Lösung – nur in Tokyo und Kyoto wurden in die großen Volluniversitäten keine Höheren Fachschulen aufgenommen.

Ein Konflikt mit den Elf Grundsätzen lag jedoch vor, wenn die Universität, mit der ein Zusammenschluss angestrebt wurde, in einer benachbarten Präfektur lag. Konkrete Probleme gab es im erwünschten Zusammenschluss der Höheren Fachschule für Pharmazie Nagasaki mit der Universität Kyūshū (NDGKI 1999: 8), der Höheren Fachschule für Agrarwesen Tottori mit der Universität Ōsaka (TDSSKHKI 1983: 7–9), der Höheren Fachschule für Agrarwesen Mie mit der Universität Kyoto (MDKGKKSI 1999: 53), der Höheren Fachschule für Agrarwesen Gifu mit der Universität Nagoya (NDNGHI 2001: 1) und der Höheren Fachschule für Agrarwesen Morioka (Präfektur Iwate) mit der Universität Tōhoku (IKI 1982: III: 199–203). In fast allen diesen Fällen war das Interesse auf Seiten der Universität nicht sehr groß, so dass die jeweilige Höhere Fachschule schon vor Veröffentlichung der Elf Grundsätze begonnen hatte, anderweitige Lösungen zu suchen. Lediglich im Fall Gifu/Nagoya ging die Initiative von der Universität Nagoya aus, die ihren schon kurz nach der Gründung 1939 verkündeten Willen, die bestehenden Fakultäten um eine agrarwissenschaftliche zu erweitern, am einfachsten durch Integration der Höheren Fachschule in Gifu glaubte verwirklichen zu können. Die Leitung der Höheren Fachschule begeisterte sich schnell für diese Idee und verfolgte noch im Dezember 1948 in einem gemeinsam mit Vertretern der Studenten und Alumni verfassten Schreiben an das Komitee für die Errichtung von Universitäten offensiv diese Lösung (KDDB [1]). Obwohl die schwierige Lage, in die ein Alleingang der Höheren Fachschule die Präfektur Gifu (in der ja nach den Elf Grundsätzen auch eine Universität neuen Systems hätte entstehen sollen) gebracht hätte, seit Januar 1949 dazu führte, dass die Leitung der Höheren Fachschule langsam von der Idee des Zusammengehens mit der Universität Nagoya abrückte, war auch im Februar 1949 der Entscheidungsprozess noch nicht endgültig abgeschlossen. Am 8. Februar 1949 wurden Vertreter der Schulleitung bei CIE vorstellig und erbaten eine Entscheidung, die Joseph Trainor für CIE aber mit dem Verweis ablehnte, die Entscheidung werde ganz der japanischen Seite überlassen: »It was explained that the solution of the local problem was considered by us as one to be worked out by the Japanese authorities involved« (ER [5]). Der Druck von innerhalb der Präfektur, die einzige andere staatliche Hochschule in Gifu, die Pädagogische Hochschule, nicht alleine zu lassen, war schließlich zu groß, so dass die Höhere Fachschule für Agrarwesen mit der Pädagogischen Hochschule zusammen die neue Universität Gifu bildete.

Bei drei weiteren Höheren Fachschulen traten Probleme auf, weil diese unter allen Umständen einen Zusammenschluss mit den anderen in derselben Präfektur gelegenen Hochschulen ablehnten und eigenständig Ein-Fach-Universität werden wollten. Es handelte sich um die Höhere Fachschule für Wirtschaft Hikone, die für Textilwesen Ueda (Präfektur Nagano) und die für Bergbauwesen Akita. Die genaueren Hintergründe und der detaillierte Ablauf des Entscheidungsprozesses werden beispielhaft für den Fall Akita, in dem der Konflikt besonders prominent war, weiter unten (4.) dargestellt werden.

Inhaltliche Angleichung der Höheren Fachschulen an die Universitäten

Hatten schon die bereits im alten System als Universitäten bestehenden Institutionen Schwierigkeiten bei der praktischen Umsetzung des Studium generale, so bedeutete die Sicherstellung eines breiten Lehrangebots für die ehemaligen Höheren Fachschulen noch größere Probleme. In der Tat war es v.a. die Erkenntnis, dass dieser Teil des Studienangebotes nur in Kooperation mit anderen Hochschulen abzudecken sein würde, die viele Pädagogische Hochschulen und Höhere Fachschulen Ende 1947 bzw. Anfang 1948 davon überzeugte, dass ein alleiniger Aufstieg zur Universität neuen Systems unmöglich sein würde.

Die verpflichtende Einführung eines Studium generale war eine der größten Herausforderungen an die neuen Universitäten bei der Erstellung ihrer Curricula. Nicht selten erschien das Studium generale als das wesentliche Merkmal, das das neue System vom alten abhob. In diesem Sinne äußerte sich bereits der Verband zur Akkreditierung von Universitäten im September 1951:

> Die Universität neuen Systems ist ein Ort, an dem gleichzeitig mit Fachausbildung, die Fachwissen und -techniken lehrt, Menschenbildung, die zum Ziel hat, Menschen zu vervollkommnen, verwirklicht wird. Sie ist ein Ort, der Menschen bildet, die zugleich Kulturmenschen und Fachleute sind. In diesem Punkt unterscheidet sie sich wesentlich von der Universität alten Systems. Menschenbildung ist für jeden, der Mensch ist, vonnöten und stellt unter der Bezeichnung Studium generale, aus den der Menschheit gemeinsamen Problemen gebildet, in den Universitäten neuen Systems eine große Besonderheit dar (in: SDK 1988: 81).

Auch die erste größere Untersuchung zu den Universitätsreformen der Besatzungszeit kommt zu einem ähnlichen Schluss: »Weil es sich beim Studium generale um Erziehungsinhalte handelte, die sich auffallend von denen der Vorkriegs-Universitäten unterschieden, war das Verständnis seiner Bedeutung und seines Gewichtes in der Gesellschaft und unter Universitätsvertretern ungenügend«. Dabei sei diese so grundlegende Änderung keineswegs immer positiv aufgenommen worden: »Lehrenden an Universitäten alten Systems erschien die Einführung des Studium generale in die Universität de facto wie eine Verkürzung der Fachausbildung.« Und auch an den alten Höheren Fachschulen sei die Ausbildungsdauer im neuen System zwar von drei Jahren auf vier Jahre verlängert worden; weil »die drei Jahre des alten Systems jedoch gänzlich der Fachausbildung zugewandt waren«, hätten auch die Vertreter der alten Höheren Fachschulen die Einführung des Studium generale als Verkürzung der Dauer der Fachausbildung, somit als Senkung des Niveaus, verstanden (Kaigo, Terasaki 1969: 386).

Tatsächlich jedoch hatte es auch an den alten Höheren Fachschulen Unterricht gegeben, der über das Fachliche im engeren Sinne hinausging, wie die folgenden Diagramme verdeutlichen. Diagramm 9 zeigt die Anteile verschiedener Fächergruppen am Gesamtcurriculum des Faches Elektrotechnik an der Höheren Fachschule für Technik Nagaoka (Nagaoka Kōgyō Senmon Gakkō) 1937, 1941, 1944 und 1946 (jeweils dreijähriges Studium) bzw. ihrer Nachfolgeinstitution, der Fakultät für Ingenieurwissenschaften der Universität Niigata 1950 (vierjähriges Studium). Diagramm 10 zeigt die Stundenverteilung an der Höheren Fachschule für Pharmazie Kumamoto (1937/1941 und 1944) bzw. ihrer Nachfolgeinstitution, der Fakultät für Pharmazie der Universität Kumamoto 1951.

Diagramm 9

Fächergruppenanteile Technische Höhere Fachschule Nagaoka bzw. Universität Niigata, Fakultät für Elektrotechnik

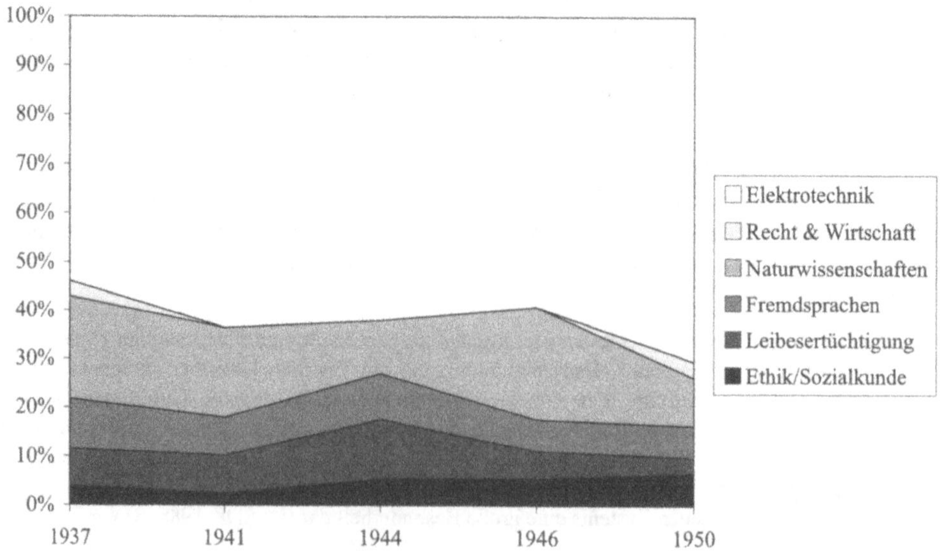

Quellen: 1937, 1941 und 1944: GHQ [8]; 1946: GHQ [33]; 1950: ND 1955: 17–20, 40.

Diagramm 10

Fächergruppenanteile Höhere Fachschule für Pharmazie Kumamoto bzw. Universität Kumamoto, Fakultät für Pharmazie

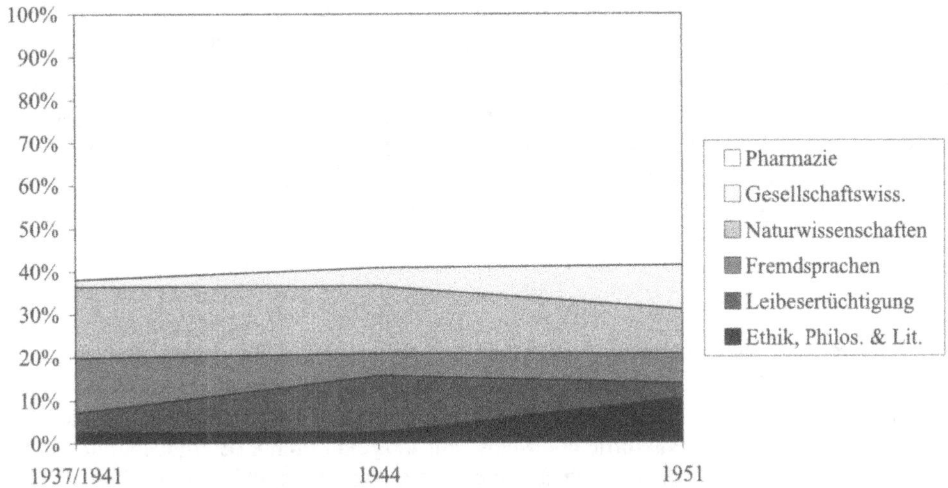

Quellen: 1937/1941 und 1944: GHQ [8]; 1951: KD 1951: 16–18.

Diagramm 11

Fächergruppenanteile Höhere Fachschule für Agrarwissenschaften Mie bzw. Universität Mie, Fakultät für Agrarwissenschaften

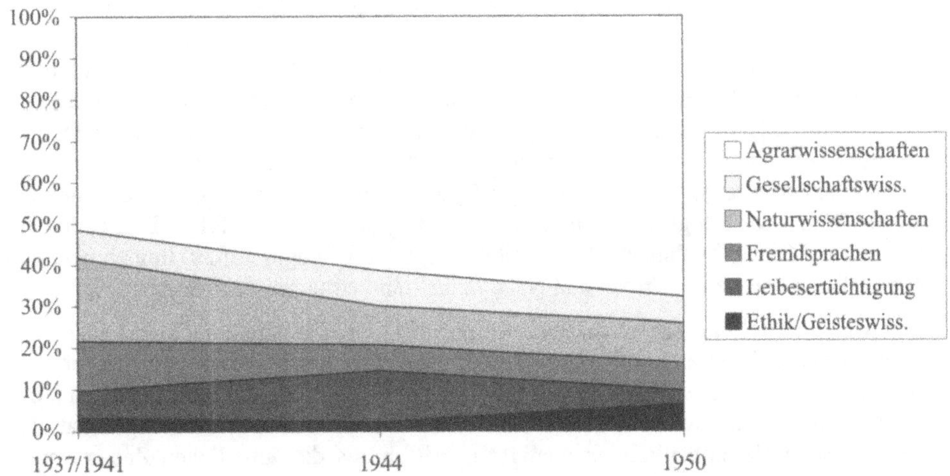

Quellen: 1937/1941 und 1944: GHQ [8]; 1950: MDKH 1950: 3–10.

Diagramm 11 zeigt die Stundenverteilung an der Höheren Fachschule für Agrarwissenschaften Mie (1937/1941, 1944) bzw. ihrer Nachfolgeinstitution, der Fakultät für Agrarwissenschaften der Universität Mie 1950. An allen drei Höheren Fachschulen nahm vor 1945 der Fachunterricht im engeren Sinne, also Elektrotechnik, Pharmazie bzw. Agrarwissenschaften, ca. 60 % des gesamten Unterrichtsvolumens ein. 1950, nach Einführung des neuen Systems und des verpflichtenden Studium generale, blieb dieser Anteil in Kumamoto etwa gleich, während er in Niigata und Mie sogar noch auf etwa 70 % stieg.

Die Einführung des Studium generale hat also zumindest an den Höheren Fachschulen kaum etwas an den Anteilen der Fächergruppen geändert. An technisch-naturwissenschaftlich orientierten Höheren Fachschulen war vielmehr der Anteil naturwissenschaftlicher Grundlagenkurse auch schon vor 1945 recht hoch; auch der Anteil an Fremdsprachenunterricht war im alten System nicht niedriger als im neuen.

Finanzen

Ein wichtiger den Rangunterschied innerhalb der staatlichen Hochschulen bestimmender Faktor war vor 1945 die unterschiedliche Höhe der Finanzzuwendungen durch den Staat gewesen (vgl. oben II.2.3.2, Tabelle 4). Die Forderung nach einer finanziellen Gleichstellung der neuen Universitäten wurde höchstens sehr indirekt durch CIE erhoben, auf japanischer Seite fand sich der Wunsch, die Bevorteilung der (ehemaligen) Kaiserlichen Universitäten solle ein Ende finden, schon eher. Betrachtet man jeweils die 1949 zu neuen Universitäten zusammengeschlossenen Hochschulen als Einheit, so hatten die 20 finanzstärksten Einheiten aus Hochschulen, die später jeweils eine neue Universität wurden, 1941 einen Anteil von 66,63 % am staatlichen Hochschulbudget (vgl. Tabelle 9). Dieser Anteil sank 1950 auf 59,04 %, stieg aber bis 1958 (das erste Jahr nach Ende der Besatzungszeit, für das Zahlen vorliegen) auf 68,11 %.

War also 1950 eine etwas extensivere Verteilung der Gelder auf die 72 neuen Universitäten erreicht worden, so war der Trend wenige Jahre später schon wieder umgekehrt und der Anteil der 20 »reichsten« Universitäten sogar schon höher als 1941 unter dem alten System. Auch die Auswahl derjenigen Hochschulen, die unter den 20 mit den größten Finanzzuwendungen waren, veränderte sich über die Jahre kaum. Von den 20 Universitäten, die 1958 die Rangliste anführen, waren lediglich vier 1941 noch nicht unter den ersten 20 vertreten (in der Tabelle kursiv gekennzeichnet); umgekehrt waren auch nur vier derjenigen 20 Universitäten, die 1941 die Rangliste anführten, 1958 nicht mehr unter den ersten 20 vertreten. Zudem belegten sowohl 1941 als auch 1950 und 1958 dieselben fünf Universitäten die ersten fünf Plätze der Rangliste, wenn auch in leicht geänderter Rangfolge. Den deutlichsten Abstieg musste die Technische Universität Tokyo (von Rang 6 auf 20) hinnehmen, den größten Aufstieg konnte die Universität Nagoya für sich verbuchen (von Rang 15 auf 7).

Insgesamt ist die Stellung der ehemaligen Kaiserlichen Universitäten, auch der 1941 noch wenig ausgebauten in Ōsaka und Nagoya, nach 1949 eher noch gestärkt worden, obwohl sie sich der Bezeichnung nach seit 1949 bis heute nicht mehr von anderen staatlichen Volluniversitäten im Lande unterscheiden. Im Bereich der finanziellen Zuwendungen hat also die institutionelle Vereinheitlichung weniger gegriffen, als die äußerlichen Zusammenlegungen zunächst nahelegen könnten.

Tabelle 9

Anteil der staatlichen Universitäten nach staatlichen Finanzzuwendungen an alle staatlichen Hochschule sowie Rangfolge, Vergleich 1941, 1950 und 1958

	1941		1950		1958	
Universität	Rang	Prozent	Rang	Prozent	Rang	Prozent
Tokyo	1	10,36	1	7,76	1	12,01
Kyoto	2	7,13	2	5,16	2	6,05
Tōhoku	3	6,04	4	4,44	3	5,86
Hokkaidō	5	5,34	3	4,93	4	4,79
Kyūshū	4	5,55	5	4,17	5	4,64
Ōsaka	8	2,98	6	3,14	6	4,62
Nagoya	15	1,85	7	2,94	7	3,85
Hiroshima	7	3,06	8	2,87	8	2,63
Kanazawa	11	2,26	10	2,19	9	2,38
Niigata	12	2,26	11	2,16	10	2,22
Chiba	13	1,95	12	2,12	11	2,21
Okayama	19	1,53	18	1,76	12	2,11
Shinshū	*30*	*0,96*	16	1,86	13	2,06
Tokyo Erziehung	9	2,53	9	2,53	14	2,02
Tokyo Medizin	*57*	*0,47*	*48*	*0,72*	15	2,01
Kumamoto	10	2,30	13	2,02	16	1,99
Kagoshima	*26*	*1,05*	14	1,98	17	1,93
Nagasaki	17	1,67	20	1,53	18	1,76
Gunma	*36*	*0,84*	*25*	*1,29*	19	1,57
Technische Tokyo	6	3,07	19	1,65	20	1,40
Kōbe	14	1,89	15	1,97	*22*	*1,33*
Tokyo Gakugei	16	1,83	17	1,86	*24*	*1,24*
Ōsaka Gakugei	20	1,47	*28*	*1,18*	*32*	*0,85*
Kōbe Marine	18	1,56			*68*	*0,24*
Summe		66,63		59,04		68,11

Quellen: 1941: Monbushō 1979b: 856–889; 1950: SKS [8]; 1958: Monbushō 1979d: 176–177.
Bei der Summenbildung wurden nur die ersten 20 Ränge des jeweiligen Jahres berücksichtigt, nicht also die kursiv gesetzten Zahlen.

Für die Unterschiede zwischen den neuen Universitäten insgesamt kommt der Bildungshistoriker Klaus Luhmer zu dem Schluss, »die Vereinheitlichung der Struktur des Hochschulwesens« habe »das enorme Leistungsgefälle zwischen den verschiedenen Institutionen der Hochschulbildung keineswegs« aufgehoben: »Nicht die Leistungshöhe oder das akademische Niveau der verschiedenen Arten von Hochschulen« seien nivelliert worden, »sondern lediglich die *Namen*« (Luhmer 1973: II: 15–16, Hervorhebung im Original). Dieses kritische Urteil ist in mancherlei Hinsicht berechtigt, allerdings insbesondere im Falle der Lehramtsbildung auch problematisch, weil dort die strukturellen Änderungen im Sinne einer Nivellierung aller Einrichtungen durchaus zu einer Aufwertung geführt haben.

3.2.3 Integration der Lehramtsausbildung in die Universitäten

Erst im Mai 1947 hatte sich das Komitee zur Erziehungsreform endgültig darauf geeinigt, die Ausbildung von Lehrerinnen und Lehrern aller Schulstufen an Universitäten zu verlagern. Die im November 1947 veröffentlichte entsprechende Empfehlung sah die Überführung der bestehenden Pädagogischen Hochschulen in Fakultäten oder Universitäten vor, die zugleich mit der Lehramtsausbildung einen allgemein bildenden Erziehungsauftrag hätten. Es bedurfte allerdings nicht des Bekanntwerdens dieser Pläne im November 1947, um die Pädagogischen Hochschulen selbst dazu zu bewegen, ihre Heraufstufung zu Universitäten anzustreben. Schon zuvor begannen zahlreiche dieser Einrichtungen im ganzen Lande, dafür zu werben, Universität zu werden.

So gründete die Pädagogische Hochschule Saitama (Urawa) schon im Januar 1947 einen »Verein zur Vorbereitung der Errichtung einer Pädagogischen Universität« und im April 1947 ein »Komitee zum Studium der Gakugei-Universität«. Nachdem man sich an der Pädagogischen Hochschule bis Anfang 1948 mit dieser Möglichkeit beschäftigt hatte, begann sich nach dem Bekanntwerden der Arbeitsergebnisse des Verbandes zur Akkreditierung von Universitäten jedoch die Einsicht breitzumachen, dass die Mindeststandards für eine Universität alleine nicht zu erfüllen sein würden (SDGHSI 1999: 44–45). Dies galt insbesondere für die Personalsituation: An der Pädagogischen Hochschule waren zu diesem Zeitpunkt 81 Lehrende beschäftigt; nach eigenen Berechnungen der Hochschule wären für den reibungslosen Betrieb als Universität 97 hauptamtliche Lehrende sowie 28 Lehrbeauftragte *(kennin kōshi)* vonnöten gewesen (SDKGHHI 1976: 982). War schon nicht davon auszugehen, dass in der wirtschaftlich extrem angespannten Lage der unmittelbaren Nachkriegszeit die notwendigen Mittel für diese Personalaufstockung bereitgestellt würden, so war der Pädagogischen Hochschule wohl bewusst, dass die Chance des bestehenden Personals, als Professorin oder Professor für die neue Universität anerkannt zu werden, noch geringer war. In der Tat bestanden im Januar 1949 von 76 Lehrenden der Pädagogischen Hochschule Saitama, die die Fortbeschäftigung als Professorin bzw. Professor oder Assistenzprofessorin bzw. -professor an der neuen Universität Saitama beantragten, nur 26 die Überprüfung durch das Komitee für die Errichtung von Universitäten erfolgreich (UDKGHI 1989: 274), so dass der Großteil von ihnen in niedrigeren Positionen als vorher weiterbeschäftigt werden musste.

Die Einsicht in die eigene schwache Position bewog die Pädagogische Hochschule Saitama dazu, ab Mai 1948 umzuschwenken und nunmehr eine größere Universität, die auch die alte Oberschule Urawa umfassen sollte, anzuvisieren (SDGHSI 1999: 45). Dieses Muster, nach dem eine Pädagogische Hochschule 1947 zunächst alleine Universität zu werden anstrebte, im Laufe des Jahres 1948 aber angesichts der zwischenzeitlich klar gewordenen zu hohen Anforderungen darauf verzichtete, war typisch für viele Präfekturen.

Selbst ein Teil der Pädagogischen Hochschulen für Jugendschullehrer und -lehrerinnen, die zumeist erst in den 1920er oder 1930er Jahren gegründet und erst 1944 zu Hochschulen aufgestiegen waren, rechnete sich 1947 Chancen aus, alleine zu einer Universität neuen Systems aufsteigen zu können. Dabei war die Personalsituation an diesen Hochschulen noch prekärer als an den regulären Pädagogischen Hochschulen: Im Durchschnitt waren 1948 lediglich 20 Lehrpersonen an diesen Hochschulen beschäftigt, teilweise, wie an der Pädagogischen Hochschule für Jugendschullehrer Miyagi nur neun, im Höchstfall, an der Pädagogischen Hochschule für Jugendschullehrer Tokushima, auch nur 38 (Monbushō 1979c: 326–327). Ein Beispiel für eine solche selbstbewusste Hochschule dieses Typs war die Pädagogische Hochschule für Jugendschullehrer Yamagata, deren Leitung im Juli 1947 beschloss, auf den Aufstieg zu einer Universität hinzuarbeiten (YDJ [2]). Der allgemein bildende Teil des Studiums sollte Geisteswissenschaften, Gesellschaftswissenschaften, Naturwissenschaften, Kunst und Sport abdecken, während Fachunterricht in Agrarwissenschaft und Haushaltswissenschaft erfolgen sollte (YDJ [1]). Etwas später hatte man die inhaltliche Ausrichtung dahingehend präzisiert, dass die neue Universität Jugendschullehrer für die beiden genannten Bereiche ausbilden sollte; im Dezember 1947 wurde sogar ein detaillierter Finanzplan ausgearbeitet, der Berechnungen der nötigen Finanzmittel der einzelnen Abteilungen bis 1952 enthielt (YDJ [3]). Doch auch in Yamagata wuchs schnell die Erkenntnis, dass man mit den 24 dort beschäftigten Vollzeit-Lehrkräften den ambitionierten Plan nicht würde verwirklichen können, so dass man sich 1948 mit den anderen Hochschulen in der Präfektur zusammentat, um die Gründung der neuen Universität Yamagata vorzubereiten (YKGGYDBGNK 1970: 141).

Gerade im Bereich der Lehramtsausbildung waren es jedoch nicht allein die institutionellen Strukturen, sondern auch die Unterrichtsinhalte, die als reformbedürftig angesehen wurden.

Reform der Lehrinhalte

Die Kritik an der bisherigen Lehramtsausbildung konzentrierte sich auf die Inhalte dieser Ausbildung, insbesondere auf den Mangel an allgemein bildenden Elementen darin. Selbst das Kultusministerium sprach in einer Tischvorlage zur ersten Vollversammlung des Komitees zur Erziehungsreform am 7. September 1946 von dem »Lehramtsausbildungssystem, das bislang die Neigung hatte, in Uniformität zu verfallen und von dem man den Eindruck hat, dass es seine Lebendigkeit verloren hat« (in: Kurosawa 1994: 159). Diese Art von Kritik war freilich auch schon in den 1930er Jahren in ganz ähnlichen und schärferen Tönen zu hören gewesen (vgl. o. II.2.3.3). Die Kritik an der professionellen Verbildung der Lehramtsanwärter und -anwärterinnen an den Pädagogischen Hochschulen war so weit verbreitet, dass der »Lehramts-Typ« *(shihan taipu)* in den Medien zu einer Art Stereotyp entwickelt worden war. Er umfasste Charakteristika wie Mangel an Offenheit, enger Horizont, Heuchelei, Hinterhältigkeit, Unterwürfigkeit und Vorurteilsbehaftetheit (Shinoda; Tezuka 1979: 181).

Einige Pädagogische Hochschulen reformierten ihre Curricula vor diesem Hintergrund schon vor der Umstellung auf das neue Hochschulsystem 1949. So bildete sich an der Frauenabteilung der Zweiten Pädagogischen Hochschule Tokyo 1946 ein »Komitee zum Studium der neuen Erziehung« (Shin Kyōiku Kenkyū Iinkai) zur Erarbeitung eines neuen Curriculums, das sogleich zum Wintersemester 1946 eingeführt wurde (TGDNHI 1970: 694). Das Ergebnis findet sich, im Vergleich zum vorher gültigen Stundenplan, in Tabelle 10 (zweite Spalte). Die wichtigste Änderung bestand zweifelsohne darin, dass der Wahlfach-Bereich ausgedehnt wurde. Dieser Bereich, dem 27 von 102 Stunden zugeordnet waren, umfasste zudem fünf Stunden »freies Studium« im dritten Jahr, eine unter dem rigide durchorganisierten alten Schulsystem nur schwer vorstellbare Neuerung. Die vielen Stunden für den Wahlbereich speisten sich in erster Linie aus den abgeschafften Fächern: Ethik, die militärischen Teile des Turnens und *shūren* (s.o. II.5.1). Davon abgesehen stellte die Umstellung keine große Änderung dar, insbesondere blieb der Anteil von Fachlichem vs. Pädagogischem etwa gleich. Hervorzuheben ist allerdings noch die Einführung des neuen Faches Staatsbürgerkunde *(kōmin)*, das genau die Stundenzahl des abgeschafften Faches Ethik übernahm.

Auch an der Ersten Pädagogischen Hochschule Tokyo bildete sich schon Ende Juli 1946 eine »Curriculum-Studiengruppe« (Karikyuramu Kenkyūkai). Diese beschäftigte sich nicht mit einer Reform des alten dreijährigen Lehrplans, sondern widmete sich der Erarbeitung eines neuen Curriculums unter der Voraussetzung, dass die Pädagogischen Hochschulen zu Vier-Jahres-Universitäten aufgewertet werden. Den Aktivitäten an der Ersten Pädagogischen Hochschule Tokyo sollte besondere Bedeutung zukommen, da CIE diese im August 1946 zum Modell für andere Pädagogische Hochschulen erklärte (Hashimoto 2003: 127–128). Die bereits existierende Studiengruppe traf sich bis Ende Dezember mehrfach mit Vertreterinnen und Vertretern von CIE und dem Kultusministerium und erarbeitete ein Papier, das am 30. Dezember 1946 unter dem Titel »Curriculum für das Fach Erziehungswissenschaften an Universitäten« *(Daigaku ni okeru kyōiku gakka no karikyuramu)* veröffentlicht und Anfang 1947 an alle Pädagogischen Hochschulen im Lande verschickt wurde (Hashimoto 2003: 129–131). Den Erinnerungen von Beteiligten zufolge begleitete CIE den Entstehungsprozess zwar intensiv, beschränkte aber seine Tätigkeit darauf, zu beraten und Informationen zur Verfügung zu stellen. Es gab keine Vorgaben und das Endergebnis war de facto ein Kompromiss zwischen Entwürfen der Pädagogischen Hochschule und vom Kultusministerium eingebrachten Vorschlägen (Hashimoto 2003: 139). Der Stundenplan-Entwurf vom Dezember 1946 war in mehrfacher Hinsicht bemerkenswert: Zum einen stellte er, wie der der Zweiten Pädagogischen Hochschule Tokyo, ein klares Bekenntnis zu den Sozialwissenschaften dar, die mit einem großen quantitativen Gewicht Philosophie und Ethik als allgemeine Grundlagenwissenschaft verdrängten. Noch deutlicher als an der Zweiten Pädagogischen Hochschule (wo freilich auch kein Entwurf für ein zukünftiges System gemacht, sondern der tatsächlich gelehrte Stundenplan geändert wurde) betonte der Entwurf der Ersten die Erziehungswissenschaft, die nun ein Viertel, statt wie bisher etwa ein Zehntel, des Studienumfangs ausmachen sollte. Ein weiteres Viertel des Studiums wurde durch einen Spezialisierungskurs belegt, der einen großen Teil des dritten und vierten Studienjahres ausmachen sollte. Zusätzlich waren noch zehn Wochenstunden an Wahlfächern über das gesamte Studium verteilt. Schließlich ist hervorhebenswert, dass der Fremdsprachenanteil deutlich angehoben werden sollte; mit der Vertiefung im dritten und vierten Studienjahr sollte sogar die Möglichkeit eröffnet werden, 40 von 134 Stunden in diesem Bereich aufzuwenden. Zu dem innovativen Entwurf kaum zu passen scheint die Vorgabe, dass im ersten und zweiten Studienjahr je zwei Stunden an »landwirtschaftlicher Tätigkeit« abzuleisten sein sollten (TGDSGKHI 1999: I: 123).

Tabelle 10

Verteilung Wochenstunden in der Lehramtsausbildung

Fach	Ist 1943	2. PH Tokyo Okt. 1946	PH Kanazawa 1946	1. PH Tokyo 1946 (Entwurf)	PH Tochigi 1948	Uni Tottori 1949
Studiendauer	3 Jahre	3 Jahre	3 Jahre	4 Jahre	3 Jahre	4 Jahre
Ethik	} 8/8		5			} 12
Philosophie		2	3		2	
Geisteswissensch.					1	
Staatsbürgerkunde bzw. Sozialwiss.		6		12+(30)**	5	} 14
Geschichte	} 7/7	3	4	} 12+ (30)**	2	
Geographie		3	3		2	
Japanisch	8/8	4	10		4	2
Pädagogik	13/13	14	13	30	14	26
Fremdsprachen	6/6	6	4	10 + (30)**	3	8
Mathematik	5/5	5	5	} 12+ (30)**	3	2
Naturwissenschaft	11/11	7	11		6	14
Gewerbe	} 9/–					
Landwirtschaft		2	8		1	
Haushaltswiss.	–/18	10				2
Zeichnen/Werken	11/8	9	11	} 7	3	2
Musik	6/6	3	6		1	2
Turnen	18/12	6	6	7	6	6
Arbeitsdienst	12/12*		20*	4***		
Regionalkunde						
Wahlfächer	6/6	27	14	10	26	16
Summe	120/120	102	123	134	78	106

**shūren*; **30 Stunden auf die vier Gebiete verteilt; ***landwirtschaftliche Tätigkeit
Quellen: Ist 1943: Shimizu 2000: 524–525, Angaben für Männer/Angaben für Frauen; 1. PH Tokyo Okt. 1946: TGDNHI 1970: 694; PH Kanazawa 1946: Ōkubo/Tanimoto 2000: 98; 1. PH Tokyo 1946 (Entwurf): TGDSGKHI 1999: I: 123; PH Tochigi 1948: UDKGHI 1989: 249; Uni Tottori 1949: TDSSKHKI 1983: 151–157, Angaben für Vierjahreskurs für Grundschullehrer und -lehrerinnen.

Doch nicht nur die zentral gelegenen Hochschulen mit guten Kontaktmöglichkeiten zu CIE und dem Kultusministerium engagierten sich bei der Reform ihrer Unterrichtsinhalte. An der Pädagogischen Hochschule Tochigi (der späteren Erziehungswissenschaftlichen Fakultät der Universität Utsunomiya) wurde zum April 1948 ein erneuertes Curriculum eingeführt, das der Vorbereitung auf die Umstellung zur Universität dienen sollte. Es zeichnete sich insbesondere durch eine Dreiteilung der zu belegenden Fächer in Allgemeinbildung *(ippan kyōyō)*, Lehramtsausbildung und Wahlfächer aus. Das Verhältnis zwischen den drei Bereichen betrug 42 zu 14 zu 26; mehr als die Hälfte des zu belegenden Unterrichts war also dem Bereich Allgemeinbildung zugeordnet (UDKGHI 1989: 248–249). Auf die einzelnen Fächer aufgeteilt und verglichen mit dem alten Einheits-Stundenplan zeigte sich aber, dass die wichtigste Neuerung in Utsunomiya die Ausweitung der Wahlfächer war. Der Anteil von Pädagogik hingegen war sogar höher als zuvor bzw. als in anderen Plänen und Entwürfen der unmittelbaren Nachkriegszeit (s. Tabelle 10).

Nicht nur hinsichtlich der institutionellen Zukunft zeigten die Pädagogischen Hochschulen also eine große Eigenständigkeit, auch in Bezug auf die Curricula wartete man vielerorts nicht die Erarbeitung zentraler Vorgaben ab, sondern begann schon früh, teilweise zur Umsetzung noch unter dem alten Hochschulsystem, mit der Reform von Aufbau und Inhalten des Unterrichts.

3.2.4 Hochschulzugang für Frauen

Von den hier besprochenen Reformthemen war die Ausweitung des Hochschulzugangs für Frauen der nach 1945 am wenigsten umstrittene. Schon früh waren sich alle Beteiligten einig, dass grundsätzlich völlige Gleichstellung der Geschlechter das ganze Schulsystem hindurch herrschen sollte. Nicht restlos geklärt war hingegen auch nach Verabschiedung des Schulerziehungsgesetzes 1947 der Status von Einrichtungen der Sekundarstufe und Tertiarstufe nur für Frauen. Hier gab es im privaten Sektor eine lange Tradition der Monoedukation, so dass damit zu rechnen war, dass sich Fürsprecherinnen und Fürsprecher einer Fortführung dieser Tradition finden würden. Im staatlichen Bereich war die Lage weniger klar, hatten doch außer den beiden Höheren Pädagogischen Hochschulen für Frauen in Tokyo und Nara keine staatlichen Einrichtungen nur für Frauen existiert.

Neben der Frage der konkreten institutionellen Entscheidung für Koedukation oder Monoedukation und der Umsetzung der Koedukation an den neuen Universitäten ist des Weiteren von Interesse, wie die Gleichstellung der Geschlechter in der Sekundarstufe erreicht wurde. Denn die alten Oberschulen waren besonders von einer Männerkultur geprägt, die die Integration von Frauen noch schwieriger erscheinen ließ als im Falle der Universitäten, die weniger stark durch eine geschlechtsspezifische Tradition belastet waren.

Gleichstellung in der Sekundarstufe

Schon bevor die Diskussion um die Ausgestaltung des neuen Hochschulsystems konkrete Formen annahm, wurde zumindest für das auslaufende System Geschlechtergleichheit institutionalisiert. Im April 1946 wurden Frauen generell zu Universitäten zugelassen, und Absolventinnen der Höheren Mädchenschulen erhielten per Erlass des Kultusministeriums vom Februar 1947 das gleiche Zugangsrecht zu Oberschulen wie Absolventen von Mittelschulen. Allerdings machten auch ein Jahr später, im vorletzten Jahr vor der Abschaffung der alten Oberschulen, gerade einmal 24 Frauen von diesem neuen Zugangsrecht Gebrauch, bei 8 675 Neueinschreibungen an den Oberschulen insgesamt (Monbushō 1979c: 514). Auch an den Universitäten schrieben sich 1946, 1947 und 1948 lediglich 142, 226 bzw. 182 Frauen ein, bei jeweils über 20 000 Neueinschreibungen insgesamt (Takahashi 2001: 111; Monbushō 1979c: 534).

Dass zunächst die Universitäten und Höheren Fachschulen geöffnet wurden und die Oberschulen erst später, lag v.a. daran, dass das Kultusministerium lange Zeit vorzog, neue Oberschulen für Frauen zu errichten, anstatt die vorhandenen für Koedukation zu öffnen. Im November 1946 beschloss die Konferenz der Oberschulrektoren, die Entscheidung über die Zulassung von Frauen den einzelnen Schulen zu überlassen. Als daraufhin einzelne Schulen wie die Oberschule in Yamaguchi beschlossen, ab April 1947 Frauen zuzulassen, äußerte das Kultusministerium öffentlich, dafür sei es »noch zu früh« (Ōshima 2004: 119). Erst als das Komitee zur Erziehungsreform Ende Dezember 1946 das 6-3-3-4-System und damit zumindest die Aufgabe der alten Oberschule in ihrer bisherigen Form empfahl, schien das Vorhaben, nun noch neue Oberschulen für Frauen zu gründen, wohl zunehmend aussichtslos, weshalb Anfang 1947 dann doch noch die bestehenden Oberschulen für Frauen geöffnet wurden.

Während, wie der Fall Yamaguchi zeigt, die Initiative zur Zulassung von Frauen teilweise auch von den Schulen selbst ausging, gab es auch Fälle, in denen die Befürchtungen der Angehörigen der betroffenen Institutionen dominierten, selbst dann, wenn keine oder nur eine verschwindend geringe Zahl von Frauen überhaupt zugelassen wurden. So sorgte man sich an der Fünften Oberschule in Kumamoto um die sexuelle Sicherheit der Schüler (Takahashi 1986: 1046), und auch an der Universität Kyoto wurde eine einem Gewaltverbrechen zum Opfer gefallene Studentin im Nachhinein von den Medien zur Prostituierten stigmatisiert (Takahashi 2001: 111). Aus Yamagata berichtete die Lokalzeitung im März 1947 über die ersten Frauen, die an der Oberschule ihre Aufnahmeprüfung ablegten, wie folgt: »Von den Studenten an der Oberschule hört man: ›Die Älteren sagen, die Frauen sollte man besser nicht reinlassen‹, sie nennen aber den Grund nicht und lachen verschämt« (*Yamagata shinbun*, 21. März 1947: 2).

Helen Hosp, Adviser on Women's Education bei CIE, erinnerte sich in einem Interview 1980 an die Schwierigkeiten bei der Einführung der Koedukation im Hochschulbereich. Über ein Weiterbildungsprogramm für Verwaltungsangestellte von neuen Universitäten, welches sie 1949/50 leitete, sagte sie:

> But I do know coeducation was a great concern to them. Because they were going back to remote communities in Japan, and coeducation frightened many of the people. And they had to understand and have real feelings for it before they could go back and explain it. As one of them said, »do you realize I come from a place where we have separate bamboo poles to hang men and women [sic!] clothes? We wouldn't hang them on the same pole.« So you can see the type of feelings. They were afraid of having men and women in the same class together (HWOHC [3]: 5).

Reaktionen wie die an den Oberschulen ließen Ähnliches auch für die neuen Universitäten befürchten. Vielleicht war es auch die Sorge vor solchen Einstellungen, welche die Vertreterinnen und Vertreter der reinen Frauenhochschulen in ihrem Streben bestärkte, nach 1945 als Frauen-Universitäten Anerkennung zu suchen.

Frauenuniversitäten

Die größeren privaten Frauenhochschulen und die beiden Höheren Pädagogischen Hochschulen für Frauen hatten sich schon Ende 1946 zusammengefunden und Anfang 1947 formell zum »Verband der Frauenuniversitäten« zusammengeschlossen (s.o. 2.2). Ihre inhaltlichen Vorstellungen als Verband beschränkten sich zum Gründungszeitpunkt darauf, dass die teilnehmenden Hochschulen alsbald Universitäten werden wollten. Damit begannen die privaten Frauenhochschulen ihre Lobbyaktivitäten, bevor im Komitee zur Erziehungsreform der Kurs für die Umordnung des Hochschulbereiches absehbar war. Schneller waren nur die beiden staatlichen Höheren Pädagogischen Hochschulen für Frauen in Nara und Tokyo, die schon im November 1946 Eingaben an das Parlament machten, um noch unter dem alten System zu Universitäten hochgestuft zu werden (Fujiwara 1994: 46), womit beide an ähnliche Vorstöße aus der Zeit vor 1945 anknüpften (s.o. II.2.3.4).

Der Verband der Frauenuniversitäten beschränkte sich auf die direkte Verfolgung der Ziele der Mitglieder; Stellungnahmen zu Fragen des Bildungssystems allgemein oder der Frauenbildung im Besonderen gab er nicht ab. Doch in den Bedingungen zur Aufnahme in den Verband war festgelegt, dass ein Schwerpunkt der Ausbildung der sich bewerbenden Institution im Bereich Allgemeinbildung liegen musste. Damit waren die rein auf Haushaltswissenschaft spezialisierten Höheren Fachschulen für Frauen von der Mitgliedschaft ausgeschlossen. Die Haushaltswissenschaft war dennoch ein wichtiges verbindendes Element auch für die dem Verband angehörigen Hochschulen: 28 von den 32 Institutionen, die dem Verband Mitte 1947 angehörten, boten das Fach an (Hashimoto 1992: 283–284). Die Konzentration auf das spezifisch auf die Nachfrage von Frauen ausgerichtete Fach Haushaltswissenschaft trägt auch dazu bei zu erklären, warum keine der vielen Höheren Fachschulen für Frauen versuchte, ihr renommiertes allgemein bildendes Studium auch für Männer anzubieten und als gemischtgeschlechtliche Universität anerkannt zu werden – wie es übrigens im Falle der Sekundarstufe in zahlreichen Fällen geschah, in denen Präfekturen und Kommunen ihre ehemaligen Höheren Mädchenschulen in koedukative Oberschulen des neuen Systems umwandelten. Solche Überlegungen bestanden wohl zu keinem Zeitpunkt, weder auf Seiten der Hochschulen selbst noch sonst innerhalb der japanischen Gesellschaft, in welcher sie als Frauen-Hochschulen anerkannt waren. In einer von mehreren parlamentarischen Eingaben der Höheren Pädagogischen Hochschule für Frauen Nara vom Juli 1948 hieß es zur Begründung:

> Um gleiche Rechte für Männer und Frauen zu erreichen, ist es notwendig, eine große Zahl von hoch gebildeten Frauen in die Gesellschaft zu entsenden. Weil überdies unter den gegenwärtigen Verhältnissen in unserem Land an koedukativen Universitäten viele Nachteile für das Frauenstudium bestehen, [...] wollen wir die Höhere Pädagogische Hochschule für Frauen Nara als staatliche Frauenuniversität errichten (in: Fujiwara 1994: 95).

Die gesellschaftliche Akzeptanz des Modells Frauenuniversität zeigt sich darin, dass es zur Rechtfertigung der eigenen Existenz als Hochschule nur für Frauen nicht mehr als dieses vagen Verweises auf die »vielen Nachteile« an koedukativen Universitäten bedurfte. Dieser Akzeptanz lag wohl die Auffassung einer spezifischen Verschiedenheit von Frauen zugrunde, wie sie in einem längeren Schreiben der Höheren Pädagogischen Hochschule für Frauen Nara an CIE vom Januar 1948 deutlich wurde: »When we make a considerate study of the present status of our country, we believe that the establishment of the Girls' University [...] means to acknowledge the girls' specific nature on one hand and to give equal right and treatment to both the sexes on the other« (GHQ [5]: 1).

Die Diskussion über Haushaltswissenschaft stand auch bei der Frage der Anerkennung von Frauenuniversitäten durch den Verband zur Akkreditierung von Universitäten im Mittelpunkt. Schon dessen Vorgängergremium hatte einen Unterausschuss für Frauenuniversitäten eingerichtet, dessen sieben Mitglieder sämtlich Vertreterinnen und Vertreter von Hochschulen des Verbandes der Frauenuniversitäten stellten. Sie erarbeiteten zwischen Januar und Juni 1947 einen Vorschlag, der auch die Möglichkeit zur Einrichtung von Fakultäten für Haushaltswissenschaft, bestehend aus drei der fünf Fächer Pädologie, Ernährungswissenschaft, Lebensführung, Sozialfürsorge und Institutionsmanagement, vorsah (Hashimoto 1992: 285–286). Davon, ob dem Fach genügend wissenschaftliche Breite und Tiefe zugestanden wurde, um als eigenständige Fakultät anerkannt zu werden, hing immerhin das Schicksal zahlreicher Frauenhochschulen ab, die außer der Haushaltswissenschaft keine akademische Substanz vorzuweisen hatten und deren organisatorische Zukunft bei Nicht-Anerkennung als Vier-Jahres-Universität im neuen vereinheitlichten System prekär geworden wäre.

Der Vorschlag fand jenseits des Unterausschusses für Frauenuniversitäten kein Gehör und auch nicht Eingang in die auf der Gründungsversammlung des Verbandes zur Akkreditierung von Universitäten am 8. Juli 1947 verabschiedeten Standards. Dort hieß es nach der Überschrift »Die Einrichtung von Fakultäten an Universitäten folgt folgenden Standards«: »Universitätsfakultäten können Jura, Literatur, Wirtschaft, Handel, Medizin, Naturwissenschaften, Ingenieurwissenschaften, Agrarwissenschaften sein sowie andere Fächer, die von Größe und Inhalt her als Fakultät angemessen anerkannt werden« (in: Tanaka 1995: 189). Die Haushaltswissenschaft tauchte nun lediglich in einem Nachsatz der Liste der Fächer, die für das Studium generale anrechenbar waren, auf: »An Fakultäten, die hauptsächlich aus Frauen bestehen, kann jedoch auch Haushaltswissenschaft zu den Fächern des Studium generale hinzugefügt werden« (in: Tanaka 1995: 191).

Weitere Diskussionen im Verband zur Akkreditierung von Universitäten erbrachten bis zur am 15. Dezember 1947 verabschiedeten Endfassung lediglich die Streichung dieses eine Sonderbehandlung implizierenden Satzes und die Hinzufügung der Haushaltswissenschaft zu der allgemeinen Liste der für das Studium generale geeigneten Fächer. Die Liste ausdrücklich genannter Fakultäten blieb hingegen unverändert, trotz auch von Vertreterinnen und Vertretern der Theologie und Zahnmedizin vorgebrachten Bedenken (DKK 1948: 1, 4; Hashimoto 1992: 287–288). Immerhin wies der Erläuterungsteil der offiziellen Publikation der Standards durch den Verband zur Akkreditierung von Universitäten darauf hin, dass hier absichtlich nur die auch unter dem alten System als Fakultäten anerkannten Fachbereiche aufgezählt seien und »in naher Zukunft eine große Zahl von Gründungen wie Haushaltswissenschaft, Pharmazie, Tiermedizin, Journalismus, Kunst, Sport oder Pädagogik geplant sind« (DKK 1948: 11).

Unter den 168 neuen Universitäten, die bis 1949 entstanden, waren 23 reine Frauenuniversitäten. 18 dieser 23 waren private Frauenuniversitäten, die aus ehemaligen Höheren Fachschulen für Frauen hervorgegangen waren. Fünf von ihnen stiegen bereits 1948 vorgezogen zu Universitäten auf, was dem Engagement der CIE-Mitarbeiterin Lulu Holmes zu verdanken war, die sich gegen das Kultusministerium, das einen zeitgleichen Start aller neuen Universitäten gewünscht hatte, durchsetzen konnte. Bei allen fünf (Seishin-Universität, Tsudajuku-Universität, Tokyo-Frauenuniversität, Nihon-Frauenuniversität und Kōbe-Jogakuin-Universität) handelte es sich um Mitgliedshochschulen des Verbandes der Frauenuniversitäten, dessen Aktivitäten Holmes tatkräftig unterstützte (Ishii 2002: 18–19).

Neben den 18 privaten und drei präfekturalen wurden 1949 auch zwei zentral-staatliche Frauenuniversitäten gegründet, die Ochanomizu-Frauenuniversität (Ochanomizu Joshi Daigaku) in Tokyo und die Frauenuniversität Nara (Nara Joshi Daigaku). Vorgängerinnen waren jeweils die beiden Höheren Pädagogischen Hochschulen für Frauen, weshalb es durchaus nahe liegend gewesen wäre, diese mit einer der anderen (koedukativen oder bislang nur für Männer offenen) Pädagogischen Hochschulen vor Ort zusammenzulegen. Doch die Identität der beiden Institutionen entsprach nicht der anderer Pädagogischer Hochschulen: Sie begriffen sich weniger als Ausbildungsstätten für Lehrerinnen denn als höchste Ausbildungsstätte für Frauen im Lande, mit Schwerpunkt auf der Vermittlung von Allgemeinbildung. Als solche sollten und wollten sie weiter fungieren (Hashimoto 1992: 290–291).

Weitere Entwicklung

CIE kümmerte sich nicht allein in der Entscheidungsphase um die Einführung der Zulassung von Frauen zu Universitäten, sondern beobachtete zumindest auch den Beginn der Umsetzung. Dies belegt eine handschriftliche Übersicht über die Zahl von Bewerberinnen und zugelassenen Studentinnen, die sich in den CIE-Dokumenten findet (GHQ [34]). Demnach gab es 1949 123 728 Bewerberinnen und Bewerber an staatlichen Universitäten in Japan, von denen 43 657 angenommen wurden. 5 438 Bewerbungen stammten von Frauen (also etwa vier Prozent aller Bewerbungen entsprechend), von denen 3 875 (ca. neun Prozent aller Angenommenen) zugelassen wurden.[39] Zu diesen sehr niedrigen Anteilen ist anzumerken, dass die allgemeine Zugangsmöglichkeit von Frauen zu Universitäten in Form der neuen, koedukativen Oberschulen erst 1948 geschaffen worden war. In einer separaten Tabelle listete das CIE-Dokument die noch niedrigeren Zahlen für die sieben ehemaligen Kaiserlichen Universitäten auf: Unter den 8 835 Zugelassenen befanden sich lediglich 108 Frauen (ca. ein Prozent), an den Universitäten Hokkaidō (Sapporo) und Tōhoku (Sendai) waren 1949 noch gar keine Frauen zur Bewerbung zugelassen. Unmittelbar nach Einführung des neuen Systems waren also noch längst nicht alle Universitäten auf die Umstellung vorbereitet.

Auch wenn es noch einige Jahre dauerte, bis Studentinnen in allen universitären Fachbereichen studierten, so war die Koedukation im Hochschulbereich doch schon bald unumkehrbar verankert. Die 1933 geborene Yamakawa Akemi z.B. war 1952 die erste Frau, die

39 Diese Zahl ist deshalb nicht direkt mit der oben für das Jahr 1948 genannten (182 an staatlichen Universitäten eingeschriebene Frauen) zu vergleichen, weil es sich 1949 schon um Universitäten neuen Systems handelte. An den staatlichen Hochschulen, die 1949 in der einen oder anderen Form zu Universitäten wurden, wurden 1948 etwa 4 000 Frauen neu immatrikuliert, die Mehrzahl davon an Pädagogischen Hochschulen.

an der ingenieurwissenschaftlichen Fakultät der Universität Kumamoto studierte. Obwohl diese Tatsache seinerzeit für einigen Wirbel in der Presse sorgte, erinnerte sich Yamakawa an keine Probleme an der Universität oder während des Studiums (*Kumamoto nichinichi shinbun* 2. Oktober 1979: 3). Ichikawa Yōko immatrikulierte sich 1948 als erste Studentin an der Höheren Fachschule für Agrarwesen Mie. Nach einer Anfangszeit der sozialen Isolation (»nicht einmal die Klassenkameraden sprachen mit mir«) lebte sie sich ihrer eigenen Erinnerung zufolge gut ein. Größere Schwierigkeiten ergaben sich dabei, fachlich mitzukommen, war sie doch noch Absolventin einer Höheren Mädchenschule, deren Niveau an das der Mittelschule für Jungen nicht heranreichte. Ihren Abschluss erlangte sie dennoch erfolgreich im Jahre 1951 (in: MDKGKKSI 1999: 50).

Trotz der tätigen Unterstützung durch Lulu Holmes basierte der Aufbau eines Netzes von Universitäten, die nur Frauen unterrichteten, auf japanischen Gegebenheiten und japanischer Initiative. Ursprünglich war eines der Motive bei der Gründung der Frauenhochschulen vor 1945 zwar gewesen, dass Frauen zu den Männerhochschulen nicht zugelassen waren. Doch auch nachdem diese Zulassungsmöglichkeit seit 1946 bzw. 1947 gegeben war, bedeutete dies nicht, dass die nun schon seit einigen Jahrzehnten operierenden Frauenhochschulen ihre Identität aufgeben wollten. Die Tradition von Hochschulen nur für Frauen, und, in Gestalt der Haushaltswissenschaft, die Tradition eines Faches, das nur Frauen lernten, hatte bis Kriegsende vielmehr tiefe Wurzeln geschlagen. Die Bereitschaft auf japanischer Seite, diese Art von Institutionen höherer Bildung weiterzutragen, traf sich mit der Linie der maßgeblichen Akteurinnen in CIE, die auch aus persönlich-biographischen Gründen ein Interesse an einem solchen System hatten. Da jedoch auch auf japanischer Seite allenfalls die Wissenschaftlichkeit des Faches Haushaltswissenschaft in Frage stand, nie jedoch die Vorteilhaftigkeit separater Hochschulen für Frauen, war Druck von CIE kaum der entscheidende Faktor, der das letztlich entstandene System durchsetzte.

3.2.5 Verwaltungsreform und Dezentralisierung

Sowohl das Komitee zur Erziehungsreform als auch der Verband zur Akkreditierung von Universitäten hatten Ende 1947 Vorschläge für eine Verwaltungsreform vorgelegt, deren Kern in der Einrichtung eines landesweiten zentralen Gremiums bestand, das eine Reihe von Kompetenzen des Kultusministeriums übernehmen sollte (s.o. 2.3). Aus Sitzungsunterlagen des Verbandes zur Akkreditierung von Universitäten vom März 1948 geht hervor, wie sich die verbandsinterne Diskussion weiterentwickelte. Demzufolge wurde die Idee eines nationalen Rates für das Hochschulwesen nicht weiter verfolgt und stattdessen ein Kuratorium *(rijikai)* vorgesehen, das die beiden wichtigen Kompetenzen Haushaltsrecht und Wahl des Rektors bzw. der Rektorin erhalten sollte. Die Mitglieder dieses Kuratoriums sollten von der Regierung ernannt werden; Vorschlagsrecht besaßen die Kuratoriumsmitglieder selbst für ihre Nachfolgerinnen oder Nachfolger (SKS [11]; NKGDSKI o.J.: 3–5). Diese Überlegungen blieben aber intern und gelangten nicht zur Kenntnis von CIE, das dementsprechend im Frühjahr 1948 von der Idee des nationalen Rates als aktuell gültiger Stellungnahme des Verbandes ausging.

CIE-Entwurf: *Outline of Proposed Law Governing Universities*

Im Juni 1948 begann Walter Eells unter Konsultation weiterer Mitarbeiterinnen und Mitarbeiter der Education Division von CIE, eine Skizze eines Gesetzesentwurfes für die Verwaltung der staatlichen Universitäten zu erarbeiten. Diese erlangte am 15. Juli 1948 unter dem Titel »Umriss des vorgeschlagenen Gesetzes zur Verwaltung von Universitäten« (*Outline of Proposed Law Governing Universities*; *Daigakuhō shian yōkō*) endgültige Gestalt und wurde dem Kultusministerium vorgelegt, welches den Entwurf Ende Oktober 1948 in großer Zahl vervielfältigte und an interessierte Institutionen und Individuen verteilte (GHQ [20]). In der Folge entwickelte sich bis Anfang 1949 eine lebhafte öffentliche Diskussion über diesen Entwurf, die dazu führte, dass CIE ihn de facto zurückzog.

Der »Umriss des vorgeschlagenen Gesetzes zur Verwaltung von Universitäten« (im Folgenden »UG-Entwurf«, zitiert nach: GHQ [35]; jap. Termini nach: KKTCRK 1963: 149–154) nannte zunächst eine Reihe von Bestimmungen, die auch schon an anderer Stelle geregelt waren, so die Einrichtung von mindestens einer Universität pro Präfektur oder das Prinzip der Anerkennung von Universitäten durch *chartering*. Das Ziel von Universitäten (Artikel 1) wurde in Abweichung vom Schulerziehungsgesetz nicht nur in der allgemeinen und fachlich spezialisierten Lehre sowie der Grundlagenforschung gesehen, sondern auch in »applied research that may be of special service to the country as a whole or to the community in which the university is located.« Der Kern des Entwurfes lag aber in den Bestimmungen zur Verteilung der im Hochschulbereich anfallenden Verwaltungsaufgaben. Dazu waren fünf Einrichtungen vorgesehen: für ganz Japan ein National Advisory Board und das Kultusministerium sowie pro Universität ein Governing Board, ein Präsident und eine Faculty Conference.

Das National Advisory Board (Artikel 6; in der offiziellen japanischen Übersetzung Chūō Shingikai) sollte aus 15 Mitgliedern bestehen, von denen drei die staatlichen Universitäten und drei die privaten Universitäten vertreten sollten. Ein Mitglied sollte den Erziehungsausschuss des Unterhauses vertreten, eines den des Oberhauses und schließlich sollte das Kultusministerium mit Zustimmung des Parlaments sieben Mitglieder ernennen können. Die Amtszeit der Mitglieder des National Advisory Board sollte fünf Jahre betragen, tagen sollte es mindestens einmal im Jahr. Das National Advisory Board sollte lediglich Empfehlungen aussprechen können, nämlich zu das Hochschulwesen betreffenden Gesetzesänderungen, zur Mitgliedschaft Japans in internationalen Hochschulvereinigungen, zur Einrichtung neuer Universitäten und zu den Rahmenrichtlinien für Gebührenordnungen.

Das Kultusministerium, das kurz in einer Fußnote abgehandelt wurde, sollte nur noch für die Einrichtung von Universitäten (auf Empfehlung des Komitees zur Einrichtung von Universitäten hin), die Erstellung der Hochschulstatistik, die Festlegung der Finanzzuwendung nach Vorschriften des Gesetzes (s.o.), die Verbreitung von Informationen zum Hochschulwesen und Studienaufenthalte im Ausland zuständig sein.

Sollte somit den zentralen Institutionen nur noch eine geringe Bedeutung zukommen, war es das an jeder einzelnen Universität einzurichtende Governing Board (Artikel 7; *kanri iinkai*), das die Hauptverwaltungsaufgaben übernehmen sollte. Dieses Kuratorium sollte aus 13 Mitgliedern bestehen, je drei davon vom Kultusministerium, vom Gouverneur bzw.

der Gouverneurin und vom Alumniverband zu bestimmen. Drei weitere sollten aus der Mitte der Angehörigen der Universität gewählt werden; schließlich sollte auch der Präsident bzw. die Präsidentin qua Amt dem Kuratorium angehören. Ferner sah der UG-Entwurf vor, dass keine der von den ersten drei Gruppen gewählten Mitglieder zugleich Angehörige der Universität sein durfte. Die Amtszeit der Mitglieder sollte sechs Jahre betragen, Sitzungen mindestens alle drei Monate stattfinden. Die Befugnisse des Governing Boards sollten Wahl und Abwahl des Rektors bzw. der Rektorin, Wahl und Bestimmung der Amtszeit von Dekanen oder Dekaninnen und wissenschaftlichem Personal, die Einrichtung von Fakultäten, die Festlegung der Zahl der aufzunehmenden Studierenden und die Verabschiedung des Haushaltes umfassen.

Der Präsident (Artikel 8), für sechs Jahre gewählt, und dem Governing Board direkt verantwortlich, sollte das ausführende Organ einer Universität sein. Er sollte Beschlüsse des Governing Board ausführen, dieses beraten und diesem berichten. Außerdem sollte er verantwortlich sein für Rechnungslegung und Haushaltsplanung sowie die Verwaltung der Unterlagen von Studierenden.

Die Faculty Conference (Artikel 9; *kyōjukai*) schließlich sollte aus dem Präsidenten bzw. der Präsidentin und allen Professoren und Professorinnen (*kyōju* und *jokyōju*) einer Universität bestehen. Die Hauptzuständigkeit der Faculty Conference sollten Fragen der Lehre sein: So sollte es Standards für den Universitätszugang und -abschluss festlegen sowie über Fächerangebot und Studienorganisation befinden. Ferner fielen in ihre Zuständigkeit, Empfehlungen zur Wahl des Präsidenten bzw. der Präsidentin auszusprechen und, in Absprache mit der studentischen Selbstverwaltung, studentische Organisationen und Aktivitäten zu koordinieren.

Zwei Vorentwürfe aus der Feder von Walter Eells finden sich in den CIE-Dokumenten, datierend vom 5. Juni 1948 (ER [3]) und 29. Juni 1948 (TC [8]). Beide sind mit dem Mitte Juli 1948 herausgegebenen Endentwurf weitgehend identisch, einschließlich der detaillierten Fußnoten, wiesen aber noch einen bedeutenden Unterschied auf: Das National Advisory Board tauchte in ihnen noch nicht auf. Der weitere Vergleich der Endfassung mit den beiden Vorentwürfen zeigt aber, dass die Hinzufügung des National Advisory Board zu keiner Veränderung der Machtbefugnisse der anderen Organe geführt hat. Es handelte sich also wohl eher um eine kosmetische Änderung, die dazu dienen sollte, den japanischen Wünschen, soweit sie zu diesem Zeitpunkt artikuliert waren, Rechnung zu tragen. Die Grundzüge des UG-Entwurfes finden sich bereits in einem Memorandum von Eells vom 10. März 1948, in dem er die Delegierung wichtiger Aufgaben an eine zentralstaatliche Einrichtung, wie vom Akkreditierungsverband und vom Komitee zur Erziehungsreform vorgeschlagen, ablehnte. Stattdessen formulierte Eells für die Unterabteilung für Hochschulfragen: »The Unit feels that in the proposed reorganization of the Mombusho the following powers, presently exercised by it, should be transferred – not to another central body, but to a local body or bodies, such as the faculty, or board of trustees, or possibly an advisory board of same type« und zählte die Wahl des Präsidenten bzw. der Präsidentin und Einstellung von wissenschaftlichem Personal, die Bestimmung der Zahl der Studierenden und die Festlegung der Curricula auf (GHQ [16]).

Die im UG-Entwurf enthaltenen Vorschläge bedeuteten eine Abwendung vom bisher an den alten Universitäten praktizierten System in mehreren entscheidenden Punkten. Das neue Governing Board sollte sowohl bisher vom Kultusministerium als auch bisher von

Universitätsgremien (Senat und Fakultätsräte) ausgeübte Funktionen übernehmen. Zu den ersteren gehörte insbesondere das Aufstellen des Haushaltsplans, die Festlegung der Zahl der aufzunehmenden Studierenden und die Wahl des Rektors bzw. der Rektorin. Zu den letzteren gehörte vordringlich die Einstellung von Universitätspersonal, insbesondere die Berufung von Professoren und Professorinnen, die bislang eines der Rechte der Professorenversammlungen der einzelnen Fakultäten gewesen war.

Japanische Ablehnung

Nanbara Shigeru war als Vorsitzender des Komitees zur Erziehungsreform nicht nur Initiator der Stellungnahmen des Komitees zur Hochschulverwaltung gewesen, sondern erfuhr auch über das *steering committee* früh von den Absichten von CIE. So positionierte er sich schon Anfang Juli, noch bevor der CIE-interne UG-Entwurf fertig war, gegen Lösungen, die ein Kuratoriumsmodell vorsahen. Thomas H. McGrail von der Higher Education Unit in CIE hielt von einem Gespräch mit Nanbara in einem Memorandum vom 1. Juli 1948 Folgendes fest:

> Mr. Nanbara stated unequivocally that he considers this question of control the most momentous ever to face the Japanese universities and the one most fraught with danger. He pointed out that since the JERC and the Professors' Association had made recommendations at variance with the »Board of Trustees« concept, any attempt to introduce the latter form of control should proceed with caution (GHQ [22]: 2).

Nanbara suchte seinen Einfluss in dieser Angelegenheit auch geltend zu machen, indem er einige Wochen später zusammen mit den Rektoren der sechs anderen ehemaligen Kaiserlichen Universitäten eine Meinungsschrift an CIE sandte. Diese bezog sich nicht ausdrücklich auf den UG-Entwurf, der zu diesem Zeitpunkt zwar abgeschlossen, aber noch nicht veröffentlicht war, sondern konzentrierte sich auf den mutmaßlichen Kern des CIE-Konzeptes, das Kuratoriumsmodell. Die Stellungnahme zeigte sehr deutlich, dass die Rektoren von einer völlig anderen Zielvorstellung für ein Verwaltungsgesetz ausgingen. Sah CIE die jüngere Vergangenheit als Beleg dafür an, dass das Kultusministerium zu große Macht über die einzelnen Universitäten gehabt habe, und strebte daher eine Reform der Hochschulverwaltung mit dem Ziel an, die Macht des Kultusministeriums einzuschränken, so betrachteten die sieben Rektoren die jüngere Vergangenheit vielmehr als Beweis, dass die Universitäten den Versuchen der staatlichen Macht, sie zu kontrollieren, sehr gut standgehalten hätten. So hieß es in der Stellungnahme am Ende eines längeren historischen Abrisses, welcher im Jahre 1905 einsetzte: »Es ist eine bemerkenswerte Tatsache, dass die Universitäten, als Kultusminister Araki Sadao 1938 das System der Rektorwahl und das Personalrecht der Fakultätsräte abzuschaffen versuchte, diesem gut widerstehen und ihre Tradition bewahren konnten« (NKGDSKI o.J.: 16). Und weiter: »Hätten wir während des letzten Krieges eine solche Kuratoriums-Organisation in den Universitäten gehabt, wäre die Freiheit der Universität, die wir im Kriege so lange, wenn auch ungenügend, bewahren konnten, wohl schon früh den Kräften der Zeit zum Opfer gefallen« (NKGDSKI o.J.: 16). Entsprechend vernichtend fiel das Urteil über das konkret geplante Modell aus:

> Kurz gesagt, wir denken, es ist ein äußerst schwerwiegendes Problem, das die sorgfältige Überlegung der Beteiligten erfordert, in den staatlichen Universitäten »Kuratorien« einzurichten, diese als höchstes Verwaltungsorgan mit dem Kern universitärer Forschung und Lehre,

> der Einstellung und Entlassung von Professoren, zu betrauen und sie über den Kurs von Lehre und Forschung bestimmen zu lassen. Denn dies ignoriert die Tradition und die Vorteile von universitärer Autonomie in unserem Land und hinterlässt zahlreiche Schäden und Gefahren für die Zukunft« (NKGDSKI o.J.: 18).

Als Alternative wurde auf das von dem Komitee zur Erziehungsreform schon einige Zeit zuvor vorgeschlagene Modell eines Nationalen Erziehungkomitees verwiesen, das dem Kultusministerium, »das bislang darüber wachte, dass die Verwaltung der Universitäten geordnet verlief«, beratend zur Seite stehen sollte (NKGDSKI o.J.: 17).

Wie wenig die Einwände der Rektoren die Absichten des Urhebers des UG-Entwurfes tangierten, zeigt ein Memorandum, das Eells nach Lektüre der Stellungnahme verfasste. Darin kommt er zu dem Schluss:

> In general it appears that many of the objections made by the seven presidents to Boards of Trustees are not necessarily valid and that many of them are quite adequately met, in whole or in part, by the particular form of Governing Boards recommended in the proposed »Law Governing Universities« (GHQ [13]: 4).

Nicht ganz zu Unrecht kritisierte Eells die Einschätzung der jüngeren Vergangenheit durch die Rektoren: »Were all other 600 or more government universities, semmon gakko, koto gakko, and shihan gakko equally successful in refusing demands of the Mombusho infringing upon academic freedom?« (GHQ [13]: 1), zog daraus jedoch nicht den Schluss, dass allen neuen Universitäten die gleichen Rechte zukommen sollten wie den alten Kaiserlichen. Entscheidend war für ihn vielmehr die Verantwortung für die Gesellschaft, die in der Stellungnahme der Rektoren bezeichnenderweise überhaupt keine Erwähnung fand: »Ultimately the universities belong to the people and should be responsive to them. [...] [A] national university, serving the public and supported by public funds, should not be a completely self-contained and autonomous unit responsible to no one« (GHQ [13]: 1).

Eells war nicht der einzige in der Education Division, der die grundsätzliche Ablehnung der Rektoren der wichtigsten staatlichen Universitäten ignorieren zu können glaubte. Auch Arthur K. Loomis, 1948 Advisor on Educational Reorganization und später (Juli 1949 bis April 1951) Nachfolger von Orr als Leiter der Education Division, glaubte in einem Schreiben an Eells, das einige kleine Änderungsvorschläge am Entwurf enthielt, im Oktober 1948: »The proposals for drafting a universities law are in excellent shape. This law should be ready for the regular session of the Diet in January 1949« (GHQ [17]). Doch nachdem das Kultusministerium eine offizielle japanische Übersetzung des UG-Entwurfes anfertigte und Ende Oktober 1948 in großer Zahl an betroffene Institutionen verteilte, brach eine Welle von negativen Reaktionen über CIE hinein. Ob es die ausdrückliche Absicht des Ministeriums war, diese Reaktion hervorzurufen, ist schwer zu beurteilen. Dagegen spricht die Reaktion von Eells, der, nachdem ihn das Ministerium über die Verschickung informierte, in einem Memorandum an seinen Vorgesetzten Orr festhielt: »I think this is highly desirable and commendable. This means that it will come to the attention of Japanese Education leaders in the Prefectures and some of them will doubtless want to discuss it« (GHQ [20]). Kein Zweifel kann angesichts der Aussicht, zahlreiche seiner wichtigsten Funktionen an andere Organe abgeben zu müssen, daran bestehen, dass das Ministerium dem Entwurf gegenüber negativ eingestellt war, auch wenn es sich mit diesbezüglichen Äußerungen zurückhielt.

Am schnellsten reagierte erneut Nanbara, zunächst im Senat der Universität Tokyo, deren Rektor er war, der schon Ende Oktober 1948 einen »Korrekturvorschlag« zum UG-Entwurf beschloss. Dieser monierte zunächst die lokale Ausrichtung des Zieles von Universitäten: »Es besteht die Befürchtung, dass in Vergessenheit gerät, dass die staatlichen Universitäten darin ihre Aufgabe haben, vom Standpunkt der gesamten Nation aus Grundlagen und Anwendungen zu erforschen und Lehre und Anleitung zur Forschung auszuüben« (NKGDSKI o.J.: 19). Sodann greift der Korrekturvorschlag die vier im UG-Entwurf genannten Organe auf, wies ihnen aber jeweils andere Befugnisse zu. So sollte die Ernennung von Professoren und Professorinnen durch die Fakultätsräte beschlossen und durch den Nationalen Erziehungsrat, in dem außerdem acht von 15 Mitgliedern Vertreter bzw. Vertreterinnen der Universitäten sein sollten, ausgeführt werden. Die Begründung für die Zurückweisung des Hauptanliegens des UG-Entwurfes lautete:

> Zwar versteht es sich von selbst, dass Erziehung und Anleitung an der Universität keine Wirkung haben kann, wenn sie nicht auf dem Verständnis des Willens der Studierenden basieren, doch es sind der Rektor, die Dekane sowie die Professoren und Assistenzprofessoren, die die Verantwortung für Erziehung und Anleitung tragen. Deswegen laufen Pläne, die Studierende oder Mitarbeiter dem Senat und Fakultätsrat hinzufügen, oder die die Verwaltung der Universität einem Gemeinschaftsorgan aus Professoren oder Studierenden überlassen, dem Wesen der Universität zuwider (NKGDSKI o.J.: 20).

Des Weiteren wurde Nanbara auch im Komitee zur Erziehungsreform aktiv. Dort legte der Zehnte Sonderausschuss schon am 5. November 1948 als Zwischenbericht einen Gegenentwurf für ein Universitätsgesetz vor, der, ähnlich dem Beschluss des Senates der Universität Tokyo, ein sehr starkes zentrales nationales Gremium vorsah, wohingegen die Kuratorien lediglich beratende Funktionen behalten sollten. Die wichtigsten Entscheidungen sollten von den Fakultätsräten gefällt werden, wofür der Zentrale Erziehungsrat dann ausführendes Organ sein sollte (SKS [2]). Schon eine Woche später, am 12. November 1948, wurde dieser Gegenvorschlag mit leichten Änderungen von der Vollversammlung des Komitees zur Erziehungsreform verabschiedet (NKKSK 1996: IV: 326–329). Loomis nahm den Beschluss des Komitees zur Erziehungsreform Anfang Dezember 1948 zum Anlass, Orr einen Kompromissvorschlag zu unterbreiten, der den Zentralen Erziehungsrat stärkte und die Kuratorien schwächte, jedoch immer noch das Personalrecht bei letzteren verankerte und den Fakultätsräten lediglich »Recommendations on personnel matters and financial policies« einräumte (TC [9]).

Dass CIE überhaupt Konzilianz zu zeigen begann, lag auch daran, dass sich im weiteren Verlaufe des Monats November zahlreiche kritische Stimmen dem Urteil des Komitees zur Erziehungsreform angeschlossen hatten. So schrieb Sasaki Shigeo, Professor der Technischen Universität Tokyo und Direktor des Verbandes zur Akkreditierung von Universitäten, am 11. November 1948 in einem persönlichen Brief an CIE: »We have in the past, especially in the war time, experienced that industrialists, businessmen and city men are apt to make a chorus always under the conduct of the government. We are not in favour of the majority of the Governing Board being occupied by such people« (GHQ [14]: 1). Zwar befürwortete Sasaki nicht unbedingt ein starkes nationales Gremium wie das Komitee zur Erziehungsreform es tat, doch wollte auch er Kuratorien lediglich mit beratender Funktion verwirklicht sehen. Der Verband der Höheren Fachschulen war dem Plan gegenüber insgesamt weniger negativ eingestellt. Doch auch hier erklärte dessen Vorsitzender Miyawaki,

Rektor der Höheren Fachschule für Agrarwesen in Obihiro, Eells Ende November 1948, dass die Kuratorien, so es sie geben sollte, mit einer Mehrheit von Vertretern und Vertreterinnen der Hochschulen selbst besetzt werden sollten. Dieser dem zentralen Anliegen des UG-Entwurfes zuwiderlaufende Wunsch lag in der Befürchtung begründet, örtliche »Bosse« könnten schädlichen Einfluss auf die Institutionen nehmen (GHQ [21]).

Die politisch organisierten Studierenden hingegen hegten nicht nur Vorbehalte gegen Teile des Entwurfes, sondern lehnten diesen ganz ab und antworteten bald mit professioneller Gegenwehr. Das Zentralkomitee der studentischen Selbstverwaltung an der Universität Tokyo ließ schon Mitte November 1948 eine 32-seitige Broschüre drucken, die neben dem UG-Entwurf und ausführlicher Kritik daran auch »Material« (einen Abriss des US-amerikanischen Kuratoriensystems, Berichte von Auseinandersetzungen im Erziehungssystem in Südkorea und Stellungnahmen von Professoren und Parteien) beinhaltete. Die Kritik folgte insofern der aktuellen antiimperialistischen Linie der Kommunistischen Partei Japans (vgl. Gayle 2003: 55–56), als der UG-Entwurf insgesamt als »Versuch, die gegenwärtig stattfindende kolonialistische Umstrukturierung des Hochschulwesens in unserem Lande konzentriert zu betreiben«, bezeichnet wurde (SKS [9]: 10). Bei den Verwaltungsstrukturen konzentriert sich die Kritik auf das vorgesehene Kuratorium, insbesondere dessen Zusammensetzung:

> Es ist völlig klar, dass die Vertreter nach a und b [drei vom Kultusministerium zu Ernennende und drei aus dem Präfekturparlament] ausschließlich Vertreter der lokalen Politbosse und des lokalen Industriekapitals sind (die im Übrigen nicht den Funken von Bildung haben). Weil auch bei den Vertretern der Alumnivereinigungen keine Möglichkeit besteht, dass sie demokratisch gewählt werden, werden wohl auch bei diesen Vertreter der lokalen Autoritäten auftauchen. Und da die Zusammensetzung im Verhältnis 9 zu 4 ist, wird die Universität in überwältigendem Ausmaß unter die Herrschaft von Kräften von außerhalb der Universität gelangen (SKS [9]: 10–11).

Waren hier die Studierenden in ihrer Schlussfolgerung mit den Professoren einer Meinung, so kritisierten sie auch die Idee eines zentralen Hochschulrates, wenn auch mehr wegen dessen konkreter Zusammensetzung im UG-Entwurf, der das »politische Gewaltmonopol der herrschenden Klasse« widerspiegele (SKS [9]: 11). Entscheidender ist aber, dass sowohl den Studierenden als auch den verschiedenen Vertretern der Gruppe der Professoren und auch dem Komitee zur Erziehungsreform die Wahrung der Selbstverwaltungsrechte am ehesten die Durchsetzung ihrer jeweiligen (differierenden) Ziele zu sichern schien. Anstoß wurde aus dem Grunde an dem Kuratoriumsmodell genommen, dass hier nicht direkt von Universitätsseite gewählte oder bestimmte Personen die Mehrheit bilden sollten. Der Unterschied zwischen den Vorstellungen der Professoren oder Rektoren einerseits und der Studierenden andererseits schwindet noch mehr, wenn man dem in der Broschüre wiedergegebenen Bericht von Studierenden der Universität Tokyo glaubt, Rektor Nanbara habe ihnen erklärt, bei dem ins Komitee zur Erziehungsreform eingebrachten Plan handele es sich lediglich um einen »taktischen Plan«, der also nicht konstruktiv gemeint, sondern nur zur Verhinderung des UG-Entwurfs entworfen worden war (SKS [9]: 17).

Kurze Zeit nach der Veröffentlichung dieser Broschüre gab es auch einen studentischen Gegenentwurf zum UG-Entwurf. Das Zentrale Exekutivkomitee des erst im September 1948 gegründeten nationalen Studierendenverbandes Zengakuren veröffentlichte am 30. November 1948 den »Umriss eines studentischen Entwurfes für ein Universitätsgesetz«

(Text in: SSH 1968: 356–358). Das Ziel der Universität wurde darin in denkbarem Gegensatz zu den von professoraler Seite vorgebrachten Entwürfen formuliert (Abschnitt 1): Die Universität sollte »durch freies Forschen die demokratische Volkskultur erhöhen und zum Fortschritt von Nutzen und Glück der Bürger beitragen«, war also klar auf ein gesellschaftliches Ziel hin ausgerichtet. Dennoch gelangte der studentische Entwurf zu denselben Schlussfolgerungen wie die Stellungnahmen der Rektoren oder des Komitees zur Erziehungsreform, und zwar nicht nur in seiner (in der Vorbemerkung zu Abschnitt 4 ausdrücklich formulierten) Ablehnung des Kuratoriummodells des UG-Entwurfes, sondern auch in seinen positiven Vorschlägen. Den Studierenden schwebte ein Modell vor, das die maßgeblichen Kompetenzen (Personalrecht, Rektorwahl, Budgetrecht) bei den Fakultätsräten (Abschnitt 4.3) bzw. dem Senat (Abschnitt 4.1) beließ. Der Rektor bzw. die Rektorin (Abschnitt 4.2) sollte lediglich ausführendes Organ sein. Ein zentrales nationales Organ für die Universitätsverwaltung (Abschnitt 3) sollte im Wesentlichen die Entscheidungen der universitären Gremien bestätigen und, so nötig, wie etwa im Falle der Einstellung von Personal, für die Umsetzung Sorge tragen, eine Aufgabe, die bislang das Kultusministerium übernommen hatte. In dieser zusätzlichen Aufgabenverlagerung weg vom Kultusministerium sowie in dem Vorschlag, die universitären Gremien je zur Hälfte mit Professoren bzw. Professorinnen und Studierenden zu besetzen, liegen auch die wesentlichen Differenzen zu den anderen genannten Alternativvorschlägen, die von japanischer Seite vorgebracht wurden.

Auch die Lehrendengewerkschaft Nikkyōso reihte sich in den Chor der ablehnenden Stimmen ein. Der UG-Entwurf berge die Gefahr, dass einzelne Universitäten von lokalen Machthabern, unverständigen Lokalbeamten und auf ihre eigenen Interessen bedachten Unternehmern gesteuert werde (Igasaki 1965: 103). Auch sei das Verfahren bei der Entstehung des Entwurfes undemokratisch gewesen: Das Kultusministerium habe vor der Veröffentlichung lediglich das Komitee zur Erziehungsreform, das »den Charakter eines geheimen Gremiums« trage, sowie die Rektoren der Universitäten befragt, nicht jedoch etwa Vertreter oder Vertreterinnen Höherer Fachschulen, die ja bald zu Universitäten würden (SKS [10]).

Im Januar 1949 legte Nikkyōso einen ausführlichen Gegenentwurf für ein Universitätsgesetz vor, der in mancher Hinsicht eine Mittelstellung zwischen den Vorstellungen des Komitees zur Erziehungsreform oder den Rektoren einerseits und den organisierten Studierenden andererseits darstellte (Text in: Terasaki 1970: 231–245). Das Ziel von Universitäten formulierte Nikkyōso ähnlich wie der Studierendenverband, indem Forschung und Lehre dazu dienen sollten, »die demokratische Volkskultur zu erhöhen und zur Förderung des Wohlergehens der Menschheit beizutragen« (Art. 2). Großes Gewicht wurde auch auf das explizite Bekenntnis zur »Freiheit von Forschung, Lehre, Denken und Rede« sowie die »demokratische Selbstverwaltung der Campusse« gelegt (Art. 3). Die wichtigsten Verwaltungsorgane sollten Senat und Fakultätsrat darstellen, die allerdings unter den Namen »Selbstverwaltungsrat der ganzen Universität« (Zengaku Jichi Kyōgikai, Art. 31–46) bzw. »Selbstverwaltungskomitee der Fakultät« (Gakubu Jichi Iinkai, Art. 51–64) firmierten. Personalrecht und Haushaltsrecht sollten diesen beiden zukommen; die Wahl des Rektors bzw. der Rektorin war als allgemeine Wahl aller Lehrenden und Studierenden vorgesehen, für die der Senat lediglich Vorschläge zu unterbreiten hatte (Art. 48). Studierende sollten auch in den Selbstverwaltungsgremien vertreten sein, dort jedoch lediglich eine Minderheit bilden (Art. 32 und 52).

Insbesondere Nikkyōso und die Studierenden beließen es nicht bei der Veröffentlichung von Gegenvorschlägen. Als der von Oktober 1948 bis Februar 1949 amtierende Kultusminister Shimojō Yasumaro Ende 1948 ankündigte, den UG-Entwurf ins Parlament einbringen zu wollen, begannen Studierende an der Fünften Oberschule in Kumamoto aus Protest gegen den durch die Einführung von Kuratorien gefürchteten Einfluss »der Wirtschaft« auf die Hochschulen einen Streik (Igasaki 1965: 108). Im März 1949 bildeten die Kommunistische Partei Japans, Vertreter und Vertreterinnen des Japan Science Council (Nihon Gakujutsu Kaigi), Zengakuren und Nikkyōso einen »Dachverband zur Abwehr des Universitätsgesetzes« (Daigakuhō Taisaku Zenkoku Kyōgikai) in Tokyo (Igasaki 1965: 109). Diese Bemühungen in der Hauptstadt wurden auch in die Regionen getragen. So fand Ende März ein erstes Treffen eines Aktionsbündnisses für Nordwestjapan (Hokuriku-Region) in Kanazawa statt, an der vier Hochschulen sowie Vertreter und Vertreterinnen der Vereinigung demokratischer Wissenschaftler (Minshu Shugi Kagakusha Kyōkai), der Eisenbahnergewerkschaft und des Demokratischen Frauenclubs beteiligt waren. Außerdem nahmen einzelne Studierende der Universitäten Tokyo, Ōsaka und Nagoya teil. Von dieser breiten Unterstützung getragen fanden im Mai mehrere Vollversammlungen an der Vierten Oberschule in Kanazawa statt, wo die Studierenden am 16. Mai 1949 einen zweitägigen Streik gegen den UG-Entwurf beschlossen (SSGK 2001: 336–338).

Nachdem Vertreterinnen und Vertreter aller Hochschultypen, das Komitee zur Erziehungsreform, der Verband zur Akkreditierung von Universitäten, die Lehrendengewerkschaft und die Studierendenverbände offen ihre Ablehnung geäußert hatten und das Kultusministerium von vornherein nicht glücklich über einen Entwurf gewesen sein konnte, der seine Macht deutlich beschnitten hätte, war das Scheitern des ersten UG-Entwurfes nicht mehr abzuwenden. Das Kultusministerium verzichtete darauf, den Entwurf ins Parlament einzubringen und entschied, ein Gremium einzurichten, um einen neuen Entwurf erstellen zu lassen.

Weitere Entwicklung und Scheitern

Ende 1948 und Anfang 1949 bemühte sich CIE intern, einen Kompromiss mit den vor allem durch das Komitee zur Erziehungsreform aufgebrachten Kritikpunkten zu erarbeiten. Das wichtigste Zugeständnis, von Loomis schon am 1. Dezember 1948 vorgeschlagen, war die Annahme eines landesweiten »board of education on national universities« statt des »National Advisory Board«. Dieses neue »board« sollte mehr Befugnisse erhalten als das ursprünglich vorgesehen nationale Gremium, insbesondere die Annahme der Haushalte der einzelnen Universitäten und das Beschlussrecht über die Einrichtung und Abschaffung von Fakultäten (TC [9]: 1). Der Kompromissvorschlag verfehlte jedoch den Kern der Beschwerden, indem ein neben Fakultätsräten und Senat einzurichtendes Kuratorium, nun »immediate governing body (tōkatsu kikan)« genannt, weiterhin vorgesehen war. Dieses sollte zudem nach wie vor mehrheitlich von Nicht-Universitäts-Angehörigen besetzt sein und die wichtigsten Verwaltungsrechte ausüben, insbesondere das Personalrecht einschließlich der Wahl des Rektors (TC [9]: 2).

Auch Detailkorrekturen in der Folgezeit, ein Entwurf vom 31. Januar 1949 (ER [2]) und ein weiterer vom 12. Februar 1949 (GHQ [12]), änderten nichts an diesen Kernpunkten betreffend das »national board of education« und das »immediate governing body«. Freilich war auch innerhalb CIE die Meinung über das Umgehen mit der japanischen Kritik an den ursprünglichen Vorschlägen nicht einheitlich. So beschäftigte CIE im März und April 1949 einen »visiting expert on university administration«, Raymond Walters, Präsident der Universität Cincinnati. Dieser empfahl in seinem Abschlussbericht vom 6. April 1949, in der derzeitigen Situation nicht auf Kuratorien an den japanischen Universitäten zu bestehen. Zur Begründung führte er an:

> Strong opposition undoubtedly prevails. Some of it may come from vested interests. But most of it comes from administrators who are honest in their objections. [...] [E]ducators in various sections of Japan have told me that Japan does not now have a reservoir of citizens, as does the United States, who are qualified for service as trustees. To introduce boards of control at this time would endanger the whole university situation, they declared (TC [7]: 2).

CIE war nicht in der Lage, einen Kompromiss mit dem eigenen Entwurf zu finden, der die verschiedenen japanischen Kritikerinnen und Kritiker überzeugt hätte. Der Unwillen, den Forderungen der japanischen Seite, den Lehrenden selbst mehr Autonomie zuzugestehen, nachzugeben, mag auch im »wachsende[n] Mißtrauen gegen die Linksorientierung vieler Professoren« (Teichler 1975: 158) gelegen haben, das sich seit 1949 immer stärker äußerte und 1949/50 zur Entlassung zahlreicher als links geltender Professoren führte (vgl. Krämer 2005b). Das Urteil von Raymond Walters mag den Ausschlag gegeben haben, die Sache vorläufig ruhen zu lassen. Andererseits blieb das Kultusministerium unter Druck, einen konsensfähigen Entwurf zu erzeugen. Es handelte schließlich Mitte Juli 1949, indem es CIE vorschlug, ein Komitee einzusetzen, das einen neuen Entwurf erarbeiten sollte (GHQ [19]).

Im Laufe des Monats August 1949 wurde die Liste der Mitglieder zwischen dem Kultusministerium und CIE abgestimmt; im September 1949 begann die »Konferenz zur Erarbeitung eines Entwurfes für ein Universitätskontrollgesetz« (Daigaku Kanri Hōan Kisō Kyōgikai) ihre Tätigkeit. Im Februar 1950 erarbeitete dieses Gremium einen ersten ausdrücklich als solchen deklarierten Zwischen-Entwurf, der öffentlich diskutiert werden sollte (Text in: ER [4]). Dieser Entwurf verfolgte die Einrichtung eines Zentralen Universitätsrates weiter, wie ihn erstmals das Komitee zur Erziehungsreform vorgeschlagen hatte, und folgte auch bei den an den einzelnen Universitäten einzurichtenden Kuratorien der Vorarbeit des Komitees, indem es die Bezeichnung *shōgikai* übernahm und den Kuratorien lediglich beratende Funktion zugestand – die entscheidenden die einzelnen Universitäten betreffenden Befugnisse verblieben beim Senat. CIE kritisierte diesen Entwurf scharf wegen der Schwächung der Kuratorien (s. GHQ [9]), in der japanischen Öffentlichkeit hingegen wurde kritisiert, dass diese überhaupt nach wie vor vorgesehen waren. Im Oktober 1950 war ein zweiter Entwurf fertig, der sich in den entscheidenden Punkten freilich kaum von dem ein halbes Jahr zuvor präsentierten unterschied. Auch dieser wurde der Öffentlichkeit zur Diskussion präsentiert. Erst im Februar 1951 gab es endlich einen endgültigen Entwurf, der am 7. März 1951 vom Kultusministerium im Parlament eingereicht wurde (Text in: KKTCRK 1963: 161–167).

Auch in diesem endgültigen Entwurf mit dem Titel »Entwurf für ein Kontrollgesetz für die staatlichen Universitäten« *(Kokuritsu daigaku kanri hōan)* hielt das Kultusministerium bzw. das von ihm zur Erarbeitung beauftragte Gremium an dem Nebeneinander zwischen Kultusministerium und zentralem Beratungsgremium auf der einen Seite und Kuratorium und Senat bzw. Fakultätsrat an den einzelnen Universitäten auf der anderen Seite fest. Doch statt mit diesen beiden Kompromissen die Beteiligten zufrieden zu stellen, fühlten sich die schon 1948 aufgebrachten Diskussionsparteien nach wie vor von dem Entwurf angegriffen. Die Universitäten sowie die Lehrendengewerkschaft Nikkyōso lehnten den Entwurf aus denselben Gründen wie schon zweieinhalb Jahre zuvor strikt ab, und wegen des unpraktischen Nebeneinanders verschiedener Gremien mit teilweise sich überschneidenden Kompetenzen stieß der Entwurf auch kaum auf Zustimmung in der politisch neutraleren Öffentlichkeit (vgl. z.B. den Leitartikel in der Tageszeitung *Mainichi shinbun* vom 28. Februar 1951 in: SNKSSHI 1983: III: 553–554). Der Entwurf fand auch im Parlament keine Mehrheit und wurde schließlich ohne weitere Bemühungen um eine Alternative aufgegeben. Erst 1963 versuchte die Regierung Ikeda Hayato auf der Grundlage der Beratungen des Zentralen Erziehungsrates (Chūō Kyōiku Shingikai), erneut eine einheitliche Gesetzgebung für die Verwaltung der staatlichen Universitäten herbeizuführen, scheiterte aber wiederum am Widerstand der Universitäten, Gewerkschaften und Studierendenverbände (Kubo u.a. 2001: 138–139). Letztlich hat erst die 2004 erfolgte Überführung der staatlichen Universitäten in Körperschaften öffentlichen Rechts eine klare, einheitliche gesetzliche Grundlage für die Hochschulverwaltung geschaffen.

Walter Eells hatte die Dezentralisierung der Verwaltung der Tertiarstufe praktisch bereits Mitte 1950 aufgegeben. Am 23. August dieses Jahres schrieb er in einem längeren Bericht an seinen Vorgesetzten Mark Orr:

> [T]he general CIE policy of decentralization of control of education at all levels [...] could have been accomplished by adoption of a plan for local boards of regents and for an objective method of financing. These plans, however, have been rejected. [...] Decentralization of control of education has been very largely accomplished in the case of elementary and secondary education, through the enactment of the Board of Education Law. Similar decentralization and democratization of public higher education is not being planned at the present (GHQ [7]: 33).

Orr selbst fasste das Scheitern des Versuchs, eine einheitliche Gesetzgebung zur Verwaltung der Universitäten zu schaffen, zurückblickend wie folgt zusammen:

> There was a recommendation that the national government universities be freed from the Ministry of Education through the appointment of boards of government or boards of trustees or Boards of Regents. [...] As I recall neither party [Kultusministerium und Komitee zur Erziehungsreform] liked that ideal. And although the discussions were prolonged; in the end the ideal was given up. We yielded with perhaps a combination of reactions. One, that perhaps it wasn't as appropriate for Japan as we thought. And secondly, that there was so much opposition to it that it might not work if it was forced (HWOHC [1]: 10).

CIE war sich also bewusst, dass es sich mit seinen Vorstellungen nicht hatte durchsetzen können. Es akzeptierte dies aber als Tatsache (»These plans [...] have been rejected«) bzw. sah ein, dass die massive Gegenwehr bedeuten musste, dass die eigenen Vorstellungen »vielleicht nicht so geeignet für Japan waren, wie wir dachten«. Obwohl CIE sehr klare Vorstellungen davon hatte, wie die Universitätsverwaltung geregelt werden sollte, und die Versuche, eine Gesetzgebung zur Universitätsverwaltung zu schaffen, auch nach dem Scheitern des eigenen Vorstoßes 1948/49 weiterhin verfolgte (Ergebnisprotokolle fast aller

Sitzungen der Konferenz zur Erarbeitung eines Entwurfes für ein Universitätskontrollgesetz von 1949 bis 1951 finden sich unter den GHQ-Dokumenten), lag es nicht in seiner Macht, das gewünschte Ergebnis zu erreichen.

3.3 Fazit

Die genaue Analyse der Entscheidung und Umsetzung der Hochschulreform in den einzelnen Bereichen hat vor allem eines gezeigt: Der Einfluss der US-amerikanischen Besatzungsmacht war in den meisten Bereichen viel geringer, als die häufig vertretene These von der Aufoktroyierung der Besatzungsreformen durch GHQ hätte erwarten lassen. So erscheinen die Elf Grundsätze als maßgeblich vom Kultusministerium entwickelt statt von CIE einseitig vorgegeben. Die vielfältigen Aktivitäten der einzelnen Hochschulen vor 1947 deuten darüber hinaus auch darauf hin, dass auch ohne die Elf Grundsätze viele Entwicklungen letztlich denselben Verlauf genommen hätten, sprachen doch die Sachzwänge materieller Art (Personalsituation, sachliche Ausstattung) auch aus Sicht der meisten Hochschulen für Zusammenschlüsse auf regionaler Ebene. Wenn überhaupt, war CIE eher unterstützend tätig wie bei der Aktivierung der freilich auch bereits zuvor gegründeten Lobbyverbände der privaten Frauenuniversitäten, deren Anliegen Donovan und Holmes zum Durchbruch verhalfen.

Bei den Reformen der Curricula zeigte sich, trotz der Bereitschaft vieler Hochschullehrerinnen und -lehrer zu eigenständigen Änderungen, eine recht große Kontinuität zur Vorkriegszeit. So war es zwar sicherlich symbolisch wichtig für das Selbstverständnis der neuen Universitäten (und ein Erfolg für das in diesem Bereich stark engagierte CIE), dass allgemeinbildende Kurse einen zentralen Stellenwert erhielten, ob sich aber für Studierende z.B. in technischen Fächern tatsächlich die Gewichtung zwischen Studium generale und Fachlichem deutlich verschob, ist fraglich. Nicht zu leugnen ist, dass die für Allgemeinbildung zur Verfügung stehende Zeit nun stärker gesellschaftswissenschaftlich statt ethisch-philosophisch ausgestaltet wurde, was in sich schon eine bedeutende Änderung darstellte.

Der schwache Einfluss von CIE im Hochschulbereich war nirgendwo deutlicher als bei dem Versuch, die Verwaltungsstrukturen zu reformieren. Hier zeigte sich, dass ein rein von US-amerikanischer Seite eingebrachter Vorschlag keine Aussicht auf Erfolg hatte, wenn er auf japanischer Seite keine Unterstützung fand. Der Streit um das Hochschulgesetz zeigte auch, dass spätestens 1948 ein differenziertes Feld von Akteurinnen und Akteuren im japanischen Hochschulwesen existierte. Auch die Studierenden, nun landesweit organisiert, stellten einen wichtigen Faktor bei der Verhinderung der ursprünglichen CIE-Initiative dar.

Dass diese Beobachtung nicht nur für ein landesweit zentrales Thema wie das Hochschulgesetz gilt, sondern auch bei der Entscheidung über einzelne Hochschulen vor Ort, soll das folgende Fallbeispiel verdeutlichen. In der Präfektur Akita führte die in Aussicht stehende Aufhebung des alten Systems ab 1947 zu einem Konflikt zwischen den in der Präfektur ansässigen Hochschulen, der eine Vielzahl von verschiedenen Akteurinnen und Akteuren mit verschiedenen Interessen mobilisieren sollte. Der Perspektivwechsel auf die Mikroebene ist hilfreich, um ein differenzierteres Bild von dem genauen Ablauf der Umsetzung zu erlangen. Dabei soll auch deutlich werden, wie in den Mitteln der politischen Auseinandersetzung auf Bewährtes aus der Vorkriegszeit zurückgegriffen wurde.

4. Fallbeispiel: Universität Akita

In der Präfektur Akita gab es 1947 drei Hochschulen, die alle drei in der Hauptstadt der Präfektur, die ebenfalls den Namen Akita trägt, ihren Sitz hatten. Die Höhere Fachschule für Bergbauwesen war 1910 nach dem Vorbild der sächsischen Bergakademie Freiberg gegründet worden (s. auch oben 2.3). Die früheste Vorgängerschule der Pädagogischen Hochschule war ein Pädagogisches Seminar für Männer, 1875 gegründet, dem ein Jahr später ein Pädagogisches Seminar für Frauen zur Seite gestellt wurde, welches seit 1881 institutionell unabhängig Lehrerinnen ausbildete. Beide wurden 1943 zusammengeschlossen zur Pädagogischen Hochschule Akita (s. auch II.5.1). Eine Schule zur Ausbildung von Lehrkräften an berufsorientierten niederen Schulen bestand seit 1924. Sie erhielt 1944 formal Hochschulcharakter und wurde in Pädagogische Hochschule für Jugendschullehrer umbenannt.

Die Höhere Fachschule für Bergbauwesen Akita gehörte zu den ersten Hochschulen, die nach Kriegsende anstrebten, Universität zu werden. Noch vor den ersten Empfehlungen des Komitees zur Erziehungsreform gründete sich schon Mitte November 1946 ein »Komitee zur Förderung des Aufstiegs zur Universität« (Daigaku Shōkaku Sokushin Iinkai) mit Rektor Ikeda Kenzō als Vorsitzendem (HI 1961: 101). Und noch vor dem Erlass des Schulerziehungsgesetzes benannte sich dieses Komitee im Februar 1947 in »Fördergesellschaft für die Errichtung der Bergbauuniversität Akita« (Akita Kōzan Daigaku Kensetsu Kiseikai) um und benannte den von 1947 bis 1951 amtierenden Gouverneur der Präfektur Akita, Hasuike Kōsaku, als Vorsitzenden. Am 6. Februar sandte diese Gesellschaft eine Petition an das Kultus-, Finanz- und Handelsministerium und veröffentlichte gleichzeitig einen Aufruf an die Bürgerinnen und Bürger der Stadt und Präfektur:

> Unter den über 300 staatlichen, öffentlichen und privaten Höheren Fachschulen unseres Landes ist es einzig die Höhere Fachschule für Bergbau Akita, die den Namen Bergbau trägt. [...] Aus diesem Grund ist völlig klar, dass es nahe liegt, eine Bergbauuniversität mit Graduiertenkurs in Akita zu errichten; wir glauben, dass die Zeit dafür nun gekommen ist. [...] Weil die Bergbauuniversität Akita natürlich die einzige Bergbauuniversität Japans mit nur einer Fakultät und nicht der Alleinbesitz Akitas sein wird, müssen sowohl die Nation als auch die industrielle Welt als auch die (aus 4 000 Absolventen bestehende) Hokkōkai diese unterstützen; da sie aber nun einmal in der Stadt Akita in der Präfektur Akita errichtet werden soll, ist die Erreichung dieses Zieles nicht nur ohne die eifrige Kooperation und Unterstützung der Bürger von Präfektur und Stadt unmöglich, sondern es versteht sich von selbst, dass auch die reibungslose zukünftige Entwicklung äußerst schwierig würde (HI 1961: 103).

An der Pädagogischen Hochschule Akita dauerte es trotz dieser Aktivitäten der Höheren Fachschule für Bergbauwesen bis Juni 1947, bis sich ein »Komitee zur Vorbereitung der Gründung einer Universität« (Daigaku Sōsetsu Junbi Iinkai) bildete, im Juli 1947 in »Komitee zur Vorbereitung der Förderung einer Gakugei-Universität« (Gakugei Daigaku Kisei Junbi Iinkai) umbenannt. Dessen vordringlichstes Ziel war die Sammlung von Geldmitteln zur Verbesserung der Ausstattung, um neue Institute gründen zu können und um Bücher erwerben zu können – Maßnahmen, um die vom Verband zur Akkreditierung von Universitäten im Juli 1947 beschlossenen Mindeststandards für eine Universität zu erreichen. Konkret strebte Rektor Saitō Gijū für diese Zwecke die Sammlung von 1 500 000 Yen an, für die neben öffentlichen Geldern von der Präfektur insbesondere Ehemalige sowie Eltern von immatrikulierten Studierenden angesprochen wurden. Nach einem halben Jahr waren jedoch gerade einmal 141 768 Yen zusammengekommen (Kashio 1963: 60). Die Pädagogische Hochschule änderte daraufhin ihren Kurs und gab im Januar 1948 bekannt, eine Gakugei-Universität sei nur noch das zweitbeste Ziel: »Unser Ideal ist es, sich mit den anderen Hochschulen in der Präfektur zusammenzuschließen und eine Volluniversität in Akita zu gründen« (AKI 1986: VI: 831).

Die Pädagogische Hochschule vermied es in ihrem Statement nicht nur, die Höhere Fachschule für Bergbauwesen ausdrücklich beim Namen zu nennen, sie sprach auch von einer »Volluniversität« *(sōgō daigaku)*, obwohl die Realität einer Universität mit nur den beiden Fakultäten Bergbau und Erziehungswissenschaften wohl kaum einer Volluniversität entsprochen hätte. Dass die Pädagogische Hochschule dennoch den eher positiv besetzten Begriff »Volluniversität« benutzte, kann man am ehesten als rhetorische Strategie der Höheren Fachschule gegenüber werten, um dieser die Entscheidung, mit der Pädagogischen Hochschule zusammenzugehen, zu erleichtern. Solche aktiven Bemühungen mussten durchaus nötig erscheinen, denn die Höhere Fachschule ignorierte die Vorstellungen der Pädagogischen Hochschule und blieb bei ihrem Kurs, alleine zur Bergbauuniversität aufsteigen zu wollen. Die Situation eskalierte, als das Kultusministerium Ende Mai die Rektoren der Höheren Fachschule, der Pädagogischen Hochschule und der Pädagogischen Hochschule für Jugendschullehrer einberief und, laut Zeitungsbericht, sie vor folgende Forderung stellte:

> Unser Kurs besteht darin, dass die staatlichen Universitäten bis auf besondere Ausnahmen möglichst entstehen sollen, indem sich die Höheren Fachschulen und Oberschulen einer Region zu Volluniversitäten oder Mehr-Fakultäten-Universitäten zusammenschließen. Wir wollen deshalb, dass auch die Präfektur Akita einen konkreten Plan, der diesem Kurs folgt, bis zum 6. Juni an beim Kultusministerium einreicht (*Akita sakigake shinpō* 27. Mai 1948: 2).

Doch statt eine Einigung vor Ort zu erzielen, führte das Gespräch beim Kultusministerium nur dazu, dass sich die Höhere Fachschule bemüßigt fühlte, nun erst recht darauf hinzuwirken, alleine Universität zu werden. Am 24. Juni 1948 organisierten die Studenten der Höheren Fachschule eine Vollversammlung, auf der sie beschlossen, »den Volluniversitäts-Plan absolut abzulehnen«. Ferner wurde eine studentische Delegation bestimmt, die mit diesem Beschluss beim Kultusministerium in Tokyo vorstellig werden sollte und für den Fall der Ablehnung mit der freiwilligen Exmatrikulation aller Studenten drohen sollte (*Akita sakigake shinpō* 28. Juni 1948: 2). Am 28. Juni schalteten die Pädagogischen Hochschulen eine gemeinsame Anzeige in der Lokalzeitung *Akita sakigake shinpō*, in der sie zugleich ihre eigene Schwäche als Hauptmotiv für den Wunsch nach einer »Volluniversität« zugaben und die Rhetorik vom »Aufbau der Kulturnation Japan« bemühten:

> Die Gründung zweier Universitäten zu verwirklichen ist, auch von der Belastung der staatlichen Finanzen her gesehen, problematisch. Vertritt man daher den Aufstieg als einzelne [getrennte] Universitäten, dann wird der Start für eine Lehramtsausbildungsuniversität aus der Pädagogischen Hochschule und der Pädagogischen Hochschule für Berufsschullehrer, welche erst vor kurzem zu Höheren Fachschulen aufgestiegen sind, als Vierjahresuniversität im nächsten Jahr äußerst problematisch sein, auch von dem her, was das Kultusministerium zu den gegenwärtigen Anforderungen klar geäußert hat. [...] Uns bleibt nur noch ein Weg: die Gründung einer Volluniversität. Und dies ist nicht nur ein Problem der drei Hochschulen, ihrer Studierenden und deren Eltern sowie der Ehemaligen; in Wirklichkeit ist es das Problem, ob Japan als Kulturnation errichtet werden kann (*Akita sakigake shinpō* 28. Juni 1948: 2).

Im Juli 1948 sammelten die Studenten der Höheren Fachschule 120 000 Unterschriften in der Stadt und Präfektur Akita zur Unterstützung der Lösung zweier getrennter Universitäten – gleichzeitig führten jedoch auch die Pädagogischen Universitäten eine Unterschriftensammlung durch und kamen dabei angeblich sogar auf 320 000 Unterschriften zugunsten einer gemeinsamen Universität für Akita (GHQ [2]; GHQ [28]). Ebenfalls im Juli 1948 organisierten alle drei Hochschulen zusammen eine Anhörung und Diskussion zum Problem der Zukunft der Hochschulen in der Präfektur. Für die Veranstaltung wurde per Zeitungsanzeige öffentlich geworben, und neben Vertretern der Schulen nahmen auch Gouverneur Hasuike und Abgeordnete des Präfekturparlamentes daran teil (*Akita sakigake shinpō* 7. Juli 1948: 2).

Der Stadtrat von Akita wurde ebenfalls im Juni aktiv und beschloss am 21. Juni 1948, eine eigenständige Bergbauuniversität zu unterstützen, das Präfekturparlament folgte im September 1948 (TC [6]: Anhang: 4). Zuvor, im März 1948, hatte das Präfekturparlament beschlossen, die Gründung einer Gakugei-Universität zu unterstützen, obwohl die Pädagogische Hochschule diesen Plan zu diesem Zeitpunkt längst nicht mehr verfolgte (AGKG [1]: 361–362). Unklar ist, ob das Präfekturparlament damit verspätet die Pädagogische Hochschule oder indirekt die von der Höheren Fachschule für Bergbauwesen präferierte Lösung untersützten wollte. Ebenfalls im Juni 1948 wurde auch Gouverneur Hasuike aktiv: Er besuchte am 25. und 26. Juni 1948 das Kultusministerium, um für die Bergbauuniversität zu werben (*Akita sakigake shinpō* 28. Juni 1948: 2). Am 20. Januar 1949 erschien er bei Mark Orr und Joseph Trainor von CIE zu demselben Zweck (TC [6]: 1).

Vorstellig wurden bei CIE auch Studenten der Höheren Fachschule für Bergbauwesen am 2. August 1948 (GHQ [2]), Studierende der Pädagogischen Hochschule am 29. Juni 1948 (ER [1]) und am 12. Juli 1948 (GHQ [28]), Professorinnen und Professoren der Pädagogischen Hochschule am 3. September 1948 (GHQ [30]), Alumni der Höheren Fachschule am 31. Juli 1948 (GHQ [27]) und am 19. August 1948 (GHQ [25]), Abgeordnete des Stadtrates und Präfekturparlamentes am 20. August 1948 (zur Unterstützung der Höheren Fachschule; GHQ [26]) sowie ein Vertreter der Handelskammer Akita am 11. August 1948 (GHQ [24]) und 6. Oktober 1948 (GHQ [29]). Dieser Vertreter der Handelskammer, George Jiro Matsui, sandte CIE am 8. Februar 1949 einen Brief, in dem er einmal mehr die Gründe darzulegen sich bemühte, warum die Gründung zweier separater Universitäten anzustreben sei. Dieses Schreiben verdeutlicht die Intensität der Auseinandersetzungen zu diesem Zeitpunkt. Matsui beließ es nicht dabei, die Höhere Fachschule für Bergbauwesen zu loben, sondern scheute sich auch nicht davor, die Pädagogische Hochschule offen zu diffamieren:

> The object of education of the Akita Mining Technical School is quite different from that of the Higher [sic!] Normal School. The Akita Mining Technical School has had the support [...] of American specialists since its date of establishment and has made endeavors to foster up sound [...] specialists according to the American way of education. While, at the Normal School, students have been educated by those teachers who call U.S.S.R. to be [sic!] their mother country. [...] It is quite an unavoidable matter that the Mining School which attempts to import American culture is liable to clash with the Normal School, whose education object lies in the spread of communism (TC [6]: Anhang: 1–2).

Hatte die Höhere Fachschule für Bergbauwesen so seit 1948 die Unterstützung wesentlicher Akteurinnen und Akteure vor Ort, schlug sich lediglich die (v.a. aus Absolventinnen und Absolventen der Pädagogischen Hochschule bestehende) Lehrendengewerkschaft der

Präfektur Akita auf die Seite der Pädagogischen Hochschule. Sie beschloss im Sommer 1948, das Modell einer Volluniversität in der Präfektur zu unterstützen (AKI 1986: VI: 834). Dass sich wenig öffentlich sichtbare Unterstützung für die Option Volluniversität zeigte, lag freilich auch daran, dass das Kultusministerium und CIE seit Frühjahr 1948 zunehmend offener diese Variante befürworteten, so dass kaum Notwendigkeit bestand, noch eigens dafür zu agitieren. Nach dem ergebnislosen Gespräch mit den Rektoren vom Mai 1948 sandte das Kultusministerium am 4. September 1948 einen Brief an den Rektor der Höheren Fachschule, in dem es schrieb:

> Das Kultusministerium erhoffte sich beim Übergang der Höheren Fachschule für Bergbauwesen Akita zu einer Universität neuen Systems, nachdem wir die Besonderheiten, Geschichte usw. der Schule berücksichtigten und uns die Meinung der Schule selbst und der Bevölkerung vor Ort genügend anhörten, eine reibungslose Verwirklichung. Dass unglücklicherweise die Meinungsverschiedenheiten zwischen dem Kultusministerium und der Schule sowie der Bevölkerung vor Ort bis heute anhalten, halten wir für äußerst bedauerlich. Doch unsere Haltung leitet sich, unter Vermeidung jeglicher willkürlicher und ungerechter Maßnahmen, von den auf der gegenwärtigen objektiven Situation basierenden Regeln zur Errichtung der neuen staatlichen Universitäten ab. Wir glauben fest, dass sie auch unter erzieherischen und finanziellen Gesichtspunkten die angemessenste für die Errichtung der neuen Universitäten ist. Sollte ein anderer Weg bei der Errichtung eingeschlagen werden, wird es zum gegenwärtigen Zeitpunkt sowohl hinsichtlich der regionalen Kultur als auch der Entwicklung der Schulen vielerlei Anlass zur Sorge geben. Deshalb möchten wir auch heute zum wiederholten Male darauf hinweisen, dass wir unverändert keinerlei Absicht hegen, unseren Kurs zu ändern (MMBM [1]: 3–4).

Trotz dieser deutlichen Meinungsäußerung seitens des Kultusministeriums trat die Höhere Fachschule schon im folgenden Monat in die konkrete Planungsphase ein, indem sie ein »Komitee zur Vorbereitung der Errichtung einer Bergbauuniversität« (Kōzan Daigaku Setchi Junbi Iinkai) gründete, das einen vollständigen Antrag auf Zulassung als Universität neuen Systems erarbeitete, den es am 8. November 1948 an das Ministerium einsandte. Dieser Antrag wurde am 16. Dezember 1948 mit der Begründung, die Personaldecke sei zu dünn, abgelehnt (HI 1961: 104). Dies hinderte die Höhere Fachschule nicht daran, ihr Ziel, alleine Universität zu werden, weiter zu verfolgen, wie die oben geschilderten Aktivitäten des Gouverneurs von Akita und des Vertreters der Handelskammer von Anfang 1949 zeigen. Auch als der Entwurf für das Gesetz zur Errichtung der staatlichen Schulen im April 1949 im Parlament verhandelt wurde, setzte sich die Lobbytätigkeit fort: Nun wurden am 21. April 1949 mehrere aus Akita stammende Mitglieder des Unterhauses (GHQ [4]), am 23. April 1949 ein Professor der Höheren Fachschule (GHQ [3]) und am 5. Mai 1949 die Rektoren der Pädagogischen Hochschulen (GHQ [31]) bei CIE vorstellig.

Im Anhang des Gesetzesentwurfes, der die einzurichtenden staatlichen Schulen und Hochschulen auflistete, war der Eintrag für Akita zunächst noch freigelassen. Die endgültige Entscheidung nahm ihren Lauf, indem zunächst das Komitee für die Errichtung von Universitäten am 8. Mai 1949 folgende Empfehlung aussprach:

> It is proper to establish Akita University composed of the Mining Engineering faculty and the Gakugei faculty, amalgamating Akita Mining Engineering Semmon Gakko, Akita Normal School and Akita Youth Normal School all located in the Akita Prefecture. [...] However, if they fail reaching to [sic!] an agreement, the committee considers that the time is not yet ripen [sic!] enough to start a university which have [sic!] two faculties. As the result of careful in-

> vestigation, the committee recognizes that Akita University with only Mining Engineering faculty may be established this year (1949 fiscal year) (GHQ [10]).

Der Fachausschuss für Erziehung des Unterhauses, der diesen Bericht erhielt, beschloss am 17. Mai 1949, die als Alternative eröffnete Variante zu ignorieren und ergänzte die Universität Akita als aus den beiden Fakultäten Bergbauwesen und Gakugei bestehend zur Liste der staatlichen Universitäten im Entwurf des Gesetzes zur Errichtung der staatlichen Schulen (Kokkai [3]). Das Unterhaus folgte tags darauf der Vorarbeit seines Fachausschusses, übernahm den Änderungsvorschlag und verabschiedete das Gesetz zur Errichtung der staatlichen Schulen in der nun geänderten Form (Kokkai [4]).

Die Nachricht von der endgültigen Entscheidung des Komitees für die Errichtung von Universitäten erreichte die Pädagogische Hochschule mitten in einer Konferenz der Lehrenden am 11. Mai 1949. Die Hochschulleitung reagierte darauf wie folgt:

> Dem Ergebnis des Anrufes von eben zufolge sind die Bemühungen von Seiten der Präfektur und der Höheren Fachschule für Bergbauwesen ins Leere gelaufen, wofür wir genügend Verständnis haben müssen. Ohne Unterstützung der Bevölkerung werden unsere Aktivitäten von jetzt an ungenügend sein, deswegen müssen wir von jetzt an unsere Anstrengungen auf allen Ebenen steigern (AKI 1983: III: 732).

Dass die Universitätsneugründung in Akita zunächst unter keinem guten Stern stand, bezeugen auch die Auflagen, die das Komitee für die Errichtung von Universitäten beschloss. Es prüfte, ob die Antrag stellenden Hochschulen die vom Verband zur Akkreditierung von Universitäten erarbeiteten Standards erfüllte. Das Kultusministerium teilte dem »Verantwortlichen der Verwaltung der Gründung der Universität Akita« schon vor dem Parlamentsbeschluss vom Mai 1949 am 20. April 1949 diese Auflagen mit. Demnach mangelte es in der zukünftigen Erziehungswissenschaftlichen Fakultät, also der gegenwärtigen Pädagogischen Hochschule, an Büchern und naturwissenschaftlicher Ausstattung. Das Hauptmonitum betraf jedoch den mangelhaften Lehrkörper im Bereich Allgemeinbildung, der von beiden Hochschulen gemeinsam bestritten werden sollte. Ausnahmsweise erlaubte das Kultusministerium, »angesichts der Umstände«, die Lehre im Bereich Allgemeinbildung getrennt zu organisieren (KK [1]: 3). Dies widersprach deutlich einem der Hauptanliegen der Zusammenlegung der kleineren Hochschulen in den Präfekturen, zeigt aber wohl, dass selbst das Kultusministerium die Auseinandersetzungen vor Ort für zu brisant hielt, um alle praktischen Folgen der Zusammenlegung auch gleich von Beginn an wirksam werden zu lassen.

Weitere praktische Schwierigkeiten ergaben sich bei der Wahl des Rektors. Alle potenziellen Kandidaten aus der Universität selbst heraus waren in den monatelangen Konflikt verwickelt gewesen und konnten kaum die Universität als Ganzes repräsentieren. Auch hier schaltete sich das Kultusministerium salomonisch ein und ernannte 1950 einen Externen, den Metallurgen Sano Hidenosuke von der Universität Tokyo. Eine echte gemeinsame Universität Akita entstand erst allmählich, insbesondere mit der Zusammenführung der Fakultäten auf einen neuen Campus 1963 und der Neugründung einer dritten (medizinischen) Fakultät 1970. Worin lagen die Ressentiments der Höheren Fachschule für Bergbauwesen zwischen 1947 und 1949 begründet? Sie befürchtete, ihre bislang einzigartige Stellung im Lande als einzige Hochschule für Bergbauwesen zu verlieren, wenn sie durch Zusammenschluss mit der Pädagogischen Hochschule zu einer Fakultät innerhalb einer aus ihrer

Sicht insgesamt mittelmäßigen Universität degradiert würde. Tatsächlich besaß die Höhere Fachschule alten Systems überregionale Anziehungskraft: 1948 stammten 46,9% aller Studierenden aus einer anderen Präfektur als Akita. Dagegen kamen gerade einmal 0,1% aller Studierenden der Pädagogischen Hochschule nicht aus Akita (MCC 1949: 42, 44), was den Unterschied zwischen dem Charakter der beiden Institutionen treffend illustriert. Die Befürchtungen der Höheren Fachschule waren allerdings insofern unbegründet, als sich ihre Anziehungskraft auch über lange Zeit hin wohl kaum verringerte: 1972, im ersten Jahr, für das entsprechende Zahlen vorliegen, kamen immer noch 40,8% aller Studierenden der Universität Akita aus einer anderen Präfektur (Shinbori 1980: 240–241).

Hatten die bisherigen Ausführungen gezeigt, wie entscheidend das Komitee zur Erziehungsreform und das Kultusministerium im Gegensatz zu CIE die Hochschulreformen der Nachkriegszeit prägten, so deutet das Fallbeispiel Akita auf den Spielraum von lokalen und regionalen Akteurinnen und Akteuren hin. Diese bedienten sich der erstgenannten Instanzen, um ihre eigenen Interessen durchzusetzen. Dass in Akita eine neue Universität durch Zusammenschluss der bestehenden Hochschulen entstand, kann man als Sieg der zentral vorgegebenen Richtlinien über lokale Obstruktion interpretieren – man kann es jedoch auch so lesen, dass einer der lokalen Akteure, nämlich die Pädagogische Hochschule und ihre Verbündeten, sich gegen einen anderen durchsetzte. Somit spielten in der Implementationsphase Akteurinnen und Akteure auf der lokalen Ebene eine entscheidende Rolle dabei, das tatsächliche Ergebnis der Hochschulreformen hervorzurufen.

Eine ähnliche Konstellation wie in Akita lässt sich auch in zahlreichen anderen Konflikten in der Umsetzungsphase der Hochschulreformen erkennen, sei es über die Frage des Zusammenschlusses (wie in den Präfekturen Shiga und Nagano), über die Namensgebung der zukünftigen Universität (wie bei der Erziehungsuniversität Tokyo), über die Wahl des Campus, der die Universitätsverwaltung beherbergen sollte (wie bei der Universität Shizuoka), oder über die Nominierung des neuen Rektors (wie bei der Universität Iwate). In vielen Fällen spielten, wie in Akita, auch die Studierenden eine prominente Rolle, eine Akteursgruppe, die außer bei der Verhinderung des Universitätsgesetzes sonst kaum beim Zustandekommen der Hochschulreformen in Erscheinung trat. Sowohl CIE als auch das Kultusministerium hingegen erscheinen in der Phase der Umsetzung eher als von den wirkungsmächtigen Akteurinnen und Akteuren genutzte Ressourcen denn als selbständig handelnde Akteure.

5. Die Sprache der Reform II

Hinsichtlich der strukturellen Vorstellungen, die in den ersten Jahren nach 1945 diskutiert wurden, zeigten sich im Vorstehenden bereits erste Übereinstimmungen mit denen des Reformdiskurses der 1920er und 1930er Jahre, die freilich noch der genaueren Überprüfung bedürfen (s.u. Teil IV). Von Interesse ist aber überdies, wie die strukturellen Reformvorstellungen sprachlich vermittelt wurden, welche allgemeineren Ziele die Diskussionsteilnehmerinnen und -teilnehmer mit ihren Vorschlägen verfolgten und welche Werte sie damit verbanden, denn hier könnten sich Unterschiede zwischen Vor- und Nachkriegszeit zeigen, die allein durch die Betrachtung der strukturellen Reformvorschläge nicht sichtbar sind. Sah sich zwischen 1937 und 1942 der Erziehungsrat vom Selbstverständnis her für die Definition der grundlegenden Ideale von Schulerziehung zuständig, so war es seit 1946 das Komitee zur Erziehungsreform, das v.a. im für die Formulierung des Erziehungsgrundgesetzes verantwortlichen Ersten Unterausschuss ausgiebig über allgemeine Vorstellungen von Bildung diskutierte. Die Protokolle des Komitees zur Erziehungsreform stellen deshalb eine vorzügliche Quelle dar, wenn es darum geht, die sprachliche Fassung der den Bildungsreformen zugrundeliegenden Ideale und die benutzten Argumentationsfiguren näher zu bestimmen.

Wie schon vor 1945 waren die Begriffe Allgemeinbildung, Persönlichkeitsbildung und Chancengleichheit zentrale Bezugspunkte bei der Bestimmung der grundlegenden Ziele von Bildung und Erziehung (5.1). Daneben avancierten aber auch neue Topoi zu wichtigen Bildungsidealen, insbesondere der »Aufbau einer Kulturnation« und »Demokratie«. Doch auch ein in der Vorkriegszeit prominenter Topos wie der von der »Erziehung durch Arbeit« spielte nach 1945 noch eine Rolle (5.2). Die hier zutage tretenden Wechselspiele zwischen Kontinuitäten und Brüchen sollen das sich durch die Betrachtung der stukturellen Reformen ergebende Bild zu kontextualisieren helfen.

5.1 Allgemeinbildung, Persönlichkeitsbildung, Chancengleichheit

Allgemeinbildung, Persönlichkeitserziehung und Chancengleichheit waren, wie oben (s. II.6.1) gezeigt, schon in der Vorkriegszeit zentrale Begriffe, wenn es darum ging, die Ziele von Erziehung und Bildung zu definieren. Auch in der Nachkriegszeit spielten alle drei Begriffe eine wichtige Rolle bei der Bestimmung dessen, was das Wesen von Bildung ausmachen sollte. Allgemeinbildung wurde zum wesentlichen Element der Universitäten neuen Systems erklärt; die »Vervollkommnung von Persönlichkeiten« war eines der erstgenannten Ziele im Erziehungsgrundgesetz; Chancengleichheit in der Erziehung war sowohl in der neuen Verfassung als auch im Erziehungsgrundgesetz ein wichtiger rhetorischer Bezugspunkt, der gleichsam das demokratische Element in der Erziehung konstituieren sollte.

Begriff von Allgemeinbildung

Die Bedeutung von Allgemeinbildung für die Tertiarstufe wurde in der Nachkriegszeit besonders häufig im Zusammenhang mit der Zukunft der alten Oberschule betont. In seinen Versuchen, die institutionelle Existenz der Oberschule zu bewahren, beschwor Amano Teiyū im Komitee zur Erziehungsreform immer wieder die unverzichtbare humanistische

Allgemeinbildung *(jinbunteki kyōyō)*, deren Vermittlung die Oberschule so hervorragend geleistet habe. Er benutzte dabei klar einen an den Geisteswissenschaften orientierten Begriff von Allgemeinbildung, den er scharf abgrenzte von einer fachorientierten Ausbildung (z.B. NKKSK 1997: VIII: 150).

Doch auch unabhängig von den Beratungen zur Zukunft der Oberschule allgemein und den einzelnen Institutionen im Besonderen wurde der Begriff »Allgemeinbildung« diskutiert. Schon die USEM hatte in ihrem Bericht auf deren Bedeutung hingewiesen und das Fehlen allgemein bildender Elemente in den Curricula bemängelt (s.o. 1.2). Auch in vielen japanischen Einzelbeiträgen zur Diskussion über die Reform der Lehramtsausbildung spielte die zukünftige stärkere Gewichtung von Allgemeinbildung eine zentrale Rolle. Im Komitee zur Erziehungsreform hatte der Begriff eine Funktion als rhetorischer Bezugspunkt in bestimmten Diskussionen, wurde aber – außer bei der Erarbeitung der Empfehlungen zur Ausbildung von Medizinerinnen und Medizinern – kaum inhaltlich näher bestimmt (Kaigo/Terasaki 1969: 396–397). Die konkrete inhaltliche Ausgestaltung des Anteils an Allgemeinbildung, der in den neuen Universitäten größer werden sollte, schien man dort vielmehr als Detailproblem behandeln zu wollen, dessen Lösung den Hochschulen selbst überlassen werden sollte.

In der Tat stammte die erste konkrete Festlegung vom Verband zur Akkreditierung von Universitäten, der von den einzelnen Hochschulen gebildet war. Es war nicht zuletzt dem Einfluss von CIE zuzuschreiben, dass das Studium generale in den vom Verband ausgearbeiteten Standards als fester Bestandteil des Universitätsstudiums firmierte. Thomas McGrail, Lulu Holmes, Russell M. Cooper (Berater für Hochschulfragen) und Edwin Wigglesworth nahmen in der ersten Jahreshälfte 1947 an vielen Sitzungen der Vorgängerinstitution des Komitees teil und erläuterten dabei detailliert die Funktionsweise des US-amerikanischen Systems von *general education*. Dieses nahm für sie deswegen eine zentrale Stellung bei der Hochschulreform ein, weil sie sich von einer nicht auf ein bestimmtes Ziel gerichteten Allgemeinbildung auf hohem Niveau die Heranbildung von mündigen, demokratischen Bürgerinnen und Bürgern erhofften. Nicht zuletzt aus diesem Grunde warben sie auch dafür, Gesellschaftswissenschaften als eine von drei gleichberechtigten Säulen des Studium generale, neben Geisteswissenschaften und Naturwissenschaften, zu etablieren, auch wenn die genaue Ausgestaltung des allgemein bildenden Programms grundsätzlich den einzelnen Hochschulen überlassen werden sollte (Kaigo/Terasaki 1969: 400–401, 415–417; Tsuchimochi 1997: 233).

Im ersten Entwurf des Komitees für Universitätsstandards vom Juli 1947 tauchten diese drei Fächergruppen als Rahmen für die Liste derjenigen Fächer auf, aus denen das von den neuen Universitäten pflichtgemäß zu bestreitende Angebot an allgemein bildenden Kursen zu bestehen habe (s. auch oben 3.1). Welchen Anteil am Gesamtvolumen des Studiums das Studium generale ausmachen oder wie dessen Lehre institutionell gesichert werden sollte, blieb jedoch unspezifiziert (in: Tanaka 1995: 191).

Der Bildungshistoriker Tsuchimochi Hōichi erkennt zwar an, dass aus dem alten Hochschulsystem stammende Vorstellungen über Allgemeinbildung »der Problematisierung von Allgemeinbildung in den Universitäten neuen Systems zugrunde gelegen« hätten, urteilt aber, »vor der Ersten US-amerikanischen Erziehungsmission (März 1946) gab es die Meinung, in den Universitäten sei »Allgemeinbildung« zu stärken, fast überhaupt nicht« (Tsuchimochi 1997: 226). Dagegen zeigt ein Blick auf einzelne Institutionen, dass sehr wohl schon Ende 1945 über Curricularreformen mit genau diesem Fokus auf mangelnde Allgemeinbildung diskutiert wurde und auch schon entsprechende Reformen an einzelnen Einrichtungen in Angriff genommen wurden. Insbesondere an den schon vor 1945 bestehenden drei nicht-medizinischen Ein-Fach-Universitäten, der Technischen Universität Tokyo (Tōkyō Kōgyō Daigaku), der Handelsuniversität Tokyo (Tōkyō Shōka Daigaku, heute Hitotsubashi-Universität) und der Wirtschaftsuniversität Kōbe (Kōbe Keizai Daigaku, heute Teil der Universität Kōbe), war das Bewusstsein für das Verhältnis zwischen fachspezifischen und allgemein bildenden Studieninhalten besonders ausgeprägt.

An der Technischen Universität Tokyo machte sich der seit Dezember 1944 amtierende Rektor Wada Koroku schon kurz vor Kriegsende Gedanken über die Notwendigkeit einer umfassenden Reform der eigenen Hochschule. Dass der Ingenieur Wada sich für die Grenzen seines Faches übersteigende Belange interessierte, mag neben der Auslandserfahrung (er studierte von 1920 bis 1922 in den USA, England, Frankreich und Deutschland) auch daran gelegen haben, dass er einer politisch aktiven Familie entstammte. Sein älterer Bruder war der Tenno-Berater Kido Kōichi; außerdem war er mit dem durch seine Einmischung in öffentliche Debatten bekannten, an der Harvard-Universität ausgebildeten Wirtschaftswissenschaftler Tsuru Shigeto verschwägert (Okada 2001: 2–3). In handschriftlichen Notizen hielt Wada in der ersten Jahreshälfte 1945 u.a. Folgendes fest:

> Man muss die bisherige Organisationsstruktur von Forschung einmal vollständig aufheben und in großem Stil von Neuem aufbauen. Dies, einhergehend mit einem Neuaufbau der Erziehung, ist das wahre Fundament für die Stärke unseres Landes. [...] Grundlagenforschung muss wegen der Heranziehung von wissenschaftlichem Nachwuchs an Universitäten erfolgen, doch die konkrete Ausgestaltung muss man im Zusammenhang mit dem gesamten Erziehungssystem bedenken. [...] Die Universitätserziehung ist in unserem Lande häufig nahe an Fachausbildung. Dieser Punkt muss von Grund auf neu bedacht werden. Die höchste Geisteskraft im Lande zu versammeln, die Verfolgung der Wahrheit zum Ziel zu machen, die Prinzipien der Wissenschaft zu erforschen, dies den Studenten beizubringen, die höchste Geisteskraft im Lande heranzubilden – das sind die Ziele der Universität. Einfache Berufsausbildung ist Aufgabe der Höhere Fachschulen (in: Sasaki 1953: 2–4).

Wada trieb nach Kriegsende die Konkretisierung seiner Gedanken der Abkehr von der reinen Fachausbildung rasch voran. Dabei half ihm auch, dass ihm sowohl unter den Lehrenden als auch in der Verwaltung weitere Individuen mit ähnlichem biographischen Hintergrund und ähnlichem Problembewusstsein zur Seite standen. Eine Reihe von ihnen war, wie Wada, in den letzten Kriegsjahren Teil der Techniker-Bewegung *(gijutsusha undō)* gewesen, welche erfolgreich für die Einrichtung eines nationalen ingenieurwissenschaftlichen Forschungsinstituts Lobbyarbeit betrieben hatte. Dieses Forschungsinstitut, das Kagaku Gijitsuin, wurde 1941 eingerichtet, mit Wada als Vizedirektor. Eine Besonderheit der Angehörigen der Techniker-Bewegung war, dass sie die Isolierung der Wissenschaften beklagten und für eine umfassende Synthese der Disziplinen eintraten – eine Haltung, die sich an der Technischen Universität Tokyo nach 1945 in der Abschaffung des alten Fächersystems, in welchem die Studierenden vom ersten Semester an Kurse nur innerhalb eines eng begrenzten Faches belegten, und der Schaffung eines integrierten Studienkurses widerspiegeln sollte (Okada 2001: 4).

Drei der Leute aus Wadas innerem Kreis, die an der Curricularreform beteiligt waren, hatten zudem längere Auslandserfahrung in Deutschland, den USA oder Frankreich, was sich ganz konkret auch darin bemerkbar machte, dass Vorbilder aus den USA (Massachussetts Institute of Technology und California Institute of Technology) und Deutschland (Technische Hochschulen) bei der Betrachtung von Einzelfragen herangezogen wurden (Sugitani 1998: 115). Schließlich kam der schnellen Einführung von allgemein bildenden Kursen nach Kriegsende auch zugute, dass die Universität schon Anfang der 1940er Jahre einen Antrag auf Einrichtung eines zweijährigen Vorkurses gestellt hatte, welchen sie dann aber wieder zurückgezogen hatte (Sugitani 1999: 66).

Schon im September 1945 konstituierte sich ein Gremium aus Lehrenden verschiedener Statusgruppen, das Probleme der Hochschulreform besprach (Kyōju Jokyōju Kondankai). Am 5. Oktober verabschiedete dieses Gremium sein erstes Positionspapier, in welchem es »die Vervollkommnung der Menschenbildung« *(ningen kyōyō no kansei)* als Gesamtziel der Universität definierte und zur Erreichung dieses Zieles die Einrichtung neuer Fächer vorschlug:

> Um Techniker mit großem Wissen und tiefer Bildung *[kyōyō]* heranzuziehen, weiten wir die geisteswissenschaftlichen Fächer aus und richten Lehrstühle für Allgemeinbildung *[ippan kyōyō]*, Soziologie, Wirtschaftswissenschaft, Psychologie, Wissenschaftsgeschichte, Technikgeschichte, moderne Philosophie, Statistik und Forschungsmethodologie ein (in: Sugitani 1999: 65).

Schon zum 1. April 1946 wurde die von dem Nachfolgegremium »Komitee zur Untersuchung der Lehrreform« (Kyōgaku Sasshin Chōsa Iinkai) erarbeitete Curricularreform umgesetzt. Wichtigste Änderung war, dass die Koppelung von Organisationseinheiten, in denen die Lehrenden beschäftigt waren, und Studienfächern abgeschafft wurde, und die Studierenden nunmehr Kurse besuchten, die nicht nur von einem einzigen Institut angeboten wurden. Ein regelrechtes Studium generale wurde hingegen nicht eingeführt. Zwar hatte das Lehrreform-Komitee erwogen, das ganze erste Studienjahr einer breiten Grundlagenbildung zu widmen, sich aber letztlich doch dafür entschieden, lediglich einige neue Kurse anzubieten. Zu den schon zuvor existierenden allgemein bildenden Kursen kamen nun Linguistik, Philosophiegeschichte, Wirtschaftswissenschaft und Wirtschaftsgeschichte, Geschichte von Gesellschaftstheorien, Wissenschafts- und Technikgeschichte, Medizin und Hygiene, Kunstgeschichte sowie Psychologie hinzu. Insgesamt machten diese neuen Kurse über die drei Studienjahre verteilt 16 von 104 Unterrichtseinheiten aus (Sugitani 1999: 66–67).

Die 1947 vom Verband zur Akkreditierung von Universitäten erarbeiteten Standards für die Universität neuen Systems machten diese erste Curricularreform an der Technischen Universität Tokyo bald obsolet, so dass das Modell neu diskutiert werden musste. Hierbei argumentierte das zuständige Gremium wieder ähnlich wie schon im Herbst 1945, betonte allerdings nun die gesellschaftliche Konsequenz der universitären Ausbildung mehr, wenn es verlangte, der Techniker solle ein besserer Bürger werden:

> Das Curriculum muss so umstrukturiert werden, dass es nicht nur der Vorbereitung der Studenten auf ihre Zukunft als praktische Techniker, Forscher, Verwaltungsverantwortliche in Technikbereichen und Lehrer dient, sondern so, dass es den Studenten Selbstbewusstsein und Charakter als bessere Bürger verleihen kann (TKD [1]: 2).

Ganz ähnlich formulierte es Wada Koroku im Oktober 1949:

> Heutzutage, da die gesellschaftlichen Anforderungen und die Ausbreitung von Bildung eine riesige Menge an Technikern in die Gesellschaft entsenden und da diese Leute zum »wichtigsten Wirtschaft, Politik und Gesellschaft bestimmenden Faktor« geworden sind, ist der Standpunkt des Technikers als Mensch und als Bürger äußerst wichtig geworden. Dies ist der Grund dafür, dass der Ausbildung der Techniker Reflexion hinzugefügt wurde und dass in das Universitätsstudium Fächer der Allgemeinbildung *[ippan kyōyō]* eingearbeitet wurden (*Kōgyō daigaku shinbun* 15. Oktober 1949: 1).

Wada und seine Kollegen verteilten das Studium generale, das hier auch weiterhin *ippan kyōyō* (statt des üblicheren *ippan kyōiku*)[40] genannt wurde, zwar über das gesamte Studium, doch nicht gleichmäßig. Vielmehr nahm es im ersten Jahr den gößten Teil des Studiums ein, um dann vom zweiten bis zum vierten Jahr allmählich an Umfang abzunehmen. Bei der Umsetzung dieses Schemas gab es durchaus Probleme, weil für die vielen anzubietenden sehr verschiedenen Kurse nicht sofort Lehrende gefunden werden konnten: Stattdessen waren im Jahre 1951 70% der Lehrenden der geistes- und gesellschaftswissenschaftlichen Kurse auswärtige Lehrbeauftragte, vier Jahre später betrug der Anteil immer noch 50% (Sugitani 1999: 68–69).

An der Handelsuniversität Tokyo wurde 1946 der Historiker Uehara Senroku zum neuen Rektor gewählt. Uehara hatte Lehrpläne der Universität Chicago aus den Jahren 1940/41 studiert und entnahm diesen zum einen die Eigenständigkeit der Gesellschafts- von den Geisteswissenschaften, zum anderen die Stellung der Allgemeinbildung als Querschnittsaufgabe aller Bereiche (Tsuchimochi 2006: 131–135). Unter Uehara entstand Ende 1946 an der Handelsuniversität Tokyo ein Planungskomitee (Ritsuan Iinkai), das im August 1947 vorschlug, die bisherige Ein-Fach-Universität in eine Volluniversität für Sozialwissenschaften *(shakai kagaku no sōgō daigaku)* umzuwandeln. Im Dezember 1947 wurde dieses Vorhaben weiter konkretisiert: Die Volluniversität für Sozialwissenschaften sollte aus vier Fakultäten bestehen: Handel, Wirtschaft, Recht und Soziologie (Torii 2000: 104). Die Soziologie hatte bislang nicht als eigenständiges Fach an der Universität existiert. Den Initiatoren, allen voran Uehara, lag aber daran, dass hier nicht einfach zu den drei bestehenden Fächern ein viertes hinzukäme und alle formal zu Fakultäten heraufgestuft würden. Vielmehr sollte durch die Einführung der Soziologie der sozialwissenschaftliche Charakter der gesamten Universität erst hergestellt werden, wobei »Sozialwissenschaften« in einem so breiten Sinne verstanden wurde, dass selbst die Behandlung von Natur- und Geisteswissenschaften aus sozialwissenschaftlicher Sicht darunter fallen sollte.

Das Planungskomitee formulierte das im Dezember 1947 wie folgt: »Bezüglich der Forschungs- und Lehr-Beziehungen der genannten Fakultäten untereinander wollen wir das Übel der Isolation der einzelnen Fakultäten vermeiden und streben eine vollkommen verbundene Forschung und Lehre in einer wirklich einheitlichen Sozialwissenschaft an« (HDGKI 1986: 69). »Sozialwissenschaft« stand hier synonym für einen bestimmten Typ von auf das gesellschaftliche Leben vorbereitender Allgemeinbildung. Dahinter stand die Überzeugung Ueharas, der allgemeinen Menschenbildung an Universitäten komme im frü-

---

40 Zur Begriffsverwirrung zwischen *kyōiku*, *kyōyō* und verschiedenen dafür gebrauchten englischen Übersetzungen (insbes. *»general education«*, *»liberal education«* und *»general culture«*) vgl. Tsuchimochi 2006: 147–151.

hen Nachkriegsjapan eine Schlüsselrolle beim Demokratisierungsprozess zu (Torii 2000: 105–106). Letztlich konnte sich die Handelsuniversität Tokyo mit ihren Vorstellungen nicht ganz durchsetzen. Aus finanziellen Gründen wurden schließlich nur drei Fakultäten gegründet: neben je einer für Handel und Wirtschaft eine weitere für Recht und Soziologie (Torii 2000: 109).

Nimmt man den Sprachgebrauch in den Blick, so zeigt sich, dass in der Zeit des Experimentierens vor 1949 häufiger die Rede von *kyōyō* oder *ippan kyōyō* (also »Allgemeinbildung« mit der Nuance »allgemeine Menschenbildung«, »Kultiviertheit«) war, während der gängige Begriff nach 1949 *ippan kyōiku* (also »allgemeine Bildung« eher im technischen Sinne eines Kurses interdisziplinärer Studienelemente, als Übersetzungswort für *general education*) lautete.[41] Auch im Komitee zur Erziehungsreform ist in dieser Zeit häufig noch die Rede von *kyōyō*, auch wenn es um die Bezeichnung des konkreten Studienkurses ging (so z.B. Abe Yoshishige im November 1946 (NKKSK 1995: I: 220) oder Yano Kanjō im April 1947 (NKKSK 1996: II: 293)), und selbst in der ersten Fassung der Standards zur Errichtung von Universitäten vom Juli 1947 war noch die Rede von *ippan kyōyō*. Nicht nur sprachlich existierte hier eine Verbindung zur Reformdiskussion der Vorkriegszeit; auch materiell war die Vorstellung, Allgemeinbildung, welche bislang eigentlich nur den Schülern und Studenten an Oberschulen und Universitäten zugekommen war, in der gesamten Tertiarstufe zu stärken, vor 1945 weit verbreitet (s.o. II.6.1). Gewisse Nuancen aus der Diskussion der 1930er Jahre fehlten nach 1945 freilich. So wurde die nicht selten gebrauchte rhetorische Wendung, wonach die in *kyōyō* ausgedrückte spezifische Kultiviertheit nicht unbedingt einer geisteswissenschaftlichen Allgemeinbildung bedürfe, sondern z.B. auch eine berufliche Fachausbildung *kyōyō* im Sinne einer ganzheitlichen Menschenbildung vermitteln könne, nach 1945 nahezu obsolet (vgl. aber den Diskurs zu Arbeit, 5.2). Vielmehr war man sich einig, dass mit »Allgemeinbildung« das Gegenteil von Fachausbildung gemeint war – allerdings setzte sich wohl nicht zuletzt deswegen auch der weniger symbolisch aufgeladene Begriff *ippan kyōiku* für das Studium generale durch.

Das Studium generale sollte in doppelter Hinsicht Sinnbild für die Universitäten der Nachkriegszeit werden: Es wurde Ende der 1940er Jahre zum nach außen hin sichtbarsten Merkmal der Lehre an den Universitäten neuen Systems; seine Abschaffung als verpflichtend Mitte der 1990er Jahre läutete aber auch das Ende der Nachkriegsuniversitäten in vielerlei Hinsicht ein, wie es Mitte der 2000er Jahre dann durch die Überführung in halbprivate Körperschaften öffentlichen Rechts manifest wurde. Der Stellenwert des Studium generale für das Universitätsstudium wurde während der Nachkriegszeit mehrfach intensiv diskutiert (um 1960 herum, in der zweiten Hälfte der 1970er Jahre) und jeweils affirmiert (vgl. DKKNH 2005: I: 322–329, 461–468). Erst die Mitte der 1980er Jahre durch Premierminister Nakasone initiierten Diskussionen führten dazu, dass 1991 die Standards für Universitätsgründungen dahingehend geändert wurden, dass ein abgetrenntes Studium generale nun nicht mehr innerhalb der Curricula vorgesehen werden muss (vgl. Schepers 1999: 217).

---

41 Auch vor 1945 wurde bereits gelegentlich der Begriff *ippan kyōiku* benutzt, so bei Watanabe Toshio (#67, Kinkei Gakuin 1929: 24).

Persönlichkeitsbildung

Der Begriff »Persönlichkeit« stand bei den Diskussionen im Komitee zur Erziehungsreform nach 1945 als Hauptbezugspunkt des gesetzlichen Bildungsauftrags von Schulen zur Diskussion und konnte sich gegen andere Vorschläge letztlich durchsetzen. Die in Artikel 1 des Erziehungsgrundgesetzes *(Kyōiku kihon hō)* von 1947 (verabschiedet und in Kraft getreten am 31. März) aufgenommene Formulierung über »Das Ziel von Erziehung« besagte:

> Erziehung strebt die Vervollkommnung der Persönlichkeit *[jinkaku no kansei]* an und muss der Absicht dienen, einen Bürger zu erziehen, der als Gestalter eines friedlichen Staats und einer friedlichen Gesellschaft die Wahrheit und Gerechtigkeit liebt, die Würde des Individuums achtet, Achtung vor der Arbeit und einen tiefen Sinn für Verantwortung besitzt und gesund an mit selbständigem Geist erfüllter Seele und Körper ist (in: Kaigo/Shimizu 1966: 17).

Vorangegangen war eine lebhafte Debatte im Komitee zur Erziehungsreform über die genaue Formulierung dieses Passus. Zur Diskussion des Textes des Gesetzesentwurfs war ein eigener Unterausschuss, der Erste Sonderausschuss, eingerichtet worden. Dort wurde in den ersten beiden Sitzungen Ende September 1946 zunächst erörtert, wie mit dem Kaiserlichen Erziehungserlass zu verfahren sei. Diesen hatte GHQ nicht angetastet, obgleich der Moralkundeunterricht in den Schulen schon im Dezember 1945 suspendiert worden war. Im Ersten Sonderausschuss plädierte der spätere Premierminister Ashida Hitoshi für einen spirituellen Ersatz für den diskreditierten bisherigen Erlass, da dem japanischen Erziehungswesen sonst der geistige Unterbau fehle, den das US-amerikanische oder britische z.B. im Christentum hätten (NKKSK 1997: VI: 4). Eine ähnliche Position nahmen der konservative Philosoph Amano Teiyū (Kultusminister von Juni 1947 bis Oktober 1948) und der Staatssekretär im Kultusministerium Yamazaki Kyōsuke ein. Amano vertrat die Ansicht, der Erlass sei inhaltlich nie zu beanstanden gewesen und lediglich vom Stil her nicht mehr zeitgemäß (NKKSK 1997: VI: 20). Yamazaki meinte sogar, den vom Tenno verkündeten Erlass abzuschaffen, käme einer Art Majestätsbeleidigung gleich (NKKSK 1997: VI: 19–20).

Der Philosoph Mutai Risaku stimmte der Einschätzung von Amano vorsichtig zu, ergänzte aber, Probleme seien aus der Behandlung des Erlasses entstanden, also aus seiner Vergötzung und der ritualisierten Zwangsverlesung, worin ihm die Schulleiterin Kawai Michi zustimmte (NKKSK 1997: VI: 22, 24). Lediglich der Wirtschaftswissenschaftler und sozialdemokratische Politiker Morito Tatsuo erklärte deutlich seine Ablehnung eines neuen Erlasses, schwächte diese Aussage später aber auch dahingehend ab, ein allgemeiner Erlass, der keine bestimmten Inhalte vorgebe, sei akzeptabel (NKKSK 1997: VI: 5). Das Gremium fand schließlich einen Konsens darin, dass kein neuer Erziehungserlass vom Tenno verkündet werden sollte, ließ aber die Frage, was mit dem bisherigen geschehen solle, offen. Das Kultusministerium verbot im Oktober 1946 die deifizierende Verehrung und zeremonielle Verlesung des Erlasses, beließ aber ansonsten den Status des Textes ebenfalls ungeklärt. Erst im Juni 1948 beschlossen die beiden Kammern des Parlamentes, die rechtliche Verbindlichkeit des Textes als kaiserlicher Erlass aufzuheben.

Die Diskussionen zur Formulierung des Erziehungsgrundgesetzes, welche den Hauptteil der Beratungen im Ersten Sonderausschuss des Komitees zur Erziehungsreform ausmachten, folgten im Großen und Ganzen den Konfliktlinien, die die Debatte um den Kaiserlichen Erziehungserlass vorgegeben hatte. Zunächst war es das Kultusministerium, das einen ersten Entwurf für den ersten Artikel »Das Ziel von Erziehung« vorlegte. Darin war die Formel von der »Vervollkommnung der Persönlichkeit« bereits zu finden (NKKSK 1997: VI: 39). Vor allem Mutai Risaku vertrat die Ansicht, Erziehung könne niemals ein Endergebnis, eine Vervollkommnung erreichen, sondern sei vielmehr stets ein Prozess, eine stetige Verbesserung (NKKSK 1997: VI: 47). Morito Tatsuo kritisierte überdies den zu unbestimmten Begriff »Persönlichkeit« und plädierte im Sinne einer universellen Zielsetzung von Erziehung dafür, ihn durch den Begriff »Mensch« *(ningen)* zu ersetzen (NKKSK 1997: VI: 48). Der Ausschussvorsitzende Hatani Ryōtai formulierte den neuen Vorschlag für die zentrale Formulierung des Ziels von Erziehung als »Entfaltung der Natur des Menschen« *(ningensei no kaihatsu)*.[42] Mutai Risaku erklärte den Unterschied zur ursprünglichen Vorlage wie folgt:

> Die Ausdrücke »Vervollkommnung der Persönlichkeit« und »Entfaltung der Natur des Menschen« unterscheiden sich sicherlich in ihrer Stimmung. Bei »Vervollkommnung der Persönlichkeit« hat man ein äußerst starkes Gefühl von Standardisierung. Nicht etwas, das bei jedem Menschen anders ist, sondern etwas, das die einzelnen Menschen befolgen müssen, eine Art Norm, nicht so, dass jeder einzelne für sich etwas erkennt. Bei »Entfaltung der Natur des Menschen« hat man das Gefühl, dass die einzelnen Menschen das, was sie haben, einschließlich natürlicher Begabungen, immer weiter wachsen lassen. Ich glaube, es gibt zwei Vorstellungen von Erziehung: die eine Denkweise, nach der jeder Mensch seine Umwelt und alle möglichen Einschränkungen überwindet und seine Anlagen wachsen lassen muss, und die andere Denkweise, nach der man eine Art Norm vermitteln muss. Und ich habe den Eindruck, dass diese Norm immer schon von oben festgelegt ist, während man bei »Entfaltung der Natur des Menschen« das Gefühl von Unabhängigkeit und Selbständigkeit hat (NKKSK 1997: VI: 67).[43]

Durch die starke Unterstützung von Mutai und Morito, unter Abwesenheit von Ashida Hitoshi und mit einem unentschlossenen Amano Teiyū, einigte sich der Erste Sonderausschuss schließlich auf »Entfaltung der Natur des Menschen«. Im Februar 1947, bei der Vorlage des Entwurfs in der Vollversammlung durch das Kultusministerium, das für die Endredaktion verantwortlich war, hieß es plötzlich wieder: »Erziehung strebt die Vervollkommnung der Persönlichkeit an« (NKKSK 1996: II: 166). Auf Nachfrage von Hatani erklärte der Beamte des Kultusministeriums, der die Endversion vorstellte, der Begriff »Persönlichkeit« sei verständlicher, weshalb man doch wieder diesen gewählt habe. Hatani mutmaßte daraufhin zwar vor der Vollversammlung, das Kultusministerium habe wohl von Anfang an die Absicht gehegt, diese Formulierung durchzusetzen (NKKSK 1996: II: 167), es gab jedoch – anders, als das Komiteemitglied Kinoshita Kazuo im Rückblick behauptete (in: Nakajima u.a. 1987: 53) – keine weitere Diskussion, und der geänderte Entwurf fand so die Zustimmung der Vollversammlung.

---

42 Der japanische Begriff *ningensei* hat keine einfache deutsche Entsprechung. Am ehesten könnte man ihn mit »Humanität« oder »Menschlichkeit« übersetzen, doch meint er nicht vorrangig eine ethische Kategorie, sondern das, was den Menschen von Geburt aus als Menschen auszeichnet, also das Wesen oder die Natur des Menschen.

43 Kyoko Inoue kommt in ihrer Analyse der Beratungen des Ersten Sonderausschusses zu dem – wie das vorstehende Zitat gezeigt hat, falschen – Schluss, »die Mitglieder verglichen zu keinem Zeitpunkt die verschiedenen Bedeutungen von jinkaku und ningen« (Inoue 2001: 131).

Hatani, Mutai und Amano hatten im Sonderausschuss bereits im November 1946 festgestellt, offenkundig sei ein starker Wille aus dem Kultusministerium spürbar, nämlich vom Kultusminister selbst, die Formulierung »Vervollkommnung der Persönlichkeit« im Gesetzestext zu verankern (NKKSK 1997: VI: 137; vgl. auch Inoue 2001: 141). Kultusminister war von Mai 1946 bis Januar 1947 der Katholik Tanaka Kōtarō. Der Bildungssoziologe Satō Manabu ist der Ansicht, Tanaka habe mit seinem Eingriff in die Formulierung die Beibehaltung des Tenno-Systems, wie sie bereits in Artikel 1 der neuen Verfassung (»Stellung des Tenno«) ausgedrückt worden sei, im Erziehungsgrundgesetz wieder aufnehmen wollen. Der Rechtsphilosoph Tanaka habe sich durch die zentrale Stellung der Wendung »Vervollkommnung der Persönlichkeit« in die Tradition der Meiji-Verfassung gestellt, in der die Persönlichkeitsbildung den Interessen des Staates untergeordnet gewesen sei (Satō 2004: 225).

Ob man die Absichten von Tanaka so weit interpretieren kann, mag dahingestellt bleiben. Klar ist aber, dass Tanaka ein Erziehungsideal verfolgte, das weniger von der freien Entfaltung von Individuen ausging als von der Hinführung auf bestimmte festgelegte Werte. Dies zeigen beispielsweise seine Ausführungen bei den Beratungen zur neuen Verfassung vor einem Unterausschuss des Unterhauses am 15. Juli 1946:

> Die Quelle von Erziehung [*kyōiku no engen*, direktes Zitat aus dem Kaiserlichen Erziehungserlass] ist nicht bloß der Kaiserliche Erziehungserlass, sondern es gibt auch die Bibel, das *Lunyu*, den Menzius,[44] die buddhistischen Lehrschriften oder die vielen hervorragenden japanischen Klassiker. All diese Dinge muss man von nun an als Quelle zur moralischen und ethischen Erziehung benutzen (in: KHK 1947: 16–17).

Hier zählte Tanaka zwar einerseits verschiedene »Quellen« von Erziehung auf, spricht sich also dagegen aus, dass nur, wie in der Vergangenheit, ein einziger Erlass als solche diene; zugleich hielt er damit aber ein Plädoyer für die Orientierung an bestimmten klassischen Werten, denen der oder die zu Erziehende zu folgen habe. Dieser Aspekt der Hinführung zu einem bestimmten Ziel wird auch deutlich in einer Erklärung, die das Kultusministerium im Oktober 1947 in seinem offiziellen Verlautbarungsorgan *Monbu jihō* zur Änderung von »Entfaltung der Natur des Menschen« in »Vervollkommnung der Persönlichkeit« abgab:

> Im Vorschlag des Komitees zur Erziehungsreform war statt »Vervollkommung der Persönlichkeit« das Wort »Entfaltung der Natur des Menschen« gebraucht worden. Das Wort »Natur des Menschen« ist allgemein noch nicht gebräuchlich, und es klingt leicht so, als umfasse es auch die tierische Natur des Menschen. Überdies fassten wir »Entfaltung« so auf, dass es nur die natürliche Entwicklung der Natur des Menschen meint, und bedauerten, dass so leicht derjenige Aspekt vergessen wird, dass man die Natur des Menschen hin zu einer universell anzustrebenden Gestalt führen muss, weswegen wir [die Formulierung] wie vorliegend änderten (in: Nakajima u.a. 1987: 54–55).

In seinem tendenziell antiindividualistischen Abzielen auf eine bestimmte Form von Persönlichkeit erwies die Rede von der »Vervollkommnung der Persönlichkeit« ihre Abhängigkeit von der Debatte der Vorkriegszeit über »Persönlichkeit« (s.o. II.6.1). Die Inhalte

---

44 Das Lunyu (»Gespräche«) ist das wichtigste dem chinesischen Philosophen Konfuzius (Kongzi, ca. 5. Jahrhundert v.u.Z.) zugeschriebene Werk; Menzius (Mengzi, ca. 4. Jh. v.u.Z.) ist der Verfasser des gleichnamigen Werkes, das ebenfalls ein Klassiker des Konfuzianismus ist.

dieser festgelegten Form wurden freilich nach 1945 mehrheitlich anders konzeptualisiert, denn es ging nun nicht mehr um »völkische« oder »nationale« Persönlichkeiten, sondern am häufigsten um »demokratische«.

Chancengleichheit

»Chancengleichheit in der Erziehung« wurde nach 1945 auf höchster Ebene als Ziel staatlichen Handelns definiert. In Artikel 26 der Verfassung vom 3. November 1946 hieß es: »Jeder hat das Recht auf eine gleiche, seinen Fähigkeiten entsprechende Erziehung und Ausbildung nach Maßgabe des Gesetzes«. Artikel 3 des Erziehungsgrundgesetzes vom 31. März 1947 trug sogar den Titel »Chancengleichheit in der Erziehung« und lautete: »Allen Bürgern muss gleichermaßen die Gelegenheit gegeben werden, ihren Fähigkeiten entsprechende Erziehung zu erhalten. Niemand wird nach Rasse, Glaube, Geschlecht, gesellschaftlichem Stand, wirtschaftlicher Position oder Herkunft in der Erziehung diskriminert« (Kaigo/Shimizu 1966: 17). Schließlich erklärte Kultusminister Takahashi Seiichirō auch bei der Begründung des Schulerziehungsgesetzes vor dem Parlament am 18. März 1947, das Gesetz diene an erster Stelle »der Sicherung der Chancengleichheit in der Erziehung, so dass alle gleichermaßen ihren Fähigkeiten entsprechend Erziehung erhalten können« (in: Ōta 1978: 121).

Auch die diesen Gesetzen vorangehenden Initiativen von privater oder Verbands-Seite erklärten die Durchsetzung von Chancengleichheit vielfach zum Ziel von Reformen im Bildungssystem. So berief sich die Meikeikai in ihrem Papier vom Dezember 1945 auf »das Prinzip der Chancengleichheit in der Erziehung« und forderte die Abschaffung von Privilegien (GHQ [6]: 25). Zugleich demonstrierte sie, dass man auch nach Kriegsende noch solche Forderungen mit der Warnung vor »gefährlichen Gedanken« verbinden konnte, die sie im selben Papier erhob (GHQ [6]: 32). Das Komitee zur Erziehungsreform hingegen fasste Chancengleichheit in der Erziehung deutlich als Analogon zu Demokratie in der Politik auf, wie z.B. Ōtani Buichi im November 1946 vor der Vollversammlung ausführte (NKKSK 1995: I: 199). Fehlende Chancengleichheit sei der zentrale Mangel des alten Systems gewesen, der sich zuvörderst in der Vielzahl der möglichen institutionellen Stränge ausgedrückt habe (Hatani Ryōtai im November 1946 (NKKSK 1995: I: 191); Hidaka Daishirō im Februar 1947 (NKKSK 1996: II: 127)). Beeinträchtigt gewesen sei die Chancengleichheit insbesondere an zwei Stellen des Übergangs zwischen Institutionen im alten System: einmal zwischen Grundschule und Mittelschule (vs. Jugendschule), weshalb es im ersten Bericht des Komitees vom 27. Dezember 1946 hieß: »Um das Prinzip der Chancengleichheit in der Erziehung gründlich durchzusetzen, wird als einzige an die Grundschule anschließende Schule die Mittelschule zugelassen« (NKKSK 1998: XIII: 56). Zum anderen wurde der Übergang zur Universität kritisch gesehen. Dazu plädierte Nanbara Shigeru als Vorsitzender des Komitees im Dezember 1947 wie folgt für eine Sekundarstufe ohne strukturelle Binnendifferenzierung: »Für die Universitäten ist es das Wichtigste, von allen Oberschulen (neuen Systems) im Lande nach gleichen Chancen Studierende aufnehmen zu können« (NKKSK 1996: III: 200; fast wortgleich Mutai Risaku im Sonderausschuss für höhere Bildung, in: NKKSK 1997: VIII: 152).

Konkret wurde »Chancengleichheit« am häufigsten mit gleichen Chancen für beide Geschlechter verbunden, wie in dem im Dezember 1945 vom Kabinett verabschiedeten »Umriss der Erneuerung der Erziehung von Mädchen« (s.o. 2.1). Das Komitee japanischer Erzieher formulierte im März 1946 der USEM gegenüber auf eine Frage zur Gleichstellung der Geschlechter:

> Bis auf ganz wenige Ausnahmen haben derzeit Männer alle möglichen Führungspositionen in Japan inne. Der Grund dafür ist, dass Frauen davon abgehalten wurden, Institutionen höherer Bildung zu besuchen. Heute werden Männern und Frauen im Unterricht gleiche Chancen zugewiesen. Es müssen alle Anstrengungen unternommen werden, um Frauen solche Positionen zukommen zu lassen (in: Kubo 1984: 381).

Im Bericht der USEM selbst spielte Chancengleichheit keine große rhetorische Rolle. Zwar wurde zum zukünftigen Erziehungssystem allgemein festgehalten: »It will be so organized as to provide educational opportunity in accordance with the abilities and aptitudes of each person« (DS 1946: 9). Doch genauere Bestimmungen, welche Ungleichheiten der Vergangenheit davon genau berührt sein würden, unterblieben. Die Verfassung hatte hier die Dimensionen »Rasse, Glaube, Geschlecht, gesellschaftlicher Stand, wirtschaftliche Position oder Herkunft« konkretisiert. Insbesondere Geschlecht, Einkommen und Wohnort wurden auch in vielen Beiträgen von privater oder Verbandsseite genannt (so z.B. im Reformplan des Zweigverbandes der Dai Nippon Kyōikukai der Präfektur Nagano vom Oktober 1946, in: Kurosawa 1994: 131). Regionale Diskriminierung wurde besonders im Bereich höhere Bildung thematisiert, weil die im Vergleich zur Primar- und Sekundarstufe geringere Zahl von Institutionen in diesem Bereich einzelne Regionen für Isolierung potenziell anfällig machte.

Was für eine Rolle die Berufung auf das Prinzip der Chancengleichheit hinsichtlich der regionalen Verteilung von Universitäten spielte, zeigt der mündliche Bericht des Parlamentsabgeordneten Takatsu Seidō (Sozialistische Partei Japans) aus dem Fachausschuss für Erziehungsfragen des Unterhauses *(bunkyō iinkai)* am 5. Juli 1948. Anlass für die Ausführungen waren zahlreiche dem Ausschuss vorliegende Anträge einzelner Hochschulen des alten Systems, eigenständig Universitäten werden zu dürfen. Die Zurückweisung dieser Anträge begründete Takatsu vor der Plenarsitzung wie folgt:

> Bezüglich der Errichtung staatlicher Universitäten haben alle Regionen glühende Hoffnungen. Doch bei der Aufteilung und Verteilung der neuen Voll- und Ein-Fach-Universitäten muss man Gegenwart und Zukunft der staatlichen Finanzen bedenken und daher landesweit planen. Die Regierung möchte deswegen die bestehenden Oberschulen und Höheren Fachschulen analysieren, ferner einen Plan für Zusammenschlüsse und Neueinrichtungen aufstellen, nachdem sie die regionale Verteilung auf dem Prinzip der Chancengleichheit in der Erziehung basierend bedacht hat, und eine angemessene Verteilung von inhaltlich tatsächlich ausgefüllten Volluniversitäten verwirklichen (Kokkai [2]).

Die schließlich durchgeführte Gründung mindestens einer staatlichen Universität pro Präfektur wurde auch als Umsetzung des Prinzips der Chancengleichheit in diesem Sinne begriffen, wie ein Leitartikel der Tageszeitung *Mainichi shinbun* vom Februar 1951 belegt. Darin hieß es, die »Geburt der neuen Universitäten« beruhe »selbstverständlich auf dem Geist der Chancengleichheit in der Erziehung, indem zugleich mit der regionalen Verteilung der Kultur die Last derjenigen Eltern, die Kinder haben, bedacht« worden sei (in: SNKSSHI 1983: III: 553).

5.2 Weitere Topoi

Die Kriegsniederlage Japans erforderte zumindest zum Teil die Umorientierung auf neue Ziele. Zu den wichtigsten neuen Zielen im Bildungsbereich gehörten nach 1945 der Aufbau einer »Kulturnation« Japan und die Demokratie. Das Ausmaß der materiellen Zerstörung und die wirtschaftliche Notlage sowie die Diskreditierung des politischen Systems der Vergangenheit legten 1945 einen anderen Bezugspunkt für die nationale Identität als politischen oder wirtschaftlichen Erfolg für die Nation nahe: Allein auf kulturellem Gebiet, so schien es, könne Japan noch Erfolge vorweisen. Verwirklichen sollte diese neue nationale Aufgabe das Bildungssystem. Zugleich gewann aber auch das Schlagwort von der »Demokratisierung« an Bedeutung im Bildungssystem. Was mit Übertragung des Begriffs für das politische System der Volksherrschaft auf das Bildungswesen gemeint sein soll, war jedoch nicht immer eindeutig.

Schließlich fanden sich auch alte Topoi in kaum verändertem Gewand wieder. Zu diesen gehörte das Wort von der »Erziehung durch Arbeit«. Zwar war nur noch in Ausnahmefällen von regelrechtem Arbeitsdienst die Rede, doch die Notwendigkeit der Betonung eines Arbeitsethos im Bildungssystem, bis hinauf zu den Universitäten, fand auch nach 1945 Befürworterinnen und Befürworter, wobei damit durchaus antiintellektuelle Ressentiments einhergehen konnten.

Japan als Kulturnation

Schon in der Verlautbarung des Kultusministeriums vom 15. September 1945 mit dem Titel »Der Kurs der Erziehung für den Aufbau eines neuen Japan« tauchte gleich im ersten Satz ein Begriff auf, der in kaum einer Absichtserklärung der frühen Nachkriegszeit fehlt: »die Errichtung der Kulturnation«, manchmal auch in der Variante »Wiederaufbau Japans als Kulturnation« zu finden. Einen indirekten Vorläufer hatte das Kultusministerium in Premierminister Higashikuni Naruhiko, der vor dem Parlament am 5. September davon sprach, »der Grundstein für den Neuaufbau« werde »gelegt, wenn man nun schnell und ohne Vertun den Aufbau einer neuen Erziehung und Kultur voranbringe« (in: Fujiwara 1994: 15). Zum Zeitpunkt Anfang Dezember 1945, als die Meikeikai ihren ersten Nachkriegsplan vorstellte, war die Rede von der Kulturnation bereits so ubiquitär, dass der Begriff in nahezu jedem Unterabschnitt noch einmal emphatisch als Ziel formuliert wurde (s.o. 2.2; vgl. auch Oguma 2002: 196–197).

John Dower geht davon aus, dass dieser Slogan an kriegszeitliche Phrasen von Japans überlegener Kultur (in Asien oder gegenüber den USA) anknüpft (Dower 1999: 177). Allerdings meint der Nachkriegsbegriff von »Kultur« weniger die überlegene Tradition und Eigenart Japans als vielmehr den einzigen Bereich gesellschaftlicher Tätigkeit, der für Japan als Handlungsmöglichkeit übriggeblieben zu sein schien. Noch 1980 führte Kennoki Toshihiro in einem Interview aus: »Nachdem es den Krieg verloren hatte, gab Japan das Führen von Kriegen auf. Um das gänzlich verlorene Vertrauen der Welt wieder zurückzugewinnen, hatte Japan keine andere Möglichkeit, als kulturell zu leben. [...] Um zu leben, musste Japan seine Kultur erhöhen« (Wray 2000: 119).

Wie instrumentell der Begriff der »Kulturnation« verwandt werden konnte und wie wenig er zwangsläufig mit einer geläuterten politischen Sichtweise einherging, belegt ein dem Kultusministerium zugesandter Vorschlag zur Technologiepolitik vom 25. September 1945. Der Autor, Kuwabara Yasuo, Mitarbeiter des Eisenbahnministeriums, schrieb darin:

> Die dem Nachkriegs-Japan auferlegten Bedingungen sind äußerst schwierig; es reicht nicht aus, um eine Weltmacht zu sein. Selbst das Fortbestehen als moderne Nation ist fast unmöglich. Doch die Yamato-Rasse muss ihre unvergleichliche Staatsform unbedingt in alle Ewigkeit bewahren und sie zu einer in der Welt erstklassigen Kulturnation wieder beleben und weiterentwickeln. Deshalb muss sie die schmerzhafte Erfahrung aus diesem Großostasiatischen Krieg reflektieren, mit festem Entschluss die alten üblen Sitten zerstören und die Stärke der Nation unter neuen Ideen anschwillen lassen (SKS [12]: 1).

Die Rede von der »Bewahrung unserer Staatsform *[kokutai]*«, die sich auch in anderen Texten der unmittelbaren Nachkriegszeit findet, ist ein Zitat aus der Rede des Kaisers zum Kriegsende. Klar wird nicht nur aus der Verwendung dieses rhetorischen Versatzstückes, sondern auch aus der ausdrücklichen Ausrichtung auf die »Stärke des Landes«, dass die »Errichtung der Kulturnation« bei Kuwabara nicht so sehr Nutzen für die einzelnen Mitglieder der Gesellschaft anstrebt, sondern im nationalen Interesse ist: Die Nation soll »erstklassig« sein, Vergleichsmaßstab sind andere »Weltmächte«.

Der Begriff »Errichtung der Kulturnation« tauchte auch in der ersten Empfehlung des Komitees zur Erziehungsreform vom Dezember 1946 auf, in der festgehalten wurde, dass sie als eines der obersten Erziehungsideale im Erziehungsgrundgesetz Eingang finden sollte. In dem im März 1947 erlassenen Gesetz hieß es dann in der Präambel: »Indem wir zuvor die japanische Verfassung festsetzten und eine demokratische, kulturelle Nation errichteten, zeigten wir unseren Entschluss, zum Frieden in der Welt und dem Wohlergehen der Menschheit beizutragen« (in: Kaigo/Shimizu 1966: 17). Auch Mitarbeiterinnen und Mitarbeiter von CIE suchten den allseits positive Assoziationen weckenden Begriff für progressive Ziele zu nutzen. So führte Lulu Holmes 1946 vor dem Ausschuss für Erziehungsfragen des Unterhauses zur Begründung, warum eine staatliche Frauenuniversität schon 1948 eingerichtet werden soll, aus, Einrichtungen höherer Bildung für Frauen seien »für eine Kulturnation nötig« (in: Yamada 1999: 230).

»Kulturnation« konnte aber auch als Phrase mit verschiedenen, teils sich widersprechenden Inhalten gefüllt werden. Ein Beispiel für eine eher willkürliche Nutzung lieferte der Parlamentsabgeordnete Matsubara Kazuhiko (Kokumin Kyōdōtō), als er am 24. Juni 1946 im Unterhaus vertrat, der »Ausgangspunkt der Kultur Japans« müsse in Zukunft in den ländlichen Dörfern liegen, viel zu lange habe die großstädtische Kultur in Japan dominiert. Nun müsste auch die Einrichtung von Schulen und Hochschulen verstärkt auf dem Lande erfolgen (in: Fujiwara 1994: 34). Der Abgeordnete Ōgami Zenkichi (Daiichi Giin Kurabu) hingegen stellte im Juli 1947 im Unterhaus einen anderen Zusammenhang her, indem er Kultur als Alternative zu Kriegsführung darstellte: »Damit das japanische Volk, das einst die Waffen ablegte, sich als Kulturnation wieder erheben kann, ist zunächst eine Prioritätensetzung auf Bildung denkbar« (Kokkai [1]).

Das Kultusministerium legte seine Interpretation vom Begriff der »Kulturnation« am ausführlichsten in dem im Mai 1946 publizierten Buch »Der Kurs der neuen Erziehung« *(Shin kyōiku hōshin)* dar. Auch dort wird Kultur als dem Wohle der Nation dienend positioniert, nun jedoch gleichberechtigt mit der Berücksichtigung des Individuums. So wird zunächst argumentiert, der Mensch strebe nach Frieden und Kultur. Im anschließenden Abschnitt »Was für ein Land soll das zukünftige Japan sein?« wird die Sehnsucht nach Frieden und Kultur dann auf die nationale Ebene – Japan – übertragen. »Kultur« bedeute aber in Japan keineswegs nur die einem Land eigentümliche, von der anderer Länder wesensverschiedene nationale Kultur, sondern beinhalte neben diesem Aspekt auch den einer die gesamte Menschheit umfassenden menschlichen Kultur. Für das Erziehungswesen heiße das konkret, die Kinder nicht länger Vorbildern aus dem Militärwesen (welches Japan gegen den Rest der Welt auszuspielen versucht habe), sondern z.B. aus der Wissenschaft (die eine Weltgemeinschaft gleichberechtigter Nationen repräsentiere) nacheifern zu lassen (in: Kaigo/Shimizu 1966: 10–11). Die in »Der Kurs der neuen Erziehung« häufige Gegenüberstellung von Idealen des Militärstaates mit denen einer Kulturnation zeigt noch einmal, dass »Kultur« zumindest auch als Mittel zum Zweck gedacht war, welches nun ein anderes, nicht mehr zur Verfügung stehendes Mittel, ersetzt.

Womit auch immer der Begriff gefüllt war, das damit formulierte Ziel war eng mit der materiellen Notlage nach Kriegsende verknüpft; nachdem ein Ende der täglichen Sorge um den Unterhalt seit 1947/48 absehbar war, rückten andere Ziele (insbesondere wirtschaftlicher Wiederaufbau) auch rhetorisch wieder in den Vordergrund und verdrängten die »Kulturnation« von ihrer hervorgehobenen Position.

Demokratie

Konnte man, wie Dower, die Betonung von »Kultur« noch teilweise mit kriegszeitlicher Tradition erklären, so gehörte der Begriff »Demokratie« in den Jahren vor 1945 gewiss nicht zum Diskursfeld. Der »Kurs der Erziehung« des Kultusministeriums vier Wochen nach Kriegsende nannte so zwar gleich zu Beginn »Kulturnation«, »moralische Nation«, »Weltfrieden«, »Wohlergehen der Menschheit« und ein »neues Japan« als Leitideen zukünftiger Bildungspolitik, verzichtete aber auf die Präzisierung von Konsequenzen für die Staatsform oder die Nennung der Notwendigkeit von Demokratisierung allgemein. Wie gelangte der Begriff »Demokratie« in die bildungspolitische Diskussion, und welchen Stellenwert hatte er im Zusammenhang mit den strukturell-institutionellen Forderungen und Entwicklungen?

Selbst die früheste Direktive von GHQ zum Bildungswesen (»Administration of the Educational System of Japan«, SCAPIN Nr. 178) vom 22. Oktober 1945 stellte die Entfernung militaristischer und ultranationalistischer Inhalte, Organisationen und Personen sowie die Etablierung von persönlichen Freiheiten in den Vordergrund. Die Ausrichtung des Erziehungssystems auf »repräsentative Regierung« tauchte hingegen nur am Rande auf, von »Demokratie« im engeren Sinne war gar keine Rede (Takano 1990: Anhang: 54–56). Obwohl also »Demokratisierung« als eines der Hauptziele der Besatzung insgesamt von Anfang an sowohl Besatzern als auch Besetzten klar im Bewusstsein stand (vgl. z.B. die entsprechenden Stellen in »United States Initial Post-Surrender Policy for Japan«, in: DS 1949: 74, 77, 78), hatte sie im Bildungsbereich für GHQ in dem Sinne anfangs keine hohe Priorität, dass bestrafende Maßnahmen Vorrang vor aufbauenden hatten. Dies änderte sich freilich spätestens mit dem USEM-Bericht vom März 1946, der Demokratie klar an die erste Stelle unter die Bildungsziele setzte (DS 1946: 8–9).

War selbst für die US-Amerikanerinnen und -Amerikaner der Verweis auf Demokratisierung 1945 noch eher ein fernes Ideal, so blieb auch auf japanischer Seite die positive Bezugnahme auf »Demokratie« zunächst noch vage, wenn nicht zweideutig. Der Reformplan der Meikeikai vom Dezember 1945 etwa begann mit einem Abschnitt zum »Ideal des neuen japanischen Staates«. Darin fanden sich an erster Stelle die Ziele des Aufbaus eines demokratischen politischen Systems und einer Kulturnation, gleich an zweiter Stelle folgte jedoch »die Aufrechterhaltung des Systems der Souveränität des Tenno«. Dabei orientierten sich die Ausführungen auch sprachlich eng an der herrschenden Diktion der vergangenen Jahre:

> In einem Land wie dem unseren, das einen Familienstaat bildet, in welchem ein homogenes Volk das Tenno-Haus zur Stammfamilie hat, ist es völlig natürlich und rational, dass uns als Staatsoberhaupt der über unzählige Generationen einer Linie angehörige Tenno gegeben ist und dass eine Einheit aus Herrscher und Volk die Staatsgeschäfte betreibt (GHQ [6]: 2).

Gleichzeitig die staatliche Souveränität beim Tenno zu belassen und eine Demokratie zu errichten scheint für die Verfasser keinen Widerspruch darzustellen; auch gibt es bei der nicht-staatlichen Organisation Meikeikai keinen Anlass zu vermuten, dass dieses nur als Vorwand zu jenem dient. Erziehung hatte in dem so beschriebenen Staat folgendes Ideal:

> Die Erziehung im neuen Japan hat, gemäß dem oben genannten Staatsideal, zum grundlegenden Prinzip, Persönlichkeiten im Volk zu kultivieren, die den Weg der kaiserlichen Nation korrekt verwirklichen, japanische Demokratie genügend zur Entfaltung bringen und die Errichtung einer friedlichen Kulturnation vervollkommnen können (GHQ [6]: 3–4).

Was das »Japanische« der angestrebten Demokratie ausmachte, zeigte sich noch deutlicher in den folgenden Ausführungen zu diesem Ideal. Denn zwar sollte »Individualität entwickelt werden«, zugleich aber »muss das eigene Schicksal für die Nation geopfert werden« und »es ist ein Erziehungssystem zu errichten, das für Nation und Gesellschaft aktiviert werden kann« (GHQ [6]: 4, 5).

Man kann sich des Eindrucks nicht erwehren, dass das Wort »Demokratie« bei der Meikeikai lediglich als Phrase fungierte, die wenig mit dem eigentlichen Inhalt des Begriffs zu tun hatte. Dafür spricht auch, dass sich in den anderen Abschnitten keinerlei Konsequenzen etwa für den Unterricht aus der angeblich gebotenen Ausrichtung auf demokratische Ideale ergeben. Die Meikeikai stand mit der Position, die kaiserliche Souveränität könne auch in einer Demokratie aufrechterhalten werden, 1945 nicht allein. So vertrat der Verfassungsrechtler Miyazawa Toshiyoshi am 28. September 1945 bei einer Expertenanhörung im Außenministerium die Ansicht, die besondere japanische »Staatsform« *(kokutai)*, hier nahezu synonym mit der Souveränität des Tenno verwendet, habe durch die Niederlage keinerlei Schaden genommen und könne auch unter der Demokratie beibehalten werden (Moore/Robinson 2002: 54–56, 177–180).

Erst ab 1946 begann sich die praktische Bedeutung eines demokratischen Bildungssystems in den Köpfen der Akteurinnen und Akteure des Erziehungssystems zu festigen. Der Nagano-Zweig des landesweiten Lehrerverbandes Dai Nippon Kyōikukai etwa definierte im Oktober 1946 nicht bloß »die Vertiefung der Demokratie, welche die Bildung der öffentlichen Meinung zum Grundsatz macht« als eine der Vorbedingungen für »den Aufbau einer friedlichen Kulturnation«, sondern ergänzte auch, dass dies eine Verantwortung für das Erziehungswesen mit sich bringe, die politische Bildung, die ein Funktionieren von Demokratie erst ermögliche, voranzubringen (SKS [3]: 1, 6). So ausdrücklich wurde der Begriff »Demokratie« mit der tatsächlichen Beteiligung der Bürgerinnen und Bürger am Staatswesen aber selten in Zusammenhang gebracht. Weiter verbreitet war vielmehr die weitgehend mit »Egalisierung« synonyme Verwendung, wenn etwa Ōtani Buichi im Komitee zur Erziehungsreform davon sprach, das 6-3-3-4-System diene der Demokratisierung Japans (NKKSK 1997: VIII: 149) oder Yano Kanjō ebenfalls vor dem Komitee meinte, es sei demokratisch, gleich lang dauernde Oberschulen für Frauen wie für Männer einzuführen (NKKSK 1995: I: 432). In ebendieser Bedeutung ist »Demokratisierung« zum Gegenstand enthusiastischer Befürwortung durch die breite Bevölkerung während der Besatzungszeit geworden, worauf John Dower (1999: 241–244) pointiert hingewiesen hat.

Arbeit und Anti-Intellektualismus

Bereits oben (S. 236) wurde Artikel 1 des Erziehungsgrundgesetzes, überschrieben mit »Das Ziel von Erziehung«, herangezogen. Wenn derselbe Artikel hier erneut zitiert wird, so deshalb, weil in ihm ein weiterer Topos auftaucht, der vielsagend für die Vorstellungen von Bildung in der unmittelbaren Nachkriegszeit ist:

> Erziehung strebt die Vervollkommnung der Persönlichkeit *[jinkaku no kansei]* an und muss der Absicht dienen, einen Bürger zu erziehen, der als Gestalter eines friedlichen Staats und einer friedlichen Gesellschaft die Wahrheit und Gerechtigkeit liebt, die Würde des Individuums achtet, Achtung vor der Arbeit und einen tiefen Sinn für Verantwortung besitzt und gesund an mit selbständigem Geist erfüllter Seele und Körper ist (in: Kaigo/Shimizu 1966: 17).

Es lag nicht zuletzt am Einfluss des Sozialdemokraten Morito Tatsuo im Komitee zur Erziehungsreform, welches diesen Passus formulierte, dass die »Achtung vor der Arbeit« hier als wichtige Eigenschaft, die in einem idealen Bürger zu fördern sei, erscheint. Morito verfocht mit Nachdruck die Aufnahme einer Formulierung in das Erziehungsgrundgesetz, welche die Verbindung von Schulerziehung mit Arbeitsethos betonen sollte. Er begründete dies in der Diskussion darüber, wie der Staat, für dessen Bürgerinnen und Bürger das Erziehungsgrundgesetz gelten sollte, sprachlich näher bestimmt werden sollte, am 4. Oktober 1946 wie folgt:

> Ich glaube, hier muss noch das Wort »auf die Arbeit bezogen« *[kinrōteki]* hinzugefügt werden. Von meinem indidivuellen Standpunkt aus gesagt müsste es eher sozialistisch heißen, aber da gäbe es wohl den einen oder anderen Widerspruch Aber zumindest dagegen, dass der künftige Staat keiner sein wird, in dem alle leben, indem sie Dinge besitzen, sondern einer, indem die Leute leben, indem sie arbeiten, dürfte es wohl keinen Widerspruch geben. Erst wenn diese Bedeutung zum Ausdruck kommt, kommen die Verbindung von Arbeit und Erziehung und die Wichtigkeit von Arbeit, von Industrie und Erziehung zum Vorschein (NKKSK 1997: VI: 49).

Morito selbst wies sogar auf die Kontinuität zur Rhetorik der Kriegszeit hin, ohne dies jedoch als nachteilig zu bewerten:

> Dass alle arbeiten müssen, ist, glaube ich, seit der Zeit des Krieges und auch danach noch eine durchgängige Idee gewesen. Weil es nicht mehr angeht, sein Leben ohne Einkommen aus Arbeit zu verbringen, unterscheidet sich diese Idee in gesellschaftlicher Hinsicht deutlich vom bisherigen nationalen Charakter (NKKSK 1997: VI: 49).

Morito lag mit seiner Einschätzung richtig, dass es keinen Widerspruch zu seiner Auffassung geben werde. Selbst der konservative Philosoph Amano Teiyū pflichtete dem sozialdemokratischen Politiker bei der Fortsetzung der Beratungen zum selben Passus eine Woche später ausdrücklich bei. Er wollte »auf die Arbeit bezogen« als direkte Charakterisierung des Bürgers in der Formulierung unterbringen, also den »arbeitenden Bürger« als höchstes Ziel von Erziehung postulieren. Auf Nachfrage führte er aus: »Arbeitend: damit will ich sagen – es gibt ja diese Auffassung in der Gesellschaft, es reiche aus, sich zu amüsieren – so ist es nicht, sondern der Mensch soll das Arbeiten ehren« (NKKSK 1997: VI: 61). Dieselbe Einstellung sollte auch in der Verfassung, die zum Zeitpunkt der Beratungen im Komitee zur Erziehungsreform über das Erziehungsgrundgesetz im Parlament diskutiert wurde, verankert werden. Dort hieß es letztlich in Artikel 27: »Alle Bürger haben das Recht und die Pflicht zu arbeiten«.

In den weiteren Diskussionen des Komitees zur Erziehungsreform wurde konkretisiert, wie die Erziehung zur Pflicht zur Arbeit an den Schulen vermittelt werden könnte. Bei dem Sozialwissenschaftler Toda Teizō verband sich der Wunsch, an den Mittelschulen »den Geist der Arbeit gut zu verfestigen« mit einer Abneigung gegen »die Schwerpunktsetzung auf intellektuelle Entwicklung«. »Natürlich muss man auch das ein wenig machen«, aber anzustreben sei eine »Erziehung, in der die Fächerinhalte mit Arbeiten verbunden werden« (NKKSK 1995: I: 157). Der Erziehungswissenschaftler Kido Mantarō ergänzte die Ausführungen Todas durch den Hinweis, die Mittelschulen sollten sich hauptsächlich der »Anleitung zur Berufstätigkeit« widmen (NKKSK 1995: I: 158), und auch an den neuen Oberschulen sollte das Ziel im Gegensatz zu den alten Oberschulen sein, »Menschen hervorzubringen, die arbeiten können«, so der Erziehungswissenschaftler Kurahashi Sōzō im Januar 1947 vor dem Sonderausschuss für höhere Bildung (NKKSK 1997: VIII: 150–151).

Innerhalb der Tertiarstufe war die Diskussion über »Erziehung durch Arbeit« insbesondere für die Lehramtsausbildung relevant, mussten doch die späteren Lehrerinnen und Lehrer in der Lage sein, an der Mittelschule diese Arbeitserziehung zu leisten. Dazu aber, so führte der Rektor der Ersten Pädagogischen Hochschule Tokyo, Kinoshita Kazuo, vor der Vollversammlung des Komitees zur Erziehungsreform aus, müsste die Lehramtsausbildung an separaten Einrichtungen durchgeführt werden:

> Wenn man einfach nur ein Nebenfach oder eine Vertiefung belegt und ein oder zwei Jahre eine besondere Fachausbildung erhält, kann man dann wohl schon richtig Arbeitserziehung durchführen? In demselben Sinne, in dem ich zu Beginn sagte, an Schulen zur Lehramtsausbildung einen gesunden Körper zu formen ist Teil der Persönlichkeit eines Erziehers, muss man, um Erzieher heranzubilden, welche Erziehung durch Arbeit vermitteln können, diese Erzieher einige Jahre lang eine besondere Ausbildung mit Gewöhnung an Arbeit durchlaufen lassen (NKKSK 1995: I: 227).

Wie hier bereits anklingt, war Kinoshita demgemäß auch körperliche Gesundheit ein wichtiges Kriterium für einen guten Lehrer; in der Lehramtsausbildung sollte dem Sportunterricht folglich eine herausragende Rolle zukommen (NKKSK 1995: I: 226; NKKSK 1997: VIII: 22).

Dass sich die Mehrzahl der Mitglieder des Komitees zur Erziehungsreform auf das Ideal »Erziehung durch Arbeit« verständigen konnte, lag wohl nicht zuletzt daran, dass damit verschiedene Zielsetzungen verbunden werden konnten. So argumentierte Morito, wie er selbst sagte, eigentlich für einen »sozialistischen Staat«, wenn er für die Formulierung »Arbeitsstaat« plädierte; arbeiten sollte die Bürgerin bzw. der Bürger nicht für sich, sondern für das Gemeinwesen, die Nation. Bei Amano hingegen fungierte Arbeit eher als Mittel zur individuellen Entfaltung, als Mittel zur Moralerziehung, um Müßiggang zu unterbinden. Insofern die ethische Dimension angesprochen war, ging es zwar auch Amano um den Beitrag des Individuums zur Gesellschaft, doch die Nuancierung war bei ihm deutlich anders als bei Morito. Toda, Kurahashi, Kido und Kinoshita schließlich ging es eher um eine praktisch-pädagogische Dimension von Arbeit; im Hintergrund spielte sicherlich auch die ältere Theorie von »Erziehung durch Arbeit« im Sinne von Erziehung durch schöpferische Beschäftigung (s.o. II.6.2) eine Rolle. Eine weitere ältere Tradition, an die die Letztgenannten anknüpften, war jedoch auch die des Anti-Intellektualismus, wie sich in der Argumentation für eine stärkere Berücksichtigung des Sportunterrichts auf Kosten der intellektuellen Entwicklung zeigte.

5.3 Fazit

Mit dem Ultranationalismus der 1930er Jahre verbundene Topoi wie die Betonung des »japanischen Staatswesens« und eines besonderen »japanischen Geistes« oder die Abwehr von »gefährlichen Gedanken« spielten bei den Versuchen der Nachkriegszeit, das Wesen und die Ziele von Erziehung und Bildung zu definieren, keine oder fast keine Rolle mehr. Überdies wurden »Demokratie« und »Chancengleichheit« auf höchster gesetzlicher Ebene, in der Verfassung und dem Erziehungsgrundgesetz, als Bildungsideale festgeschrieben und somit von Seiten des Staates akzeptiert. Damit waren schon 1946 ganz andere diskursive Rahmenbedingungen gegeben als vor 1945: Das Erziehungswesen operierte nicht mehr in einem und für einen autoritären und militaristischen Staat, sondern in einer demokratischen Gesellschaft in Friedenszeiten. Dies war natürlich auch für die strukturellen Reformen von Belang, war doch Chancengleichheit etwa in einem eingleisigen System viel eher umsetzbar als in einem mehrgleisigen.

Nichtsdestotrotz gab es bei allem Unterschied in der Rhetorik auch auffallende Parallelen zwischen Vor- und Nachkriegszeit. Gerade die Chancengleichheit, in der Nachkriegszeit häufig in einer Einheit mit dem Begriff »Demokratie« (der ebenfalls im Sinne einer Egalisierung gebraucht wurde) verstanden, war auch vor 1945 ein zentrales Element der Begründung bei Reformvorhaben – ganz ohne dass dabei an Demokratie gedacht worden wäre. Auch hinsichtlich der Vorstellungen von Persönlichkeitsbildung fand die ältere Vorstellung, Bildung verfolge weniger die freie Entfaltung von Individuen denn das Hinarbeiten auf ein bestimmtes festes Ziel und die Nutzbarmachung der Bevölkerung durch den Staat, auch nach Wegfallen des Kaiserlichen Erziehungserlasses als primärer Bezugspunkt für dieses feste Ziel ihre Fortsetzung. Wie schon in der Zeit vor 1945 kann man hinter diesen Vorstellungen als verbindendes Element einen Etatismus entdecken, der zunächst unabhängig von der Form des politischen Systems, Faschismus oder Demokratie, ein Ideal der Elite bei der Formulierung des Ziels von Erziehung und Bildung für die breite Bevölkerung darstellen kann. Was dieser Befund, bei gleichzeitiger Berücksichtigung der Implikationen für die strukturellen Reformen, im Zusammenhang der Gesamtschau der Hochschulreformen der 1920er bis 1950er Jahre bedeutet, wird im Schlussteil (IV.) zu klären sein.

6. Fazit

Die Umsetzung zahlreicher vor 1945 angedachter und ausgiebig diskutierter Reformen im Hochschulbereich wurde nach 1945 verwirklicht: die Abschaffung der Oberschulen, die institutionelle Gleichstellung von Höheren Fachschulen und Universitäten, die Verlagerung der Lehramtsausbildung an Universitäten und die Öffnung der Universitäten für Frauen. Daraus zu schließen, es sei nur oder auch nur maßgeblich der US-Besatzungsmacht zu verdanken gewesen, dass dies möglich war, greift jedoch zu kurz. Dies zeigte zunächst die nur späte Festlegung der für den Bildungsbereich zuständigen Abteilung CIE auf konkrete Reformziele. Anders als im Bereich der Primarstufe, wo schon Anfang 1946 Entscheidungen fielen und ab 1947 die Umsetzung begann, hatte CIE sich noch 1947 nicht in allen Details auf eine bestimmte Gestalt für das zukünftige Universitätssystem festgelegt; auch die für die unteren Schulstufen so wichtigen Empfehlungen der USEM blieben für die Hochschulen eher vage.

Das Kultusministerium hingegen stellte 1945 und 1946 zahlreiche Detailplanungen zur Zukunft des Systems an, die freilich zumeist von nur wenigen strukturellen Änderungen ausgingen, öffnete aber immerhin schon 1946 das bestehende System grundsätzlich für Frauen. Die eigentlich entscheidende Initiative lag jedoch bei einem dritten zentralen Akteur, dem Komitee zur Erziehungsreform, dem in erster Linie Vertreterinnen und Vertreter von Hochschulen angehörten. Das Komitee schuf schon Ende 1946 den Rahmen für das zukünftige System und beantwortete im Verlaufe des Jahres 1947 die meisten noch offen gebliebenen Fragen, indem es etwa endgültig die Abschaffung der alten Oberschule oder die universitäre Form der Lehramtsausbildung beschloss.

Auch danach freilich verblieb genügend Spielraum, um das Ergebnis der Reformen bei der Umsetzung noch zu beeinflussen. Diesen Spielraum füllten die zahlreichen Akteurinnen und Akteure vor Ort aus, darunter insbesondere die Hochschulangehörigen (Leitung, Lehrkörper, Studierende) und die politischen Amtsträger in Präfekturen und Kommunen. Organisierte Standesvertretungen wie Gewerkschaften oder Professorenverbände spielten hingegen eine Schlüsselrolle bei der Verhinderung der Verwaltungsreform. Diese war ein genuin von CIE initiiertes Reformvorhaben, welches mangels Unterstützung auf japanischer Seite scheiterte, obgleich CIE sich noch lange Zeit bemühte, wenigstens eine Kompromisslösung zur Umsetzung zu bringen.

Die Untersuchung der sprachlichen Form, in der die Hochschulreform nach 1945 diskutiert wurde, ergab ein zwiespältiges Bild. Einerseits sorgte das Wegfallen mehrerer zentraler Topoi der Vorkriegs- und Kriegszeit für einen ganz neuen Diskussionszusammenhang, andererseits zeigten sich im Detail dennoch Übereinstimmungen mit den Diskussionen der vorhergehenden Jahre, die über einzelne Anknüpfungen hinausgingen. Wie diese Kontinuitäten auf sprachlicher Ebene zu bewerten sind, inwiefern es sich bei den strukturellen Reformen, die vor 1945 diskutiert und nach 1945 umgesetzt wurden, in der Tat um dieselben handelte und wie das Zustandekommen etwaiger Kontinuitäten zu erklären ist, wird nun Gegenstand des letzten Teils dieser Arbeit sein.

IV. Hochschulreform und Modernisierung im 20. Jahrhundert

Die in der Besatzungszeit umgesetzten Reformen haben sich als außerordentlich nachhaltig erwiesen. So führte die Abschaffung der Eliteinstitution Oberschule und die Etablierung eines eingleisigen Systems bis Ende der Sekundarstufe dazu, dass bereits 1955 über 50 % der Grundschulabsolventinnen und -absolventen die Oberschule besuchten, 1965 waren es schon über 70 %, seit Beginn der 1990er Jahre sind es über 95 %.[45] Die Abschaffung der Höheren Fachschulen hat zu einer weit größeren äußeren Homogenität in der Tertiarstufe geführt. Allerdings blieben nicht nur die großen Unterschiede zwischen privaten und staatlichen Hochschulen sowie innerhalb der staatlichen Universitäten bestehen, sondern es entstand auch mit den Kurzzeit-Universitäten, an denen heute etwas mehr als 10 % aller Studierenden (v.a. Studentinnen) eingeschrieben sind, wieder eine institutionelle Differenzierung innerhalb der Tertiarstufe. Überdies wurden 1962 wieder Höhere Fachschulen *(kōtō senmon gakkō)* mit Zugangsmöglichkeit schon mit Mittelschulabschluss eingeführt, die jedoch bis heute eine marginale Rolle spielen, waren an ihnen doch nie mehr als 1 % aller Studierenden eingeschrieben.

Auch ist die Lehramtsausbildung bis heute alternativlos in die Universitäten eingegliedert. Der gleichberechtigte Zugang von Frauen zu den Universitäten schließlich bedurfte einiger Zeit, bis er sich quantitativ niederschlug: 1955 lag die Studienaufnahmequote für Frauen bei lediglich 5 %, im Vergleich zu 15 % bei den Männern. Die Quote wuchs in den folgenden Jahren stetig, und seit 1990 nehmen Frauen in Japan häufiger ein Studium auf als Männer. Allerdings tut dies fast die Hälfte (im Vergleich zu nur einem Zwanzigstel bei den Männern) an den Kurzzeit-Universitäten, so dass ein starker Geschlechterunterschied beim Universitätsbesuch bis heute bestehen bleibt. Selbst im Falle der Verwaltungsreform kann man von einer Nachhaltigkeit des Scheiterns sprechen: Erst im Jahre 2003 wurde durch landesweite Gesetzgebung zumindest für die staatlichen Universitäten einheitlich geregelt, wie die Verwaltungsstrukturen an Universitäten seit April 2004 gestaltet sein müssen.

1975 konnte Ulrich Teichler konstatieren, »die Struktur des japanischen Bildungswesens« sei seit den »Bildungsreformen unmittelbar nach Ende des Zweiten Weltkrieges [...] beinahe unverändert« geblieben (Teichler 1975: 133), ein Urteil, das auch noch auf den Zeitraum bis Ende der 1980er Jahre ausgedehnt Gültigkeit hat. Nun wurden die vier zuerst genannten weit reichenden und nachhaltigen Reformen zwar in der Besatzungszeit umgesetzt, jedoch bereits seit den 1920er Jahren eingeleitet. Hier sind die genauen Bruchlinien und Konti-

45 Zahlenangaben in diesem und dem nächsten Absatz aus Haasch 2000: 165, 324–325.

nuitäten für die einzelnen Reformbereiche noch einmal unter Hinzuziehung des Phasen-Modells der Politikfeldanalyse nachzuzeichnen (1.). Für die Frage, wie die Kontinuität über den Untersuchungszeitraum hinweg zustande gekommen ist, ist die Frage nach den beteiligten Personen besonders wichtig (2.); zur genaueren Bestimmung, wo die Grenze zwischen Gemeinsamkeiten von und Differenzen zwischen Vorkriegszeit und Nachkriegszeit liegt, ist eine Betrachtung der Inhalte und sprachlichen Vermittlung von Diskussionen hilfreich (3.). Abschließend ist zu fragen, welche Bedeutung die Befunde zum Hochschulwesen für das Bild der Geschichte Japans im 20. Jahrhundert haben. Durch die Auseinandersetzung mit dem Konzept der »zweiten Modernisierung« von Yamanouchi Yasushi gilt es, den Stellenwert von »Faschismus« und »Demokratie« für die Entwicklung des Hochschulsystems im 20. Jahrhundert näher zu bestimmen (4.).

1. Reformbereiche

Das Modell der Unterteilung eines politischen Entscheidungsprozesses in Phasen, wie es in der Politikfeldanalyse gebräuchlich ist, hilft dabei, einen solchen Prozess, die daran beteiligten Akteurinnen und Akteure sowie das Verbindende und Trennende zwischen den analysierten Phasen besser zu verstehen. Auch die Hochschulreform in Japan lässt sich in Initiierung, Formulierung, Entscheidung und Implementierung unterteilen. Für die behandelten Reformbereiche fielen die genannten Phasen in jeweils leicht unterschiedliche Zeiten, deren Abfolge und Zusammenhang untereinander auch für die Frage nach Kontinuitäten und Brüchen von Belang ist.

Abschaffung der Oberschulen

Erstmals aufgeworfen wurde die Idee, die Oberschule als nicht mehr in das System passende Schulform abzuschaffen, 1914 von dem ehemaligen Kultusminister Kikuchi Dairoku. Wirkmächtig wurde diese Ansicht aber erst, als sie sich seit Mitte der 1920er Jahre vor dem Hintergrund gewandelter sozioökonomischer Verhältnisse mit Argumentationen gegen den elitären Charakter der Oberschulen verband. Hier konstituierte sich erstmals ein zusammenhängender Diskurs gegen die Oberschulen, der das 1914 noch einzeln formulierte Anliegen in einen von vielen Gruppen und Einzelpersonen getragenen Reformvorschlag transformierte, welcher mit einer gleichsam standardisierten Argumentation verbunden war.

Auch die Argumente der Verteidiger der Oberschule waren nach ihrer ersten Artikulation Anfang der 1930er Jahre bald standardisiert: Die Oberschule biete eine wertvolle Erziehung, die in den Bereichen Allgemeinbildung und Fremdsprachen unersetzlich sei. Andere Argumente, sei es pro oder contra, wurden auch im Erziehungsrat nicht formuliert. Die Abschaffung der Oberschulen konnte sich im Erziehungsrat vor allem aus dem Grunde nicht durchsetzen, dass ihre Befürworter kein schlüssiges Konzept für eine institutionelle Umsetzung hatten. In dem auf konkrete Umsetzbarkeit bedachten Erziehungsrat waren so die Befürworter der Abschaffung bald in der Defensive, zumal die Verwirklichung ihrer Position auch substanzielle strukturelle Veränderungen in der Sekundarstufe nötig gemacht hätten, die aber nicht zustande kamen.

Die nach dem Krieg von CIE formulierte Kritik an den alten Oberschulen entsprach dem zweiten oben genannten Argument (elitärer Charakter). Dass die Oberschulen als eigenständige Institution im System überflüssig seien, spielte für die Argumentation von CIE hingegen keine Rolle. Umso wichtiger war dieses Argument für die japanische Seite, weil so auch Vertreter etwa der Kaiserlichen Universitäten, welche die Oberschule inhaltlich für bewahrenswert hielten, sich letztlich davon überzeugen ließen, der Abschaffung zuzustimmen. Die Diskussion im Komitee zur Erziehungsreform kreiste um dieselben Punkte wie in den vorangegangenen 20 Jahren: Elitecharakter und Systemanomalie vs. erzieherischer Wert. Wie schon im Erziehungsrat war im Komitee zur Erziehungsreform die institutionelle Dimension der Reform zunächst problematisch, doch mit der bereits reformierten Sekundarstufe gab es hier eine andere Grundlage, auf der die Entscheidung auch für die Abschaffung der alten Oberschule 1947 getroffen werden konnte.

Hatte es diese Entscheidung den einzelnen Institutionen noch offen gelassen, ob sie im neuen System zu Oberschulen oder Universitäten werden wollten, so zeigte sich in der Umsetzung der Wille der Schulen selbst, die ausnahmslos zu Bestandteilen der neuen Universitäten wurden. In ihrer neuen Gestalt waren die Oberschulen teils als Abteilungen oder Fakultäten für Allgemeinbildung für das Studium generale in den ersten beiden Studienjahren zuständig – womit praktisch die schon in den 1930er Jahren erhobene Forderung, die Oberschulen in Vorbereitungskurse für die Universitäten zu verwandeln, umgesetzt war. Die so geschaffenen Abteilungen für das Studium generale wiederum blieben ein Kennzeichen der japanischen Universitäten bis in die 1990er Jahre hinein.

Institutionelle Vereinheitlichung

Die Forderung, Höhere Fachschulen und Universitäten institutionell gleichzustellen, fand sich, häufig zusammen mit der nach der Abschaffung der Oberschule, erstmals in den 1920er Jahren. Das dominante Argumentationsmuster lautete, die Unterschiede zwischen beiden Institutionsformen seien so gering, dass die Differenzierung mit ihren Folgen (unterschiedlich prestigereiche Abschlussart) unnötig sei. War diese Position schon in der Reformdiskussion der 1920er und 1930er Jahre weniger weit verbreitet als etwa die Forderung nach Abschaffung der Oberschule, so wurde sie im Erziehungsrat fast gar nicht mehr ernsthaft diskutiert. Dort gerieten die Vertreter einer umfassenden Reform des Gesamtsystems schnell in die Defensive und vertraten bald nur noch abgemilderte Positionen wie die Umwandlung wenigstens eines Teils der Höheren Fachschulen in Ein-Fach-Universitäten.

Nach 1945 war es das Komitee japanischer Erzieher, welches im März 1946 als erstes klar die Forderung nach Überführung der Höheren Fachschulen in Universitäten wieder aufgriff, während der USEM-Bericht diese Frage noch offen gelassen hatte. Das Komitee zur Erziehungsreform machte sich die Position seines Vorgängergremiums zu eigen und beschloss im Dezember 1946 die Abschaffung der Höheren Fachschule als eigenständige Organisationsform. Strukturell war damit eine der Forderungen der frühen Reformdiskussion erfüllt; ein Unterschied in der Argumentation lag darin, dass die vor 1945 häufig anzutreffende Betonung der praktisch-fachlichen Elemente von höherer Bildung (gipfelnd in der Forderung der Überführung von Universitäten in Höhere Fachschulen) nach 1945 einer Betonung der allgemein bildenden Elemente wich. Das Idealbild der Tertiarstufe verschob sich also von der Höheren Fachschule zur Volluniversität.

Einzelne Höhere Fachschulen knüpften nach dem Beschluss des Komitees zur Erziehungsreform an Anstrengungen aus der Vorkriegszeit an, aus eigener Kraft Ein-Fach-Universitäten zu werden. Die materiellen Umstände erlaubten dies aber nur in Einzelfällen, während in den meisten Fällen außerhalb der großen Städte Verbunduniversitäten gegründet wurden, in welche die ehemaligen Höheren Fachschulen dann als eine Fakultät eingingen.

Unterschiede zwischen den Universitäten waren den Teilnehmern der Reformdiskussion vor 1945 zwar sehr wohl bewusst, aber fast niemand setzte sich für deren Aufhebung ein. Entsprechende Rufe verhallten auch nach 1945 ungehört, und sowohl in Fragen der Prestigehierarchie als auch hinsichtlich der staatlichen Finanzierung überdauerten die starken Binnendifferenzen der Vorkriegszeit die Besatzungszeit nahezu unverändert, wenn auch nun eher als »informelle Prestigehierarchie« denn als »formale Differenzen der Institutionen« (s. Teichler 1975: 154).

Lehramtsausbildung

Die Lehramtsausbildung erschien in den 1920er und 1930er Jahren als der vielleicht reformbedürftigste Bereich überhaupt. Allerdings gingen hier auch die Meinungen am weitesten auseinander: Einigkeit herrschte lediglich darüber, dass die Notwendigkeit bestand, etwas zu ändern. So reichten die Vorschläge von der Aufwertung der Pädagogischen Seminare zu Universitäten bis zu der Idee, die Lehramtsausbildung institutionell komplett aus dem Schulsystem auszugliedern. Am ehesten war noch die Position mehrheitsfähig, dass die Pädagogischen Seminare zu hinsichtlich Zugang und Ausbildungsdauer vollwertigen Höheren Fachschulen aufgewertet werden sollten. Die Meinung, Lehramtsausbildung sollte nicht an separaten Institutionen durchgeführt werden, war hingegen nur am Rande in der Reformdiskussion zu finden.

Der Erziehungsrat griff diese Diskussionen auf und einigte sich bald auf die Hochschulförmigkeit der Lehramtsausbildung, die dann kurz vor Kriegsende auch noch umgesetzt wurde. Mit der Aufwertung der Pädagogischen Seminare zu Pädagogischen Hochschulen waren die Ausgangsvoraussetzungen für das Neuaufgreifen der Diskussionen nach 1945 andere: Der Vorschlag, die Pädagogischen Hochschulen wie die Höheren Fachschulen auch zu Universitäten aufzuwerten, war nun viel nahe liegender als vom Status quo ante der Pädagogischen Seminare her betrachtet. Eine weitere Reformulierung des Reformvorhabens vollzog sich hinsichtlich der Problemdimension getrennte vs. integrierte Lehramtsausbildung. Hier waren zunächst die Vertreterinnen und Vertreter einer institutionell separaten Lehramtsausbildung sowohl unter denjenigen, die unabhängig mit Vorschlägen zur Reformdiskussion beitrugen, als auch im Komitee zur Erziehungsreform zahlreich. Das letztlich beschlossene und bis heute praktizierte Modell war insofern ein Kompromiss, als weiterhin separate Einrichtungen möglich waren, aber die integrierte Form der Hauptweg sein sollte.

Diese Lösung war auch ein von der Umsetzung diktierter Kompromiss: So waren es zwar gerade die materiell besser gestellten Pädagogischen Hochschulen, die für eine Fortexistenz ihrer institutionellen Unabhängigkeit eintraten, doch den zahlreichen kleineren Pädagogischen Hochschulen musste an einer Integration in eine größere Verbunduniversität gelegen sein, wäre doch sonst ihre Existenz bedroht gewesen. Von den vier erfolgreichen großen Reformvorhaben war die Entfernung zu den Reformplänen der 1920er und 1930er Jahre bei der reformierten Lehramtsausbildung am größten.

Hochschulzugang für Frauen

Die Gleichstellung der Höheren Mädchenschulen mit den Mittelschulen, die Schaffung von Oberschulen für Frauen, die Öffnung der bestehenden Universitäten für Frauen und die Einrichtung von Frauenuniversitäten waren Vorschläge, die Mitte der 1920er Jahre aufkamen, um das Niveau von Frauenbildung in Japan zu heben. Zwar waren einige dieser Punkte schon 1918 im Sonderausschuss für Erziehung angerissen worden, doch zu einer zusammenhängenden Diskussion mit einheitlicher Sprachregelung kam es erst in der zweiten Hälfte der 1920er Jahre. Dabei fiel die Zustimmung zu den verschiedenen Vorschlägen unterschiedlich aus. Befürworteten noch fast alle die Aufwertung der Höheren Mädchenschulen, so überwogen bei der Einrichtung von Oberschulen nur für Frauen die Zweifel.

Der Erziehungsrat machte sich jedoch auch diese Forderung zu eigen und darüber hinaus auch die nach Öffnung der bestehenden Universitäten für Frauen und nach Einrichtungen eigener nur für Frauen. Von den Empfehlungen wurde bis 1945 jedoch nur die der Angleichung in der Mittelstufe von der Regierung umgesetzt; die die Hochschulen betreffenden Empfehlungen hingegen wurden ignoriert. Nach Kriegsende dauerte es nicht bis zum 1946 erschienenen USEM-Bericht, der mit Nachdruck für die aktive Förderung von Mädchen und Frauen im Bildungssystem eintrat, bis die japanische Regierung aktiv wurde. Sie erklärte schon 1945 einen neuen Kurs in der Förderung von Frauen im Hochschulbereich, und noch unter dem alten System wurden Oberschulen und Universitäten grundsätzlich für Frauen geöffnet.

Die Diskussion im Komitee zur Erziehungsreform konnte sich im Folgenden darauf beschränken, ob zur besseren Förderung von Frauen Ausnahmen im System geschaffen werden sollten (Kurzzeit-Universitäten). Auch bei der Umsetzung spielte die Frage nach nur für Frauen anzubietenden Fächern (Haushaltswissenschaft) und nur Frauen zugänglichen monoedukativen Institutionen eine wichtige Rolle. Hier wirkte die Erbschaft der Vorkriegs- und Kriegszeit weiter, in der sich gerade die Vertreterinnen und Vertreter einer Stärkung von Frauen im Hochschulbereich für eine Förderung in separater Form eingesetzt hatten. Bei der Begründung spielte die »wesenhafte Verschiedenheit« von Frauen sowohl vor als auch nach 1945 eine entscheidende Rolle. Im Verbund mit der aktiven Hilfe durch CIE wurde so Haushaltswissenschaft als eigenständig eine Fakultät bildender Fächerkomplex anerkannt; in der Folge entstand ein eigener Hochschulsektor mit Universitäten nur für Frauen.

Verwaltungsreform

Die Notwendigkeit, die Bildungsverwaltung oder die Verwaltung einzelner Hochschulen zu reformieren, wurde vor 1945 nicht gesehen. Zwar findet sich hin und wieder die Äußerung, einzelne Ämter innerhalb des Kultusministeriums seien umzustrukturieren oder die Stellung des Kultusministeriums insgesamt sei zu stärken, doch eine kohärente Reformdiskussion entwickelte sich daraus nicht. Im Erziehungsrat wurden Vorstellungen wie ein effizienterer Zugriff des Kultusministeriums auf die einzelnen Schulen durch ein Block-System oder die dauerhafte Einrichtung eines zentralen Beratungsgremiums für Bildung diskutiert. Erst die USEM aber initiierte den Prozess der Verwaltungsreform 1946 mit ihrer Forderung, die bislang beim Kultusministerium gebündelten Machtbefugnisse müssten dezentralisiert werden.

Für den Hochschulbereich wurden diese Vorstellungen 1948 von CIE konkretisiert, das einen Gesetzesentwurf zur Verwaltung der neuen Universitäten vorlegte. Der zentrale Gedanke in diesem Entwurf, die Einrichtung von Kuratorien an den einzelnen Universitäten, war in der Diskussion völlig neu und wurde auf japanischer Seite von nahezu allen beteiligten Akteurinnen und Akteuren als zum japanischen System nicht passend kritisiert. Bei der Abwehr der US-amerikanischen Ideen im Hochschulbereich bediente sich die japanische Seite auch der schon im Erziehungsrat genannten Ideen in modifizierter Form. Insbesondere die

Verlagerung eines Teils der Kompetenzen des Kultusministeriums in ein zentrales nationales Gremium sollte den Reformeifer von CIE bremsen. Ursächlich für die starke Ablehnung auf japanischer Seite war der feste Glaube daran, dass lokale Beamte und Vertreter des lokalen Establishments unfähig wären, die Verwaltungsgeschäfte einer Universität zu führen – eine Ansicht, die auch schon im Erziehungsrat ihren Ausdruck gefunden hatte.

Wenn es also in puncto Verwaltungsreform eine Kontinuität gab, dann lag diese darin, dass die japanische Seite der Übernahme von Verantwortung durch lokale Akteurinnen und Akteure misstraute und das staatliche Universitätswesen für eine nationale Angelegenheit hielt, die durch die Zentralebene zu regeln sei. Diese Haltung war unvereinbar mit dem Kern dessen, was für CIE die wünschenswerte Gestalt der Hochschulverwaltung ausmachte, weshalb auch mehrere Versuche, Kompromisse zu finden, letztlich scheiterten.

Zusammenfassung

Alle nach 1945 umgesetzten Hochschulreformprojekte wurden Mitte der 1920er Jahre initiiert (1. Phase). Reformpläne von Parteien, Lobbygruppen oder unabhängigen Einzelpersonen brachten die jeweiligen Ideen als erste in die Diskussion. In dieser Diskussion, zu der die Beratungen im Erziehungsrat zu zählen sind, bildeten sich schnell die wesentlichen Argumente für und gegen die jeweiligen Vorschläge aus, so dass sich ein recht genau abgrenzbares Feld an möglichen Formulierungen herausbildete (2. Phase). Bis auf Teilbereiche der Lehramtsausbildung blieb die Entscheidung über die Reform aber nach Auflösung des Erziehungsrates offen: Entweder war das Reformvorhaben vom Erziehungsrat gar nicht erst ausdrücklich aufgegriffen worden oder die von ihm ausgesprochene Empfehlung wurde von der Regierung ignoriert. Nach einer kurzen Phase weiterer Diskussionen und teilweiser Umformulierung oder Rekontextualisierung nach 1945 war es dem Komitee zur Erziehungsreform überlassen, 1946 (Höhere Fachschulen) bzw. 1947 (Oberschulen, Lehramtsausbildung) über die Reformvorhaben endgültig zu entscheiden (3. Phase). Nach weiteren Entscheidungen über untergeordnete Probleme, wie die Zukunft einzelner Institutionen, durch CIE und das Kultusministerium 1947/48 begann die Umsetzung vor Ort 1948 (4. Phase). Lediglich im Falle der Verwaltungsreform sah der Ablauf anders aus: 1946 initiierte die USEM die Diskussion über diesen Reformbereich, 1948 wurden die zentralen Argumente formuliert (Kuratorium vs. zentrales Beratungsgremium), die Entscheidung wurde jedoch de facto vertagt, indem über den letzten 1951 vom Kultusministerium vorgelegten Entwurf nie abgestimmt wurde.

Die wesentlichen Elemente der Hochschulreformen der Besatzungszeit lassen sich also auf einen seit Mitte der 1920er Jahre laufenden Prozess zurückführen. Die Besatzungszeit, einschließlich der Anwesenheit und der Rahmenvorgaben von CIE, lieferten einen günstigen Rahmen für die Entscheidung zugunsten dieser Reformprojekte. Doch Kontinuitäten sind nicht bloß auf rein struktureller Ebene sichtbar, sondern auch bei den Trägern und Trägerinnen der Reform festzustellen, insbesondere zwischen den an den Reformdiskussionen der 1920er und 1930er Jahre Beteiligten, den Mitgliedern des Erziehungsrates und den Mitgliedern des Komitees zur Erziehungsreform.

2. Personelle Kontinuität

Um die starke Kontinuität auf struktureller Ebene zu erklären, ist der Hinweis auf personelle Kontinuitäten ein möglicher Ansatz. Viele der für die Reformdiskussion vor 1945 zentralen Personen spielten aber nach 1945 keine oder nur eine kleine Rolle. So starb Abe Shigetaka, maßgeblicher Ideenlieferant für die Kyōiku Kenkyūkai, bereits 1939, und viele derjenigen Mitglieder, die die Diskussionen im Erziehungsrat entscheidend beeinflussten, traten nach 1945 nicht mehr öffentlich in Erscheinung (so etwa Tadokoro Yoshiharu oder Mikuniya Sanshirō). Nur eine einzige Person aus dem Erziehungsrat war auch Mitglied im Komitee zur Erziehungsreform, dies allerdings in peripherer Position: Shiio Benkyō, Rektor der buddhistischen Taishō-Universität, war im Komitee zur Erziehungsreform außerordentliches Mitglied im Unterausschuss für Religionsfragen von 1948 bis 1949. Auch waren die sichtbarsten Vertreter der Erziehungsreformen nach 1945, allen voran Nanbara Shigeru, aber auch Amano Teiyū, Morito Tatsuo oder Abe Yoshishige, vorher in der Bildungspolitik nicht aktiv gewesen.

Überdies war die Zusammensetzung der beiden Beratungsgremien sehr unterschiedlich: Eine große Zahl der Mitglieder des Erziehungsrates waren entweder Vertreter von Kaiserlichen Universitäten oder Absolventen dieser, also zugleich auch Absolventen von Oberschulen. Dagegen saßen im Komitee zur Erziehungsreform viele Vertreterinnen und Vertreter von Höheren Fachschulen oder Einrichtungen unterer Schulstufen, die keine persönliche Erfahrung an der Oberschule hatten, woraus sich auch die deutlich geänderte Grundstimmung zur Oberschule im Komitee zur Erziehungsreform erklärt. Schließlich waren vier der 49 Mitglieder des Komitees zur Erziehungsreform Frauen, wogegen es im Erziehungsrat nur eine einzige von 65 Mitgliedern gewesen war. Dennoch ist ein genauerer Blick auf die weitere Laufbahn der Mitglieder des Erziehungsrates und auf die Vorkriegs-Erfahrungen der Mitglieder des Komitees zur Erziehungsreform angebracht.

Waren im Erziehungsrat zahlreiche Politiker Mitglied, die während der verbleibenden Jahre bis 1945 Karriere machen sollten, so war die Zahl derjenigen, die noch nach 1945 in hohen Posten zu finden sein würden, deutlich niedriger, obschon von den 115, für die Lebensdaten vorliegen, nur 25 bis 1945 starben. Hervorzuheben ist allerdings, dass drei Mitglieder nach 1945 Kultusminister wurden: Takase Sōtarō von 1948 bis 1949, Ōdachi Shigeo von 1953 bis 1954 und Andō Masazumi von 1954 bis 1955. Letzterer war schon zu Beginn der 1930er Jahre in seiner Partei als Experte für Bildungspolitik aktiv und trug maßgeblich zu den Entscheidungen im Erziehungsrat bei. Zahlreiche weitere ehemalige Mitglieder des Erziehungsrates waren in den 1950er und 1960er Jahren in gesellschaftlichen Spitzenpositionen. Am häufigsten finden sich Parlamentsabgeordnete (in der Regel für die Liberaldemokratische Partei oder eine ihrer Vorgängerparteien), Funada Naka brachte es innerhalb der LDP sogar bis zum stellvertretenden Parteivorsitzenden, Miura Kazuo war zwischen 1958 und 1959 Agrarminister. Auch außerhalb der Politik fanden sich zahlreiche der Ausschussmitglieder nach 1945 in Spitzenpositionen wieder, so z.B. als Präsident der staatlichen Wohnungsbaugesellschaft Nihon Jūtaku Kōdan (Hazama Shigeru), als Vorsitzender des »Zentralverbandes von Agrargenossenschaften« (Zenkoku Nōgyō Kumiai Chūōkai) (Hasumi Yasushi), als Vorsitzender des Industriedachverbandes Keidanren (Uemura Kōgorō), als Botschafter in Taiwan (Yoshizawa Kenkichi) oder als Direktor des Verlages der Zeitung *Kumamoto nichinichi shinbun* (Izu Tomito).

Für die Frage der direkten Kontinuität zur Bildungspolitik der Besatzungszeit ist hervorzuheben, dass Yoshida Shigeru, der in fünf Jahren der sieben Jahre dauernden Besatzungszeit das Amt des Premierministers bekleidete (1946–47, 1948–49, 1949–52), in Bildungsfragen Berater konsultierte, die schon vor 1945 mit der Bildungsreform befasst waren. Dies wird von dem Kultusminister während der dritten Yoshida-Regierung, Amano Teiyū (im Amt 1950–52), bezeugt: Yoshida habe einen kleinen Beratungszirkel zu Bildungsfragen eingerichtet, dem neben Amano auch Takase Sōtarō, Amanos Amtsvorgänger zu Beginn der dritten Yoshida-Regierung, und Koizumi Shinzō, Präsident der Keiō-Universität von 1933 bis 1947 und Erziehungsberater des Tenno seit 1949, angehört hätten (Amano 1979: 82). Koizumi war wie Takase Mitglied im Erziehungsrat gewesen.

Doch auch auf der unterhalb der politischen Ebene angesiedelten Verwaltung gab es personelle Kontinuität. So war Arimitsu Jirō, Staatssekretär im Kultusministerium von Februar 1947 bis Oktober 1948 und häufiger Verhandlungspartner von CIE sowie außerordentliches Mitglied des Rates zur Erziehungsreform zwischen 1950 und 1951, Ende der 1930er Jahre als Sekretär des Kultusministeriums zuständiger Verwaltungsbeamter für den Erziehungsrat. Haruyama Junnosuke, Leiter der für Universitäten zuständigen Abteilung im Kultusministerium von 1948 bis 1949, war im Erziehungsrat vom Büro für Unterrichtsangelegenheiten der höheren Schulstufen *(senmon gakumu kyoku)* delegierter Protokollant. Obwohl also, wie der Zeithistoriker Myōjin Isao feststellte, nur ein Viertel der 1947 im Kultusministerium Beschäftigten dort schon 1942 beschäftigt war (Myōjin 1997: 254), gab es sowohl auf politischer Leitungs- wie auf unterer Verwaltungsebene personelle Kontinuitäten von der Kriegs- in die Besatzungszeit hinein.

Auf die Erfahrungen, die Mitglieder des Komitees zur Erziehungsreform in der Zeit vor 1945 machten, haben bereits die Bildungshistoriker Suzuki Eiichi und Kasai Hisashi (1990: 373–374) hingewiesen. Doch die Mitglieder waren nicht nur allgemein dem Einfluss der Trends der Taishō- und frühen Shōwa-Zeit unterworfen, sondern waren zum Teil aktiv an den Bildungsdiskussionen dieser Zeit beteiligt. Obwohl nur ein Mitglied des Komitees zur Erziehungsreform bereits Mitglied im kriegszeitlichen Erziehungsrat gewesen war, waren dennoch einige Mitglieder des neuen Komitees mit den Diskussionen der 1920er und 1930er Jahre gut vertraut, gehörten sie doch selbst zu den Protagonisten der damaligen Debatten. Dies gilt insbesondere für eine Reihe von Mitgliedern, die in den 1930er Jahren zeitweise mit der Kyōiku Kenkyūkai zusammenarbeiteten, darunter Kido Mantarō, Ōshima Masanori und Sano Toshikata. Kido, 1893 geboren, war 1931 bis 1933 zusammen mit Abe Shigetaka und anderen Herausgeber der 20-bändigen Reihe »Iwanami Kurs Erziehungswissenschaften«, welche maßgeblich zur Etablierung der Erziehungswissenschaft als wissenschaftliche Disziplin in Japan beitrug. Er war ferner Herausgeber der pädagogischen Fachzeitschrift *Kyōiku* in den 1930er Jahren, und gehörte somit zu denjenigen Personen die sich in den 1930er Jahren am intensivsten mit dem Erziehungssystem befassten. Er zeichnete für den in *Kyōiku* 1937 veröffentlichten Reformplan (#50) verantwortlich und war nachweislich 1937 und 1939 in der Kyōiku Kaikaku Dōshikai aktiv, wo ihn Abe eingeführt hatte (Shōwa Dōjinkai 1968: 179). Nach dem Krieg war er nicht nur von 1946 bis 1948 Mitglied im Komitee zur Erziehungsreform und gehörte dort drei Sonderausschüssen an, sondern beeinflusste die japanische Erziehungslandschaft weiter als Dekan der Fakultät für Erziehungswissenschaften an der Universität Hokkaidō (seit 1951) und als Rektor der Gakugei-Universität Hokkaidō (seit 1963).

Der 1880 geborene Ōshima war in den 1920er und 1930er Jahren Leiter des Büros für Erziehung der Stadt Tokyo und Professor an der Kaiserlichen Universität Tokyo. In letzterer Eigenschaft schrieb er 1934 für die Universitätszeitung einen Artikel über Bildungsreformen; schon seit 1931 war er Mitglied der Kyōiku Kenkyūkai, in deren Nachfolgeorganisation Kyōiku Kaikaku Dōshikai er 1937 eines der elf regulären Mitglieder war. 1946 war er zunächst Mitglied im Komitee japanischer Erzieher, welches zur Zusammenarbeit mit der USEM gegründet worden war, und dann bis zu seinem Tod im April 1947 Mitglied im Komitee zur Erziehungsreform. Hier war er nicht nur Mitglied in zwei Unterausschüssen, wobei er in einem den Ausschussvorsitz innehatte, sondern auch von September 1946 bis zu seinem Tod eines der drei Mitglieder im »Verbindungskomitee«.

Sano, ebenfalls 1880 geboren, hatte nicht nur selbst einen Beitrag zu der Reformdiskussion der Vorkriegszeit verfasst (#59), sondern hatte wohl auch den Reformplan des Ingenieurverbandes, dessen aktives Mitglied er seit den 1920er Jahren war, von 1934 (#34) beeinflusst. Nach dem Krieg wurde Sano 1946 Präsident dieses Verbandes und zugleich Vorsitzender des Lehrendenverbandes Nihon Kyōikukai, Nachfolgerin der Teikoku Kyōikukai. Im Komitee zur Erziehungsreform saß Sano von dessen Gründung bis zu dessen Aufhebung, wo er zudem Mitglied in nicht weniger als elf Sonderausschüssen, in zwei davon als Vorsitzender, war.

Auch Toda Teizō, Professor an der Fakultät für Literaturwissenschaften der Universität Tokyo, war in den 1930er Jahren als Mitglied der Forschungsgesellschaft für Probleme von Agrardörfern (Nōson Mondai Kenkyūkai), einer Schwestervereinigung der Kyōiku Kenkyūkai, im Umfeld der Shōwa Kenkyūkai aktiv gewesen. Er hatte 1931 in der Zeitung der Universität Tokyo zu Problemen des Bildungssystems publiziert, war 1934 Mitglied des Ausschusses seiner Fakultät zur Abwehr des Plans, Pädagogische Universitäten zu gründen, und 1937 Mitunterzeichner bei der Kyōiku Kaikaku Dōshikai. Wie Sano war Toda Mitglied im Komitee zur Erziehungsreform, solange dieses bestand, und war in zehn Sonderausschüssen vertreten, in zwei davon als Vorsitzender.

Ebenfalls bereits in den 1930er Jahren in der Bildungsreformdiskussion an die Öffentlichkeit getreten war Yano Kanjō. Er hatte 1937 als Rektor der Höheren Fachschule für Wirtschaft Hikone eine Rede über das Verhältnis von Höheren Fachschulen und Universitäten vor der Siebten Weltkonferenz für Erziehungswissenschaften in Tokyo gehalten. Während seiner Zeit als Mitglied des Komitees zur Erziehungsreform war er Präsident der privaten Universität Meiji Gakuin. Im Komitee war er in elf Sonderausschüssen aktiv, in einem davon als Vorsitzender, ferner war er Mitglied des »Verbindungskomitees«.

Fünf der aktivsten Mitglieder im Komitee zur Erziehungsreform waren also bereits sichtbar an der Reformdiskussion der 1920er und 1930er Jahre beteiligt gewesen. Doch auch vier der acht Kultusminister während der Besatzungszeit hatten durchaus einschlägige Erfahrungen. Maeda Tamon, Kultusminister von 1945 bis 1946, war 1933 beim ersten Treffen der Shōwa Kenkyūkai anwesend (Shōwa Dōjinkai 1968: 10) und 1937 Mitunterzeichner bei der Kyōiku Kaikaku Dōshikai. Tanaka Kōtarō, Kultusminister von 1946 bis 1947, war 1933 an der Universität Tokyo, wo er Professor war, für seine Fakultät (Jura) Mitglied eines Gremiums, das die Reform der eigenen Institution diskutierte. Shimojō Yasumaro, von 1948 bis 1949 Kultusminister, war schon Mitglied des Sonderausschusses für Erziehung zur Zeit des Ersten Weltkriegs gewesen. Takase Sōtarō, von 1949 bis 1950 Kultusminister, war Mitglied im Erziehungsrat gewesen, dort allerdings kaum aktiv. Zwei weitere Kultusminister der 1950er Jahre, der von 1953 bis 1954 amtierende Ōdachi Shigeo und der von 1954 bis 1955 amtierende Andō Masazumi waren, wie oben erwähnt, ebenfalls Mitglied im Erziehungsrat gewesen.

Ein weiterer Bereich wichtiger personeller Kontinuitäten lässt sich bei den Lobbyistinnen für höhere Frauenbildung identifizieren, worauf schon Ishii Runa hingewiesen hat (2002: 19–20). Die Vertreterinnen von Frauenhochschulen der 1920er und 1930er Jahre wie Yoshioka Yayoi, Inoue Hide, Kawai Michi, Hoshino Ai oder Koizumi Ikuko waren es, die sich nach 1945 zu einflussreichen Lobbyverbänden zusammenschlossen, teilweise im Komitee zur Erziehungsreform Mitglied waren und auch die vorzeitige Aufwertung einiger Höherer Fachschulen für Frauen zu Universitäten neuen Systems 1948 bewirken konnten. Sie waren auch verantwortlich für die oben konstatierte Kontinuität bei der Argumentation für Monoedukation in der Tertiarstufe.

Insgesamt ergibt der Blick auf personelle Kontinuitäten ein ambivalentes Bild: Zwar bestanden genügend Verbindungen, die eine gute Kenntnis der Vorkriegsdiskussionen auch unter den maßgeblichen Akteurinnen und Akteuren der Nachkriegspolitik plausibel erscheinen lassen, doch waren die herausragenden Protagonistinnen und Protagonisten der Zeit vor 1945 nach Kriegsende nicht aktiv und vice versa. Statt bei Nanbara oder den Kultusministern sind die Kontinuitäten eher bei in der zweiten Reihe stehenden Personen wie Toda, Ōshima, Kido, Sano oder Yano zu finden. Die personelle Kontinuität war also nicht so bedeutend, dass sich die Verbindungslinien von den 1920er und 1930er Jahren in die Nachkriegszeit selbstverständlich ergeben und auf Anhieb sichtbar sind.

Dennoch sind strukturelle und personelle Kontinuitäten bei genauerem Hinsehen so aufällig, dass sich die Frage aufdrängt, warum sie bisher kaum gesehen wurden. Schon in der Besatzungszeit selbst finden sich nur sehr am Rande Verweise auf die Diskussionen der 1920er und 1930er Jahre. Toda Teizō war in diesem Sinne eine Ausnahme, wenn er 1950 schrieb:

> Das höchste Ziel der Bildungsreformen [der Nachkriegszeit] war die Chancengleichheit in der Erziehung. Das 6-3-System wurde passend zu diesem Prinzip der Chancengleichheit errichtet. Ein Teil der Leute glaubt, dieses 6-3-System sei einfach die Nachahmung eines ausländischen Bildungssystems, doch es entstand nicht nur auf Andeutungen *[sazesshon]* aus dem Ausland hin. Natürlich gab es nach Kriegsende einige Andeutungen zu unserem Bildungssystem durch die USA. Doch zehn oder zwanzig Jahre vor diesen Andeutungen wurden in unserem Land Bildungsreformpläne hervorgebracht, die auf dem Standpunkt der Chancengleichheit in der Erziehung standen, und Pläne, die dem jetzigen 6-3-System sehr nahe waren, lagen auf den Schreibtischen der Gebildeten der Zeit (Toda 1950: 2).

Mehrere Faktoren können erklären, warum solche Aussagen in der Minderheit blieben. Zum einen richtete sich die konservative politische Elite seit den 1950er Jahren (bis in die Gegenwart) gegen viele inhaltliche Aspekte des neuen Bildungssystems. Rhetorisch war es einfacher, diese als Ergebnis fremder Einmischung darzustellen, auf dessen Gestaltung man wenig Einfluss gehabt habe (s. auch Teichler 1975: 149). Zum anderen erschienen speziell die Ergebnisse der Reformen im höheren Bildungswesen in den 1950er und 1960er Jahren desaströs, weil zahlreiche neue Universitäten entstanden waren, die diese Bezeichnung in den Augen der Öffentlichkeit nicht verdienten. Auch hier war es für die politische Elite wieder bequem, die Schuld für das Versagen Fremden anzulasten. Beispielhaft für die zahlreichen Äußerungen dieser Art ist die des ehemaligen Kultusministers Kennoki Toshihiro aus dem Jahre 1975: »War es nicht ein Fehler, die Hochschulerziehung in die Universitäten neuen Systems nach US-Vorbild zu überführen?« (NK 1975: 83).

Doch nicht nur die Politik, auch die historische Forschung hat diese Einschätzung bisweilen übernommen (so z.B. in deutlichen Worten Tsuchimochi 2006: 1, 387) und die genannten Kontinuitäten bislang entweder übersehen oder ihnen wenig Bedeutung beigemessen. Hierfür waren komplexere Gründe ursächlich, die damit zu tun haben, dass bestimmte Inhalte und Werte für konstitutiv für das Bildungssystem der Vorkriegs- und Kriegszeit gehalten wurden und andere für das der Nachkriegszeit. Durch die sehr strikte Gegenüberstellung dieser Inhalte und Werte wurden die ebenfalls existierenden Gemeinsamkeiten überdeckt. Eine Analyse der Kontinuität im Reformdiskurs kann weitere Hinweise auf diese Werte geben.

3. Sprachliche Kontinuität

In den Bildungsinhalten und -zielen, soweit sie sprachlich artikuliert wurden, unterschieden sich die Zeiten vor und nach 1945 erheblich. Auch wenn die Anteile von Fachbildung und Allgemeinbildung an den Curricula der Hochschulen sich entgegen dem äußeren Anschein kaum veränderten, so waren diese Bereiche doch sehr verschieden gefüllt. Alle militaristischen Elemente sowie Indoktrination durch Moralkunde waren nach 1945 aus den Stundenplänen verschwunden; stattdessen gab es jetzt ein gesellschaftswissenschaftliches Fach Staatsbürgerkunde. Ebenso sollte Schulunterricht nicht länger der Abwehr »gefährlicher Gedanken« oder der Kultivierung eines spezifischen »japanischen Geistes« dienen, sondern, so sah es zumindest das Erziehungsgrundgesetz vor, der Erziehung mündiger Staatsbürger und -bürgerinnen für die Demokratie.

Dennoch lassen sich gerade bei der Formulierung von Bildungszielen Kontinuitäten zwischen den 1920er und 1930er Jahren einerseits und der Besatzungszeit andererseits finden. Diese entstammen insbesondere dem Motivkomplex Gleichheit, worunter die Forderung nach der Abschaffung von Privilegien ebenso wie die nach Chancengleichheit fällt. Die außerordentliche Popularität des Begriffs in der Diskussion über das Bildungssystem während der 1970er Jahre hat den Blick dafür verdeckt, dass der Begriff nicht nur älter ist, sondern auch schon Zeiten breiterer Anwendung hinter sich hat. Norbert Frei etwa hält ihn für einen »komplexe[n], politisch eindeutig verortete[n]« Begriff und seine Bezugnahme auf die 1930er Jahre in Deutschland für eine »Verwendung […] außerhalb [seines] historischen Kontexts« (Frei 1993: 376). Tatsächlich stammt der Gedanke aus der Zeit der Französischen Revolution (zuerst 1793 von Antoine Condorcet artikuliert) und wurde zu einer der Grundüberzeugungen der liberalen ökonomischen Theorie im 19. Jahrhundert. Die Begriffsschöpfungen *equality of opportunity* und *égalité des chances* tauchten zuerst gegen Ende des 19. Jahrhunderts auf, und auch das deutsche »Chancengleichheit« (obschon erst in den 1980er Jahren in den *Duden* Einzug haltend) lässt sich schon zu Beginn des 20. Jahrhunderts belegen. Auch im Japan der 1920er Jahre findet der Begriff Anwendung auf die gesellschaftliche Stellung einzelner Gruppen, und dies, ohne dabei »politisch eindeutig verortet« gewesen zu sein.

Das Bewusstsein für diese Tatsache ist in der Nachkriegszeit nicht sehr ausgeprägt gewesen, auch wenn das im vorigen Abschnitt wiedergegebene Zitat von Toda Teizō anderes vermuten lässt. So erklärt die Bildungshistorikerin Murata Suzuko wie folgt, warum 1934 keine Frauenuniversität eingerichtet wurde, obwohl das Komitee zur Untersuchung des Systems der Lehramtsausbildung dies empfohlen habe:

> Es war noch zu früh dafür. So etwas wie die Forderung nach Chancengleichheit für Männer und Frauen wurde, vom Zustand der allgemeinen Gesellschaft im damaligen Japan aus betrachtet, sowohl politisch als auch rechtlich überhaupt nicht anerkannt. Gerade unter den Berufstätigen meinten viele damals noch, höhere Bildung für Frauen sei die Zerstörung des Familiensystems (Murata 1980: 153).

Der Erziehungswissenschaftler Kaigo Katsuo legte im »Lexikon der Erziehungswissenschaft« *(Kyōikugaku Jiten)* aus dem Jahre 1955 in dem Artikel »Moderne Erziehung« dar, warum er Chancengleichheit für ein mit der Zwischenkriegszeit inkompatibles Wesenselement moderner Erziehung hielt:

> Wenn man die Besonderheiten moderner Erziehung aufzählt, so lässt sich an erster Stelle sagen, dass diejenigen Erziehungseinrichtungen, die bislang unter dem Monopol der herrschenden Klassen gestanden hatten bzw. im Besitz von Kirche und Gilden gewesen waren, allmählich unter die Kontrolle von Staat und regionalen Gebietskörperschaften gerieten. Auch bezüglich der Erziehung der Kinder aus dem Volk entstand der Gedanke öffentlicher Erziehung in Ablösung vom Barmherzigkeitsideal. Bildungshindernisse durch Stand und Klasse wurden beseitigt und es kam dazu, dass die Forderung nach Chancengleichheit der Erziehung, die auf den Grundsätzen von Freiheit und Gleichheit basiert, auch rechtlich anerkannt wurde. Kostenlose Pflichterziehung, Ausweitung der Länge der Pflichterziehung, Ausweitung der Mittelschulerziehung und eine bis dahin nicht gesehene Verbreitung von Erziehung wurden verwirklicht (in: Heibonsha 1955: 216–217).

Einige Zeilen weiter hieß es:

> Nach dem Ersten Weltkrieg erschien in den Ländern, die als Faschismus charakterisiert werden, eine Tendenz, die moderne Erziehung negierte. Die Individualität und Spontaneität der Schüler wurde ignoriert, es wurde auf einen bestimmten Menschentyp hin erzogen *[kunren]*, statt des Intellekts wurde der Instinkt für wichtig gehalten und rassitische und exklusionistische Erziehung wurde durchgeführt. Ferner wurde ein vormodernes Menschenbild als Ideal angestrebt und Modernes verachtet (in: Heibonsha 1955: 217).

Dass mit Kaigo jemand, der seit 1934 als Erziehungswissenschaftler publiziert hatte, es schon 1955 für selbstverständlich hielt, dass die »Tendenz« der faschistischen Erziehung die moderne Erziehung, die sich u.a. Chancengleichheit auf die Fahnen schreibe, »negiert«, lässt sich wohl nur dadurch erklären, dass nach 1945 eine neue Assoziation mit dem Begriff wirksam wurde, die so stark war, dass sie keine andere zuließ. Ursache dafür war wohl die ausdrückliche Verankerung von Chancengleichheit im Erziehungsgrundgesetz von 1947 und die indirekte in Artikel 26 der Verfassung von 1947. Der gemeinsame Eindruck von Erziehungsgrundgesetz und Verfassung führte dazu, dass der Begriff »Chancengleichheit« nach 1945 stets automatisch mit der Nachkriegszeit in Verbindung gebracht wird.

Wie oben gezeigt wurde, lässt sich eine breite Verwendung dieses Begriffs jedoch auch schon für die 1920er und 1930er Jahre, außerhalb des Zusammenhangs der »demokratisierenden« besatzungszeitlichen Reformen, nachweisen (nicht jedoch schon vorher, Itō 1993: 169). Allerdings war hier nicht die klassische liberale Chancengleichheit gemeint, die als rein formale nur negativ die Abwesenheit von Hindernissen bedeutete und v.a. im angelsächsischen Raum als »Gleichheit der Chance, ungleich zu werden«, theoretisiert worden ist (vgl. z.B. Tawney 1931: 100–111). Vielmehr ging es im Bildungsreformdiskurs zwischen 1925 und 1938 um eine positive, materielle Chancengleichheit, für deren Realisierung der Staat angerufen werden muss. So erklärt sich, dass Gotō Fumio, einer der Protagonisten der Kyōiku Kenkyūkai und später Mitglied des Erziehungsrates, im Rückblick 1968 festhielt, die beiden Hauptziele der Kyōiku Kenkyūkai seien Chancengleichheit und größere staatliche Planung im Erziehungssystem gewesen (in: Shōwa Dōjinkai 1968: 187). Aus dieser etatistischen Einstellung ergibt sich auch, dass das Eintreten für Chancengleichheit einherging mit einer gleichzeitigen Befürwortung der starken Indienstnahme von Erziehung durch den Staat und mit einem ausgeprägten, nicht selten übersteigerten Nationalismus. Beides scheint zunächst nicht zu »Chancengleichheit« zu passen. Tatsächlich sollte die Chance zur gleichen Teilhabe am Bildungssystem gerade dazu dienen, diejenigen Teile der Bevölkerung für die nationale Sache dienstbar zu machen, die bislang davon ausgeschlossen waren, sei es aus Mangel an finanziellen Mitteln, wegen ihres Geschlechts oder aufgrund ihrer peripheren Wohnlage.

Als indirekte Ursache für das Aufkommen des Chancengleichheits-Diskurses in den 1920er Jahren sieht der Bildungshistoriker Itō Akihiro Bestrebungen, den sich seit Ende des Ersten Weltkrieges verschärfenden Konflikt zwischen Kapital und Arbeit harmonisch zu lösen (Itō 1993: 170). Die um das Wohl der Gesamtgesellschaft besorgten Teilnehmer an der Bildungsreformdiskussion hatten demnach also die Besserung der sozialen Lage des schlechter gestellten Teiles der Gesellschaft durch erhöhte Bildungspartizipation im Sinn, um offene gesellschaftliche Auseinandersetzungen zu verhindern. In diesem Sinne scheinen Forderungen nach Chancengleichheit sogar in die Nähe von Sorgen vor der Ausbreitung gefährlicher Gedanken zu rücken. Vor 1945 war der Gleichheitsdiskurs in der Bildung nur selten mit dem Wunsch nach freier Entfaltung von Individuen verbunden. Hierin unterscheidet er sich wesentlich von dem nach 1945; obwohl sich also die strukturellen Vorschläge vor und nach 1945 ähnelten, zielten sie im Wesen auf jeweils Verschiedenes. Eine Verbindung besteht allerdings insofern, als auch nach 1945 das etatistische Element stark blieb und Vorstellungen von freier individueller Entfaltung als oberstem Ziel von Bildung, obgleich ausdrücklich so im Erziehungsgrundgesetz festgehalten, nicht unbedingt handlungsleitend für Akteurinnen und Akteure im Bildungswesen wurden.

4. Faschismus und Modernisierung im Japan des 20. Jahrhunderts

Was bedeutet der Nachweis von Kontinuitäten bei der Reform des Hochschulwesens von den 1920er bis zu den 1950er Jahren für die japanische Geschichte des 20. Jahrhunderts? Zunächst hat die Untersuchung wertvolle Hinweise für eine Neubewertung des Problems ergeben, ob und wie der Begriff Faschismus auf den japanischen Fall angewandt werden kann (hierzu ausführlicher Krämer 2005a). Die auffällige Betonung sozialer Gleichheit, wie sie in den 1930er Jahren sowohl in den strukturellen Vorschlägen zur Ausweitung von Bildungszugang wie auch in deren sprachlicher Fassung aufscheint, ist bislang fast völlig übersehen worden. Sie legt aber nahe, das Japan der 1930er Jahre nicht einfach als von der Fortsetzung der militaristischen und autoritären Politik der Meiji-Zeit bestimmt zu begreifen, sondern als von einer neuen Auffassung über die Rolle der Individuen in der Gesellschaft geprägt. Zwar waren die Japanerinnen und Japaner weiterhin Untertanen des Tenno, doch nun wurde wichtig, dass darin alle gleich waren: Soziale Unterschiede sollten bei der Konstitution der Nation keine so große Rolle mehr spielen wie bisher; die Politik einer »Einbindung des Volkes« formulierte die Überwindung der Klassengrenzen als Ziel. Die Rhetorik von sozialer Gleichheit, wie sie gerade im Bildungsreformdiskurs prägnant war, hatte die wichtige Funktion, eine »Volksgemeinschaft«[46] zu erzeugen – diese Einsicht entkräftet einen weiteren Einwand gegen die Anwendung des Faschismusbegriffs auf Japan, nämlich das Fehlen innenpolitischer Repression. Man kann sagen, dass der japanische Faschismus in der Schaffung einer vorgestellten »Volksgemeinschaft« so erfolgreich war, wie es Götz Aly für Deutschland behauptet hat (Aly 2005), weshalb Repression eine weit geringere Rolle spielte als für autoritäre Regimes üblicherweise nötig.

Mit einer Neubewertung des Faschismusproblems stellt sich auch die Frage, welcher Stellenwert den 1930er Jahren (und, damit zusammenhängend, der Besatzungszeit) im Gesamtbild der japanischen Geschichte des 20. Jahrhunderts zukommt. Der Sozialwissenschaftler Yamanouchi Yasushi hat Kontinuitäten von der Kriegszeit zur Nachkriegszeit zu theoretisieren versucht, indem er die »zweite Modernisierung« *(gendaika)* in den Ländern Europas, den USA und Japan im 20. Jahrhundert seit der Zeit des Zweiten Weltkrieges als entscheidend für den Wandel von der Klassengesellschaft des 19. Jahrhunderts zur »Systemgesellschaft« betrachtet. Der Befund dieser Arbeit deckt sich insofern mit den Überlegungen Yamanouchis, als der Stellenwert der Besatzungszeit geringer erscheint als gemeinhin angenommen. In den Worten Yamanouchis (1996: 156–157): »Die Reformen der Nach-

46 Der Begriff »Volksgemeinschaft« ist im deutschen Nationalsozialismus zum Gegenbegriff zur »undeutsch-abstrakten« Gesellschaft überhöht worden. Der Begriff hat zwei unabdingbar miteinander verbundene Seiten: die hier betonte der sozialen Gleichheit für alle »Volksgenossinnen und -genossen«, zugleich aber auch die des Ausschlusses aller nicht zu diesen Gehörenden – Götz Aly hat darauf hingewiesen, wie jene diese nicht nur theoretisch bedingt, sondern wie im Nationalsozialismus auch der Raub des Eigentums von Juden und Kriegsgegnern ganz reale Bedingung für die Schaffung der materiellen Dimension der »Volksgemeinschaft« war, indem die »Volksgenossinnen und -genossen« mit Arisierungsgewinnen und Kriegsgewinnen bestochen wurden (Aly 2005: 35–39). Inwiefern auch in Japan der ausschließende Aspekt rhetorisch (etwa in der Rede vom *hikokumin* (»Nicht-Volksgenosse«)) oder tatsächlich (etwa im Krieg) eine Rolle spielte, bedarf einer eigenen Untersuchung; hier soll es vorerst nur um Versprechen und Wirklichkeit sozialer Gleichheit gehen.

kriegszeit müssen auf der Verlängerungslinie von Rezepten verstanden werden, die schon in der Kriegszeit bewusst in Angriff genommen wurden.«

Yamanouchi ist darin zuzustimmen, dass bestimmte Entwicklungen im 20. Jahrhundert, wie die Herausbildung eines Wohlfahrtsstaates oder die Aufhebung von Klassen als maßgeblichen Agenten sozialen Wandels, gemeinsam einen Modernisierungsprozess darstellen, der sich von der »klassischen« ersten Modernisierung unterscheidet. Auch im Bereich Bildung ist die für die erste Modernisierung typische Alphabetisierung (vgl. Lepsius 1977: 15) in Japan bereits kurz nach der Wende zum 20. Jahrhundert abgeschlossen: 1905 besuchten über 97 % der Jungen und über 90 % der Mädchen die Grundschule. Die Bildungsexpansion in der Tertiarstufe, die quantitativ erst ab dem Ende der 1960er Jahre wirksam wurde, für die aber im hier untersuchten Zeitraum das Fundament gelegt worden war, könnte man somit gemeinsam mit den von Yamanouchi genannten Entwicklungen einer »zweiten Modernisierung« zuschlagen. Anders als von Yamanouchi angenommen, liegt der Ursprung dieser zweiten Modernisierung aber nicht zwangsläufig in der Kriegszeit.

Zumindest für den Bereich höhere Bildung war es gerade die von Yamanouchi als Geburtshelferin bemühte Zeit des »totalen Krieges« (bei ihm ab ca. 1940 angesetzt), die eher die Umsetzung aussichtsreicher früherer Ansätze verhinderte. Vielmehr waren es insbesondere die 1930er Jahre, in denen zwar (seit 1931) Japan bereits in Kriegshandlungen verstrickt war, es jedoch noch nicht zu einer die gesamte Gesellschaft betreffenden totalen Ausrichtung auf den Krieg gekommen war, die sich als besonders fruchtbar für die Entwicklung und Diskussion von Ideen erwiesen. Offenkundig waren es gerade die aus dieser Zeit stammenden Ideen, die nach 1945 aufgegriffen und umgesetzt wurden. Der Untersuchungsbefund aus dem Bereich Hochschule stützt somit eher den Periodisierungsversuch, den der japanische Historiker Yasuda Hiroshi unternahm. Er sieht, v.a. von sozialhistorischen Indikatoren wie Konsum und der Nutzung von Medien ausgehend, eine »zweite Moderne« *(gendai)* schon in der Zwischenkriegszeit beginnen (Yasuda 1993). In ähnlichen Bereichen, nämlich materielle Kultur und Alltagsleben, sieht auch Andrew Gordon die fruchtbarsten Anknüpfungspunkte für eine »trans-war history«, eine Geschichte der Kontinuitäten über die Kriegszeit hinweg (Nakamura/Gordon 2003: 131). Nichtsdestotrotz lassen sich Yamanouchis Überlegungen gewinnbringend nutzbar machen, wenn man einen weiteren Aspekt bedenkt, den Yamanouchi als konstitutiv für den Übergang zur »Systemgesellschaft« auffasst. Alle führenden Nationen hätten zur Jahrhundertmitte zur Überwindung sozialer Gegensätze die Herstellung einer Art »Volksgemeinschaft« bemüht (Yamanouchi 1998: 3).

Die in dieser Arbeit sowohl für die Zeit vor 1945 als auch für die Nachkriegszeit beobachtete Tendenz, die Ausweitung höherer Bildung mit der Notwendigkeit höherer sozialer Gleichheit zu begründen, sichtbar in Topoi wie der »Abschaffung von Privilegien« oder der »Chancengleichheit«in der Erziehung‹, aber auch der »Egalisierung durch Arbeit«, lässt sich in der Tat unter die von Yamanouchi beobachtete allgemeine Tendenz subsumieren. Es war dieses Moment des Willens zu sozialer Egalisierung, das weitgehend unabhängig vom jeweiligen politischen Hintergrund zum Eintreten für die Ausweitung höherer Bildung geführt hat und somit die Kontinuität von den späten 1920er Jahren bis Anfang der 1950er Jahre maßgeblich erklären kann.

Die in der Politikgeschichte dominante Dichotomisierung von »faschistischem System« vor 1945 und »demokratischem« System nach 1945 hat diese Kontinuität bislang weitgehend verdeckt. Natürlich sind beide Zeiträume in ihrem politisch-rechtlichen System, auch in der

Auswirkung auf das Alltagsleben der Japanerinnen und Japaner, unstrittig fundamental verschieden. Doch darf diese Unterscheidung nicht so weit verabsolutiert werden, dass für das Funktionieren der jeweiligen Gesellschaften zentrale Strukturen und Werte falsch interpretiert werden und die durchaus vorhandenen Kontinuitäten aus dem Blickfeld verschwinden. Dies gilt zumal für einen für die Charakterisierung von politischen Systemen so sensiblen Bereich wie den der Bildung, wo ein bestimmtes Bildungssystem (egalitär) schnell leichtfertig mit einem bestimmten politischen System (demokratisch) identifiziert wird. Auch zur Zeit »des Faschismus« hingegen war die strukturelle Expansion der höheren Bildung ein breit geteiltes gesellschaftliches Ziel, mit dem der zentrale Wert der Hervorbringung einer egalitären Gesellschaft verbunden war. Dieses Ziel blieb nach 1945 bestehen, ebenfalls als gesellschaftlicher Konsens, und wiederum wurde an erster Stelle der Staat als Instanz zur Durchsetzung angerufen. In diesem, im Bildungswesen besonders gut sichtbaren, Glauben an staatlich vermittelte gesellschaftliche Gleichheit liegt ein Motiv, das sich durch die gesamte Geschichte Japans im 20. Jahrhundert zieht.

Quellen- und Literaturverzeichnis

Übersicht über die Reformpläne

Parteien

#	Urheber	Titel	Datum	Quelle
1	Seiyūkai 政友会	*Seiyūkai kyōiku seisaku* 政友会教育政策	1925	SK 1962: 687–691
2	Seiyūkai 政友会	*Seiyūkai an* 政友会案	4. Juli 1931	SK 1962: 567–568 (Zsfg.)
3	Seiyūkai 政友会	*Seiyūkai gakusei kaikaku ni kansuru iken* 政友会学制改革ニ関スル意見	zwischen 1931 u. 1934	SK 1962: 692–698
4	Rikken Seiyūkai 立憲政友会	*Gakusei kaikaku an yōkō* 学制改革案要項	August 1934	GKS 1937: 79–83
5	Minseitō 民政党	*Minseitō an* 民政党案	9. Juli 1928	Taga 1965: 251, FN 4
6	Minseitō (Seimu Chōsakai) 民政党（政務調査会）	*Kyōiku seido no kaikaku narabi ni kyōikuhi no setsugen an* 教育制度の改革並教育費の節減案	1931	SK 1962: 568 (Zsfg.)
7	Rikken Minseitō 立憲民政党	*Kyōiku kaikaku an* 教育改革案	August 1934	GKS 1937: 84–87
8	Shakai Taishūtō 社会大衆等	*Gakusei kaikaku* 学制改革	Mai/Juni 1937	Shakai Tai- shūtō 1937

Unabhängige Studiengruppen

#	Urheber	Titel	Datum	Quelle
9	Kyōiku Kenkyūkai 教育研究会	*Kyōiku seido kaikaku an* 教育制度改革案	Mai 1931	SK 1962: 702–707
10	Kyōiku Kaikaku Dōshikai 教育改革同志会	*Kyōiku kaikaku dōshikai an* 教育改革同志会案	Juni 1937	GKS 1937: 133–148
11	Kyōiku Kaikaku Dōshikai 教育改革同志会	*Kyōiku kaikaku dōshikai an: kyōiku seido kaikaku no yōkō* 教育改革同志会案　教育制度改革の要綱	Juli 1941	MSC 1942: 29–35
12	Tōyō Bunka Gakkai 東洋文化学会	*Tōyō bunka gakkai an* 東洋文化学会案	Juni 1933	GKS 1937: 58–74
13	Kinkei Gakuin 金鶏学院	*Bunkyō kakushinkai hōkoku* 文教革新会報告	Juni 1929	Kinkei Gakuin 1929
14	Nōgyō Kyōiku Kenkyūkai 農業教育研究会	*Gakusei kaikaku an* 学制改革案	Sept. 1931	GKS 1937: 26–30

Lobbyorganisationen

#	Urheber	Titel	Datum	Quelle
15	Teikoku Kyōikukai 帝国教育会	*Teikoku kyōikukai an* 帝国教育会案	15. Februar 1933	GKS 1937: 52–57
16	Teikoku Kyōikukai 帝国教育会	*Gakusei kaikaku an* 学制改革案	Juli 1938	Shimizu 2000: 163–166 (Zsfg.)
17	Teito Kyōikukai 帝国教育会	*Gakkō keitō kaisei an* 学校系統改正案	Juli 1928	GKS 1937: 17–22
18	Zenkoku Rengō Kyōikukai 全国聯合教育会	*Kokumin kyōiku taiken an* 国民教育体系案	zw. Juni 1933 u. Aug. 1934	SK 1962: 774–775
19	Zenkoku Chūgakkōchō Kyōkai 全国中学校長協会	*Gakusei keitō kaisei an* 学制系統改正案	Herbst 1935	GKS 1937: 95–100

20	Zenkoku Chūgakkōchō Kyōkai 全国中学校長協会	*Kyōiku seido no kaikaku an* 教育制度ノ改革案	April 1938	MSC 1942: 21–24
21	Meikeikai 茗渓会	*Gakusei chōsa hōkoku: dai-ichi an* 学制調査報告　第一案	25. Sept. 1928	SK 1962: 735–740
22	Meikeikai 茗渓会	*Gakusei chōsa hōkoku: dai-ni an* 学制調査報告　第二案	25. Sept. 1928	SK 1962: 735–740
23	Meikeikai 茗渓会	*Shihan kyōiku seido kaisei iken* 師範教育制度改正意見	Juli 1929	Shimizu 2000: 163–166 (Zsfg.)
24	Meikeikai 茗渓会	*Shihan kyōiku seido kaikaku an* 師範教育制度改革案	Febr. 1934	SK 1962: 747–748
25	Meikeikai 茗渓会	*Kokusaku no konpongi toshite no bunkyō no shinkō* 国策の根本義トシテノ文教ノ振興	März 1935	SK 1962: 741–746
26	Meikeikai 茗渓会	*Kyōiku kikō kaizen an* 教育機構改善案	Juni 1936	SK 1962: 723–734
27	Meikeikai 茗渓会	*Meikeikai kyōiku seido chōsa bu an* 茗渓会教育制度調査部案	Juli 1937	GKS 1937: 149–189
28	Meikeikai 茗渓会	*Meikeikai kyōiku seido chōsa bu an* 茗渓会教育制度調査部案	Juli 1938	MSC 1942: 25–28
29	Shihan Kyōiku Kaizen Sokushin Renmei 師範教育改善促進聯盟	*Shihan kyōiku kaizen ni kansuru ken* 師範教育改善に関する件	April 1936	GKS 1937: 101–104
30	Shihan Gakkōchō Kyōkai 師範学校長協会	*Shihan gakkō seido o ika ni kaizen subeki ka* 師範学校制度を如何に改善すべきか	Nov. 1936	GKS 1937: 105–130
31	Toshi Jitsugyō Hoshū Gakkōchō 都市実業	*Kokumin kyōiku no taikei to hoshū kyōiku rei no naiyō* 国民教育ノ体系ト補習教育令ノ内容	unbekannt	SK 1962: 764–769
32	(fünf Rektorenverbände)	*Kyōiku gyōsei kikō kaikaku an* 教育行政機構改革案	21. April 1936	KNKSSH 1957: XVI: 126–127
33	Kōgyō Senmon Gakkōchō 工業専門学校長	*Kōgyō senmon gakkōchō yūshi an* 工業専門学校長有志案	unbekannt	SK 1962: 776

#	Urheber	Titel	Datum	Quelle
34	Nihon Kōgakukai 日本工学会	*Nihon kōgakukai an* 日本工学会案	Okt. 1934	GKS 1937: 88–94
35	Kuramae Kōgyōkai 蔵前工業会	*Shian* 試案	ca. Ende 1935	Hara 1967: 177 (Zsfg.)

Regierungseinrichtungen

#	Urheber	Titel	Datum	Quelle
36	*chihōchō* 地方庁	*Bunsei sasshin ni kansuru* 文政刷新ニ関スル	Sept. 1934	SK 1962: 654–669
37	Keizai Shingikai 経済審議会	*Kyōiku kaizen ni kansuru ken* 教育改善ニ関スル件	26. Dez. 1928	GKS 1937: 23–25
38	Rinji Sangyō Gōrikyoku Seisan Kanri Iinkai 臨時産業合理局生産管理委員会	*Kōgyō kyōiku wo chūshin toshite mita wagakuni kyōiku seido no kaizen* 工業教育ヲ中心トシテ見タ我国教育制度ノ改善	Sept. 1938	Hara 1967: 177 (Zsfg.)
39	Naikaku Chōsa Kyoku 内閣調査局	*Gakkō kyōiku zenpan ni kansuru jikō* 学校教育全般ニ関スル事項	ca. Anfang 1936	SK 1962: 993–1014

Hochschulen

#	Urheber	Titel	Datum	Quelle
40	Tōkyō Bunrika Daigaku 東京文理科大学	*Kyōiku seido kaikaku no konpon hōshin* 教育制度改革の根本方針	Okt. 1933	GKS 1937: 75–78

Experten

#	Urheber	Titel	Datum	Quelle
41	Abe Shigetaka 阿部重孝	*Gakusei kaikaku* 学制改革	8. April 1936	SK 1962: 785–791
42	Abe Shigetaka 阿部重孝	*Gakkō keitō shian* 学校系統私案	ca. 1936	SK 1962: 861–862
43	Abe Shigetaka 阿部重孝	*Kyōiku kaikaku ron* 教育改革論	April 1937	Abe 1971

44	Ikeda Hiroshi 池田宏	*Gakkō keitō to shūgyō nengen shian yōkō* 学校系統ト修業年限試案要綱	23. April 1936	SK 1962: 890–891
45	Komori Shichirō 小森七郎	*Gakkō no keitō oyobi shūgyō nengen ni kansuru ikensho* 学校ノ系統及修業年限ニ関スル意見書	23. April 1936	SK 1962: 892
46	Kuroda Chōwa 黒田長和	*Bunsei kaikaku ni tsuite* 文政改革ニ就イテ	Juli 1934	SK 1962: 796–799
47	Ōse Jintarō 大瀬甚太郎	*Shihan kyōiku kaishin ni kansuru ikensho* 師範教育	unbekannt	SK 1962: 801
48	Yamamasu Gijū 山桝儀重	*Kyōiku kaizen ni kansuru shiken* 教育改善に関する私見	4. Juli 1931	SK 1962: 841–844
49	Yamamoto Tadaoki 山本忠興	*Gakkō keitō oyobi shūgyō nengen* 学校系統及修業年限	30. April 1936	SK 1962: 893
50	*Kyōiku* henshūbu 『教育』編集部	*Kyōiku kaikaku an* 教育改革案	Febr. 1937	Henshūbu 1937

Sonstige Einzelpersonen

#	Urheber	Titel	Datum	Quelle
51	Hayashi Heima 林平馬	*Gakusei kaikaku an* 学制改革案	Okt. 1928	SK 1962: 822–830
52	Hirota Seiichi 広田精一	*Jiyū keitō ron* 自由系統論	ca. 1930	SK 1962: 872–878
53	Hoashi Riichirō 帆足理一郎	*Kyōiku kaizō ron* 教育改造論	1929	SK 1962: 584–585 (Zsfg.)
54	Kakiuchi Saburō 柿内三郎	*Wagakuni no gakusei ni taisuru ichi hiken* 我国の学制に対する一卑見	Sept. 1931	SK 1962: 879–889
55	Kimura Masayoshi 木村正義	*Kyōiku seido sasshin ron* 教育制度刷新論	ca. 1930	SK 1962: 866–871
56	Ōtani Tokuma 大谷徳馬	*Shihan gakkō no kaizen an* 師範学校の改善案	nach 1933	SK 1962: 852–855

57	Ōtsu Jun'ichirō 大津淳一郎	*Kyōiku kaizō taikō shian* 教育改造大綱私案	Juli 1931	SK 1962: 814–821
58	Ōuchi Tamie 大内民恵	*Kyōiku seido kaikaku gairon* 教育制度改革概論	18. März 1930	SK 1962: 618–622 (Zsfg.)
59	Sano Toshikata 佐野利器	*Kyōiku seido sasshin ron* 教育制度刷新論	unbekannt	SK 1962: 856–860 (Zsfg.)
60	Sasaki Shūichi 佐々木秀一	*Futsū kyōiku kaizen iken* 普通教育改善意見	unbekannt	SK 1962: 863–865
61	Shiga (Vorname unbekannt) 志賀	(unbekannt)	nach 1931	SK 1962: 609–617 (Zsfg.)
62	Takada Yūshu 高田雄種	*Kyōiku seido kaikaku shiken* 教育制度改革私見	unbekannt	SK 1962: 808–813
63	Takayama Kiyoshi 高山潔	*Kyōiku seido oyobi naiyō kaishin yōkō* 教育制度及内容改新要綱	Juni 1936	SK 1962: 804–807
64	Takayama Shūgetsu 高山秋月	*Gakusei kaikaku no yōbō to kyōiku no konponteki kaizen mondai* 学制改革の要望と教育の根本的改善問題	März 1932	SK 1962: 834–838 (Zsfg.)
65	Uehara Taneyoshi 上原種美	*Kōtō nōgyō kyōiku no kakushin* 高等農業教育ノ革新	unbekannt	SK 1962: 845–851
66	Uno Saburō 宇野三郎	*Kyōiku kaizō ron bassui yōryō* 教育改造論抜萃要領	unbekannt	SK 1962: 831–833
67	Watanabe Toshio 渡辺敏夫	*Kyōiku kaikaku no konpon hōshin* 教育改革の根本方針	Juni 1929	Kinkei Gakuin 1929: 14–28
68	Yamashita Tokuji 山下徳治	*Gendai kyōiku seido kaikaku ron* 現代教育制度改革論	Januar 1932	Yamashita 1932
69	Yamauchi Yūtarō 山内雄太郎	*Gakusei kaisei iken* 学制改正意見	unbekannt	SK 1962: 839–840
70	Yoshida Kametarō 吉田亀太郎	*Kyōiku kaizō ron* 教育改造論	1929	Yoshida 1930
71	Yoshimizu Shōgan 吉水松巌	*Seido kaikaku an* 制度改革案	1929	Yoshimizu 1930: 14–26

72	Yokoo Sōzaburō 横尾惣三郎	*Nōson kyōiku no kakushin* 農村教育の革新	20. Dez. 1932	SK 1962: 585–586 (Zsfg.)

Sonstige

#	Urheber	Titel	Datum	Quelle
73	(Ergebnisse Leserwett-bewerb *Kokumin shinbun*)	*Kyōiku kaizō ron* 教育改造論	1929	Hosono 1930
74	unbekannt	*Genkon shiritsu gakkō ni tsuki mitomeraruru ketsuraku* 現今私立学校ニ就キ認メラルル欠落	unbekannt	SK 1962: 808–813
75	unbekannt	(unbekannt)	unbekannt	SK 1962: 920–937

Unveröffentlichte Literatur

AGKG = Sitzungsprotokolle des Präfekturparlamentes von Akita (Akitaken gikai kaigi gijiroku). Aufbewahrt beim Präfekturparlament Akita (Akitaken Gikai).

[1]
Protokoll der 10. Sitzung. 20. März 1948.

ER = Tsuchimochi, Gary H. (1996) The Occupation of Japan: Educational Reform in Japan, 1945-1952, Part 2. o.O.: Congressional Information Service und Maruzen Publishing. Mikrofiches.

[1]
Nr. 1-B-54. »Establishment of University in Akita Prefecture«. Memorandum von Walter C. Eells. 29. Juni 1948. 1 Seite.

[2]
Nr. 1-K-71. »Universities Law«. Memorandum von Arthur K. Loomis an Mark T. Orr. 31. Januar 1949. 2 Seiten.

[3]
Nr. 1-K-200. »Proposed Law for Government Universities«. Memorandum von Walter C. Eells an Mark T. Orr. 5. Juni 1948. 13 Seiten.

[4]
Nr. 2-A-179. »(Bill for) Public University Administration Law«. Übersetzter Gesetzesentwurf der Konferenz zur Erarbeitung eines Entwurfes für ein Universitätskontrollgesetz. 19. Februar [1950]. 16 Seiten.

[5]
Nr. 2-A-207. »Status of Gifu Agricultural College«. Memorandum von Joseph C. Trainor an Mark T. Orr. 8. Februar 1949. 1 Seite.

GHQ = National Archives and Records Administration of the USA in College Park, Maryland (NARA). Record Group 331: Records of Allied Operational and Occupational Headquarters, World War II. Im Folgenden erste Angabe zum Archivstandort: Nummer der Dokumentenschachtel in NARA; zweite Angabe: Mikrofiche-Nummer(n) der Verfilmung für die Nationale Parlamentsbibliothek in Tokyo (Kokuritsu Kokkai Toshokan).

[1]
5132-8; CIE (A) 00669. »The Certification of Schools for University Standing«. Memorandum von Edwin F. Wigglesworth, Lulu Holmes und Eileen Donovan. 20. August 1946. 2 Seiten.

[2]
5140-1; CIE (D) 00214. »Report of Conference. University Status for Akita Mining College«. Memorandum von Thomas H. McGrail. 2. August 1948. 1 Seite.

[3]
5143-1; CIE (D) 00300. »Future of Akita Mining College«. Memorandum von Walter C. Eells. 23. April 1949. 1 Seite.

[4]
5143-1; CIE (D) 00301. »Future of Akita Mining College and Ueda Textile College«. CIE-Memorandum von Walter C. Eells. 21. April 1949. 2 Seiten.

[5]
5187-15; CIE (A) 01046. »The Nara State Girls' University Project«. Schreiben der Höheren Pädagogischen Hochschule für Frauen Nara an CIE. Januar 1948. 12 Seiten.

[6]
5399-3; CIE (B) 03154–03157. »Shin Nihon kyōiku kensetsu ni kansuru iken«. Meinungsschrift der Meikeikai. Dezember 1945. 35 Seiten.

[7]
5405-18; CIE (D) 02048–02049. »Universities and Junior Colleges«. Memorandum von Walter C. Eells an Mark T. Orr. 23. August 1950. 41 Seiten.

[8]
5446-12; CIE (D) 02149–02150. »Technical Colleges«. Sammlung handschriftlicher Aufstellungen von Curricula alter Höheren Fachschulen in englischer Sprache auf Briefpapier des Kultusministeriums. Undatiert. 50 Seiten (nicht paginiert).

[9]
5636-1; CIE (B) 05238. »Consolidated List of Comments on Proposed University Control Law«. Memorandum von Thomas H. McGrail an Mark T. Orr. 3. März 1950. 7 Seiten.

[10]
5637-12; CIE (B) 05301. »Report«. Übersetzter Bericht des Komitees für die Errichtung von Universitäten. 8. Mai 1949. 2 Seiten.

[11]
5639-11; CIE (B) 05375. »Daigaku kyōiku gyōsei no ichibu chihō ijō ni kansuru ikensho«. Eingabe des Verbandes zur Akkreditierung von Universitäten. Undatiert. 3 Seiten.

[12]
5641-5; CIE (B) 05458. »Principles for Universities Law«. Memorandum von Walter C. Eells an Mark T. Orr. 12. Februar 1949. 4 Seiten.

[13]
5641-5; CIE (B) 05458. »JERC Reactions to Universities Bill«. Memorandum von Walter C. Eells und Thomas H. McGrail an Mark T. Orr. 15. November 1948. 4 Seiten.

[14]
5641-5; CIE (B) 05459. »Memo on University Administration«. Memorandum von Sasaki Shigeo an CIE. 11. November 1948. 2 Seiten.

[15]
5641-5; CIE (B) 05460a. »Opinion Concerning the Decentralization of Universities and Colleges«. Brief von Wada Koroku an Walter C. Eells. 26. Dezember 1947. 3 Seiten..

[16]
5641-5; CIE (B) 05460b. »National Central Education Board«. Memorandum von Walter C. Eells an Mark T. Orr. 10. März 1948. 2 Seiten.

[17]
5641-5; CIE (B) 05460. »Universities Law«. Memorandum von Arthur K. Loomis an Walter C. Eells. 13. Oktober 1948. 1 Seite.

[18]
5641-5; CIE (B) 05461. »New University Regulations«. Memorandum von Edwin F. Wigglesworth. 14. Mai 1947. 1 Seite.

[19]
5641-5; CIE (B) 05461. »Universities Control Law«. Memorandum von Arthur K. Loomis. 19. Juli 1949. 1 Seite.

[20]
5642-31; CIE (B) 05520. »Publication of Proposed Universities Law«. Memorandum von Walter C. Eells. 29. Oktober 1948. 1 Seite.

[21]
5642-31; CIE (B) 05520. »Universities Law«. Memorandum von Walter C. Eells. 28. November 1948. 1 Seite.

[22]
5643-26; CIE (B) 03544. »Control of New Universities«. Memorandum von Thomas H. McGrail. 1. Juli 1949. 1 Seite.

[23]
5645-11; CIE (C) 03604. »Various Matters Concerning Higher Education«. Memorandum von Edwin F. Wigglesworth aus einer Besprechung mit Hidaka Daishirō. 3. April 1947. 3 Seiten.

[24]
5646-2; CIE (C) 03633a. »Status of Akita Mining College«. Memorandum von Thomas H. McGrail. 11. August 1948. 1 Seite.

[25]
5646-2; CIE (C) 03633b. »Future of Akita Mining College«. Memorandum von Walter C. Eells. 19. August 1948. 1 Seite.

[26]
5646-2; CIE (C) 03633c. »Plans for Akita Mining College«. Memorandum von Walter C. Eells. 20. August 1948. 1 Seite.

[27]
5646-2; CIE (C) 03634. »Future of Akita Mining College«. Memorandum von Walter C. Eells. 31. Juli 1948. 1 Seite.

[28]
5646-2; CIE (C) 03635. »Higher Education Organization in Akita Prefecture«. Memorandum von Walter C. Eells. 12. Juli 1948. 1 Seite.

[29]
5646-3; CIE (C) 03641. »Reorganization of Akita Mining College«. Memorandum von Walter C. Eells. 6. Oktober 1948. 1 Seite.

[30]
5646-3; CIE (C) 03643. »Problems of Akita Normal School«. Memorandum von Thomas H. McGrail. 3. September 1948. 2 Seiten.

[31]
5646-4; CIE (C) 03652. »University in Akita Prefecture«. Memorandum von Walter C. Eells. 5. Mai 1949. 1 Seite.

[32]
5649-3; CIE (A) 05904. »Weekly Meeting of Higher Education Group, Sub-Topic Higher Education, Normal Schools and Teacher Training Matters«. Memorandum von Edwin F. Wigglesworth. 29. Oktober 1946. 2 Seiten.

[33]
5651-27; CIE (A) 05979. »Field Liaison Report. 15–19 Oct 1946, Niigata Military Govt. Team, Niigata-Shi«. Memorandum der lokalen Militärregierung an Edwin F. Wigglesworth. 29. Oktober 1946. 1 Seite plus 14 Seiten Anhang (nicht paginiert).

[34]
5732-24; CIE (A) 07336. Kein Titel. Handschriftliche tabellarische Aufstellung von Studienplatz-Bewerberinnen und Studienanfängerinnen an den Universitäten neuen Systems. Urheberschaft unklar. Undatiert. 3 Seiten.

[35]
5760-27; CIE (C) 05158. »Outline of Proposed Law Governing Universities«. Entwurf von Walter C. Eells. Undatiert. 11 Seiten.

HWOHC = Harry Wray Oral History Collection. Interviews von Harry Wray mit ehemaligem Besatzungspersonal und ehemaligen Bürokraten des Kultusministeriums, durchgeführt zwischen 1980 und 1988. Transkripte im Besitz der Universität Meisei (Meisei Daigaku Sengo Kyōikushi Kenkyū Sentaa).

[1]
Nr. I. B. 6: Interview mit Mark Taylor Orr vom 12. Januar 1980. 52 Seiten.

[2]
Nr. I. C. 13: Interview mit Alfred Crofts vom 16. Juli 1985. 38 Seiten.

[3]
Nr. I. C. 19: Interview mit Helen Hosp Seamans vom 23. August 1980. 15 Seiten.

[4]
Nr. I. C. 23: Interview mit Donald M. Typer vom 23. August 1985. 21 Seiten.

[5]
Nr. I. C. 24: Interview mit Edwin F. Wigglesworth vom 29. Juli 1983. 33 Seiten.

KDDB = Kyōto daigaku daigaku bunshokan. Bestände des Universitätsarchivs der Universität Kyoto.

[1]
Ordner »Shinsei daigaku setchi kankei shorui«, 5. Teilordner, Dokument Nr. 36. Ohne Titel. Brief von Vertretern der Höheren Fachschule für Agrarwesen Gifu an das Komitee für die Errichtung von Universitäten. 10. Dezember 1948. 3 Seiten.

KK = Aktenbestände des zentralen staatlichen Archives (Kokuritsu Kōbunshokan).

[1]
Ordner »Monbushō 59:3A 29-4 252 ›Akita Daigaku‹ (1948–1959)«. Dokument »Akita daigaku sōritsu jimu sekinin ate«. Brief des Kultusministeriums an die Universität Akita (Zatsugaku Nr. 202). 20. April 1949. 3 Seiten.

Kokkai = Protokolle von Sitzungen der Kammern und Ausschüsse des Parlaments (Kokkai kaigiroku). Online-Fassung der digitalisierten Protokolle von http://kokkai.ndl.go.jp (URL zuletzt überprüft im September 2004).

[1]
1 – shū – honkaigi – 11gō. Protokoll der 11. Plenarsitzung des 1. Unterhauses vom 4. Juli 1947. Wortmeldung 3 von 37 (Ōgami Zenkichi). Ursprünglich auf Seite 1 des gedruckten Protokolls.

[2]
2 – shū – honkaigi – 79gō. Protokoll der 79. Plenarsitzung des 2. Unterhauses vom 5. Juli 1948. Wortmeldung 108 von 193 (Takatsu Seidō). Ursprünglich auf Seite 57 des gedruckten Protokolls.

[3]
5 – shū – monbu iinkai – 20gō. Protokoll der 20. Sitzung des Fachausschusses für Erziehung des 5. Unterhauses vom 17. Mai 1949. Wortmeldungen 43 von 81 (Mizutani Noboru) und 47 von 81 (Hara Takeshi, Vorsitzender). Ursprünglich auf Seite 5 des gedruckten Protokolls.

[4]
5 – shū – honkaigi – 32gō. Protokoll der 32. Plenarsitzung des 5. Unterhauses vom 18. Mai 1949. Wortmeldungen 20 von 38 (Hara Takeshi) und 32 von 38 (Shidehara Kijūrō, Vorsitzender). Ursprünglich auf Seite 27 bzw. 31 des gedruckten Protokolls.

[5]
102 – shū – yosan iinkai – 20gō. Protokoll der 20. Sitzung des Haushaltsausschusses des 102. Unterhauses vom 6. März 1985. Wortmeldung 100 von 327 (Matsunaga Hikaru). Ursprünglich auf Seite 14 des gedruckten Protokolls.

MMBM = Aktenbestände des Kultusministeriums. Verzeichnet im Katalog der auf Mikrofilm aufgenommenen Dokumente des Kultusministeriums (Monbushō maikurofirumu bunsho mokuroku), Bd. 5 (1970), Abschnitt 3 »Akita daigaku (Shōwa 23nen–Shōwa 51nen)«.

[1]
Suchnummer (kensaku bangō) S54-06. »Akita kōzan senmon gakkō no daigaku kirikae ni tsuite«. Entwurf eines Briefes des Kultusministeriums (Hatsugaku Nr. 404). 4. September 1948. 5 Seiten.

MTB = Morito Tatsuo bunsho. Dokumente aus dem Besitz des ehemaligen Kultusministers Morito Tatsuo im Nationalen Institut für Bildungsforschung in Tokyo (Kokuritsu Kyōiku Seisaku Kenkyūjo, National Institute of Educational Research). Mikrofilm.

[1]
Rolle 1, Nr. 24. »Shin gakusei jisshi setsumei shiryō«. Dokument 4: »Daigaku kōtō senmon gakkō no shinsei daigaku e no tenkan«. Internes Planungsdokument des Kultusministeriums. Dezember 1947. 4 Seiten.

[2]
Rolle 11, Nr. 413. »Hyōgo kenritsu shōka daigaku hossoku ni kansuru ikensho, gai«. Dokument 2: »Ikensho«. Schreiben des Vorsitzenden des Parlamentes der Präfektur Hyōgo, Masaki Sadamu, an den Kultusminister Morito Tatsuo. 25. März 1948. 1 Seite.

OKB = Ōta Kaneo bunsho. Dokumente aus dem Besitz des ehemaligen Mitarbeiters im Kultusministerium Ōta Kaneo im Nationalen Institut für Bildungsforschung in Tokyo (Kokuritsu Kyōiku Seisaku Kenkyūjo, National Institute of Educational Research). Mikrofilm.

[1]
Rolle 3, Dokumentengruppe SS 180-5-3, Nr. 112. »Kō sen shihan nado no shingakusei tenkan ni tsuite«. Internes Planungsdokument des Kultusministeriums. 6. September 1947. 1 Seite.

SB = Sugano bunsho. Dokumente aus dem Nachlass des ehemaligen Mitarbeiters im Kultusministerium Sugano Makoto. Aufbewahrt in der Technischen Universität Tokyo (Tōkyō Kōgyō Daigaku Bunkyō Shisetsu Sōgō Kenkyū Sentaa), Ordner »Kokudo Keikaku«.

[1]
BW-001. »Senmon gakkō seibi yōkōan«. Verfasst vom Amt für Unterrichtsangelegenheiten der oberen Schulstufen (senmon gakumu kyoku) im Kultusministerium. Undatiert. 6 Seiten.

[2]
BW-014. »Shūsen zengo gakkō seibi yōkō«. Verfasst vom Amt für Unterrichtsangelegenheiten der oberen Schulstufen (senmon gakumu kyoku) im Kultusministerium. Undatiert. 5 Seiten.

SKS = Sengo kyōiku shiryō. Dokumente zur Bildungsgeschichte der Nachkriegszeit im Nationalen Institut für Bildungsforschung in Tokyo (Kokuritsu Kyōiku Seisaku Kenkyūjo, National Institute of Educational Research). Mikrofilm.

[1]
Rolle 12, Nr. III-39. »Sasshin iinkai kankei sho-shiryō«. Dokument 36: »Daigaku seido kaikaku an«. Verfasst von der Hokkaidō Teikoku Daigaku Daigaku Seido Shingikai. 20. September 1947. 16 Seiten.

[2]
Rolle 12, III-42. »Sasshin iinkai kankei sho-shiryō (2)«. Dokument 55: »›Daigakuhō shian‹ ni tsuite (1) (Kyōiku sasshin iinkai dai-10 tokubetsu iinkai chūkan hōkoku)«. 5. November 1948. 6 Seiten.

[3]
Rolle 13, III-51. »Gakusei kaikakuan«. Verfasst von der Dai Nippon Kyōikukai Naganoken Shibu. Undatiert. 14 Seiten.

[4]
Rolle 17, V-2. »Kyōin yōsei seido kaizen ni kansuru ikensho«. Verfasst von Kondō Ahiru. Undatiert. 2 Seiten.

[5]
Rolle 17, V-4. »Kyōin yōsei seido seibi hōshin«. Urheber unklar. Undatiert. 1 Seite.

[6]
Rolle 17, V-6. »Kyōiku daigaku setchi ni kansuru iken«. Verfasst von der Meikeikai. Dezember 1946. 4 Seiten.

[7]
Rolle 24, VI-14. »Shinsei daigaku no kihon kōsō«. Verfasst von der Lehrendengewerkschaft Nikkyōso. Juni 1948. 8 Seiten.

[8]
Rolle 32, VI-415. »Kokuritsu daigaku no keihi shirabe«. Urheber unklar. Ca. 1950. 5 Seiten.

[9]
Rolle 32, VI-427. »Kokuritsu daigaku hō shiryō«. Herausgegeben vom Zentralkomitee der studentischen Selbstverwaltung an der Universität Tokyo (Tōdai gakusei jichikai chūō iinkai). 15. November 1948. 32 Seiten.

[10]
Rolle 32, VI-433. »Daigaku hōan ni taisuru hantai yōten«. Verfasst von der Hochschulabteilung der Lehrendengewerkschaft Nikkyōso. Undatiert. 3 Seiten.

[11]
Rolle 33, VI-493. »Daigaku jichihō. Shingi shiryō (dai-3-kai)«. Verfasst vom Verband zur Akkreditierung von Universitäten. Undatiert. 2 Seiten.

[12]
Rolle 33, VI-526. »Sengo Nippon no gijutsuteki kensetsu ni kansuru kengi«. Verfasst von Kuwabara Yasuo. 25. September 1945. 14 Seiten.

[13]
Rolle 35, VII-8. »Gakkō seibi hōshin an«. Verfasst vom Büro für Schulerziehung (gakkō kyōiku kyoku) im Kultusministerium. 21. September 1946. 12 Seiten.

[14]
Rolle 39, VIII-36. »Joshi kyōiku sasshin yōkō (an)«. Urheber unklar. 27. Oktober 1945. 3 Seiten.

TC = Trainor Collection. 66 Mikrofilm-Rollen im Besitz des Hoover Institution on War, Revolution and Peace in Stanford, California.

[1]
Reel 19, Folder »SCAP. GHQ. CIE. Education Division. Decentralization. 1946–1950«. CIE-internes Memorandum mit dem Titel »Decentralization of Higher Education«. Urheber unbekannt. 4. Juni 1946. 2 Seiten.

[2]
Reel 19, Folder »SCAP. GHQ. CIE. Education Division. Decentralization. 1946–1950«. Memorandum von Harry E. Griffith an Mark T. Orr mit dem Titel »Decentralization«. 6. Juni 1946. 2 Seiten.

[3]
Reel 27, Folder »SCAP. GHQ. CIE. Higher Education. Undated«. Studie von Edwin F. Wigglesworth, Titel »Reorganization of Higher Education«. Undatiert. 14 Seiten.

[4]
Reel 27, Folder »SCAP. GHQ. CIE. Higher Education. Undated«. Memorandum von Edwin F. Wigglesworth mit dem Titel »Basic Tenets of Policy Re: Higher Education«. Undatiert. 6 Seiten.

[5]
Reel 27, Folder »SCAP. GHQ. CIE. Higher Education. Undated«. Memorandum von Joseph C. Trainor mit dem Titel »Higher Education«. Undatiert. 5 Seiten.

[6]
Reel 27, Folder »SCAP. GHQ. CIE. Higher Education. 1949–1951«. Brief von George Jiro Matsui. 8. Februar 1949. 2 Seiten plus 8 Seiten Anhang.

[7]
Reel 27, Folder »SCAP. GHQ. CIE. Higher Education. 1949–1951«. Bericht von Raymond Walters an Walter C. Eells mit dem Titel »Recommendations of Visiting Expert on University Administration«. 6. April 1949. 4 Seiten.

[8]
Reel 48, Folder »SCAP. GHQ. CIE. Education Division. University Law«. Gesetzesentwurf mit dem Titel »Outline of Proposed Law Governing Universities«. 29. Juni 1948. 7 Seiten.

[9]
Reel 48, Folder »SCAP. GHQ. CIE. Education Division. University Law«. Memorandum von Arthur K. Loomis mit dem Titel »Universities Law«. 1. Dezember 1948. 2 Seiten.

TCB = Tsujita Chikara bunsho. Dokumente aus dem Besitz des ehemaligen Mitarbeiters im Kultusministerium Tsujita Chikara im Nationalen Institut für Bildungsforschung in Tokyo (Kokuritsu Kyōiku Seisaku Kenkyūjo, National Institute of Educational Research). Mikrofilm.

[1]
Rolle 8, Dokumentengruppe SS 180-9, Nr. 8-20-0-7Z. »Shikoku daigaku rengō (monbushō an) botai«. Internes Planungsdokument des Kultusministeriums. Undatiert. 1 Seite.

[2]
Rolle 8, Dokumentengruppe SS 180-9, Nr. 8-22. »Kokuritsu shinsei daigaku no jisshi ni tsuite (an)«. Internes Planungsdokument des Kultusministeriums. 31. Mai 1948. 1 Seite.

TDSJI = Protokolle des Komitees zur Vorbereitung des neuen Universitätssystems der Universität Tokyo (Tōkyō Daigaku Shindaigakusei Junbi Iinkai) im Besitz des Universitätsarchivs der Universität Tokyo (Tōkyō Daigakushi Shiryōshitsu).

[1]
Protokoll der 15. Vollversammlung vom 19. Januar 1948. Wortmeldung von Takagi Teiji.

[2]
Protokoll der 34. Vollversammlung vom 14. Juni 1948. Wortmeldung von Nanbara Shigeru.

[3]
Protokoll der 49. Vollversammlung vom 7. Februar 1949. Wortmeldung von Nanbara Shigeru.

TKD = Archiv der Technischen Universität Tokyo (Tōkyō Kōgyō Daigaku). Aufbewahrt im Hyakunen Kinenkan, Campus Ōokayama.

[1]
01390-14. »Shingakusei ni taisuru hongaku gakusei kaisei soan«. Grundsatzpapier zur Reform der eigenen Universität. Undatiert. 4 Seiten.

[2]
01428-56. »Kokuritsu shinsei daigaku kirikae sochi yōryō (an)«. Internes Planungsdokument des Komitees für die Errichtung von Universitäten. Undatiert. 4 Seiten.

YDJ = Yamagata daigaku jimukyoku. In der zentralen Verwaltung der Universität Yamagata aufbewahrter Bestand von Dokumenten zur Geschichte der Universität, verzeichnet in Yamagata daigaku daigakushi kankei shiryō mokuroku (1) 2000 nendo hōkokusho.

[1]
Nr. 47-1. Ordner »Daigaku shōkaku kisei dōmeikai tsuzuri«. Darin 3. Dokument. Ohne Titel (handschriftliche Auflistung von Punkten, die der näheren Untersuchung bedürfen). Ohne Datum. 1 Seite.

[2]
Nr. 47-1. Ordner »Daigaku shōkaku kisei dōmeikai tsuzuri«. Darin 4. Dokument: »Shōgaika kaigi (Daigaku shōkaku kisei dōmeikai)«. 27. August 1947. 1 Seite.

[3]
Nr. 47-1. Ordner »Daigaku shōkaku kisei dōmeikai tsuzuri«. Darin 15. Dokument: »Yamagata jitsugyō kyōiku daigaku sōsetsu yosan an«. Dezember 1947. 1 Seite.

Veröffentlichte Literatur

Abe Shigetaka (1971) *Kyōiku kaikaku ron* (Bildungsreform). (= Munakata Seiya; Miwa Sadanobu (Hrsg.) *Sekai kyōikugaku senshū* (Ausgewählte Schriften zur Erziehungswissenschaft der Welt), Bd. 59). Tōkyō: Meiji Tosho. Zuerst 1937 bei Iwanami Shoten veröffentlicht.

Akazawa Shirō (1995) »Senchū/sengo bunka ron« (Kultur während des Krieges bzw. nach dem Krieg). In: Asao Naohiro (Hrsg.) *Iwanami kōza Nihon tsūshi* (Chronologische Geschichte Japans). Band 19: Kindai (Neuzeit) 4. Tōkyō: Iwanami Shoten, S. 281–328.

Akazawa Shirō (1997) »Sōryokusen taisei o dō toraeru ka. ›Sōryokusen to gendaika‹ o yomu« (Wie fassen wir das System des totalen Krieges? »Der totale Krieg und die Modernisierung« lesen). In: *Nenpō Nihon gendaishi* 3, S. 2–10.

AKHI = Aomoriken Kyōikushi Henshū Iinkai (Hrsg.) (1974) *Aomoriken kyōikushi* (Geschichte der Erziehung in der Präfektur Aomori). Band II: *Kijutsuhen* (Darstellungsband) 2. Aomori: Aomoriken Kyōiku Iinkai.

AKI = Akitaken Kyōiku Iinkai (Hrsg.) (1983–1986) *Akitaken Kyōikushi* (Geschichte der Erziehung in der Präfektur Akita). 6 Bände. Akita: Akitaken Kyōikushi Bunpukai.

Akita sakigake shinpō. Eingesehen in der Nationalen Parlamentsbibliothek, Tokyo.

Aly, Götz (2005) *Hitlers Volksstaat. Raub, Rassenkrieg und nationaler Sozialismus*. Frankfurt am Main: Fischer.

Amano Ikuo (1978) *Kyūsei senmon gakkō. Kindaika e no yakuwari o minaosu* (Höhere Fachschulen alten Systems. Uminterpretation ihrer Rolle bei der Modernisierung). Tōkyō: Nihon Keizai Shinbunsha.

Amano Ikuo (1992) *Gakureki no shakaishi. Kyōiku to Nihon no kindai* (Gesellschaftsgeschichte des Bildungsweges. Erziehung und die Moderne in Japan). Tōkyō: Shinchōsha.

Amano Teiyū (1979) *Waga jinsei* (Mein Leben). Tōkyō: Jiyū Gakuen Shuppankyoku.

Amemiya Shōichi (1997) »Sōryokusen taisei no shinkō to han-Tōjō rengō no keisei« (Der Fortgang des Systems des totalen Krieges und die Bildung der Anti-Tōjō-Koalition). In: Ders., *Senji sengo taisei ron* (Über die Systeme der Kriegs- und Nachkriegszeit). Tōkyō: Iwanami Shoten, S. 3–21. Zuerst 1988 als Zeitschriftenaufsatz veröffentlicht.

Aono Suekichi (1928) »Zunō rōdōsha toshite no genjitsu ni tesseyo« (Dringt durch zur Wirklichkeit als Kopfarbeiter!). In: *Chūō kōron* 480 (1), S. 77–80.

Arisawa Hiromi (Hrsg.) (1994) *Shōwa keizai shi* (Wirtschaftsgeschichte der Shōwa-Zeit). 2 Bände (ursprünglich einbändig veröffentlicht). Tōkyō: Nihon Keizai Shinbunsha 1976.

Bohaczek, Josef (1990) »Das japanische Erziehungssystem zwischen 1926 und 1945. Reminiszenzen und Reflexionen im Zusammenhang mit der gegenwärtigen Reformdiskussion«. In: Lokowandt, Ernst (Hrsg.) *Referate des 1. Japanologentages der OAG in Tokyo*. München: iudicium, S. 136–172.

Buchholz, Petra (2003) *Schreiben und Erinnern. Über Selbstzeugnisse japanischer Kriegsteilnehmer*. München: iudicium.

Conrad, Sebastian (1999) *Auf der Suche nach der verlorenen Nation. Geschichtsschreibung in Westdeutschland und Japan, 1945–1960*. Göttingen: Vandenhoeck & Ruprecht.

Conrad, Sebastian (2003) »Krisen der Moderne? Faschismus und Zweiter Weltkrieg in der japanischen Geschichtsschreibung«. In: Corneließen, Christoph; Klinkhammer, Lutz; Schwentker, Wolfgang (Hrsg.) *Erinnerungskulturen. Deutschland, Italien und Japan seit 1945*. Frankfurt am Main: Fischer, S. 168–180.

Cwiertka, Katarzyna J. (2005) »Culinary Culture and the Making of a National Cuisine«. In: Robertson, Jennifer (Hrsg.) *A Companion to the Anthropology of Japan*. Oxford: Blackwell, S. 415–428.

Dewey, John (1974) School and Society. In: Boydston, Jo Ann (Hrsg.), *John Dewey. The Middle Works 1899–1924*. Bd. 1: *1899–1901*. Carbondale: Southern Illinois University Press, S. 1–109.

DKK = Daigaku Kijun Kyōkai (Hrsg.) (1948) *»Daigaku kijun« oyobi sono kaisetsu* (Die »Universitätsstandards« und ihre Erklärung). Tōkyō: Daigaku Kijun Kyōkai.

DKKNH = Daigaku Kijun Kyōkai Nenshi Hensanshitsu (Hrsg.) (2005) *Daigaku kijun kyōkai gojū gonenshi* (55-Jahres-Geschichte des Verbandes zur Akkreditierung von Universitäten), Band 1: *tsūshi*; Band 2: *shiryō*. Tōkyō: Daigaku Kijun Kyōkai.

Dower, John W. (1979) *Empire and Aftermath. Yoshida Shigeru and the Japanese Experience, 1878–1954*. Cambridge, Mass.: Harvard University Press.

Dower, John W. (1999) Embracing Defeat. Japan in the Wake of World War II. New York: The Free Press.

DS = Department of State, United States of America (Hrsg.) (1946) *Report of the United States Education Mission to Japan*. Washington, D.C.: Government Printing Office.

DS = Department of State, United States of America (Hrsg.) (1949) *Occupation of Japan. Policy and Progress*. Washington, D.C.: Government Printing Office.

EDGHSI = Ehime Daigaku Gojūnenshi Henshū Senmon Iinkai (Hrsg.) (1999) *Ehime daigaku gojūnenshi* (50-Jahres-Geschichte der Universität Ehime). Matsuyama: Ehime Daigaku Kaigaku Gojūshūnen Kinen Jigyō Iinkai.

Fletcher, William Miles (1982) *The Search for a New Order. Intellectuals and Fascism in Prewar Japan*. Chapel Hill: University of North Carolina Press.

Foljanty-Jost, Gesine (1991) »Shingi-kai – ein Beitrag zur Konkretisierung des Konsensbegriffs in der japanischen Politik«. In: Japanisch-Deutsches Zentrum Berlin (Hrsg.) *Harmonie als zentrale Wertvorstellung der japanischen Gesellschaft – Erklärung oder Verklärung? (Proceedings der 3. wissenschaftlichen Jahrestagung der Vereinigung für Sozialwissenschaftliche Japanforschung)*. Berlin: Japanisch-Deutsches Zentrum, S. 107–122.

Frei, Norbert (1993) »Wie modern war der Nationalsozialismus?« In: *Geschichte und Gesellschaft* 19, S. 367–387

Fujiwara Akira (1968) *Nihon teikoku shugi* (Japanischer Imperialismus). Tōkyō: Nihon Hyōronsha.

Fujiwara Akira (1978) *Tennōsei to guntai* (Das Tenno-System und die Armee). Tōkyō: Aoki Shoten.

Fujiwara Akira (1982) *Taiheiyō sensō shiron* (Historische Diskurse zum Pazifischen Krieg). Tōkyō: Aoki Shoten.

Fujiwara Ryōki (1981) *Kindai Nihon kōtō kyōiku kikan chiiki haichi seisakushi kenkyū* (Forschungen zur politischen Geschichte der regionalen Errichtung von Einrichtungen der höheren Bildung im modernen Japan). Tōkyō: Meiji Tosho Shuppan.

Fujiwara Ryōki (1994) *Gendai Nihon kōtō kyōiku kikan chiiki haichi seisakushi kenkyū* (Forschungen zur politischen Geschichte der regionalen Errichtung von Einrichtungen der höheren Bildung im gegenwärtigen Japan). Tōkyō: Meiji Tosho Shuppan.

Fukushima Hiroyuki (2002) »1920-nendai no ›Kyôiku no kikai kintô‹ ron. Seinen kunrenjo no sôsetsu o megutte« (Diskussionen über »Chancengleichheit in der Erziehung« in den 1920er Jahren. Über die Gründung von Trainingszentren für Jugendliche). In: *Shigaku Zasshi* 111 (6), S. 1–32.

Funaki Toshio (1994) »›Daigaku ni okeru kyōin yōsei‹ no rekishiteki kenkyū. Shihan daigaku ronsō o chūshin to shite« (Historische Forschungen zur »Lehramtsausbildung an Universitäten«. Mit Schwerpunkt auf den Streit um die Pädagogische Universität). In: *Nihon no kyōiku shigaku* 37, S. 81–98.

Gao Bai (1997) *Economic Ideology and Japanese Industrial Policy. Developmentalism from 1931 to 1965*. Cambridge: Cambridge University Press.

Garon, Sheldon (1987) *The State and Labor in Modern Japan*. Berkeley: University of California Press.

Garon, Sheldon (1994) »Rethinking Modernization and Modernity in Japanese History: A Focus on State-Society Relations«. In: *Journal of Asian Studies* 53 (2), S. 346–366.

Garon, Sheldon (1997) *Molding Japanese Minds. The State in Everyday Life*. Princeton: Princeton University Press.

Gayle, Curtis Anderson (2003) *Marxist History and Postwar Japanese Nationalism*. London: RoutledgeCurzon.

GKS = Monbushō Kyōiku Chōsabu (Hrsg.) (1937) *Gakusei kaikaku shoan* (Pläne zur Reform des Erziehungssystems). Tōkyō: Monbushō.

Gluck, Carol (1996) »Das Ende der ›Nachkriegszeit‹: Japan vor der Jahrtausendwende«. In: Hijiya-Kirschnereit, Irmela (Hrsg.) *Überwindung der Moderne? Japan am Ende des zwanzigsten Jahrhunderts*. Frankfurt: Suhrkamp, 57–85.

Gordon, Andrew (1985) *The Evolution of Labor Relations in Japan: Heavy Industry, 1853–1955*. Cambridge: Council on East Asian Studies, Harvard University Press.

Gordon, Andrew (2003) *A Modern History of Japan. From Tokugawa Times to the Present*. New York; Oxford: Oxford University Press.

Haasch, Günther (Hrsg.) (2000) *Bildung und Erziehung in Japan. Ein Handbuch zur Geschichte, Philosophie, Politik und Organisation des japanischen Bildungswesens von den Anfängen bis zur Gegenwart*. Berlin: Edition Colloquium.

Hara Masatoshi (1967) »Shōwa shoki no kōsen haishi ron ni tsuite« (Über die Diskussionen zur Abschaffung der Technischen Höheren Fachschulen zu Beginn der Shōwa-Zeit). In: *Kagakushi kenkyū* 84, S. 176–184.

Hashimoto Miho (2003) »Senryōki ni okeru shihan gakkō no karikyuramu kaikaku. ›Daigaku ni okeru kyōiku gakka no karikyuramu‹ no hensei katei o chūshin ni« (Die Curricularreform der Pädagogischen Hochschulen während der Besatzungszeit. Mit Schwerpunkt auf den Editionsprozess des »Curriculums für Erziehungswissenschaften an Universitäten«). In: *Nihon no kyōiku shigaku* 46, S. 124–143.

Hashimoto Noriko (1992) *Danjo kyōgaku no shiteki kenkyū* (Historische Forschungen zur Koedukation). Tōkyō: Ōtsuki Shoten.

Hata Takashi (1999) *Sengo daigaku kaikaku* (Universitätsreformen der Nachkriegszeit). Machida: Tamagawa Daigaku Shuppanbu.

HDGKI = Hitotsubashi Daigaku Gakuenshi Kankō Iinkai (Hrsg.) (1986) *Hitotsubashi daigaku gakuseishi shiryō*. Bd. 9: *Shōwa 20–28-nen. Tōkyō sangyō daigaku – Tōkyō shōka daigaku – Hitotsubashi daigaku* (Materialien zur Geschichte des Erziehungssystems an der Hitotsubashi-Universität. Bd. 9: 1945–1953. Gewerbeuniversität Tokyo – Handelsuniversität Tokyo – Hitotsubashi-Universität). Kunitachi: Hitotsubashi Daigaku Gakuenshi Kankō Iinkai.

Heibonsha (Hrsg.) (1954–1956) *Kyōikugaku jiten* (Lexikon der Erziehungswissenschaft). 6 Bände. Tōkyō: Heibonsha.

Henmi Masaaki (1991) *Shihan gakkō seido shi kenkyū. Jūgonen sensōka no kyōshi kyōiku* (Forschungen zur Geschichte des Systems der pädagogischen Hochschulen. Lehramtsausbildung unter dem 15-jährigen Krieg). Sapporo: Hokkaidō Daigaku Tosho Kankōkai.

Henshūbu (1937) »Kyōiku kaikaku an« (Erziehungsreformplan). In: *Kyōiku* 5 (2), S. 231–233.

HHI = Hyakunenshi Henshū Iinkai (Hrsg.) (1981) *Hyakunenshi. Chiba daigaku kyōiku gakubu* (100-Jahres-Geschichte. Fakultät für Erziehungswissenschaften, Universität Chiba). Chiba: Chiba Daigaku Kyōiku Gakubu.

HI = Henshū Iinkai (Hrsg.) (1961) *Akita kōzan senmon gakkō/Akita daigaku kōzan gakubu gojūnenshi* (50-Jahres-Geschichte der Höheren Fachschule für Bergbauwesen Akita bzw. der Fakultät für Bergbauwesen, Universität Akita). Akita: Akita Daigaku Kōzan Gakubu.

Hirahara Haruyoshi (1971) »Kyōiku shingikai. Kaidai« (Erziehungsrat. Erläuterungen). In: Kyōiku Shingikai (Hrsg.) *Kyōiku shingikai shimon dai-1-gō tokubetsu iinkai seiri iinkai kaigiroku* (Protokolle des Unterausschusses zur Feinabstimmung des zur Beratung von Frage 1 eingesetzten Sonderausschusses des Erziehungsrates), Bd. 14 (neue Zählung). Tōkyō: Senbundō, S. 1–85 (gesonderte Paginierung am Ende des Bandes). Nachdruck der ursprünglich 1941 erschienenen Bände 19–21 (alte Zählung).

Horio Teruhisa; Terasaki Masao (1971) *Sengo daigaku kaikaku o kataru. Ippan kyōiku o chūshin ni.* Tōkyō: Tōkyō Daigaku Kyōiku Gakubu Ippan Kyōiku Kenkyū Sentaa.

Hosono Shigekatsu (1930) »Gensei kyōiku mondai no kentō« (Erwägung der Erziehungsprobleme des gegenwärtigen Systems). In: Kokumin Shinbun Henshūkyoku (Hrsg.) *Kyōiku kaizō ron* (Bildungsreform). Tōkyō: Keiseisha, 299–354.

IDSHI = Ibaraki Daigaku Sanjūnenshi Henshū Iinkai (Hrsg.) (1982) *Ibaraki daigaku sanjūnenshi* (30-Jahres-Geschichte der Universität Ibaraki). Mito: Ibaraki Daigaku.

Ienaga Saburō (1968) *Taiheiyō sensō* (Der Pazifische Krieg). Tōkyō: Iwanami Shoten.

Igasaki Akio (1965) *Daigaku no jichi no rekishi* (Geschichte der universitären Selbstverwaltung). Tōkyō: Shin Nihon Shuppansha.

IKI = Iwateken Kyōiku Iinkai (Hrsg.) (1981–1982) *Iwate kindai kyōikushi* (Geschichte der modernen Erziehung in Iwate). Morioka: Iwateken Kyōiku Iinkai.

Inoue, Kyoko (2001) *Individual Dignity in Modern Japanese Thought. The Evolution of the Concept of Jinkaku in Moral and Educational Discourse* (= *Michigan Monographs in Japanese Studies*, Bd. 35). Ann Arbor: Center for Japanese Studies, University of Michigan.

Irie Yōko (2004) *Kyōkasho ga abunai. »Kokoro no nōto« to kōmin, rekishi* (Die Schulbücher sind gefährdet. »Notizen der Seele« und Staatsbürgerkunde, Geschichte). Tōkyō: Iwanami Shoten.

Ishida Katsuo (1977) »Kyōiku Shingikai no kōtō gakkō (kyūsei) kaikaku tōshin to 1943nen kōtōgakkōrei chū kaisei ni tsuite« (Über die Reformempfehlung des Erziehungsrates zur Oberschule (alten Systems) und die Änderungen im Oberschulgesetz von 1943). In: *Kyūsei kōtō gakkō shi kenkyū* 12, S. 3–20.

Ishihama Tomoyuki (1928) »Shakai no shinka to gakusei no shisō« (Der Fortschritt der Gesellschaft und das Denken der Studenten). In: *Chūō kōron* 486 (7), S. 108–111.

Ishii Runa (2000) »Sengo Nihon no joshi kōtō kyōiku kaikaku ni okeru josei riidaa no yakuwari. Hoshino Ai o chūshin to shite« (Die Rolle von Führerinnen bei der Nachkriegsreform der höheren Bildung in Japan. Der Fall Hoshino Ai). In: *Obirin daigaku »kokusaigaku revyuu«* 12, S. 67–83.

Ishii Runa (2001) »Sengo Nihon no joshi kōtō kyōiku kaikaku ni okeru josei riidaa no yakuwari (2). Kawai Michi o chūshin to shite« (Die Rolle von Führerinnen bei der Nachkriegsreform der höheren Bildung in Japan (2). Der Fall Kawai Michi). In: *Obirin daigaku »kokusaigaku revyuu«* 13, S. 71–92.

Ishii Runa (2002) »Joshi daigaku renmei oyobi Nihon daigaku fujin kyōkai no kessei to katsudō. Sengo shoki ni okeru joshi kōtō kyōiku kaikaku no ichisokumen« (Die Bildung und die Aktivitäten des Verbandes der Frauenuniversitäten und der Japanischen Gesellschaft der Universitätsabsolventinnen. Ein Aspekt der Reform der höheren Frauenbildung in der frühen Nachkriegszeit). In: *Obirin kokusaigaku ronshū Magis* 7, S. 15–26.

Itō Akihiro (1993) »Kōtō kyōiku kikan kakujū to shin chūkansō keisei« (Die Expansion der höheren Bildung und die Bildung der neuen Mittelschicht). In: Yasuda Hiroshi (Hrsg.) *Gendai shakai e no tenkei* (Transformation zur modernen Gesellschaft) (= *Shiriizu Nihon gendaishi. Kōzō to hendō* (Serie: Moderne Geschichte Japans. Struktur und Wandel), Bd. 3). Tōkyō: Iwanami Shoten, S. 145–179.

Itō Akihiro (1999) *Senkanki Nihon no kōtō kyōiku* (Höhere Bildung in Japan in der Zwischenkriegszeit). Machida: Tamagawa Daigaku Shuppanbu.

Jann, Werner (1998) »Politikfeldanalyse«. In: Nohlen, Dieter (Hrsg.) *Wörterbuch Staat und Politik.* Bonn: Bundeszentrale für politische Bildung. Neuausgabe der Originalausgabe von 1991, 550–555.

Jann, Werner ; Wegrich, Kai (2003) »Phasenmodelle und Politikprozesse: Der Policy Cycle«. In: Schubert, Klaus ; Bandelow, Nils C. (Hrsg.) *Lehrbuch der Politikfeldanalyse.* München; Wien: Oldenbourg, 71–104.

Johnson, Chalmers (1982) *MITI and the Japanese Miracle. The Growth of Industrial Policy, 1925–1975.* Stanford: Stanford University Press.

Kaigo Tokiomi; Shimizu Ikutarō (Hrsg.) (1966) *Shiryō: Sengo nijū nenshi* (Quellen zu zwanzig Jahren Nachkiregszeit). Band 5: *Kyōiku, shakai* (Erziehung, Gesellschaft). Tōkyō: Nihon Hyōronsha.

Kaigo Tokiomi; Terasaki Masao (1969) *Sengo Nihon no kyōiku kaikaku* (Reform der Erziehung im Nachkriegsjapan), Bd. 9: *Daigaku kyōiku* (Universitätserziehung). Tōkyō: Tōkyō Daigaku Shuppan.

Kanda Fuhito (1979) *Senryō to sengo kaikaku* (Die Besatzung und die Nachkriegsreformen). Tōkyō: Nihon Hyōronsha.

Kanda Fuhito (1983) *Senryō to minshu shugi* (Besatzung und Demokratie). Tōkyō: Shōgakukan.

Kashio Jirō (Hrsg.) (1963) *Sōritsu 90nenshi. Akita daigaku gakugei gakubu* (90-jährige Gründungsgeschichte. Universität Akita, Fakultät für Erziehungswissenschaften). Akita: Akita Daigaku Gakugei Gakubu.

Kasza, Gregory J. (2002) »War and Welfare Policy in Japan«. In: *Journal of Asian Studies* 61 (2), S. 417–435.

Kawai Akira u.a. (1984) *Nihon gendai kyōikushi* (Moderne Bildungsgeschichte Japans). Tōkyō: Shin Nihon Shuppansha.

KD = Kumamoto Daigaku (Hrsg.) (1951) *Kumamoto daigakusei binran* (Leitfaden für Studierende der Universität Kumamoto). Kumamoto: Kumamoto Daigaku [Exemplar in der Zentralbibliothek der Universität Kumamoto].

KD = Kagoshima Daigaku (Hrsg.) (1960a) *Kagoshima daigaku jūnenshi* (10-Jahres-Geschichte der Universität Kagoshima). Kagoshima: Kagoshima Daigaku.

KD = Kanazawa Daigaku (Hrsg.) (1960b) *Kanazawa daigaku jūnenshi* (10-Jahres-Geschichte der Universität Kanazawa). Kanazawa: Kanazawa Daigaku.

KDGHI = Kanazawa Daigaku Gojūnenshi Henshū Iinkai (Hrsg.) (2001) *Kanazawa daigaku gojūnenshi. Tsūshihen* (50-Jahres-Geschichte der Universität Kanazawa. Chronologische Geschichte). Kanazawa: Kanazawa Daigaku Sōritsu Gojūshūnen Kinen Jigyō Kōenkai.

KDSGK = Kyūshū Daigaku Sōritsu Gojūnenshūnen Kinenkai (Hrsg.) (1967) *Kyūshū daigaku gojūnenshi* (50-Jahres-Geschichte der Universität Kyūshū). 3 Bände. Fukuoka: Kyūshū Daigaku Sōritsu Gojūnenshūnen Kinenkai.

KDSHI = Kumamoto Daigaku Sanjūnenshi Henshū Iinkai (Hrsg.) (1980) *Kumamoto daigaku sanjūnenshi* (30-Jahres-Geschichte der Universität Kumamoto). Kumamoto: Kumamoto Daigaku.

Kennoki Toshihiro (1977) *Sengo bunkyō fūunroku* (Chronik des Wandels der Kultuspolitik in der Nachkriegszeit). Tōkyō: Shōgakukan.

KHK = Kyōiku Hōrei Kenkyūkai (1947) *Kyōiku kihonhō no kaisetsu* (Erklärung des Erziehungsgrundgesetzes). Tōkyō: Kokuritsu Shoin.

Kido Mantarō (1937) »Kyōiku kaikaku undō no konpongi« (Die Grundlagen der Bewegung zur Bildungsreform). In: *Kyōiku* 5 (2), S. 234–240.

Kinbara Samon; Takemae Eiji (Hrsg.) (1989) *Shōwashi. Zōhoban* (Geschichte der Shōwa-Zeit. Erweiterte Ausgabe). Tōkyō: Yūhikaku. Zweite erweiterte Auflage der Originalausgabe von 1982.

Kinkei Gakuin (Hrsg.) (1929) *Bunkyō kakushinkai hōkoku* (Bericht der Gesellschaft zur Erneuerung des Kultus). Tōkyō: Kinkei Gakuin.

Kinma Kuniharu (2001) »Koa karikyuramu ni okeru senzen to no renzoku-sei no sai-kentō. Senzen/sengo no renzoku-sei oyobi senji-ka ni kan-suru sho-kenkyū o tegakari ni« (Wiederüberprüfung der Kontinuität zur Vorkriegszeit in den Kerncurricula. Anhand der Vor-/Nachkriegs-Kontinuität und der Forschungen zur Kriegszeit). In: *Tōkyō daigaku daigakuin kyōikugaku kenkyūka kiyō* 41, S. 87–96.

Kisaki Hiromi (2003) »›Kōkōsei shutsujin‹ no kenshō« (Untersuchung der »Mobilisierung von Oberschülern für den Kriegsdienst«). In: *Nihon rekishi* 664 (9), S. 58–74.

Kischka-Wellhäußer, Nadja (2004) *Frauenerziehung und Frauenbild im Umbruch. Ideale von Mädchenerziehung, Frauenrolle und weiblichen Lebensentwürfen in der frühen Jogaku zasshi (1885–1889)*. München: iudicium.

KKGSH = Kyūsei Kōtō Gakkō Shiryō Hozonkai (Hrsg.) (1980–1985) *Shiryō shūsei: Kyūsei kōtō gakkō zensho* (Materialsammlung: Gesamtes Schrifttum zu den Oberschulen alten Systems). 9 Bände. Tōkyō: Shōwa Shuppan.

KKK = Kokuritsu Kyōiku Kenkyūjo (Hrsg.) (1973–1974) *Nihon kindai kyōiku hyakunenshi* (100-Jahres-Geschichte der modernen japanischen Erziehung). 10 Bände. Tōkyō: Kokuritsu Kyōiku Kenkyūjo.

KKTCRK = Kokuritsu Kokkai Toshokan Chōsa Rippō Kōsakyoku (Hrsg.) (1963) *Daigaku kanri mondai ni kansuru shiryōshū* (Materialsammlung zum Problem der Universitätsverwaltung) (= Chōsa shiryō 62-2). Tōkyō: Kokuritsu Kokkai Toshokan Chōsa Rippō Kōsakyoku.

KNKSSH = Kindai Nihon Kyōiku Seido Shiryō Hensankai (Hrsg.) (1956–1959) *Kindai Nihon kyōiku seido shiryō* (Materialien zum Bildungssystem des modernen Japan). 35 Bände. Tōkyō: Kōdansha.

Kobayashi Hideo (1984) »Ken'i shugi teki tekunokuraato ha. Kishi Nobusuke o megutte« (Die Gruppe der autoritären Technokraten. Über Kishi Nobusuke). In: Ders., *Shōwa fashisuto no gunzō* (Gruppenbild der Shōwa-Faschisten), S. 223–260. Tōkyō: Azekura Shobō.

Kobayashi Hideo (1996) *Mantetsu. »Chi no shūdan« no tanjō to shi* (Die Südmandschurische Eisenbahn. Geburt und Tod einer »Intellektuellen-Gruppe«). Tōkyō: Yoshikawa Kōbunkan.

Kōgyō daigaku shinbun. Eingesehen im Archiv der Technischen Universität Tokyo (Tōkyō Kōgyō Daigaku), Hyakunen Kinenkan, Campus Ōokayama.

Kosaka Fumiko (1995) »Sensō to kōsei. ›Nihon gata iryō shisutemu‹ keisei ni mukete« (Krieg und Wohlfahrt. Hin zur Ausbildung eines »Gesundheitssystems japanischen Typs«). In: Asao Naohiro (Hrsg.) *Iwanami kōza Nihon tsūshi* (Iwanami-Kurs Chronologische Geschichte Japans). Band 19: *Kindai* (Neuzeit) *4*. Tōkyō: Iwanami Shoten, S. 329–346.

Koyano Sozai (1991) »Sengo kyōiku kaikaku to chūtō kyōiku. Kyūsei to shinsei no renzoku to danzetsu« (Bildungsreformen in der Nachkriegszeit und die Sekundarstufe. Kontinuitäten und Brüche zwischen dem alten und dem neuen System). In: *Meiji daigaku jinbun kagaku kenkyūjo nenpō* 32, S. 116–120.

Krämer, Hans Martin (2002) *Unterdrückung oder Integration? Die staatliche Behandlung der katholischen Kirche in Japan, 1932 bis 1945*. Marburg: Förderverein Marburger Japan-Reihe.

Krämer, Hans Martin (2003) »Hochschulpolitik im neuen Jahrtausend. Finanzielle und strukturelle Reformen der staatlichen Hochschulen in Japan«. In: *OAG Notizen* 9/2003, S. 21–51.

Krämer, Hans Martin (2005a) »Faschismus in Japan. Anmerkungen zu einem für den internationalen Vergleich tauglichen Faschismusbegriff«. In: *Sozial.Geschichte. Zeitschrift für historische Analyse des 20. und 21. Jahrhunderts* 20 (2), S. 6–32.

Krämer, Hans Martin (2005b) »Just Who Reversed the Course? The Red Purge in Higher Education During the Occupation of Japan«. In: *Social Science Japan Journal* 8 (1), S. 1–18.

KS seiri = Kyōiku Shingikai (Hrsg.) (1970–71) *Kyōiku shingikai shimon dai-1-gō tokubetsu iinkai seiri iinkai kaigiroku* (Protokolle des Unterausschusses zur Feinabstimmung des zur Beratung von Frage 1 eingesetzten Sonderausschusses des Erziehungsrates). 10 Bände. Tōkyō: Senbundō. Ursprünglich 1938–41 in 21 Bänden bei Tōkyō: Monbushō veröffentlicht. Die Bandangaben im Text folgen der ursprünglichen Ausgabe.

KS sōkai = Kyōiku Shingikai (Hrsg.) (1971) *Kyōiku shingikai sōkai kaigiroku* (Protokolle der Vollversammlung des Erziehungsrates). Tōkyō: Senbundō. Ursprünglich 1937–41 in 8 Bänden bei Tōkyō: Monbushō veröffentlicht. Die Bandangaben im Text folgen der ursprünglichen Ausgabe.

KS toku = Kyōiku Shingikai (Hrsg.) (1970) *Kyōiku shingikai shimon dai-1-gō tokubetsu iinkai kaigiroku* (Protokolle des zur Beratung von Frage 1 eingesetzten Sonderausschusses des Erziehungsrates). 4 Bände. Tōkyō: Senbundō. Ursprünglich 1938–41 in 15 Bänden bei Tōkyō: Monbushō veröffentlicht. Die Bandangaben im Text folgen der ursprünglichen Ausgabe.

Kubo Yoshizō (1969) *Nihon fashizumu kyōiku seisaku shi* (Geschichte der Bildungspolitik des japanischen Faschismus). Tōkyō: Meiji tosho.

Kubo Yoshizō (1979) *Tennōsei kokka no kyōiku seisaku. Sono keisei katei to sūmitsuin* (Die Bildungspolitik des Tenno-System-Staates. Ihre Herausbildung und der Geheime Staatsrat). Tōkyō: Keisō Shobō.

Kubo Yoshizō (1984) *Tainichi senryō seisaku to sengo kyōiku kaikaku* (Die Besatzungspolitik gegenüber Japan und die Bildungsreformen der Nachkriegszeit). Tōkyō: Sanseidō.

Kubo Yoshizō (1990a) »Vordringen des japanischen Faschismus und öffentliche Erziehung«. In: Nishikawa Masao; Miyachi Masato (Hrsg.) Japan zwischen den Kriegen. Eine Auswahl japanischer Forschungen zu Faschismus und Ultranationalismus (= *Mitteilungen der Gesellschaft für Natur- und Völkerkunde Ostasiens*, Bd. 108). Hamburg: Gesellschaft für Natur- und Völkerkunde Ostasiens, S. 345–357. Ursprünglich 1962 unter dem Titel »Nihon no fashizumu no shinkō to kyōiku« veröffentlicht.

Kubo Yoshizō (1990b) »Soziale Basis der Unterstützung der faschistischen Erziehung«. In: Nishikawa Masao; Miyachi Masato (Hrsg.) Japan zwischen den Kriegen. Eine Auswahl japanischer Forschungen zu Faschismus und Ultranationalismus (= *Mitteilungen der Gesellschaft für Natur- und Völkerkunde Ostasiens*, Bd. 108). Hamburg: Gesellschaft für Natur- und Völkerkunde Ostasiens, S. 358–378. Ursprünglich 1962 unter dem Titel »Fashizumu kyōiku o sasaeru shakaiteki kiban« veröffentlicht.

Kubo Yoshizō (Hrsg.) (1991) *Tennōsei to kyōiku* (Das Tenno-System und die Erziehung). Tōkyō: San'ichi shobō.

Kubo Yoshizō (1994) *Shōwa kyōiku shi. Tennōsei to kyōiku no shiteki tenkai* (Bildungsgeschichte der Shōwa-Zeit. Historische Entwicklung von Tenno-System und Erziehung).

Tōkyō: San'ichi shobō.

Kubo Yoshizō u.a. (Hrsg.) (2001) *Gendai kyōikushi jiten* (Lexikon der modernen Bildungsgeschichte). Tōkyō: Tōkyō Shoseki.

Kumamoto nichinichi shinbun. Eingesehen in der Nationalen Parlamentsbibliothek, Tokyo.

Kumata Atsumi (1977) »Beikoku kokuritsu kōbunshokan shozō no Nihon senryō kankei bunsho ni tsuite« (Über die im US-amerikanischen Staatsarchiv aufbewahrten Dokumente zur Besatzung Japans). In: *Kokuritsu kokkai toshokan geppō* 193 (4), S. 1–20.

Kuroha Ryōichi (1993) *Sengo daigaku seisaku no tenkai* (Entwicklung der Universitätspolitik in der Nachkriegszeit). Machida: Tamagawa Daigaku Shuppanbu.

Kurosawa Hidefumi (1994) *Sengo kyōiku no genryū* (Der Ursprung der Nachkriegserziehung). Tōkyō: Gakubunsha.

Kurozawa Fumitaka (1999) »Das System von 1940 und das Problem der politischen Führung in Japan. Eine Überlegung zur Neueinschätzung der Shōwa-Zeit«. In: *Zeitschrift für Geschichtswissenschaft* 47 (2), S. 130–152.

Kusano Atsuko (2001) »Dr. Lulu Holmes' Works [sic!] to Gain Popular Support for Higher Education for Japanese Women 1946–1948. Historical Aspects on Departments of Home Economics and the Founding of New Universities for Women in Japan after World War II«. In: *Shinshū daigaku kyōiku gakubu kiyō* 102, S. 75–86.

Lamberti, Marjorie (2002) *The Politics of Education. Teachers and School Reform in Weimar Germany*. New York; Oxford: Berghahn.

Lepsius, Rainer Mario (1977) »Soziologische Theoreme über die Sozialstruktur in der Moderne und die Modernisierung«. In: Koselleck, Reinhart (Hrsg.) *Studien zum Beginn der mordernen Welt*. Stuttgart: Klett-Cotta, S. 10–29.

Luhmer, Klaus (1973) *Schule und Bildungsreform in Japan. Japanische Bildungspolitik im internationalen Vergleich*. Bd. 2: *Die japanische Universität und ihre Studenten. Der japanische Lehrer*. Tokyo: Japanisch-Deutsche Gesellschaft.

Marshall, Byron K. (1992) *Academic Freedom and the Japanese Imperial University, 1868–1939*. Berkeley; Los Angeles; Oxford: University of California Press.

Marshall, Byron K. (1994) *Learning to Be Modern. Japanese Political Discourse on Education*. Boulder: Westview Press.

Maruyama, Masao (1988) *Denken in Japan*. Frankfurt am Main: Suhrkamp. Zuerst 1961 auf Japanisch veröffentlicht.

Masuda Hiroshi (1996) *Kōshoku tsuihō. San dai seiji paaji no kenkyū* (Personalsäuberungen. Forschungen zu den drei großen politischen Säuberungen). Tōkyō: Tōkyō Daigaku Shuppankai.

Masuda Hiroshi (2001) *Seijika tsuihō* (Amtsentfernung der Politiker). Tōkyō: Chūō Kōrōn Shinsha.

Mathias-Pauer, Regine (1990) »›Reading for Culture‹ and the Dawn of Mass Produced Literature in Germany and Japan«. In: Umesao Tadao; Lewis, Catherine C.; Kurita Yasuyuki (Hrsg.) *Japanese Civilization in the Modern World*, Band 5: *Culturedness* (= *Senri Ethnological Studies* 28). Ōsaka: National Museum of Ethnology, S. 111–126.

Matsuura Sōzō (1969) *Senryōka no genron dan'atsu* (Unterdrückung von Meinungsäußerungen unter der Besatzung). Tōkyō: Gendai Jaanarizumu Shuppankai.

Matsuura Sōzō (1975) *Tennō to masukomi* (Der Tenno und die Massenmedien). Tōkyō: Aoki Shoten.

Mayntz, Renate (1982) »Problemverarbeitung durch das politisch-administrative System. Zum Stand der Forschung«. In: *Politische Vierteljahresschrift* 23, Sonderheft 13, S. 74–89.

MCC = Monbushō Chōsakyōku Chōsaka (Hrsg.) (1949) *Daigaku, kōtō senmon gakkō zaigakusha no shusshin todōfukenbetsu chōsa* (Präfekturweise Untersuchung der Herkunft der Studierenden an Universitäten, Oberschulen und Höheren Fachschulen). Tōkyō: Monbushō.

MDKGKKSI = Mie Daigaku Kaigaku Gojūshūnen Kinen Kankō Senmon Iinkai (Hrsg.) (1999) *Mie daigaku gojūnenshi. Tsūshihen, shiryōhen* (50-Jahres-Geschichte der Universität Mie. Chronologische Geschichte, Materialien). Tsu: Mie Daigaku.

MDKH = Mie Daigaku Kōsei Hodōbu (Hrsg.) (1950) *Mie daigaku gakusei binran* (Leitfaden für Studierende der Universität Mie). Mie: Mie Daigaku. Exemplar in der Zentralbibliothek der Universität Mie.

Miyachi Masato (1981) *Tennōsei no seijishiteki kenkyū* (Politikgeschichtliche Forschungen zum Tennosystem.). Tōkyō: Azekura Shobō.

MK = Monbushō Kyōgakukyoku (Hrsg.) (1941a) *Daigaku kōtō senmon gakkō kyōshokuin chosho ronbun mokuroku (keizaigakuhen)* (Verzeichnis der Aufsätze und Monographien von Beschäftigten der Universitäten, Oberschulen und Höheren Fachschulen (Wirtschaftswissenschaft)). Tōkyō: Monbushō.

MK = Monbushō Kyōgakukyoku (Hrsg.) (1941b) *Daigaku kōtō senmon gakkō kyōshokuin chosho ronbun mokuroku (hōgakuhen)* (Verzeichnis der Aufsätze und Monographien von Beschäftigten der Universitäten, Oberschulen und Höheren Fachschulen (Rechtswissenschaft)). Tōkyō: Monbushō.

MKC = Monbushō Kyōiku Chōsabu (Hrsg.) (1942) *Kyōiku shingikai yōran*. Tōkyō: Monbushō.

MKGDMKGSHI = Mito Kōtō Gakkō Dōsōkai Mito Kōtō Gakkō Seishi Hensan Iinkai (Hrsg.) (1982) *Mito kōtō gakkō shi* (Geschichte der Oberschule Mito). Tōkyō: Mito Kōtō Gakkō Dōsōkai.

Möhwald, Ulrich (1993) *Reformen im japanischen Bildungswesen der Nachkriegszeit* (= *OAG Aktuell*, Nr. 59). Tōkyō: Deutsche Gesellschaft für Natur- und Völkerkunde Ostasiens (OAG).

Monbushō (Hrsg.) (1942) *Shihan gakkō kyōka kyōju yōkō an*. Tōkyō: Monbushō.

Monbushō (Hrsg.) (1948) *Nihon ni okeru kōtō kyōiku no saihensei*. Tōkyō: Monbushō.

Monbushō (Hrsg.) (1972a) *Gakusei hyakunenshi* (Hundertjährige Geschichte des Erziehungssystems). Band I; Band II: *Shiryōhen* (Material). Tōkyō: Monbushō.

Monbushō (Hrsg.) (1972b) *Nippon teikoku monbushō dai-52 nenpō. Taishō 13–nendo* (52. Jahrbuch des Kultusministeriums des Japanischen Reiches. Fiskaljahr 1924). Tōkyō: Insatsukyoku Chōyōkai; Bunsendō. Reprint der Originalausgabe von 1928.

Monbushō (Hrsg.) (1973) *Nippon teikoku monbushō dai-57 nenpō. Shōwa 4–nendo* (57. Jahrbuch des Kultusministeriums des Japanischen Reiches. Fiskaljahr 1929). Tōkyō: Insatsukyoku Chōyōkai; Bunsendō. Reprint der Originalausgabe von 1934.

Monbushō (Hrsg.) (1974) *Nippon teikoku monbushō dai-62 nenpō. Shōwa 9–nendo* (62. Jahrbuch des Kultusministeriums des Japanischen Reiches. Fiskaljahr 1934). Tōkyō: Insatsukyoku Chōyōkai; Bunsendō. Reprint der Originalausgabe von 1938.

Monbushō (Hrsg.) (1979a) *Monbushō dai-67 nenpō. Shōwa 14-nendo* (67. Jahrbuch des Kultusministeriums. Fiskaljahr 1939). Tōkyō: Insatsukyoku Chōyōkai; Bunsendō. Reprint der Originalausgabe von 1949.

Monbushō (Hrsg.) (1979b) *Monbushō dai-68 nenpō. Shōwa 15-nendo* (68. Jahrbuch des Kultusministeriums. Fiskaljahr 1940). Tōkyō: Insatsukyoku Chōyōkai; Bunsendō. Reprint der Originalausgabe von 1950.

Monbushō (Hrsg.) (1979c) *Monbushō dai-76 nenpō. Shōwa 23-nendo* (76. Jahrbuch des Kultusministeriums. Fiskaljahr 1948). Tōkyō: Insatsukyoku Chōyōkai; Bunsendō. Reprint der Originalausgabe von 1950.

Monbushō (Hrsg.) (1979d) *Monbushō dai-86 nenpō. Shōwa 33-nendo* (86. Jahrbuch des Kultusministeriums. Fiskaljahr 1958). Tōkyō: Insatsukyoku Chōyōkai; Bunsendō. Reprint der Originalausgabe von 1961.

Moore, Ray A.; Robinson, Donald L. (2002) *Partners for Democracy. Crafting the New Japanese State Under MacArthur*. Oxford; New York: Oxford University Press.

MSC = Monbushō Sōmukyoku Chōsaka (Hrsg.) (1942) »Gakusei kaikaku shoan« (Pläne zur Reform des Erziehungssystems). 35-seitiges Typoskript in: *Gakusei kaikaku. Chūtō gakkō rei, shihan kyōiku rei, kōtō gakkō rei, senmon gakkō rei, daigakurei.* (Reform des Erziehungssystems. Mittelschulgesetz, Lehramtsausbildungsgesetz, Oberschulgesetz, Fachhochschulgesetz, Universitätsgesetz) Dokumentensammlung auf Mikrofilm im Besitz der Bibliothek der Fakultät für Erziehungswissenschaften, Universität Tōkyō, Signatur M 373.151 GA.

Murakami Komao (1934) *Das japanische Erziehungswesen*. Tokyo: Fuzambō.

Murata Suzuko (1980) *Waga kuni joshi kōtō kyōiku seiritsu katei no kenkyū* (Forschungen zum Entstehungsprozess der höheren Frauenbildung in unserem Lande). Tōkyō: Kazama Shobō.

Myōjin Isao (1997) »Senryōka Nihon ni okeru kyōshoku tsuihō. Monbushō no jinteki kōsei ni oyoboshita eikyō o chūshin ni« (Personalsäuberungen bei den Lehrern im Japan unter der Besatzung. Mit Schwerpunkt auf den Einfluss, den sie auf die Personalzusammensetzung des Kultusministeriums ausübten). In: *Kushiro ronshū* 29, S. 245–257.

Nagai, Michio (1971) *Higher Education in Japan. Its Take-off and Crash*. Tokyo: University of Tokyo Press.

Naka Arata (1969) *Nihon gendai kyōikushi* (Moderne Bildungsgeschichte Japans). Tōkyō: Daiichi Hōki Shuppansha.

Nakajima Akio u.a. (Hrsg.) (1987) *Shōgen. Sengo no bunkyō seisaku* (Zeugenaussagen. Kultuspolitik der Nachkriegszeit). Tōkyō: Daiichi Hōki Shuppan.

Nakajima Tarō (1970) *Sengo Nihon kyōiku seido seiritsu shi* (Geschichte der Errichtung des Bildungssystems im Nachkriegsjapan). Tōkyō: Iwasaki Gakujutsu Shuppansha.

Nakamura Masanori (1992) *Sengoshi to shōchō tennō* (Nachkriegsgeschichte und der Symbol-Tenno). Tōkyō: Iwanami Shoten.

Nakamura Masanori; Gordon, Andrew (2003) »Nihon no kingendaishi o saikō suru. Amerika no Nihon kenkyū to no taiwa«. In: *Sekai* 718 (9), S. 120–132.

Nakamura Takafusa (1978) *Nihon keizai* (Die Wirtschaft Japans). Tōkyō: Tōkyō Daigaku Shuppankai.

Nakasone Yasuhiro (1995) »Nihon no sengo gojūnen to korekara no shinro« (50 Jahre Nachkriegsjapan und der Weg von hier an). Vortrag bei dem vierten Termin der vom Nijū Isseiki Kurabu (Club 21. Jahrhundert) veranstalteten Vortragsreihe *Ribati Ōpun Karejji* (Liberty Open College), am 29. Juni 1995. Online-Fassung unter http://www.tetsusenkai.net/official/yasukuni/material/nakasone.html (zuletzt am 15. Mai 2006 eingesehen).

ND = Niigata Daigaku (Hrsg.) (1955) *Gakusei binran* (Leitfaden für Studierende). Niigata: Niigata Daigaku. Exemplar in der Zentralbibliothek der Universität Niigata.

NDGKI = Nagasaki Daigaku Gojūnenshi Kankō Iinkai (Hrsg.) (1999) *Nagasaki daigaku gojūnenshi* (50-Jahres-Geschichte der Universität Nagasaki). Nagasaki: Nagasaki Daigaku.

NDNGHI = Nagoya Daigaku Nōgakubu Gojūnenshi Hensan Iinkai (Hrsg.) (2001) *Nagoya daigaku nōgakubu gojūnenshi* (50-Jahres-Geschichte der Fakultät für Agrarwissenschaft an der Universität Nagoya). Nagoya: Nagoya Daigaku Nōgakubu.

NDNHI = Niigata Daigaku Nijūgonenshi Henshū Iinkai (Hrsg.) (1974) *Niigata daigaku nijūgonenshi*, 2 Bände. Niigata: Niigata Daigaku Nijūgonenshi Kankō Iinkai.

Neuss-Kaneko, Margret (1990) *Familie und Gesellschaft in Japan. Von der Feudalzeit bis in die Gegenwart* (= *Beck'sche Reihe*, Band 416). München: C.H. Beck.

NK = Naiseishi Kenkyūkai (Hrsg.) (1975) *Kennoki Toshihiro shi danwa sokkiroku* (Mitschrift des Gesprächs mit Herrn Kennoki Toshihiro) (= *Naiseishi kenkyūkai shiryō*, Band 249–253). Tōkyō: Naiseishi Kenkyūkai.

NKDSHKH = Nara Kyōiku Daigaku Sōritsu Hyakushūnen Kinenkai Hyakunenshibu (Hrsg.) (1990) *Nara kyōiku daigaku shi. Hyakunen no ayumi* (Geschichte der Erziehungswissenschaftlichen Universität Nara. Ein hundertjähriger Gang). Nara: Nara Kyōiku Daigaku Sōritsu Hyakushūnen Kinenkai.

NKGDSKI = Nihon Kyōiku Gakkai Daigaku Seido Kenkyū Iinkai (Hrsg.) (o.J.) *Daigaku kanrihō shoan. CIE an yori monbushō an ni itaru* (Die Entwürfe für ein Universitätskontrollgesetz. Vom CIE-Entwurf bis zum Entwurf des Kultusministeriums). Tōkyō: Nihon Kyōiku Gakkai.

NKK = Naganoken Kyōikushi Kankōkai (Hrsg.) (1983) *Naganoken kyōikushi* (Bildungsgeschichte der Präfektur Nagano), Band 3: *Sōsetsuhen* (Allgemeine Darstellung). Nagano: Naganoken Kyōikushi Kankōkai.

NKKJHI = Nihon Kindai Kyōikushi Jiten Henshū Iinkai (Hrsg.) (1971) *Nihon kindai kyōikushi jiten* (Lexikon der modernen japanischen Bildungsgeschichte). Tōkyō: Heibonsha.

NKKSK = Nihon Kindai Kyōiku Shiryō Kenkyūkai (Hrsg.) (1995–1998) *Kyōiku sasshin iinkai, kyōiku sasshin shingikai kaigiroku* (Protokolle des Komitees zur Erziehungsreform und des Rates zur Erziehungsreform). 13 Bände. Tōkyō: Iwanami Shoten.

Noguchi Yukio (1995) *1940nen taisei. Saraba »senji keizai«* (Das 1940er-System. Auf Wiedersehen, »Kriegswirtschaft«). Tōkyō: Tōyō Keizai Shinpōsha.

NSKK = Nihon Shigaku Kyōiku Kenkyūjo (Hrsg.) (1984) *Kyōiku seido nado no kenkyū (sono 10) Haruyama Junnosuke shiryō* (Forschungen zum Erziehungssystem u.a., Teil 10: Materialien von Haruyama Junnosuke). Tōkyō: Nihon Shigaku Kyōiku Kenkyūjo.

Oguma Eiji (2002) *»Minshu« to »kokka«. Sengo Nihon no nashonarizumu to kōkyōsei* (»Demokratie« und »Nation«. Nationalismus und Gemeinschaftlichkeit im Nachkriegsjapan). Tōkyō: Shin'yōsha.

Oikawa Eijirō (2003) »The Relation Between National Socialism and Social Democracy in the Formation of the International Policy of the Shakai Taishūtō«. In: Stegewerns, Dick (Hrsg.) *Nationalism and Internationalism in Imperial Japan. Autonomy, Asian Brotherhood, or World Citizenship?* London u.a.: RoutledgeCurzon, S. 195–227.

Ōishi Kaichirō (1974) »Sengo kaikaku to Nihon shihon shugi no kōzō henka. Sono renzoku-setsu to danzetsu-setsu« (Die Nachkriegsreformen und der strukturelle Wandel des japanischen Kapitalismus. Die Theorien von dessen Kontintuität und Diskontinuität). In: Tōkyō daigaku shakai kagaku kenkyū-jo (Hrsg.) *Sengo kaikaku*. Bd. 1: *Kadai to shikaku* (Nachkriegsreformen. Bd. 1: Aufgabe und Blickwinkel). Tōkyō daigaku shuppan-kai, S. 63–97.

OJDHKI = Ochanomizu Joshi Daigaku Hyakunenshi Kankō Iinkai (Hrsg.) (1984) *Ochanomizu joshi daigaku hyakunenshi* (100-Jahres-Geschichte der Ochanomizu Frauenuniversität). Tōkyō: Ochanomizu Joshi Daigaku Hyakunenshi Kankō Iinkai.

Okada Daishi (2001) »Tōkyō kōgyō daigaku ni okeru dai-niji taisen chokugo no daigaku kaikaku. ›Tōkyō kōgyō daigaku sasshin yōkō‹ seiritsu katei to sono hyōka« (Die Universitätsreformen an der Technischen Universität Tokyo unmittelbar nach Ende des Zweiten

Weltkrieges. Entstehungsprozess und Bewertung des »Umrisses zur Reform der Technischen Universität Tokyo«). In: *Kagakushi kenkyū* 40, S. 1–11.

Okano, Kaori; Tsuchiya, Motonori (1999) *Education in Contemporary Japan. Inequality and Diversity*. Cambridge: Cambridge University Press.

Okazaki Tetsuji (1991) »Senji keikaku keizai to kigyō« (Die kriegszeitliche Planwirtschaft und die Unternehmen). In: Tōkyō Daigaku Shakai Kagaku Kenkyūjō (Hrsg.) *Gendai Nihon shakai*, Bd. 4: *Rekishiteki zentei*. Tōkyō Daigaku Shuppankai, S. 363–398.

Ōkubo Hideaki; Tanimoto Muneo (2000) »Shōwa 21nen ›Ishikawa shihan gakkō chōsa hōkoku‹. Sono 1« (Der »Untersuchungsbericht der Pädagogischen Hochschule Ishikawa« aus dem Jahre 1946, Teil 1). In: *Kanazawa daigaku kyōikugakubu kiyō jinbun gakka, shakai gakka hen* 49, S. 86–108.

Ōshima Hiroshi (2000) »Kido Mantarō to senzen ni okeru shotō-go kyōiku kaikaku. Sengo kyōiku kaikaku no shiten kara« (Kido Mantarō und die Reform der postprimären Erziehung in der Vorkriegszeit. Aus dem Blickwinkel der Bildungsreformen der Nachkriegszeit). In: *Rikkyō daigaku kyōiku gakka kenkyū nenpō*, 44, 43–54.

Ōshima Hiroshi (2004) »Joshi ni taisuru kyūsei kōtō gakkō no monko kaihō. Haisengo ni okeru seidoka no katei o chūshin to shite« (Die Öffnung der Oberschulen alten System für Frauen. Mit Schwerpunkt auf den Prozess der Systematisierung nach Kriegsende). In: *Nihon no kyōiku shigaku* 47, S. 109–128.

Ōta Takashi (1978) *Sengo Nihon kyōikushi* (Japanische Bildungsgeschichte der Nachkriegszeit). Tōkyō: Iwanami Shoten.

Ōuchi Hirokazu (1995) »Kyōiku ni okeru senzen, senji, sengo. Abe Shigetaka no shisō to kōdō« (Vorkriegszeit, Kriegszeit, Nachkriegszeit in der Bildung. Schriften und Taten von Abe Shigetaka). In: Yamanouchi Yasushi; Koschmann, Victor; Narita Ryūichi (Hrsg.) *Sōryokusen to gendaika* (Totaler Krieg und Modernisierung). Tōkyō: Kashiwa shobō, S. 211–235.

Ōuchi Hirokazu (2000) »Sengo kyōikugaku saikō. Senji/sengo no kubun o koete« (Die Erziehungswissenschaft der Nachkriegszeit überdenken. Jenseits der Trennung zwischen Kriegszeit und Nachkriegszeit). In: *Kindai kyōiku fooramu* 9, S. 1–15.

Ōya Sōichi (1929) »Shūshokunan to chishiki kaikyū no kōsokudoteki botsuraku« (Die Beschäftigungsschwierigkeiten und der rasche Fall der Intellektuellenklasse). In: *Chūō kōron* 494 (3), S. 71–76.

Rekishigaku Kenkyūkai (Hrsg.) (1961) *Sengo Nihonshi* (Japanische Geschichte der Nachkriegszeit). 2 Bände. Tōkyō: Aoki shoten.

Rekishigaku Kenkyūkai (Hrsg.) (1997) *Nihonshi shiryō* (Quellen zur japanischen Geschichte). 4 Bände. Tōkyō: Iwanami Shoten.

Roden, Donald (1980) *Schooldays in Imperial Japan. A Study in the Culture of a Student Elite*. Berkeley u.a.: University of California Press.

Rosenzweig, Beate (1998) *Erziehung zur Demokratie? Amerikanische Besatzungs- und Schulreformpolitik in Deutschland und Japan* (= *Beiträge zur Kolonial- und Überseegeschichte*, Band 69). Stuttgart: Franz Steiner.

Sakakibara Eisuke (1990) *Shihon shugi o koeta Nihon. Nihon gata shijō keizai taisei no seiritsu to tenkai* (Das Japan, das den Kapitalismus überwunden hat. Errichtung und Entwicklung das marktwirtschaftlichen Systems japanischer Prägung). Tōkyō: Tōyō Keizai Shinpōsha.

Sasaki Keiko (2002) *Senzenki joshi kōtō kyōiku no ryōteki kakudai katei. Seifu/seito/gakkō no dainamikusu* (Der Prozess der quantitativen Ausweitung höherer Bildung für Frauen in der Vorkriegszeit. Die Dynamik zwischen Regierung, Schülerinnen und Schulen). Tōkyō: Tōkyō daigaku shuppankai.

Sasaki Kichisaburō (1921) »Shihan daigaku setchi ron« (Einrichtung einer Pädagogischen Universität). In: *Kyōiku kenkyū* 220, S. 3–16.

Sasaki Shigeo (1953) *Wada Koroku hakase. Tsuioku no tame ni* (Dr. Wada Koroku. Zur Erinnerung). Tōkyō: Kōgyō Shinkōkai.

Satō Hideo (1984) »›Senzen/senchū no kyōiku‹ to ›sengo no kyōiku‹ to. Saikin no kyōiku kaikaku rongi ni yosete« (»Vorkriegs-/Kriegserziehung« und »Nachkriegserziehung«. Zu neueren Diskussionen über Bildungsreform). In: *Gekkan shakai kyōiku* 28 (13), S. 19–25.

Satō Manabu (2004) »Kyōiku kihon hō no rekishiteki imi. Senzen to sengo no renzokusei« (Die historische Bedeutung des Erziehungsgrundgesetzes. Kontinuitäten zwischen Vorkriegs- und Nachkriegszeit). In: *Sekai* 722 (1), S. 222–225.

Schubert, Klaus (1991) *Politikfeldanalyse. Eine Einführung*. Opladen: Leske und Budrich.

SDGHSI = Saitama Daigaku Gojūnenshi Henshū Senmon Iinkai (Hrsg.) (1999) *Saitama daigaku gojūnenshi* (50-Jahres-Geschichte der Universität Saitama). Urawa: Saitama Daigaku Gojūnenshi Kankōkai.

SDGKHI = Shizuoka Daigaku Gojūshūnen Kinenshi Henshū Iinkai (Hrsg.) (1999) *Shizuoka daigaku no gojūnen* (50-Jahres-Geschichte der Universität Shizuoka). Shizuoka: Shizuoka Daigaku.

SDK = Sengo Daigakushi Kenkyūkai; Ōsaki Hitoshi (Hrsg.) (1988) *Sengo daigaku shi. Sengo no kaikaku to shinsei daigaku no seiritsu* (Universitätsgeschichte der Nachkriegszeit. Die Nachkriegsreformen und die Entstehung der Universitäten neuen Systems). Tōkyō: Daiichi Hōki Shuppan.

SDKGHHI = Saitama Daigaku Kyōiku Gakubu Hyakunenshi Henshū Iinkai (Hrsg.) (1976) *Hyakunenshi* (100-Jahres-Geschichte). Urawa: Saitama Daigaku Kyōiku Gakubunai Hyakunenshi Kankōkai.

SDKSHI = Shimane Daigaku Kaigaku Sanjūshūnenshi Henshū Iinkai (Hrsg.) (1981) *Shimane daigakushi* (Geschichte der Universität Shimane). Matsue: Shimane Daigaku.

Seifert, Wolfgang (1997) *Gewerkschaften in der japanischen Politk. Der dritte Partner?* Opladen: Westdeutscher Verlag.

Sekino Toyozō (1973) »Sengo Nihon no joshi daigaku no seiritsu. Hoomuzu joshi no gendō shidō o chūshin to shite« (Die Entstehung der Frauenuniversitäten im Nachkriegsjapan. Mit Schwerpunkt auf die Anleitung in Wort und Tat durch Frau Holmes). In: Ashiya Daigaku Sōritsu Jūshūnen Kinen Ronbun Shū Henshūu Iinkai (Hrsg.) *Ashiya daigaku sōritsu jūshūnen kinen ronbun shū*. Tōkyō: Bungadō Ginkō Kenkyūsha, S. 53–77.

Shakai Taishūtō (Hrsg.) (1937) *Gakusei kaikaku* (Reform des Erziehungssystems). Tōkyō: Shakai Taishūtō Shuppanbu.

Shimizu Yasuyuki u.a. (1991) *Shiryō. Kyōiku shingikai (sōsetsu)*. (Quellen. Der Erziehungsrat (allgemeine Erläuterungen)) (= *Noma Kyōiku Kenkyūjo kiyō*, Band 34). Tōkyō: Noma Kyōiku Kenkyūjo.

Shimizu Yasuyuki (2000) *Kyōiku shingikai no kenkyū. Shihan gakkō kyōiku* (Forschungen zum Erziehungsrat. Lehrerbildung) (= *Noma Kyōiku Kenkyūjo kiyō*, Band 42). Tōkyō: Noma Kyōiku Kenkyūjo.

Shinbori Michiya (Hrsg.) (1980) *Nihon no kyōiku chizu. Kenbetsu kyōiku shindan no kokoromi* (Karten zur Erziehung in Japan. Versuch einer präfekturweisen Untersuchung der Erziehung). Band 2: *Gakkō kyōiku hen* (Schulerziehung). Tōkyō: Gyōsei.

Shinobu Seizaburō (1965) *Sengo Nihon seijishi* (Politische Geschichte des Japans der Nachkriegszeit). 4 Bände. Tōkyō: Keisō shobō.

Shinoda Hiromu; Tezuka Takehiko (Hrsg.) (1979) *Gakkō no rekishi* (Geschichte der Schule). Bd. 5: *Kyōin yōsei no rekishi* (Geschichte der Lehramtsausbildung). Tōkyō: Daiichi Hōki.

Shōda Kazue (1928) »Kyōiku kaizen to shisō zendō« (Verbesserung der Erziehung und die Gedanken auf den rechten Weg bringen). In: *Seiyū* 333, S. 6–13.

Shōwa Dōjinkai (Hrsg.) (1968) *Shōwa kenkyūkai* (Die Shōwa-Forschungsgesellschaft). Tōkyō: Keizai Ōraisha.

SK = Ishikawa Junkichi (1962) *Sōgo kokusaku to kyōiku kaikaku an. Naikaku shingikai, naikaku chōsakyoku kiroku* (Integrierte nationale Politik und Erziehungsreformpläne. Die Aufzeichnungen des Kabinettausschusses und des Kabinettuntersuchungsamtes). Tōkyō: Shimizu Shoin.

SNKK = Shisō no Kagaku Kenkyūkai (Hrsg.) (1972) *Kyōdō kenkyū Nihon senryō* (Gemeinsame Forschungen. Die Besatzung Japans). Tōkyō: Tokuma shoten.

SNKSSHI = Sengo Nihon Kyōiku Shiryō Shūsei Henshū Iinkai (Hrsg.) (1982–1984) *Sengo Nihon kyōiku shiryō shūsei*. 13 Bände. Tōkyō: San'ichi Shobō

Sodei Rinjirō (1974) *Makkaasaa no nisen nichi* (Die 2000 Tage des MacArthur). Tōkyō: Chūō Kōronsha.

Sodei Rinjirō (1986) *Senryō shita mono sareta mono. Nichibei kankei no genten o kangaeru* (Die Besatzer und die Besetzten. Den Ausgangspunkt der japanisch-amerikanischen Beziehungen bedenken). Tōkyō: Saimaru Shuppankai.

SSGK = Sengo Shikō Gakuseishi Kankōkai (Hrsg.) (2001) *Sengo shikō gakuseishi* (Nachkriegsgeschichte der Studenten an der Vierten Oberschule). Tōkyō: Keisō shobō.

SSH = San'ichi Shobō Henshūbu (Hrsg.) (1968) *Shiryō sengo gakusei undō* (Studierendenbewegung der Nachkriegszeit in Dokumenten). Bd. 1: 1945–1949. Tōkyō: San'ichi shobō.

Streeck, Wolfgang (2001) »Introduction: Explorations into the Origins of Nonliberal Capitalism in Germany and Japan«. In: Streeck, Wolfgang; Yamamura, Kozo (Hrsg.) *The Origins of Nonliberal Capitalism. Germany and Japan in Comparison*. Ithaca: Cornell University Press, S. 1–38.

Sugitani Yumiko (1998) »Wada Koroku. Daigaku kyōiku ron no saikentō« (Wada Koroku. Wiederholte Untersuchung seiner Theorie der Universitätserziehung). In: *Daigaku kyōiku gakkaishi* 20 (2), S. 114–118.

Sugitani Yumiko (1999) »Sengo Tōykō kōgyō daigaku kaikaku katei ni okeru kyōyō kyōiku no seiritsu. Sono haikei to jōken« (Die Errichtung des Studium generale im Reformprozess der Technischen Universität Tokyo in der Nachkriegszeit. Ihre Hintergründe und Bedingungen). In: *Daigaku kyōiku gakkaishi* 21 (1), S. 64–71.

Suzuki Eiichi (1983) *Nihon senryō to kyōiku kaikaku* (Die Besatzung Japans und die Bildungsreformen). Tōkyō: Keisō shobō.

Suzuki Eiichi; Kasai Hisashi (1990) »Sengo kaikakuki ni okeru kyōiku shingikai no iin kōsei no tokushitsu« (Die Besonderheiten der personellen Zusammensetzung der Beratungsgremien zur Bildung in der Reformphase der Nachkriegszeit). In: *Nagoya daigaku kyōiku gakubu kiyō (kyōikugakka)* 37, S. 371–404.

Taga Akigorō (1965) »Dai-2-ji Wakatsuki naikaku jidai no gakusei kaikaku an« (Die Pläne zur Reform des Erziehungssystems in der Zeit des zweiten Wakatsuki-Kabinetts). In: *Chūō daigaku hachijū shūnen kinen ronbunshū*. Tōkyō: Chūō Daigaku Bungakubu, S. 227–254.

Takahashi Mieko (2001) »Sengo joshi kōtō kyōiku no mezashita mono. Shinseido no hossoku to byōdōkan no keisei o megutte« (Was die höhere Bildung für Frauen in der Nachkriegszeit anstrebte. Über den Start des neuen Systems und die Entstehung eines Bewusstseins von Gleichheit). In: *Seikatsu bunka kenkyū* 8, S. 107–118.

Takahashi Samon (1986) *Kyūsei kōtō gakkō zenshi* (Gesamte Geschichte der Oberschulen alten Systems). Tōkyō: Jichōsha.

Takahashi Tsugiyoshi (1989) »Shōwa shoki ›gakusei kaikaku an‹ no joshi kōtō kyōiku seido kōsō ni kansuru kiso teki kenkyū« (Grundlegende Forschungen zu den Vorstellungen über das höhere Bildungssystem für Frauen in den »Plänen zur Reform des Erziehungssystems« der frühen Shōwa-Zeit). In: Taga Akigorō Hakase Kiju Kinen Ronbunshū Kankōkai (Hrsg.) *Ajia no kyōiku to bunka. Taga Akigorō hakushi kiju kinen ronbunshū* (Erziehung und Kultur in Asien. Aufsatzsammlung zu Ehren des 77. Geburtstages von Dr. Taga Akigorō). Tōkyō: Gannandō Shoten, S. 422–437.

Takemae Eiji (1970) *Amerika tainichi rōdō seisaku no kenkyū* (Forschungen zur US-amerikanischen Arbeitspolitik Japan gegenüber). Tōkyō: Nihon Hyōronsha.

Takemae Eiji (1980) *Senryō sengo shi. Tainichi kanri seisaku no zen'yō* (Geschichte der Besatzungs- und Nachkriegszeit. Ein Gesamtbild der Kontrolle und Politik Japan gegenüber). Zushi: Sōshisha.

Takemae Eiji (1982) *Sengo rōdō kaikaku. GHQ rōdō seisaku shi* (Arbeitsreformen der Nachkriegszeit. Geschichte der Arbeitspolitik von GHQ). Tōkyō: Tōkyō daigaku shuppankai.

Takemae Eiji (2002) *The Allied Occupation of Japan*. New York: Continuum.

Takeuchi Yō (1999) *Gakureki kizoku no eikō to zasetsu* (Glanz und Niedergang des Bildungsadels). (= *Nihon no kindai*, Band 12). Tōkyō: Chūō Kōron Shinsha.

Tanaka Masao (1995) *Sengo kaikaku to daigaku kijun kyōkai no keisei* (Die Nachkriegsreformen und die Entstehung des Verbandes zur Akkreditierung von Universitäten). Tōkyō: Daigaku Kijun Kyōkai.

Tawney, Richard H. (1931) *Equality*. London: Allen & Unwin.

TDHHI = Tōkyō Daigaku Hyakunenshi Henshū Iinkai (Hrsg.) (1984–1987) *Tōkyō daigaku hyakunenshi* (100-Jahres-Geschichte der Universität Tokyo). 3 Bände *tsūshi* (Chronologische Geschichte), 4 Bände *bukyokushi* (Geschichte der Abteilungen), 3 Bände *shiryō* (Materialien). Tōkyō: Tōkyō Daigaku Shuppankai.

TDHKGHI = Tōkyō Daigaku Hyakunenshi Kyōyō Gakubushi Henshū Iinkai (Hrsg.) (1979) *Kyōyō gakubu no 30nen. 1949–1979* (30 Jahre Fakultät für Allgemeinbildung. 1949–1979). Tōkyō: Tōkyō Daigaku Kyōyō Gakubu.

TDS = Teikoku Daigaku Shinbunsha (Hrsg.) (1934) *Gakusei kaikaku ron* (Reform des Erziehungssystems). Tōkyō: Teikoku Daigaku Shinbunsha.

TDS = Teikoku Daigaku Shinbunsha (Hrsg.) (1935) *Teikoku daigaku nenkan. Shōwa 9, 10 nendo ban* (Jahrbuch der Kaiserlichen Universitäten. Ausgabe für 1934/35). Tōkyō: Teikoku Daigaku Shinbunsha.

TDSS = Tōkyō Daigaku Shi Shiryōshitsu (Hrsg.) (1998) *Tōkyō daigaku no gakuto dōin gakuto shutsujin* (Mobilisierung von Studenten für Arbeits- und Kriegseinsätze an der Universität Tokyo). Tōkyō: Tōkyō Daigaku Shuppankai.

TDSSKHKI = Tottori Daigaku Sōritsu Sanjūshūnen Kinenshi Henshū Kankō Iinkai (Hrsg.) (1983) *Tottori daigaku sanjūnenshi* (30-Jahres-Geschichte der Universität Tottori). Tottori: Tottori Daigaku.

Teichler, Ulrich (1975) *Geschichte und Struktur des japanischen Hochschulwesens* (= *Hochschule und Gesellschaft in Japan*, Bd. 1). Stuttgart: Klett.

Terasaki Masao (Hrsg.) (1970) *Sengo no daigakuron* (Universitätsdiskurse der Nachkriegszeit). Tokyo: Hyōronsha.

Terasaki Masao; Senjika Kyōiku Kenkyūkai (Hrsg.) (1987) *Sōryokusen taisei to kyōiku. Kōkokumin »rensei« no rinen to jissen* (Der totale Krieg und Erziehung. Ideal und Praxis der »Formung« der kaiserlichen Untertanen). Tōkyō: Tōkyō Daigaku Shuppankai.

Terasaki Masao (1988) *Sengo no daigaku seido to daigakuin* (Das Universitätssystem der Nachkriegszeit und die Graduiertenkurse). Tōkyō: Daigaku Kaikaku Fooramu Jikkō Iinkai.

TGDNHI = Tōkyō Gakugei Daigaku Nijūnenshi Henshū Iinkai (Hrsg.) (1970) *Tōkyō gakugei daigaku nijūnenshi. Sōritsu kyūjūrokunenshi* (20-Jahres-Geschichte der Gakugei-Universität Tokyo. 96-Jahres-Geschichte seit der Gründung). Koganei: Tōkyō Gakugei Daigaku Sōritsu Nijūshūnen Kinenkai.

TGDSGKHI = Tōkyō Gakugei Daigaku Sōritsu Gojūshūnen Kinenshi Henshū Iinkai (Hrsg.) (1999) *Tōkyō gakugei daigaku gojūnenshi* (50-Jahres-Geschichte der Gakugei-Universität Tokyo). Band 1: *Tsūshihen* (Chronologische Geschichte), Band 2: *Shiryōhen* (Materialien). Koganei: Tōkyō Gakugei Daigaku Sōritsu Gojūshūnen Kinen Jigyō Kōenkai.

TKDSKKZS = Teikoku Kyōikukai Dai-shichi Sekai Kyōiku Kaigi Zanmu Seiribu (Hrsg.) (1939) *Daishichi sekai kyōiku kaigi bunshū* (Texte der Siebten Weltkonferenz für Erziehung). Tōkyō: Teikoku Kyōikukai Daishichi Sekai Kyōiku Kaigi Zanmu Seiribu. 3 Bände.

Toda Teizō (1950) »Kyōikujō no kikai kintō to gakkō keitō« (Chancengleichheit in der Erziehung und Schulstränge). In: *Kyōiku fukkō* 3 (1), S. 2–6.

Torii Tomoko (2000) »Sengo Tōkyō shōka daigaku ni okeru jiritsuteki soshiki un'ei kiban ni kansuru mondai. ›Uehara kōsō‹ ni motozuku kaikaku katei ni chūmoku shite« (Probleme bezüglich der eigenständigen Organisations- und Verwaltungsstruktur in der Handelsuniversität Tokyo während der Nachkriegszeit). In: *Nagoya daigaku daigakuin kyōiku hattatsu kagaku kenkyūka kiyō* 47 (1), S. 103–114.

Tōyama Shigeki; Imai Seiichi; Fujiwara Akira (1955) *Shōwashi* (Geschichte der Shōwa-Zeit). Tōkyō: Iwanami Shoten. Zweite, veränderte Auflage 1959.

Trainor, Joseph C. (1983) *Educational Reform in Occupied Japan. Trainor's Memoir*. Tokyo: Meisei University Press.

TSKK = Tōkyō Daigaku Shakai Kagaku Kenkyūjo (Hrsg.) (1974–1975) *Sengo kaikaku* (Nachkriegsreformen). 8 Bände. Tōkyō: Tōkyō Daigaku Shuppankai.

Tsuchimochi Gary Hōichi (1992) *Roku san sei kyōiku no tanjō. Sengo kyōiku no genten* (Die Geburt der Erziehung des 6-3-Systems. Der Ausgangspunkt der Nachkriegserziehung). Tokyo: Yūshisha.

Tsuchimochi, Gary Hōichi (1993) *Education Reform in Postwar Japan. The 1946 U.S. Education Mission*. Tokyo: University of Tokyo Press. Zuerst 1991 auf Japanisch veröffentlicht.

Tsuchimochi Gary Hōichi (1996) *Shinsei daigaku no tanjō. Sengo shiritsu daigaku seisaku no tenkai* (Die Geburt der Universitäten neuen Systems. Die Entfaltung der Politik gegenüber den Privatuniversitäten der Nachkriegszeit). Machida: Tamagawa Daigaku Shuppanbu.

Tsuchimochi Gary Hōichi (1997) »Shinsei daigaku ni okeru ›ippan kyōiku‹ no dō'nyū to tenkai no katei« (Der Prozess der Einführung und Entfaltung des »studium generale« in den Universitäten neuen Systems). In: *Nihon no kyōiku shigaku* 40, S. 225–242.

Tsuchimochi Gary Hōichi (1999) »The Emergence of the New Four-Year-University System in Postwar Japan«. In: *Nanzan Review of American Studies* 21, S. 41–60.

Tsuchimochi Gary Hōichi (2001) »Shinsei daigaku ni okeru ›tan'i seido‹ no dōnyū to tenkai no katei« (Der Prozess der Einführung und Entfaltung des »Credit-Systems« in den Universitäten neuen Systems). In: *Daigaku ronshū* 31, S. 65–80.

Tsuchimochi Gary Hōichi (2006) *Sengo Nihon no kōtō kyōiku kaikaku seisaku. »Kyōyō kyōiku« no kōchiku* (Reformpolitik der höheren Bildung im Nachkriegsjapan. Der Aufbau der »Erziehung zur Allgemeinbildung«). Machida: Tamagawa Daigaku Shuppanbu.

Tsutsui, William M. (1998) *Manufacturing Ideology. Scientific Management in Twentieth-Century Japan*. Princeton: Princeton University Press.

UDKGHI = Utsunomiya Daigaku Kyōiku Gakubushi Hensan Iinkai (Hrsg.) (1989) *Utsunomiya daigaku kyōiku gakubu hyakujūgonenshi* (115-Jahres-Geschichte der Fakultät für Erziehungswissenschaften der Universität Utsunomiya). Utsunomiya: Utsunomiya Daigaku Kyōiku Gakubu.

Ueno Chizuko (2004) *Nationalism and Gender*. Melbourne: Trans Pacific Press. Zuerst 1998 auf Japanisch veröffentlicht.

Unger, J. Marshall (1996) *Literacy and Script Reform in Occupation Japan. Reading Between the Lines*. New York; London: Oxford University Press.

Uno, Kathleen (1993) »The Death of ›Good Wife, Wise Mother‹?«. In: Gordon, Andrew (Hrsg.) *Postwar Japan as History*. Berkeley: University of California Press, S. 293–322.

Uno, Kathleen (1995) »The Origins of ›Good Wife, Wise Mother‹ in Modern Japan«. In: Pauer, Erich; Mathias, Regine (Hrsg.) *Japanische Frauengeschichte(n)*. Marburg: Marburger Japan-Reihe, S. 31–46.

Vormeyer, Wilhelm (1927) »Der Aufbau des japanischen Schulwesens: II. Höhere Schule – Universität – Höhere Spezialschule«. In: *Die deutsche Schule: Zeitschrift für Erziehungswissenschaft und Bildungspolitik und pädagogische Praxis* 31 (12), S. 746–750.

Watanabe Kayoko (1997) *Kingendai Nihon no kyōyōron. 1930-nendai o chūshin ni* (Allgemeinbildungsdiskurse im neuzeitlichen und gegenwärtigen Japan. Mit Schwerpunkt auf den 1930er Jahren). Kyōto: Kōrosha.

Watanabe Sōsuke (1998) »Iin nado ichiran. Kaisetsu« (Übersicht über die Mitglieder u.a.). In: Nihon Kindai Kyōiku Shiryō Kenkyūkai (Hrsg.) *Kyōiku sasshin iinkai, kyōiku sasshin shingikai kaigiroku* (Protokolle des Komitees zur Erziehungsreform und des Ausschusses zur Erziehungsreform). Band 13. Tōkyō: Iwanami Shoten, S. 45–52.

Watanabe Yōko (1991) »Sōryokusen taiseika no joshi kyōiku to Yoshioka Yayoi« (Frauenerziehung im totalen Krieg und Yoshioka Yayoi). In: Kubo Yoshizō (Hrsg.) *Tennōsei to kyōiku* (Das Tenno-System und die Erziehung). Tōkyō: San'ichi shobō, S. 189–228.

Wray, Harry (2000) »Harii Rei ōraru hisutorii shiriizu 5: Kennoki Toshihiro« (Harry Wray Oral History Series 5: Kennoki Toshihiro). In: *Sengo kyōiku shi kenkyū* 14, S. 117–127.

Yamada Noboru (1999) *Ima joshi kyōiku o tou – Nihon kindai joshi kōtō kyōiku shikō* (Die heutige Frauenerziehung befragen – Historische Betrachtungen über die moderne höhere Frauenbildung in Japan). Tōkyō: Ōzorasha.

Yamagata shinbun. Eingesehen in der Nationalen Parlamentsbibliothek, Tokyo.

Yamamoto Reiko (1994) *Senryō-ka ni okeru kyōshoku tsuihō. GHQ/SCAP bunsho ni yoru kenkyū* (Die Säuberung des Lehrkörpers unter der Besatzung. Forschungen nach den GHQ/SCAP-Unterlagen). Tōkyō: Meisei Daigaku Shuppanbu.

Yamanouchi Yasushi (1996) »Sanka to dōin. Senjiki chishikijin no purofiiru« (Teilnahme und Mobilisierung. Ein Profil der Intellektuellen der Kriegszeit). In: Ders., *Shisutemu shakai no gendaiteki isō* (Die moderne Phase der Systemgesellschaft). Tōkyō: Iwanami Shoten, S. 96–171.

Yamanouchi Yasushi (1998) »Total War and Social Integration. A Methodological Introduction«. In: Yamanouchi Yasushi; Koschmann, Victor; Narita Ryūichi (Hrsg.) *Total War and ›Modernization‹*. Ithaca: Cornell University Press, S. 1–39. Zuerst 1995 auf Japanisch veröffentlicht.

Yamanouchi Yasushi; Narita Ryūichi; Ōuchi Hirokazu (1996) »Sōryokusen, kokumin kokka, shisutemu shakai« (Totaler Krieg, Volksstaat, Systemgesellschaft). In: *Gendai shisō* 24 (7), S. 8–33.

Yamashita Tokuji (1932) »Gendai kyōiku seido kaikaku ron. Gakusei kaikaku no kihonteki shomondai« (Reform des gegenwärtigen Bildungssystems. Grundlegende Probleme der Reform des Erziehungssystems). In: *Chūō kōron* 528, S. 59–71.

Yamazumi Masami (1987) *Nihon kyōiku shōshi* (Kleine Geschichte der japanischen Erziehung). Tōkyō: Iwanami Shoten.

Yasuda Hiroshi (1993) »Sōron« (Allgemeine Einführung). In: Yasuda Hiroshi (Hrsg.) *Gendai shakai e no tenkei* (Transformation zur modernen Gesellschaft) (= *Shiriizu Nihon gendaishi. Kōzō to hendō* (Serie: Moderne Geschichte Japans. Struktur und Wandel), Bd. 3). Tōkyō: Iwanami Shoten, S. 3–24.

Yasukawa Junosuke (1986) *Jūgonen sensō to kyōiku* (Der 15-jährige Krieg und Erziehung). Tōkyō: Shin Nihon Shuppansha.

YDSHI = Yamaguchi Daigaku Sanjūnenshi Henshū Iinkai (Hrsg.) (1982) *Yamaguchi daigaku sanjūnenshi* (30-Jahres-Geschichte der Universität Yamaguchi). Yamaguchi: Yamaguchi Daigaku.

YKGGYDBGNK = Yamagata Kōtō Gakkō Gojūnen Yamagata Daigaku Bunri Gakubu Nijūnen Kinenkai (Hrsg.) (1970) *Yamagata kōtō gakkō yamagata daigaku bunri gakubu gojūnenshi* (50-Jahres-Geschichte der Oberschule Yamagata und der Fakultät für Literatur- und Naturwissenschaften, Universität Yamagata). Yamagata: Yamagata Kōtō Gakkō Gojūnen Yamagata Daigaku Bunri Gakubu Nijūnen Kinenkai.

Yokohata Tomomi (1978) »1943nen ›shihan kyōikurei‹ ni kansuru ikkōsatsu. Shihan gakkō shōkaku undō to sono shisō« (Eine Überlegung zum Gesetz über die Lehramtsausbildung von 1943. Die Bewegung zur Heraufstufung der Lehrerseminare und ihr Denken). In: *Kyōikugaku kenkyū* 54 (3), S. 258–267.

Yoneda Toshihiko (1994) *Kyōiku shingikai no kenkyū. Chūtō kyōiku kaikaku* (Forschungen zum Erziehungsrat. Reform der Sekundarstufenerziehung) (= Noma Kyōiku Kenkyūjo kiyō, Band 38). Tōkyō: Noma Kyōiku Kenkyūjo.

Yoneda Toshihiko (2000) *Kyōiku shingikai no kenkyū. Kōtō kyōiku kaikaku* (Forschungen zum Erziehungsrat. Reform der höheren Bildung). Tōkyō: Noma kyōiku kenkyūjo.

Yoshida Kametarō (1930) »Kyōiku kaizō ron« (Bildungsreform). In: Kokumin Shinbun Henshūkyoku (Hrsg.) *Kyōiku kaizō ron* (Bildungsreform). Tōkyō: Keiseisha, S. 247–295.

Yoshikawa Takuji (1997) »Kumamoto ika daigaku e no shōkaku undō. Kenritsu ikan to daigaku shōkaku« (Die Bewegung zur Heraufstufung zur Medizinuniversität Kumamoto. Die Überführung in präfekturale Trägerschaft und die Heraufstufung zur Universität). In: *Jinbun ronshū* 32 (3), S. 23–44.

Yoshimizu Shōgan (1930) »Kyōiku kaizō ron« (Bildungsreform). In: Kokumin Shinbun Henshūkyoku (Hrsg.) *Kyōiku kaizō ron* (Bildungsreform). Tōkyō: Keiseisha, S. 3–244.

Yui Daizaburō (1989) *Mikan no senryō kaikaku. Amerika chishikijin to suterareta Nihon minshuka kōsō* (Die unvollendete Besatzungsreform. Die amerikanischen Intellektuellen und der weggeworfene Plan der Demokratisierung Japans). Tōkyō: Tōkyō Daigaku Shuppankai.

Yukawa Tsugiyoshi (1994) »Taishōki ni okeru josei e no daigaku no monko kaihō. Taishō 2 (1913) nen no Tōhoku teikoku daigaku no jirei to sono go no tenkai« (Die Öffnung des Zugangs zu Universitäten für Frauen während der Taishō-Zeit. Das Beispiel der Kaiserlichen Universität Tōhoku 1913 und die folgende Entwicklung). In: *Kyōikugaku kenkyū* 61 (2), S. 129–138.

Register

Das Personenregister verzeichnet die Namen und Lebensdaten aller Personen, die im Text genannt werden. Ausgenommen sind Personen, die nur als Autor oder Autorin von Sekundärliteratur genannt werden. Bei unbekannten Lebensdaten steht ein Fragezeichen; war die Person zum Zeitpunkt Mai 2006 noch als lebend bekannt, wurde nur ein Geburtsjahr angegeben. Bei der Originalschreibung japanischer Namen werden die chinesischen Zeichen in vereinfachter Schrift wiedergegeben.

Das Sachregister dient zugleich als Glossar; unter den japanischen Begriffen wird auf ihre Übersetzung verwiesen, bei welcher neben der Umschrift des japanischen Originalbegriffs auch die Schreibweise in japanischen Zeichen angegeben ist. Wo möglich, wurde bei der deutschen Übersetzung der japanischen Fachtermini zu Bildung und Erziehung das Glossar in Haasch 2000 (418–439) herangezogen.

Personenregister

A

B

C

D

O

R

S

T

Sachregister

www.ingramcontent.com/pod-product-compliance
Lightning Source LLC
LaVergne TN
LVHW081330011026
849161LV00013BB/2884